斯宾诺莎传

〔英〕史蒂文·纳德勒 著

冯炳昆 译

商务印书馆
2011年·北京

Steven Nadler
SPINOZA
A LIFE
PUBLISHED BY THE PRESS SYNDICATE OF THE UNIVERSITY OF CAMBRIDGE
The Pitt Building, Trumpington Street, Cambridge, United Kingdom
© Cambridge University Press 1999
本书根据剑桥大学出版社 1999 年版译出

原著出版说明

巴鲁赫·斯宾诺莎(Baruch Spinoza, 1632—1677)从来就是最重要的哲学家之一;他大概还是最激进和最有争议的人物。斯宾诺莎生于移居阿姆斯特丹的葡裔犹太商人家庭,看来由于他的异端观念,在青年时期他被西葡系(Sephardic)犹太社区革出教门。后来他终身致力于探索真理、自由及精神上的幸福。他还追求他理想的"真正宗教",以及宽容的世俗国家。

以详尽的档案研究为基础,这是世界上第一部完整的斯宾诺莎传记。本书不只是单纯叙述斯宾诺莎的生平事迹,而且带领读者进入十七世纪阿姆斯特丹犹太人的生活中心;此外,结合斯宾诺莎之被犹太教开除,还进而深入了解年轻的荷兰共和国动荡不安的政治、社会、思想及宗教生活。

虽然,对于哲学家、历史学家及研究犹太思想的学者而言,本书将是非常可贵的资源,但是,它的读者对象是一般大众,是对哲学、犹太史、十七世纪欧洲史,或荷兰黄金时代的文化富有兴趣的任何人士。

著者史蒂文·纳德勒是美国麦迪逊市威斯康星大学的哲学教授,还是该校犹太研究中心的成员。

本书近获 Koret 犹太图书奖。

斯宾诺莎像赞

贺　麟

宁静淡泊　持躬卑谦　道弥六合　气凌云汉
神游太虚　心究自然　辨析情意　如治点线
精察性理　揭示本原　知人而悯人　知天而爱天
贯神人而一物我　超时空而齐后先　与造物游
与天地参　先生之学　亦诗亦哲　先生之品
亦圣亦仙　世衰道微　我辈也晚　高山仰止
忽后瞻前

咏斯宾诺莎

张东荪

天分能所化身全，
能即为神所世间。
智有参天第三量，
资生磨镜乐终鳏。

（关于此诗的解说见张汝伦著：《诗的哲学史——张东荪咏西哲诗本事注》，广西师范大学出版社2002年出版）

目　次

鸣谢 ……………………………………………………（ 1 ）
前言 ……………………………………………………（ 3 ）
第一章　流寓异邦 ……………………………………（ 7 ）
第二章　亚伯拉罕与迈克尔 …………………………（ 48 ）
第三章　本托/巴鲁赫 …………………………………（ 69 ）
第四章　犹太教律法学校 ……………………………（ 96 ）
第五章　一名阿姆斯特丹的商人 ……………………（ 125 ）
第六章　革出教门（Cherem）………………………（ 179 ）
第七章　别涅狄克特 …………………………………（ 238 ）
第八章　莱茵斯堡的一位哲学家 ……………………（ 280 ）
第九章　"伏尔堡的那个犹太人" ……………………（ 310 ）
第十章　"政治人"（Homo Politicus）………………（ 369 ）
第十一章　海牙的平静与骚乱 ………………………（ 431 ）
第十二章　"自由的人绝少想到死" …………………（ 476 ）
关于本书所用各种资料版本的说明 …………………（ 521 ）
汉译专有名词注释索引 ………………………………（ 524 ）
Bibliography（参考书目）……………………………（ 533 ）
Index（原书索引）……………………………………（ 556 ）

鸣 谢

若非大量的帮助,像这样的写作工程是不可能完成的。在过去的几年内,我一直到处求援。此时此刻,我唯有向诸多不同的人士及机构申表谢忱,感谢他们的服务与支持、慷慨与友好。大概我还要送给他们一本样书。

首先,我非常感谢乔纳森·伊斯雷尔(Jonathan Israel)、戴维·卡茨(David Katz)、马克·科恩布拉特(Marc Kornblatt)、唐纳德·拉瑟福德(Donald Rutherford)、雷德·沃森(Red Watson),尤其是皮埃尔-弗朗索瓦·莫罗(Pierre-François Moreau)、维姆·克勒韦(Wim Klever)、皮特·斯泰恩巴克(Piet Steenbakkers)及威廉·克莱因(William Klein),他们通读全部手稿,在内容和表现形式上提供很多意见。他们的建言、纠正和批评,对于本书从当初的草稿发展为可以发表的现状,是不可或缺的。

许多人士审阅个别的篇章,指给我正确的资料来源,回应我的询问,将他们的资料借我使用,为我查找,在当地及出国奔走,或者只是提出亟须的鼓励。这些人士有福克·阿克曼(Fokke Akkerman)、阿米·伯恩斯坦(Amy Bernstein)、汤姆·布罗曼(Tom Broman)、埃德·科利(Ed Curley)、约瑟夫·卡普兰(Yosef Kaplan)、南希·勒迪克(Nancy Leduc)、蒂姆·奥斯瓦尔德(Tim Osswald)、理查德·波普金(Richard Popkin)、埃里克·施利塞尔(Eric Schliesser)及特奥·费尔贝克(Theo Verbeek),我亦在此道谢。我特别要向阿姆斯特丹大学罗森塔利安纳图书馆主任阿德里·奥芬贝格(Adri Offenberg)致谢,在解决关于十七世纪阿姆斯特丹葡裔犹太人社区我的许多难题方面,他最为费心。最后,亨丽埃特·雷林克(Henriette Reerink)是我在阿姆斯特丹的一位极好的朋友,而且是少不了的助手。除了找到一辆自行车给我用之外,她在市档案馆查出一些重要的案卷,而且,在荷兰亮丽的天宇下,帮助我驶往"老教堂区"的墓园。她还知道在市街哪里可以找到最好的油煎小馅饼(poffertjes)。

本书的写作受益于"国家人文科学基金"的一项暑期津贴,罗姆尼基金会的研究补助费,以及麦迪逊市威斯康星大学研究生院的多项暑期研究津贴。我还从威斯康星大学获得为期一年的公休,对此我不胜感激。

第六章中关于斯宾诺莎革出教门之背后原因的某些材料,在伦敦大学学院、芝加哥大学以及麦迪逊市威斯康星大学的科学史系和逻各斯学会我都讲过。我感谢他们邀请我演说,以及在那些场合我得到的评论和建言。

接下去我想将本书献给爱我并且支持我进行工作的亲人们,他们是我的爱妻简,我的孩子罗丝及本杰明,我的父母阿奇和南希,我的兄弟戴维,以及我的姊妹劳伦和林登。我欠你们的情非言辞所能表达。

前　言

在阿姆斯特丹的葡裔犹太人社区,巴鲁赫·德·斯宾诺莎是一位知名商人的儿子。在那里的学校中,他也属于天资高的学生之列。但是他在二十三岁那年出了事,我们不知道那是突发的还是逐渐造成的。那就是,阿姆斯特丹西葡系犹太人*的领导者们对他宣布从未有过的最严酷的革出教门令。结果是斯宾诺莎脱离犹太社区——甚至完全脱离犹太教。后来他进而变为始终是最重要和最著名的哲学家之一,而且,最激进和最有争议的确实也非他莫属。

不幸的是,这个青年人的转变过程(如果没有说错的话),即从一个显然过着很正常的传统生活、或许只是在聪明才智上出众的普通犹太少年,如何变成打破传统信仰的哲学家,可能永远不为我们所知。我们见到的只是出自社区管理者们之手的那篇充满诅咒诽谤的革出教门文告。流传下来的材料如此之少,对于查清楚斯宾诺莎生平的详情,尤其是在1661年以前的事迹(他的现存书信从这一年开始),人们所知极少,以致我们只能推测他的情感与

---

* 西葡系犹太人,或译塞法尔迪人(Sephardim),指生活在西班牙、葡萄牙、地中海盆地、北非及中东的犹太人。在1492年"大驱逐"之前,这些犹太人大多住在西班牙。他们祈祷时虽然用希伯来语,日常生活则讲一种犹太—西班牙语(西班牙语与希伯来语的混合)。他们与德系犹太人不同,后者讲意第绪语,宗教文化模式亦有区别(本书带*号的脚注均为汉译者所注)。

思想发展，推测日常生活必然会有的那些较为世俗的事情。不过，这可真正是一片可供推测与思索的沃土，特别是鉴于这个课题的引人入胜的性质。

他是形而上的和伦理的哲学家，又是政治的和宗教的思想家，而且还是圣经的评注家、社会的批判家、透镜的磨制者、不成功的商人。致使斯宾诺莎的生平大放异彩的正是他所属的各色各样的、而且有时相互对立的背景渊源：首先是葡萄牙和西班牙裔的移民社区，他们有许多人是以前的"马拉诺"（被迫改信基督教的犹太人）*，在新独立的荷兰共和国找到避难处和发展经济的机会；其次是在十七世纪中叶正处于所谓"黄金时代"的那个年轻的国家，那里动荡的政治与灿烂的文化；最后同样重要的是哲学本身的历史。

作为一名犹太人，即使是背教的犹太人，在这个加尔文教的国度里，斯宾诺莎在一定程度上总是一名外来人，虽然他生于斯，而且，据我们所知，也从未出过国门。但是，自从他被"塔木德·妥拉"犹太教公会革出教门，而且自行流亡于他所出生的城市之外，此后斯宾诺莎就不再自命为犹太人了。他宁愿自视为仅是荷兰共和国的某一名公民——或许也是超民族的"文化学术国度"的公民。他不仅从犹太会堂**的学校所教给他的犹太传统文化中受到熏陶，他还从哲学的、神学的和政治的许多争辩中吸收营养；在他

---

* 马拉诺（marrano）：来自西班牙语"猪猡"之意的贬义词，指中世纪后期在"宗教法庭"迫害下被迫改宗基督教的西、葡裔犹太人。其确切的较中性用语为"改宗者"（converso）。

** 犹太会堂（synagogue），来自希腊语"聚会场所"之意。自从"第二圣殿"毁灭之后，它成为犹太人进行公共祈祷、慈善事业和研读经书的场所，是犹太社区宗教、教育和公共事务的管理中心。其受薪的干部包括"拉比"和"哈赞"，前者是犹太教公会的宗教领袖，后者负责主持祈祷仪式。

的祖国成立后第一个百年之内,频频因这些辩论而打破和平。当然,他留给我们的文化遗产像他拥有的文化渊源一样伟大。在斯宾诺莎有生之年,荷兰共和国在许多方面还在探索其民族特性。尽管斯宾诺莎饱受当时荷兰人的诽谤与攻讦,无可否认,他对荷兰学术文化的发展作出意义重大的贡献。或许,他对现代犹太文化之特性的发展也作出同样重大的贡献。

这是第一部以英语写成的足本斯宾诺莎全传。自一个颇长的时期以来,这也是以任何语言写成的第一部。当然,关于斯宾诺莎生平的这个或那个方面,有过一些简短的研究,而且,论斯宾诺莎哲学的每部书实际上都以简短的传略开头。但是,编写一部斯宾诺莎完整"生平"的最后一次重大尝试,还是二十世纪初出版的弗罗伊登塔尔(Jacob Freudenthal)所著《斯宾诺莎:其生平及其学说》(*Spinoza: Sein Leben und Sein Lehre*)。① 不过,自从弗罗伊登塔尔发表他的宝贵的研究成果以来,对于阿姆斯特丹葡裔犹太人的历史及斯宾诺莎本人,已经有了许多研究。由于一些学者,诸如迪亚斯(A. M. Vaz Dias)、塔克(W. G. Van der Tak)、勒瓦(I. S. Revah)、克勒韦(Wim Klever)、卡普兰(Yosef Kaplan)、萨洛蒙(Herman Prins Salomon)、伊斯雷尔(Jonathan Israel)、波普金(Richard Popkin)以及其他多人非常重要的研究,最近六十年以来,关于斯宾诺莎的生平与时代,尤其是关于阿姆斯特丹的犹太社区,已经涌现的材料足以使早期出版的任何传记实际上已经陈旧过时。但是,我应该明确地声明在案:如果没有那些人士的努力结果,本书根本写不出来。我只能希望我已经充分利用他们的作品。

勤奋向学的读者请注意:我的意图不在于追溯和显示斯宾诺莎思想的各种根源,以及可能对他有过影响的所有的思想家和文化传统。那会是任何人穷毕生之力也不可能完成的浩大工程。易言之,这绝对不是一部"学术性的"传记。从某些方面来看,密切考察似属斯宾诺莎学术发展的问题,对我是重要的,甚至是必需的。但是我不认为我对他的哲学渊源的探讨是详尽彻底的。这也不是一部研究斯宾诺莎哲学的著作。讨论他的形而上学和其他学说的书籍及论文并不稀罕,我也不想为专家们的有增无已的文献目录添砖加瓦。倒不如说,我已经努力为一般读者提供关于斯宾诺莎思想的一部容易理解的概述。如果在某些斯宾诺莎研究者看来,我似乎不时有简单化或扭曲之嫌,那么我既不承认,也不申辩,因为我不想在斯宾诺莎学说的细节问题上挑起任何学术论战。那不该是此时此地的事情。现在我所感兴趣的,而且我希望读者也感兴趣的,就是这样一位重要的,而且非常有关的思想家的生平、时代与思想。

这本传记的核心问题在于:斯宾诺莎一生各种不同的方面如何汇合起来产生历史上最激进的思想家之一？这里说的不同的方面包括他的民族背景与社会背景,在诸如阿姆斯特丹葡裔犹太社区与荷兰社会这样两种不同的文化之间他所处的流亡地位,他的学术思想发展情况,以及他的那些社会政治关系。但是,还有另一个更一般性的问题同样令我感兴趣:在荷兰的黄金时代作为一位哲学家和一名犹太人意味着什么？对于这些问题答案的探讨,应当是在距此几乎两百年前的欧洲另一部分开始。

注释

①还有迈恩斯玛(K. O. Meinsma)的《斯宾诺莎和他的圈子》(*Spinoza en zijn kring*),此书初版于1896年。其法文译本名 *Spinoza et son cercle*,1983年有新订版。作为有插图的速读概览,懂荷兰文的读者可阅诸如弗里斯(Thevn de Vries)所著《斯宾诺莎:传统观念破坏者与世界建造者》(*Spinoza:Beeldenstormer en Wereldbouwer*)这类泛泛之作。

第一章　流寓异邦

"搬起石头砸自己的脚",1492年3月30日西班牙干出超级强国易犯的大蠢事之一：驱逐其境内的犹太人。在伊比利亚半岛上,犹太人过了几个世纪的富裕兴隆的日子。应该指出,对于统治那里的穆斯林以及后来的天主教徒而言,他们还代表巨大的经济利益。不错,这个他们称为"赛法拉德"*的国度算不上以色列儿女们的理想国。他们遭到骚扰、诽谤、有时还遭人身袭击。每当犹太人被控鼓动"改宗者"**——一度改信基督的犹太人——回归犹太教时,天主教会特别强烈地予以关注。此外,犹太人的政治权利和法律权利总是受到严厉的限制。尽管如此,犹太人在西班牙原来还是得到很多照顾。对他们提供保护的国王有些可能出自人道主义的感情,但是,多数君主考虑的主要是他们本身的政治和物质利益。例如,阿拉贡国王就承认在他的领土内存在一个经济活跃的犹太社区所带来的实际好处。他们是精明的商人,控制一个无远弗届的商业网。直到十四世纪末,犹太人都能在他们的社区内过得相当和平与安全。他们之中有些学者还在王室内任职。

到1391年一切都变了。首先,在中世纪西班牙最大的王国

---

* 赛法拉德(Sepharad)：希伯来语,指西班牙。
** 改宗者(Converso)、拉地诺方言(Ladino),指中世纪后期在西班牙"宗教法庭"胁迫下改宗基督教的犹太人。为了避免拷打或火刑(auto-da-fé),犹太人往往被迫改宗基督教,但是继续奉行犹太教的某些方面。

卡斯蒂利亚,通常来自底层的不法群众,在蛊惑人心的传道士的煽动之下,开始焚烧犹太会堂,或者把它们改为(耶稣)教堂。犹太人不是当场就戮,便是被迫改宗基督教,或是卖给穆斯林当奴隶。这些反犹暴乱不久蔓延到加泰罗尼亚和巴伦西亚。面对这种群众性的广泛反应,西班牙的统治者只是袖手旁观,无能为力。最后,表面上总算恢复了某种秩序,一些犹太社区也得以部分重建。但是,已经被迫在弥撒洗礼中改宗的人们却要奉行他们新的宗教。任何公开回归犹太教或暗地里继续奉行犹太教的企图都被视为异端。

在十五世纪前期,由于醉心于强迫犹太人承认基督教信条之真理,这时出现更有系统的新的反犹活动。1414年有特别多的群体改宗事件。个人一旦改宗,他便落入基督教会当局的支配。改宗者处于教会的经常审查之下,教会干部总是担心其教徒成员的思想情况(不管那些成员是在什么环境下入教的)。犹太人缺乏有组织的抵抗只会招致更多的打击,犹太社区一个又一个遭到蹂躏。君主们由于极需挽救其经济体的这一中坚力量,这回出面干预和制止迫害。但是损失已无可挽回。西班牙的犹太人口大批丧生,剩下的也委靡不振。犹太社区的生气与文化,更不用说生产力,已摧残殆尽;它的"黄金时代"一去不返。

犹太人称改宗者为 anusim(被迫者)或 meshummadim(转向者)。"马拉诺"(marranos)或"猪猡"是更具贬义的词,主要由基督教徒用来指那些他们怀疑秘密信奉犹太教的人们。无疑有许多改宗者变成真正诚挚的基督教徒,不过,有些人可能确是秘密奉行某种犹太教。①这些信奉犹太教的"新基督徒"变得善于隐蔽他们的宗教活动,而观察者(或密探)难以了解改宗现象背后的真情。结果,"老基督徒"总是怀疑改宗者信仰的真诚。改宗者经常为一般信众所折磨，不久以后，他们还陷于宗教法庭（异端审判所）的残酷迫害中。

卡斯蒂利亚女王伊莎贝拉与阿拉贡国王斐迪南于 1469 年成婚，这两个王国也于 1479 年合并。此后犹太人和改宗者的处境继续恶化。这对王室配偶热衷于在西班牙推行宗教统一和正统性，因此对臣民中的改宗者另眼看待，保持警惕。他们希望改宗者脱离那些可能劝他们回归犹太教的犹太人的不良影响，因而采取把犹太社区与基督徒社区隔绝的政策。1478 年教皇圣西克斯图斯四世授权斐迪南及伊莎贝拉在卡斯蒂利亚任命"宗教法庭"。在此后十二年期间，西班牙宗教法庭声称业已发现——当然是通过刑讯逼供——暗中信奉犹太教的改宗者 13000 多人。（当然，因为宗教法庭所关注的只限于教内异端分子而不包含异教徒，它往往对公开的犹太教徒置之不顾。）

穆斯林对格拉纳达的控制于 1492 年被消除之后，基督徒完成对西班牙土地的全部光复。由于对"穆斯林问题"业已稳操胜券，各国君主和他们的教会盟友腾出手来全力对付犹太人。这就到了他们的全国宗教统一计划的最后阶段。1492 年 3 月 31 日，斐迪南和伊莎贝拉签署一项包括卡斯蒂利亚及阿拉贡王国全境的驱逐令，以便"制止犹太人影响改宗者和净化基督教信仰"。

> 余等得悉，在我王国境内，有邪恶的基督徒已改信犹太教，因而背叛余等神圣的天主信仰。犹太人与基督徒接触之结果造成最不幸的情况发展……余等已决意不再听任对余等神圣信仰之更大损害……因此，余等兹颁布驱逐令，凡居于我王国及属地各区域之全部犹太人，不论性别与年龄，不论是否本地诞生，均包括在内……此等犹太人及其子女、犹太仆役与犹太亲

属，务于七月底前离开我王国及属地各区域……犹太人亦不准取道我王国及属地各区域前往任何目的地。犹太人不准以任何方式出现于我王国及属地各区域。

实际上，犹太人面临抉择：或改宗基督，或流寓异邦。按照官方的说法，在几个月内，犹太教徒将绝迹于西班牙。

大多放逐者（约12万）前往葡萄牙。其余的前往北非、意大利和土耳其。在西班牙留下的犹太人按法律要求改宗基督。但是，他们作为改宗者并不比作为犹太人生活得安逸些。他们继续遭到老基督徒的怀疑和不信任，而且这时还要受宗教法庭的折磨。许多人一定会后悔当年未加入大批出境的移民中去。

对于选择流亡的那些人来说，葡萄牙实际上是短时间的安全避难所。1496年12月5日，葡萄牙的统治者曼努埃尔颁布一项王室法令，驱逐境内的犹太人和穆斯林。他的动机表面上是为了促成他与西班牙王室的公主伊莎贝拉联姻。但是曼努埃尔不像他未来的姻亲们那样短视。他认识到，不管驱逐令会带来什么眼前利益（包括没收犹太人的财产），它都会被更大的长远损失所抵消。所以，为了确保那些金融家和商人留下，以构成他的经济体，他决定只规定犹太人要强制改宗。1497年3月4日，他命令所有的犹太儿童参加洗礼。当时葡萄牙尚未设立宗教法庭，那些新改宗者——不断有改宗者逃避西班牙的宗教法庭，故其人数日增——中许多人能够秘密信奉犹太教几无困难。葡萄牙的马拉诺一时享有某种程度的宗教宽容（虽然他们正式被禁止出国），而这点酿成颇为强大的秘密犹太教传统。

这种缓解为期不长。1547年，葡萄牙以一纸法令全面成立"自由无阻的宗教法庭"。到十六世纪五十年代，对于有信奉犹太教之嫌疑的改宗者——又有哪个改宗者免遭嫌疑？——的迫害风行雷厉，不亚于西班牙的情况。其实，葡萄牙的宗教法庭搞得比西班牙那边还要严酷，特别是两国在1580年合并在一个君主统治下之后。许多改宗者开始迁回西班牙，希望在那里隐姓埋名混迹其间，或许还夺回他们从前的财产。然而，自葡萄牙返回的改宗者信奉犹太教的嫌疑格外强烈，因而引起西班牙宗教法庭以更大的狂热遂行其任务。

在整个十六世纪后半叶，因为葡萄牙以及西班牙的宗教法庭变得越来越残忍无情，逃离整个伊比利亚半岛的改宗者显著增多。很多难民前往北欧。有些人直接从葡萄牙起程，另外一些人只是在西班牙短暂逗留之后再北上。还有一些外迁移民来自那些当初根本没有离开西班牙的家族。在这些十六世纪的流亡者之中，一定有许多犹太教徒。有些人的犹太教信仰坚定不移，在1492年宁肯选择流亡也不改宗，此后在葡萄牙继续秘密地信教。他们中间的残余分子或是他们的后代就在十六世纪的流亡队伍里。这时他们艰难跋涉地向西班牙帝国的外围边区迁移，希望那里宗教法庭的势力和影响会比较弱。既然不论在葡萄牙或西班牙他们都拒绝真诚从内心信奉基督教，他们要寻找一个比较宽松的环境，在那里即使不能公开过犹太教徒的生活，也要暗地里奉行他们的宗教，免遭他们在伊比利亚经常面临的折磨。②

早在1512年，葡萄牙的改宗者们开始在"低地国家"定居，当时那里还处于哈布斯堡王朝控制之下。他们大多前往安特卫普，那是一片繁忙的商业中心，可为这些"新基督徒"提供大量的经济机遇，而那里的市民也看到接纳这些有良好社会关系的商人带来的财政利益。1537年神圣罗马帝国皇帝查理五世（亦即西班牙的查理一世及尼德兰统治者）正式恩准这种移民继续入境，只要这些"新基督徒"不公开回归犹太教,甚至不秘密奉行犹太教。虽然后来他不得不颁布命令驱逐定居于他的北方领地的"新基督徒",但是从来没有强力推行。到十六世纪七十年代,安特卫普有了一个约五百人的改宗者社区。安特卫普的葡萄牙人大多可能不是犹太教徒,但是其中无疑有不少是犹太教徒。

*　　*　　*

关于阿姆斯特丹真正的犹太社区之建立与早期发展,没有很可靠的资料。③历史学家通常认为,阿姆斯特丹最初的犹太人定居于1593年至1610年之间。围绕第一批葡萄牙新基督徒之抵达荷兰,有一些神奇的传说,这使得此一问题更加扑朔迷离,难以确定。

有两个传说最为突出。根据一篇记载1593年至1597年之间各项事件的报告,当时与西班牙作战的英国人截获一艘船,上面载有许多逃离葡萄牙的"新基督徒"难民。乘客中有"绝色美女玛丽亚·努涅丝"和她的若干亲属。这艘船及其货载均被扣押带回英国。指挥英国舰队的公爵对玛丽亚一见钟情。在他们抵达港口之后,他向她求婚,但遭拒绝。伊丽莎白女王闻知此事便令人把那位年轻女郎带来晋谒。她也为玛丽亚的美貌与优雅所动,带领她在伦敦的高层社交界炫耀一番。人们向玛丽亚提出慷慨的许诺和多情的求爱,都想诱使她在英国留下。但是勇敢而坚定的玛丽亚坚持按她的旅程前往"低地国家",她想到那边后回归犹太教。女王终于慈悲为怀,准许她和她的一行人等安全航行到荷兰。1598年,在她的母亲、姊妹茹斯塔和两个哥哥从葡萄牙抵达之后,玛丽亚在阿姆斯特丹与她的同族亲戚曼努埃尔·洛佩斯成婚。从此在阿姆斯特丹有了第一个改宗者(可能是犹太教徒)的家庭住户。④

第二个故事更清楚地涉及犹太教活动传入阿姆斯特丹。这个故事说,1602年左右有两艘船抵达东弗里斯兰省的埃姆登,载有许多葡裔"马拉诺"分子及他们的财物。在难民们下船并且穿过市镇后,来到一处房屋,门上书写希伯来标语:"emet veshalom yesod ha'olam"("真理与和平是世界的基础"),但是他们看不懂。经过一番打听,他们得知这是犹太人摩西·乌利·哈列维的家。他们折返哈列维的住房,试图以他听不懂的西班牙语与他沟通。哈列维叫来他的儿子,懂得西班牙语的阿龙。这些访客们对他说,他们新近从葡萄牙抵达,因为"他们是以色列之子",故愿意实行割礼。阿龙答道,在埃姆登这样的路德教派市镇里,他不能履行这种仪式。他指点他们去阿姆斯特丹,在"少爷街"租赁一所特定的房屋。他说他跟他的父亲不久也将随后前往。几周之后,哈列维父子在阿姆斯特丹找到这帮人,为男子们实行割礼,而且率领他们定期举行犹太教仪式。

然而,没过多久,阿姆斯特丹有关当局便起了疑心,担心在他们这个新教徒城市里有这种秘密的异常活动。一个星期五的晚上,当犹太人正在举行安息日祷告的时候,邻人们报告称,从那所房屋中传出一种奇异语言的声音。市府司法长官的代表们清一色都是加尔文教徒,他们确信这种异常的声音就是拉丁语,便破门而入,想找到暗地里举行的弥撒仪式。那次集会遭到破坏,哈列维父子被捕。然而,一位葡裔居民雅各布·蒂拉多(别名雅伊梅·洛佩斯·达科斯塔)出面澄清此事,他们不久获释。蒂拉多解释说,其实他们是犹太人,不是天主教徒,而那种异常的语言是希伯来语,不是拉丁语。蒂拉多还向当局人士指出,在那里建立一个犹太社区对阿姆斯特丹有经济上的好处。这项吁请获得成功。蒂拉多获准建立犹太教公会,由摩西·哈列维担任拉比(教士)。*⑤

这两则传说故事之核心都含有历史真情。其中所有的主要角色都是在十七世纪第一个十年内生活于阿姆斯特丹的真实人物。例如,现存有玛丽亚·努涅丝1598年的婚姻档案,以及荷兰驻伦敦使节于1597年4月致尼德兰国会的报告,内称被俘船只上面有葡萄牙商人和一名乔装男性的女郎。在1598年至1612年期间,雅各布·蒂拉多偕妻拉谢尔及子女住在阿姆斯特丹,公证文书把他的身份定为"阿姆斯特丹的一名葡萄牙籍商人"。在1598年至1608年期间,伊比利亚半岛与阿姆斯特丹两地之间定期有来自埃姆登的帆船行驶,往往载着葡裔"新基督徒"在上面。最后一点,早在1603年,阿姆斯特丹就有名为摩西·哈列维的肉食商人,供应犹太教所规定的洁净食品。⑥

但是,与这些感人的故事相比,葡裔犹太人在阿姆斯特丹建立社区的真实情况大多比较一般。在十六世纪最后几年,有许多葡萄牙人住在阿姆斯特丹,看来他们大多为"新基督徒"。关于这群移民的第一份官方文件是市政当局于1598年9月14日制定的对"葡萄牙商人"之公民身份的决议。文件规定准许他们举行"公民宣誓",但是又警告说,不得在官方认可的教堂以外举行公开礼拜。⑦在阿姆斯特丹的市政长官看来,这显然不涉及允许犹太人(甚至隐蔽的犹太人)在本市定居的问题,因为他们在决议中明确指出那些葡萄牙人"是基督徒,而且将作为良好的市民过诚实的生活"。这些最初的"新基督徒"居民是从哪里迁来的呢?他们大多从葡萄牙或西班牙直接航行到阿姆斯特尔河畔,特别是在1600

---

* 拉比(Rabbi):希伯来语"师傅"之意。指接受过正规犹太教教育,熟悉犹太教经典,担任犹太教会领导或在犹太经学院传授教义者。许多拉比本身以学者闻名,是犹太教公会的精神领袖。

年以前；但是也有不少人来自安特卫普。

对于经营东印度香料和巴西蔗糖的葡萄牙及西班牙商号而言，安特卫普是贸易的中枢。这些商号的当地代理几乎全是住在那里的葡裔"新基督徒"。来自殖民地的商品从安特卫普批发到汉堡、阿姆斯特丹、伦敦、埃姆登和鲁昂。这种局面一时运行得比较顺利。但是，于1579年在反叛的"乌得勒支同盟"签订之后，安特卫普的经济景气开始转向恶化。

西班牙国王菲利普二世于1555年从他的父亲查理五世那里继承对尼德兰的统治，后来北方"低地国家"的七个"联合省"（荷兰、泽兰、乌得勒支、海尔德兰、上艾瑟尔、弗里斯兰及格罗宁根）正式宣布独立，摆脱西班牙统治；他们业已历时十年的武装反叛从此进入新的阶段。当时安特卫普属于仍然效忠西班牙的南方"低地国家"。在十六世纪八十年代及九十年代，北方诸省所采取的各种军事战略破坏了安特卫普对北欧贸易批发的控制，有助于促使阿姆斯特丹经济的迅速增长。1595年实行对南方的全面航运封锁，有效地切断佛兰德诸港口与荷兰及中立地区的海上运输，直到1608年才解除。正是这项措施，终于迫使里斯本商人把他们在安特卫普的代理派往另外的北方集散地去。这些中间商起初前往科隆及其他德国城镇，以及波尔多、鲁昂和伦敦。但是许多人最后选定阿姆斯特丹。

所以，十六世纪末阿姆斯特丹的许多葡萄牙人都是为了经济上的目的从安特卫普北上的"新基督徒"商人。这些外来移民不论其宗教信仰原先（犹太教）或现在（表面上的天主教）是什么，一贯注重物质利益的荷兰各城市通常都予以欢迎。[8] 阿姆斯特丹的许多葡萄牙移民无疑也是出于惧怕宗教法庭的动机。那些直接来自葡萄牙或西班牙的，或者只是在1585年帕尔玛公爵攻陷安特卫普后才从那里逃来的那批改宗者尤其是这样。有些人甚至可能一直在找机会回归犹太教。"乌得勒支同盟"条约第 13 条明文规定:"每个人应该保有信教自由,在拜神的问题上任何人都不应受到妨害与质问。"那些改宗者可能被这条宗教宽容的许诺所吸引。这项宣布在当时是颇不寻常的,因此,条约的签字者们保证任何人都不能因其宗教信仰而遭迫害,即使禁止在新教教堂之外公开进行任何宗教活动。

作为十六世纪末住在阿姆斯特丹的犹太后裔,这些"葡萄牙人"——这个名称一般连有西班牙血统的人也包括在内——没有证据表明进行过任何有组织的犹太教活动。⑨然而,仅仅几年以后,有些人士在发起一个活跃的,即便还可算是对民间的犹太社区方面起了重要的作用。在这方面特别重要的是埃曼努埃尔·罗德里格斯·维加和雅各布·蒂拉多,他们是葡萄牙出口商雇用的代理。

罗德里格斯·维加大约在 1590 年从安特卫普来到阿姆斯特丹。1595 年的公证文书把他的身份定为"阿姆斯特丹商人",而两年后他得以买到他的公民身份。在十七世纪初,他是葡裔犹太社区经济生活中的重要人物,经营糖、木材、布匹、谷物、盐、香料、金属及水果,商务遍及巴西、英国、葡萄牙、摩洛哥,以及日耳曼地区不同的城市与公国。他甚至同斯宾诺莎家族有些生意往来。在 1596 年,他授权埃曼努埃尔·罗德里格斯·德·斯宾诺莎(别名亚伯拉罕·德·斯宾诺莎,他是巴鲁赫的伯祖父,当时住在法国南特)要求索还已被西班牙士兵扣押的一船纺织品。⑩正是由于像罗德里格斯·维加这样的一些人士的财富与国际联系,葡萄牙人社区才有可能建立和迅速成长。

另一方面,蒂拉多常常被褒扬为阿姆斯特丹的犹太教活动的主要推动者之一(他在那里住到 1612 年,后来移居巴勒斯坦)。

直到1603年左右,无法证实联省共和国的任何马拉诺分子曾以犹太人的真面目示人,而此后他们确实缓慢而谨慎地这样做。正是在那一年,据信哈列维父子来到阿姆斯特丹实施割礼,据记载,他还担任"索海特"(schochet)或礼定屠宰师。* 蒂拉多似乎曾与哈列维接触,而且不仅仅是为了商业目的。在这个时期,哈列维可能已在他的住房里组织犹太教活动,而且积极(但是悄悄地)鼓励其他人参加。⑪

其实,联省共和国有两个城镇明确愿意让犹太人进入,而且容许他们公开奉行他们的宗教:那就是1604年的阿尔克马尔和1605年的哈勒姆(虽然哈勒姆的市镇长官对此附加许多条件,实际上阻止犹太社区在那里发展)。⑫葡萄牙人从阿姆斯特丹前往哈勒姆请愿,看来是想谈判争取比他们在阿姆斯特丹享有的更大程度的宗教自由。由此可见,至迟到1605年,在阿姆斯特丹有了某种定期的犹太教礼拜仪式,这些固然是私下举行的,然而或许为当局所知悉和容忍。⑬葡裔犹太人在1606年,后来又在1608年,根据犹太教习俗相当有组织和公开地申请在市区范围内的墓地,但为阿姆斯特丹市政府所拒。⑭

阿姆斯特丹第一个有组织的犹太教公会命名为"雅各布礼拜堂",⑮以此向蒂拉多致敬。约瑟夫·帕尔多偕其子戴维于1609年从威尼斯前来充任他们的拉比。1608年组成第二个犹太教公会,名为"和平之宅",⑯其首任拉比是来自君士坦丁堡的朱达·维加。所以,到了1614年,即葡裔犹太社区终于能够在靠近阿姆斯特丹的地方——在"老教堂区"——买到一块用作墓园的土地

---

* 索海特(schochet):受过专门训练的礼定屠宰师。他必须通过关于犹太律法及动物解剖的困难考试,合格注册。他按规定的方式屠宰,使动物所受的痛苦减至最低程度,而犹太教徒只吃这种礼定屠宰的"可食"(kosher)食品。

的那一年,有了两个会众不少的犹太教公会。直到大约 1614 年,雅各布礼拜堂继续在蒂拉多家里聚会,此后他们开始租用"木材河道"旁的一座旧仓库(称为"安特卫普仓库")。"和平之宅"的聚会有一个时期是在摩洛哥驻尼德兰的犹太裔大使塞缪尔·帕拉奇的住所。1612 年"和平之宅"的会员们打算修建一座犹太会堂(也在"木材河道"),而且为此雇请一位荷兰建筑师汉·赫里茨。约定的条件是从星期五晚到星期六晚不得施工。然而,在加尔文教牧师的坚持之下,市政当局禁止犹太人装修和使用这座建筑(加尔文教牧师们对于在他们那里迅速发展的犹太社区越来越紧张不安)。从 1616 年起,"和平之宅"不得不从一位著名的荷兰资产者那里租一所房屋凑合着用。在他于 1638 年去世后,他的妻子把那所房屋卖给犹太教公会。⑰

*　　　　*　　　　*

在十七世纪的第一个 25 年之内,犹太人和荷兰人之间的关系是不稳定的:每一方都认识到他们的关系之经济与政治价值,但是也对对方抱有某种程度的怀疑。一群受迫害的难民有赖于异邦主人的善意保护,在其间自然会产生不安全的感觉,葡裔社区需要很长时间才能消除这种感觉也就不足为奇了。诚然,阿姆斯特丹虽然分明容忍"秘密的"(即低调进行的)礼拜仪式,但是,在批准正式承认犹太人作为一个宗教社区,有权公开举行宗教活动,而且按照其律法生活方面,他们的步调缓慢。由各省代表所组成的整个联省共和国的中央立法机构,尼德兰国会,于 1615 年批准犹太居民奉行其宗教,但是阿姆斯特丹仍然禁止公开的礼拜仪式。荷兰省议会是由来自 18 个市镇的代表团,及一个贵族代表团组成的治理机构。它于同一年成立一个委员会,在犹太人的法律地位问题上提供咨询。委员会成员包括阿德里安·鲍(Adriaan Pauw)*,大法学家许戈·格劳秀斯(Hugo Grotius),**阿姆斯特丹和鹿特丹各自的主要法律顾问。在格劳秀斯和鲍氏审慎商议期间,阿姆斯特丹市政当局于1616年发布对"犹太人"的一项警告。除了其他内容之外,规定犹太人不得批评基督教,不得试图使基督教徒改宗犹太教,而且不得与基督教徒发生性关系。在这项法令的背后,有当地加尔文教会的谋划,他们显然不愿意看到还有另一个宗教"派别"在那里居留。牧师们得知在犹太男子与基督教妇女之间种种情爱关系(其中有些是不正当的),以及一些从基督教改宗犹太教的事例后,他们加强这方面的努力。[18]尽管如此,犹太人和阿姆斯特丹市民之间的关系尚称平静,所以,也是在1616年,乌齐尔拉比写道:"目前,在阿姆斯特丹人民得以和平度日。本市居民鉴于人口增长,制定一些法律条令,宗教自由因而可以得到确认。"他又写道:"每个人都可以遵循他自己的信仰,但是不可公然表示他的信仰与本市居民不同。"[19]

1619年,在研究过专门委员会所提交的法令草案之后,荷兰省议会否决格劳秀斯所推荐的对犹太人与荷兰人关系的限制规定,[20]作出决议认为每个市镇应自行决定是否及按什么条件接纳犹太人。他们进而规定,如果市镇确实决定接纳犹太人,虽然可以指定特殊的居留区,但是不得强迫犹太人穿戴特殊的标志或衣着。格劳秀斯虽然为保证加尔文教会之利益感到疑虑与不安,但是连

---

* 阿德里安·鲍(Adriaan Pauw,1585—1653),荷兰省大议长(1631—1636年及1651—1653年)。

** 许戈·格劳秀斯(拉丁语名 Hugo Grotius,荷兰语名 Huigh de Groot,1583—1645),荷兰法学家、政治家、诗人和神学家。他的巨著《论战争与和平法》1625年问世,后被尊为国际法创始人之一。

他也不得不承认：根据神学的和道义的（且不说实用的）理由，荷兰省应该给予犹太人所寻求的庇护及应得的款待："坦率地说，上帝希望他们有地方住。那么，为什么不住在这里而住在别处呢？……况且，他们中间的学者可能教我们希伯来语而对我们有所助益。"就在同一年，阿姆斯特丹市政厅也闻风而动，正式批准阿姆斯特丹的犹太人有权奉行他们的宗教，但对他们的经济与政治权利有所限制，还有各种规定，反对他们与基督教徒通婚和共同举行某些社会活动。[21]市政厅还要求犹太人严格遵守他们的正统教义，认真履行摩西律法，绝不容许背离下述信条：即存在"一位全能的上帝创世主……（而）摩西及诸先知根据神启宣示真理，而且，人死以后存在来世，届时好人将得酬报而坏人将受惩罚"。在西班牙签订蒙斯特和约，正式承认荷兰共和国之主权以后九年，即1657年，尼德兰国会才真正宣布荷兰犹太人是共和国的国民，因而在出国旅行及与外国公司或政府的商业交易中有权得到国家保护。在此以前他们还是"外来群体"。[22]

犹太人与荷兰人之间关系上的某些困难，特别是加尔文教牧师对于正式批准犹太人有权奉行他们的宗教的反对态度，其根源在于十七世纪二十年代及三十年代荷兰加尔文教会内部激烈的宗教争论。[23]阿姆斯特丹抵制对犹太人的承认，其理由至少有一部分看来在于当时该市保守的神学倾向很强，以及加尔文教牧师及其盟友们在那里是当权者。

一个由44名牧师组成的集团，他们全是莱顿大学自由派神学教授阿明尼乌斯*的追随者，在1610年发表一份谏诤书，在某些

---

* 阿明尼乌斯（Arminius, Jacobus, 1560—1609）：荷兰的新教神学家，1588年在阿姆斯特丹受牧师职，1603年受聘为莱顿大学神学教授。

敏感的神学问题上宣布他们的非正统观点。由于预计到即将引起的反应,他们还请求荷兰省议会提供保护。阿明尼乌斯派或"谏诤派"(Remonstrants)明确否定关于神之恩宠及预定论的严格教义。他们相信人有能力通过其行动为他自己的得救出力。他们还赞成将良知之事与政治权力之事区隔开,不信任主张正统的反对派的政治抱负。像许多宗教改革者那样,阿明尼乌斯派从道义方面考虑他们的运动。在他们看来,由于加尔文教会领导者们日益教条化、等级化和不宽容,"宗教改革"的真正精神业已丧失。㉔站在"谏诤派"一边的是约翰·奥登巴恩韦尔特,*他是荷兰省议会的立法顾问(后来称为"大议长")。荷兰省议会在共和国中是"省督"(Stadholder)**之下最重要和最有势力的机构,其统治权延伸到几个省中。(省督兼任全部荷兰武装部队的总司令,而且按照传统是荷兰统一的象征;传统上这个职位由奥伦治/纳骚王室的人员担任。)由于立法顾问的干预,这个起初是加尔文教会及大学学院内部的教义争论很快带上政治色彩。在奥登巴恩韦尔特的大力支持之下,荷兰省议会批准谏诤派的要求。其实这样一来,只是加固对谏诤派运动的反对势力。反谏诤派的神学家谴责阿明尼乌斯派想搞罗马教皇那一套,而谏诤派也以这一罪名回敬。㉕奥登巴恩韦尔特的政敌很多,他们抓住他支持自由派的机会给他戴上卖国

---

* 奥登巴恩韦尔特(Oldenbarnevelt, Johan van, 1547—1619):1586 年出任荷兰省的大议长,后被处死。

** 省督(Stadholder):旧译"执政"或"最高执政官",原为西班牙国王在某领地的代表和军队司令。西班牙国王菲利普二世于 1559 年任命当地大贵族威廉·奥伦治为荷兰省"省督",后来因为他从事反抗运动而于 1567 年被解除职务。1572 年革命势力推举他为荷兰与泽兰两省"省督"。1581 年尼德兰北方各省正式与西班牙破裂,遂由各省议会自行任命"省督"。实际上此职一贯由奥伦治王室的显要担任,如威廉一世、毛里茨、弗雷德雷克·亨德里克、威廉二世及威廉三世,此后变为世袭制。

贼的帽子,指责他为信奉天主教的敌国西班牙效劳。随着时间的推移,谏净派与反谏净派的神学论战与内政外交上的对立观点纠缠在一起。内政问题包括民政当局是否有权对教会立法和控制教会布道。外交问题尤在于如何进行对西班牙的战争,以及对天主教法国最近发生的新教徒起义如何回应。阿姆斯特丹一时成为反谏净派活动的据点。主要出于政治上的权宜之计,市镇的"执政望族"*当时选择站在当地正统派牧师一边。对谏净派的迫害屡有发生,有时颇为粗暴。到1617年,省督本人,即纳骚家族的毛里茨**也加入论争,站在反谏净派一边。亲王此举纯属出于政治动机,部分原因在于他反对奥登巴恩韦尔特谋求与西班牙媾和及不干预法国事务的政策。

从1618年11月至1619年5月召开多特(Dort,即多德雷赫特Dordrecht)宗教会议,讨论谏净派问题,荷兰各省的新教牧师参加。宗教会议最终决议将谏净派逐出加尔文教会。代表们重申对良知自由的承诺,然而却坚持只有正统的加尔文教徒才能举行公开的礼拜与日课仪式。各级教会实行整肃清洗。同时,奥登巴恩韦尔特被判叛国罪而遭斩首。对谏净派的折磨持续多年,虽然在十七世纪二十年代中期事态有所平息。阿姆斯特丹市本身最终还是获得支持谏净派的名声。[26]

---

* 执政望族(regents):在16—17世纪的荷兰,这是由各市镇富商士绅家族构成的社会集团。省督从这个集团中任命市政长官,市议会成员及司法长官,各省议会及尼德兰国会的代表亦由这个集团选派,他们实际上享有当权的世袭地位。斯宾诺莎在《政治论》中称他们为"贵族"(Patricius),但他们是财产上的贵族,与血统上的旧贵族(Nobiles)不同。旧译作"摄政者"不妥,本书参照日译本,译为"执政望族"。其历史发展见第三章90页脚注。

** 纳骚家族的毛里茨(Maurits of Nassau,1567—1625):1586年任荷兰及泽兰省督,后陆续成为其他数省的省督,1618年成为奥伦治亲王。

加尔文教会内部这场危机对于荷兰共和国的犹太人所造成的后果既是实质性的又是心理上的。诚然,对于那些非严格的加尔文教徒的任何强烈反击,都会不仅打击新教中的持异见者,同时也打击犹太教。其实,多特宗教会议的决议案之一就是打算:"就此找出一条制止生活在我们中间的犹太人所实施的亵渎活动之途径。"不错,在新教的领导者看来,犹太人不如教会内部任何持异见者所造成的威胁那样大。况且,即使是反谏诤派,因为他们对希伯来圣经原文感兴趣,认为犹太人作为古代以色列人的孑遗,"旧约"上的民族,可能成为他们文化上的有用资源。尽管如此,整个事件暂时强化加尔文教会内部欠宽容分子的力量。对加尔文正统教义的任何偏离都变得格外可疑。犹太教徒、天主教徒和偏离正统的新教徒都感到反谏诤派势力所造成的压力。㉗当阿姆斯特丹市政厅于1616年发布指令,警告犹太人不得书面或口头攻击基督教,而且规范他们的行为的时候,当市政厅于1619年以犹太人严格遵守犹太律法为条件给予正式承认的时候,这些措施的部分目的是为了确保犹太人置身于争论之外,"自扫门前雪"。㉘

在因宗教纷争而分裂的社会里,新近定居下来的葡裔犹太人显然感到某种程度的不安全。他们担忧——而且不是杞人之忧——加尔文教徒的狂烈情绪在任何时刻和以任何借口都可能转而针对他们,而他们在荷兰得到的保护不过是脆弱的。从犹太社区领导者所制定的各种内部规章中可以看到这种不安全感的表现——例如,规定任何企图使基督徒改宗犹太教的人都要受到惩罚。㉙通过这些措施,犹太人希望能让他们的当地主人放心:他们能够洁身自好,无意干预加尔文教徒的事情。

尽管对他们施加各种各样的法律限制,阿姆斯特丹葡裔犹太社区的成员一旦有权利公开他们的身份，而且以公开的方式奉行他们的宗教，他们就享有很大的自治。西葡系犹太人获准按照他们自己的意愿管理他们的事务。自然，他们确实不得不相当小心谨慎。在阿姆斯特丹的行政长官面前，非神职的社区领导者们作为社区的代表，负责保证他们的信教同胞遵守该市颁发的有关犹太人的规章。对于刑事案件及超出社会习俗惯例的大多数法律纠纷，荷兰人享有司法裁判权。例如，虽然拉比们自行执掌婚礼，但是，非新教徒的一切婚事必须得到市政当局的事先法律认可。[30]不过，关于宗教的和社会的立法，以及对这种违法的惩治，社区的领导者不是依照荷兰的法律，而是依照犹太律法以及（同等重要的）他们自己的博采众长的传统。

* * *

阿姆斯特丹葡裔犹太社区的创始成员们，大多若非回归犹太教的改宗者，便是信仰犹太教的新基督徒。这时，他们初度公开举行宗教仪式，因此，社区所继承的犹太教具有一种特殊的、相当不正统的特色。这是过去几个世纪所形成的现象，在此期间，伊比利亚半岛的犹太教混合在天主教社会中，最后被迫淹没消失在那里面。西班牙和葡萄牙的改宗者社区实际上隔绝于犹太世界的主流之外。他们，尤其是晚近的几代人，所掌握的规范犹太教之律法与教仪多少有些变形和不完整。许多律法与习俗只存在于记忆中，因此已不可能首尾一贯地加以奉行。一位历史家指出，到十六世纪末，"马拉诺"们不仅放弃了割礼，洁净礼定屠宰，以及许多丧葬习俗——在其邻里的监视下一些公开的做法难以保持——还放弃使用经匣，规定的犹太教祈祷文（他们的祈祷文大多在特定圣诗的吟诵中）和某些节日如犹太新年（Rosh Hashonah）的庆祝。[31]改宗者也不能回归到犹太法典籍的规定,或者查阅他们祖传宗教的许多主要文献。他们接触不到《妥拉》(Torah)*、《塔木德》(Talmud)**、《米德拉什》(Midrash)***或任何其他的犹太教文献书籍,而对有教养的犹太人生活来说,研读这些典籍本来是很重要的。因此,特定的律法,甚至只是律法的某些方面虽然得到弘扬,而其他同样重要的律法却埋没无闻。

除了这一难以避免的消蚀过程之外,还有文化融合的自然效应。改宗者的秘密犹太教,甚至在"大驱逐"以前的伊比利安犹太教,都受到当地天主教许多礼仪、教义和信条的强烈影响。例如,有一种对于永恒救赎的关切,纵令是通过摩西律法而非耶稣基督。围绕犹太教"圣徒"还有各种崇拜。普珥节****庆祝纪念的是"圣徒以斯帖"这个女英雄的英勇精神。她对这些犹太人具有特殊的意义,因为她本人就是某种"马拉诺",一直被迫在她的丈夫,波斯国王亚哈随鲁面前隐瞒她的犹太特色。为了从国王的大臣哈曼的罪恶阴谋中拯救犹太民族,她最后亮出自己的身份。㉜

出于这些原因,阿姆斯特丹最早的犹太人需要外部的指导,才能重新融入他们和他们的先人如此长期远离的犹太教。来自埃姆

---

* 《妥拉》(Torah):又称教义书、律法书或摩西五书,包括《创世记》、《出埃及记》、《利未记》、《民数记》、《申命记》共五卷。

** 《塔木德》(Talmud):又称口传《妥拉》,是犹太教徒生活实用的经书,包括民法、刑法、教法、规章条例等等,是犹太教的基本法典。它由《密什那》(Mishnah)及《革马拉》(Gemara)两书组成。

*** 《米德拉什》(Midrash):是犹太教中解释、讲解典籍《塔纳赫》(Tanak)的布道书。公元2世纪时已有雏形,6—10世纪全部成书。

**** 普珥节(Purim):在犹太历第12月(阿达尔 Adar)的14日,根据《圣经·以斯帖记》,这是庆祝犹太人从波斯国王亚哈随鲁(Ahasuerus)企图消灭犹太人的阴谋下挣脱出来的日子。这是"狂欢节"。为履行体恤穷人的特殊诫命,犹太人在普珥节白天至少应捐助两个穷人。

登的德系犹太人＊ 摩西和阿龙·哈列维帮助第一批葡萄牙商人恢复犹太教习俗礼仪的故事只是这方面最有传奇性的一个。在十七世纪前半叶，阿姆斯特丹葡裔犹太人的主要拉比们大多来自社区之外。约瑟夫·帕尔多（Joseph Pardo）出生于萨洛尼卡，但是在他起程前去担任"雅各布礼拜堂"的拉比时，他住在威尼斯。他花了很大工夫重新教育习于西葡系犹太教仪的圣会会众们，而哈列维所教的可能是具有德系犹太教仪特色的东西。"和平之宅"起初从君士坦丁堡请来朱达·维加（Judah Vega），后来于1616年从摩洛哥的非斯请来伊萨克·乌齐尔（Isaac Uziel）。乌齐尔又培训出马纳塞·本·伊斯雷尔（Menasseh ben Israel）及伊萨克·阿伯布·达·丰塞卡（Issac Aboab da Fonseca），后两人都是"马拉诺"出身，分别来自马德拉岛和葡萄牙。这个时期社区最重要的拉比是索尔·列维·摩特拉（Saul Levi Mortera），他甚至不属西葡系犹太人。他生于威尼斯的德系犹太人家庭，1616年抵达阿姆斯特丹，两年后成为雅各布礼拜堂的首席拉比。这些非改宗者出身的拉比或 chacham（哈赞）＊＊将他们认为与犹太传统不合的各种宗教活动通通改正或废除，而且指导使社区的活动符合"犹太律法"的要求。例如，雅各布礼拜堂的教友本来惯于在阿布月＊＊＊九日之前的三个星期六聚会于犹太会

＊ 德系犹太人，或译阿什肯那齐人（Ashkenazim）：他们的祖辈原来住在法国北部及德国，后来由于政治压迫，逐渐移居中欧和东欧，以波兰一立陶宛地区为中心。除了祈祷时用希伯来语之外，日常生活则讲意第绪语，这是一种混有希伯来语、古法语和古意大利语的高地德语。他们的人数比西葡系犹太人多，文化宗教模式亦有区别。

＊＊ "哈赞"（chacham 或 hazzam）：犹太教公会负责礼拜仪式并领唱赞美诗的人，往往兼任宗教学校的董事，并处理会堂的日常事务。

＊＊＊ 犹太历5月为"阿布月"（Ab），在公历7—8月间。

堂,悼念"圣殿"* 之毁灭,但是帕尔多禁止这样做,因为(他认为)这样就破坏了安息日的神圣性。㉝

在组织与纠正阿姆斯特丹犹太社区(Kehillah)**这一过程中,威尼斯起了重要的规范作用。威尼斯的西葡系犹太人社区在当年是最大和最繁荣的一个,对于寻求回归犹太教的"马拉诺"来说,也是最重要的。它不仅为北方的教友们配备拉比,也对新社区的内部秩序起模范作用。正是从一开始,雅各布礼拜堂和"和平之宅"就采取威尼斯的管理制度。犹太教公会的实权不授给拉比,而授给非神职的主管人员。管理部负责政治、商业、司法,甚至宗教事务——从礼定屠宰和销售"可食"(Kosher)肉食到因道德的或宗教的罪过而将人们革出教门,无所不包。拉比的权力,至少在法律规定上,却有颇为严格的限制。从条文上说,他是为管理部工作的受薪干部,其任务主要是作为精神上的领袖和教师。

这种安排并非总是一帆风顺。1618—1619 年间,在权力划分上的冲突导致一个犹太教公会的分裂。争论的确切根源并不完全清楚。问题涉及对医师戴维·法拉尔的种种指控。他是雅各布礼拜堂的领导者之一,而且有自由派,甚至(至少按照其反对者的说法)自由思想者的名声。根据一位观察家对派系分立的记述,法拉尔被控委任了一名"索海特"(Schochet,礼定屠宰师),拉比后来

---

* 圣殿(Temple),此指"第一圣殿"或"第二圣殿"。"第一圣殿"为希伯来国王所罗门在公元前 935 年建成,公元前 586 年被新巴比伦帝国的军队焚毁。"第二圣殿"在波斯王朝大帝的支持下,于公元前 516 年建成,公元 70 年被罗马皇帝提图斯率军摧毁。这两个圣殿都是在犹太历阿布月九日被毁,故此日称为"哀悼日",耶路撒冷的犹太人每年此日到遗址上的哭墙(西墙)祈祷。

** 犹太社区(Kehillah):指以犹太会堂及其学校为中心的一个犹太社区。此词源自波兰,指犹太人有自己的学校体制及律法实施的自治社区,它控制宗教生活一切方面。

认为不合格，但据说法拉尔拒绝撤换他。㉞按照另一位证人的说法，有争议的是法拉尔涉嫌提出关于圣经本文之解释及"喀巴拉"（Kabbalah）*之实践功效的种种异端见解。（第二种说法认为，"索海特"事件所涉及的不是法拉尔本人，而是他的岳丈亚伯拉罕·法拉尔。）㉟法拉尔遭到雅各布礼拜堂的拉比约瑟夫·帕尔多的谴责（甚至可能是被驱逐，或革出教门）。帕尔多看来得到"和平之宅"的严格保守派拉比伊萨克·乌齐尔的支持。法拉尔作出反击，重申他的见解，而且驳斥拉比在此事上的权利。他也可能对他们有权宣布革出教门令提出质疑，认为这是犹太教公会管理部独有的权利，而他是管理部的成员。有一点是肯定的：作为这次争执的结果，雅各布礼拜堂分成两派：一派支持领导者法拉尔，另一派则支持帕尔多拉比。帕尔多那派决定脱离雅各布礼拜堂，另组新的犹太教公会，名为"生命之树"（Ets chaim），后来改称以色列礼拜堂。他们的第一个措施，便是封闭与夺取雅各布礼拜堂一直用作犹太会堂的那所房屋，从而引起一场对犹太教公会财产的争斗。这时，由于帕尔多离去，索尔·列维·摩特拉接任雅各布礼拜堂的首席拉比。新近从南特到来的亚伯拉罕·德·斯宾诺莎等人拉他加入了赞成法拉尔的那派。

在荷兰法庭指定仲裁人之后，雅各布礼拜堂事件于1619年终告解决。㊱继续使用"雅各布礼拜堂"这一名称的法拉尔那派，被判定拥有那座犹太会堂的产权。但是两派也都请求威尼斯社区的领袖们予以裁决，而且派代表到威尼斯力争他们应得的权利。威

---

* "喀巴拉"（Kabbalah）：泛指犹太教神秘主义体系及传统。他们相信这些教义作为"口传律法"的秘密部分是启示给西奈山上的摩西的。第一部反映中世纪犹太教神秘主义思想的著作为《光明之书》（Sefer ha-Bahir），十二世纪中叶流传于普罗旺斯。喀巴拉派的主要著作《佐哈尔》（Zohar）于1290年左右出现于西班牙。

尼斯方面拒绝归咎于帕尔多或法拉尔任何一方,努力按照和解与妥协的精神同时解决所谓法拉尔的异端观点和关于财产的实际管理问题。㊲这一事件一方面证明,在早期社区的权力问题上,非神职的领导者与教士拉比之间有时发生龃龉;另一方面,这不是唯一的一次向威尼斯方面提出诉求,说明那个意大利共和国的西葡系犹太人对阿姆斯特丹的犹太人具有法律与宗教上的权威。

存在于1619年以后的这三个犹太教公会,各自有本身的管理部和自己的拉比班子。每个管理部有干部五名:三名"社区领导者"(parnassim* 及两名助理,最后统称 parnassim。(这三个犹太教公会后来合并,其管理部门整合为单一的 ma'amad,** 由六名 parnassim 及一名嘎巴伊*** 或司库组成。)1618年以后,雅各布礼拜堂的首席拉比是摩特拉。他的副手是摩西·哈列维(至1622年哈列维返回埃姆登为止)。在伊萨克·乌齐尔于1622年去世之后那个时期,犹太教公会"和平之宅"的"哈赞"们有马纳塞·本·伊斯雷尔及塞缪尔·科恩。戴维·帕尔多于1619年他的父亲去世后接任以色列礼拜堂的首席拉比。来自克里特岛的约瑟夫·德尔米迪哥在1626年至1629年与戴维共事。在1626年,年仅21岁的伊萨克·阿伯布·达·丰塞卡也被任命为那个犹太教公会的"哈赞",他很快成为社区中的名人。

尽管这些犹太教公会在行政上是各自独立的,雅各布礼拜堂、和平之宅及以色列礼拜堂达成多项合作,特别是在对整个葡裔犹太社区有特别重要意义的项目上。最初,雅各布礼拜堂与和平之

---

* parnas,希伯来语,"社区领导者"之意,im 词尾为复数。
** ma'amad,希伯来语,原是身份、地位之意,此指非神职人士组成的管理委员会。
*** 嘎巴伊(gabbai):即司库,在历史上他是犹太会堂雇请的会费收集者。现在,还在会堂内负责按礼仪次序安排活动,相当于秘书或助理。

宅各有自己的律法教育协会,但是到1616年它们联合而形成单一的教育协会。为了看守病人及将死者运去埋葬,有一个联合的"探视病人"(Bikur Cholim)*协会。1625年为贷款事务成立了Honen Dolims;而在1615年创立的"捐助孤儿及贫苦少女圣会"(Santa Companhia de dotar orfans e donzelas probres,简称Dotar)是慈善组织,模仿威尼斯的同类机构,为失去父母的少女及穷苦新娘提供嫁妆。㊳Dotar的服务对象不仅是阿姆斯特丹,甚至不限于尼德兰各省。作为"葡萄牙或西班牙裔的希伯来少女"之成员,不论住在法国、佛兰德、英格兰或德国,任何贫苦女孩子都有资格申请援助。唯一的条件是她们所嫁的是一位受过割礼的犹太人,按照犹太婚礼走到"胡帕"(chuppah)**之下。

1622年成立联合代表委员会,称"长老代表会"(Senhores Deputados),管理整个社区的重要问题。这个委员会由每个犹太教公会派两名"社区领导者"(parnassim)组成,但讨论特别重大问题时,全部十五名领导者都要出席,成为"十五长老会"(Senhores Quinze)。代表们有权管理的事项包括:制定内部征税(特别是imposta;作为对进出口贸易所征的税,它是社区财政的极为重要的基金来源);对礼定屠宰师(索海特)的任命及"可食"肉食的供应;经由社区墓地管理委员会——"生命会堂"(Beth Chaim)的丧葬事项;以及移民入住问题。

在十七世纪二十年代,对社区来说,移民入住是很重要的问

---

* "探视病人"(Bikur Cholim):此事涉及履行"戒律"或积功德。bikur cholim的善行包括给病人之家送饭,到医院探视或送一张"祝你康复"的卡片。犹太教认为这些事是每人的重要义务。

** "胡帕"(Chuppah):四根柱子支撑的婚礼华盖,装饰讲究,代表这对新人未来的新家。

题。1609 年阿姆斯特丹的西葡系犹太人约 200 名（全市人口七万人）；到 1630 年，便增至一千人（而全市人口增至十一万五千人）。这是一个成分日益复杂的群体。他们大多数仍是西葡裔的后代，即具有伊比利亚马拉诺传统的犹太人。在街头和家庭他们的日常语言为葡萄牙语，夹杂若干希伯来语、西班牙语甚至荷兰语（西班牙语被视为高级文学语言，而希伯来语则保留于礼拜仪式。因为到 1630 年前后，社区的几乎全部成年人都是在基督教的环境中出生和长大的，而且接受基督教学校的教育，所以真正懂得很多希伯来语的人绝少）。阿姆斯特丹以自由与财富闻名遐迩，吸引法国、意大利、北非及近东的犹太人前来，他们很多也是改宗者的后裔。若到那个住区访问，也很可能听到法语、意大利语，或许甚至听到一些拉地诺方言。* 令葡萄牙裔人士不胜焦虑的是，这些西葡系犹太人并非全已达到原有的经商家族的教养与富裕水平。调节社区人口（而且间接调节其素质）的办法之一，便是鼓励许多这些新的、往往贫穷的移民往他处定居。其实，征收 imposta 税的一部分目的就是帮助筹款，把犹太穷人遣送到生活费比阿姆斯特丹低的地方去。㊴

甚至更难融合的是德系犹太人，在十七世纪二十年代他们开始从德国和波兰来到这里。㊵这些讲意第绪语的来自东面的移民本来大多是以小批人从"隔都"（getto）**脱身的。但是，"三十年战争"使日耳曼各地的犹太人生活更加困难，而且集体屠杀变得更加残忍和频繁，所以，阿姆斯特丹的德系犹太人口大量增加。到

---

* 拉地诺方言（Ladino）：土耳其及其他地中海国家的西葡系犹太人所讲的一种西班牙语方言。

** 隔都（getto）：犹太人生活隔离区。1516 年起，欧洲的犹太人被限制住在里面，成为一个特殊的、被剥夺了公民权利的阶层。

十七世纪末,来自日耳曼、波兰和立陶宛的犹太人几乎以二比一的数量超过西葡系犹太人。

在十七世纪前期,阿姆斯特丹的西葡系犹太人与德系犹太人之间的区别是很大的。前者比较富裕而且高度组织起来,而后者大多贫困,缺乏自己的任何社会组织。除了极其个别的例外情况(拉比摩特拉就是一个例外),受过教育的德系犹太人倾向于不往阿姆斯特丹移民。故移居者大多是商人,诸如小贩和屠户。不论在经济上还是精神上,他们很快就变得依赖葡裔社区。西葡系犹太人给予他们就业机会(作为屠宰工人、肉贩、印刷工人,甚至家仆),让他们在犹太教公会的会堂中祈祷,而且(在 1642 年以前)容许他们在"老教堂区"的墓地埋葬他们的死者。逐渐地,德系犹太人得以摆脱葡裔社区而成立自己的社会与宗教组织,而且在 1635 年成立他们的第一个犹太教公会。

即使不是特别有学识,作为一个群体,移居阿姆斯特丹的德系犹太人一直没有与正规的犹太教隔绝,不像来自葡萄牙和西班牙的马拉诺那样被迫融入当地的非犹太社会。相反地,几个世纪以来他们和他们的先辈一直过着犹太人的传统生活,与周围的文化无染。他们懂得《妥拉》的语言及"哈拉哈"*的要求。因此,在葡裔社区中有些德系犹太人作为教师能够声名显著。然而,总体来看,西葡系犹太人对于他们之中的日耳曼和波兰犹太人颇看不起。他们憎厌那些人衣衫破旧,习俗古板,风气未开。十七世纪阿姆斯特丹的德系犹太人一直不能达到葡系犹太人的声望和地位。走到犹太人住区的通衢大道上,触目可见这两种人之间的差别。从那

---

* "哈拉哈"(halacha):希伯来语"律法"之意,本指《妥拉》中各种律法条文在实际生活中如何实行的说明,口传下来作为犹太教徒日常生活的守则,包括商务、宗教、农业、婚姻等等,几乎管理犹太人生活的每一方面。

个时期的蚀刻画（有些出自很著名的荷兰艺术家之手）可以看到，西葡系犹太人着装时髦，裁制考究，而且在许多方面与荷兰人的装束无异。从他们的发型、礼帽、短斗篷到他们的长袜与高靴，他们喜爱打扮成与他们有经常交易及社交接触的阿姆斯特丹商人阶级的模样。另一方面，德系犹太人显然不同，他们身着黑色长大衣，须髯未修，头戴旧式的便帽。

尽管这两种犹太人在文化与社会地位上互不相称——德系犹太人与西葡系犹太人结婚有很大阻力——而且德系犹太人显然使西葡系犹太人在荷兰人面前感到有失体面，但是葡裔人士在财务上对这些贫苦的中东欧犹太人却慷慨解囊。在1628年以后的情况尤其是这样，当时长老代表会（deputados）决定从对进出口贸易征收的税款（imposta）中专项拨出一笔钱，分给贫苦的德系犹太人。然而，这种同情与慷慨不会延续很久。葡裔人士不久便对他们的贫穷邻人感到不耐烦。在斯宾诺莎出生的那一年，即1632年，"为了防止上门伸手乞讨的德系犹太人造成妨害与骚扰"，通过一项地方法规，成立两个赈济站来收集对德系犹太人的施舍捐助。1664年的禁令规定，私人对来自日耳曼、波兰及立陶宛的犹太人行善可能受到处罚。由机构进行的救助继续实施，最著名的是通过"公正会"（Avodat Chesed）进行；但是颇大一笔社区收入专项拨用于"遣送我们的贫苦弟兄"返回他们原来的国家。㊶

* * *

阿姆斯特丹的西葡系犹太人那时究竟有多么富裕？这是难以确定的。虽然不及最富有的荷兰人，某些个别的家族很有钱。根据1631年的税收名册，本托·奥索里奥的税前收入为五万荷盾，而克里斯托菲·门德斯的收入为四万荷盾。㊷另一方面，更富裕的荷兰企业家的收入完全可达六位数字。1637年省督弗雷德里克·亨德里克(Frederik Hendrik)亲王的收入为65万荷盾。一位历史家写道：在阿姆斯特丹的证券交易所"有犹太人担任不同的职位，但是他们不像某些人臆想的那样主宰交易所。他们的资本不足。在大银行家中，连一个犹太人也没有。如果以他们的财富与大商人及执政望族相比，他们是不足道的。"㊸况且，犹太人的财富大多集中于不到百分之十的家族手中。到十七世纪五六十年代，这种情况仍使西葡系犹太社区整体上达到比阿姆斯特丹全体人口的平均财富更高的程度。㊹在十七世纪三十年代，大多数葡裔家族享有小康的生活；这样说似乎不错。

商业贸易是阿姆斯特丹葡裔犹太社区繁荣的主要来源，在这个领域他们对十七世纪前半叶荷兰经济的迅速增长作出无可争议的贡献。在他们中间有内科医生、外科医生、出版商、学者和其他专业人士，这要看哪些行会不排斥犹太人而定。但是尤以商人和经纪人的数量最大。在十七世纪三十年代，犹太人控制相当大的一部分荷兰对外贸易，估计达全国的百分之六至百分之八，阿姆斯特丹市的百分之十五至百分之二十。㊺犹太人与西班牙、葡萄牙及他们的殖民地的贸易完全可以与荷属东印度及西印度公司的贸易相匹敌。imposta是按照全部交易值计算的商业税，包含商品、运费、税金、保险等项在内；根据这方面的档案，1622年犹太人自己经营或为他人代理的交易达170万荷盾；翌年则超过200万荷盾。在1630年至1639年间，他们每年的成交额平均近300万荷盾。㊻尤其令人瞩目的是，实际上以相当狭小的业务范围为基础，他们竟然能够开拓出这样一份相当大的赢利经济。在十七世纪的前三十年内，犹太商人最重要的商运路线是在荷兰与葡萄牙及其殖民地（特别是巴西）之间的那些航线。他们的经营活动集中于几种精选的产品上：他们从北方向葡萄牙出口谷物（尤其是小麦和裸麦），同时向新大陆的荷兰殖民地出口各种荷兰产品；他们又从葡萄牙带来盐、橄榄油、杏仁、无花果等水果、调味料（诸如姜）、木材、酒、羊毛和一些烟草。在那些年代里，最最重要的是来自巴西的糖，以及葡萄牙殖民地的其他产品（木材、香料、宝石和金属）。与巴西的食糖贸易足有半数以上为西葡系犹太人所控制，这使得荷属西印度公司的董事们大伤脑筋。根据阿姆斯特丹的犹太商人于1622年拟定的一份文件——旨在向荷方证明尼德兰诸省从犹太人管理的"海运与商业中享有的利润"，以便从甫授予西印度公司的巴西贸易垄断权中得到免税——由于此前十二年中食糖进口的增长，仅阿姆斯特丹一地就必须建立21座新的食糖加工厂。[47] 在尼德兰联省共和国与西班牙之间的"十二年休战协议"生效期间（从1609年至1621年），殖民地的各种产品运到里斯本、波尔图、马德拉群岛及亚速尔群岛，然后再运到阿姆斯特丹及其他北方城市。后因战事重启，荷兰船只不得进入西班牙及葡萄牙诸港口，货物往往从巴西直接运到阿姆斯特丹。

阿姆斯特丹的犹太人与他们的葡萄牙的合伙人——通常是新基督徒商人——合作。而且往往投资于他们自己的公司和船舶，而不投入有势力的荷兰公司。定居于阿姆斯特丹的葡裔人士回归犹太教后，他们常常将犹太姓名用于社区内部，同时保留他们的葡萄牙新基督徒姓名，以供商业及其他目的之用（很像如今的犹太人，在通常的姓名之外，还有希伯来语的犹太姓名）。大多数荷兰商人称之为热罗尼莫·努内斯·达科斯塔*的人，他的犹太同胞则称之为摩塞·库列尔；本托·奥索里奥则被称为戴维·奥索里

---

* 这是葡萄牙新基督徒姓名，余类推。

奥；而弗朗西斯科·努内斯·奥梅姆就是戴维·阿本达纳。然而，在与葡萄牙的（有时还与西班牙的）合伙人打交道时，西葡裔犹太人常用他们的荷兰别名以隐蔽他们的伊比利亚原籍，躲避宗教法庭的法官及其密探寻根问底。于是，亚伯拉罕·佩雷拉变成"杰拉尔多·范·纳登"，戴维·恩里克斯·法罗变成"雷耶·巴伦支·莱利"，而（更刻板些）约瑟夫·德·洛斯·里奥斯变成"米歇尔·范·德·里维伦"，路易斯·德·梅卡多变成"路易斯·范·德·马克特"。[48]他们的真实姓名会泄露他们是阿姆斯特丹的葡裔居民（因而可能是犹太人），由此危及他们的葡萄牙合伙人，甚至危及他们自己的留居伊比利亚半岛的亲戚。宗教法庭还在密切监视其居民中的改宗者，在他们的眼中，与犹太人搭上任何关系的人都成为可疑分子。（有时候，宗教法庭还设法缉捕，甚至严重伤害那些已经逃脱其直接掌握的人们。1647年，阿姆斯特丹社区得悉其居民伊萨克·德·卡斯特拉-塔托斯公然遭受火刑的消息，大为震骇。此前那个年轻人离开阿姆斯特丹前往西班牙和葡萄牙，试图使马拉诺们回归犹太教。这是一桩莽撞的计划。他当然被捕，而且坦率供认他的"罪行"。据报道，他站在火刑柴堆上声嘶力竭地呼喊"示玛"*中的祷文："以色列人哪，你们要留心听！上主是我们的上帝；唯有他是上主。"在阿姆斯特丹，拉比摩特拉为他举行了葬礼。）

"十二年休战协议"于1621年终止，西班牙王室正式禁止荷兰与西班牙或葡萄牙的直接贸易，荷兰犹太人的经济荣景大受影响。在这种环境下，许多犹太人选择外迁到中立地区（诸如汉堡

---

* "示玛"（shema）：犹太教礼拜仪式中用于晚祷和早祷中的祷文，出自摩西五经（旧约）的《申命记》及《民数记》。它表达一神论的观念并宣示对上帝的信仰。

或格鲁克斯塔德),以继续照常经营。但是,荷兰的西葡系犹太人与伊比利亚半岛之间的走私贸易仍然继续不断。他们利用中立国船舶,对荷禁运的漏洞,尤其是通过亲戚或改宗者的关系网,达成对葡萄牙和西班牙的秘密合同,于是那些留在阿姆斯特丹的犹太人设法经营下去,虽然数量大为减少。在此期间,他们甚至能够把贸易扩展到摩洛哥(军火与白银)和西班牙(水果、酒、白银和羊毛),以及诸如里窝那和威尼斯等意大利城市(丝绸与玻璃)。

西葡系犹太人所控制的海外贸易激起各行各业的发展,从造船及相关行业到食糖加工,为荷兰的国内经济做出惊人的贡献。在当地的营业选择上,犹太人本身却是受限制的。他们不得自行开店和经营零售业,也不能进入由行会所控制的大多数传统行业(内科医师、药房及书店例外)。虽然犹太商人能够买到公民身份,但是并非因此享有市民的全部权利(他们的公民身份既非世袭,甚至也不能转给他们的子女)。1632年阿姆斯特丹的一条法令明确规定:"为了贸易起见,可准予犹太人公民身份,但是不许可成为店主。"不过,作为殖民地贸易的结果,在既有的行会尚未囊括或实力强大的利益集团尚未染指的领域内,往往出现一些新的机会(诸如钻石的切割与磨制,烟草加工和丝织业仅为其中的几项),在这些行业里他们还是能够大开利市的。荷兰的犹太人甚至设法进入食糖加工业,虽然在1655年以前,他们是被官方排除于这个行业之外的。[49]

* * *

十七世纪阿姆斯特丹的犹太人大多集中住在一个界限相当明确的地区内。对于犹太人可以住在阿姆斯特丹的什么地方,从来没有法律上的限制;但是因为老的城区缺乏空地,而且犹太人为了形成一个严格正统的社区，必须相互成为近邻，还要靠近他们的犹太会堂，所以，在十七世纪前期到达的犹太人往往聚居于1593年城市扩展规划所产生的新市区内。首先是"伏龙区"（Vloonburg 或 Vlooienburg），那是一块新近排干积水的方形岛，几条运河及阿姆斯特尔河在周边围绕，可通过四座桥梁进入。（这个一度淹没的住区就得名于荷兰语"洪水"，Vloed。）两条交叉于岛中央的大街把伏龙区分成四大块，另外在阿姆斯特尔河那边还有两块。在现称 Waterlooplein 的区域里，有 Nieuwe Houtmarkt（新木材集市），Houtgracht（木材水道），Leprozenburgerwal，Lange Houtstraat（长木街），Korte Houtstraat（短木街）及 Binnen Amstel 等地。在犹太人到来以前，这个地区大多用于木材（荷兰语 hout）的加工和销售。对于荷兰著名的商船队及海军舰队，木材是非常重要的。因此，除了犹太人之外，这个地区还是木材商人及仓库货栈的所在地。岛内住房大多为木制，而不是像市区各主要水道沿岸的富人所住的那种砖房。到了十七世纪三十年代，较穷的德系犹太人住在一些狭窄的内街小巷中，西葡系犹太人中的富户则住在外侧周边的宽敞大道旁（尤其是在木材水道两岸）。

　　犹太人住区的另一条主要街道是"宽街"（Breestraat），后称"犹太宽街"（Jodenbreestraat），它与作为伏龙岛之横轴的街道平行。"宽街"以短小的街段和桥梁与伏龙区连接。社区于1679年在"宽街"西端建立宏伟的新犹太会堂，迄今仍存在。到1650年，伏龙岛上183座房屋中有37座（约百分之二十）为葡裔犹太人完全或部分占有。在整个犹太人住区的房地产业主中，葡裔大约占百分之二十四，但是在该地区的居民中，他们所占的比例要大得多，因为许多荷兰房主的住房都是租给犹太人的。在1598年至1635年期间，在本市的婚姻档案上登记的西葡系犹太人有百分之

八十住在伏龙区和“宽街”一带。㊿

这个犹太人住区肯定不算“隔都”，因为许多非犹太人也在这些街道居住和工作（一度包括伦勃朗*以及其他一些著名的画家及艺术品商人，如亨德里克·奥依林堡、保罗斯·波特、**波得·科德及阿德里安·范·尼乌兰特）。不过，最富有的犹太人往往搬出这个地区，迁往阿姆斯特丹更高级的水道住区。例如，贝尔蒙 26
特的曼纽尔男爵住在 Herengracht，而德·平托家族住在圣·安东尼大街的一座宅第中。西葡系犹太社区不是封闭的地方，葡裔犹太人与他们的荷兰邻里有密切的商务、学术和社交接触。犹太人家里有信基督教的女仆（这种情况自然引起性丑闻的谣传，其中有些是真的），而且，犹太人与荷兰人合办商业。据说犹太人还经常光顾阿姆斯特丹的咖啡店和酒馆，他们可能在那里喝不符犹太教规的葡萄酒和啤酒。(51)

从斯宾诺莎时代的版画来看，犹太人住区的主要通衢整洁繁荣，树荫夹道，具有可以想到的十七世纪荷兰市区各种商业及社会活动。阿姆斯特丹的大多数砖砌房屋都是标准型的高而窄的建筑，虽然还有一些相当宽的宅第式的住房，那显然是更有钱人的寓所。并非所有的建筑物都是居民用房，其中还有一些木材厂、货栈、贸易事务所及其他商行。街道上白天熙熙攘攘，人们在办事、闲逛或购物，例如，到木材水道的蔬菜市场，而临街的水道沿岸停泊着大小不同的帆船和平底船。通往“老教堂”墓园的路线是沿阿姆斯特尔河而上的一段笔直而颇短的平底船航道。从外观来

---

* 伦勃朗（Rembrandt，1606—1669），荷兰大画家。生于莱顿，1631 年迁居阿姆斯特丹。其作品包括油画、水彩画、铜版画及素描共两千多件。

** 保罗斯·波特（Paulus Potter，1625—1654），荷兰画家，版画家。十七世纪荷兰画派代表之一。

看,作为斯宾诺莎诞生地的葡裔犹太人住区,实际上与该市任何其他部分没有什么区别。虽然讲话或唱歌的声调,或许连厨房发出的气味都是伊比利亚半岛式的。那里居民的面孔有些暗黑,更像地中海那边的人。但是,街景分明是荷兰式的。在不到三十年期间,西葡系犹太人在阿姆斯特尔河两岸成功地重现一百四十年前他们在西班牙和葡萄牙被迫放弃的一切:一种丰富的、四海为家的、然而分明犹太式的文化。如果说阿姆斯特丹作为"荷兰的耶路撒冷"已经变得远近闻名,那是洵属不虚的。

注释

①在《十五世纪西班牙宗教法庭之起源》(*The Origins of the Inquisition in Fifteenth Century Spain*)一书中,作者 B. 内塔尼亚胡(B. Netanyahu)认为,事实上几乎所有的改宗者都是十足的基督教徒,其中信仰犹太教者寥寥无几。

②关于中世纪西班牙的犹太人历史,以及导致"大驱逐"的事态发展,某些很好的全面记载见于伊扎克·贝尔(Yitzhak Baer)著《基督教西班牙的犹太人历史》(*A History of the Jews in Christian Spain*),塞西尔·罗思(Cecil Roth)著《马拉诺历史》(*A History of the Marranos*),简·格伯(Jane Gerber)著《西班牙的犹太人》(*The Jews of Spain*),及贝亚特丽斯·勒鲁瓦(Béatrice Leroy)著《基督教西班牙的犹太人》(*Les Juifs dans l'Espagne chrétienne*)。

③某些可靠的记载(虽然它们相互不一致)见于席尔瓦·罗莎(J. S. da Silva Rosa)著《阿姆斯特丹的葡裔犹太人历史》(*Geschiedenis der Portugeesche Joden te Amsterdam*);安科纳(J. d'Ancona)作"马拉诺到达北尼德兰:[在三个犹太教公会]合并统一前的阿姆斯特丹葡人社区"("Komst der Marranen in Noord-Nederland: De Portugese Gemeenten te Amsterdam tot de Vereniging"),载于布鲁格曼及弗兰克(H. Brugmans and A. Frank)编《尼德兰犹太人史》(*Geschiedenis der Joden in Nederland*);巴龙(S. W. Baron)著《犹太人社会史与宗教史》第 15 卷(*A Social and Religious History of the Jews*, vol. 15.)第 63 章:"荷

兰的耶路撒冷"(chap. 63:"Dutch Jerusalem");约瑟夫·米希曼、哈尔托赫·贝姆及丹·米希曼(Jozeph Michman,Hartog Beem,and Dan Michman)合著《尼德兰犹太社区史》(*PINKAS: Geschiedenis van de joodse gemeenschap in Nederland*);福克斯—曼斯菲尔德(R. G. Fuks-Mansfield)著《1795年以前阿姆斯特丹的西葡系犹太人》(*De Sefardim in Amsterdam tot 1795*);以及奥黛特·弗莱辛格(Odette Vlessing)作"黄金时代的葡裔犹太人"("Portugese Joden in de Gouden Eeuw")。

④尼德兰葡裔犹太人社区的诗人兼历史家丹尼尔·莱维·德·巴里奥斯(Daniel Levi de Barrios 1635—1701)所著《庶民统治之胜利》(*Triumpho del Govierno Popular*,约1683年至1684年阿姆斯特丹出版)最先叙述努涅丝的故事。作为辨析巴里奥斯历史著作中的事实与虚构之尝试,见克里斯蒂娜·彼得斯(Wilhelmina Christina Pieters)所著《在〈庶民统治之胜利〉一书中作为阿姆斯特丹葡裔犹太人社区之史书作者的巴里奥斯》(*Daniel Levi de Barrios als Geschiedschrijver van de Portugees-Israelietische Gemeente te Amsterdam in zijn "Triumpho del Govierno Popular"*)。努涅丝的结婚预告发表于1598年11月28日;见阿姆斯特丹市府档案"洗礼、婚姻及葬丧登记册"no. 665,fol. 54。然而,近来学者已发现,不论玛丽亚抑或她的丈夫,都没有公开回归犹太教,而且,其实他们最后还是返回西班牙;见萨洛蒙(H. P. Salomon)作"神话或反神话:关于阿姆斯特丹葡裔犹太族之最早记载"("Myth or Anti-Myth:The Oldest Account Concerning the Origin of Portuguese Judaism at Amsterdam")及罗伯特·科恩(Robert Cohen)作"对你们的未来诸世纪的纪念:关于阿姆斯特丹西葡系犹太社区早期阶段之神话与回忆"("Memoria para os siglos futuros: Myth and Memory on the Beginnings of the Amsterdam Sephardi Community")。

⑤这个故事最早见于摩西·哈列维之孙,阿龙之子,乌利·本·阿龙·哈列维(Uri ben Aaron Halevi)所著《西裔犹太人抵达阿姆斯特丹纪事》(*Narraçao da vinda dos Judeos espanhoes a Amsterdam*),此书早在1674年已印行。按照巴里奥斯的说法,这些事件发生于1595—1597年间;按照哈列维的说法,则在1603—1604年左右。

⑥见前引萨洛蒙及罗伯特·科恩之文章。

⑦阿姆斯特丹市府档案(Amsterdam Municipal Archives, no. 5059, sub. 24—40 [H. Bontemantel collection], i. c. 34.),见小胡森(Arend H. Huussen, Jr.)作"1600年左右荷兰西葡系犹太人的法律地位"("The Legal Position of Sephardi Jews in Holland, circa 1600")。

⑧见乔纳森·伊斯雷尔(Jonathan Israel)作"进入荷兰共和国的西葡系移民"("Sephardic Immigration into the Dutch Republic")。该文称:"荷兰西葡系犹太社区之兴起是以其在国际贸易中的作用为基础的……西葡系犹太移民获准定居于接纳他们的那些荷兰城市,首先是阿姆斯特丹、鹿特丹及米德尔堡,实际上这是因为人们认为他们在经济上是起作用的。(45)"

⑨据信大多数实际上是奉行天主教的;见萨洛蒙(Salomon)作"神话或反神话"("Myth or Anti-Myth?" 302—303.)。

⑩见阿姆斯特丹市府档案中的公证人档案(Amsterdam Municipal Archives, Notarial Archives no. 76, fol. 3—4.)。

⑪一般认为摩西·哈列维在这个早期的群体(以及后来的雅各布礼拜堂犹太教公会)中起精神领袖的作用,而且担任他们的首席拉比。但是奥黛特·弗列辛(Odette Vlessing)认为没有证据支持这个说法,而且其实倒是有相反的证据,见她所作"阿姆斯特丹葡裔犹太人最初历史的新发现"("New Light on the Earliest History of the Amsterdam Portuguese Jews")。

⑫见胡森(Huussen)作"1600年左右荷兰西葡系犹太人的法律地位"("The Legal Position of Sephardi Jews in Holland, circa 1600")。

⑬1610年有一份公证文书记载:许多葡萄牙人与某些犹太肉贩订立合同,为犹太教规定的"可食食品"(Kosher)之屠宰运送动物。弗列辛(Vlessing)认为,这是说明阿姆斯特丹有一批犹太人奉行犹太教律法的第一个实证。见"阿姆斯特丹葡裔犹太人最初历史的新发现"("New Light on the Earliest History of the Amsterdam Portuguese Jews," 47.)。

⑭从1607年起,直到1614年买到"老教堂区"的一块土地为止,阿姆斯特丹的犹太人使用位于阿克玛(Alkmaar)外面的格罗特街(Groet)他们取得

的一块地皮作为墓园。

⑮建立雅各布礼拜堂的日期说法不一,约在早到1600年晚到1608年之间。弗列辛说有理由相信"和平之宅"早于雅各布礼拜堂;见"阿姆斯特丹葡裔犹太人最初历史的新发现"。

⑯弗列辛考证,"和平之宅"存在的第一个具体证据出现于1612年,而雅各布礼拜堂存在的第一个证据出现于1614年;见"最初历史"("Earliest History," 48—50.)。

⑰见克恩(E. M. Koen)作"1612年的犹太会堂建在何处及为何人所建?"("Waar en voor wie werd de synagoge van 1612 gebouwed?")克恩指出,这座建筑就是1612年修建的"和平之宅",但当时禁止使用。

⑱见福克斯—曼斯菲尔德(Fuks-Mansfield)所著《1795年以前阿姆斯特丹的西葡系犹太人》(De Sefardim in Amsterdam, 53—55.)。

⑲引自莱文与摩根斯坦(Ruth E. Levine and Susan W. Morgenstein)合著《伦勃朗时代的犹太人》(Jews in the Age of Rembrandt, 5.)。

⑳见格劳秀斯著《关于管理荷兰省及西弗里斯兰省犹太人设施之制度的忠告》(Remonstratie nopend de ordre dije in de landen van Hollandt ende Westvriesland dijent gestelt op de Joden)。

㉑见胡森(Huussen)作"1600年左右荷兰西葡系犹太人的法律地位"("The Legal Position of Sephardi Jews in Holland, circa 1600")。此文对走向承认的步骤有良好的一般论述。另见热拉尔·纳翁(Gérard Nahon)作"阿姆斯特丹,十七世纪西葡系犹太人的西方首府"("Amsterdam, métropole occidentale des Sefarades au XVIIe siècle")。

㉒"在居留于联省共和国,包括荷兰省及阿姆斯特丹市的犹太族长者向[尼德兰国会]诸位阁下提出的要求中,控诉西班牙国王及其臣民一个时期以来,在贸易与航运以及其他方面,对他们施加不公平而苛刻的手续,官员们对此审议之后,认为应该认定并宣布如下:上述的犹太族均为尼德兰联省共和国真正的国民与居民,所以,他们也必须享有与受益于与上述西班牙国王所签订的和平与航运条约……"见克嫩(H. J. Koenen)著《尼德兰犹太人历

史》(*Geschiedenis der Joden in Nederland*)。然而,全面的解放要到下一个世纪才实现。

㉓乔纳森·伊斯雷尔(Jonathan Israel)指出,尼德兰共和国与西班牙王国的战争到1648年才结束。犹太人与荷兰人的关系也受到西班牙国王的态度与做法的巨大影响。见"1609—1660年西班牙与荷兰的西葡系犹太人"("Spain and the Dutch Sephardim,1609—1660")。

㉔见莱谢克·科拉克夫斯基(Leszek Kolakowski)著《没有教会的基督徒》(*Chrétiens sans église*,chap. 2.)。

㉕一位主要的谏诤派论辩家乌滕伯盖尔特(J. Uytenbogaert,1557—1644)声称,霍马勒斯派(Gomarists)* 想要像教皇那样以教会管理世俗社会。

㉖对谏诤派危机的良好论述,见彼得·海尔(Pieter Gevl)著《十七世纪的尼德兰》(*The Netherlands in the Seventeenth Century*,I:38—63.)。加里·施瓦茨(Gary Schwartz)论证,此次危机,尤其是阿姆斯特丹演变成亲谏诤派的城市,对了解伦勃朗之生涯有重要意义;见《伦勃朗的生平与绘画》(*Rembrandt:His Life,His Paintings*)。

㉗约瑟夫·米希曼(Jozeph Michman)指出,其实反谏诤派对犹太人的敌意不如谏诤派;而且,从犹太人的前途来看,谏诤派之失势是一件好事;见"尼德兰犹太人的历史学"("Historiography of the Jews in the Netherlands")。

㉘阿姆斯特丹市告诫犹太人应该严守摩西律法,这大概也是确保他们尽可能与《旧约》中的民族相似的一种企图。

㉙见安科纳(J. d'Ancona)作"马拉诺到达北尼德兰"("Komst der Marranen in Noord-Nederland," 261—262.)。

㉚见丹尼尔·M. 斯韦琴斯基(Daniel M. Swetschinski)著《十七世纪阿姆斯特丹的葡裔犹太商人》(*The Portuguese-Jewish Merchants of Seventeenth Century Amsterdam*,22—29.)。

---

* 弗兰茨·霍马勒斯(Franz Gomarus,1563—1641),莱顿大学神学教授,主张堕落前预定说。

㉛见勒瓦(I. S. Revah)作"乌立尔·台·柯斯泰的宗教"("La Religion d'Uriel da Costa," 62.)。

㉜见伊尔米亚胡·约维尔(Yirmiyahu Yovel)著《斯宾诺莎及其他持异见者》(Spinoza and Other Heretics, I:19—28.)。

㉝来自威尼斯的帕尔多是社区早期建立宗教仪礼规范的主要人物,见米里亚姆·博迪恩(Miriam Bodian)作"阿姆斯特丹,威尼斯及十七世纪马拉诺流亡者"("Amsterdam, Venice, and the Marrano Diaspora in the Seventeenth Century," 48.)。

㉞见安科纳(d'Ancona)作"马拉诺到达北尼德兰"("Komst der Marranen", 228—239);福克斯—曼斯菲尔德(Fuks-Mansfield)著《1795年以前阿姆斯特丹的西葡系犹太人》(De Sefardim in Amsterdam, 61);凯泽林(M. Kayserling)作"阿姆斯特丹西葡裔社区中的一次冲突及其后果"("Un Conflit dans la communauté hispano-portugaise d'Amsterdam – Ses consequences")。

㉟见博迪恩(Bodian)作"十七世纪阿姆斯特丹,威尼斯及马拉诺的聚居区"("Amsterdam, Venice, and the Marrano Diaspora", 53—57.)。

㊱见瓦斯·迪亚斯(A. M. Vaz Dias)作"阿姆斯特丹最老的葡裔犹太教公会雅各布礼拜堂之分裂"("De scheiding in de oudste Amsterdamsche Portugeesche Gemeente Beth Jacob", 387—388.)。

㊲威尼斯裁决之葡语译本见于阿姆斯特丹市府档案(the Amsterdam Municipal Archives, no. 334, fol. 2.)。

㊳见勒瓦(I. S. Révah)作"'捐助贫苦孤儿及少女圣会'印行的第一份章程"("Le Premier Règlement imprimé de la 'Santa Companhia de dotar orfans e donzelas pobres'")。

㊴见安科纳(d'Ancona)作"马拉诺到达北尼德兰"("Komst der Marranen," 244ff.);弗列辛(Vlessing)作"阿姆斯特丹葡裔犹太人最初历史的新发现"("New Light on the Earliest History of the Amsterdam Portuguese Jews", 53—61.)

㊵有记载称早在1616年就有一些德裔犹太人葬于"老教堂"区墓园。

㊶见约瑟夫·卡普兰(Yosef Kaplan)作"十七世纪阿姆斯特丹的葡裔社区及德系犹太人的世界"("The Portuguese Community in Seventeenth Century Amsterdam and the Ashkenazi World");瓦斯·迪亚斯(A. M. Vaz Dias)作"对阿姆斯特丹德系犹太社区历史的新贡献"("Nieuwe Bijdragen tot de Geschiedenis der Amsterdamsche Hoogduitsch-Joodsche Gemeente");J. 米希曼、贝姆及丹·米希曼(J. Michman, Beem, and Dan Michman)合著《尼德兰犹太社区史》(PINCHAS: *Geschiedenis van de joodse gemeenschap in Nederland*, chap. 3.)。

㊷见莱文与摩根斯坦(Levine and Morgenstein)合著《伦勃朗时代的犹太人》(*Jews in the Age of Rembrandt*, 7.)。

㊸见范·迪伦(J. G. van Dillen)作"阿姆斯特丹的银行业"("La Banque d'Amsterdam")。

㊹见斯韦琴斯基(Swetschinski)著《葡裔犹太商人》(*Portuguese-Jewish Merchants*, 128.)。

㊺见弗列辛(Vlessing)作"阿姆斯特丹葡裔犹太人最初历史的新发现"("Earliest History", 62—63.)。

㊻同上。

㊼同上,第54—56页。

㊽见斯韦琴斯基(Swetschinski)著《葡裔犹太商人》(*Portuguese-Jewish Merchants*, 184—185);瓦斯·迪亚斯(Vaz Dias)及范·德·塔克(van der Tak)作"本托及加布里埃尔·德·斯宾诺莎的商号"("The Firm of Bento y Gabriel de Spinoza", 180.)。

㊾对荷兰的西葡系犹太人之经济地位与经济活动的最新研究成果为:乔纳森·伊斯雷尔(Jonathan Israel)作"在1595—1713年荷兰的黄金时代期间荷兰西葡系犹太人之经济贡献"("The Economic Contribution of Dutch Sephardic Jewry to Holland's Golden Age, 1595—1713");斯韦琴斯基(Daniel M. Swetschinski)作"亲戚关系与商业:十七世纪荷兰的葡裔犹太人生活之基础"("Kinship and Commerce: The Foundations of Portuguese Jewish Life in Seventeenth Century Holland");及奥黛特·弗列辛(Odette Vlessing)作"阿姆斯特

丹犹太人最初历史的新发现”（“The Earliest History”）。另见于亨利·梅舒朗（Henry Méchoulan）著《斯宾诺莎时期的阿姆斯特丹：金钱与自由》（*Amsterdam au temps de Spinoza: Argent et liberté*）及赫伯特·布卢姆（Herbert Bloom）著《十七与十八世纪阿姆斯特丹犹太人的经济活动》（*The Economic Activities of the Jews of Amsterdam in the Seventeemth and Eighteenth Centuries*）。

(50)对十七世纪阿姆斯特丹犹太人住区居民人口统计的最佳研究成果为瓦斯·迪亚斯（Vaz Dias）作“在阿姆斯特丹建立专门的犹太人定居点的企图”（“Een verzoek om de Joden in Amsterdam een bepaalde woonplaats aan te wijzen”）及蒂尔查·列维（Tirtsah Levie）与亨克·赞库尔（Henk Zantkuyl）合著《十七与十八世纪阿姆斯特丹的居民》第七章（*Wonen in Amsterdamin de 17de en 18de eeuw*, chap. 7.）。

(51)这就引起关于这些葡裔犹太人究竟如何遵守教规的问题。例如，他们在任何时候都按照犹太教规吃“可食食品”吗？只是在家里吃“可食食品”吗？根本不遵守吗？如斯韦琴斯基（Swetschinski）所说，对这个问题，我们确实没有答案。见《葡裔犹太商人》（*Portuguese-Jewish Merchants*, 437—438.）。

第二章　亚伯拉罕与迈克尔

"木材水道"（Houtgracht）是把"伏龙区"（Vlooienburg）里面的方形岛与环绕"宽街"（Breestraat）的邻接地段分开的一条水道，在十七世纪最初十年的一个典型的日子里，这条水道的两岸都是熙熙攘攘、人气旺盛的。这里的各货栈外面正在进行木材交易，让满载木材的平底船溯水道而上，向阿姆斯特尔河驶去。同时，艺术品商人在展售他们的油画，而奔走喧嚷的犹太人也在忙于他们日常事务。社区的三个犹太会堂都面向这条水道。犹太社区的葡裔成员，不论住在方岛的内街小巷，还是住在更高档的"宽街"住宅区，每天都要来"木材水道"好几次。他或许正在往返于犹太会堂途中，参加犹太教公会或社区的活动，与其他商人敲定生意，或是把他的孩子送往社区的学校。

在那些可能沿水道一带工作和做礼拜的西葡系犹太人中间，有一位亚伯拉罕·热苏鲁姆·德·斯宾诺莎，别名埃马努埃尔·罗德里格斯·德·斯宾诺莎。他常常使用亚伯拉罕·德·斯宾诺莎·德·南特这个名字，以便有别于社区的另一名成员亚伯拉罕·伊斯雷尔·德·斯宾诺莎·德·维拉·洛博斯（别名加布里埃尔·戈梅斯·斯宾诺莎）。"德·斯宾诺莎"（de Spinoza，还有其他拼法，如 Despinosa 或 d'Espinoza）这个名字来自葡萄牙语 espinhosa，意思是"荆棘丛生的"、"多刺的"。这个家族可能原为西班牙人，像许多其他人一样，他们于十五世纪逃往葡萄牙。就我们所知，亚伯拉罕生于葡萄牙。但是现存关于他的最早记载说他于1596 年在南特(Nantes)。他大概在十六世纪九十年代初逃到法国，他的姊妹莎拉很可能与他同行，似乎还有他的兄弟伊萨克一家人。他们的某位亲戚或朋友那时大概已被人向当地的教会法庭告发为犹太教信奉者。诛求无厌的宗教法庭绝少满足于只揪出个别人士，而且有办法通过威胁利诱搞出更多的名字。情况往往是这样：一旦改宗者亲族怀疑当局正在注意他们之中的哪怕一个人，不管关系多么疏远，他们都要全体迅速离开原住地。

1590 年左右来到阿姆斯特丹的埃马努埃尔·罗德里格斯·维加，于 1656 年 12 月授权给亚伯拉罕·德·斯宾诺莎·德·南特作为他的法律事务代理人，为他追索已被西班牙人扣留的一些商品。这些商品计有属于罗德里格斯·维加的 22 件台面呢；属于罗德里格斯·维加及其兄弟，安特卫普的加布里埃尔·费尔南德斯的 8 张水牛皮和 32 发炮弹；属于安特卫普的路易斯·费尔南德斯和里斯本的曼努埃尔·德·帕拉西奥斯的 10 件台面呢；属于里斯本的巴托洛梅乌斯·桑谢斯的 25 件台面呢；属于波尔图的西蒙·丹德拉得的 4 件台面呢；以及属于（大概是阿姆斯特丹的）"葡萄牙商人"巴托洛梅乌斯·阿尔韦雷斯·奥科里多的，包含一些哈勒姆纺织品的船货。这些商品载于荷兰船只"希望"号上，由船长扬·吕滕率领下驶往葡萄牙的维亚纳。因为荷兰与西班牙还在打仗，这艘船及其货载被西班牙士兵扣留，押往法国的布拉韦港。罗德里格斯·维加以"现住阿姆斯特丹的葡萄牙商人"的身份，授权"住在布里塔尼地区南特市的埃马努埃尔·罗德里格斯·斯宾诺莎阁下提出诉讼和找回……上述商品……[而且]在这方面采取宣誓作证者本人若亲自到场可能要采取的一切措施。"①不十分清楚的是为什么罗德里格斯·维加委托亚伯拉罕办这件事。他们之间有家族关系吗？过去有商务关系吗？在处理这种任务方面亚伯拉罕是否有过特别良好的声誉？不过,这件事确实表明,葡裔犹太人(以及新基督徒)得其所哉地拥有广泛的关系网。他们能够超越国境互相依靠。阿姆斯特丹的西葡系犹太人屡次委托在其他各国的犹太人或新基督徒代表他们办事,尤其是在停战协议未生效的情况下要与西班牙打交道的时候。

从南特来的亚伯拉罕·斯宾诺莎同埃马努埃尔·罗德里格斯·维加之间关系的根源无论怎样,二十年来这两人都是阿姆斯特丹同一个犹太教公会,即雅各布礼拜堂的成员。在1616年以前亚伯拉罕便离开南特定居于尼德兰。他家的其他成员或是伴同他一起或是紧随其后而来。亚伯拉罕与莎拉都去了阿姆斯特丹,而"从南特来的"伊萨克·埃斯宾诺莎死于鹿特丹。[②]1616年亚伯拉罕偕儿子雅各布与女儿拉谢尔住在"木材水道"那里,他的子女大概都生于法国。我们知道那年他在阿姆斯特丹,因为在6月18日那天,"亚伯拉罕·热苏鲁姆·德·斯宾诺莎·德·南特"加入"捐助孤儿及贫苦少女圣会"(Dotar),为这项慈善基金捐款20荷盾,"他本人及其后嗣承诺履行与遵循此圣会的一切规章"。在公证文书上他的身份是"阿姆斯特丹市的葡裔商人",而且那时是授权法国和葡籍代理商代表阿姆斯特丹各商行行事的人士之一。他的业务想必在于、至少部分地在于从葡萄牙进口水果与坚果。在1625年他(以曼努埃尔·罗德里格斯·斯宾诺莎之名)同意与安东尼奥·马丁内斯·维埃加做杏仁生意。显然,在商业上他取得适度的成功,虽然确实算不上社区里的一位富商。他在阿姆斯特丹交易银行的账户是有盈余的,但是1631年他为荷兰省议会第二百号便士税(若财产超过1000荷盾则征收相当于财产0.5%的税)的付款额只有20荷盾。这意味着那一年他的财富约4000荷盾。瓦斯·迪亚斯（A. M. Vaz Dias）是本世纪研究荷兰犹太人的最重要的历史学家之一，按照他的看法，"即使在那个时期，特别是对葡萄牙商人来说，那不算一笔大财富。"③

在犹太教公会"雅各布礼拜堂"以及阿姆斯特丹的整个犹太社区里，亚伯拉罕都起了显著的重要作用，而且，正是部分地由于他的努力，斯宾诺莎家族终于取得相当的名望地位。从1622年至1623年（犹太历5383年），在老教堂区的社区墓地管理委员会——"生命会堂"中，亚伯拉罕是犹太教公会"雅各布礼拜堂"的代表。在1624年至1625年（5385年），后来又在1627—1630年（5388—5390年），他是雅各布礼拜堂的非神职人士组成的管理委员会（ma'amad）的领导者之一。这就是说，在此期间，他还在葡裔犹太社区的联合管理委员会，即三个犹太教公会的管理部组成的"十五长老会"中任职。除非发生特殊的事件，否则"十五长老会"不在一起开会。三个犹太教公会的管理部选出的代表委员会，即"长老代表会"定期处理与整个社区利益有关的大多数事宜。在1627—1628年（5388年）及1628—1629年（5389年）亚伯拉罕被指定为雅各布礼拜堂的代表之一。

当然，在阿姆斯特丹的西葡系犹太人社区里，亚伯拉罕·德·斯宾诺莎的生活还有其他比较不幸的——而且，在他的一些同事看来有失体面的——插曲。1620年12月3日，亚伯拉罕及其女仆被市政当局解除拘留。有公告如下：

> 葡萄牙人埃马努埃尔·罗德里格斯·斯宾诺莎由司法局解除拘留。他郑重承诺，一旦司法长官阁下根据司法局的命令传唤他，他将再度出庭。此次释放系以他提供的保证为条件。弗朗西斯科·洛佩斯·罗莎博士及弗朗西斯科·洛佩

斯·迪亚斯作为保证人,因而承诺不然一定遵照司法局的裁决将涉案的埃马努埃尔·罗德里格斯带上法庭。谨具结如上。12月3日。见证人:现任市长兼司法长官弗雷德里克·德·弗里耶,司法局官员扬·彼得兹·德·维特及约里斯·约里兹。涉案的埃马努埃尔·罗德里格斯之女仆,来自南特的托博达·奥克玛亦获释,情况一如上述。④

首先,我们不知道亚伯拉罕及其女仆为什么被捕。托博达可能原先随这个家族从南特,甚至从葡萄牙来到阿姆斯特丹,或许是亚伯拉罕后来(再一次利用改宗者的关系网)把她带到荷兰。他们之间有暧昧关系吗?瓦斯·迪亚斯是这样想的,他说这是阿姆斯特丹的葡裔犹太人(包括拉比在内)屡屡被控的行为。他指出,"人们一定记得……来自南方的犹太人有一套与严格的加尔文教徒不同的道德观念。"⑤在伊比利亚半岛,主仆之间的一夫多妻关系(及私通关系)并不少见,而长期同化于西葡习俗的犹太人可能已经将这种风气掺进他们对"妥拉"戒律的其他背离行为中。

1619年亚伯拉罕当过保释书的另一方。那年秋天,犹太教公会"雅各布礼拜堂"的新任首席拉比索尔·列维·摩特拉遭到司法拘留,原因不明。亚伯拉罕和社区的一位富人雅各布·贝尔蒙特为摩特拉做保证人。亚伯拉罕可能仅是代表他的犹太教公会行事,因为公会正在设法使它的拉比获释。但是当时亚伯拉罕还不是雅各布礼拜堂的管理者之一。一个更为可信的说法是:亚伯拉罕与拉比摩特拉的关系相当好,或许甚至是密切的朋友。摩特拉于1625年充任一份公证文书的见证人,那份文书表明,亚伯拉罕"卧病在床,但是神智与语言完全正常",他将法律事务代理权授予他的侄子和女婿迈克尔·德·斯宾诺莎(Michael d'Espinoza)，以代表他在阿姆斯特丹交易银行"勾消与增添他的账目，存入和取出现金，采取一切所需措施，以及在必要时转让法律事务代理权"。⑥这不仅表明亚伯拉罕对迈克尔的信任，而且表明他同摩特拉有密切的关系，后者适时来到病人的住室以见证这件普通的事务。他们之间的友谊大概植根于1618年使犹太教公会雅各布礼拜堂分裂的那场争执。亚伯拉罕与摩特拉都与比较自由的法拉尔派留在雅各布礼拜堂，而不追随拉比帕尔多及其支持者，后者另建一个犹太教公会，名为"生命之树"，即以色列礼拜堂。⑦亚伯拉罕简直不可能想到，他的朋友后来竟成为把他的侄孙革出教门的那个统一的"塔木德·妥拉"犹太教公会的首席拉比。

*   *   *

亚伯拉罕将代理权授予迈克尔·德·斯宾诺莎的那份公证文书也表明，迈克尔来到阿姆斯特丹的时间不晚于1625年。其实，有理由认为亚伯拉罕的这位侄子及未来的女婿早在1623年就住在阿姆斯特丹。有一个孩子死于那一年的12月3日，埋葬于老教堂区的葡裔犹太人墓园，而在"生命会堂"的档案册上登记为"迈克尔·埃斯宾诺莎的孩子"。⑧

迈克尔于1587或1588年生于葡萄牙的维第盖拉(Vidigere)。几乎可以肯定，从南特来到鹿特丹的伊萨克·埃斯宾诺莎就是他的父亲。迈克尔的父亲是亚伯拉罕的兄弟。两个姓斯宾诺莎的犹太人，亚伯拉罕与伊萨克，同时从葡萄牙逃到南特，后来又到尼德兰，这当然不只是巧合。虽然伊萨克死于鹿特丹(1627年4月9日)，但他葬于老教堂区的墓地，这大概是因为他在阿姆斯特丹的一个犹太教公会有近亲(比如说，兄弟和儿子)

的缘故。此外,迈克尔给他的长子——后来在 1649 年夭折——取名为伊萨克,而按照祖父的名字给长子命名则是普通的犹太习俗。因此,毫无疑问,住在鹿特丹的伊萨克·埃斯宾诺莎既是亚伯拉罕的兄弟,又是迈克尔的父亲,这也使他成为我们这位哲学家的祖父。⑨

如果说,伊萨克和亚伯拉罕似乎很可能差不多同时离开葡萄牙——这可能是在 1588 年至 1596 年之间某个时候,1588 年迈克尔已出生,而 1596 年亚伯拉罕正在南特经商——那么,全家逃亡时迈克尔还是一个小男孩。⑩迈克尔于 1623 年或略早一些到达阿姆斯特丹,这时他大概来自南特,也可能途经鹿特丹。定居后不久,迈克尔与亚伯拉罕的女儿拉谢尔结婚。关于他们的婚姻,已无现存的档案,有可能是在 1622 年或翌年初举行的,因为他们在 1623 年丧失一个孩子。在"生命会堂"的档案册上这个婴儿没有名字,这说明在出生第八天能够命名之前可能已死。第二个孩子死于 1624 年 4 月 29 日,是早产的死胎。⑪不幸的拉谢尔死于 1627 年 2 月 21 日,年轻而无子女。

起初是什么动机使迈克尔来到阿姆斯特丹呢?或许这是亚伯拉罕的主意,因为他设法安排他的女儿与他的侄子结婚。这也可能是迈克尔希望在商业上有发展。特别是对于犹太人(或是谋求回归犹太教的马拉诺)而言,阿姆斯特丹的经济机会比在南特或鹿特丹好得多。大概伯父亚伯拉罕除了给迈克尔找妻子外,还要帮助他在商业上立足。这两人之间确实有私人的和财务上的密切关系;这点我们有文书为证。那份文书表明,亚伯拉罕将法律事务代理权授予迈克尔,以便处理他在阿姆斯特丹交易银行的账目。虽然没有证据显示亚伯拉罕把迈克尔当作他自己的商业合伙人，但是在从巴巴里海岸*进口商品方面这两人确实结成"商业伙伴"。

在亚伯拉罕于 1637 年逝世后不久，这桩联营的商业后来变成迈克尔与亚伯拉罕之子雅各布发生争端的起源。显然，这两个堂兄弟之间的关系起初是热络的。根据争端所产生的公证文书，雅各布·埃斯宾诺莎本来住在"巴勒斯坦的大开罗"（恐怕是埃及的开罗），那里有一个活跃的犹太社区。1637 年他父亲去世时他大概回到阿姆斯特丹，虽然公证文书说明他在荷兰的居留是临时的（按文书记载，他"住"在开罗，只是"目前""旅居"于阿姆斯特丹）。当年十二月，迈克尔申请准予雅各布继承他父亲在"捐助孤儿及贫苦少女圣会"的成员地位。迈克尔本人只是在此前六个月才加入圣会，交纳所需的 20 荷盾，"承诺履行此圣会的一切义务"。圣会的管理部一致同意接受雅各布"作为接替他父亲的唯一合法后嗣"。⑫

然而，在涉及迈克尔及亚伯拉罕的商务关系之利润和货物问题上，在迈克尔与雅各布之间一定有了分歧。作为亚伯拉罕的继承人，雅各布似乎觉得巴巴里的那笔生意欠他一些钱。看来此事的解决令雅各布感到满意，因为在 1639 年 1 月 24 日，当着公证人扬·福卡尔兹·奥利之面，雅各布解除了迈克尔所欠债务：

> 本案的宣誓作证者[雅各布·埃斯宾诺莎先生]宣告，为了他本人及他的继承人，业已从本市葡萄牙商人迈克尔·德·斯宾诺莎处收到总额 220 荷盾 6 斯梯弗 8 分作为账目的

---

* 巴巴里海岸（Barbary Coast）：指埃及以西的北非沿海地带，包括摩洛哥、阿尔及利亚、突尼斯及利比亚诸国。

剩余及最终结算。这笔款项有一部分是偿付宣誓作证者的已故父亲与本案的迈克尔·德·斯宾诺莎对巴巴里的萨尔合伙经营的贸易,此外还来自上述的迈克尔·德·斯宾诺莎按宣誓作证者所具有的前述法律权利交付的此项合伙经营的货物。所以,宣誓作证者本人承认,前述的对方已经付清上述对萨尔的合伙贸易产生的财物,不差毫厘,完全满意。……因此,在约瑟夫·科恩及约瑟夫·布宜诺见证之下,他对本案迈克尔·德·斯宾诺莎的如上清偿,以及迈克尔·德·斯宾诺莎最终为他开出的结账收据表示感谢。

雅各布接着宣告如下:

他充分承认收讫迈克尔·德·斯宾诺莎及其继承人与后代对上述事件所付出的一切,而且承诺:不论现在或今后,直接或间接,他本人或用其名义的其他人均不得以法律或其他方式向本案的迈克尔·德·斯宾诺莎提出任何索取与要求。

但是,这两位堂兄弟之间并非万事大吉。十二天以后,他们两人又回到原来的公证人面前。有一份新的公证文书说起雅各布的继承权。在雅各布到达阿姆斯特丹以前,迈克尔作为亚伯拉罕最密切的男性亲属,可能是他的伯父兼岳父之财产的指定遗嘱执行人。这或许是关于巴巴里商务之金钱与货物的第一场争执的后续;也可能是对有关商务利润或债务问题的新争端。既然"由于本案的雅各布·埃斯宾诺莎……向上述的迈克尔·德·斯宾诺莎要求某种继承权,他们之间已经发生问题与争论",两人一致同意将"关于上述继承权以及一切其他事项上的分歧,以及与此事有关的一切争端和要求"提交仲裁,"以便防止诉讼、纠纷与损失"。34 他们恳请葡裔社区的几位著名人士,即雅各布·布宜诺大夫,马塔蒂阿斯·阿布夫及约瑟夫·科恩裁决此争端。他们还达成协议,如果任何一方不尊重仲裁人的评决,他就必须付 400 荷盾,"作为贫民救济金……其中一半用于本市贫民,另一半救济犹太族的贫民。"⑬

这些仲裁人历时两个月仔细听取双方的论据,审查所有的相关文件,而且考量可能有助于作出公平判断的任何新添的材料。3 月 21 日诸仲裁人认为他们可以宣称,他们已经"在双方之间达成友好协议与妥协"。一方面,迈克尔必须付给雅各布 640 荷盾,雅各布收到此款"充分满意与知足,并且为此感谢上述迈克尔·德·斯宾诺莎的善意支付"。另一方面,对于将来的任何"剩余财物、债务、股票及存款","永远而且世袭地"为迈克尔及其继承人有权享有,一无例外,不论他们可能来自何地何人,不论是从他与上述的雅各布·德·斯宾诺莎之父合伙经营贸易所产生,抑或以任何方式来自上述雅各布·德·斯宾诺莎的其他事项,或以任何方式来自其他事项,或来自或许会有的任何事项。此后作为迈克尔与亚伯拉罕合伙经营之结果而可能产生的任何其他金钱与货物均应专门属于迈克尔,"作为他充分自主的私有财产,无须对上述的雅各布·德·斯宾诺莎或其亲属作任何支付"。仲裁人和公证人慎重表明,这应该是事件之了结,而且保证任何一方不再提出新的要求。⑭迈克尔想必已经获悉,这笔生意还会产生某些新的利润;否则难以相信他会同意作出这样的妥协。

亚伯拉罕作为年长和更有根底的合伙人,似乎在商业上给了他的女婿一个良好的开端。迈克尔最后独立地成为一位相当顺遂的商人,从事进口干果及柑橘(从西班牙和葡萄牙)、油类(从阿尔及利亚)、酒桶及其他商品。我们不确知迈克尔何时建立他自己的商行,但是有可能早在十七世纪二十年代中期。然而,对于阿姆斯特丹的葡裔犹太人而言,这是一段困难的年代,为了开展生意,他会是历经艰辛。

1609 年开始的"十二年休战"协议是荷兰经济的良机,因为打开通往葡萄牙及西班牙的直接无阻的海运路线,促进对西、葡两国在西半球的殖民地,以及绕过欧洲沿岸对北非和意大利的商务。对于阿姆斯特丹的葡裔犹太商人来说,既然伊比利亚半岛的贸易是他们的中心业务,这项休战协议尤为重要。随着西班牙取消对这些航线的禁运,停止对荷兰船只的骚扰,犹太人的经济开始大发利市。从 1609 年至 1620 年,在阿姆斯特丹交易银行里西葡系犹太人的账户数量从 24 户增至至少 114 户。市场为犹太人所控制的食糖进口量迅速增长,导致在此时期阿姆斯特丹建立了二十多座新的食糖加工厂。⑮如研究荷兰犹太人经济的历史家乔纳森·伊斯雷尔所指出,1609 年至 1621 年的休战时期,无论对整个阿姆斯特丹还是对特定的西葡系犹太社区而言,都是经济增长最迅速和最强劲的时期。这是推动荷兰的黄金时代的大好时机。⑯

在迈克尔抵达阿姆斯特丹前一年左右,即 1621 年,休战期结束,这番景气遂告终止。整个荷兰经济陷入萧条,这自然影响到阿姆斯特丹犹太人的好运。因为西班牙王室正式禁止荷兰与西班牙或葡萄牙之间的直接贸易,那些没有迁往中立地区而留居阿姆斯特丹的犹太人,不得不利用他们的改宗者或家族的秘密网络来继续经营。这些葡裔关系网(遍及西、葡两国及诸如法国那样的中立国家)使他们享有对荷兰的非犹太商人的优势地位,但是对于在尼德兰地区之外进行的任何商贸活动,这仍然是一个困难时期。特别是对开创新的商务,时机不利。荷属西印度公司建立于 1621 年,它最初遭到的失败大概至少部分地可以归咎于这些普遍性的困难。

亚伯拉罕与迈克尔所经营的产品种类在社区成员中有代表性，因此，他们自己的商运会显示出当时的各种压力。然而，由于他们不久以前住在南特，在那个重要的港口城市中，他们可能拥有家族的、朋友的，尤其是改宗者社会内有力的商务联系。迈克尔和他的伯父可能利用法国的商船，或在法国的葡萄牙（或法兰西）商人，帮助他们绕过伊比利亚对荷兰贸易中的障碍，便利他们进口葡萄干、杏仁及其他商品。

商务确实足以使迈克尔站稳脚跟。到十七世纪三十年代初，他在犹太社区是一位成功的企业家，成为一位言而有信的可靠人物。例如，从这个时期的不少公证文书上看，他都是一名见证人。1631年7月15日的一份公证文书称：在"亲王水道"处有一个货栈，"贮藏诸如食糖、巴西苏木及糖姜等杂货"。虽然存放在那里的糖姜可能是迈克尔的一种进口货，但他不是货栈的主人。尽管如此，他与一名叫菲利普·佩尔特的人持有货栈的钥匙。按照瓦斯·迪亚斯的说法，这表明迈克尔被社区视为可信托的人。[17]

商业贸易当然会有兴衰起伏。1633年迈克尔预计从马拉加（Malaga）启运的50小箱葡萄干没有安全到达，他诉诸普通的法律程序设法挽回损失。[18]而到十七世纪四十年代初，迈克尔的财务——包括为社区另一成员做保证人而自愿承担的债务——开始发生困难。但是在十七世纪二十年代末及三十年代初，当时他努力成为阿姆斯特丹市的一名有声誉的葡裔犹太商人，迈克尔·德·斯宾诺莎的日子一般还过得不错。

*　　　*　　　*

在拉谢尔于1627年逝世时，迈克尔大约38岁。[19]她去世后不久，迈克尔决意设法再建一个家。约在 1628 年，他娶了汉娜·大德博拉。汉娜的父亲是商人恩里克·加尔塞斯，别名大巴鲁赫，母亲是玛丽亚·努内斯。汉娜是家里三个孩子之一，她的兄弟名约书亚和雅各布。我们不知道汉娜的出生地，甚至不知道她与迈克尔结婚时她的年龄。其实，我们对她一无所知，只知道她的孩子出生及她逝世的日期。迈克尔与汉娜在 1629 年有了一个女儿，随汉娜的母亲而命名为米丽娅姆。在 1630 年至 1632 年初的某个时候，儿子伊萨克出生。[20] 1632 年 11 月，汉娜生了第二个儿子，随外祖父而命名为巴鲁赫。

　　在迈克尔家庭成员增多的同时，他在葡裔犹太社区中的地位也在提高。在 1639 年以前还存在三个犹太教公会，各设有自己的由五名干部组成的管理部。当上管理部成员（或称 parnas，即"社区领导者"）可能更意味着在犹太教公会成员中要分担社区的职责，而不是享有在统一成一个大型犹太教公会后那种真正的荣誉。晚近一位历史家指出，Kahal Kodesh（神圣社区）那时还没有充分发展成它在 1639 年以后所特有的贵族式结构，[21] 而社区的许多职位都是那些肯定不属最富和最著名的成员来充任。在这一时期，大约有 70 名商人当过"十五长老会"的成员，而且这可能只是一种"轮班"的任务。[22] 即使如此，进管理部工作也会成为享有某种权力的职位，而变成一名"社区领导者"（parnas）则说明他在社区中已经获致相当高度的敬重。只要因为那是对该人氏给予信任的反映，作为"十五长老会"的成员，"长老代表会"的一名代表，甚至或是教育协会的一名管理者，仍然是一种荣誉。雅各布礼拜堂以及其他犹太教公会成员委托给他们的"社区领导者"的任务，不仅是管理犹太会堂及其各种机构，而且还有（作为"十五长老会"的成员）对社区的全面管理，包括与市政当局进行任何必要的交涉。

在荷兰公众面前,"社区领导者们"是犹太社区的正式代表,如果说这项任务可以委托任何人来担任,则是难以置信的。最后一点,这些领导职位所带来的任何荣誉也都源于这样一个事实:以这种方式服务社区已被视为一种"米茨瓦"(mitzvah)*,即履行犹太人义不容辞的某种义务的功德所在。易言之,不是每个人都可以"轮班"的。

在1639年犹太教公会统一以前,迈克尔在社区的领导机构和各种组织中十分活跃,超过他在十七世纪四十年代的表现。就像社区内所有成功的商人,包括他的伯父亚伯拉罕那样,他恪尽他的慈善义务,于1637年加入"捐助孤儿及贫苦少女圣会"(Dotar),缴纳他的会员费(仍为20荷盾)以援助北部欧洲的贫苦西葡系犹太少女。在1633年,即巴鲁赫出生一年以后,他首次担任"十五长老会"的成员,因而成为雅各布礼拜堂的五名"社区领导者"(parnassim)之一。与此同时,作为雅各布礼拜堂在联合代表委员会的代表之一,他与约瑟夫·科恩一起开始一项为期两年的工作任期。在1635至1636年(犹太历为5395年),他是律法教育协会,即"犹太教律法学校"(Talmud Torah)**之管理部的六名"社区领导者"之一,负责管理学校和分配补助费。而在1637至1638年(5398年),他回到雅各布礼拜堂的管理部——共事者有亚伯拉罕·达·科斯塔,他是著名异端分子乌列尔·达·科斯塔(Uriel da Costa)的兄弟——从而又进入"十五长老会"。㉓

---

　* "米茨瓦"(mitzvah):复数为 mitzvot,译音"米茨沃特",在犹太教内为"戒律"之意。《妥拉》中的戒律共613条,为上帝在西奈山向摩西提出的,是一名良好的犹太教徒必须履行的义务。其中有许多条可视为"功德"(good deeds),所以,"米茨沃特"成为任何功德或善行的一般用语。

　** 犹太教律法学校(Talmud Torah):犹太儿童在小学(heder)毕业后,入这一"律法学校",学习《妥拉》及《塔木德》,以便准备入犹太教神学院(耶希瓦 yeshivah)深造。

在这些年里,"社区领导者"的时间通常大多用于当时发生的各种问题上,既有属于各犹太教公会的,也有属于整个社区的。他们要费神处理经常沿门乞讨施舍的德裔犹太人所引起的不便及"可耻表现";社区成员未经"代表会"(deputados)允许而出版希伯来语及拉丁语书籍;以及"老教堂"区墓地的维护工作。他们拟订禁止携带武器进入犹太会堂的法令,又规定禁止成员在犹太会堂中升高他们的座位,因为这种行为会被他人视为冒犯(它或许有这种用意)。1631年在市政当局指示下,代表会下令社区各成员不得试图使基督徒改宗犹太教,违反此规定者要受到革出教门的惩罚。1632年尼德兰国会与西班牙进行和平谈判时,在和谈中有关犹太人及其财产的那些问题上,"十五长老会"决议指定三名成员赴国会商议。与此同时,他们发布若干规定,涉及在最近的"转经节"*庆祝活动中他们认为过分的表现。每逢这个节日,庆祝为期一年的诵读《妥拉》活动的完成和重新开始。他们显然担心荷兰人如何看待这种公开的展示。1635年德系犹太人组织起来和足以建立他们自己的犹太教公会及犹太会堂之后,代表们向"葡萄牙裔"成员发出通知,除了业经西葡系犹太社区审查和委任为"索海特"(礼定屠宰师)的三人之外,他们不得购买任何人屠宰的肉食。那三名"索海特"为:阿龙·哈列维(摩西·哈列维之子,本人是德系犹太人)、伊萨克·科恩·洛巴托和伊萨克·德·莱昂。

在迈克尔担任雅各布礼拜堂的"社区领导者"的第一年,即

---

* 转经节(Simchat Torah):亦称欢庆圣法节(Rejoicing of the Torah),或译为西姆哈斯妥拉节。时在犹太历七月(即Tishri月,相当于公历九、十月间)的22或24日,即住棚节(Succot, Festival of Booths)或结茅节(The Feast of Tabernacles)的最后一天。这是狂欢的节日。

1633年,他所在的"十五长老会"于犹太历6月(即以禄月)8日在亚伯拉罕·法拉尔家中开会。他们一致通过增加imposta,即用以资助贫困的德系犹太人之重新安置的税收。就在那次会议上,他们对于使用犹太姓氏给住在西班牙的人写信提出很强硬的警告。违反这条规定的任何人都要遭到革出教门。在那一年里,这三个ma'amadot(由非神职人士组成的管理委员会)再次开会,处理犹太教公会"和平之宅"对imposta款项之分担额问题;当时那个犹太教公会在支付上发生困难。长老们一致同意,此后雅各布礼拜堂及以色列礼拜堂各分担八分之三,而"和平之宅"只需支付总额的四分之一。因为迈克尔于1637年至1638年再次担任"十五长老会"的成员,他大概参加过关于三个犹太教公会合并为一个的最初讨论。㉔

从这个时期的公证文书上看,迈克尔这些年很忙。他似乎参加了许多商业投机活动,有的仍是与葡裔犹太同胞合伙,有的是与荷兰商人共事。这些既包括他自己的公司主办的进口贸易,也有在他人发起的交易中充当代理。在1634年6月,他伙同彼得与韦南·沃尔钦克斯兄弟二人,从"葡萄牙商人"戴维·帕拉谢那里接受"大卫王号"运载的全部商品之转让。当时那艘船正从巴巴里海岸的萨累(Salé)返回阿姆斯特丹,船主不知是否犹太人。据公证文书称,帕拉谢此举是为了减轻他的债务。人们不知道迈克尔接受这笔转让究竟是为了帮助帕拉谢,还是由于这是一笔精明的交易。1636年,他为一宗投保的商品与雅各布·科德进行谈判。科德属于阿姆斯特丹的一个著名的自由派家族。那宗商品在一次海难中丧失,而在公证文书上迈克尔承认已从科德那里领到保险费;科德可能是负责商品运输的人。㉕

因为迈克尔为别人做保证人,他的名字还出现在十七世纪三十年代的几份公证文书中,这是他享有值得信托的可靠人士之令誉的进一步证明。这也表明他的业绩良好,财务正常,因为谁也不会愿意让入不敷出的不成功人士当保证人。1637 年 9 月 8 日,迈克尔·德·斯宾诺莎与"另一葡裔商人"亚伯拉罕·达·丰塞卡"按照他们自己的自由意志,以他们的人品和财货为亚伯拉罕·德·梅尔卡多大夫"做保证人,那位大夫刚从狱中获释。[26] 不过,迈克尔为他人当保证人的意愿不久以后就为他和他的后嗣,包括巴鲁赫在内,造成很多麻烦。

1638 年 6 月 30 日,阿姆斯特丹的公证人扬·福尔卡兹·奥利偕同"本市的葡裔商人"安东尼奥·弗朗西斯科·德·克拉斯托前往新近去世的佩德罗·恩里克斯之家,后者"生前也是本市的葡裔商人"。德·克拉斯托是恩里克斯的债权人,他与公证人上门是为了向恩里克斯的遗孀埃丝特·史蒂文送交一张有待支付的汇票。以前恩里克斯曾经认付这张汇票,而这时已超过应该兑付的日期。奥利提到"上述遗孀答称她不能支付",但是接下去则称,翌日"迈克尔·德·斯宾诺莎宣告,为了恪守信誉,他愿承兑和支付上述汇票"。[27] 两个月以前,在 4 月 25 日,迈克尔曾经为已故的恩里克斯履行过同样的好事。到 6 月 8 日,阿姆斯特丹市政当局正式任命迈克尔与约瑟夫·布宜诺博士共同作为恩里克斯的无还债能力的遗产之托管人。他们是顶替原先被任命但后来退出的迭戈·卡多佐·努内斯。迈克尔在 6 月 30 日的行动看来就是履行他的托管职责。我们不清楚他与恩里克斯是什么关系,也不清楚为什么他会接受这样一个负担,因为事情应该已经是明显的:甚至在恩里克斯逝世以前,他的财务情况就是岌岌可危的。迈克尔势必知道,作为无还债能力的遗产之两名托管人之一,任务会是旷日费时的,而且会陷入复杂而久拖不决的缠讼之中。既然他负责偿清恩里克斯的债务,这也可能会花他很多钱。其实,在索回恩里克斯遗产应得的钱方面——而这会有助于他清偿遗产之债权人——他似乎遭到某种麻烦,因为在1639年1月26日,他与布宜诺博士授权第三方扬·努内斯收取欠那项遗产的几笔债务。在1月31日,迈克尔授权给南特的商人佩德罗·德·法里亚——可能是他住在那里时的老朋友或商务熟人——作为他的法律事务代理人,而且指示他"依法扣留来自汉堡的加斯帕尔·洛佩斯·恩里克斯可能在南特的全部货物和财产"。我们不知道这位加斯帕尔·洛佩斯·恩里克斯是否与阿姆斯特丹那位已故的佩德罗有关,但是这有很大可能性;而这一行动可能代表迈克尔方面企图没收恩里克斯家族的某些货物,以便帮助清偿那宗遗产之债务。

恩里克斯遗产问题可能给迈克尔·德·斯宾诺莎造成长期的麻烦,而且,在十七世纪四十年代末或五十年代初,可能对他自己的财务有严重的影响。甚至晚到1656年,佩德罗·恩里克斯遗产的新托管人还对迈克尔自己的遗产提出索求权,这无疑是为了清偿恩里克斯的债权人。迈克尔的遗产要用来补偿他生前所承担的债务与义务。这整个事务会成为迈克尔的第三个孩子的一项特殊负担。

注释

①"阿姆斯特丹市府档案,扬·弗朗斯·布勒因宁的公证记录"(Amsterdam Municipal Archives, notary registers for Jan Fransz. Bruyningh, register 76, fol. 3.)。关于亚伯拉罕·德·斯宾诺莎生平的这份及其他相关的公证文书可见于瓦斯·迪亚斯及范·德·塔克(Vaz Dias and Van der Tak)合著《斯宾诺莎,商人与自学成功者》(*Spinoza, Merchant and Autodidact*, chap. 2.)。

②据我们所知,1627年死于鹿特丹的伊萨克·埃斯宾诺莎(Isaac Espinoza)像亚伯拉罕似的在南特住过一些时候,因为在"生命会堂"(即社区墓地管理委员会)的登记簿上他的身份是"从南特来到鹿特丹的伊萨克·埃斯宾诺莎";见瓦斯·迪亚斯及范·德·塔克(Vaz Dias and Van der Tak)合著《斯宾诺莎,商人与自学成功者》(*Spinoza, Merchant and Autodidact*, 114.)。

③见前引书,126。社区中那些最兴隆的成员为第二百号便士税支付100荷盾或更多。

④见前引书,119。

⑤见前引书,124。

⑥见前引书,120。

⑦见安科纳(J. d'Ancona)作"马拉诺到达北尼德兰"("Komst der Marranen in Nord-Nederland", 233.)。

⑧瓦斯·迪亚斯及范·德·塔克(Vaz Dias and Van der Tak)合著《斯宾诺莎:商人与自学成功者》(*Spinoza, Merchant and Autodidact*, 114.)。

⑨前引书。

⑩当迈克尔于1588年或1589年在葡萄牙出生时,伊萨克显然尚在葡萄牙。亚伯拉罕于1596年在南特。如果说,伊萨克和亚伯拉罕似乎很可能同时离开葡萄牙,那么,迈克尔那时最多八岁。

⑪可能有过第三个孩子夭折。据"生命会堂"的登记簿记载:"亚伯拉罕·德·埃斯宾诺莎的孙子"死于1622年12月29日。然而,我们不知道这里所说的是亚伯拉罕·德·斯宾诺莎·德·南特,还是亚伯拉罕·德·斯宾诺莎·德·维拉·洛博斯。

⑫瓦斯·迪亚斯及范·德·塔克(Vaz Dias and Van der Tak)合著《斯宾诺莎:商人与自学成功者》(*Spinoza, Merchant and Autodidact*, 131—132.)。

⑬前引书,134。

⑭前引书,135—136。

⑮从乔纳森·伊斯雷尔(Jonathan Israel)所作"在1595年至1715年期间国际贸易中荷兰的西葡系犹太人所起作用的变化"("The Changing Role of the Dutch Sephardim in International Trade, 1595—1715")可以看到在"十二年

休战协议"以前和以后荷兰的西葡系犹太人经济命运之比较。关于阿姆斯特丹交易银行之数字,见此文 p.35。

⑯前引文,及"荷兰的西葡系犹太人对 1595 年至 1713 年期间荷兰黄金时代的经济贡献"("The Economic Contribution of Dutch Sephardic Jewry to Holland's Golden Age, 1595—1713")。

⑰瓦斯·迪亚斯及范·德·塔克(Vaz Dias and Van der Tak)合著《斯宾诺莎:商人与自学成功者》(*Spinoza, Merchant and Autodidact*, 145.)。

⑱见前引书,139。

⑲在 1627 年 10 月 8 日的一份公证文书中对他有如下记载:"今日,1627 年 10 月 8 日,在场众人有门多·洛佩斯,年约 50 岁,迈克尔·德·斯宾诺莎,年约 38 岁,及若热·费尔南德斯·卡内洛,年约 31 岁,他们均为上述城市内的葡萄牙人……",见瓦斯·迪亚斯及范·德·塔克(Vaz Dias and Van der Tak)合著《斯宾诺莎:商人与自学成功者》(*Spinoza, Merchant and Autodidact*, 127.)。只有从这类文件中我们才得到关于迈克尔可能何时出生的证明。

⑳这是假定伊萨克是汉娜的儿子——因而与巴鲁赫同父同母——而不是拉谢尔所生,而且假定他在巴鲁赫以前出生。他是汉娜之子一事并非绝对肯定。说他比巴鲁赫年长乃是根据这样一条:在他们的父亲于 1637 年为他们在"生命之树"犹太教公会登记时,他不按照字母顺序,而是把伊萨克的名字放在前面,这可能说明伊萨克较为年长;见瓦斯·迪亚斯及范·德·塔克(Vaz Dias and Van der Tak)合著《斯宾诺莎:商人与自学成功者》(*Spinoza, Merchant and Autodidact*, 157.)。而且,长子常随祖父命名,而次子常随外祖父命名。

㉑见斯韦琴斯基(Swetschinski)著《葡裔犹太商人》(*The Portuguese-Jewish Merchants of Amsterdam*, 694.)。

㉒这或是一位历史家的说法;见莱文(Levin)著《斯宾诺莎》(*Spinoza*, 39.)。

㉓见瓦斯·迪亚斯及范·德·塔克(Vaz Dias and Van der Tak)合著《斯

宾诺莎:商人与自学成功者》(*Spinoza, Merchant and Autodidact*, 130—131.)。

㉔这种关于1630—1639年期间"代表会"(deputados)及"十五长老会"所制定的法令的全部资料见于安科纳(d'Ancona)作"马拉诺到达北尼德兰"("Komst der Marranen in Nord-Nederland",262—269.)。

㉕见瓦斯·迪亚斯及范·德·塔克(Vaz Dias and Van der Tak)合著《斯宾诺莎:商人与自学成功者》(*Spinoza, Merchant and Autodidact*, 145.)。

㉖见前引书。

㉗见前引书,132。

第三章 本托/巴鲁赫

在1677年斯宾诺莎死后不久,一位在荷兰避难的法国新教徒让·马克西米利安·卢卡(Jean Maximilian Lucas)开始撰写他的《伯努瓦·德·斯宾诺莎先生的生平与思想》(*La Vie et l'esprit de Monsieur Benoit de Spinoza*)。卢卡大约与斯宾诺莎生活在同一时期,而且认识斯宾诺莎本人。* 在他这本书的开头,他实际上总括我们对斯宾诺莎早年生活所确知的一切:"巴鲁赫·德·斯宾诺莎出生于欧洲最美丽的城市阿姆斯特丹。"① 来自杜塞尔多夫的路德教派牧师约翰·克勒(Johan Köhler)后以科勒鲁斯(Colerus)之名行世;他于十七世纪末住在海牙,是另一位斯宾诺莎传记的早期作者;他提供少许新的资料:"斯宾诺莎,这位声名大噪于世的哲学家原本犹太人。出生后不久他的父母给他命名为巴鲁赫……他于1632年11月24日生于阿姆斯特丹。"② 卢卡同情斯宾诺莎,而且钦佩他的思想(称他为自己的"杰出的朋友")。科勒鲁斯与卢卡不同,虽然他不回避努力写出一部尽可能完整和确实的传记,但是他像同时代的大多数人一样,对于他的传主抱敌视态度。关于斯宾诺莎的少年时期,缺乏现存的资

---

* 卢卡(Jean Maximilian Lucas)在1636年或1646年生于法国鲁昂(Rouen),在1697年死于海牙。他主要是一位出版家。他在荷兰致力于攻击法国的"太阳王"路易十四,所以人们推测,他是由于其独立思想和自由言论不容于法国而到荷兰避难。

料,对此他也无从补救。*

如果斯宾诺莎生于1632年11月24日,那么,像所有的犹太男性一样,在八天以后,即12月1日,会在割礼仪式(brit milah)上命名。在斯宾诺莎时期犹太社区的大多数档案文件上,他的名字是"本托"(Bento)。但是也有例外情况,在"生命之树"教育协会的花名册、登记对犹太教公会的捐献品的名册,以及把他革出教门的诅咒公告(cherem)上,都称他为"巴鲁赫"(Baruch),这是"本托"的希伯来语名字,意为"有福者"。

就在斯宾诺莎诞生之前的那些年里,荷兰共和国正处于其所谓"黄金时代"的早期阶段。但是,由于它与西班牙历时已达七十年之久的激烈斗争,这个繁荣的年轻国家利用面临的可能机运的能力尚有限制。1632年画家约翰内斯·弗美尔(Johannes Vermeer)**及科学家安东尼·范·列文虎克(Anthonie Van Leeuwenhoek)***,显微镜的伟大开发者,均在代尔夫特(Delft)出生。荷兰省议会的大议长阿德里安·鲍(Adriaan Pauw)也是联省共和国国会的首席顾问,那年他正领导荷兰代表团同西班牙及南尼德兰地

---

  * 科勒鲁斯(Colerus 是 Köhler 的拉丁语名字)在1647年生于德国杜塞尔多夫(Düsseldorf),1679年到阿姆斯特丹任路德教派牧师。1693年转到海牙的路德教会,1707年殁于海牙。在海牙期间他恰巧住在斯宾诺莎于1670—1671年住过的凡克特街(Stille Veerkade)寓所。斯宾诺莎去世以前的房东范·德·斯毕克那时尚住在附近"营帐水道"(Paviljoensgracht)地区。大概是由于斯毕克等人经常对科勒鲁斯谈起斯宾诺莎,引起他的兴趣。但是他不赞成斯宾诺莎的哲学思想及对圣经的批判。1705年他以荷兰语发表论文《反对斯宾诺莎及其追随者,为耶稣基督死后真正复活而辩护。同时根据其遗著及当今健在的可靠人士的口传证词为这位著名哲学家而写的传略》。此传记旋即译成法语和英语广为流传。

  ** 弗美尔(Johannes Vermeer, 1632—1675),亦名 Jan van der Meer van Delft,荷兰画派的代表画家,工肖像、风俗画及风景画。

  *** 列文虎克(Anthonie Van Leeuwenhoek, 1632—1723),微生物学创始者,制造单透镜显微镜,发现细菌、滴虫、血球等。

区进行和平谈判。奥伦治的威廉一世亲王（又称沉默者威廉，在共和国的独立斗争中是众望所归的英雄，于1584年遇刺身亡）的儿子，奥伦治的弗雷德里克·亨德里克亲王时任荷兰省的省督（Stadholdership）。自前一年起，伦勃朗（Rembrandt）就是犹太人住区"宽街"（Breestraat）的常住房客，不久以后他在那里买下自己的住宅。他与乌得勒支的意大利派画家洪特霍斯特（Gerard van Honthorst）*一起，成为省督的非正式宫廷画师。在1632年，他的作品有弗雷德里克·亨德里克夫人阿玛丽亚·范·索尔姆斯肖像，夏洛特·德·拉·特雷穆瓦耶肖像，《欧罗巴之诱拐》以及若干自画像。③与此同时，在斯宾诺莎的住房附近，雅各布礼拜堂的拉比索尔·列维·摩特拉正在为犹太教公会布道，而且在社区的学校授课，他的工作年薪接近600荷盾。这时他还经营他自己于1629年创办的"耶希瓦"（yeshiva 犹太经学院），名为"智慧之始"（Roshit Chochma）。

在斯宾诺莎出生后，他的父亲迈克尔正在犹太教公会"雅各布礼拜堂"的 ma'amad（由非神职人士组成的管理委员会）第一期任上。这也是迈克尔作为葡裔犹太社区之代表（deputados）的第一个任期。所以，在他的第二个儿子出世时，他大概很忙，在履行社区这些职务的同时，他努力经营商业，供养一个增丁添口的家庭。关于迈克尔的经营有多么成功，以及当时斯宾诺莎的家境有多么宽裕，卢卡与科勒鲁斯的看法不一致。根据某种理由，卢卡坚持认为其家境贫困。他说斯宾诺莎"出身贫寒"（d'une naissance fort médiocre），"他的父亲，一个葡裔犹太人，缺乏资力供他经商，

---

* 洪特霍斯特（Gerard van Honthorst, 1590—1665），波兰画家，在意大利师从卡拉瓦乔（Caravaggio）自然主义画派。

所以决定让他学习希伯来文献。"④皮埃尔·培尔(Pierre Bayle)*是另一位十七世纪哲学家,而且是斯宾诺莎的苛评者,他认为"有理由相信(斯宾诺莎的家庭)是贫寒而且很不起眼的"(pauvre et très peu considerable)。他得出这条结论是根据如下事实:在斯宾诺莎离开犹太社区之后,依赖一位友人的慷慨资助来维持生活,而且,按照某些记载,犹太社区以他愿意回归正统信仰为条件,对他提供一笔年金。⑤

不过,科勒鲁斯的看法或许是更确切的,确实符合证明迈克尔在十七世纪三十年代之活动的那些文献:"虽然书上通常说斯宾诺莎穷困,而且出身低微,然而,他的父母确实是有声望而殷实的葡裔犹太人。"⑥同样,当斯宾诺莎出生时,他家看来正好住在"木材水道"那里,而不是(像某些作者以为的那样),⑦住在伏龙区岛内许多贫苦的德系犹太人聚居的拥挤简陋的背街后巷中。如果说,当时他们就住在据1650年税收档案证明是迈克尔住宅的那所房屋内,那么,他们是从在这个街区拥有地产的荷兰人威廉·基克那里租赁的;据我们所知,迈克尔一直没有自己购置房产。⑧他们所住的大街有时也称为"护城堤岸"(Burgwal)。这是一条有气派的街道。斯宾诺莎的家——科勒鲁斯称之为"漂亮的商人住宅"(een vraay Koopmans huis)——靠近犹太住区一个最繁忙、人气最旺的十字路口。那里有菜市场和各种商店,以及一些颇为诱人的住宅。

迈克尔向基克租赁的房屋面临"木材水道"。顺着"木材水

---

* 培尔(Pierre Bayle, 1647—1706),法国哲学家。1676年在色当(Sedan)的新教学院任哲学教授,1681年因学院被关闭,移居荷兰鹿特丹。1697年出版《历史的批评的辞典》三卷本,将笛卡尔的怀疑精神引入历史领域,探索教义和学说的历史根源。他对异端思想及无神论持宽容态度。

道"对面望去,这家人能够看到作为犹太教公会"雅各布礼拜堂"的会堂建筑,名为"安特卫普"。毗连犹太会堂的两所房屋为社区租作教室之用。所以,当巴鲁赫上学的时候,他只要跨过实际上在他家前面的桥梁,在对岸沿"木材水道"走下去便可。犹太教公会"和平之宅"用作会堂的那幢房屋与斯宾诺莎家相隔一所房子,而"以色列礼拜堂"的犹太会堂——它是 1639 年以后统一的犹太教公会唯一的会堂——只隔八所房子,一处货栈和一条小巷。那时,斯宾诺莎一家处于犹太人住区的中心。只要走出他们的家门,在他们通往任一犹太会堂,或社区学校的路上,他们都得经过他人的家门。

斯宾诺莎家后斜对角、面临"宽街"(Breestraat)那块地段就是亨德里克·奥依林堡(Hendrik Uylenburgh)的家。奥依林堡是著名的艺术品商人;他是伦勃朗的代理。1632 年伦勃朗从莱顿回到他曾经在此学艺的城市以后,有几年他不时地住在奥依林堡家里。1639 年娶了奥依林堡的侄女莎丝基亚以后,伦勃朗买下"宽街"的与奥依林堡毗邻的房屋,地处斯宾诺莎家拐角,距马纳塞·本·伊斯雷尔的房屋不远,而且越过"圣·安东尼船闸"(St Anthoniesluis)就是拉比摩特拉的家。

45

当巴鲁赫出世时,米丽娅姆三岁,而伊萨克——如果他确是汉娜的儿子的话——还小一些。迈克尔还有另一女儿名丽贝卡,但是我们不知道她是汉娜的孩子,抑或迈克尔的第三任妻室埃丝特所生。在巴鲁赫于 1677 年死后,丽贝卡和她的外甥对巴鲁赫的遗产提出要求时,她在诉状上的身份是"巴鲁赫·埃斯宾诺莎"的姊妹(而不是异母姊妹)。⑨这一点有助于支持科勒鲁斯的说法:迈克尔的长女是丽贝卡,而且她是巴鲁赫的两个姊妹之一。⑩如瓦斯·迪亚斯所指出,这也显示为什么埃丝特在她的最后遗嘱中把她身后的财产"毫无例外"地留给迈克尔,即"她的丈夫,所以他将永远全部拥有和享用,就像对他自己的财物一样,与任何人无矛盾。"这份文书没有提到埃丝特可能与迈克尔有过任何孩子,说明迈克尔的第三次婚姻没有生过子女。⑪最后,或许是最重要的一点,丽贝卡给她的女儿取名汉娜,⑫这大概是随从她的(也是巴鲁赫的)母亲之名。不过,从另一方面说,在她生前最后阶段同她在一起的人们显然认为她是巴鲁赫的异母姊妹,而且是埃丝特所生。在1679年至1685年期间,那时丽贝卡已孀居二十年,她与她的两个儿子迈克尔(似乎是随其外祖父命名)和本雅明迁居当时荷兰的属地库拉索岛。那里有西印度群岛上一个重要的葡裔犹太人社区,其中许多人是来自凋敝的巴西社区的难民,与阿姆斯特丹的犹太教公会有联系。丽贝卡与迈克尔都死于1695年流行的黄热病。在库拉索岛犹太人的正式历史中,作者写道:"我们的丽布卡(丽贝卡的希伯来语名字)是哲学家斯宾诺莎的异母姊妹,迈克尔·斯宾诺莎与他的第三任妻子埃丝特·德·索丽斯所生的女儿。"⑬

迈克尔还有第三个儿子亚伯拉罕(别名加布里埃尔),他大概比巴鲁赫年幼,出生于1634年到1638年期间。似乎更可能生于这段时间的后期,因为几乎可以肯定,亚伯拉罕的名字是随从迈克尔的伯父即其第一任妻室的父亲,死于1637年或1638年的亚伯拉罕·德·斯宾诺莎·德·南特。⑭

在十七世纪三十年代,斯宾诺莎一家人丁兴旺,或许非常忙碌。子女便有四或五名。迈克尔忙于他的进口业务和犹太教公会的职责。汉娜会努力主持家务,但是有理由认为她从来不很健康。她可能已经像巴鲁赫后来那样,呼吸系统有问题,也许是肺结核,而在巴鲁赫出生后她只活了几年。大概到加布里埃尔出生时,米丽娅姆能够在家里帮忙。1638年9月的一份公证文书对他们家里的情况提供罕有的一瞥：

> 今日,1638年9月8日,应西蒙·巴克曼阁下之请求,我等一行来到迈克尔·德·斯宾诺莎阁下家中及其夫人病床前,出示致这位迈克尔·德·斯宾诺莎并抄录如上的国外汇票,要求承兑。正在此室内床上卧病的上述迈克尔·德·斯宾诺莎夫人对此答复如下:因为我的丈夫现已罹病,故此国外汇票不予认付。⑮

汉娜于1638年9月8日卧病在床,不到两个月后她便逝世。

当然,斯宾诺莎家里说的是葡萄牙语。至少男人们懂得西班牙语这种文献语言,而他们的祈祷则用希伯来语。人们要求社区内全体男孩子都在学校中学习这种"神圣语言",而在天主教环境中长大的长辈们可能已是只听熟这种语言的语音。他家里大多数人大概还学会阅读和说一些荷兰语,因为这对在市场里活动和对有关商业的联络与文书都是必要的,不过,在犹太商人经常雇用的公证律师中至少带有一位懂葡萄牙语的助手。(然而,迈克尔似乎不大懂荷兰口语。据1652年8月的一份公证文书称,当公证律师来到斯宾诺莎家中,向迈克尔宣读船长对他提出的一项抗议——那位海员申诉他如何遭到迈克尔在法国鲁昂和勒阿弗尔的代理们的苛待——迈克尔的女儿不得不为他翻译。)⑯不过,如果说迈克尔·德·斯宾诺莎及其子女们在世俗的和宗教的事务上需要使用多种语言,但是,像社区的大多数家庭一样,他们在街道和居家所用的语言是葡萄牙语。即使斯宾诺莎长大以后,虽然拉丁语十分流利,而且懂得希伯来语,他总是觉得葡萄牙语比任何其他语言更好用。在1665年以荷兰语写给威廉·范·布林堡的信中,斯宾诺莎在结束时说,"我本想以我从小使用的语言来写,这样我或许把思想表达得更好些";接着他请布林堡亲自改正荷兰语中的错误。显然,他在这里所指的语言(taal)是葡萄牙语,而不是如某些学者所设想的拉丁语。[17]

*　　　　　*　　　　　*

犹如以前那十年似的,十七世纪三十年代是联省共和国的一个困难时期。因为对西班牙的战争久拖不决,使财政和物资的资源枯竭,而且不断造成贸易障碍,这是一个经济停滞,甚至衰退的时期。这也是一个政治的和宗教的冲突时期。市场发生非理性的起伏震荡,时疫多次严重暴发。通过这一切,阿姆斯特丹的犹太人一贯意识到他们作为异邦居民群体的地位,对于他们社区内部和外部的事态发展忧心忡忡。

1632年夏,西班牙为维持它在尼德兰强大地位的军事部署遭到多次严重挫败。弗雷德里克·亨德里克领导尼德兰北方的陆军。尽管他承诺,在投向尼德兰国会这方面来的任何城镇里,都会允许天主教教士继续留在他们的教会中奉行天主教,但是这也未能激发低地国家南方反对西班牙王室的叛乱。不过,继芬洛(Venlo)及其他各小城镇较早投降之后,省督对马斯特里赫特(Maastricht)的围攻确实导致该城市的屈服。这时南方诸省士气低落,有些恐慌情绪,他们迫使伊莎贝拉——菲利普二世之女,在位的西班牙君主菲利普四世派出的地方长官——召开南方的联省国会。与会代表们关心的是他们的作为天主教国度的联合体之未来,他们投票赞成与北方开始和平谈判。那年秋季在海牙开始议和。

对于这些议和进展感到不悦的不仅是菲利普四世,荷兰人本身也是意见分歧的。有些人感到,共和国实际上不再有任何严重的危险,而此时战争只不过是为了限制(或者说击退)哈布斯堡王朝在尼德兰南方的势力,因此已是到了停战的时候。停战肯定会缓解经济上的负担,重新打开贸易路线。他们认为和平只能是一件好事。此外,法国正在自行变成一个大国,这会有助于抗衡哈布斯堡王朝。阿德里安·鲍是强烈的主和派,他领导荷兰代表团进行谈判,据信他是同时为阿明尼乌斯派(谏诤派)*及反谏诤派所接受的人物。此时这两派不仅是神学上互为敌手,而且在政治上还分别成为宽容的自由派和狭隘的保守派。阿德里安·鲍起初得到弗雷德里克·亨德里克本人的支持,而且荷兰省的两大城市,阿姆斯特丹及鹿特丹,也拥护他,因为那里的商业经济从和平中获益最大。但是另一方面,还有许多反谏诤派的城镇,它们主张继续作战,动员起来最终击败天主教势力。

由于北方坚持要求准许新教教会的人员在南方公开从事宗教活动,而南方要求荷兰放弃他们在巴西的领地,和平会议变得难有进展。与此同时,荷兰方面的意见分歧也在加剧。阿德里安·鲍及阿明尼乌斯派主张结束敌对状态高于其他一切,而且愿意修改荷兰的议和条件。反谏诤派主张不向南方作任何让步,特别是在宗教和领地问题上,而且坚持认为谈判应立即破裂。弗雷德里克·亨德里克逐渐转向"主战阵营",尤其是在他看到有可能与法国结盟反对西班牙,从而会增强他的势力的时候。鉴于荷兰省议

---

* 阿明尼乌斯派或谏诤派(Arminiuns or Remonstzants):阿明尼乌斯于1609年逝世后,他的主张由他的朋友及学生加以系统化和发展。1610年应大议长奥登巴恩韦尔特之请,他们及其他支持者提出一份称为《谏诤书》的信仰宣言,从此被称为"谏诤派"(亦译作"抗议派")。他们在1618—1619年的多德雷赫特宗教会议上被否定,失去其神学地位和政治地位。此派人数不多,但是传播到英国及其美洲殖民地,在浸礼会、循道宗及加尔文教会中有影响力。

会的势力在整个联省共和国中举足轻重，控制荷兰省议会便能主宰全国政治，到 1633 年末，省督（在反谏诤派支持下）与大议长（与阿明尼乌斯派结盟）为此相争，难分难解。实质上，这不仅是在是否与西班牙媾和问题上，甚至不仅是在整个外交政策上的斗争：分歧症结是对北方诸省共同体的政治定位。阿德里安·鲍及其盟友基本上主张突出国会的权力，因而拥护共和政体。弗雷德里克·亨德里克及其反谏诤派支持者们虽然一般来说不是君主主义者，而且当然不是简单地要摒弃共和国体制，但是主张突出省督的权力，主要是把奥伦治亲王置于任何代议机构之上。阿德里安·鲍诚然不同于奥登巴恩韦尔特，而弗雷德里克·亨德里克也不像毛里茨亲王那样残忍无情。但是，一如十七世纪初的情况，省督与荷兰省议会大议长领导的自由派之间的对立变成十七世纪三十年代荷兰政治的主题。鉴于弗雷德里克·亨德里克对谏诤派，甚至对天主教有宽容的倾向，反谏诤派对省督多少有些疑虑，即使如此，他们还是把他们的主张——包括他们希望在国内恢复对谏诤派的压制——与省督的命运系在一起。

不久以后他们占了上风。法国于 1635 年 5 月对西班牙宣战，这时荷兰已经与法国结盟。荷兰从北方入侵西属尼德兰，而法国从南方进攻，于是战争全面恢复。1636 年省督得以使阿德里安·鲍离开荷兰省议会大议长的职位，而以雅各布·卡茨（Jacob Cats）*代替。卡茨是著名的荷兰诗人，而且被视为一个政见温和而务实的人（因而更易于附和省督的政策）。[18] 短期内，至少到 1650 年为止，掌握大权的正是省督和严厉的加尔文教派。然而，

---

* 卡茨（Jacob Cats，1577—1660），荷兰诗人及政治家。1629—1631 年间及 1636—1652 年间两次担任多德雷赫特市立法顾问。

国会那派从来也没有完全靠边站,而这两派之间的紧张关系在那个世纪后来的日子里就是荷兰政治中的重要因素。不久优势再次摆向比较主张自由和共和的阵营这边。

在十七世纪三十年代,在军事、政治及宗教领域内的这些斗争的同时,还有各种社会的和经济的变乱。在1635年和1636年暴发特别严重的鼠疫。1624—1625年发生的鼠疫单是在阿姆斯特丹就有一万八千人丧生。十年后这次最近的鼠疫甚至更为悲惨。在两年内阿姆斯特丹死亡超过两万五千人(相当于全市人口的20%),同时期莱顿死亡一万八千人(几乎是该市人口的30%)。[19] 鼠疫的传染没有教派的区别,而一向与市内其他人口混在一起的阿姆斯特丹犹太人无疑像其他群体一样,遭到严重的打击。住在伏龙区方岛上狭窄而拥挤的街区内的德系犹太人,感染率可能特别高。

然而,荷兰人在这个时期所经历的风潮中,最著名的——当然也最夺目耀眼的——大概要算三十年代中期突发的郁金香种植狂。

郁金香的本土不是尼德兰。它是十六世纪从近东——准确地说,土耳其——移植过来的,而在荷兰的土地和气候条件下,尤其是在哈勒姆一带,恰好生长得特别繁茂。它很快变成欧洲北方的时尚花卉,在审美和科学方面都备受赏识。荷兰人没有多久就成了栽培和莳弄郁金香的熟手,通过改变花的颜色、大小和形状,发展出无数不同的品种。对郁金香的兴趣不久便在园艺专家和职业花匠的圈子之外蔓延开来,扩展到中产和更低的阶层,他们不仅把这种花视为点缀小园或装饰房间的悦人方式,而且当作可投资的商品。与稀有或贵重的商品不同,郁金香——特别是较常见的品种——是不富裕的人们都可能买卖的,即使在规模上比有钱的投资家小得多。买卖郁金香球茎,有时是成篮的,或者甚至是单个的,成了赚些荷盾的大众手段。

然而,在十七世纪三十年代中期,球茎市场开始变得较少直接的现金交易,而更多投机生意,许多人卷入日益成为高风险赌博的商业中。人们比约定的交货日期提前几个月就购买球茎,从事反季节的交易。买家往往根本不看实际的球茎,或者连要买的品种之货样都不看。从交易签订到球茎交货的期间,许多买家会把他们那些球茎的权益以更高的价格卖给第三方。这个郁金香期货交易的市场迅速扩大,越来越多的人决心赌一把。随着下一个买家转手将其权益出售给其他人,围绕同一次交货生意的买卖数量就会危险地成倍增加,牵涉到的有关方面也会日益繁多。因为这些买卖通常是期票交易,只有极少数是真正的金钱交易。在这种围绕票据的活动变成真正的商品销售以前,这只是一个抢时机的问题。到 1637 年左右,这种权益本身,而非任何郁金香球茎,才是投机的真正对象。当然,这一切使得郁金香的价格猛涨。而随着交货期的临近,票据权益的价值也直线上升。为了插手一场特别看好的交易,人们不惜各走极端。雅各布·卡茨(Jacob Cats)在那本具有道德寓意的诗画集《象征与意义》(*Sinne-en Minne-beelden*)中告诉我们,有一个人,大概是农场主,为了买一个单独的球茎,花了 2500 荷盾,也就是交出两仓小麦,四仓裸麦,四头肥牛,八头猪,十二头绵羊,两桶酒,四吨黄油,一千磅干酪,一张床,一些衣服和一个银制大酒杯。[20]一旦市场崩盘——而这肯定要出现的——许多人就要倒霉。

最后,就像儿童游戏"击鼓传花"(烫手的山芋)那样,当交割日期到临时,谁也不想被票据套住。最后的那个买家不但没有赚钱,还会被一大包郁金香球茎困住不知所措。荷兰省高等法院不能再袖手旁观,听任国内通常头脑还冷静的市民在这场歇斯底里大发作中葬送自身。在有关当局即将出手干预的谣言开始流传的时候,人们力争迅速抛售他们的权益,价格便急转直下。1637年4月,法院宣布在1636年以后所种植的,所有的郁金香交易均告无效;任何有争议的合同均须提交当地的法官办理。在随后的泡沫破裂中,许多家族及富户破产。因为不少人把当初这场狂热的煽起归咎于郁金香的种植者,这些种植者一时难以恢复他们的财务损失及受损声誉。[21]

我们不知道犹太人受这次热潮波及到什么程度。他们肯定受到荷兰经济中这场短期但是强烈的危机的间接影响。如果说凭他们的商业本能,他们本身不想卷入这场闹剧,这倒是有些令人感到意外。因为郁金香的种植相对而言是新的行当,不包括在任何老牌同业公会范围之内。所以,这是犹太人大可一试身手的领域,犹如弗朗西斯科·戈麦斯·达·科斯塔在维安嫩(Vianen)爵爷庄园*外较大规模干过那样。

*　　　*　　　*

对阿姆斯特丹的葡裔犹太社区而言,十七世纪三十年代同样是艰难岁月。这是一个既有分裂又有联合的时期。族裔内部最重大的危机大概涉及社区的两个主要拉比之间起初在神学上的那场争论;他们分别属于"雅各布礼拜堂"及"和平之宅"两个犹太教公会。然而,争端的复杂性使它成为不仅是关于教义的专门问题上的分歧,而且涉及葡裔社区成员的某些很深刻而迫切的担心。其

---

* 维安嫩(Vianen)在乌德勒支南部,在15—16世纪为贵族领地,1725年为荷兰省国会所购并。

实,这项分歧可能已导致一位拉比脱离阿姆斯特丹。它或许还促成 1639 年三个犹太教公会合并的决定。

大约在 1636 年,犹太教公会"以色列礼拜堂"的拉比,艾萨克·阿伯布·达·丰塞卡写了一篇论文题为"生命之气"(Nishmat Chaim)*。这篇文章处于争论中心,反映作者不赞成索尔·列维·摩特拉的观点及威尼斯方面拉比的判断。拉比阿伯布本来是 1605 年生于葡萄牙的新基督徒。在法国短期侨居以后,他的家庭于 1612 年迁到阿姆斯特丹,动机大概是为了回归犹太教。当时艾萨克还是儿童。他在阿姆斯特丹师从"和平之宅"的保守派拉比艾萨克·乌齐尔。阿伯布一定曾经是一个早慧的学生,因为他才二十一岁便已当上"以色列礼拜堂"的"哈赞"。他颇有神秘倾向,较社区内其他拉比更甚一步,而且对"喀巴拉"有深刻的兴趣。在这方面,他可能更不同于他的争论对手,"雅各布礼拜堂"的拉比摩特拉,后者对宗教倾向于一种理性的和哲学的态度。此外,与阿伯布不同,摩特拉是德系犹太人,因而从来没有经历过马拉诺的生活。虽然他一直生活在阿姆斯特丹的那些以前是改宗者的犹太人当中,而且以流利的葡萄牙语向他们传道,但还是不难想见,他对他的会友(或会友的先辈)曾经有过的遭遇缺乏共鸣,而且兴许不能忍耐他们对某些犹太教信条及礼仪的不严谨而且非正统的态度。他们在背景上的这种差异有助于解释摩特拉与阿伯布之间的对立。

在阿姆斯特丹的犹太教徒看来,他们的那些留在西班牙和葡萄牙的同胞,虽然属于犹太血统,但是过着基督教的而非犹太教的

---

* 《创世记》讲上帝将"生命之气"吹进亚当的身体,使他成为有灵魂的人。在"喀巴拉"哲学中,灵魂有三个层次。Nishmat 是最高层次,寓于人的气质中。其他两个较低的层次分别寓于情感知觉和身体知觉中。

生活,因此这些同胞在神学和末世论上的地位成了重要问题。从严格意义上说,他们还算是犹太人吗?而如果还算的话,他们的持续背教对他们死后灵魂的命运意味着什么?《密什那》(Mishnah)*中"散和德林"(Sanhedrin)**11:1宣称:"所有的以色列人都能分享'来世'[olam ha-ba]。"这是不是说,只要是属于以色列民族的人,不论他的罪孽有多深重,而且不论他沦为罪人有多长久,都有望在"来世"有最终的地位,得到终极的奖赏?犹太人绝不会为他的罪孽而遭到永恒的惩罚吗?摩特拉不这样想。按照他的意思,"以色列人"指正直的人。而未能遵守妥拉律法的人,公然否定信仰原则的人,就不是正直的人,将因他违背律法而受到永恒的惩罚。根本不能保证因为具有犹太人的灵魂就能避免为他的罪孽而在地狱里受到永恒的惩罚。

显然,阿姆斯特丹社区有不少年轻人的信念与此不同,他们为所有犹太人的无条件救赎而大声疾呼。对于曾是马拉诺的犹太人(他们在伊比利亚半岛可能还有一些马拉诺亲属),这会是一个引人瞩目的论题。这就是说,即使在原来的国家一度信奉过,或者还在信奉着基督教——这大概是一项可想而知的严重罪过——的那些犹太人,也会得到在"来世"之地位的保证。据各种文献记载,包括摩特拉本人关于争论的报告,早在1635年,摩特拉的讲道有时被"某些年轻人"所打断,因为摩特拉声称"犯严重罪孽而死不忏悔的坏人一定会招致永恒的惩罚",这一主张惹怒了他们。㉒摩

---

* 《密什那》是犹太教口传律法集《塔木德》的前半部和条文部分。犹太教除《妥拉》成文律法之外,还有从摩西以后历代相传并由拉比诠释而形成的大量口传律法,在公元二世纪编撰成书,说明《妥拉》律法如何实际运用。

** "散和德林"(Sanhedrin,法庭)来自"议会"一词的希腊语。指古代犹太人的最高议会和司法机构。在第二圣殿时期及圣殿毁灭后几百年内,都是犹太人的司法及立法机构。

特拉认为这些"年轻的叛逆者"或"不成熟的信徒"受到喀巴拉主义者(这可能是他对阿伯布等人的提法)的腐蚀,而年轻成员们却要求社区领导者发布禁令,不准摩特拉宣讲关于永恒的惩罚之教义。摩特拉的反对者坚持认为,这样的教义有接近基督教关于奖赏与惩罚之信条的危险。他们也担心这样一条严格的教义对他们的马拉诺亲属们造成的种种后果。

兹事体大,这个成立较晚的社区难以自行处理,尤其是因为这涉及正统教义的问题。社区的领导者们自己恐怕还要学习才行。他们再次转向威尼斯方面请教,要求其犹太社区的"拉比法庭"(Beth Din)* 裁决争端。摩特拉及其反对派分别提出各自的抗辩,而摩特拉列举大量文献为证——从《圣经》到《塔木德》,以及诸如迈蒙尼德(Maimonides)**等犹太哲学家的著作——力陈对不忏悔的罪人,即使是犹太人,都要施行永恒惩罚的教义。对于威尼斯的拉比们而言,这似乎是一个很棘手的问题。他们不愿将此事提交"拉比法庭",多少因为他们不想把此事搞得似乎真是一个待解决的难题,而且双方都很有理由,从而证明有必要争论下去。他们起初的建议就是让阿姆斯特丹社区的非神职领导者们设法自行解决问题,主要是说服阿伯布公开放弃自己的意见,以便为他的年轻追随者们树立一个榜样——如果他们确实只遵循他的指示的话。看来这个办法行不通,因此1636年初威尼斯方面致函阿伯布本人,

---

* "拉比法庭"(Beth Din):其字面含义为"判决之家"。在古代,由三名拉比组成,裁决犹太人之间的争端。如今为拉比精神法庭,处理如离婚之类民事案件及皈依犹太教等宗教事宜。

** 摩西·迈蒙尼德(Maimonides,1135—1204),中世纪杰出的犹太哲学家、神学家、律法学家和医生。生于西班牙的科尔多瓦,在穆斯林王朝的迫害下,流徙各地,1165年后定居开罗的犹太社区。主要著作有《评密什那》(1158)、《密什那妥拉》(1185)及《迷途指津》(1190)。

内称:"我们本来希望会有带来和平信息的那一天……但是我们的期望已化泡影。因为我们再次得知这场冲突相持不下,而永恒惩罚之信条的那些否定者们的代言人正是阁下您本人,您直言不讳地公开宣扬此说。"㉓他们以温和的好言好语但是坚定的措辞呼吁阿伯布要通情达理,放弃那种为《塔木德》诸圣贤及其他犹太教权威人士明确否定的意见。

这封信没有达到它所想要的效果,而作为回应,阿伯布撰写他的《生命之气》。在这篇论著中他直接提出一些问题:"究竟有没有对人的永恒惩罚?当我们那些值得纪念的拉比们说:'以下这些人在"来世"中没有分儿',他们的话是什么意思呢?"他坚持认为这些问题的真正答案应在"喀巴拉"中找到,而不是(如摩特拉所主张的)在哲学或"塔木德"中;而且,喀巴拉派文献权威地(若非明确地)表明,所有的犹太人最终得到救赎。作为他们的罪孽的结果,这些人中有不少会不得不通过长短不等的轮回转世期,经历一个痛苦的涤罪过程。但是,他们仍然属于以色列:"一切犹太人都是一个单一的整体,而他们的灵魂是从'统一体'之处开辟出来的。"㉔

鉴于葡裔社区中绝大多数犹太人的出身背景,毫无疑问,有许多成员同情阿伯布的观点。但是另一方面,为他们所十分敬重的威尼斯方面拉比们,却对此问题提出他们自己的非常清楚的看法:摩特拉是正确的,阿伯布是错误的。虽然没有迹象表明阿伯布曾收回他的观点,至少在实际问题上,似乎摩特拉占上风,因为在不到三年里,他成为统一的犹太教公会的首席拉比,而阿伯布屈居末座(位于戴维·帕尔多及马纳塞·本·伊斯雷尔之后)。1642年阿伯布离赴巴西,为已定居在累西腓(Recife)的阿姆斯特丹犹太人主持教务。他的离开阿姆斯特丹可能是与当时主事的摩特拉长期关系紧张的结果。

也可能正是这场争论使阿姆斯特丹西葡系犹太人的非神职领导者们清楚看到：由倾向与信念这样不同的三位拉比来领导三个犹太教公会是很麻烦的局面，只会导致增加更大争论潜势，或许甚至造成教派分裂。他们当然知道萨洛尼卡（Salonika）*（"以色列礼拜堂"的拉比帕尔多之出生地）西葡系犹太人四分五裂，造成五个西班牙的和三个葡萄牙的犹太教公会所产生的诸般问题。社区成员那时足有一千多人，对日益复杂的社区事务的管理也很可能变得十分困难。既代表整个社区，又代表他们各自的犹太教公会的代表委员会，甚至连"十五长老会"，都可能已经不胜任此事。西葡系犹太人社区需要一个更集中的、结构更有效力的组织。

在三个犹太教公会的管理委员会之间进行若干协商和谈判之后，或许还有威尼斯社区方面的建议，"十五长老会"于1638年9月（犹太历5398年以禄月）**作出决议：将三个犹太教公会，即"雅各布礼拜堂"、"和平之宅"及"以色列礼拜堂"，合而为一，命名为"塔木德·妥拉"圣会（仿效威尼斯的西葡系犹太教公会）。在一个月之内，各犹太教公会的成员们都认可合并协议；1639年春季协定签字。㉕凡1638年住在阿姆斯特丹或于此年之后定居该市的"葡萄牙和西班牙籍"犹太人均自动成为此统一的犹太教公会成员；非西葡系犹太人不能成为成员，而且只有在特别准许下才能参加宗教仪式。坐落在"木材水道"的那所房屋本来是"以色列礼拜堂"所用的犹太会堂。它是三个犹太教公会中最大的会堂，距斯宾诺莎家有八所房屋的距离，此后就作为"塔木德·妥拉"的犹太

---

* 萨洛尼卡（Salonika）：即塞萨洛尼基（Thessaloniki），希腊东北部港口。

** 以禄月（Elul）为犹太历第六月，时值公历八月至九月之间。

会堂。当年有一位荷兰访客描述这一"祈祷场所"如下：

> 葡萄牙人将两所房屋打通而成一个相当大的场所；你从下面进入一个前厅或空荡荡的门道，那里备有一个可打开龙头的水桶。桶上放一条毛巾，因为犹太人进教堂之前要洗手；妇女们与男子隔离，而且不能让他们看见，故均坐在廊台楼座高处。在教堂的一端有一个两门大木柜，里面存放许多宝贵物品，包括裹以罕见的绣花布的《摩西五经》。他们的讲师们站在垫高的讲台上，比其他会众约高出三呎；男子们戴上白色披肩，从帽子垂到双肩和身上，每人手持一本经书，都是希伯来文。㉖

三个犹太教公会的拉比们虽然有分明的级别，但都是"塔木德·妥拉"圣会的"哈赞"。来自"雅各布礼拜堂"的拉比摩特拉这时担任整个社区的首席拉比，兼宗教学校的校长。他每月须布道三次，并且为高级学生讲授塔木德课程。他的年薪 600 荷盾，外加供取暖之需的 100 篓泥炭。来自"以色列礼拜堂"的拉比戴维·帕尔多（约瑟夫·帕尔多之子）位居第二。他的职务包括担任管理犹太教公会在"老教堂区"的墓园，即"生命会堂"的负责人。他的年薪 500 荷盾。位居第三的是米纳塞·本·伊斯雷尔，他原是"和平之宅"的拉比。他每月须在一个安息日上布道，年薪 150 荷盾。艾萨克·阿伯布·达·丰塞卡拉比负责教小学，*并且为学生作晚间布道，年薪 450 荷盾。（米纳塞和阿伯布在薪金上的这

---

* 这里的"小学"（elementary school）应指"heder"，即犹太会堂所办的希伯来学校，犹太儿童在那里学习希伯来语及《塔木德》，毕业后可入"宗教学校"。

个未加解释的差别是两人之间关系紧张的根源,而且是米纳塞与犹太教公会之关系上的一个难言的痛点。)在礼拜仪式上这四位拉比按级别次序都坐在指定的长凳上,这时"哈赞"——1639 年由亚伯拉罕·巴鲁赫担任,年薪 390 荷盾——带领祈祷中的会众诵读《妥拉》经文。他们还联合负责按多数投票制决定社区内部发生的有关"哈拉哈"(halacha,犹太律法)的一切事务。

然而,这些拉比不是社区的最高行政长官。他们的任务不在于管理犹太教公会的日常事务,他们也不负责裁决世俗的问题,甚至不领导社区的宗教生活。一切行政的、立法的以及不属于犹太律法的司法权力——包括将社区成员革出教门之权力——均赋予一个由非神职人士任职的管理部。由于合并,三个犹太教公会的十五名"社区领导者"(parnassim)缩减为由七人组成的单一的 ma'amad(非神职人士任职的管理委员会),计有六名"社区领导者"和一名 gabbai(司库)。其实,这个新的管理部是一个制定章程的委员会,为新的圣会拟订 56 条新规定,以补充三个犹太教公会原有的协定(ascamot)。而且,他们的新规定第一条就毫不含糊地确定:"ma'amad 享有绝对而无可争议的权威;任何人都不可规避它的决定,(不服从必将)遭到革出教门的惩罚。"㉗

充当管理部的成员是一种光荣的职位。它是原有的成员增选出来的,即由七名在职成员通过多数表决产生新的成员。ma'amad 成员的选举无须外界的评议或监督。唯一的限制规定就是此人必须至少已有三年成为犹太教徒,而且自从他在管理部的上个任期结束以来迄今已满三年。此外,近亲(由于血缘或婚姻关系)不得同时在管理部任职:"被选进 ma'amad 的不能是父子、兄弟、祖孙、叔侄、连襟或这些人的血亲。"最后,被选进管理部者不得拒绝任职。ma'amad 在星期日开会,而且它的全部磋商审议均保密。

这个管理委员会是社区的最高当局。对它的决定不得上诉。ma'amad 的职责五花八门,其成员有权征收社区的赋税,处理社区干部及雇员的任命调职,管理学校,在"哈赞"们的得票数相持不下时打破平局,解决葡裔犹太人之间的商务纠纷,分配慈善捐赠,在圣会成员间颁发携带武器的许可证,监督礼定屠宰及对"索海特"(shochetim,礼定屠宰师)的培训,授权出版图书,认可对回归犹太教的葡裔男子之割礼,批准离婚诉讼,指定"转经节"(Simchat Torah)假日的"妥拉新郎"(chatan torah),而且从根本上控制假日的庆祝活动,如"在转经节期间或任何其他场合均不得在犹太会堂内游戏或猜谜";"在普珥节(Purim)时圣会的全体成员均应为公益(tzedakah)之目的支付普珥金(maot Purim)"。社区领导者们(parnassim)甚至还负责分配犹太会堂的座位——只对男子;妇女必须自行就座,在她们的廊台楼座中闪进她们能找到的第一个空位——和安排礼拜仪式的时间。他们有权惩罚违反规章而被抓住的任何人,课以罚金,或是——在更严重的情况下——予以"革出教门"(cherem)。

虽然,关于社区内部政治组织的许多授意无疑来自威尼斯方面,但是其权力结构,特别是在社会事务方面,却很像阿姆斯特丹的加尔文教会本身。ma'amad 的成员来自知名而殷实的——虽然不一定是最富的——家族。他们通常是从社区的成功商人圈子,以及专业人士阶层(尤其是医生)中吸收来的。每当到了遴选新成员的时候,在位的管理委员会深谙从哪里能够保证权力的延续性。这绝对是一个财富与地位的问题。社区实际上由一个世代绵延的经济精英集团来统治,他们是一个特权阶级,或者,更恰当地说,是一个寡头集团,他们既遴选自己的接班人,又操纵其他办公机构的一切任命。[28]在这个意义上,它是阿姆斯特丹政治的缩影。

因为,市政府本身也不是民主制度。市政府不是由普通民众所选的代表组成,不能代表阿姆斯特丹许多社会经济阶层的利益,其官职也不是向大家开放的。十七世纪阿姆斯特丹的政治权力——而这点在当时荷兰大多数城镇都是一样——归属于数量较少而且明确界定的家族,名为"执政望族"(regents)*。"执政望族"基本上是本市某些最富有的家族之成员,那些家族构成本市的寡头阶级。他们具有专业的、商业的以及制造业的背景。就犹太人而言,他们不一定是本市最富有的家族。虽然财富确实是成为执政望族成员的必要条件,但是只有金钱还不够。许多富有的家族一直未得进入这个集团。这还关系到社会地位、政治的和家族的关系网,以及历史机缘的问题。据一位历史家称,执政望族不是一个单独的社会阶级或经济阶层,而是"上层布尔乔亚的一个政治特权部分"。㉙他们不是贵族,但是家里发了财,在政治权力上完全具有垄断地位。有一部分执政望族的成员当时实际上在市镇机关中掌权,成为"市长老"(vroedschap)**或市(镇)政厅的官员;另一部分则在过去当过官,而且将来无疑也会再度出任官职。一般来讲它是一个封闭的体系,但是在政治大动乱和大变局——所谓 wetsverzettingen(翻天覆地)——期间,执政望族的身份会发生重大变化。人们也可能通过与执政望族家庭的联姻而改善自己的血缘关系。

在阿姆斯特丹各重要而有权势的机关里,全是一些执政望族

---

* 执政望族(regents),早在 15 世纪中叶,勃艮第贵族便在低地国家蓄意扶植一个执政寡头集团,由出身于城市最富有家族的人士管理行政事务。在 16 世纪继起的哈布斯堡王朝时期,当地的执政望族必须得到省督的支持。在阿姆斯特丹,16 世纪初执政望族主要经营海外贸易。后来几经政局变迁,执政望族的新分子出身于经营酿酒、纺织、奶品、海洋渔业,以及肥皂制造业的家族,还有些来自专业人士,尤其是医师与律师家庭。他们大量购买土地成为食利者阶级。参阅第一章 22 页脚注。

** 市长老(vroedschap),亦可译为"元老会",英语为 City Fathers。

家庭的成员。行政司法官（schout），或警察局长和检察长通常出身于当地执政望族，市长和镇长也是这样。这些人是负责市镇日常行政管理的官员，通常都是从"市长老"（vroedschap）遴选出来的。阿姆斯特丹像多数市镇一样，设市镇长（burgemeesters）四名，每人任职期只有一两年。作为执政望族体系的真正核心，"市长老"更多考虑的是一般政策而非日常行政问题。它通常由 36 名成员组成，既关心全省的大事，尤其是其中对阿姆斯特丹有影响者——他们负责对本市在荷兰省议会中的代表给予投票上的指示——也关心市镇内的经济与政治生活。"市长老"的立法与行政功能，以及其职权范围类似犹太社区的 ma'amad，但是与 ma'amad 不同，"市长老"的成员是终身制。当"市长老"确实有一席位开缺时，则如 ma'amad 那样，由其现任成员遴选替补者。此外，他们的评议（像对于 parnassim 的评议一样）是对外保密的。甚至还有像葡裔犹太人那样的防止血亲关系的规定：父子、兄弟及其他血缘近亲（但不是姻亲）不得同时在"市政厅"中工作。[30] 就像议事所用的语言不同一样，荷兰人的名字当然与犹太人不同；荷兰名字如比克尔、西克斯、范·伯宁根和德·格雷夫，它们不同于犹太人的名字，如库列尔、法拉尔、德·科斯塔和科恩。但是，政权集中的本质，荷兰人与生活在他们中间的葡裔犹太人却非常相像。

* * *

到三个犹太教公会实行合并的那一年，即 1639 年的秋季，巴鲁赫·德·斯宾诺莎已满七岁。这就是说，他到了社区中的男孩大多开始在犹太教公会的小学校接受义务教育的年龄。他的母亲已于一年前，即 1638 年 11 月 5 日去世。对斯宾诺莎一家来说，几乎可以肯定这不是愉快的时候。迈克尔再度成为鳏夫，但是这次他有五个子女要照顾。

我们可以肯定,少年巴鲁赫按学校的课程逐年升级,学业优秀,而且一定使他的父亲备感自豪。卢卡说,斯宾诺莎的父亲"缺乏资力供他经商,所以让他从事希伯来文献的学习"。㉛另外一篇早期的传记资料称,迈克尔为他的儿子投身于学术文献而不经商感到十分气愤。㉜看来这种说法很不可信。无可置疑,迈克尔要保证他的儿子们受到真正的犹太教育,因为儿子们与他不同,是在繁荣的宗教社区作为犹太人出生的。迈克尔两度(1635—1636年和1642—1643年期间)出任管理社区内教育设施的管理部的 parnas(社区领导者),他显然十分关心教育。他还一定要把他自己及他的三个儿子列入"生命之树"教育协会的会员名册上。当时,这个于1637年以捐款创立的机构成立不久,除了其他任务之外,还负责为天资禀异的学生提供奖学金。他同时缴纳18荷盾的入会费及52荷盾的捐款。㉝从这些情况来看,很难令人相信,作为十七世纪最重要的哲学家之一的这一人物的教育,竟然仅仅出自一位失望的父亲的勉强迁就。

注释

①弗罗伊登塔尔(Freudenthal)著《斯宾诺莎生活史》(*Die Lebensgeschichte Spinoza's*, 3.)。

②"对别涅狄克特·德·斯宾诺莎的简短而真实的生活描述,来自尚存人氏的口头证词及可靠记载"("Korte, dog waarachtige Levens-Beschryving van Benedictus de Spinosa, Uit Autentique Stukken en mondeling getuigenis van nog levende Personen, opgesteld"),见于弗罗伊登塔尔(Freudenthal)著《斯宾诺莎生活史》(*Die Lebensgeschichte Spinoza's*, 35.)。在荷兰语版(很可能是德语原文的译本)内,科勒鲁斯把斯宾诺莎的出生日期误作1633年12月,在法语版中则纠正为1632年11月。在海牙,科勒鲁斯居然住在斯宾诺莎短期住过的

同一所房屋,而且自称曾与他的房东多次谈论斯宾诺莎。

③伦勃朗为弗雷德里克·亨德里克宫廷所绘油画的名单,见于施瓦茨(Schwartz)著:《伦勃朗:生平与创作》(*Rembrandt:His Life and Works*,69.)。

④弗罗伊登塔尔(Freudenthal)著《斯宾诺莎生活史》(*Die Lebensgeschichte Spinoza's*,3.)。

⑤培尔(Bayle)著《历史的与批评的辞典》(*Dictionnaire historique et critique*)中的"斯宾诺莎"条目,见于弗罗伊登塔尔(Freudenthal)著《斯宾诺莎生活史》(*Die Lebensgeschichte Spinoza's*,29.)。

⑥弗罗伊登塔尔(Freudenthal,35—36.)。

⑦见莱文(Levin)著《斯宾诺莎》(*Spinoza*)。

⑧见瓦斯·迪亚斯及范·德·塔克(Vaz Dias and Van der Tak)合著《斯宾诺莎:商人与自学成功者》(*Spinoza, Merchant and Autodidact*, 139, 172—175.)。

⑨前引书,171。

⑩弗罗伊登塔尔(Freudenthal)著《斯宾诺莎生活史》(*Die Lebensgeschichte Spinoza's*,36.)。

⑪见瓦斯·迪亚斯及范·德·塔克(Vaz Dias and Van der Tak)合著《斯宾诺莎:商人与自学成功者》(*Spinoza,Merchant and Autodidact*,179—183.)。

⑫埃曼努埃尔(Emmanuel)著《库拉索岛犹太人之宝石》(*Precious Stones of the Jews of Curaçao*,194.)。

⑬前引书,193。

⑭另一方面,雅普·迈耶(Jaap Meijer)认为加布里埃尔比巴鲁赫年长;见他所著《尼德兰西葡系犹太人百科全书》(*Encyclopedia Sephardica Neerlandica*,2:51.)。

⑮瓦斯·迪亚斯及范·德·塔克(Vaz Dias and Van der Tak)合著《斯宾诺莎:商人与自学成功者》(*Spinoza,Merchant and Autodidact*,188.)。

⑯前引书,194。

⑰例如,见于西格蒙德·泽利希曼(Sigmund Seeligmann)在《阿姆斯特丹

月刊》(*Maadblad Amstelodamum*)1933 年第二期上发表的文章。

⑱见伊斯雷尔(Israel)著《荷兰共和国》(*The Dutch Republic*, 516—531.)。

⑲前引书,625。

⑳引自斯哈玛(Schama)所著《财富的困惑》(*The Embarrassment of Riches*,358.)。

㉑除了斯哈玛对那次事件的启迪性讨论之外,还见于波斯帝默斯(N. W. Posthumus)所作"1636 及 1637 年荷兰的郁金香热狂"("The Tulip Mania in Holland in the Years 1636 and 1637")。

㉒亚历山大·阿尔特曼(Alexander Altmann)的"惩罚之永恒性"("Eternality of Punishment")一文是关于这些事件的宝贵的全面历史叙述,附有这次争论的有关文件之重印本。

㉓前引文,15。

㉔前引文,19。

㉕见维茨尼策(Wiznitzer)所作"合并协议及阿姆斯特丹犹太教公会'塔木德·妥拉'之规章"("The Merger Agreement and the Regulations of Congregation 'Talmud Torah' of Amsterdam(1638—1639)")。

㉖M. 福肯斯(M. Fokkens)所著《著名商业城市阿姆斯特丹之描述(1622)》(*Beschrijvinghe der Wijdtvermaarde koopstadt Amsterdam*(1622)),引自甘斯(Gans)著《纪事书》(*Memorboek*,46.)。

㉗ma'amad 所拟订的新规定重印于热拉尔·纳翁(Gérard Nahon)所作"阿姆斯特丹,十七世纪西葡系犹太人的西方首府"("Amsterdam, Métropole occidentale des Sefarades au XVIIe siècle",39—46.)。

㉘斯韦琴斯基(Swetschinski)著《阿姆斯特丹的葡裔犹太商人》(*The Portuguese-Jewish Merchants of Amsterdam*,377.)。

㉙普赖斯(Price)著《十七世纪的荷兰省及荷兰共和国》(*Holland and the Dutch Republic in the Seventeenth Century*,51—52.)。

㉚前引书,38。

㉛弗罗伊登塔尔(Freudenthal)著《斯宾诺莎生活史》(*Die Lebensgeschichte Spinoza's*,3.)。

㉜塞巴斯蒂安·科索特(Sebastian Kortholt)为其父克里斯蒂安·科索特(Christian Kortholt)所著《论三大骗子》(*De tribus impostoribus magnis*,1700年汉堡出版)所写的前言;见弗罗伊登塔尔(Freudenthal)著《斯宾诺莎生活史》(*Die Lebensgeschichte Spinoza's*,26.)。

㉝瓦斯·迪亚斯及范·德·塔克(Vaz Dias and Van der Tak)合著《斯宾诺莎:商人与自学成功者》(*Spinoza, Merchant and Autodidact*,157.)。

第四章　犹太教律法学校

61　　大约在1640年,法兰克福的拉比萨巴蒂·谢菲特·赫维茨前往波兰途中,绕道经过阿姆斯特丹。他告诉我们,在那里的犹太人中,他见到"许多可敬的饱学之士"。他去参观葡裔社区的学校,对所见印象深刻,以致叹息"这样一种学校在我国根本找不到"。①到阿姆斯特丹去的另一位访客,波兰学者沙比泰·巴斯写道:

> 在西葡系犹太人的学校里……我看到"成绩优异的学生:幼小的髫龄儿童","变得像公山羊似的孩子们。"在我看来,他们像是神童,因为他们对全部圣经,对语法科学都非常娴熟。他们能够写韵文,按格律作诗,而且说纯粹的希伯来语。看到这一切真是大饱眼福。②

巴斯对他的见闻显然大喜过望。接下去他描述学校一日的安排及各级教学。他谈到教室内学生人数众多("而且祝他们继续增加!"),并且指出学生们逐级升班所取得的学业进步。

早在1616年,当雅各布礼拜堂和"和平之宅"这两个犹太教公会成立律法教育协会时,就建立起教育体系的基础设施,使得来阿姆斯特丹犹太社区访问的犹太人和非犹太人铭记难忘。它原来是专门为请不起家庭教师的人家子弟提供授课的教育协会。这个协会建立一所学校,在1620年以后设于"木材水道"之雅各布犹太会堂隔壁一座租赁的房屋内。在1639年各犹太教公会合并时，那座房屋及其隔壁的房屋赠予统一的"塔木德·妥拉"圣会，后者作为学校使用，学校亦名为"塔木德·妥拉犹太教律法学校"。③小学教育是免费的，各家不论贫富，都把他们的儿子送来学习犹太教基本知识。1639年左右斯宾诺莎开始上的正是这所学校，从他的家宅越过水道到对岸，走不远就可到达。

1637年成立第二个教育协会，名为"生命之树"。起初它打算主要成为一个奖学金组织，专门致力于筹集足够的资本以便生息，辅以捐款，能为天资较高的学生提供津贴，使他们得以继续受到更高级的教育。然而，"生命之树"不久开始成为青少年的塔木德学院，负责对拉比的正式培训。

葡裔社区学校的教学分为六级。较低的四个班级一般为七岁至十四岁的男童所设，所有学生都参加，课程包括宗教、文化及文学的基本教材，那是任何受过教育的犹太人都应知道的。在斯宾诺莎可能开始上学的1639年，莫迪才·德·卡斯特罗正在第一班级任教。像其他小学教师一样，卡斯特罗也有"卢比"的职称。他教希伯来语字母和拼音法，年薪150荷盾。据沙比泰·巴斯说，"幼儿在第一班级学到能够读祈祷书为止，然后他们升入第二班级"。学生在每个班级的学习时间只取决于他的进步程度，通常远较一年为多。一旦升入第二班级，学生们首先从约瑟夫·德·法罗那里学会以希伯来语诵读《妥拉》的一些基本技能。此后，他们以那一年的其余时间从雅各布·戈麦斯那里学习每周应读的那部分《妥拉》（"带有抑扬腔调"）。据巴斯称，在他来访时，戈麦斯（其年薪250荷盾）或教这个班级的任何人，都要带领学童通读旧约圣经的首五卷，"直到他们通晓摩西五经直到最后一节为止"，而重点放在唱诵希伯来语原文。他们还开始从事翻译《妥拉》的片段。

在学生们修毕第三班级的时候,他们在亚伯拉罕·巴鲁赫的指导下将每周应读的那部分《妥拉》(或称"每周经段"parashah)*译成西班牙语。因为巴鲁赫兼任犹太会堂的"哈赞"(领唱者),他无疑也强调诵读《妥拉》时的优美声调。第三班级的学生还学习拉什(Rashi)**所著关于每周那段《妥拉》的诠释。在第四班级,萨洛姆·本·约瑟夫讲授各先知书及拉什。巴斯写道:在这个班级上(当他来访时萨洛姆可能已不再授课)"众男童之一高声以希伯来语朗诵经文的一段,然后以西班牙语解释,这时其他学生聆听。接着第二名男童接替他,如此轮流下去"。④

小学校的授课主要用西班牙语,世界上所有的西葡系犹太社区实际上都是这样。西班牙语是学术与文献(包括圣经文献)所用语言,即使对母语为葡萄牙语的犹太人也不例外。在犹太教律法学校里,全体学生都要背诵的圣经译本为1553年以来的费拉拉(Ferrara)的西班牙语译本。如一位研究马拉诺的历史学家塞西尔·罗斯所说:"讲话用葡萄牙语,但是要学习西班牙语这种半神圣的语言。"⑤实际上,犹太教公会的许多教师来自讲拉地诺方言(或犹太西班牙语)的犹太社区。⑥此外,在阿姆斯特丹犹太社区的早期阶段,懂得以希伯来语会话的学生大概确实是罕见的。

早晨八时开始上课,师生们的课业到十一时响铃为止。他们

---

* 每周经段(parshah,亦作 parashah):《妥拉》经文分成54段,按犹太阴历闰年每周诵读一段。每段均有一个希伯来语名字。在犹太会堂举行礼拜仪式时诵读特定的那段。

** 拉什(Rashi,1040—1105):法国的希伯来语学者,犹太教的最著名的经典注释家之一。他的注释引导学生通过困难的阿拉米语、希伯来语及希腊语篇段,以及曲折复杂的逻辑推理,深入浅出地掌握经文的最直接的字面含义。

大概回家吃午饭（可能还有些休闲娱乐），而在下午两点回到学校。傍晚五时放学（冬季除外，那时"适时"开始上课，只有到犹太会堂举行晚祷时才下课）。⑦许多家庭可能请了家庭教师作为公校教育的补充。巴斯指出，"男童们在家期间，他们的父亲聘请私人教师，讲授希伯来语及其他语文的写作、诗歌，帮学生复习学过的功课，指导他的教育，而且教给他一些可能与他特别有关的知识。"⑧十六岁以下的全体学生还要每天参加犹太会堂的晚祷及唱赞美诗。

　　第四班级的结业意味着小学教育的完成，这时学生大约十四岁。此后的两个班级，除其他科目之外，用于学习《塔木德》（包括《密什那》和《革马拉》*两部分）及其他经典文本。与小学各班级毕业的学生相较，参加这些较高班级的学生少得多。这时有待学习的课程至少需要六年时间，实质上是对拉比的培训。在犹太教公会的"协定"中有关"哈赞"职责的条文说明："担任哈赞的伊萨克·阿伯布将讲授希伯来语法及《革马拉》的基本知识。"巴斯对这个第五班级有如下描述：

> 训练学童自行研读《密什那》律法，直到他们的理解与智能达到"塔木德学士"（bocher）的水准为止。在那个班级上，他们除了以西班牙语解释律法之外，只讲希伯来语，不讲其他语言。他们还详尽地学习语法科学。每天他们学习一条《密什那》律法及其《革马拉》诠释。

---

　　* 《革马拉》（*Gemara*）：《塔木德》的后半部分，是对《密什那》在法律和伦理方面的诠释，编成于公元五世纪。

（因为巴斯的文章写于斯宾诺莎在那里上学和阿伯布讲授《革马拉》的年份以后某个时候，很难估计他的描述在多大程度上反映斯宾诺莎上学时期教课的确切情形。尤其不清楚的是，在十七世纪四十年代，那些学生，甚至阿伯布本人——他一度为马拉诺——对希伯来语是否有足够的口语能力而"不讲其他语言"，以及对希伯来语和阿拉米语的阅读能力是否足以按原文研读《塔木德》。很可能的是这些文献的主要篇章已译成西班牙语。）⑨

在阿伯布于1642年赴巴西以后，第五班级由马纳塞·本·伊斯雷尔教过一个时期。那个班级的学生已是青年人，也学习有关犹太节日的"哈拉哈"（halachic，律法的）要求：

> 在节假日将来临的时候，全体学生便学习《舒尔汉·阿路赫》（*Shulchan Aruch*）＊中的有关篇章；"逾越节"＊＊则学"逾越节"律法，"结庐节"＊＊＊则学"结庐节"律法。这要学到全体学童都熟悉节假日的规章为止。

第六班级，即最高班级，由犹太教公会的首席拉比索尔·列维·摩特拉授课。他负责教育律法学校最高班级的学生，而且基本上是将他们培训成拉比，即使不是所有的学生以后都会成为"哈赞"。在摩特拉的监督下，他们以数年的时间学习《革马拉》，拉什

＊《舒尔汉·阿路赫》（*Shulchan Aruch*），希伯来语原意为"摆好的餐桌"，是西葡系犹太学者约瑟夫·卡罗（Joseph Karo，1488—1575）于1565年出版的犹太法典。

＊＊ 逾越节（Passover），从犹太历元月（尼散月Nisan）第15日开始庆祝八天，相当于公历三月末至四月初。

＊＊＊ 结庐节（Sukkot），亦称"住棚节"，从犹太历七月（提市黎月Tishri）第15日开始，庆祝约八天，相当于公历九月末至十月上半月。这是喜庆丰收的日子。

的著作以及《托萨佛特》(Tosafot)＊,同时要读迈蒙尼德的注解和其他犹太律法与哲学文献。

毫无疑问,斯宾诺莎大约直到十四岁,在犹太教律法学校读完第四班级。过去差不多普遍认为他也受过拉比资格的培训,因而上过该校的更高班级。甚至有很多人相信,或许理想化地说,他是摩特拉的得意门生之一。例如,卢卡断言:"摩特拉作为犹太著名人士和当时所有的拉比们中最开明者,称赞他这个门徒的品行与天才。……摩特拉的赞许增进人们对他的学生的好评。"⑩然而,有不少理由令人质疑斯宾诺莎的学历超过第四班级(或至多第五班级),因而怀疑他是否受过当拉比的培训。

斯宾诺莎的学业一定是成绩优异的,既掌握希伯来语——足以让他日后写出他自己的希伯来语法著作——又对圣经及重要的犹太律法文献有深刻的了解。他是一个智力超常的小伙子,在他的同学中自然显得出类拔萃。据科勒鲁斯说,"斯宾诺莎天资聪慧,敏于领悟。"⑪卢卡讲的一则轶闻正好说明他是多么机灵懂事。这个故事或许有点过于刻意描述而难以置信(虽然,鉴于卢卡本人与斯宾诺莎有私交,这个故事可能是这位哲学家自己告诉他的)。尽管如此,它让我们略微看到十七世纪四十年代年轻早慧的斯宾诺莎。迈克尔这位"善良的男子曾经教他的儿子不可将盲目迷信混同为真正虔诚",当他的儿子只有十岁的时候,一天他决意考验一下这个孩子。

他叫本托去阿姆斯特丹一位老妪那里收回欠他的一些钱。本

＊《托萨佛特》,希伯来语"增补"、"附加"之意。它是"典外之说"(baraitot)的汇编,对《密什那》的评注。

托走进她的家门看到她在读圣经,这时她示意他等待她做完祈祷;在她完事之后,这个孩子向她说明来意。这个和善的老妪对他数好钱以后,指着桌上的钱说:"这就是我欠你父亲的钱。祝你日后成为像他一样正直的人;他从来没有违背过摩西的律法,而上天只会按你决心效法他的程度赐福于你。"

如果迈克尔真是在考验他的儿子鉴别人性的能力,那么,他没有失望:

在她说完这些话时,她拾起钱要装进孩子的口袋;但是,因为看到这个妇人具有父亲曾提醒过的一切伪装虔诚的特征,本托不顾她的百般阻挠,要求再点数一遍。结果,他发现他不得不再要两个达克特(ducats),那就是这个伪善的老妪通过桌面上一个特制的狭长口子投进抽屉中的钱。这样,他的看法得以证实。⑫

* * *

对于住在"宽街"一带的犹太人来说,十七世纪四十年代没有一个吉祥如意的开局。作为一个统一的社区,而且人口日蕃,他们的日益增长的力量引起很大的振奋和希望。来自欧洲各地和地中海沿岸越来越多的西葡系犹太人——且不说来自东欧的许多德系犹太人——正在往阿姆斯特丹这个"自由之城"移民。但是对犹太教公会而言,这个时期的开端笼罩在异端观点及悲剧的浓重阴影之下。

社区中一个有名望的家族的成员,乌列尔·达·科斯塔(Uriel da Costa)于1640年头部饮弹自尽。科斯塔家族是来自葡萄牙的商人，原系马拉诺。他们融洽地定居在这个新国度的正统犹太社会中，很快就表现为他们的犹太教公会中的正直成员，但是不安分的乌列尔例外。其实，这个家族当初回归犹太教似乎还是部分地归因于他。乌列尔的兄弟亚伯拉罕在1637年至1638年与迈克尔·德·斯宾诺莎一起在雅各布礼拜堂的管理委员会工作，而且在1642—1643年还与他一起在"塔木德·妥拉"圣会的教育管理部任职。这两个家族之间大概有密切的关系，这点虽然我们不能肯定。至少，在乌列尔·达·科斯塔的家族与斯宾诺莎的母亲汉娜的家族之间似乎有某种联系，这可以回溯到他们在葡萄牙北部生活的时期。⑬无论哪种情况，无可置疑，就像当时社区内的任何成员一样，斯宾诺莎本人熟知达·科斯塔的异端思想；他或许长期努力思考过那些观念。

乌列尔·达·科斯塔于1585年生于波尔图的一个贵族家庭。据乌列尔自己说，他的父亲本托·达·科斯塔是一名"真正的基督徒"，⑭但是他的母亲布兰卡似乎已经皈依犹太教。乌列尔受过通常的基督教教育，后来在科英布拉大学学习宗教法规，并且在教堂担任司库。表面上看，他的生活是十分虔诚的；他惧怕永世地狱之罚，定期忏悔他的罪孽。但是有过怀疑。他在自传中写道：

> 我越是想这些事，心中产生的烦恼就越大。最后，我深陷迷茫、不安与困窘之境不能自拔。悲伤与痛苦吞没了我。同时既要按照罗马教仪忏悔我的罪孽以便得到确实的赦免，又要达到对我的一切要求，我觉得这是不可能的。我还对我的得救开始感到绝望……既然我感到难以放弃一种早在孩提时期已经习惯的宗教，而且，由于信仰，这种宗教在我心中已经深深植根。（在我大约22岁的时候）我提出这些疑问：人们关

于来世的说法可能是一种虚构吧？造成这种说法的信仰符合理性吗？盖理性对我直接重申许多事情，而且不断悄然告我（与信仰）完全相反的一些事情。⑮

基督教信仰与人的理性是否能够兼顾不悖？把这些怀疑至少对他自己倾吐出来以后，乌列尔说他感到安心，而且继续过他的基督教生活。但是，不久他开始阅读《妥拉》及诸先知书，看看犹太教该怎么说。他说，他变得深信摩西律法是上帝真正启示的，而且决心此后奉行它。当然，在葡萄牙是不准公开地（甚至秘密地）过犹太教生活的。他辞去他的圣职，放弃他的父亲在市内宽裕的住宅区建好的房子，而带他的母亲和两个兄弟离开葡萄牙。他们于1612年北上定居于阿姆斯特丹，"我们发现那里是作为犹太人可以免于恐惧而生活的地方"。乌列尔和他的兄弟们实行割礼，开始自行熟悉正规的犹太教仪式和教规。

很快又感到失望。乌列尔自称一直在寻求圣经上的宗教，即对摩西律法的纯粹信奉，而不是充满无谓而多余的戒律的，某种经拉比们修改过的宗教。"没过几天，我从自己的经验中体会到，一方面是犹太人的风俗与性格，另一方面是摩西规定的律法，这两者之间有很大的分歧。"这里所提到的时间过程可能有些缩短，但是叙述手法紧凑的需要无碍于他所看到的差异的性质：既有他所说的"绝对律法"，而后来又有一些所谓犹太圣贤的"发明创造"，"完全是律法之外的添砖加瓦。"达·科斯塔对这一发现的描述大概不够坦诚。一位学者指出过，看来乌列尔不会这样幼稚无知，以致认为在十七世纪的欧洲他能找到奉行纯粹圣经上的犹太教的社区生活；而且，对于由拉比时期的犹太教所形成的当代犹太教生活方式，也不可能完全出乎意料。⑯达·科斯塔通过生活实践应该已经熟悉那种来自他的皈依犹太教的母亲等人的犹太教,事实上那是马拉诺所特有的犹太教,带有后圣经时代的、拉比时期宗教的少许但是明显的痕迹。⑰

不论他的真正期望是什么,乌列尔对他在阿姆斯特丹找到的犹太教大失所望。在他看来,这不过是由当代的法利赛人*领导的一个教派而已。他迁往汉堡,于 1616 年发表他的著作《反对传统观念的建议》(*Propostar contra a Tradicao*),这是十篇论文的汇集,抨击"口传律法"(即《塔木德》)之有效性等问题,论证"法利赛人之传统教仪之虚妄无效"。

> 如果说我们应该按照口传的说法解释《妥拉》之律法,而且,我们必须像我们相信摩西之《妥拉》本身那样相信这些说法,那么,这样作本身足以导致《妥拉》基础之毁灭。倘若坚持这些说法真实有效,我们就会对《妥拉》作出修改,实际上造成反对真正《妥拉》的新《妥拉》。(但是),口传《妥拉》之存在是不可能的……如果说,我们应该信守《塔木德》的一切律法,正像我们应该信守摩西之《妥拉》一样,那就会把凡人的话等同于神的语言。⑱

看来,对于灵魂不朽及来世永生的怀疑也还在折磨着他,在后来的著作中他将继续全面予以抨击。

---

* 法利赛人(Pharisees):它是公元前二世纪至公元二世纪犹太教的主要派别。他们强调维护犹太教传统,主张与异己者严格分离(法利赛一词源自阿拉米语"分离"之意),认为成文律法《妥拉》是神圣启示,但是要以口传律法作为补充,对成文律法采取与时俱进的解释。因此,他们使口传律法变成《塔木德》的基础。法利赛人的学说逐渐演进成为拉比犹太教的学说。

作为对达·科斯塔出版著作的回应，威尼斯方面通过列昂·摩德纳拉比于1618年8月14日宣布对他"革出教门"（cherem）。摩德纳谴责那些人"否定我们的圣贤的话语，他们在犹太民族众目睽睽之下，首先拆毁《妥拉》周围的全部护栏，断言我们的圣贤的话语全是一片混乱，相信这些话语的人全是愚氓。"[19] 鉴于汉堡及阿姆斯特丹的犹太社区与威尼斯犹太教公会之间存在指导关系，摩德纳的判定对这两个社区会有巨大的影响。在《大小盾牌》(*The Shield and the Buckle*)*一书中，摩德纳拉比还亲自出马驳斥达·科斯塔的观点，维护"口传律法"；他说这是"为了捍卫我们的圣贤，反对一个自作聪明的迷途蠢人，他的名字叫疯癫"。[20]

达·科斯塔在汉堡也遭到驱逐。此后不久，他返回阿姆斯特丹，继续宣扬他的观点。萨穆埃尔·达·席尔瓦是汉堡的一位医生，阿姆斯特丹社区的拉比们请他驳斥达·科斯塔的思想。据席尔瓦称，达·科斯塔断言：

> "口传律法"是谎言和虚构，"成文律法"无须任何这种阐释，而他和像他那样的其他人都能提供阐释。他确认过去和现在还控制犹太人的律法完全是有野心的坏人之捏造……他声称犹太人的全部宗教仪式都是他要摧毁的外来迷信。[21]

达·席尔瓦又称，达·科斯塔抵制割礼，而且嘲笑犹太教仪式上所用的各种器件，包括"塔夫林"（tefillin，即"经匣"，又称 phy-

---

* "大小盾牌"一语出自圣经旧约《诗篇》第35篇"求助的祷告"："上主啊，与我相争的，求你与他们相争；与我相战的，求你与他们相战。拿着大小的盾牌，起来帮助我。"

lacteries,即"护符匣")*,"塔利特"(tallitot,即"祈祷披巾")**和"美祖扎赫"(mezuzot,即"经文楣铭")。***

然而,在达·席尔瓦看来,最重要的问题是达·科斯塔否定灵魂之不朽。达·科斯塔辩称,人终有一死,而肉体死亡后灵魂不存在。他断言灵魂自然由人的双亲产生。它不是由上帝另行创造,然后置于肉体中的。它随肉体本身出现,因为它实际上正是肉体的一部分,即寓于血液中的生命精神。在这方面,人的灵魂无异于动物的灵魂。人的灵魂的唯一不同特征就是它是有理性的。所以,犹如人的(或任何的)肉体一样,它必然是不能不死和会消亡的。由此可见,不存在来世,也没有永恒的奖赏或惩罚。"一旦死亡,人的一切不复存在,他也没有转世再生。"㉒保持此生便是信服上帝及其各项诫命的理由,而一个人所获的成果将只是他在现世劳作的报酬。达·科斯塔坚持认为,摩西律法(五经)没有讲灵魂不朽,也没有说死后还有某种体现奖赏或惩罚之生活。与此相反,《妥拉》告诉我们:人,而不仅是人的肉体,乃是"尘土,而且必将归于尘土"。他还得出结论:有许多建立在我们的最不合理性的恐惧与希望上面的错误、邪恶以及迷信行为,它们的根源全在于对灵魂不朽的信仰。

不出所料,1623年5月15日阿姆斯特丹社区认可汉堡与威尼斯对达·科斯塔所发的革出教门令。

---

* "塔夫林"(tefillin):两个黑皮小盒,内装以希伯来语写成的经文。祈祷时一个戴在额头上,另一个系在左臂上。

** "塔利特"(tallitot):长方形祈祷披肩,四角带有流苏。每日晨祷,安息日或节日披戴,表示祈祷时排除杂念。

*** "美祖扎赫"(mezuzot):希伯来语原意为门柱,这是犹太人家的标志。它是挂在门框右侧的小匣,内装两段经文,提醒人们履行对上帝的宗教义务。

本族的各位代表先生们宣布,他们已经得悉名为乌列尔·阿巴多特的人来到本市。他带有针对我们的神圣律法的许多错误、虚伪和异端的见解。况且,在威尼斯和汉堡他业已被宣布为异端分子而被革出教门。因为想要引领他回归真理,他们曾多次在上述代表们参加下通过本族的"哈赞"及长者们的调解,已经满怀善意与温情采取多种必要的步骤。鉴于他十分狂妄顽固地坚持他的恶行与谬论,代表们会同各社区管理委员会及上述"哈赞"们宣布训令如下:他应作为病态者予以驱除,以神律加以诅咒;任何人,不论什么身份,不论男女、血亲或外人,均不与他交谈;任何人都不得进入他现住的房屋,也不对他表示任何好感,否则同样受到革出教门的惩罚,隔离于我们的社区之外。为了尊重他的兄弟们之方便起见,我们许可他们在延迟八天之后必须与他隔绝。

萨穆埃尔·阿巴巴涅尔,宾哈明·伊斯雷尔,亚伯拉罕·库里埃尔,约瑟夫·阿本尼亚卡,拉斐尔·热苏龙,雅各布·佛朗哥

犹太历 5383 年[1623 年]七周斋期(omer)*之第 13 天于阿姆斯特丹。㉓

达·科斯塔做出公然反对的回应。他写道:"情况既然发展到这个地步,我决心写一本书,证明我的主张是有充分理由的。根据我对律法本身的论证,我明确指出法利赛人之经外圣传和教仪之虚妄无益,同时指出他们的口传律法及制度不符合摩西律

---

* 七周斋期(omer):从"逾越节"的第二天晚上至"五旬节"前为止的 49 天为"七周斋期"。"七周斋期"的第一日在教堂奉献的一捆大麦称为"欧麦"(omer)。

法。"㉔达·科斯塔所著《对法利赛人的口传律法之考察》(*Examination of the Pharisaic Traditions*)于 1624 年在荷兰出版。这家出版社还出版达·席尔瓦的严词批判:《论不朽性》(*Treatise on Immortality*)。达·科斯塔的著作是他以前驳斥灵魂不朽及抨击口传律法的详细阐述。他的异端见解既冒犯了犹太教徒,同样也侮辱了基督教徒,因此他被阿姆斯特丹市当局所逮捕,坐牢十天,罚款 1500 荷盾。那部著作遭到焚毁,如今流传下来的只有一本。㉕

然而,他的母亲却和他站在一起,这给阿姆斯特丹的犹太区领导者们造成难题。萨拉(原名布兰卡)·达·科斯塔不仅是异端分子乌列尔的母亲,而且还有两个儿子是颇受敬重而有影响的社区成员。乌列尔的兄弟们遵守革出教门令的规定,谴责乌列尔,而且与他断绝一切联系。但是他们的老娘继续与乌列尔住在同一所房屋,牵着他的手,吃他本人宰的肉食,甚至(据说)信奉他的教旨。按照社区的规章,她就像公然反对长官而且死不悔改的任何人一样,在犹太人的墓园内应该没有葬身之地。如果她在这样一种叛逆状态下逝世,他们应该如何处理呢?阿姆斯特丹的拉比们致函威尼斯的雅各布·哈列维,征询他对此事的意见。哈列维做出仁慈的答复:"根据犹太律法的观点,以色列人的墓园不能拒绝给予诚实的妇女一个位置。"㉖

在此期间,达·科斯塔的思想变得甚至更加极端:"我得出结论,犹太律法不是来自摩西,它只是人为的虚构,正像世上许多其他这类编造一样。它在许多方面与自然法抵触,而作为自然法的创造者,上帝不能与自身抵触。但是,如果他要人们履行的戒律违反我们所知道的其创造者的自然天性,他势必已经是自相矛盾。"㉗然而,此刻达·科斯塔决意不再努力维持没有意义的孤独生活,尤其从财务方面来看。他决定抑制他的傲气,设法与犹太社区和解,"使自己与他们重新团结,步调一致,按照他们的愿望行事,像他们所说的那样,要回到猿群中去成为一只猿。"㉘(他可能还是由于想结婚的缘故,因为他不久遭到的第二个革出教门令迫使他放弃新近达成的婚约。)他公开撤销他的见解,而且试图按正统的标准生活。这种顺从的努力对他来说一定成了沉重的负担,而且这种做法没有延续多久。他的侄子向当局报告,乌列尔违反关于饮食的律法,导致认为"我不是犹太人"这种嫌疑。尤为严重的是,他试图劝阻来自西班牙和意大利的两名基督徒不要改宗犹太教和参加社区,竟说"他们不知道即将套在他们的脖子上的枷锁",因此被抓住扭送到拉比及非神职的社区领导者面前。1633年对他宣布一次据传是空前严厉的新的革出教门令。㉙人们给他一个甘遭鞭笞以赎罪的机会,但是他拒绝全部接受。不过,经过七年以后,贫困而孤独的他改变了主意。

我走进犹太会堂,那里挤满为这次示众而聚集起来的男女。到时候我登上位于会堂中央的木制讲台,那是供当众宣读经文及其他活动之用的"诵经台"(bima,"比麻")*。我以清晰的声音朗读由他们写好的那篇我的悔过书,承认我的行为虽百死而莫赎:我不守安息日,我没有保持信仰,我甚至发展到劝阻他人不要成为犹太教徒的地步。为了让他们满意,我同意服从他们强加于我的指令,履行他们向我提出的各项义务。最后,我保证不重蹈这类邪恶与罪行。我读完以后走下讲台,这时首席拉比走过来低声告我退到会堂的一个角落。我走过

---

* 诵经台(bima):为一木制的高平台,拉比在这里主持祈祷仪式和宣读《妥拉》。在西葡系和传统的德系犹太会堂里,诵经台设在会堂中央,各排座位环绕着它。在现代德系犹太会堂里,诵经台设在会堂的正前方。

去,而看守人告我脱衣。我袒裎至腰部,蒙面赤足,以双臂环抱堂柱。我的看守近前将我的双手环柱捆绑。这些准备工作一经完成,"哈赞"便走过来拿起鞭子,按照传统要求对我的胁部施加三十九鞭……在笞刑时人们唱起赞美诗。笞刑结束后一位"哈赞"走过来宣布解除对我的全部"革出教门令"……接着我穿上衣服走到会堂的门槛处。我特意倒在那里,由看守人托着我的头。所有走出会堂的人都越过我,在我的下半身踩一脚。无论老少,人人都参加这一仪式。恐怕连猿猴也不能在众目睽睽之下表演这样骇人听闻的举动或更荒谬可笑的行为。当仪式告终时,观众一个不剩,我站起来。旁边的人洗掉我身上的污物……我便走回家。㉚

这已超过乌列尔所能容忍的限度。过了几天,在他写出他的自传《人生之实例》(*Exemplar humanae vitae*)以后,他自了此生。在自传结尾,他谴责阿姆斯特丹的地方长官没有保护他,使他免受"法利赛人"对他施加的不公正行为。

有些学者曾质疑达·科斯塔回忆录之真实性,尤其是对他的最后惩治的这篇描述;或许这是犹太教公会在前一年统一大功告成后的首次重大行动。㉛有人认为这听来像是带有反犹动机的什么人的作品,某个基督徒可能窜改了乌列尔的原作——或者甚至很多内容出自此人手笔——旨在抹黑犹太社区。㉜没有疑问,达·科斯塔的著作被用以丑化阿姆斯特丹的犹太教公会。㉝但是,社区里这种惩罚措施不见得没有先例。就在达·科斯塔终于试图与犹太教公会达成和解的前一年,即1639年,亚伯拉罕·孟戴斯谋求解除对他的"革出教门令",那是因为他违反犹太教公会的一项关于婚姻的规定而引起的。当他请求宽恕时,他被告知必须"走上布道讲台,宣读 ma'amad(非神职人员组成的管理委员会)委员们给他的一份声明。然后他将在犹太教公会前面公开接受鞭笞,而且伏在台阶下以便公会成员能从他身上越过。"㉞

当达·科斯塔自杀时斯宾诺莎只有八岁,还不会沾染乌列尔所陷入的那种怀疑和异端思想。尽管如此,关于灵魂不朽,《妥拉》之地位——它究竟是由传授神谕的摩西所写,抑或仅是此后一些人的"虚构"——以及有组织的宗教之迷信本质,达·科斯塔的种种见解在社区内广为议论经久难忘,对斯宾诺莎的思想发展产生影响是没有问题的。另一方面,犹如十九世纪一幅过分渲染的油画所描绘的那样,认为斯宾诺莎坐在达·科斯塔的双膝上形成他的思想,则纯属想入非非。

*　　　　　*　　　　　*

较之一名异端分子之自杀,斯宾诺莎的家庭在1640年还有更多切身的事情要考虑。汉娜去世已两年多,迈克尔大概很想找一位新的妻子持家和照顾他的子女;大女儿米丽娅姆还只有十一二岁,而最小的儿子可能只有三岁。翌年4月28日,52岁的迈克尔娶了埃丝特·费尔南德,别名焦玛尔·德·索丽兹。当时埃丝特大约40岁。那年她刚从里斯本来到阿姆斯特丹,与她的妹妹玛格里亚塔住在市内,父母双亡。迈克尔可能通过犹太教公会结识玛格里亚塔,大概在她帮助之下负责把她的姐姐带到阿姆斯特丹来以便结婚。就在迈克尔与埃丝特在阿姆斯特丹市登记要结婚的同一天,玛格里亚塔宣布她自己即将举行婚礼,她的对象埃马努埃尔·德·托瓦尔来自法鲁(Faro),"父母住在巴西,本人住在奥伊伦堡。"㉟

这样,较之迈克尔以前的两位妻子,我们对埃丝特所知稍微多一点,但是资料仍很稀缺。她可能与社区望族闻人亚伯拉罕·法拉尔有关,她大概从来没有学过荷兰语,因为她的最后遗嘱是葡萄牙语的。这是一份必须在荷兰的公证人前拟定的法律文书,通常应是荷兰语的(这次的公证人是扬·福尔卡兹·奥利,大概因为他有讲葡萄牙语的助理而多次为迈克尔所聘用)。㊱然而,关于斯宾诺莎与他的继母关系之性质,或他对她有什么看法,我们一无所知。这是令人遗憾的,因为他从八岁以后基本上由继母带大,因此她对这个孩子肯定有强烈的影响。如果丽贝卡确实是汉娜所生,那么,埃丝特根本没有任何亲生的孩子。

*　　*　　*

在达·科斯塔事件以后,犹太教公会"塔木德·妥拉"的士气需要振作。省督弗雷德里克·亨德里克于1642年决定访问"木材水道",以他的莅临为葡裔社区的犹太会堂增光。这对他们恢复生机势必大有好处。

在低地国家作为勃艮第亲王之领地的一部分的时期,亲王总要任命一名总督来节制他的北部臣民,而省督(Stadholder)就是当年留下来的建制。在哈布斯堡王朝继承这片领地之后,西班牙王室照例任命一名高级贵族作为国王代表。后来荷兰人取得这个职位,而且,阴错阳差地利用它反对西班牙的统治。声望最高和最重要的(而且传奇般的)省督向来就是威廉一世,他在十六世纪七十和八十年代领导诸联合省反叛西班牙。自从开战以后以及整个十七世纪,省督一职都是由各省的议会任命,实际上奥伦治王室成员通常都是同时在几个省内当省督,由这个家族的两位成员分担七个省督职位。然而,除了从1650年至1672年的无省督时期之外,总是有一位居支配地位的省督,那就是占有荷兰省、泽兰省、乌得勒支省、上艾瑟尔省及海尔德兰省之职位的省督。其实,这是一个全国性的官位,不啻一位君主,尤其是作为荷兰统一的象征——甚至是唯一的象征。出于职权,总督是荷兰法院的院长,负责维持省内的公共秩序及司法。他还负责维护"真正的宗教",即加尔文教会。从实际的角度来说,最为重要的大概就是他身任荷兰共和国陆海军总司令。从 1625 年至 1647 年,荷兰省及其他几省的省督是威廉一世的儿子弗雷德里克·亨德里克。

弗雷德里克决定访问"塔木德·妥拉"犹太会堂是引人瞩目之举。那时犹太人在共和国内的正式身份还是"外来居民",直到 1657 年才宣布他们是"尼德兰联省共和国真正的国民与居民"。[37]在加尔文教会所在的许多城区,他们还被视为不受欢迎的外国居民。通过对犹太教礼拜堂的访问,省督实际上表明他不为某些加尔文教徒的偏执态度所制。对于他势必承认为荷兰经济增长之重要因素的社区,他给予赞助之保证,而且至少暗中加以保护。

省督对犹太会堂的访问是奥伦治王室成员前所未有的首次行动,其时机乃值英王查理一世之妻亨丽埃塔·玛丽亚王后莅临尼德兰。这位英国王后带着她的女儿,10 岁的玛丽,要她嫁给弗雷德里克·亨德里克的儿子威廉。亨丽埃塔·玛丽亚要看犹太人的祈祷仪式,这事在她自己的国家内办不到,因为在 1290 年业已赶走其犹太居民,而且许多年来都没有正式准许他们入境。不过,这次来访有一个更为实际的迫切动机。王后从英国带来她的御用珠宝,而且希望犹太商人以此为抵押借钱给她,因为她的丈夫身陷困境极需金钱。据称阿姆斯特丹的犹太商人说,只要省督出面担保,他们就愿意贷款。所以,部分地由于国际政治和亲家关系之故(而且这两者在十七世纪几乎都是有联系的),弗雷德里克·亨德里克陪伴她访问犹太会堂,一行还有威廉二世亲王及他的未来新娘玛丽公主。5月22日,这些王室贵宾受到葡裔社区的热烈欢迎,被请到"塔木德·妥拉"圣会的学经堂(beit hamidrash)。*犹太社区的代表团对省督多年来对他们的保护表示感谢,由若纳斯·阿布拉巴涅尔朗诵他为此而写的诗篇。但是,有幸致正式的欢迎词的正是马纳塞·本·伊斯雷尔拉比:

> 我们不再将卡斯蒂利亚和葡萄牙,而是将荷兰视为我们的本国。我们不再指望西班牙或葡萄牙的国王,而是将尼德兰国会诸位阁下及殿下您本人作为我们的主宰者,我们受到你们的神圣国徽的保护,而且由你们的武器来防卫。因此,毋庸见怪,我们每天都为尼德兰国会诸位阁下和殿下您本人祈祷,也为这个世界闻名城市的尊贵长官们祈祷。㊳

弗雷德里克·亨德里克当然感谢葡裔商人对他表示的盛意,而且大概由于他们愿意在财政上伸出援手而更加高兴。十三年以后,马纳塞在他的英国之旅中,他希望充分利用这种经济上的通常理由说服查理一世的取代者奥利弗·克伦威尔,让他允许犹太人再度定居于那个国家。

大约在这个时期,即使在举行礼拜的时候,访问犹太会堂的荷兰人实际上变得相当普遍。1648年10月29日,本市的一批行政长官和治安官员共同对"木材水道"的这一建筑物进行访问。访客包括阿姆斯特丹首要的执政望族家庭的成员,有势力的富商安德里斯·比克尔和队长弗兰斯·班宁·科克。早在六年前伦勃朗

---

* 学经堂(beit hamidrash):犹太教徒学习经典的场所,学习者也在那里祈祷。它被视为比犹太会堂更为神圣,因为后者只是个人祈祷和公共聚会的地方。

创作的那幅众所周知的油画《夜巡》*，画的正是科克的城市自卫队（来自"新边区"第二管区），那幅画已经使这个连队名垂不朽。

在十七世纪四十年代，伦勃朗本人在"宽街"地区算是长住了。他这时住在大街上的一座豪宅里——鉴于他后来的财务困难，住在那里或许花费太大。自从他来到阿姆斯特丹不久，他一直在给他的犹太邻居们创作素描、蚀刻画和油画，既为他自己的艺术宗旨，也为那些犹太人本身。例如，1636 年有一幅蚀刻画，看来就是住在他那条街对面的马纳塞·本·伊斯雷尔的肖像。他还为马纳塞的朋友埃弗莱姆·布埃诺博士画像，那是一位真正的饱学之士。（荷兰艺术家似乎喜爱为这两位人士造像：一度作为伦勃朗搭档的扬·利文斯也给布埃诺画过像，而伦勃朗以前的学生戈维特·弗林克于 1636 年画过马纳塞的油画肖像。）此外，1648 年有一幅蚀刻画表现一些年长的波兰犹太人，看来是聚集在他们的犹太会堂外面，同时还有一些表现街上犹太人的速写画。但是，他与十七世纪七十年代描绘犹太人及其周遭的罗梅因·德·霍赫（Romeyn de Hooghe）不同，伦勃朗描绘西葡系和德系犹太人的意图不仅是记录他们的日常生活和房屋，而且还为他的以圣经和历史为题材的油画积累素材。我们在他为青年和老年犹太人所作速写中看到的面孔和身影，在他取材于《旧约》场景和人物的油画中得以重现。西葡系犹太人本身很喜欢购买这类油画。

像荷兰人一样，葡裔犹太人是艺术品的热心收藏者。例如，平

---

* 伦勃朗最著名的油画《夜巡》(The Nightwatch) 作于 1642 年，是以华丽的细节为特征的巴罗克风格杰作。此画原名为《弗兰斯·班宁·科克队长及威廉·范·勒滕勃奇副官的连队》，到十八世纪末才获得现名。但是，《夜巡》之名是错误的。到伦勃朗创作此画的时候，城市自卫队已不须守卫阿姆斯特丹的城堡，日夜均不需出巡。他们的集合主要是去参加社会活动及体育比赛。画中的连队可能前往参加射击竞赛或游行。

托(Pinto)*家中藏有"总价值一吨黄金的珍贵油画"。㊴作为法国国王路易十三及其首相红衣主教黎塞留(Richilieu)**驻阿姆斯特丹的代理人,阿方索·洛佩斯买下(甚至可能曾委托创作)伦勃朗于1626年的作品《先知巴兰》。*** 后来,有一桩与迭戈·德·安得拉德有关的交易不大顺利。德·安得拉德曾委托伦勃朗为某位年轻女郎画像,而且交了定金。但是当德·安得拉德看到那幅油画时,坚持认为肖像"一点也不像女郎本人面貌"。他要求伦勃朗要么修改,要么另画。伦勃朗均予拒绝,而德·安得拉德则不肯接受那幅画。在德·安得拉德要求退钱时,伦勃朗说,只要德·安得拉德预付全额款项,他就修改那幅画。后来他把那幅画留给圣·路加同业公会(油画家的公会)的理事们评判它是否是优质肖像。㊵

除了仅根据观察所知者以外,伦勃朗与住在他附近的犹太人——具体地说如住在邻舍的烟草商丹尼尔·平托和住在另侧的萨尔瓦托·罗德里格斯家族——到底有多少接触,这个问题一直很有争议。这些接触包括艺术作品上的商业交易,他对不知姓名的犹太模特儿的使用,以及人们有时坐下来让他画肖像。此外,无可否认,伦勃朗与马纳塞拉比有相当密切的工作联系。在1635年,关于圣经诠释的一个问题(而且可能是要求帮助辨认希伯来字母),他一定咨询过马纳塞,因为在油画《伯沙撒的酒宴》****中,

---

* 可能是下文所提到的丹尼尔·平托。

** 黎塞留(1585—1642),在法王路易十三时期任首相,镇压新教徒,维护专制王权。

*** 此画原名《天使与先知巴兰》(*The Angel and the Prophet Balaam*),取材于《旧约·民数记》第22章第27—28节,为伦勃朗20岁所作,得到高度评价。洛佩斯购到后,与拉斐尔和提香的油画名作并列收藏。

**** 伯沙撒(Belshazzar),巴比伦最后一位国王之子,生活于公元前六世纪。《旧约·但以理书》第5章称,酒宴时神秘之手在王宫的墙上写下预言,说他将死于城市的洗劫中。

巴比伦国王受到神的一次警示(以阿拉米文),形式符合马纳塞自己对此事的说法。[41]在马纳塞于1655年发表的著作《尼布甲尼撒雕像的光荣岩石》(*Piedra gloriosa de la estatua de Nebuchadnesar*)中,伦勃朗也与他合作,为马纳塞的本文提供四幅蚀刻画作为插图。邻里之间还发生种种争吵,这是不幸但是自然的事。在1654年5月,伦勃朗与平托发生争执,因为在他们的住宅的某项工程上伦勃朗一直没有支付他那份用费,而且伦勃朗在地下室引起的噪音过大。[42]

因此,说伦勃朗"与阿姆斯特丹的犹太人融洽和睦"[43],而且描述他致力于同犹太人保持密切的相互关系,[44]似乎还是合情合理的。然而,有一位伦勃朗研究者说这是一种"感情用事的推测,"坚持认为"伦勃朗对犹太社区涉足不深",而且他的接触限于"敢于最大限度地进入基督徒社会"的少数人士。[45]诚然,除了给马纳塞和布埃诺画像以及与马纳塞合作出书之外,没有多少文献根据证明上述两种看法的任何一种。不过,一方面鉴于伦勃朗对犹太人的事情怀有不可否认的好奇心;另一方面,鉴于西葡系犹太人社区的五方杂处的性质,过于有所保留的看法是难以令人接受的。既然伦勃朗本人住在阿姆斯特丹的犹太人社会之中,为什么还要把他的交往限制于那些"敢于最大限度地进入基督徒社会"的犹太人呢?伦勃朗一定不仅是偶然接触住在他附近的许多有知识和懂艺术的葡裔犹太人。

然而,极为有趣的问题便是斯宾诺莎本人是否认识伦勃朗?设想十七世纪荷兰文化的这两位巨擘相互结识是耐人寻味的问题。虽然,伦勃朗此时为什么竟会有兴趣结交斯宾诺莎?这是没有什么道理的。但是,除了街头邂逅之外本来可能有很多机会相会。有些学者推测由马纳塞充当中介。[46]伦勃朗或许在马纳塞陪

第四章 犹太教律法学校 119

伴下(甚至可能在摩特拉陪伴下,因为伦勃朗大概画过他的像)访问犹太会堂或学校,而由这位拉比介绍给该校杰出学生之一斯宾诺莎。他们或有可能在马纳塞家中见过面。令人遗憾的是这些推测完全没有根据。虽然通常说马纳塞·本·伊斯雷尔是"斯宾诺莎的老师",但是斯宾诺莎很可能在那座犹太教律法学校里从来没有正式当过马纳塞的学生。马纳塞于1642年接任第五级的教学,当时阿伯布拉比去了巴西,而斯宾诺莎此刻最多只上到第二级。到了斯宾诺莎进入较高班级的年龄时,马纳塞还在教第五级的课,但是不久就由朱达·雅各布·列奥所接替。[47]完全没有足够的证据说斯宾诺莎与马纳塞有过密切的关系,因此,没有什么理由认为马纳塞,尤其是在十七世纪四十年代,会想到让伦勃朗与斯宾诺莎相识。

说斯宾诺莎在十七世纪五十年代的什么时候见过伦勃朗还是可以理解的,虽然这也纯属臆想。伦勃朗创作室的学生之一,伦德特·范·贝耶伦据说住在斯宾诺莎的拉丁语老师弗朗西斯科斯·范·登·恩登家中,直到范·贝耶伦于1649年去世为止。范·贝耶伦制作伦勃朗油画的摹本,而且在艺术品市场为伦勃朗充当报价人。范·登·恩登对艺术品的兴趣始终不渝——初到阿姆斯特丹时他是一位艺术品商人——而且可能与他的房客的著名指导大师交过朋友。如果在范·贝耶伦死后他还继续那种关系,那么,当斯宾诺莎于十七世纪五十年代中期来到他家时,他可能向那位大画家介绍过他新收的杰出学生。[48]但是,现有的证据完全不能证实这一点。一位研究伦勃朗的学者写道,"许多人把伦勃朗与斯宾诺莎连在一起的一厢情愿根本没有历史根据",[49]仔细想想,他的判断是无懈可击的。

　　　　　　＊　　　　　＊　　　　　＊

　　从迈克尔于 1641 年与埃丝特成婚，至他的儿子伊萨克于 1649 年死亡，在这期间关于斯宾诺莎及他的家庭我们没有什么重要的资料，只知道在 1642—1643 年间迈克尔在社区的教育管理部第二次担任"parnas"（社区领导者）。偶尔有商业买卖，诸如迈克尔于 1644 年与亚伯拉罕·法拉尔及安东尼奥·费尔南德斯·卡韦雅尔达成的贸易协定（卡韦雅尔是"住在伦敦的商人"；尽管英国明令禁止犹太人居留，他仍住在那里，而且后来还成为伦敦首座犹太会堂的创建者之一）。㊾但是关于本托在这些年间的活动，我们一无所知，只能对于一个青年人在阿姆斯特丹正统的犹太社区的生活合理地做一点通常的假定。经过多年集中学习与培训，到 1645 年他十三岁的时候，本托应该庆祝他的"成年礼"（bar mitzvah）。*但是我们不知道迈克尔对于他的儿子的未来教育有什么考虑。他是否想要儿子读完小学课程后参加他家办的商号呢？或者，他是否想要儿子继续读完较高的班级，而且，多半成为一位拉比呢？不久，意料之外的事态发展便使得这个问题变成不是主观意愿所能决定的。

注释

361　①瓦斯·迪亚斯及范·德·塔克（Vaz Dias and Van der Tak）合著《斯宾诺莎：商人与自学成功者》（*Spinoza, Merchant and Autodidact*, 150.）。

---

　　* 成年礼（bar mitzvah），此词原意为"诫律之子"，表明一个男孩已经成年，应遵守犹太教诫律，履行犹太人所应尽的责任。女孩的成年礼称为 Bat mitzvah，即"诫律之女"。通常均在年满 13 岁时的第一个安息日，于犹太会堂的晨祷仪式上举行。在犹太人的家庭生活中，这是像婚礼一样隆重的大事。

②马库斯(Marcus)著《中世纪世界的犹太人》(*The Jew in the Medieval World*,378.)。

③关于十七世纪葡裔犹太人教育制度之历史,见 M. C. 帕雷拉及 J. S. 达·席尔瓦·罗莎(M. C. Paraira and J. S. da Silva Rosa)合著《回忆录》(*Gedenkschrift*)。

④马库斯(Marcus)著《中世纪世界的犹太人》(*The Jew in the Medieval World*,379.)。

⑤前引书。

⑥罗思(Roth)作"在马拉诺移民社群中西班牙语的作用"("The Role of Spanish in the Marrano Diaspora,"115.)。

⑦按照巴斯的报道,而且较斯宾诺莎上学时期稍晚;见马库斯(Marcus)著《中世纪世界的犹太人》(*The Jew in the Medieval World*,379.)。

⑧奥芬贝格等(Offenberg et al.)编《斯宾诺莎:哲学家逝世三百周年》(*Spinoza*,74.)。

⑨波普金(Popkin)作"斯宾诺莎与圣经研究"("Spinoza and Bible Scholarship," 384 – 385.)。

⑩弗罗伊登塔尔(Freudenthal)著《斯宾诺莎生活史》(*Die Lebensgeschichte Spinoza's*,4.)。

⑪前引书,36。

⑫前引书,20。

⑬勒瓦(I. S. Revah)作"论斯宾诺莎的决裂之根源"("Aux origines de la rupture spinozienne," 382.)。在萨洛蒙(Salomon)翻译的达·科斯塔(Da Costa)原著《对法利赛人的口传律法之考察》(*Examination of Pharisaic Traditions*)中的家族系谱表明,斯宾诺莎的母亲确实是达·科斯塔家族的远亲。

⑭乌列尔·达·科斯塔(Uriel da Costa)著《人生之实例》(*Exemplar*),引自奥西耶(Osier)著《从乌列尔·达·科斯塔到斯宾诺莎》(*D'Uriel da Costa à Spinoza*,139.)。

⑮前引书,140。

⑯阿尔比亚克（Albiac）著《空虚的犹太会堂》（*La Synagogue vide*, pt. 2, chap. 1.）。

⑰勒瓦（I. S. Revah）作"乌列尔·达·科斯塔的宗教"（"La Religion d'Uriel da Costa"）。亦见伊尔米亚胡·约维尔（Yirmiyahu Yovel）著《斯宾诺莎及其他持异见者》（*Spinoza and Other Heretics*, vol. 1, chap. 3.）。

⑱格布哈特（Gebhardt）编《乌列尔·达·科斯塔之著作》（*Die Schriften des Uriel da Costa*, 59—62.）。

⑲前引书, 154—155。

⑳摩德纳的本文见于奥西耶（Osier）著《从乌列尔·达·科斯塔到斯宾诺莎》（*D'Uriel da Costa à Spinoza*, 253—292.）。

㉑阿尔比亚克（Albiac）著《空虚的犹太会堂》（*La Synagogue vide*, 282—283.）。

㉒达·科斯塔（Da Costa）著《对法利赛人的口传律法之考察》（*Examination of the Pharisaic Traditions*, 316.）。

㉓奥西耶（Osier）著《从乌列尔·达·科斯塔到斯宾诺莎》（*D'Uriel da Costa à Spinoza*, 181—183.）。

㉔《人生之实例》（*Exemplar*），见于奥西耶（Osier）著《从乌列尔·达·科斯塔到斯宾诺莎》（*D'Uriel da Costa à Spinoza*, 141.）。

㉕根据哥本哈根皇家图书馆所藏的孤本，萨洛蒙（H. P. Salomon）已将此书合订于《对法利赛人的口传律法之考察》（*Examination of the Pharisaic Traditions*）之译本中出版。

㉖阿尔比亚克（Albiac）著《空虚的犹太会堂》（*La Synagogue vide*, 288—289.）。

㉗《人生之实例》（*Exemplar*），引自奥西耶（Osier）著《从乌列尔·达·科斯塔到斯宾诺莎》（*D'Uriel da Costa à Spinoza*, 143.）。

㉘前引书。

㉙此项"革出教门令"的本文未见到。

㉚《人生之实例》（*Exemplar*），引自奥西耶（Osier）著《从乌列尔·达·科

斯塔到斯宾诺莎》(*D'Uriel da Costa à Spinoza*, 291.)。

㉛例如，勒瓦(Revah)作"乌列尔·达·科斯塔的宗教"("La Religion d'Uriel da Costa", 48.)及瓦斯·迪亚斯著《乌列尔·达·科斯塔》(*Uriel da Costa*)。

㉜《人生之实例》(*Exemplar*)的出版商菲利普·德·林伯克(Philippe de Limborch)是"基督教真理"的捍卫者。

㉝见阿尔比亚克(Albiac)著《空虚的犹太会堂》(*La Synagogue vide*, 243ff.)。

㉞卡普兰(Kaplan)作"在十七世纪阿姆斯特丹葡裔犹太社区内'革出教门令'的社会功能"("The Social Functions of the *Herem* in the Portuguese Jewish Community of Amsterdam in the Seventeenth Century," 142.)。

㉟瓦斯·迪亚斯及范·德·塔克(Vaz Dias and Van der Tak)合著《斯宾诺莎：商人与自学成功者》(*Spinoza, Merchant and Autodidact*, 136.)。

㊱前引书。

㊲见第一章注㉒。直到1796年，在荷兰共和国为革命的巴达维亚共和国所取代以后，犹太人才得到充分解放，而且享有正式公民的全部权利。

㊳甘斯(Gans)著《纪事书》(*Memorboek*, 47.)。亦见梅舒朗(Méchoulan)作"关于弗雷德里克·亨德里克的访问"("A propos de la visite de Frédéric-Henri")及戴维·佛朗哥·门德斯(David Franco Mendes)在其所著《回忆录》(*Memorias*)中对那次访问的记载。

㊴甘斯(Gans)著《纪事书》(*Memorboek*, 64.)。

㊵关于这一事件之记载，见瓦斯·迪亚斯(Vaz Dias)作"伦勃朗与他的葡裔犹太人邻里的交往"("Rembrandt en zijn Portugeesche-Joodsche Buren")。

㊶见施瓦茨(Schwartz)著《伦勃朗》(*Rembrandt*, 175.)。

㊷见瓦斯·迪亚斯(Vaz Dias)作"伦勃朗与他的葡裔犹太人邻里的交往"("Rembrandt en zijn Portugeesche-Joodsche Buren")。

㊸莱文与摩根斯坦(Levine and Morgenstein)合著《伦勃朗时代的犹太人》(*Jews in the Age of Rembrandt*, ix.)。

㊹瓦斯·迪亚斯及范·德·塔克(Vaz Dias and Van der Tak)知道具体的证据有限,但是仍然愿意谈论在伦勃朗与他的犹太人邻里之间的"友好互助关系"。

㊺施瓦茨(Schwartz)著《伦勃朗》(*Rembrandt*,175.)。

㊻例如,可见于瓦伦丁纳(W. R. Valentiner)著《伦勃朗与斯宾诺莎:对十七世纪荷兰的思想冲突之研究》(*Rembrandt and Spinoza: A Study of the Spiritual Conflicts in Seventeenth Century Holland*)。

㊼列奥于1649年接替马纳塞。

㊽这一假设是瓦伦丁纳提出的。

㊾施瓦茨(Schwartz)著《伦勃朗》(*Rembrandt*,371,note on p. 284.)。施瓦茨实际上指出:"无论怎么说,总有另一方面的道理。斯宾诺莎在艺术界的重要朋友是洛德韦克·梅耶尔(Lodewijk Meyer),他是'有志者事竟成'(Nil Volentibus Arduum)的创办人之一,而且是安德里斯·佩尔斯(Andries Pels)*的支持者。如果他们曾经谈论过伦勃朗,他们对伦勃朗的对立态度肯定会自行感染给斯宾诺莎。"

㊿瓦斯·迪亚斯及范·德·塔克(Vaz Dias and Van der Tak)合著《斯宾诺莎:商人和自学成功者》(*Spinoza, Merchant and Autodidact*,146.)。

---

* 安德里斯·佩尔斯(Andries Pels):荷兰作家,此人批评伦勃朗的反古典主义画风,说他画的人体不按比例原理,违反艺术规律,而妄称为"模仿自然"。佩尔斯主张人体应以希腊雕塑维纳斯为标准,继承文艺复兴时代的风格。

第五章 一名阿姆斯特丹的商人

迈克尔的长子伊萨克于1649年9月逝世,当时斯宾诺莎大约刚十七岁。这就是说,如果诸事顺遂的话,他应当在犹太教律法学校上第五班级的课,也就是高班次的第一级。这时第五班级由马纳塞拉比授课,可是不久他的这些课业由朱达·雅各布·列奥所接替(列奥还以绰号"殿老"闻名,因为他致力于建造"所罗门圣殿"*的比例模型,几近狂热)。直到二十世纪初,人们还以为斯宾诺莎会继续深造,通过高班次完成他的学业,从而培训成一名拉比。这可能只不过是他的父亲对自己的次子有过的想法。鉴于他在社区的教育管理部工作,我们知道迈克尔对教育很关心;而本托一定曾是一名天资颖异的学生。对于以前曾是马拉诺的人来说,有什么比让自己儿子成为"哈赞"更大的荣誉与自豪呢?对于如斯宾诺莎这样聪慧的犹太青年而言,还有什么更大的成就吗?

如果斯宾诺莎确曾有过学成拉比的抱负,那么,他终于失宠的故事就会平添许多戏剧性了。然而,根据瓦斯·迪亚斯在二十世纪三十年代从阿姆斯特丹犹太人档案中所发现的文件,他业已证明,在十七世纪五十年代初斯宾诺莎应该在校深造的时候,斯宾诺莎没有参加最高的班次,或称"米德拉什"(midras)班;那个班由摩特拉

---

* 所罗门圣殿(Solomon Temple),亦称"第一圣殿"。为公元前十世纪希伯来国王所罗门所建,位于古耶路撒冷的锡安山上,成为犹太民族的精神中心。公元前586年,巴比伦国王尼布甲尼撒攻陷耶路撒冷,捣毁圣殿。

拉比授课,内容包括"革马拉"(Gemara)的高级课程和犹太教律法及哲学文献的阅读。"生命之树"教育协会保存一本登记簿,记载协会给予参加"米德拉什"高级班学生的资助(以及对缺席者的罚款)。十八岁的斯宾诺莎本来可能初次进摩特拉授课的班级,但是1651年的登记簿上没有他的名字。①在此前和此后历年的登记簿上也没有他的名字。这不是说斯宾诺莎从来没有跟索尔·列维·摩特拉学过"塔木德"或犹太哲学,但是确实意味着"生命之树"神学班所规定的正式教育课程他没有参加。斯宾诺莎未受过当拉比的培训。

  关于在学校最高班级的登记簿上未见斯宾诺莎的名字,一个显而易见的解释就是说,在伊萨克死后,迈克尔的家庭商业需要本托。到1654年,各公证文书均称斯宾诺莎为一名"阿姆斯特丹的葡裔商人",因此,大概在1649年底或此后不久,他就放弃了正规的学习而进入他父亲的进出口商行。甚至可能较此更早,刚刚读完小学各班级(大约1646年左右),约十四岁他就不去上课而径直工作了。从1647至1650年(犹太历5407年至5411年),"生命之树"历年的律法学校学员登记簿上都没有出现过斯宾诺莎的名字,没有任何证据说明他上过第五班级的课。②大概在他能够开始上高级的班次之前,迈克尔就把年轻的本托拉出学校了。如果情况是这样的话,那么,首先他的父亲就从来没有想要他取得拉比的身份。像他自己一样,他想他的儿子会变成一名商人(虽然当拉比并不妨碍他也从事商业活动——如摩特拉、马纳塞以及塞缪尔·德·卡塞里斯,社区的所有拉比都大干商业)。

  迈克尔于1649年被选进犹太教公会"塔木德·妥拉"的ma'amad(非神职人士组成的管理部),这表明他在同僚中仍深受敬重。想必诸事顺遂,相当如意。尽管有些债务问题——特别是在麻烦的恩里克斯遗产问题上他继续负有责任——他在银行里有不少钱。③况且,他所经营的商业,这时身边有了本托帮助,近几年来正逢时来运转,尤其是由于有一些重大政治进展影响荷兰的(特别是荷兰犹太人的)商贸的缘故。

1640年12月,葡萄牙退出与西班牙的政治合并而走自己的外交和经济发展路线。对阿姆斯特丹的西葡系犹太人而言,这就打开了开始重建与葡萄牙及其殖民地之商业联系的大门。这些联系本来是对社区最初的经济发展非常重要的,但是自从与西班牙的停战协议于1621年中止以来便遭削弱。如果在这方面的荷兰海运能够重新自由航行,就会让犹太人再振他们的活力。迈克尔经营来自葡萄牙南部阿尔加维(Algarve)的坚果和水果,这样一次机遇对他尤其是喜讯。在葡萄牙与尼德兰之间进行的组成反西班牙联盟谈判中,西葡系犹太人充当活跃的角色,努力确保在荷兰、葡萄牙及巴西之间的自由贸易。他们还进行游说活动,保护住在荷兰占领下的那部分巴西土地上的犹太居民。到1644年,有一千四百多犹太人住在巴西,主要集中于累西腓(Recife)。这些荷籍犹太移民促进了巴西与尼德兰之间的直接商贸往来,在由于战事而不能通过葡萄牙或西班牙经营的时候,这种商贸就特别重要。④然而,荷兰共和国与葡萄牙之间的和平局面终于未能长久。1645年荷属巴西的信奉天主教的葡裔庄园主发动叛乱。葡萄牙前往驰援,几个月后重新征服了荷兰占领的几乎所有领地。此举使犹太人主导的糖业贸易陷于瘫痪,⑤把荷籍居民(包括累西腓的犹太人)驱散到加勒比海群岛、新阿姆斯特丹以及返回荷兰本土。

另一方面,由于蒙斯特和约*的签订,1648年终于达成与西班

---

* 蒙斯特和约(Treaty of Münster):签订于1648年1月30日,为威斯特伐利亚和约的一部分。缔约国结束西班牙与荷兰之间的"八十年战争",承认尼德兰联省共和国的主权独立,确定尼德兰北部与南部的最终分开。

牙之间的和平。除了其间为期十二年的"停战协定"*之外，敌对状态长达八十年，此后，尼德兰共和国，南方低地国家与哈布斯堡王朝得以就结束战争的条件达成协议。这本来是死于1647年3月的弗雷德里克·亨德里克所筹划的，但是为他的儿子威廉二世及其加尔文教派的顾问们所反对，他们要求继续进攻，"解放"南部诸省。虽然威廉二世立即接任掌握大权的省督，但是，大议长阿德里安·鲍及阿姆斯特丹的一位市长安德里斯·比克尔（Andries Bicker）**牢固控制尼德兰国会，从而掌握共和国的政治方向。在1648年春季，他们获得对蒙斯特和约之七十九项条款的正式批准，从而确立他们对奥伦治王室暂时的优势。虽然新任省督反对媾和，然而他对此却无能为力。

随着尼德兰国会与西班牙王室签订各项不同的协定，犹太人通过恢复与西班牙及其殖民地（特别是加勒比地区的殖民地）的贸易，不光是得以补回1645年以后对葡贸易的损失。历史学家一般都认为1648年的终止战争开启"荷兰西葡系犹太人的黄金时代"。⑥从此以后，西班牙各港口向荷兰人的船运开放，而且（按照菲利普四世的法令），作为荷兰国民的犹太人获准与西班牙通商，但是只能通过天主教的或新教的代理人。不久犹太人就控制对西班牙贸易的颇大部分——百分之二十以上——从欧洲北部运木材及谷物以换取葡萄酒、橄榄油、糖汁、杏仁和柑橘类水果⑦。在战

---

* 十二年停战协定（Twelve Years Truce），指在西班牙与尼德兰的八十年战争（1568—1648）期间的一段停火（1609—1621）。此时荷兰国内发生谏净派与反谏净派的斗争，实际上是主张和平的国会派与主战的奥伦治派争权，最后奥伦治派得势，铲除国会派领袖奥登巴恩韦尔特，于1621年恢复对西班牙的战争。

** 安德里斯·比克尔（Andries Bicker, 1586—1652）：阿姆斯特丹市执政望族的要员，1628年当选自治市长后，领导市内的阿明尼乌斯派（即谏净派），控制阿姆斯特丹的政局数十年之久。

时的停滞期以后,对迈克尔的生意来说这应该是一次大促进。这些年里斯宾诺莎开始在商行里起较大的作用,因为他们经营的船货现在能够顺利运输,贸易量应该一直在扩大而且利润增加。

*　　　　　*　　　　　*

与西班牙实现和平并不意味着共和国内部万事大吉。正好相反,导致缔约的对和平问题的争论只会加剧荷兰各种派别之间的政治与宗教紧张关系。多年以来,即使只是为了经济上的好处,阿姆斯特丹及其他市镇也一贯强烈主张减少军费及与敌方缔结某种和约。一旦达成和议,控制荷兰省议会(而且主张和平)的那些一般倾向自由的执政望族这方,与得到省督支持的正统加尔文教徒那方,两者之间的分歧显得十分强烈,以致共和国的基本政治原则都成问题。

虽然在与西班牙媾和的问题上威廉二世处于失势的一方,但是他不肯退让,而且迅速利用荷兰省与其他省份之间的不和加以挑拨离间。在1649—1650年的政治危机期间存在许多有争议的问题。共和国当局对于国内的天主教徒及阿明尼乌斯派应该怎样宽容?既然战争已结束,真有必要维持这样庞大的陆军吗?威廉二世,还有几个省份,主张维持现有规模(约三万五千人)。他还支持一项为荷兰省所反对的措施,那就是在大体上为尼德兰国会所控制的地区(所谓"延伸地区"*),把天主教徒排除于所有公职之外,希望藉以巩固正统加尔文教徒对他的支持。而这些加尔文

---

* "延伸地区"(Generality Lands):这是八十年战争中及以后,在北部的荷兰共和国与南部的西属尼德兰之间的缓冲区。在1648年它包括北布拉班特,荷属林堡及泽兰省的佛兰德地区,到1713年又加进海尔德兰的一部分。这些地区由尼德兰国会统治,但是当地人没有发言权,而且被课以苛税,居民主要为天主教徒。

教徒又从友好的省督那里伺机恢复他们的反谏诤派运动。普遍的经济衰退,荷属西印度公司的失败(许多人将此归咎于荷兰省见死不救),恶劣气候,面包涨价以及歉收,只是起了雪上加霜的作用。而在所有这些具体问题背后的真正争议涉及共和国的政治本质。所谓"国会派"集中于荷兰省的六个城市,即阿姆斯特丹、多德雷赫特(Dordrecht)、代尔夫特(Delft)、哈勒姆(Haarlem)、霍伦(Hoorn)及梅登布利克(Medemblik),他们认为共和国是诸主权省份的联盟。他们的反对者,即省督派(或称奥伦治派),坚持认为共和国是权力归于中央当局的统一联邦,而各省在参加联邦时,业已将它们的主权在一定程度上让与尼德兰国会。国会派质疑在共和国里是否需要设立像省督这样的准君主角色;奥伦治派则强调"杰出首脑"在政治和军事上所起的重要作用,这位宣示统一的人物能够保卫公共的教会,担任共和国的颇大的常备军的总司令。⑧

威廉二世希望最终控制荷兰省议会,使之更加顺从他的愿望。要想做到这一点,他就必须削弱反对势力。因此他策划逮捕领导国会派的那些执政望族(特别是阿德里安·鲍及比克尔兄弟)。他还要撤换阿姆斯特丹那些亲执政望族的阿明尼乌斯派传教士,代之以较忠诚而少宽容的分子,即奥伦治派的传教士。1650年5月,荷兰省让省督得到他所寻求的借口,危机达到顶点。当荷兰省以单方面的行动遣散一些陆军部队时,威廉二世在尼德兰国会支持下发动政变。尼德兰国会(只有荷兰及海尔德兰两省持异议)授权他进入荷兰省任何赞成遣散措施的市镇。那年7月在他进入阿姆斯特丹而受到其市政长官的粗暴对待之后,威廉二世逮捕了反对派的主要执政望族分子,让军队开往市内。比克尔兄弟和他们的盟友们都被从"市长老"中清除出来,阿姆斯特丹市在一万两千名士兵的包围下屈从于省督对军队数量的要求。

奥伦治派的胜利为时短暂。威廉二世于1650年11月6日死于天花症,这使他的支持者大失所望。省督在阿姆斯特丹及荷兰省议会引起的政治变化根本来不及扎下根。阿姆斯特丹立即恢复它以前的政治均势,由自由派阿明尼乌斯分子牢牢控制该市。经过1650年的危机之后,共和国的实权再次落到各市镇的当地执政望族手中。就荷兰省而言,这时它在大议长卡茨(Jacob Cats)的领导下,恢复对本省事务的管理,而且面对任何联邦主义要求都坚持它的主权。荷兰省议会再次主导尼德兰国会,而且接管省督的许多政治和军事职能。尽管威廉二世的儿子,威廉三世在省督于1650年刚去世之后就出生了,但是直到1672年为止,除了弗里斯兰和格罗宁根两省之外,一直没有省督。

在这些骚乱事件之后还留下许多问题,其中有些与犹太人的利益直接相关。为了处理共和国的政治局面,1651年初在海牙召开的"议会大会"(Great Assembly)*上,所讨论的问题中有关于宗教宽容的问题。正统派加尔文教徒仍然希望国家在神学上实行严密控制,如果说实际上尚不正式宣布统一宗教信仰的话。他们担心天主教的兴起,也担心非加尔文派的或持异见的各种新教圣会(尤其是路德派、门诺派和谏诤派)数量的增多。⑨但是他们隐忍对犹太人的特别愤懑情绪。据认为,这些"反基督的亵渎者"应该不准在国内任何地方公开奉行他们的宗教。⑩虽然荷兰省确实准予加尔文教会的评议会享有某些特许权,而且同意:凡是非正统的加尔文派或非加尔文派圣会,"将来不得在他们已有的场所之外任何其他地点活动",但是犹太人却安然无事。

---

* 在荷兰省议会的策划之下,1651年1月18日在海牙召开各省"议会大会",同尼德兰国会相对抗。会上就省督职位、宗教及军队统率的问题进行长达七个月的讨论,最后达成各省自治的"真正自由"原则。

*　　　　*　　　　*

十七世纪五十年代初期,斯宾诺莎的家庭在感情上和物质上都是不安定的。迈克尔虽然在1650年被社区任命为"探视病人协会"(Bikur Cholim)的负责人,但他已不是ma'amad(非神职人士组成的管理委员会)的成员。1650年6月,斯宾诺莎的姐姐米丽娅姆与犹太教律法学校的一名拉比班学生塞缪尔·德·卡塞里斯结婚。当这对新人在市府登记他们的结婚意愿时,迈克尔因故未能在场。但是埃丝特陪同他们,而且注明:"父亲迈克尔·德·斯宾诺莎对此项婚姻予以同意。"⑪德·卡塞里斯那时22岁,"父母双亡,住在巴达维尔街"。他还在"米德拉什"最高班学习,师从摩特拉拉比,尚差两年毕业。与斯宾诺莎不同,他修毕课程,而且成为一名拉比。实际上塞缪尔是摩特拉的门徒之一,1660年在他的老师的葬礼上由他致辞,但不久以后他自己也逝世。他一直没有成为"塔木德·妥拉"犹太教公会的拉比之一,但是他的确在社区中当过"文士"(Sofer)*。他也是一名商人,而且在1652年与迈克尔一起经营过商业。

在1651年3月至9月期间,米丽娅姆与塞缪尔有了一个儿子,名丹尼尔。在婚后一年多一点,即1651年9月6日,米丽娅姆去世,或许是因分娩所致。塞缪尔意识到他的小儿子需要母亲照顾,便娶了米丽娅姆的妹妹(或异母妹妹)丽贝卡。⑫在塞缪尔本人于1660年去世时,丽贝卡负起全责抚养她的外甥兼继子,此外

---

* 文士(sofer),亦称scribe,是受过专门训练的学者。他在《妥拉》经卷或在"经文楣铭"及"经匣"内部的羊皮纸上缮写希伯来文。他必须严守犹太教规,使用以礼定屠宰的家禽羽毛制成的鹅毛笔和黑色墨水。书法要求完美无缺,如有错误,则必须重写整页。在犹太史中亦指古犹太记事员、档案保管员,后来也指专业神学家及法学家。

还有她和塞缪尔所生的三个孩子(汉娜、迈克尔及本雅明)。1678年丹尼尔与茹迪特·德·戴维·莫雷诺在阿姆斯特丹结婚,但是后来离婚。此后不久,丽贝卡和她的两个儿子迁往库拉索岛(Curaçao)。

在米丽娅姆死后两年,迈克尔第三度成为鳏夫。埃丝特死于1653年10月24日。她可能已卧病多时,因为在死前一年她想到立下她的最后临终遗嘱,而这份文件到她确认时她已病得太厉害("女遗嘱人因为虚弱不能签名,要求我们(公证人)为她确认生效")。⑬斯宾诺莎的父亲在埋葬妻子时大概身体不佳,因为迈克尔·德·斯宾诺莎过了五个月就逝世了。

对本托而言,这段时期想必是令人沮丧的。他的父亲、继母和姐姐都死在这三年期间。到1654年斯宾诺莎21岁时父母双亡,何况他的父母大概都病过一段时间(如瓦斯·迪亚斯所说,"在他成长的年代里,他可能没有得到父亲多大的教导")。⑭这个家庭也可能一直陷于经济困难中,因为斯宾诺莎所继承的遗产债台高筑。⑮而且,不论他愿意与否,这时他所经营的商业大概正处于艰苦的年月,疲于应付那些债权人。

在迈克尔生前的最后几年里,由于英国对荷兰海运的干扰正是处于他的商业所涉区域和路线上面,他的商行可能已经看到恢复对西班牙贸易的成果已被这些负面效应所抵消。盖因对西班牙的关系正常化不久,英国国会就通过1651年的"航海条例",禁止一切荷兰船只运送南欧产品到英国港口,而且宣布荷兰与加勒比地区英属各殖民地的商务为非法。这些令人恼火的措施,以及英国在公海上对荷兰船运的经常骚扰,只能引起荷兰人的军事反应。第一次英荷战争于1652年爆发。奥伦治派看到这场冲突有机可乘,有助于查理二世在英国复辟及威廉三世踵武其父担任省督,所以欢呼雀跃不已,但是诸如阿姆斯特丹的执政望族及西葡系犹太人等从事贸易的人士则大为沮丧。

到了本托接替他父亲的时候,对英国的战争已结束(不久即为英国对西班牙的战争所取代,这对荷兰的商业有利),但是商号仍然负债。不过,斯宾诺莎确实有一位商业合伙人,那就是他的弟弟加布里埃尔(亚伯拉罕)。"本托与加布里埃尔·德·斯宾诺莎商行"很可能只是迈克尔的商务的延续,本托在这里面至少有过几年的历练(而加布里埃尔大概也是一样)。

在斯宾诺莎尚参与其活动的这些早期岁月里,有关此商行的现存文献通常称本托为首要经理人,代表"他本人以及他的兄弟及合伙人加布里埃尔·德·埃斯宾诺莎"。⑯然而,在斯宾诺莎于1656年遭犹太社区革出教门之后,犹太教公会的全体成员——甚至属于"犹太民族"的任何人——都禁止与他交往,不论在口头上或书面上。自然,这就使得在那个社区内经营商业,而且靠与它相关的一切网络谋利,成为不可能的事。如果加布里埃尔想要继续经营那个商行,而且不至于连他自己也被革出教门,他就不得不排除他的被教会诅咒的哥哥自行经营。这正是他在1664年或1665年以前的做法——还要自称为"本托与加布里埃尔·埃斯宾诺莎商行"的代表⑰,而后来他便离开阿姆斯特丹前往英属西印度群岛。在十七世纪中叶,巴巴多斯和牙买加常住不少西葡系犹太人。他们与阿姆斯特丹的犹太人做生意,而且充当荷籍犹太人商行在加勒比地区的代理商;在十七世纪六十年代再次与荷兰开战的英国王室对此深感不安。在群岛上仅仅几年之后,加布里埃尔想必摸清楚那里的政治风向。在1671年从巴巴多斯迁往牙买加之后,他成功地申请归化为英国国民。他一直没有返回荷兰。⑱

1655年4月和5月的若干公证文书记述斯宾诺莎代表商行

进行的活动,为他作为商人的性格和才干提供饶有兴趣的一瞥。当时阿姆斯特丹住有葡裔犹太人三兄弟,即安东尼、加布里埃尔和伊萨克·阿尔瓦雷斯。他们是来自巴黎的移民,住在奥伊伦堡一座名为"镀金猎鹰"的房屋内。他们是珠宝商,而且看来是颇不可靠的家伙。斯宾诺莎握有一张总额五百荷盾的汇票——基本上是一张借据——应由安东尼·阿尔瓦雷斯支付。这张汇票追溯到1654年11月,而且原来是欠给犹太望族的一名成员曼努埃尔·杜阿尔特的。杜阿尔特在汇票上签字转让给斯宾诺莎,于是由斯宾诺莎来收款。(杜阿尔特也是一名珠宝商,而斯宾诺莎与杜阿尔特之间的这次交易大概说明斯宾诺莎业已将他家的商行扩大到包括珠宝生意。⑲那时这种"高价"买卖特别看好,而且可能已成明智之举)阿尔瓦雷斯对汇票的支付拖延有日,老是"说他将在两三天或一周之内支付。"当斯宾诺莎终于催逼此事时,安东尼提议通过给斯宾诺莎一张由他的兄弟加布里埃尔支付的二百荷盾汇票来偿付部分账目,而且承诺不久他将清偿余额。不知道什么原因,斯宾诺莎接受了这项提议。一点都不奇怪,加布里埃尔·阿尔瓦雷斯拒绝合作,不肯支付他的哥哥用他的名字开出的汇票。因此斯宾诺莎回到安东尼那里,把由加布里埃尔付账的汇票还给他,要求他全部支付五百荷盾。阿尔瓦雷斯尽管"天天允诺支付",但仍拖延下去。斯宾诺莎开始失去耐心,坚持要求或是偿付现金,或是以珠宝作为担保物,但是阿尔瓦雷斯并未嗟嗟立办,以致为时过晚。不过,阿尔瓦雷斯确实另有锦囊妙计。他声称原来那张应由他支付的汇票只能在安特卫普兑现,应由那里一位名为彼得罗·德·帕尔玛·卡里洛的人支付。斯宾诺莎直截了当地告诉阿尔瓦雷斯说,毋庸多言,他已经开始向法院提出诉讼。

这场烦人的官司缠讼了好几个月,最后斯宾诺莎使安东尼·

阿尔瓦雷斯于 1655 年 5 月就逮。阿尔瓦雷斯被关于名为"荷兰四佬"的客栈中，直到他付清欠斯宾诺莎的全部款额为止。公证文书本身最能说明后续事态的原委："当时安东尼·阿尔瓦雷斯要求原告（斯宾诺莎）前来客栈与他达成协议……当斯宾诺莎来到那里时，阿尔瓦雷斯一言不发，在原告没有反应的情况下拳击原告的头部。"然而，斯宾诺莎与阿尔瓦雷斯的确终于达成某种协议，虽然协议似乎包括由斯宾诺莎支付拘押的费用。斯宾诺莎走出去取些钱来支付，而当他回到客栈时，安东尼的兄弟加布里埃尔正等着他："当他（斯宾诺莎）刚回到那所客栈，安东尼·阿尔瓦雷斯的兄弟加布里埃尔·阿尔瓦雷斯站在客栈门前，无缘无故拳击原告的头部，以致打落他的帽子；那个加布里埃尔·阿尔瓦雷斯还拿起原告（斯宾诺莎）的帽子扔到阴沟里加以践踏。"尽管遭到这样相当粗暴的对待，斯宾诺莎仍然愿意与安东尼协商。就在这一天，以客栈老板及目击这次攻击的每个人作为见证者，他们最终达成协议。由于他欠斯宾诺莎的五百荷盾，安东尼要提供担保物品——未说明什么物品，但可能是珠宝。至于斯宾诺莎这方，他不再愿意支付拘押的费用，但是——令人错愕——他却同意借钱给阿尔瓦雷斯来支付那些费用。伊萨克·阿尔瓦雷斯承诺归还这笔钱，以及"由于违约拖欠那笔款项而（对斯宾诺莎）引起的损失及利息"。他还答允赔偿斯宾诺莎那顶帽子。

至于斯宾诺莎后来是否收到阿尔瓦雷斯兄弟们欠他的任何钱财，我们就不得而知了。[20]

*　　　　*　　　　*

单单因为斯宾诺莎这时是一名商人并不意味着他的学习已濒临结束。他可能没有上过犹太教律法学校的米德拉什班，但是在西葡系犹太社区有许多得到高等教育的途径。其中最重要和最有组织的就是"耶希瓦"(yeshiva,犹太经学院)。* jesibot 是成年人的宗教与文学研习会。它们由社区的"哈赞"们领导,通常每周聚会一次,有时得到乐善好施的犹太富人的资助,那些人想要帮助西葡系犹太同胞履行终生继续学习《妥拉》及其他宗教经典的"米茨瓦"(mitzvah,犹太教戒律)。摩特拉拉比于 1629 年成立他的第一所犹太经学院,名为"智慧之始"(Roshit Chochma)。到 1643 年,他还领导名为"律法之冠"的犹太经学院。于 1656 年,伦勃朗曾为之画像的那位博士埃弗莱姆·布埃诺和一位富商亚伯拉罕·伊斯雷尔·佩雷拉(Abraham Israel Pereira)建立"律法光明"经学院,由阿伯布拉比领导。这个经学院大概有些神秘主义倾向,阿伯布可能领导他们阅读"喀巴拉"(kabbalistic)经文,同时研习布埃诺所喜欢的西班牙文学和诗歌。

"律法光明"并不是佩雷拉家族初次或最后一次尝试经营犹太经学院。亚伯拉罕及其兄弟伊萨克在西班牙都被举报为秘密犹太教徒,逃脱宗教法庭的审判后重聚于荷兰,在他们于 1643 年抵达阿姆斯特丹而且恢复犹太教信仰后不久,便在该市建立一所学院。马纳塞·本·伊斯雷尔是该学院的领导,而且得到经营所需的一个工作班子和一笔慷慨的捐赠。[21] 亚伯拉罕于 1659 年成立一个基金会,以便在巴勒斯坦的希布伦(Hebron)创建一所培训拉比的犹太经学院。此外,亚伯拉罕·佩雷拉自身是一位博学而严肃的思想者。他以西班牙文发表过一些道德方面的著作(包括 1666

---

* "耶希瓦"(yeshiva),传统的犹太经学院,它是犹太男童学完"小学"(heder)及犹太教律法学校(Talmnd Torah)之后,进行高等宗教教育的场所。现亦招收女生。纽约的耶希瓦大学将宗教培训与普通的大学课程结合起来,并在洛杉矶建立分校。以色列的耶希瓦大学只授犹太教课程。

年出版的《道路的确定》),在斯宾诺莎于十七世纪七十年代发表其观点以后,他是葡裔犹太社区中几个发起攻击的人之一。

鉴于斯宾诺莎的天赋智力以及必然努力向学,简直可以肯定,十七世纪五十年代初期他进过社区的犹太经学院之一,同时还积极经商。瓦斯·迪亚斯认为,斯宾诺莎所上的犹太经学院其实就是摩特拉拉比领导的"律法之冠"。诗人兼历史家丹尼尔·列维(别名米格尔)·德·巴里奥斯(Daniel Levi de Barrius)是阿姆斯特丹西葡系犹太社区的居民,他在所著《人民政府的胜利及荷兰古代之凯旋》(*Triumpho del govierno popular y de la antiguedad Holandesa*)中对摩特拉的学院有如下论述:

> 自从成功建立以来,"律法之冠"借助于极其睿哲的索尔·列维·摩特拉(Saul Levi Mortera)所写的教义纸页,一直不停地在这块学术荒原上发光发热,以摩特拉的明智建议及思辨文笔,捍卫宗教和反对无神论。摩特拉的热忱是在宗教荒原上燃烧的火焰,永不熄灭,将亵神草原[*Prados*]上的荆棘[*Espinos*]照亮烧化(在西班牙语原文中使用加强语势)。㉒

按照瓦斯·迪亚斯的说法,德·巴里奥斯原书中以斜体字注明的两处指的是斯宾诺莎和胡安·德·普拉多(Juan de Prado),后者是在斯宾诺莎之后不久被社区革出教门的另一位异端分子。这说明他们两人都与名为"律法之冠"的犹太经学院有关,因而摩特拉指导过他们的学业。早在雅各布礼拜堂时期摩特拉便与斯宾诺莎家族有旧谊,亚伯拉罕和迈克尔两人都与他们的拉比关系相当密切,因此,假定斯宾诺莎参加"律法之冠"的研习显得更为合理。如果说斯宾诺莎看来很有可能要找一个进修的地方,那么,为什么不选这所由他家的世交老友办的犹太经学院呢？这还是他的姐夫塞缪尔·德·卡塞里斯所上的犹太经学院。[23]由此可见，斯宾诺莎可能确为摩特拉的"学生"或"门徒"，即使不是在犹太教律法学校中。这就说明，卢卡及其他作者为什么会认为，摩特拉本人在得知斯宾诺莎背弃信仰后，竟然感到这么大的失望与愤慨。

与社区的其他拉比，如马纳塞和阿伯布不同，索尔·列维·摩特拉不是出身于马拉诺背景。其实，他甚至不是西葡系犹太人：他于1596年生于威尼斯的德系犹太人家庭。[24]他师从列昂·摩德纳拉比，即处理达·科斯塔案件的那位威尼斯拉比，而且很早就修毕扎实的传统拉比培训课程。摩特拉于1612年离开威尼斯前往巴黎，同行者埃利亚斯·罗德里格斯·蒙塔尔托是一位医生，摩德纳曾使他恢复犹太教信仰，那时他首途赴任，担当玛丽·德·梅迪奇*的正式宫廷医师。摩特拉除了充任蒙塔尔托的秘书之外，还教蒙塔尔托及其子女希伯来语和犹太律法，而蒙塔尔托反过来教摩特拉葡萄牙语。蒙塔尔托死于1616年，摩特拉扶柩前往阿姆斯特丹下葬。此后他决定留在该市，娶埃斯特尔·苏娅雷斯（新近从里斯本经南特抵达）为妻。犹太教公会于1618年分裂，约瑟夫·帕尔多拉比及其追随者另行成立以色列礼拜堂，摩特拉接替担任雅各布礼拜堂的"哈赞"。

自从摩特拉来阿姆斯特丹社区工作之始，他的同事们就认为他是一位饱学的《塔木德》研究者，杰出的犹太思想学者。早在1621年，当他只有25岁时，他就在学校里教两个每天三小时的

---

* 玛丽·德·梅迪奇（Marie de Medici,1573—1642），法国亨利四世的王后，托斯卡纳大公弗朗切斯科·德·梅迪奇之女。1600年嫁给亨利，翌年生子，即后来的路易十三。1610年亨利死后由她摄政。路易十三于1617年掌权后她蛰居于布卢瓦，继续操弄国王及其顾问黎塞留（Richelieu）。她于1631年逃往布鲁塞尔，最后穷困而死。

《塔木德》班(星期五及星期六除外)。每星期五下午,在希伯来语法课之后,他花两小时与学生们一起翻译本周诵读的《妥拉》章节,而星期六他负责在仪式上布道。摩特拉的布道是博学的典范,通常包括先把本周诵读的那部分希伯来经文译成葡萄牙语,以便让大多数听众理解,以此开场之后,接着便是引自《塔木德》及其他拉比文献中的一些段落。他会在这些著作之间找出联系,提供解释,最后说出在实践上或道义上的教训,而且列举圣经上或拉比文献上的其他例证支持他的说法。㉕ 因为他基本上是国内"哈拉哈"(halacha,律法)问题上的权威,他的许多时间还用于答复尼德兰各地犹太人提出的有关犹太律法的问题。在十七世纪三十年代中期,安东尼奥·戈麦斯·埃尔科巴卡(别名亚伯拉罕·杰苏伦)问摩特拉,犹太人家中拥有和悬挂油画是否违背不可雕刻偶像的戒律。这位拉比回答说,只要那些图画本身不是非犹太人的崇拜对象,或者没有画上非犹太人所崇拜的人物,就不算违背戒律。到十七世纪四十年代,他享有很大的国际名声,而且,犹如他的威尼斯老师,在道德和司法问题上外国的拉比们也向他咨询。

摩特拉是一位严格的教师,但是很有人望。愤愤不平的马纳塞·本·伊斯雷尔把教学视为耗费宝贵时间,多少有失身份的一种必需,但是摩特拉大不相同,他对他的学生尽心尽力,而学生们对他似乎也有了衷心爱戴。㉖ 然而,对于违反他的课堂规矩的学生,他却不吝以临时驱逐令加以惩罚(例如,在他的一次讲课时,有一名学生看来是在讨论中提到三位一体说)。在教义问题上他也采取非常强硬的方针。在回答鲁昂的一位西班牙教士的问题时,他严厉地警告说:"犹太人在不准履行犹太习俗的国度里若不实行割礼和不遵守律法",就有遭到永恒惩罚的危险。如果他们不断表白信仰基督教(即使"非出于自愿"),礼拜偶像,参加弥撒,而且"在内心认为他们真正是犹太人时"却予以否认,那么,他们"在上帝面前是有罪的"。在涉及对犹太律法的固有理解时,他不是自由派。他对于"哈拉哈",对于伦理道德,以至对于整个宗教的态度是严格的、认真的而且高度理智的(而不同于崇尚神秘精神的阿伯布拉比,或更为期待救世主的马纳塞拉比)。然而,他对宗教正统性的忠诚并不妨碍他对当时主要的哲学与科学观念发生兴趣。他的批评者大概是为了解释他对斯宾诺莎的敌意,把他说成不开明的无文化的蒙昧主义者,摩特拉不是这种人。作为他的成长环境,威尼斯的社区虽然限于一个"隔都"(ghetto),但是其中的成员仍不免于吸收环绕着他们的许多世界性文化。由于游历各地(他在巴黎住过四年)和博览群书,摩特拉的学识不仅限于传统的犹太教文献。他在著作中引证教父派(早期基督教神学家)作者,古代和中世纪哲学家(犹太人和非犹太人),意大利人文主义者,以及犹太律法权威们的观点。他还主张与基督徒进行神学对话和学术交流。例如,他所著的《论摩西律法之真实性》(*Treatise on the Truth of the Law of Moses*,1659—1660)就是一部普世全基督教的奇特著作,暗指浸礼派中某些反三位一体论者。他认为,这些索齐尼派(Socinians)*实际上颇接近于真正的诺亚**时代的宗教(以向诺亚启示的七条律法为基础)。如果将他们的教义提纯,使之符合希伯来圣经之宗教,他们可能——即使不存在改宗犹太教的问题——至少礼拜"以色列之上帝",而且充任犹太人与新教徒之间的桥梁。为此目的,摩特拉在其论著中着力证明摩西律法来

---

* 索齐尼派(Socinians),创始人为意大利新教神学家莱利乌斯·索齐尼(Laelius Socinus,1525—1562)及福斯图斯·索齐尼(Faustus Socinus,1539—1604)。此派在波兰、荷兰及英国都有信徒。它否认原罪说和预定论,主张人的本质是自由的。

** 诺亚(Noah),见《旧约·创世记》第6—9章。又译作"挪亚",希伯来人的族长。

自神授,完全独立自足,无须靠"新约"补全。

摩特拉的犹太经学院"律法之冠"主要致力于研习"律法"(大概包括书面及口传律法),不过,作为社区中具有最扎实的犹太宗教文献知识的拉比,他当然会以其他律法典籍的讨论补充《妥拉》及《塔木德》中的这些课文。对于更有进取心和才能的学生——无疑他将斯宾诺莎算在其中——他可能还提供中世纪犹太圣经评注家,特别是拉什(Rashi)及伊本·埃兹拉(Ibn Ezra)*和古典犹太哲学家的读物。既然他倾向于以理性主义的态度对待宗教——认为理解律法关键在于理性,而非某种神秘主义的或非理性的直觉——摩特拉会给他的学生介绍迈蒙尼德(Maimonides),萨迪亚·高昂(Saadya Gaon)**及格尔松尼德斯(Gersonides)***等人的著作。

当时,在这座犹太经学院中,斯宾诺莎至少能从摩特拉那里接受某种宗教的和哲学的教育,如果他在学院中一直上到最高班级的话。斯宾诺莎极其熟悉《圣经》以及上面的主要评注(他自己收藏的那本希伯来语《圣经》上面包含拉什的评注)。[27]他还仔细研究过那些犹太大哲学家,而且我们几乎可以肯定,他之素谙那些学

---

* 伊本·埃兹拉(Ibn Ezra,1092—1167,另说 1089—1164),犹太学者和诗人。生于西班牙托莱多(Toledo),1140 年后经意大利、北非、中东、法国到英国。以新柏拉图主义哲学作为其圣经评注的主要特征。他暗示《摩西五经》不一定是摩西所著,六百年后斯宾诺莎发扬此说法,开创近代圣经考证学派。

** 萨迪亚·高昂(本名 Saadia ben Joseph,882—942),犹太哲学家和神学家。生于埃及,移居巴比伦,任苏拉犹太经学院院长,获尊衔"高昂"(Gaon),成为犹太律法的管理者和精神指导者。他将希伯来圣经《塔纳赫》译成阿拉伯语,著有大量注释。他的哲学著作《信仰与知识》把犹太教建立在理智和逻辑推理的基础上。

*** 格尔松尼德斯(Gersonides,本名 Levi ben Gershon,约 1288—1344),法国的犹太哲学家和数学家。著有哲学著作《神之战》(Milhamot Adonai),注释圣经及《塔木德》,还写出关于三角形规律的论文。

者的思想,就是从生平的这个时期开始的。然而,卢卡(Lucas)断言,"在考察《圣经》以后,(斯宾诺莎)以同样的透彻精神反复研读《塔木德》",这个说法很值得怀疑。㉘ 每周参加一次学习不足以使他成为重要的塔木德学者,而且,由于他的商业活动,看来他也没有很多时间致力于独立研究《密什那》和《革马拉》,更不用说学习阿拉米语(Aramaic)了。㉙ 斯宾诺莎在其作品中引证《塔木德》之处颇为罕见——只在《神学政治论》中有过六次——而且即使那些引证也是不严格的第二手资料。㉚ 尽管摩特拉每周聚徒讲授(如果斯宾诺莎真的参加过"律法之冠"的话),斯宾诺莎对《塔木德》的了解最多也是肤浅的。

*　　*　　*

人们通常认为,斯宾诺莎除了当摩特拉的学生之外,还受马纳塞·本·伊斯雷尔(Menasseh ben Israel)*很大影响。马纳塞大概是十七世纪最世俗的拉比,尤其在基督徒中广为人知,而在阿姆斯特丹的"哈赞"中位居第三。

马纳塞原名马诺埃尔·迪亚斯·索埃罗,1604 年生于马德拉(Madeira),那是非洲海岸外面的葡萄牙殖民地,距加那利群岛(Canary Is.)不远。马纳塞首先随家庭迁至法国西南部的拉罗谢尔(La Rochelle),然后大约在 1610 年迁至阿姆斯特丹。他们的出逃不是由于宗教法庭对新基督徒有理论上的一般威胁,而是对特定家族成员们的非常具体的迫害。他的父亲住在西班牙期间,曾

---

* 马纳塞(Menasseh,亦作 Manasseh,1604—1657):犹太教神学家,律法学者。生于里斯本,1622 年以后在阿姆斯特丹担任拉比神职。1655 年赴伦敦,向克伦威尔请愿,要求准许犹太人返回英国。马纳塞的主要著作有《仲裁者》(*El conciliador*, 1632)、《以色列之希望》(*Spes Israelis*, 1650)。

经被宗教法庭审判官的做法严重伤害过,而且有理由认为他不久以后会再度被捕。当他们抵达荷兰时,老迪亚斯和他的儿子们都施行割礼,全家改其姓为本·伊斯雷尔。他们加入犹太教公会"雅各布礼拜堂",而马诺埃尔这时改名为马纳塞,在社区学校中受教于摩特拉及乌齐尔(Uziel)拉比。他是一名早慧的学生,葡萄牙语和希伯来语都说得特别好。他写道:"那时我很喜欢修辞学,葡萄牙语很流利,到我十五岁时,我的演讲就颇受欢迎和称赞,反应很好。"[31]乌齐尔于1622年逝世,已经在小学任教的马纳塞被选来接替他担任犹太教公会"和平之宅"的"哈赞"。马纳塞的布道(许多非犹太人常来犹太会堂听他说教)和圣经知识颇得敬重,但是似乎有些人怀疑他作为塔木德学者的功力。他一直没有真正获得其他拉比高度钦佩,在三个犹太教公会于1639年合并的时候,他排在摩特拉和阿伯布之后位居第三,这使他觉得大失面子。他与犹太教公会领导层的关系有些龃龉,而对处于他觉得是不体面的限制之下深感恼火。

在十七世纪四十年代,马纳塞一度被非神职人员组成的管理委员会(ma'amad)革出教门,这是他与社区之间关系降到最低的一次。那时,有人在犹太会堂门前及社区各处张贴了海报,严词谴责犹太教公会的某些领导人的商业活动。甚至在对海报的匿名作者(们)宣布革出教门之后,这类告示以及其他文章还继续出现。后来发现它们是马纳塞的姻亲若纳斯·阿布拉巴涅尔伙同摩西·贝尔蒙特所写的。这些冒犯者低头求饶,交付罚款,革出教门令旋即撤销。然而,马纳塞却疾言厉色地反对处置他的亲戚的这种方式。有一天,在宗教仪式结束后,他在聚集于犹太会堂的会众面前提问发难(指出除了其他无礼举动外,那份详述此事件的公告在提到他的姻亲时没有冠以"阁下"的尊称),此举看来颇引起对他本人的反感。尽管 ma'amad 的两名成员找他谈话，要他保持冷静，否则会对他宣布革出教门，但是他仍气冲冲地大放厥词。面临对他们的权威的这种挑战，ma'amad 觉得他们别无他法，只有对这位气势汹汹的拉比宣布革出教门，据传马纳塞反诘道："把我革出教门？正是我才能宣布把你们革出教门！"㉜这项革出教门令禁止马纳塞参加犹太会堂内的宗教活动，而且不准其他人与他沟通，有效期虽然只是一天，但也足以加重马纳塞的屈辱感。另外，他还被解除拉比的正式职务为期一年。就马纳塞在阿姆斯特丹生活的整个时期而言，在马纳塞看来，如果与社区成员用以表示他们对摩特拉拉比之赞赏的努力相比，他们是故意表现对他的冷落。

这两位拉比的关系不友好。他们之间的差别不仅在他们的学术成就上——马纳塞永远不会成为摩特拉那样的塔木德学者——还在他们对宗教的态度上。马纳塞与比较谨慎的摩特拉不同，他对期待救世主的主题有一种特殊的迷恋。据传由于与基督徒多有接触，在涉及犹太教规的问题上，马纳塞可能已经不很严格。他的确可能是漫不经心的，有一次在与一位非犹太教徒相伴时，他把笔拿到手中才想起那天是安息日。㉝据说马纳塞和摩特拉在布道时互相攻击，而到一定程度时社区的领导层——大概担心导致教会的又一次分裂——不得不介入干涉。这次，领导层努力调解他们的分歧，平息长久不断的对立，而这两位拉比都受到惩罚，在一个时期内禁止他们布道。㉞

鉴于他的拉比职务范围有限，而且薪酬低下（150 荷盾，而摩特拉的薪酬为 600 荷盾），马纳塞把相当多的精力投入许多其他工作也就不足为奇了。对于佩雷拉家族所办的犹太经学院之经营与教学，马纳塞一定是干得相当不错，即使为那份工作耗费的时间比他原来预想的更多。在这个阶段他的日子利用得相当充分。在通信中他写道：

96　　我是这样分配我的时间的,由此你可以看出我没有夸大。每天我以两小时用于教堂,六小时用于学校,一个半小时用于佩雷拉家族办的经学院,在那里我是院长,既担任公开授课又有个人的工作,此外还有两小时独自校改印刷清样。从 11 时至中午,我接待所有来找我咨询的那些人。这完全是责无旁贷的。我还必须处理我的家务,而且每周答复四至六封来信,阁下可以判断这要费多少时间。㉟

像其他拉比一样,马纳塞也从事某种商业活动——他是与他的兄弟和姻亲在巴西经商。但是他感到不得不以这个办法来补充他当拉比的薪酬是丢人的事。"现在,我完全不顾个人的尊严而从事贸易……我还有什么别的事可做呢?"㊱

马纳塞真正喜爱的是他的出版社。不久他成为国际知名的售书商和出版商,印行了几种"希伯来圣经","摩西五经"及祈祷书(以及这些书的西班牙语译本),一种《密什那》版本,以及西班牙语、葡萄牙语、希伯来语及拉丁语的许多论著。毋庸置疑,在他那个时代,他是最著名的犹太教辩护士,而且,或许比其他任何人更多地担负向非犹太教社会解说犹太教教义与信仰的责任。阿夫朗什(Avranches)的主教皮埃尔·丹尼尔·休特不是犹太人的朋友,但是他称赞马纳塞为"第一流的犹太人……在宗教问题上我曾经多次与他长谈。他是一位杰出的人士——态度和好稳健,通情达理,没有许多犹太人的迷信和喀巴拉(kabbalah)的空想。"㊲

马纳塞流传最广的著作之一是《仲裁者》(*Conciliador*)。他写这部书历时差不多 20 年,直到 1651 年才最后完成。在此书中他借助于古代和现代的各种评注,努力调和圣经中明显的不一致之处。他以西班牙语写《仲裁者》(虽然很快就译成拉丁语),以便马拉诺们能首先看到犹太教的核心经典并非充满矛盾。另一方面,《以色列之希望》(Hope of Israel,1650)则同时以西班牙语和拉丁语出版,以便获致广大的读者群。这部书在犹太教的弥赛亚主义者和基督教的千禧年主义者中都引起相当轰动。当时谣传已在新大陆发现某些失落的以色列支族,马纳塞撰此书作为回应。安东尼奥·蒙特奇诺斯(别名阿龙·列维)是葡萄牙的新基督徒,他在航行南美以后于1644年抵达阿姆斯特丹。他声称在"新格拉纳达"(现在的哥伦比亚)发现由流便(Reuben)*支族的后裔构成的印第安人部落。在他写的报告中,他说这些印第安人向他朗诵《示玛》(Shema),对他说"我们的祖先是亚伯拉罕、以撒、雅各和以色列,而且他们以三个举起的手指表示这四个人;后来他们加上流便,在前面的三个手指之外加上另一个手指。"㊳当蒙特奇诺斯在阿姆斯特丹逗留时,马纳塞得便前去访谈。虽然他不相信在他的某些同时代人中流行的这个普遍说法,即认为美洲的印第安人就是以色列的十个失落的支族,但是他倾向于接受蒙特奇诺斯的说法,即他所遇到的印第安人确实是属于失落的支族之一。对于马纳塞,犹如对于他的许多读者,新大陆有犹太人这件事带有弥赛亚式的含义。

对犹太人而言,一个普遍的信念就是说,大卫王朝的后代弥赛亚的来临将意味着犹太人在圣地的复国和普世和平时代的肇始。关于弥赛亚时期将确切表现为什么特点,在犹太教当局和思想家

---

* 流便(Reuben):希伯来人的祖先,雅各的长子(《创世记》29:32),流便的后裔称"流便支族",为以色列12支族之一。

中间有很大的分歧。例如,迈蒙尼德(Maimonides)劝阻人们寄希望于来世的乐园;反之,他坚决认为弥赛亚将是一位现世的人物,他将恢复大卫的王国,重建圣殿,而且将所有流散的犹太人聚合在他的统治之下。他引证《塔木德》断言:"现时与弥赛亚时期之间的唯一差别在于从外国的奴役下获救。"㊴马纳塞关于弥赛亚会带来什么的理念更加强有力。"那些期待一个现世的弥赛亚的人们所陷入的失误,正是像摩尔人(Moors)期待一个给人以感官满足的乐园时所陷入的失误一样巨大。"㊵弥赛亚的来临不仅包含政治上恢复犹太人的祖国,同时还意味着心灵上的拯救,而且,对于那些道德高尚的人而言,这将伴随真正的幸福。

马纳塞说不准拯救何时要到来——1648 年是某些喀巴拉派(Kabbalists)所散播的一个日期——但是他相信这个日期近在眼前,"因为我们看到许多预言得以应验。"㊶既然在弥赛亚的到来之前,一定有以色列各支族的全面流散,然后他再把他们领回耶路撒冷,那么,那些失落的支族至少有一些在遥远的地方被找到之事具有极其重要的意义。而且,不仅对犹太人而言,在基督教的千禧年主义者(他们因相信弥赛亚的到来将开启千年王国而得名)看来,直到以色列的十个支族重新统一光复他们的王国之后,基督之复临才会出现。

到十七世纪五十年代,在伦敦虽然至少非正式地有了不少犹太人,但是自从 1290 年以来,他们一直被禁入英国。马纳塞以对弥赛亚的信念为后盾,希望实现让犹太人获准重新进入英国成为他一生的最高成就。㊷按照传统的说法,直到犹太人住在所有的国家,生活在所有的民族中间,犹太人的大流散才算完成("耶和华必使你们分散在万民中,从地这边到地那边"[《申命记》28:64])。对于马纳塞为犹太人重新准入而进行的努力,英国的基督教千禧年主义者有他们本身的理由来与他合作,因为基督复临还需要犹太人的改宗。这些千禧年主义者认为,如果犹太人获准返回英国,不仅会使他们的流散扩大,也有助于他们改宗基督教,从而使千年王国靠近一步。

在申请让犹太人重新准入英国的问题上,当时马纳塞从英国友人及其他方面得到许多鼓励。虽然早在1653年他就准备渡过海峡开始谈判,但是因英荷战事而延迟。1655年在他的儿子陪同之下,他终于得以成行,而且谒见奥利弗·克伦威尔。马纳塞从神学和经济(或许是更重要的)两方面向克伦威尔陈情。他特别留心让这位"护国公"注意到财政上的利益,这是在一个国家里出现繁荣的犹太社区通常都会带来的好处。在指出"做生意可谓犹太民族的当行特长"之后,马纳塞接下去提醒克伦威尔:"对于其国土住有犹太人的所有那些君主而言,都会出现高于所有其他异邦的肯定无疑的利润、商品和收益之增长。"㊺克伦威尔颇为这位荷兰的拉比所说动,给予同情的听取。然而,社会舆情根本不是这样愿意准许犹太人重新进入。有些人主张应该对犹太人施加强硬的屈辱性限制(例如,他们不准担任任何司法职务,不准雇用信基督教的仆役,或者不得给予他们在荷兰几十年来所享有的许多其他权益)。经过几次开会讨论之后,克伦威尔所召集的考虑此问题的会议陷于僵局,未作任何决议便休会了。㊻马纳塞对于未获具体结果大失所望,特别是因他为此事业已奋斗多年(其中有两年在英国)。1657年9月塞缪尔在英国去世,这是对他莫大的打击。马纳塞在把他的儿子的灵柩送回荷兰以后,他本人在两个月后去世。

这位怀抱弥赛亚信念的拉比勇于开拓,四海为家,而且人脉丰沛,他有可能是斯宾诺莎某一阶段的老师。当马纳塞还在代替阿伯布拉比讲授第五班级课程的时候，如果斯宾诺莎在场，他们就可能在犹太教律法学校有过交往。不过，这种机会的可能性不大，因为斯宾诺莎最早很可能是在 1648 年开始上高级"米德拉什班"的初级课（如果他确实上过的话），而马纳塞于 1649 年为列奥所取代。[45]斯宾诺莎或许参加过马纳塞所领导的犹太经学院，但是没有这方面的证据。在迈克尔要他的儿子辍学以帮助料理他家办的商行之后，着眼于儿子的继续教育，他可能聘请马纳塞——总是要考虑补充他的收入——私下当巴鲁赫的家庭教师。或者，在十七世纪五十年代初期，马纳塞很可能当过这个年轻人的某种非正式的学术辅导教师，尤其那时斯宾诺莎已经走上社会，在交易所与信基督教的商人们混在一起，如果他有兴趣多学一些在保守的摩特拉看来不愿意教或不能教的东西，诸如"喀巴拉"或犹太神秘主义，犹太教和基督教思想中的异端思潮，或者非犹太哲学之类，都可以向马纳塞请教。马纳塞熟悉伊萨克·拉·佩雷尔（Issac La Peyrere）的著作，那是一位法国的加尔文教徒，他主张摩西不是《五经》（旧约首五卷）的作者，在亚当和夏娃以前就有很多人存在（因为圣经只是犹太人的历史，不是全人类的历史，所以在圣经中没有提到他们），而且犹太人所期望的弥赛亚的到来迫在眉睫。马纳塞于 1656 年写过一篇对"亚当以前即有人说"的反驳；对于向犹太社区的"青年反叛者"介绍拉·佩雷尔的思想，马纳塞可能是负有责任的。[46]斯宾诺莎肯定能够处于他的门下。斯宾诺莎有一册《亚当以前的人》（*Prae-Adamitae*），而且在他自己写的圣经批判中使用过那里的材料。他对拉·佩雷尔的论述之熟悉可能来自他还生活在犹太社区的时期。斯宾诺莎还有一本约瑟夫·萨洛蒙·德尔米迪哥（Joseph Salomon Delmedigo）拉比所著的"喀巴拉派"作品《神之书》（*Sefer Elim*），那是马纳塞于 1628 年编订的。德尔米迪哥来自克里特岛（Crete），在帕多瓦（Padua）曾师事伽利略（Galileo）*，十七世纪二十年代在阿姆斯特丹社区短期当过拉比。在犹太教公会"和平之宅"中他是马纳塞的好朋友。大概就是马纳塞最初鼓励斯宾诺莎读那本书。此外，斯宾诺莎还熟悉马纳塞本人的著作。他有西班牙语版的《以色列之希望》（在此书出版的那一年，迈克尔·德·斯宾诺莎在犹太教公会"塔木德·妥拉"任职，此书是题献公会的管理委员会 ma'amad 的），而且他肯定仔细读过《仲裁者》一书。所有这一切，以及气质和兴趣这种比较无形的因素，说明——但绝非证实——在扩展斯宾诺莎的学术视野方面马纳塞起过某种促成的作用。[47] 由于马纳塞在基督徒中的交往接触，他会成为通往更广大的神学与哲学领域的理想管道，而商人斯宾诺莎一定正在发展这些方面的兴趣。[48]

*　　　*　　　*

自然，如果足够大胆，人们可能走到犹太社区外面那个世界本身，寻求那里的学问。没有什么法令不准犹太人向非犹太学者学习，这就是说，除了来自拉比方面的责难以外，绝无这种禁令。虽然有许多荷兰学者渴望向犹太人学习，甚至为了学希伯来文和犹太教的主要典籍而把他们找出来，但是在犹太人领导层这方面来说，无疑他们很不满意犹太教公会的成员们转向非犹太人的世界谋求更多的教育（除非是为了诸如医学或法律这类专业培训）。阅读世俗的西班牙诗歌和古典文学是另一回事，因为这些属于他们自己的文化传承。但是，如果对当代非犹太人的文学和科学涉

---

* 伽利略（Galileo Galilei, 1564—1642），意大利物理学家和天文学家。1589 年在比萨大学任教。1592—1616 年在帕多瓦大学任教，那时德尔美迪哥在他门下研究天文学。

足太深,或许就有受到谴责的危险。

据卢卡(Lucas)说,就斯宾诺莎当时完全在社区范围之内的绝对传统的学习科目而言,他"感到毫无困难,但也毫不感到满意"。㊾卢卡的著作是出自真正结识斯宾诺莎而且同他交谈过的人士笔下的唯有的一份全面传记描述。据他说,在十五岁左右,斯宾诺莎就碰到"连最有学问的犹太人都感到难以解决的"一些问题。但是,巴鲁赫把他的困惑埋在心里,唯恐他的疑问使他的老师受窘,甚至更糟的是惹恼老师,于是"假装对于他的答案非常满意"。虽然他循规蹈矩地继续他的学业——或者说,如果他已不再上学,便是在犹太经学院参加讨论——然而,他已经得出结论认为:"今后他要独立地进行研究,不遗余力自行发现真理。"只不过在短短几年之内,斯宾诺莎势必对他业已受到的教育甚为不满,而且,既然对犹太教的教义与仪式都有颇深的怀疑,他渴望到别的地方寻觅启迪。巴鲁赫到22岁的时候,实际上他可能正在经历某种精神上和思想上的危机,类似35年以前乌列尔·达·科斯塔所经历的那样。既然他的父亲已不在人世,正统犹太人生活的教规和前程或许显得对他日益不重要和不感兴趣,而他长期致力学习的旧学问又太狭隘,不能满足他对思想观念问题的天然好奇心。他在荷兰社会的交往,特别是在证券交易所或商品交易所建立的商务关系中可能发展起来的友谊,只能促使他扩展他的学术追求。由于周旋于他在那里遇到的商人之中——其中许多人属于门诺派(Mennonites)*之类新教异端派别,因而较之正统的加尔文教徒有

---

* 门诺派(Mennonite),新教,福音主义的一派,十六世纪创于瑞士,主张成人通过洗礼得到再生。创始者是荷兰宗教改革家门诺·西蒙斯(Menno Simons,1492—1559),属于再洗礼派中较温和的一翼。现在其成员多在加拿大和美国,但是荷兰和德国仍有此教派。

更广泛的阅读范围和开放得多的思想——斯宾诺莎可能见识到自由派神学的各种不同见解,遇到关于哲学与科学之新发展的许多谈论,诸如笛卡尔最近在物理学和哲学上的创新。在此期间,斯宾诺莎甚至可能开始参加盛行于十七世纪阿姆斯特丹的某些自由思想者团体的集会,同他们一起讨论宗教、哲学和政治上的问题。

然而,在斯宾诺莎内心,不仅是对犹太社区的教育与宗教生活的不满情绪,还有一种不明的学术好奇心,唤起他通过哲学与科学寻求世间更广泛的知识的渴望。他也开始体验到对寻常生活追求,特别是一名阿姆斯特丹的商人的实利主义追求,所抱有的深刻虚幻感,以及对"真理"的渴望——不仅是关于自然的经验性真理,而更重要的是关于人生之"至善"的理解(这里借用苏格拉底的用语),这些体验在历史上必然是任何选择以哲学为业的人背后主要动机之一。斯宾诺莎在《知性改进论》(*Treatise on the Emendation of the Intellect*)中所写的这段话,大概指的就是他的生活中的这一时期:

> 当我受到经验的教训之后,才深悟得日常生活中所习见的一切东西,都是虚幻的、无谓的,并且我又确见到一切令我担心的东西,除了我的心灵受它触动外,其本身既无所谓善,亦无所谓恶,因此最后我就决意探究是否有一个能够感染他人的真正的善,它可以排除其他东西,单独地支配心灵。这就是说,我要探究究竟有没有一种东西,一经发现和获得之后,我就可以永远享有连续的、无上的快乐。

他并非不知道他的这项新事业中所包含的风险:

> 我说"我终于决意为之",因为初看起来,为了追求当时尚不确定的东西而冒险放弃确实可靠的东西,似乎是不明智的。我完全懂得荣誉和财富带来的好处,而且,如果我要献身于某种不同的新目标,我就不得不放弃对于那些好处的追求。其实,如果最高幸福就在于那些好处,我势必不能获得它们,但如果最高幸福并不在那里而我竟然全力去追求它们,那么我也同样得不到最高的幸福。[50]

到这个时候,斯宾诺莎不仅仅是怀疑"最高幸福"不存在于一名遵守教规的犹太商人的生活之中。

因此,到 1654 年或 1655 年初,可以肯定,斯宾诺莎的教育决定性地转向世俗的——在拉比们看来令人不安的一方面。而且,他会看到的是,首先,为了进行进一步的研究,他就需要掌握拉丁语,因为自从古典文明的后期以来,每部重要的科学、哲学和神学著作实际上都是以拉丁语撰写的。如果只是为了学习拉丁语,他没有什么特殊的理由竟然不得不到犹太社区外面寻求帮助。西葡系犹太社区的许多人过去是作为基督徒长大的,而且进过葡萄牙和西班牙以拉丁语为教学语言的诸所大学,他们的拉丁语都很好,摩特拉和马纳塞·本·伊斯拉尔两位拉比也不例外。但是,斯宾诺莎的兴趣不在于学习拉丁语本身,而是还要取得某种世俗的学习指导,所以他需要外界的帮助。斯宾诺莎传记的早期作者们几乎都把他决心学习拉丁语的时间放在他被革出教门以前,那时,除了作为他的商务活动上的需要,以及满足犹太教公会正式会员最低限度的要求之外,斯宾诺莎与犹太社区可能已经没有太多的瓜葛。很可能当时他不再参加摩特拉主持的"律法之冠"犹太经学院。据卢卡说:

一段时期以来他与犹太人甚少来往,以致不得不与基督徒打 103
交道。他与知识界的人士建立友谊。他们告诉他说,不懂希
腊语又不懂拉丁语真是憾事,不过,他娴熟希伯来语……他本
人十分理解那些学术语言对他多么必要。但是,既然他的家
境不富裕,也没有有力的朋友可以帮助他,问题就在于如何找
到学会那些语言的途径。[51]

据柯勒鲁斯(Colerus)说,斯宾诺莎的拉丁语启蒙教师是"一位德
国学者",[52]另外一位作者则说那是"一位有学问的少女"。[53]然而,
不论在斯宾诺莎最早突击拉丁语背后的真实情况如何,对他而言,
这件事根本不能跟他将从一位当然不仅是语言教师的人士所学到
的东西相比。

辛格尔河(Singel)是以阿姆斯特丹市中心为中轴而一圈圈外
推出去的几条大运河之一,有一位拉丁语大师在他的河滨住宅里
成立了某种预科学校。有些名门望族不愿意让他们的子弟去上由
严厉的加尔文教徒主持的公立拉丁语学校,便请他为他们的子弟
(偶尔还有女孩子)讲授将来上大学所必备的语言技能和人文背
景知识。对于这位弗朗西斯科斯·范·登·恩登(Franciscus van
den Enden)而言,这不是他首次企图在阿姆斯特丹市谋生。约在
十七世纪四十年代中期,他携眷首次来到这个城市,在名为涅斯的
市镇一角的房屋外面,他试图经营一家画廊和书店,名为"艺术商
店"。此事没有维持长久。到1652年,范·登·恩登已是半百老
人,拖家带口,而且经商失败,急需找到稳定的收入来源。这样他
便开始教授拉丁语。

看来他是一位很优秀的拉丁语教师,吸引不少名门子弟。

范·登·恩登于 1602 年生于安特卫普,起初在奥古斯丁修会,后来在耶稣会学习过拉丁语。[54] 十七岁时他正式进入耶稣会,但是两年后被逐出,原因不明。据当时的一篇对他生平的记载,我们得知范·登·恩登年轻时"沉溺女色",而他被开除的理由就是因为他与一位著名军官的夫人发生暧昧关系时被抓住。[55] 然而,想必不久他便与修会言归于好,因为后来他多年在卢万(Louvain)的耶稣学院学习哲学与古典名著,此后他返回安特卫普家乡教拉丁语、希腊语及纯文学,同时取得语法学的学位。在一些佛兰芒市镇里教语法、诗歌和修辞雄辩的课程以后,1629 年他返回卢万学习神学,成为耶稣会教士。然而,("因为他的错误")他再次被耶稣会开除,随即最后放弃宗教生涯的任何计划。在他于 1642 年在安特卫普与来自但泽(Danzig)的克拉拉·玛丽亚·弗美伦成婚之前,不知在什么地方范·登·恩登获得"医学博士"的头衔,但是,他在何时何地真正学过医学却无可稽考。他的长女也叫克拉拉·玛丽亚,生于 1643 年,此后不久全家迁到阿姆斯特丹。1648 年孪生姊妹安娜及阿德里安娜·克莱门泰娜在那里出世,接着是 1650 年雅各布斯及 1651 年玛丽安娜出世(安娜及雅各布斯很早夭折)。这是一个书香门第,具有艺术和音乐气氛,而范·登·恩登确保他的女儿们受到良好教育,足以与他的男学生们相比。据传这些姑娘们在指导拉丁语课程上能助他父亲一臂之力。

然而,如果我们相信他以前的一位房客所提供情况,那么,范·登·恩登的家庭不是一个信教的家庭。年轻的法国军官迪·科斯·德·纳泽勒在十七世纪七十年代将他的拉丁语学校迁往巴黎之后便住在范·登·恩登家里,据他说,范·登·恩登是一个不信教的人,除非或许他算是一种不信教条的、无害的自然神论者。柯勒鲁斯探索斯宾诺莎邪恶思想的根源,他的话更刺耳一些:他谴责范·登·恩登"在他的青年学生中散播无神论的最初种子和根苗。"[56]

直到 1671 年为止,范·登·恩登在阿姆斯特丹教书。他喜爱他所选定的国家,而且认为它即使有瑕疵,却不失为共和制度的优秀范例。然而,他自己更向往的是真正的民主制度。他有两本可能写于十七世纪六十年代初的政治著作:《关于国家的自由政治主张和考虑》(*Free Political Propositions and Considerations of State*)和《略述新尼德兰对全体居民提供的境遇、功效、天然特权和特别天赋》(*A Short Narrative of the New Netherlands' Situation, Virtues, Natural Privileges, and Special Aptitude for Population*)㊼;与斯宾诺莎后来在他自己的政治著作中的观点很相似,范·登·恩登力主建立激进的民主国家,尊重政治当局与神学信仰之间的界线,而宗教领袖不在政府中起任何作用。只有这样的自由国家才会是真正稳定和坚强的,足以保证履行它在其公民之生活中的作用。《略述》一书包含对北美荷属殖民地基本法的建议,而范·登·恩登藉此机会提出他的理想政体之蓝图。他坚决主张在国内全体成员之间实行严格的社会、政治和法律上的平等,言论、宗教和发表意见的绝对自由,以及"进行哲理思考"的自由。他还甚至建议把传教士逐出殖民地,认为传教士"总是把每个人的私见激发出来加以凝聚",从而引起对"一切和平与协调的破坏性灾害。"任何人不得支配别人,而国家领导人应由受过良好教育的公民(不分男女)选举产生,任期有限。在特别重要的问题上,公民们应通过多数表决自行解决他们的意见分歧。

  范·登·恩登当然不认为尼德兰共和国符合他的理想。首先,新教教会的领导层在处理各省政务上起的作用太大。此外,他发现执政望族借以控制市镇——荷兰政治权力的真正所在——的寡头统治方式不够民主和平等。当他因策划叛乱而在法国受审期间,据传他说过:"共和国有三种,即柏拉图式,格劳秀斯式[即荷兰共和国]及称为乌托邦的莫尔式(More)*。"他自称构想出"善有善报"的第四种共和国。⑤⑧他甚至与他人讨论"在荷兰建立一个自由共和国的方式",把国家改造成民主制度。尽管荷兰的政治形势有这些令他失望之处,范·登·恩登在各敌国,即诸君主国发出威胁的时候,却努力积极参加对共和国的捍卫。在英荷战事短暂休止期间的1662年,他致函荷兰省议会的大议长扬·德·维特(Jan de Witt)**,提出关于改善荷兰船只的攻击能力的若干意见。在1672年共和国遭到路易十四的陆军入侵时,据说他采取更强有力的步骤,参加推翻(法国)国王的阴谋。

然而,范·登·恩登对荷兰共和国的孺慕并没有得到报答。他的极端民主思想遭到加尔文教会领导层的敌视。1670年他迁往巴黎,可能要接受担任路易十四的顾问和医师的任命。⑤⑨他在巴黎另建一所符合时尚的拉丁语学校,名为"诗歌之宅"。他于1672年再婚,他的新夫人是53岁的孀妇卡塔里娜·梅丹。他们把自己的家变成学术沙龙,聚会时一度吸引巴黎哲学界和科学界的俊彦光临(据说德国哲学家莱布尼茨居住法国首都期间是范·登·恩登家的常客)。但是,他到老——这时他72岁——也不安于敛心静思的生活,看来正是他的政治热情促使他采取行动,而结局终于是悲剧一场。

范·登·恩登于1674年卷入反对法国国王的阴谋。德·纳泽勒自称,当阴谋者们在范·登·恩登家里开会时,他偶然听到他

---

* 托马斯·莫尔(Sir Thomas More, 1478—1535),英国学者和政治家,著有《乌托邦》(*Utopia*, 1516)一书,描述他的理想国家。

** 扬·德·维特(Jan de Witt, 1625—1672),荷兰政治家。1653年任荷兰省议会大议长,领导共和派,代表执政望族(各省市的商业精英)排挤奥伦治王室的势力。1660年以后,奥伦治王室在英王查理二世支持下逐渐得势,德·维特于1672年被奥伦治派暴徒杀害。

们安排他们的计划,旨在除掉路易十四,在法国建立共和制的政府。阴谋的首要分子为法国狩猎会的前任高级主管舍瓦利耶·路易·德·罗昂和来自诺曼底的退休军官,以前范·登·恩登在阿姆斯特丹的学生吉勒·迪·阿梅尔·德·拉特罗芒。他们对最近的战争,特别是1672年法军入侵尼德兰不满,而且把近来国内的问题归咎于路易国王的扩张主义野心。罗昂还为在计划成功后有可能实现对布列塔尼地区主权之所吸引。范·登·恩登的动机主要在于对尼德兰安危的担心(因为他认为那是他的祖国)以及对策动法军侵略荷兰的那些大臣们的憎恨。他坚决认为这样一场非正义的战争蹂躏人权,如果是民主制的政府,绝不会发动这种战争,因为民主制不受任何人的妄想所支配。当时谣传荷兰人(或许还有西班牙人)支持这场阴谋,而且承诺为策划者提供物质援助;虽然荷兰的领导层坚决否认知悉这场针对法国国王的密谋,其实在密谋败露时荷兰的舰只正好在法国沿海游弋。在德·纳泽勒将他所知的情况向路易十四的国防大臣告发之后,阴谋遂遭挫败。阴谋分子都被捕。罗昂被斩首。拉特罗芒拒捕时被射杀。范·登·恩登因属外国间谍——更重要的或许是并非贵族——遂被处以绞刑。

斯宾诺莎传记中的几大谜团之一,就是他何时开始师从范·登·恩登。此事可能迟至1657年。但是,鉴于他日益不满犹太人的宗教教育,而且日益渴望学习更多的哲学与科学(尤其是在那些领域里的新发展),有理由可以臆测,在他二十岁出头还是一名商人的时候,这种趋势的发展几乎肯定达到高峰。因此,大约在1654年或1655年,也就是在他被犹太社区革出教门以前,斯宾诺莎转向那位前耶稣会教士学习拉丁语似乎是可信的。[60]斯宾诺莎在商界结识的朋友们可能把他介绍给范·登·恩登。在十七世纪五十年代后期,这些人成了斯宾诺莎最亲密的朋友,私下形成一个小组,致力于鼓励斯宾诺莎发展他的思想,讨论他的以及其他的哲学观念。范·登·恩登无疑与这些人过从甚密,其中包括彼得·巴林(Pieter Balling),雅里希·耶勒斯(Jarig Jelles, 1619/20—1683),西蒙·约斯滕·德·福里(Simon Joosten de Vries, 1633/4—1667)——此人像范·登·恩登一样,也住在辛格尔河畔——以及扬·利乌魏特茨(Jan Rieuwertsz)*——此人可能于1665年印行过范·登·恩登所著的《略述》一书,那是在出版斯宾诺莎自己对笛卡尔所著《哲学原理》之研究两年以后,而在他出版轰动性的《神学政治论》五年以前。鉴于范·登·恩登的政治和宗教观点与这些神学上的异见分子及自由思想者的自由派见解有相同之处,如果说在此期间,范·登·恩登(或许还有斯宾诺莎)间或参加过社友会派(Collegiant)**的会议——心怀不满的门诺派(Mennonites)、谏净派(Remonstrants)、贵格派(Quakers)等等都参加过——那也会是不足为奇的。像社友会派(以及后来的斯宾诺莎)一样,范·登·恩登坚持认为宗教信仰是私人的事,不受任何组织或当局的控制。真正的虔诚只在于对神和对邻人的爱;用一个显然类似于斯宾诺莎所著《神学政治论》之观念的提法,那就是"摩西律法与先知书之总和"。㉑那种爱的外在表现形式,即它在公众的宗教仪式上采取的形式,却是与真正的虔诚毫无关系的,而

---

　　* 利乌魏特茨(Jan Rieuwertsz,约 1616—1687),生于阿姆斯特丹。在十七世纪四十年代他在阿姆斯特丹开的书店以最富自由派色彩而知名,成为再洗礼派及社友会派发行小册子的主要交流站。在 1654 年或 1655 年初斯宾诺莎结识利乌魏特茨等许多社友会派活动分子。

　　** 社友会派(Collegiant):又称浸礼派或教友会派。十七世纪二十年代出现于莱顿附近的莱茵斯堡。主张脱离教会,取消神职人士,只有成年人应接受洗礼,期望"千年王国"来临。此派在三四十年代扩展到鹿特丹和阿姆斯特丹,吸引一些"谏净派"及"门诺派"人士参加,是当时荷兰的一个比较激进的基督教派。

且往往迹近于迷信行为。

对于斯宾诺莎的思想与个人发展而言,他的进入范·登·恩登所办的学校具有非常重要的意义。在他被犹太教公会驱逐而且结束商人生涯之后,他大概还住在范·登·恩登那里,而且帮助教学。㉒诚然,到他学习拉丁语时期,他的思想已经有了不少发展。那时,至少在他自己的头脑中,他一定已在构思他那些骇世惊俗的宗教观念,或许还对别人讲过那些观念(这就可能导致他被革出教门)。即使只处于雏形阶段,他还可能已经开始建构政治上,伦理上和形而上学上的激进学说,最后他会把这些写成系统的论著。因此,范·登·恩登对斯宾诺莎思想之形成所起的作用不宜夸大。㉓不容置疑的是,斯宾诺莎在较早的年龄就是有创见的独立思想者。不过,在他生平的这一阶段,他还有很多东西要学,而在范·登·恩登的学校里,他可能接触到很大范围的重要典籍、观念和人物。

关于十七世纪五十年代范·登·恩登向他的学生们讲授的确切内容,现已无考。但是,如果他的学校就像其他"学院"或预科学校那样,那么,除了拉丁语法课程以外,还会辅以关于人文学科和自然科学的一般介绍。这一点可以从德克·凯尔克林克的证言中得到确认。德克·凯尔克林克以前是范·登·恩登的学生,大约与斯宾诺莎同时在那个学校里,可能有一两年重叠。他于1639年生于汉堡一个富裕家庭,师从范·登·恩登的目的是为了学习拉丁语及其他预备学科,以便他能够于1659年入莱顿大学开始学医。在若干年后发表的一部解剖学著作中,他赞扬范·登·恩登,说他以前的这位老师谆谆善诱,培养他的求学热情,而且"引导我接触人文学科及哲学。"㉔

凯尔克林克没有完成医科学位的课业,但是他继续在阿姆斯特丹实习医术,由于在解剖学和化学上的著作而闻名(有一次他致力于阿姆斯特丹饮用水的调查研究,找出正在全市各地发生的各种疾病的原因)。甚至在斯宾诺莎离开阿姆斯特丹市之后,他仍与斯宾诺莎保持交往。他的显微镜所用的是斯宾诺莎磨制的透镜,而在斯宾诺莎的藏书中有一些凯尔克林克的书籍。然而,按照柯勒鲁斯的说法,这番专业上的友谊起初却是以作为对范·登·恩登的女儿克拉拉·玛丽亚求爱的情敌开始。

> 范·登·恩登唯一的女儿(原文如此)不仅擅长音乐,而且懂拉丁语,熟练程度达到能教她父亲的学生的水平。斯宾诺莎常说他爱上了她,要同她结婚。虽然她的身体颇弱而且畸形,但是他为她的聪明才华所倾倒。然而,他的生于汉堡的同学凯尔克林克看到这一点,妒忌心重。[65]

凯尔克林克不甘心在情场上认输。他加倍努力,而且借助于一条珍珠项链赢得姑娘的芳心。

在斯宾诺莎的一生中,这是仅有的一次恋情记载。令人遗憾的是,这个故事虽然流传很广,但是似乎不足征信。凯尔克林克于 1657 年进入范·登·恩登的学校,当时克拉拉·玛丽亚应该只有 13 岁。即使在那个时代,若为像斯宾诺莎这样 25 岁大的人所看上,她或许有点太小。不过,对于 18 岁的凯尔克林克而言,倒是不算年龄悬殊。他与范·登·恩登的女儿一定发展了某种相互爱慕,这是经得起两地相思和时间考验的感情。所以在凯尔克林克离开范·登·恩登的学校 12 年之后(而且,据说在凯尔克林克从路德新教改宗天主教以后),他们两人于 1671 年 2 月结婚。[66]

凯尔克林克所说的"人文学科及哲学"正是一种古典文化教育。城市上层中产阶级把子弟送进学校希望受到这种教育,而当时的拉丁语高级教师们也普遍利用这种教育来改善学生们在语法、句法,特别是文体上的流畅熟练。范·登·恩登会让他的学生们阅读古代的诗歌、戏剧和哲学经典作品——希腊罗马的文学遗产——以及文艺复兴时代的新古典主义作品。他引导学生们,至少大致地,阅读柏拉图、亚里士多德和斯多葛学派的哲学,涉猎塞内加、西塞罗和奥维德,或许甚至接触古代的怀疑主义原理。他们还要阅读伟大的古代史诗、悲剧、喜剧和历史著作。斯宾诺莎在其著作中大量引证古典的拉丁作家,而在他的不多的藏书中有贺拉斯、恺撒、维吉尔、塔西佗、爱比克泰德、李维、普林尼、奥维德、荷马、西塞罗、马提雅尔(Martial)、彼特拉克(Petrach)、佩特罗尼乌斯(Petronius)、萨卢斯特(Sallust)等人的作品。这是他大概在师从范·登·恩登时期激发出来的读书热情的证据。

范·登·恩登特别爱好戏剧艺术,而且鼓励他的学生们对舞台的兴趣。他经常让学生们排练戏剧台词,作为培养他们的希腊语和拉丁语口才的手段。在十七世纪荷兰的学校中,这种做法并不少见。据信通过让学生们表演拉丁戏剧中的片段,他们就会更好地掌握发音、措辞和"表情"(姿态和音调)上的技巧,这对提高感染力是十分重要的。常常指定学生们编写或熟记一些独白,然后表演出来,而不仅是朗诵。[67]偶尔,这些戏剧练习最后提升为某剧的公开上演。例如,1595 年莱顿市拉丁语学校(后来伦勃朗所上的学校)的学生们上演贝兹(Beza)*所著悲剧《献身的亚伯拉

---

* 贝兹(Beza,Theodorus;即 Théodore de Béze,1519—1602),法国神学家、宗教改革家、文学家。1548 年出版拉丁语诗集 *Poemata juvenila*。改宗新教后赴日内瓦,在洛桑大学讲授希腊文学。1564 年加尔文去世后,他继起领导教会。悲剧 *Abraham Sacrifiant* 于 1550 年出版。此外著有 *Vie de Calvin*(1563),*Histoire ecclésiastique des églises reformées en royaume de France*。

罕》(*Abraham Sacrifiant*)。⑱1654 年在阿姆斯特丹一位市长女儿的结婚典礼上,年轻的悲剧新秀们在范·登·恩登的导演下登台献艺。1657 年 1 月 16 日及 17 日,在阿姆斯特丹市立剧场上,他们演出已经排练了一段时间的特伦斯(Terence)*所著《安特里亚》(*Andria*)。在那个月内,他们还在市立剧场两次演出范·登·恩登自己创作的《菲洛多尼乌斯》(*Philedonius*)。这一定成了范·登·恩登教学生涯的得意时刻。他的新古典主义讽谕作品之演出是一巨大的成功——两位市长看到他们的儿子在剧中扮演角色尤为高兴——后来出版了这个剧本。翌年,该校演出特伦斯的《阉奴》(*Eunuchus*),还有"一出希腊滑稽戏"。⑲(不是每个人都赞同这些演出。加尔文教会的牧师们曾设法阻止 1657 年的上演,令他们反感的是因为剧中的女角不由男生扮演,而是范·登·恩登的女学生们上台。)⑳

可以相当肯定,斯宾诺莎参加了特伦斯剧本的演出。从斯宾诺莎的著作可以看出,他对特伦斯的作品烂熟于心。有时,一些拉丁短语和文句直接采自古罗马剧作家,尤其是出于范·登·恩登于 1657 年和 1658 年让他的学生们表演的两出喜剧。㉑斯宾诺莎一定很熟悉他的台词,因此将他所需要的保留和改写到他自己的著作和通信中。据说在他被革出教门以前发生过一次可惊的事件,斯宾诺莎自他的老师那里学来的对剧场的这一爱好可能也是事件发生的背景。在十七世纪培尔(Pierre Bayle)所著《历史的批评的辞典》(*Dictionnaire historique et critique*)中,关于斯宾诺莎的

---

* 特伦斯(Terence,拉丁语名为泰伦提乌斯 Publius Terentius Afer,约公元前 190—约公元前 159 年),古罗马喜剧作家。传世的作品有六种:即《安特里亚》(*Andria*),《两兄弟》(*Adelphi*),《婆母》(*Hecyra*),《自我惩处者》(*Heautontimorumeno*),《福尔弥昂》(*Phormio*)及《阉奴》(*Eunuchus*)。

著名条目称:大约在斯宾诺莎对他所受的犹太教育培养感到格格不入的时候,他开始"一点一点地与犹太会堂疏远起来"。尽管如此,作者接着说,斯宾诺莎本来完全想要保持与犹太教公会的接触,至少为期更长一些,"倘若在他离开剧场时一个犹太人不是阴险地持刀攻击他的话。这次伤势轻微,但是他认为刺客有意谋杀他。"[72]

难说这段情节有多少可信程度。如一位学者所指出,在犹太社区中对于背叛宗教信仰大概深抱敌意,而斯宾诺莎约在这个时候却表现出这个方面的早期然而明显无误的迹象。社区内部近来发生的改宗基督教事件令葡裔犹太人感到气急败坏,对于犹太教公会中叛离和似乎像是要叛离的人员,他们可能已经"被刺激起一种过激而残暴的态度"。[73]据说这些改宗事件受到加尔文教会牧师的鼓励,他们往往向跳槽改宗的任何犹太人许诺种种酬报,例如,摩西·本·伊斯雷尔受洗后被授军职;塞缪尔·阿伯布在改宗之前要求帮助他取得其伯父的遗产。[74]无论如何,据传发生那次袭击事件时,斯宾诺莎可能正在表演或观看范·登·恩登学校的戏剧。

学生们除了接受古典文学和哲学方面的教育之外,几乎可以肯定,范·登·恩登还为他们介绍比较现代的资料,包括自然科学中新近的发展。看来斯宾诺莎对十六世纪和十七世纪思想家的通晓很可能发端于范·登·恩登的指导。他的老师可能给他上过"新科学"方面的课程,而且让他阅读培根、伽利略和意大利文艺复兴时期的哲学家乔丹诺·布鲁诺(Giordano Bruno)*。这位老

---

* 布鲁诺(Giordano Bruno,1548—1600),意大利哲学家,起初是多明我会修道士,后因异端思想蒙受怀疑,在欧洲各地流浪。1592 年被捕,交宗教法庭审判,在罗马囚禁七年后死于火刑。他支持哥白尼的太阳中心说。

师还可能指导他涉猎人文主义者如伊拉斯谟(Erasmus)*和蒙田(Montaigne)**,以及十六世纪荷兰神学家德克·库恩赫特(Dirk Coornhert)***。范·登·恩登在政治思想史方面是有激进见解的,他告诉斯宾诺莎阅读马基雅维里、霍布斯、格劳秀斯、加尔文和托马斯·莫尔的书,而斯宾诺莎对政治和神学政治问题的兴趣无疑萌发于这个时期。

十七世纪最重要的哲学家笛卡尔无疑对斯宾诺莎的哲学思想成长有突出的影响。斯宾诺莎何时及如何开始研读笛卡尔的著作?对于斯宾诺莎的哲学传习而言,这可是最饶有兴趣的问题。卢卡写道,斯宾诺莎在与范·登·恩登交往以后,"只想在人类科学上取得进步",[75]这里指的首先就是笛卡尔对自然的探索。按照柯勒鲁斯的说法,笛卡尔是斯宾诺莎的"导师",笛卡尔的著作指导他去寻求知识。[76]

虽然勒内·笛卡尔(René Descartes)1596年生于法国,但是他成年后大多时候住在荷兰。他自称,因为这个国家商业兴盛繁荣,居民淳朴厚道,气候温和宜人,所以他(在1628年底或1629年初)决意在这里定居。"世界上还有什么地方能像这里那样容易找到生活的各种便利和你想看到的一切珍宝呢?还有什么别的国家你能找到如此完全的自由,可以高枕无忧,随时有军队的保护,而且很少投毒、谋反或诽谤事件呢?"最重要的一点,他在尼德兰能够

---

　　* 伊拉斯谟(D. Erasmus,约1469—1536),荷兰人文主义者,1509年后曾在剑桥大学教哲学与希腊语。
　　** 蒙田(Montaigne,1533—1592),法国散文作家,1580年出版名著《随想录》(*Essais de Messire Michel, Seigneur de Montaigne*)。
　　*** 库恩赫特(Dirk Coornhert,1522—1590),荷兰神学家、政治家。受到马丁·路德及加尔文等人的人文主义影响,参加反西班牙的荷兰独立运动。他反对迫害异端思想及预定论。

找到专心致志工作所渴求的和平与幽静,这是他在巴黎找不到的。"在我所居住的这座大城市里(阿姆斯特丹,1631 年前后),除我以外全民经商,因此他们全身心贯注于为自己赢利,以致即使我在这里住一辈子也不会引起任何人注意"。[77]笛卡尔在阿姆斯特丹出版他的哲学著作,而荷兰共和国既包含他的最忠实的追随者,也存在他的最苛刻的批评者。

在 1654 年至 1655 年左右,如果斯宾诺莎学习哲学和科学的要求真像令我们相信的那样强烈——一切迹象表明确是那样——那么,无可置疑,他的求知欲会立即转向笛卡尔及其荷兰门徒们的著作。笛卡尔在物理学、生理学、几何学、气象学、宇宙论,以及当然还有形而上学方面的著作在各大学及城市知识界受到广泛讨论和争议。它们也受到比较保守的加尔文教会领导者的猛烈谴责。从十七世纪四十年代中叶起,对于笛卡尔学说的争议变得与贯穿荷兰社会的意识形态根本分歧纠缠在一起,基本上把那里的政治界和神学界人士分裂成势不两立的阵营。不论是拥护者还是反对者,笛卡尔的名字——甚至在他于 1650 年去世以后——实际上挂在共和国受过教育的全体公民的嘴边。

笛卡尔哲学起初足以引起斯宾诺莎之兴趣的途径有多种。他在阿姆斯特丹交易所的大多数朋友——耶勒斯、巴林等人——都是笛卡尔思想的热爱者。[78]或者在交易所里,或者在往往成为哲学讨论小组的社友会派的聚会上,如果他参加的话,斯宾诺莎会从他们那里耳闻到对"新哲学"的推崇。另一方面,在范·登·恩登那里他会有了一位现成的笛卡尔主义教师。其实,范·登·恩登不仅以无神论者闻于世,而且还有笛卡尔派的名声。[79]因此,在他至少是私下审慎地向某些较好的学生传授的"学术"中间,肯定会有那些具有笛卡尔特色的。他大概让学生们阅读笛卡尔的《方法谈》(Discourse on Method)以及附带的数学与科学论文;《第一哲学沉思集》(Meditations on First Philosophy);关于人的生理和激情的论文;尤其是《哲学原理》(Principles of Philosophy)。《哲学原理》是企图根据笛卡尔的,而不是亚里士多德的和经院哲学家的原理写成的一部足本哲学教科书,从形而上学的最一般要素开始,最终成为对各个自然现象(诸如磁力现象和人的感官知觉)的机械论解释。

如果说斯宾诺莎对笛卡尔哲学的熟习起源于这个时期,因而比他从犹太社区革出教门早大约一年左右,那可不是没有疑问的。实际上只是在十七世纪五十年代末,他才会有对那个思想体系的深入研究和批判分析,当时他定期参加阿姆斯特丹社友会派小组的讨论,而且还可能在莱顿大学的笛卡尔派教授们那里学习。但是倘若如他的传记的一些早期作者所言,他对哲学和科学启蒙的探索始于十七世纪五十年代初期,那么,在他转向研究当时正在尼德兰掀起轩然大波的那些著作以前,他竟然等了很长时期,这是难以置信的。而且,在1656年他被革出教门以前,如果他确曾与商界的门诺派朋友们即使偶尔聚会,并且受业于范·登·恩登,则他固然不乏机会听说甚至阅读笛卡尔的著作。

还有一个甚至更诱人的假定,那就是说,除了熟悉拉丁语及拉丁文学,以及现代哲学与科学之外,斯宾诺莎还在范·登·恩登家里得到政治教育。这不仅是说范·登·恩登让他阅读政治思想之古典名著(包括亚里士多德的《政治学》、马基雅维里的《君主论》和《论提图斯—李维的前十卷》、霍布斯的《论公民》及格劳秀斯的共和派作品),而且意味着斯宾诺莎之恪守世俗而宽容的民主国家理想是由于双方面的影响:既有他的老师本人的政见,又有他在辛格尔河畔那所房屋中可能见到的那些人士之耳濡目染。到了他开始师从范·登·恩登的时候,斯宾诺莎的自由主义信念大概是至少一般来讲相当牢固。但是,他成熟期的政治观念(表现在《神学政治论》和《政治论》中)有不少近似于范·登·恩登在《自由政治主张》(Free Political Propositions)及他为"新尼德兰"*所拟宪政建议中的主张。此外,可以想见,范·登·恩登作为斯宾诺莎的业师的时候,阿姆斯特丹有许多在政治上与他同调的自由思想者登门造访。不过,与某些历史家的说法相反,斯宾诺莎这个时期在范·登·恩登处不会见到激进的阿德里安·考贝夫(Adriaan Koerbagh),因为自从1653年以后考贝夫偕其兄弟扬氏离开阿姆斯特丹,起初进乌得勒支大学,1656年后进莱顿大学学习。考贝夫兄弟后来变得声名狼藉,成为煽动性作品的作者;而阿德里安在十七世纪六十年代早期确实与斯宾诺莎和范·登·恩登有密切的关系。但是,范·登·恩登在市内可能遇到其他的自由派和激进派共和主义分子,而且可能向他们介绍他的这名出众的学生,这个似乎在许多政治观点上与他有共同点的才智成熟的青年。例如,有些人认为,斯宾诺莎认识著名的政论作家及宽容政策鼓吹者皮埃尔·德·拉·库尔(Pierre de la Court,即彼得·范·登·霍夫 Pieter van den Hove)**,而且他们的相识最初可能是由范·登·恩登介绍的。⑧

---

* "新尼德兰"(New Netherland):荷兰在北美哈得逊(Hudson)河谷的殖民地。1617年首建于奥伦治堡(Fort Orange,今奥尔巴尼 Albany)。1624年续建于新阿姆斯特丹(New Amsterdam),1664年英国占领后改名纽约。这些殖民地最初是以毛皮贸易为基础繁荣起来的。

** 库尔(Court,Pierre de la,1618—1685),荷兰的共和派作家,反对奥伦治王室最力,主张取消"省督"之职。其论著涉及当时的政治、经济与文化生活各个方面。主要著作《荷兰的利益》(Interest van Hollandt)出版于1662年。同年,他将他的兄弟扬(Johan)所著《政治论说》(Politike Discoursen)改写出版。

当然,影响可能总是相互之间的。斯宾诺莎与范·登·恩登相处时已不是孩子。与学校中其他学生相比,他会是年长很多,看来他还帮助教学。[81]他大概教过范·登·恩登本人希伯来语和西班牙语。当范·登·恩登在巴黎办学时,除了他通常教的科目外,还有这两种语言。而斯宾诺莎在这两种语言以及或许其他领域(如圣经注释及犹太哲学),可能多半当过他的教师。况且,即使他早在1654年就在范·登·恩登门下,他不论在葡裔犹太社区内部(在马纳塞·本·伊斯雷尔以及一些更加异端人物的帮助之下;我们发现他在十七世纪五十年代中期与那些人物相处)及外部(与他的门诺派朋友一起)还另有一些途径可以让他在所寻求的教育上取得进展。尽管如此,范·登·恩登固然可能算不上"藏在斯宾诺莎的才华后面的人物",而且,说他对斯宾诺莎所起的作用犹如苏格拉底之对柏拉图固然是夸大其词,[82]这位前耶稣会会员给予斯宾诺莎的授业无疑是大有裨益。除了拉丁语知识之外,在范·登·恩登的学校里,他获得古典文化的扎实培训,或许还有政治与宗教见解上的更加成熟。

*　　　　*　　　　*

在《塔木德》或犹太律法培训方面,斯宾诺莎虽然从来没有正式进入高级班学习,在他开始逐渐从犹太社区游离出来的时候,他确实谙熟犹太哲学、文学和神学上的传统。这是那个时期其他任何重要哲学家所不具备的学养。而且,从各方面来看,斯宾诺莎一生始终对那个传统很有兴趣——即使是为了他自己的哲学目的。他逝世时,在他的犹太教藏书中,有约瑟夫·德尔米迪哥、摩西·金奇、梅纳赫姆·雷卡纳蒂的著作,一部塔木德词典,以及逾越节家宴上诵读的祈祷书(Passover Haggadah)。[83]他似乎还继续爱好社区视为其文化遗产的西班牙文学。立于希伯来圣经和拉丁喜剧等书侧旁的是塞万提斯、克韦多(Quevedo)*及佩雷斯·德·蒙塔尔万(Perez de Montalvan)的作品。

自从1654年(或许更早一些)以来,斯宾诺莎在他的犹太人和伊比利亚半岛侨居者的教育培养之外,补充以古代经典的和当时的哲学与科学基础知识。作为商人的斯宾诺莎当然知道,选择哲学生涯在物质条件上会对他意味着什么。但是,他或许业已下定决心,认为如果与知识及理解之价值相比,如果与过一种"值得人过的生活"(再次借用苏格拉底的话)所得到的结果相比,"荣誉和财富带来的好处"是微不足道的。同样重要的是,他势必也知道,越出"木材水道"及"犹太宽街"的范围之外去寻求知识,对于他与犹太社区之关系会产生什么后果。范·登·恩登于1654年至1655年期间在阿姆斯特丹知识界和政治舞台上相对说来尚是新手,那时大概还没有蒙上无神论以及腐蚀本市青年人的恶名。但是,斯宾诺莎不致力于经商,跑去找一位前耶稣会教士学习拉丁语和哲学——甚至可能是声名狼藉的笛卡尔著作,这件事一定让拉比们感到不安。到1656年初,他们有了更强烈的理由表示担心。

注释

① 瓦斯·迪亚斯及范·德·塔克(Vaz Dias and Van der Tak)合著《斯宾诺莎:商人与自学成功者》(*Spinoza,Merchant and Autodidact*,148—149,154.)。

② 葡裔犹太人档案,阿姆斯特丹市府档案(Municipal Archives of Amsterdam,no.334/1052,folio 41 recto to 47 recto.)。

③ 瓦斯·迪亚斯及范·德·塔克(Vaz Dias and Van der Tak)合著《斯宾

---

* 克韦多(Quevedo Villegas, Francisco Gómez de,1580—1646),西班牙诗人,小说家,学者。

诺莎：商人与自学成功者》(Spinoza, Merchant and Autodidact, 147.)。

④见乔纳森·伊斯雷尔(Israel)作"1640年至1654年期间荷兰西葡系犹太人，千禧年派的政治及为巴西而进行的斗争"("Dutch Sephardi Jewry, Millenarian Politics, and the Struggle for Brazil(1640—1654)")。

⑤同上。

⑥见伊斯雷尔(Israel)作"在1595至1715年期间国际贸易中荷兰的西葡系犹太人所起作用的变化"("The Changing Role of the Dutch Sephardim in International Trade(1595—1715)," 42.)。

⑦同上,43。

⑧伊斯雷尔(Israel)著《荷兰共和国》(The Dutch Republic, 608)；普赖斯(Price)著《十七世纪的荷兰与荷兰共和国》(Holland and the Dutch Republic, 117—18, 163—4.)。

⑨伊斯雷尔(Israel)著《荷兰共和国》(The Dutch Republic, 708—709.)。

⑩艾特济玛(Aitzema)著《雄狮重振》(Herstelde Leeuw, 151.)。

⑪瓦斯·迪亚斯及范·德·塔克(Vaz Dias and Van der Tak)合著《斯宾诺莎：商人与自学成功者》(Spinoza, Merchant and Autodidact, 137.)。

⑫见埃曼努埃尔(Emmanuel)著《库拉索岛犹太人的宝石》(Precious Stones of the Jews of Curaçao, 193.)。

⑬瓦斯·迪亚斯及范·德·塔克(Vaz Dias and Van der Tak)合著《斯宾诺莎：商人与自学成功者》(Spinoza, Merchant and Autodidact, 180.)。

⑭同上,184。

⑮同上,163。

⑯同上,169。

⑰同上,189。

⑱同上,185—7。

⑲同上,167。这是瓦斯·迪亚斯的猜测。

⑳同上,158—61页重印有关阿尔瓦雷斯事件的全部文件。

㉑罗思(Roth)著《马纳塞·本·伊斯雷尔的生平》(A Life of Menasseh

ben Israel,63.)。

㉒瓦斯·迪亚斯及范·德·塔克(Vaz Dias and Van der Tak)合著《斯宾诺莎:商人与自学成功者》(Spinoza, Merchant and Autodidact,150—6.)。关于对德·巴里奥斯的《律法之冠》记叙之分析,见彼得斯(Pieterse)著《作为历史家的丹尼尔·列维·德·巴里奥斯》(Daniel Levi de Barrios als Geschiedschrijver,106—8.)。

㉓彼得斯(Pieterse)著《作为历史家的丹尼尔·列维·德·巴里奥斯》(Daniel Levi de Barrios als Geschiedschrijver,107.)。

㉔摩特拉之生平记载取自萨洛蒙(Salomon)著《索尔·列维·摩特拉及其所著"论摩西律法之真实性"》(Saul Levi Mortera en zijn "Traktaat Betreffende de Waarheid van de Wet van Mozes")。

㉕见萨洛蒙(Salomon)著《索尔·列维·摩特拉》(Saul Levi Mortera, lxxvii.)。

㉖同上,xliv—xlvii。

㉗迈耶(Meijer)著《尼德兰西葡系犹太人百科全书》(Encyclopedia Sephardica Neerlandica,47—8)。

㉘弗罗伊登塔尔(Freudenthal)著《斯宾诺莎生活史》(Das Lebensgeschichte Spinoza's,4.)。

㉙事情可能是这样:斯宾诺莎在不忙于经商的时候有充分的时间学习《塔木德》,正如许多近代正统犹太人的做法。但是,下文清楚表明,在1654或1655年,他一直把他的业余时间投向一种完全不同的非宗教性质的学习。

㉚见格布哈特(Gebhardt)编《斯宾诺莎著作集》(Spinoza Opera,5∶364 231—3.)。

㉛马纳塞·本·伊斯雷尔(Menasseh ben Israel)著《仲裁者》(Conciliador)前言至第二部分。

㉜罗思(Roth)著《马纳塞·本·伊斯雷尔的生平》(A Life of Menasseh ben Israel,55—6.)。

㉝迈耶(Meijer)著《巴鲁赫的写照:斯宾诺莎早期传记的"同时代的"诸

方面》(*Beeldevorming om Baruch:"Eigentijdse" Aspecten van de Vroege Spinoza-Biografie*, 34.)。

㉞萨洛蒙(Salomon)著《索尔·列维·摩特拉》(*Saul Levi Mortera*, xl-vii.)。

㉟马纳塞·本·伊斯雷尔(Menasseh ben Israel)著《以色列之希望》(*The Hope of Israel*, 40.)。

㊱《论生命之结束》(*De termino vitae*, 236);引自罗思(Roth)著《马纳塞·本·伊斯雷尔的生平》(*A Life of Menasseh ben Israel*, 53.)。

㊲阿尔比亚克(Albiac)著《空虚的犹太会堂》(*La Synagogue vide*, 301—2.)。

㊳马纳塞·本·伊斯雷尔(Menasseh ben Israel)著《以色列之希望》(*The Hope of Israel*, 108.)。

㊴雅各布·S.明金(Jacob S. Minkin)著《迈蒙尼德之教诲》(*The Teachings of Maimonides*, 398—401.)。

㊵《信仰初阶之第四部分》(*Quarta parte de la Introducción de la Fe*, 6:266.)。

㊶马纳塞·本·伊斯雷尔(Menassah ben Israel)著《以色列之希望》(*The Hope of Israel*, 148.)。

㊷关于此事,见戴维·卡茨(David Katz)著《亲闪米特文化及重新准许犹太人进入英国:1603—1655》(*Philosemitism and the Readmission of the Jews to England:1603—1655*)及詹姆斯·夏皮罗(James Shapiro)著《莎士比亚与犹太人》(*Shakespeare and the Jews*)。

㊸"致英格兰、苏格兰及爱尔兰联邦护国公殿下"("To His Highnesse the Lord Protector of the Commonwealth of England, Scotland, and Ireland," 81—2.)。

㊹罗思(Roth)著《马纳塞·本·伊斯拉尔的生平》(*A Life of Menasseh ben Israel*, chaps. 10 and 11.)。

㊺因此,如罗思所说,认为斯宾诺莎作为马纳塞学生一事"无可怀疑"(前引书,130—1),或者连认为他"非常可能"教过斯宾诺莎(《以色列之希

望》绪言,22),大概都是言过其实的。

㊻波普金(Popkin)作"马纳塞·本·伊斯雷尔和伊萨克·拉·佩雷尔"("Menasseh ben Israel and Isaac La Peyrère,"63.)。

㊼这不是说斯宾诺莎在他的许多观点上都追随马纳塞。他在《神学政治论》中曾批评过企图调和圣经中的不一致之处的那些人(第九章),这时他所指的那些人中可能就有,例如,马纳塞。

㊽关于马纳塞对斯宾诺莎的影响,奥芬贝格(Offenberg)提出充分的证据。见《斯宾诺莎:哲学家逝世三百周年》(*Spinoza*,30.)。

㊾弗罗伊登塔尔(Freudenthal)著《斯宾诺莎生活史》(*Die Lebensgeschichte Spinoza's*,4.)。

㊿II/5;C/7。*

(51)弗罗伊登塔尔(Freudenthal)著《斯宾诺莎生活史》(*Die Lebensgeschichte Spinoza's*,9.)。

(52)同上,36。据迈恩斯玛(Meinsma)称,这可能是反对三位一体说的德国人耶雷米亚·费尔宾格(Jeremiah Felbinger),当时他与阿姆斯特丹的社友会派人士住在一起;见《斯宾诺莎和他的圈子》(*Spinoza et son cercle*,271—2.)。

(53)塞巴斯蒂安·科索特(Sebastian Kortholt),见弗罗伊登塔尔(Freudenthal)著《斯宾诺莎生活史》(*Die Lebensgeschichte Spinoza's*,26.)。科索特所指的可能是范·登·恩登的女儿。

(54)关于范·登·恩登的传记,见迈恩斯玛(Meinsma)著《斯宾诺莎和他的圈子》(*Spinoza et son cercle*,chap. 5);另见迈宁格及范·祖希特林(Meininger and van Suchtelen)著《宁做不说》(*Liever met Wercken als met Woorden*)。

(55)迪·科斯·德·纳泽勒(Du Cause de Nazelle)著《路易十四时期的回忆》(*Memoire du temps de Louis XIV*,98—100.)。

---

* 即指格布哈特校订的拉丁文原本《斯宾诺莎著作集》第二卷第5页;埃德温·柯利的英译本《斯宾诺莎著作集》第一卷第7页。关于斯宾诺莎原著版本之缩略词见"关于本书所用各种资料版本的说明"。

(56)弗罗伊登塔尔(Freudenthal)著《斯宾诺莎生活史》(*Die Lebensgeschichte Spinoza's*,37.)。

(57)范·登·恩登所写的这些作品的发现应归功于马克·贝迪耶(Marc Bedjai),而W. N. A. 克莱弗(W. N. A. Klever)花了很大工夫揭示与斯宾诺莎思想可能有的(但是在我看来未必有的)联系;见他编订的《自由政治主张》(*Vrye Politijke Stellingen*),以及在"斯宾诺莎学说的新来源"("A New Source of Spinozism")一文中他对那些作品之内容的概述。

(58)克莱弗(Klever)作"斯宾诺莎学说的新来源"("A New Source of Spinozism",620.)。

(59)迈宁格及范·祖希特林(Meininger and van Suchtelen)著《宁做不说》(*Liever met Wercken als met Woorden*,68.)。

365 (60)他的所有早期传记作者——卢卡、柯勒鲁斯、培尔及耶勒斯——都同意此说。

(61)范·登·恩登(Van den Enden)著《自由政治主张》(*Vrye Politijke Stellingen*,28.)。

(62)卢卡说,范·登·恩登"出面照应他,把他安置在自己家里,除了在可能的情况下让他帮助教学之外,不要求任何报酬";见弗罗伊登塔尔(Freudenthal)著《斯宾诺莎生活史》(*Die Lebensgeschichte Spinoza's*,9.)。

(63)就帮助我们了解斯宾诺莎与范·登·恩登间的学术思想关系而言,克莱弗(Wim Klever)致力最大;见他所作"斯宾诺莎学说的新来源"("A New Source of Spinozism")及他为范·登·恩登所著《自由政治主张》(*Vrye Politijke Stellingen*)所写的绪论。克莱弗称范·登·恩登为"某种原始形态的斯宾诺莎……藏在斯宾诺莎的才华后面的人物。"在接受荷兰报纸《星期二商报》(*NRC Handelsblad Dinsdag*,1990年5月8日)的采访时,克莱弗指出,范·登·恩登对斯宾诺莎具有的关系犹如苏格拉底对柏拉图的关系。我不同意这一评价,基本上因为这似乎将范·登·恩登对斯宾诺莎学术思想发展所起的作用说得言过其实。还有甚至比克莱弗更走极端的看法,见贝迪耶(Bedjai)作"弗朗西斯科斯·范·登·恩登博士著作中的形而上学、伦理学和政治学”（“Metaphysique, éthique et politique dans l'oeuvre du docteur Franciscus van den Enden”）。至于对克莱弗在斯宾诺莎与范·登·恩登之间关系上的说法的批评，见梅尔滕斯（F. Mertens）所作“弗朗西斯科斯·范·登·恩登：是修正他在斯宾诺莎主义之产生上所起作用的时机吗？”（“Franciscus van den Enden: Tijd voor een Herziening van Diens Rol in Het Ontstaan van Het Spinozisme?”）；及赫尔曼·德·戴恩（Herman de Dijn）所作“范·登·恩登是斯宾诺莎背后的创意策划者吗？”（“Was Van den Enden Het Meesterbrein Achter Spinoza?”）

(64)《解剖学评述》（*Observationes anatomicae*, 199.）。

(65)弗罗伊登塔尔（Freudenthal）著《斯宾诺莎生活史》（*Die Lebensgeschichte Spinoza's*, 37.）。

(66)关于凯尔克林克生平的记载，见迈恩斯玛（Meinsma）著《斯宾诺莎和他的圈子》（*Spinoza et son cercie*, 189, 207—9.）。

(67)沃普（T. Worp）著《尼德兰剧作与舞台之历史》（*Geschiedenis van het drama en van het toneel in Nederland*, 1:30.）。

(68)同上，193ff.。

(69)见迈恩斯玛（Meinsma）著《斯宾诺莎和他的圈子》（*Spinoza et son cercle*, 186—8.）；迈宁格及祖希特林（Meininger and Suchtelen）著《宁做不说》（*Liever met Wercken als met Woorden*, 24—43.）。

(70)迈宁格及祖希特林（Meininger and Suchtelen）著《宁做不说》（*Liever met Wercken als met Woorden*, 29—30.）。

(71)首先，见于福克·阿克曼（Fokke Akkerman）所作“斯宾诺莎的语词缺陷”（“Spinoza's Tekort aan Woorden”）。

(72)弗罗伊登塔尔（Freudenthal）著《斯宾诺莎生活史》（*Die Lebensgeschichte Spinoza's*, 29—30.）。柯勒鲁斯也说，在1656年7月以前有过一次对斯宾诺莎的谋杀，但是声称，按照在海牙的斯宾诺莎房东的说法，袭击发生于他正走出犹太会堂的时候，而刀子只割开他的外套（同上，40—1）。

(73)迈恩斯玛（Meinsma）著《斯宾诺莎和他的圈子》（*Spinoza et son cercle*, 188.）。

⑭《斯宾诺莎和他的圈子》。

⑮弗罗伊登塔尔(Freudenthal)著《斯宾诺莎生活史》(Die Lebensgeschichte Spinoza's, 10.)。

⑯同上,39。

⑰致巴尔扎克(Balzac)*函,1631年5月5日,见《笛卡尔著作集》(Oeuvres de Descartes 1:203—4.)。

⑱见卢卡(Lucas)所著**,载于弗罗伊登塔尔(Freudenthal)著《斯宾诺莎生活史》(Die Lebensgeschichte Spinoza's, 12.)。

⑲见克莱弗(Klever)作"在1661年和1662年博尔希的日记里面的斯宾诺莎及范·登·恩登"("Spinoza and Van den Enden in Borch's Diary in 1661 and 1662", 318—19.)。因为真正的问题在于1654—1655年左右斯宾诺莎师从范·登·恩登期间(我认为是在此期间),范·登·恩登是否热衷于笛卡尔的哲学,所以,这些对范·登·恩登的笛卡尔主义思想的引证资料为时较晚而不适用。

⑳然而,如梅尔滕斯(Mertens)所说,德·拉·库尔(De la Court)的贵族观点可能不合乎范·登·恩登的口味,见其所作"弗朗西斯科斯·范·登·恩登"("Franciscus van den Enden", 720—1.)。

㉑见施托勒(Stolle)旅行日记的片段,载于弗罗伊登塔尔(Freudenthal)著《斯宾诺莎生活史》(Die Lebensgeshichte Spinoza's, 229.)。

㉒这两个说法都是克莱弗(Klever)提出的;见他所作"斯宾诺莎学说的新来源"("A New Source of Spinozism", 631.)及注释㉓所引证的对《星期二商报》(NRC Handelsblad)之访谈。

㉓见《莱茵斯堡斯宾诺莎故居协会藏书目录57号》(Catalogus van de Bibliotheek der Verniging Het Spinozahuis te Rijnsburg, no. 57.)。

---

* 可能是法国书简作家Jean Louis Guez de Balzac(1597—1654),不是小说家巴尔扎克。

** 指卢卡所著《伯努瓦·德·斯宾诺莎先生的生平与思想》(La Vie et l'esprit de Monsieur Benoit de Spinoza)。

第六章　革出教门(Cherem)

对荷兰的葡裔犹太人而言,1654—1656 年这几年大体上是繁荣的。在对西班牙的战事结束后便已开始的经济增长,这时由于与英国暂时休战而有所加强,继续发展。犹太人充分利用和平时期所提供的种种机会。不过,社区又受到新的压力。葡萄牙重新占领荷兰人在新大陆的所有最重要的(和利润优渥的)领地后,巴西的荷兰殖民地于 1654 年结束,这对阿姆斯特丹的犹太人是极大的打击。这不仅意味着食糖贸易的最终崩溃,而且,由于荷葡之间睦邻关系的恶化,对葡萄牙的商务关系也告中断。但是,"塔木德·妥拉"犹太教公会对于伯南布哥(Pernambuco)或累西腓(Recife)日益发展的犹太社区还寄予厚望(公会本身的阿伯布拉比正在那里服务)。由于宗教法庭对那里鞭长莫及,新基督徒移民有机会回归犹太教。荷属巴西的犹太人在 1644 年稍微超过 1400 人,到 1654 年仅累西腓一地便有 5000 人,生活于格外自由、享有特权和保护的状态之下。① 他们有许多人在边远地区拥有种植园,而在荷属区的小村镇还有一些西葡系犹太人的犹太教公会。然而,到 1654 年,累西腓成了巴西犹太人最后残存的据点。那年年初它陷入葡萄牙人之手,犹太人迁离一空。那些不在新大陆逗留,而且不去加勒比或新阿姆斯特丹的犹太人便返回欧洲。

本来,自从气势汹汹的宗教法庭于 1645 年后重新得势以来,新基督徒一直在大批逃离西班牙,不断涌入阿姆斯特丹;现在加上来自巴西的大量回归者,使得这里的西葡系犹太人感到不知所措。不过,许多难民没有长期留在阿姆斯特丹,他们要么迁往意大利,或(私下地)迁往伦敦,要么折返加勒比地区。留在尼德兰的那些人中有许多人不住在阿姆斯特丹,而迁往鹿特丹和米德尔堡(Middelburg)。②尽管如此,阿姆斯特丹的犹太人仍不得不安置那些确实留居市内的人们,虽然他们大概乐见犹太人口的增多,何况这批熟练生产力的涌入会促进这里的经济。

早在十七世纪五十年代初,来到这里的德系犹太人越来越多,这是一个更大的问题。由于日耳曼各地及波兰发生攻击犹太人的新风潮,这些比较贫苦的人群正在出逃。神圣罗马帝国的许多城市,诸如奥格斯堡(Augsburg)、吕贝克(Lübeck)和劳因根(Lauingen),也正式宣布驱逐犹太人。阿姆斯特丹的西葡系犹太人对于接纳来自东方移民的增多缺乏准备,也不大愿意,而本市的德系犹太居民又根本无力应付他们的到来。大约在此期间,有些荷兰城镇,诸如阿默斯福特(Amersfoot)和马尔森(Maarssen),向犹太人开放,稍微减轻对阿姆斯特丹的压力。但是,"塔木德·妥拉"犹太教公会的人员仍然有重大的安置任务有待处理。

在1655年和1656年鼠疫特别严重。自从上次爆发以来过了差不多20年的暂息期之后,阿姆斯特丹病殁者超过17000人,而莱顿有将近12000人丧生。③这时市内的西葡系犹太人口几近两千,略微超过全市总人口的百分之一。有多少犹太人丧于时疫,现已无案可稽,但是有理由设想,在他们中间再次发生过相当规模的传染病,尤其是在那些还住在较贫困的"伏龙区"(Vlooienburg)的人们中间。

*　　　　　*　　　　　*

在犹太历每年的第一月和第十月，即提歇利月（Tishri，相当于公历九月或十月）和尼散月（Nisan，相当于公历三月或四月），"塔木德·妥拉"犹太教公会都要估定税额，收取会员们应缴的抵押品。除了名为 imposta 的这种按照此时期个人的贸易总值计算的商业税以外，还有 finta 和 promesa，前者是每个会员对社区应交的捐助（一种会费），而且按个人财产估算，后者是归入一般慈善基金的自愿奉献或"义举"（tzedakah）*。人们在犹太会堂里承诺交纳 promesa，加到由嘎巴伊（gabbai）或社区司库估定的 finta 和 imposta 中。

在犹太历 5414 年第一月（即 1654 年 9 月），斯宾诺莎在父亲死后接管其家庭及他们的商行的开支。翌年他为慈善基金提供了可观的捐助，9 月份承付 11 荷盾及 8 斯梯弗，而 3 月份承付 43 荷盾及 2 斯梯弗（此外还有各为 5 荷盾的两份 finta 捐款，以及为巴西犹太贫民基金提供的 5 荷盾一次性捐助）。④ 这些大笔款项可能是代表他父亲的纪念性捐助。这表明于 1655 年中期，在犹太教公会里斯宾诺莎即便未必是热诚的，但至少名义上是有效成员，保持参与，而且在满足每个犹太人应尽的基本义务方面愿意恪尽厥责。在那年内斯宾诺莎可能还相当正规地出席犹太会堂，最少也要为他的父亲诵读"致哀祈祷"（kaddish），**这种仪式需

---

*　"义举"（tzedakah）：在犹太教中，它不仅是慈善施舍，还有做好事积功德之意。许多犹太家庭置有"义举箱"，周五晚上安息日开始之前，家人投入硬币，用以支持公益事业和救济穷人。

**　"致哀祈祷"（kaddish），按照犹太教律法，在父亲或母亲死后 11 个月内，应该由儿子们在犹太会堂内诵读致哀祈祷文，每天三次。

要有一个由 10 名犹太男子组成的法定人数"祈祷班"(minyan)。*⑤第二年即 5415 年的犹太新年节(Rosh Hashonah,公历 1655 年约 9 月中旬),他承付的金额显然较少,计 4 荷盾 14 斯梯弗(另附 5 荷盾的 finta 捐款)。三个月以后,在"光复节"(Hannukah)**的安息日,他贡献了六小块黄金。⑥在那年的尼散月(Nisan),即 1656 年 3 月,他承付的 promesa 只有 12 斯梯弗,此款一直没有交纳。

人们很容易把这些数字解读为反映心怀异志的斯宾诺莎对"塔木德·妥拉"犹太教公会,甚至对犹太教本身的赞助每况愈下;反映他与社区领导层的关系紧张。⑦到 1655 年底,虽然斯宾诺莎的信仰一定确实出现严重的衰退,不过,他对社区缴付的迅速明显减少可能只是出于财务上的原因。事实上在同一时期内,他的 imposta 商业税付款也从半年 16 荷盾降到 6 荷盾,而六个月以后又降至零,这说明生意情况已是急转直下,他的贸易值和贸易量都一蹶不振。1656 年 3 月未交 finta 捐款大概表明他的个人财产很少,或他的财务情况很困难,以致不足以估定缴纳数额。

在 1656 年 3 月,他采取断然的步骤摆脱自己的债务,这件事证明斯宾诺莎所缴数额的减少⑧也是由于经济上的拮据。那些债务本来是斯宾诺莎连同他父亲的遗产一起继承的,含有迈克尔大约十八年前所承担的为恩里克斯遗产继续还债的责任。斯宾诺莎偿清了部分债务,为的是(按照呈交阿姆斯特丹法院的高等法官

---

* "祈祷班"(minyan):按照犹太教律法,应由 10 名行过成年礼的犹太男子组成。1973 年以后,妇女也能参加。

** "光复节"(Hannukah),亦称"灯节"或"净殿节"。从犹太历基斯里夫月(kislev,第九月,即公历 11—12 月)25 日开始,持续八天,纪念公元前 165 年犹太人马卡比军战胜叙利亚统治者,光复耶路撒冷,重建圣殿的犹太教祭坛。

的一份文书)⑨"日后他得以较易(若能不花钱做到此事的话)作为他的父亲之继承人行事"。通过采取这项诉讼,他首先表明他接受他父亲的遗产而且愿意满足他父亲的债主们的索求。但是,由于"该项继承牵涉到许多逾期债务,以致该项遗产会对本案的本托·德·斯宾诺莎极其不利",他得出结论认为,现在最好的办法应是设法拒绝此项继承("从一切方面与此事断绝干系"),使他本人免除对各债权人所负的债务。他主要关心的是从他母亲的遗产——据说"数额可观"——中取得他所应得的任何金钱,而这笔遗产在她去世时原已纳入迈克尔的财产。斯宾诺莎声称,"在他父亲有生之年,他从来没有从这项权益(他母亲的遗产)中收到任何利益满足自己。"实际上,他企图撇清他自己对迈克尔的债务的清偿责任,使自己确定为他父亲遗产的特许债权人。⑩他决意设法利用荷兰的一项保护失去双亲的未成年儿童的法律。因为这时距他的25岁生日尚差一年零几个月,在法律意义上他还是未成年人。所以,斯宾诺莎能够提出申请,在法律上宣称自己是孤儿。于是阿姆斯特丹市的孤儿事务主管者为他指定一名监护人路易·克雷尔。他也是后来担任保护画家的儿子及其遗产继承人蒂图斯·伦勃朗之权利的那个人。他于3月23日向法庭提出的案情申述称:

> ……关于本案他的父亲的遗产,本托·德·斯宾诺莎在任何情况下可能有过的这种判决,以及在任何程度上他可能造成的疏忽及失误,均应予以撤销;本案的本托·德·斯宾诺莎,由于对他母亲的财物的应有权利,在关于上述的迈克尔·德·斯宾诺莎的财物问题上,应该有高于所有其他债权人的优先偿还权利,尤其要高于杜阿尔特·罗德里格斯、拉梅戈·

安东尼奥、罗德里格斯·德·莫赖斯,以及佩德罗·恩里克斯遗产的保管人们。

从 1656 年初期到中期,斯宾诺莎的财务情况确实严峻。对犹太社区缴纳的急速下降可能只是这一事实的反映。他的兄弟加布里埃尔在斯宾诺莎离开社区后接手负责缴纳款项,而且,据我们所知,他从来没有任何异端思想的问题。但是,在他离开阿姆斯特丹前往西印度群岛之前,在十年期间只承担正常的 promesa,而不缴纳 finta 或 imposta。⑪

然而,斯宾诺莎于 1656 年 3 月 29 日承诺的捐献只有 12 斯梯弗,在这件事与后来不久的事态发展之间,很难说没有任何关联。

* * *

1656 年 7 月 27 日,在"木材水道"犹太会堂的约柜(ark)*前面,张贴着一份希伯来语的公告,原文中说:

> 管理委员会诸公得悉巴鲁赫·德·斯宾诺莎的邪恶主张和行为为时已久,曾尽力以各种办法和许诺使他迷途知返。但是,一直未能使他改邪归正,反而每天得知他日益严重地实践与传授令人憎恶的异端邪说,行为极其荒谬;许多可靠的证人当着该斯宾诺莎之面宣誓作证,说明情况属实;在可敬的"哈赞"们到场调查研究全部事实并且表示同意以后,管理委员会诸公作出决定,应当将该斯宾诺莎革出教门,而且

---

* 约柜(ark):犹太会堂中的藏经柜,内存写在羊皮上的《妥拉》经卷(摩西五经)。它是整个会堂中最神圣的地方,会众祈祷时都要面对约柜。举行宗教仪式时,才打开约柜取出《妥拉》经卷。

从犹太人中驱逐出去。按照天使的旨意和圣徒的命令,在神圣的上帝及圣公会全体同意之下,在写有 613 条诫律的这些神圣的经卷之前,我们将巴鲁赫·德·斯宾诺莎革出教门,予以驱逐、诅咒和詈骂;以约书亚驱逐耶利哥人*的革出教门令诅咒他,像以利沙诅咒仆人**那样,而且以写在摩西律法上的全部詈词诅咒他。让他白天受诅咒,夜里也受诅咒;躺下时受诅咒,起身时也受诅咒;外出时受诅咒,进来时也受诅咒。上帝不会宽恕他,但是以神圣的愤慨及戒备怒视他,让他遭受律法书上所载的全部诅咒,在普天之下抹掉他的名字。按照律法书中圣约的所有诅咒,上帝将使他与以色列的各支族隔离而堕入邪恶。今日只有你们这些对上帝忠诚的每个人全部存活。

原文最后警告称:"任何人不得以口头或书面方式与他交往,不得给他任何照顾,不得与他同住一室,不得走近距他四肘尺(cubit)***范围以内,也不得阅读他撰著或书写的任何文章。"后来在社区的档案册中保存一份葡萄牙语的译文。⑫通过这份公告,社区的由非神职人员组成的管理委员会(ma'amad)领导者们(parnassim)于 1656 年宣布对巴鲁赫·德·斯宾诺莎的"革出教门令"(cherem)。这个命令从来没有撤销。

作为犹太社区对其拒不服从或公然反叛的成员施加的惩罚性或强制性措施,"革出教门令"(cherem)至少可追溯到坦拿时期

---

* 见旧约《约书亚记》第 1 至第 6 章。
** 见旧约《列王纪》(下)第 5 章。
*** "肘尺"(cubit):古代的长度单位,约 44—52 厘米,四肘尺相当于两米左右。

(Tannaitic period)＊，即公元1—2世纪编成《密什那》(Mishnah)的时期。在圣经用语中 cherem 一词原意指被隔离于正常事物之外的某物或某人，禁止公众使用或接触。⑬此词也有"被毁灭的"之意。隔离的理由可能因为该物或该人是神圣的，或者因为它被玷污或为上帝所憎恶，而后者可能是毁灭的原因。例如，《妥拉》宣称：倘若向以色列人的上帝以外任何神明献祭，那人必须被毁灭(cherem，即处死)(见《出埃及记》22:20)；应该毁灭他并且烧掉他崇拜的偶像。《申命记》7:1—2 宣称：占领上帝已经许诺给以色列人的土地的诸民族都是上帝所憎恶的(cherem)，因此必须加以毁灭。另一方面，已经献给上帝的东西(cherem l'adonai)是"对上帝最为神圣的(kodesh kadashim)"(《利未记》27:29)，因此不能卖给别人，也不能赎回。在圣经中有时也使用隔离或毁灭来威胁或惩罚不服从命令的人。以色列人受命去灭绝(tacharemu)基列的雅比人，因为他们没有应召去对便雅悯支族作战(《士师记》21:5—11)。在流亡巴比伦的犹太人返回故土的时期里，以斯拉(Ezra)＊＊宣称：凡是没有听从公告在三天内到耶路撒冷聚集的任何人，"他的财产要被没收(yacharam)，他要从流亡者的会众中隔离出去"(《以斯拉记》10:7—8)。

在编注《密什那》的贤达们看来，cherem(或更恰当地说，niddui)成为一种革出教门、驱逐流放的形式。对于违反某项律法或诫命的人所施加的惩罚就是宣布他被 menuddeh 或被"抹黑"(打

＊ 坦拿时期(Tannaitic period)：指在巴勒斯坦犹太教公会领袖犹大·哈·纳西(Jadah ha Nasi,135—217)主持下编注犹太教口传律法集的时期。参加此项工作的古代拉比群体称为"坦拿"(Tannaim)，他们编成《密什那》共六卷，立为法典。

＊＊ 以斯拉(Ezra)，公元前5世纪的犹太祭司，律法学家。公元前520年他奉波斯国王之命率领8万犹太人从巴比伦回到耶路撒冷，重修圣殿，确立《妥拉》为犹太教神圣的律法书。

入另册)。因此这个人在社区中受到孤立,而且被人们唾弃。niddui 可能还有一种较狭义的用法,即自法利赛人(Pharisees)或学者队伍中的某种驱除。⑭久而久之,cherem 成了比 niddui 更严重的惩罚形式。迈蒙尼德(Maimonides)曾论述"哈赞"(chacham)犯罪之案件。首先,对他宣布 niddui。过了 30 天以后,如果这位有学识的"被抹黑者"(menuddeh)没有改过自新,得再宽限他 30 天。在他处于 niddui 期间,他要像服丧者那样,不能理发,不能洗衣服甚至洗身,谁都不得走近距他四肘尺的范围以内。如果在 niddui 期间他去世的话,则不准为他送葬。倘若过了 60 天的 niddui 期以后,罪人仍不思悔改,则对他科处 cherem。这时禁止同他经营商业,他不得买卖任何东西,也不得洽谈或成交。他还不得授课及受教于别人(虽然准许他自学,"以免忘掉他的学问")。⑮也有一些较轻的惩戒和警告形式。nezifah 只是一种训斥,规定罪人要在七天内反省他的错误行为;而 nardafa 含有体罚,可能是鞭笞。在惩罚的名称、定义、序列和程度问题上,"哈拉哈"(律法)的权威人士或犹太律法的仲裁者中间一向有许多歧见。有些人主张只有在较轻的惩罚形式已告无效之后才宣布 niddui。鉴于 niddui 或 cherem 都还有撤销或推迟的希望,有些人主张只有在这两者都不能导致预期的悔罪的时候,才动用最终和最严厉的惩罚,即 shammta。⑯不过,迈蒙尼德与例如拉什(Rashi)那样的学者不同,他认为遭到 shammta 惩罚的人与"被抹黑者"(menuddeh),即处于 niddui 期者,没有区别。⑰

　　按照迈蒙尼德的说法,可治以 niddui 的罪行包括:对犹太教律法权威表示蔑视,亲自侮辱拉比,利用非犹太人的法庭索还按照犹太教律法不得取回的金钱,在"逾越节"头天下午工作,妨碍别的人履行诫律,违反有关制备和消费"可食"(Kosher)食品*的任何律法,故意自渎,在养狗或拥有其他有危险的东西时没有采取充分的预防措施,以及在日常谈话中不避讳上帝的名字。⑱《舒尔汉·阿路赫》(*Shulchan Arukh*)是十六世纪的一部犹太教律法大典,对西葡系犹太人特别重要。其著者约瑟夫·卡罗(Joseph Caro)**拉比增添了应该受到niddui惩处的许多其他行为,包括违反誓言,在市镇内尚有尸体未埋葬时从事工作,要求执行不可能的事,以及由师长的一名学生接管该师长的职责。⑲

对于严守教规的犹太人而言,"革出教门"是后果很严重的判处。它使一个人及其家庭的生活在世俗和宗教两方面都蒙受影响。被革出教门的人在某种程度上不得参加社区的宗教仪式,从而不能从事表现犹太人生活意义的许多日常作业。处分的严厉程度和持续时间通常取决于所犯罪行的严重性。由于除了会话之外,在谈生意方面也受到种种限制,"被封杀者"(muchram)首先隔绝于日常的商务及社交接触之外。他还可能被禁止充任"祈祷班"(minyan)所需的十名男子之一,或在犹太会堂中被召诵读《妥拉》,或担任犹太教公会的领导职位,或执行任何数量的"米茨瓦"(mitzvot),即作为任何犹太人义不容辞的律法义务的功德或善行。

---

* "可食"食品(Kosher meat):在《妥拉》的"利未记"(Leviticus)中,规定一系列"可食"和"非可食"的食品,例如:肉类只食由"索海特"(schochet,即礼定屠宰师)所屠宰的偶蹄类反刍动物(牛、羊、鹿肉),禁食猪肉。鱼类只食有鳍和有鳞者,禁食甲壳类水产品,如虾或龙虾。不可同时吃肉类和奶制品,如干酪汉堡包(牛肉三明治)。在吃肉类和奶类的同时,可吃中性食品(pareve),如水果、蔬菜、粮食及鸡蛋。但是,在犹太教各派别,甚至在各家庭之间,对"可食"食品法则的解释及遵守程度大不相同。

** 约瑟夫·卡罗(Joseph ben Ephraim Caro,1488—1575),犹太教法典编纂家,神学家。生于西班牙,1492年随父母被逐,迁往土耳其。1536年移居巴勒斯坦,任犹太教经学院院长。主要著作有《约瑟之家》、《舒尔汉·阿路赫》及对迈蒙尼德的《密什那·妥拉》评注等。

在一些极端的案例中,惩罚范围扩展到犯者的家属亲戚。某人若被革出教门,他的儿子不得行割礼,他的子女不得成婚,而且家庭成员均不得葬于适当的犹太墓园。显然,革出教门带来巨大的感情打击。正如一位历史家所称,"被革出教门的人感到自己在现世与来生都丧失他的地位。"[20]

将个人革出教门的权力传统上属于社区的"拉比法庭",即 Beth Din。但是在中世纪期间,因为各社区的著名非神职人士承担许多起初留给拉比们的领导职务,这个问题变得颇有争议。宣读严厉的革出教门令的仪式通常在犹太会堂举行,由那里的一位拉比或"哈赞",站在置于打开的约柜中《妥拉》经卷之前,或从布道坛上宣读。禁令宣读完毕以后,"羊角号"(shofar)* 就会吹响,犹太教公会的会众举起熄灭的蜡烛(有时说是黑色蜡烛)。[21]

在斯宾诺莎被革出教门一案中,没有证据显示出现过这样一种强有力的象征性场合。其实,卢卡(Lucas)认为斯宾诺莎的革出教门仪式没有按照这个程序进行。他写道:

(在重大的革出教门仪式上),当人们在犹太会堂聚集起来的时候,随着一些黑色蜡烛之燃亮及储存《律法》经卷的约柜之开启,所谓革出教门的仪式便告开始。这时,祈祷文领诵者站在略高的地方,以阴郁而单调的声音宣读革出教门令的文句,而另一名领诵人吹起羊角号。人们将蜡烛颠倒过来,使蜡油一滴一滴落入盛满血的器皿内。当时在这一显示凶兆的景象下,人们为神圣的畏惧及宗教的热狂所激动,满腔怒火地回应

---

* 羊角号(shofar):以公羊角制成的喇叭。据传犹太人在西奈山约定崇拜与服从上帝时,便响起羊角号。现在,在犹太新年祈祷和赎罪日结束时,都吹羊角号,提醒人们回到上帝身边,在精神上得到再生。

阿门（Amen）。* 这表明他们相信，如果他们能把被革出教门者撕裂，他们就会为上帝办了好事。此刻或在离开会堂时，如果他们要冲向他，他们无疑会下手的。关于此事，应该指出，只有在渎神的案件中，才举行吹羊角号，倒持蜡烛和血满器皿的仪式。除此之外，如在斯宾诺莎的案件中那样，只要简单宣布革出教门令便可，因为斯宾诺莎没有判定渎神之罪，只是不尊重摩西及犹太律法。㉒

那份革出教门令可能是由摩特拉拉比宣读的，虽然，据柯勒鲁斯（Colerus）说，一些"阿姆斯特丹的犹太人"告诉他，当时正好在主持"拉比法庭"的"老哈赞阿伯布"负责此事。㉓然而，即使公开宣布的任务交给一位拉比，但是，在阿姆斯特丹的西葡系犹太人中，发出"革出教门令"（cherem）的权力牢固掌握在社区的非神职领导者们之手。在这一点上，"塔木德·妥拉"犹太教公会的章程规定毫不含糊：ma'amad（由非神职人士组成的管理委员会）对于按照他们判定违反了某些规章的社区成员，具有绝对独占的惩治权利。㉔当然，在对某人发布革出教门令之前，尤其在所控罪名涉及"哈拉哈"（halacha，律法）的情况下，允许甚至鼓励他们征询拉比们的意见。但是这种咨询并非必要。在十七世纪，ma'amad 对社区成员革出教门的专属权力实际上通行无阻。断言革出教门之权力完全属于拉比的只有马纳塞·本·伊斯雷尔拉比，当时他对他和他的家庭在 ma'amad 手下所遭到的对待愤愤不平。由于他的倨傲无礼——而且也许是为了确保他明白应有的道理，他曾被革出

---

* 阿门（Amen），希伯来语原意为"就那样吧"（so be it）。在祈祷结束时，犹太教公会的会众异口同声齐呼"阿门"，表达庄严隆重的赞同意见。

教门,虽然为时只有一天。㉕

"塔木德·妥拉"犹太教公会的 ma'amad 可以利用不同程度的惩罚手段。首先,他们可以只是发出警告。但是,犯事者或许还被禁止于赎罪日(Yom Kippur)*进入犹太会堂;或者可能被禁止参加犹太会堂的一切宗教仪式。犯事者可能不得被召去诵读本周的那段《妥拉》经文,也就是说,不得履行作为重大荣誉与特权的"阿利雅"(aliyah)。** 犯事者可能不得从社区的财务部门领取救济;也可能被禁止担任某种社区职位。作为"哈赞"的亚伯拉罕·巴鲁赫·弗朗哥有一个时期处于长期的鞭笞惩罚之下,两年之内每逢朔月行刑一次。因此,社区的领导者们至少是不言而喻地承认从训斥(nezifah)到体罚(nardafa)的各种制裁的范围。但是最高的惩罚为革出教门。在阿姆斯特丹的西葡系犹太教公会中,革出教门似乎没有形式或程度上的区别。实际上(而非在公告上),有些革出教门比别的革出教门持续更长时期;公告在用词(包括附加的诅咒)上有所不同;被驱逐者遭到的持续惩罚之性质有不同的种类:有时请求宽恕交纳罚金便可,另外有些被驱逐者在与社区达成一致后,在规定的时期内不得履行某种"米茨瓦"(mitzvot)。但是,尽管隔离时间的长度或悔罪惩罚的严厉性有所不同,每次"革出教门"都只称作 cherem。在犹太教公会里似乎还没有实行过 niddui, cherem 与 shammta 的区分。㉖

尽管迈蒙尼德告诫不要太多使用这种形式的惩罚,但是阿姆

---

* 赎罪日(Yom Kippur):在"提市黎月"(Tishri,第七月)10 日,它是犹太教历中最庄严神圣的节日,代表从犹太新年开始的十天忏悔期之结束。这天人们实行斋戒,而且到犹太会堂中祈祷。

** "阿利雅"(aliyah),指被召上诵经坛(bima)执行某种与诵读《妥拉》有关的光荣任务,如在诵读《妥拉》之前与以后吟唱祈祷文之类。

斯特丹的西葡系犹太人领导层广泛利用 cherem（革出教门）来维持纪律和迫使社区内部顺从一致。在许多情况下，革出教门都直接附加在社区对违反特定的律法之行为的有关规定中。实际上，有一些律法只要违反就一定被革出教门。例如：在犹太教公会之外成立日常祈祷的 minyan（祈祷班）；不服从 ma'amad 的命令；不论在犹太会堂内或在其附近举手要打犹太同胞；带武器进入犹太会堂（虽然那些与基督徒失和而感到需要携武器以自卫的人们可视为例外）；未得 ma'amad 的准许而为非犹太人实行割礼；未得 ma'amad 的准许而以犹太民族的名义发言；未得 ma'amad 的准许而为双方商定离婚文件；经营走私硬币交易；以及与根本不是犹太会堂成员或叛离犹太会堂的人们一起从事日常祈祷。[27]

对于宗教的和礼拜的事宜，诸如出席犹太会堂，购买"可食"（Kosher）食品，及奉行节假日之类，如违反某些有关规定就会导致革出教门。例如，不得从德系犹太人（Ashkenazim）的肉铺里购买肉食。[28]此外，有一些道德上的规定：可能由于赌博或街头淫猥行为而被革出教门。以革出教门来维护的社会戒律包括一项禁止私下结婚的规定，即未经父母同意及没有拉比到场的婚姻。还有一些来自社区的政治和财政机关的规定。例如，革出教门可能由于不纳税或对 ma'amad 成员表示个人的不尊敬（如马纳塞很快就领教到的）。

可能被革出教门的其他行为包括：对社区其他成员，尤其是对拉比们，公开表示轻蔑或嘲笑；公开诽谤葡萄牙的（但非西班牙的！）大使（这条规定至少保持到巴西危机之前）；在寄往西班牙的信件中有任何提到或牵涉犹太教的内容，因为收寄人多半是"改宗者"（converso）的某一后裔，这种信件有使他涉嫌秘密信奉犹太教的危险；未得 ma'amad 的准许而印行书籍；以及未经允许而撤除

犹太教公会图书室中的藏书。妇女不得剪成非犹太妇女的发型，犹太人不得邀非犹太人参加神学讨论，否则便有革出教门之虞。㉙

自不待言，以口头或书面的形式公开发表某些异端的或渎神的言论——诸如否定《妥拉》之神圣来源，对上帝的律法规定有所轻慢，或辱没犹太民族的名声——也会成为革出教门的理由。

伊萨克·德·佩拉尔塔于 1639 年被革出教门，原因是不服从而且侮辱 ma'amad 的一位成员，并且还当街攻击他。雅各布·沙米斯于 1640 年被革出教门几个星期，因为他未经准许而给一名波兰人实行割礼；在他本人的辩护词中，他声称他不知道那个人不是犹太人。㉚约瑟夫·阿巴巴涅尔在 1677 年处于革出教门的惩罚中，原因是他购买的"可食"（Kosher）食品却来自德系犹太人（Ashkenazic）的肉铺。有几个人由于通奸而被革出教门。㉛历史学家约瑟夫·卡普兰（Yosef Kaplan）发现，在 1622 年至 1683 年间，斯宾诺莎所在的犹太教公会共有 39 名男子和 1 名妇女被革出教门，刑罚为期 1 天至 11 年不等。（这名妇女是雅各布·莫雷诺之妻。这对夫妇于 1654 年一起被革出教门，理由是他们不听从警告，在雅各布外出时允许丹尼尔·卡斯蒂尔进入他们的家门，因而在社区内引起丑闻。）像斯宾诺莎案件那样一直不予撤销的革出教门令是罕见的。这一切表明，阿姆斯特丹的犹太社区无意将革出教门从本质上视为永远结束一切宗教的和私人的关系。它偶尔或许会变成如斯宾诺莎案那样的结果。但是，在受惩者满足为他与犹太教公会重归和好所开出的条件之前，通常他本人似乎还有力量决定他的刑罚为期多久。

由此可见，cherem（革出教门）用来推行被视为真正的犹太社区应有的社会性、宗教性和伦理性操行；不仅在礼拜仪式方面，而且在日常行为及思想表达的问题上，用来防止越轨逾闲。对于一个由以前的改宗者(conversos)及其后代建立的社区,这一切都是尤为重要的问题,因为那些人大多已经长期脱离犹太教的经文与实践,只是最近才被导入正统信仰,接受犹太教的规范教育。这个社区的犹太人在信仰和实践方面还相当不稳定,往往为非正统的信仰和实践所污染,其中有些源自他们在伊比利亚的天主教中的经历。因此,"塔木德·妥拉"犹太教公会的领导层不得不努力设法维护他们在宗教上的团结一致。况且,这样一个社区或许会觉得它的犹太教不牢固,因而,作为补偿,特别易于动不动就采取最严厉的手段来保持事物的"纯洁性"。阿姆斯特丹的西葡系犹太人确实以革出教门的制裁手段对付作奸犯科,而诸如汉堡和威尼斯的那些其他犹太教公会则采取不太极端的对策。[32]

*　　　　*　　　　*

在措辞的强烈和愤激方面,斯宾诺莎案的"革出教门令"超过木材水道地区所公布的所有其他的革出教门令。该社区在那个时期所发出的有关革出教门的文件,都没有达到把斯宾诺莎赶出犹太教公会时所表现的怒气冲天。佩拉尔塔案的革出教门令中就事论事的语气更为典型:

鉴于伊萨克·德·佩拉尔塔不服从上述 ma'amad 命令他去做的事,而且在这个问题上以否定的言辞回应;不仅如此,佩拉尔塔胆敢走上街头找他们(ma'amad 的成员们)寻衅侮辱;考虑到这些情况及案件的重要意义,上述 ma'amad 作出如下决定:由于涉案的伊萨克·德·佩拉尔塔之所作所为,全体一致同意将他革出教门。因为已宣布他为"被抹黑者"(menudeh),任何人不得与他谈话或交往。只有家属及他家的其他

成员可以同他交谈。㉝

四天以后,佩拉尔塔请求宽恕,而且缴付 60 荷盾罚款,这项革出教门令遂告撤销。戴维·库列尔通过向犹太教公会的慈善基金捐资 1000 荷盾,便能够于 1666 年撤销他的革出教门令,理由是"考虑到他在社区之外为期已久,以及贫民的迫切需要"。㉞但是斯宾诺莎的革出教门令却没有提到他可以采取的足以表示他的悔悟的任何措施,或者他可以与犹太教公会重归和好的任何途径。斯宾诺莎的朋友胡安·德·普拉多(Juan de Prado)也是于 1656 年被革出教门(而且大概犯的是同样罪过),虽然他的惩罚如同斯宾诺莎那样格外长久,而且排除任何日后和解的建议;即使如此,在语调上也比较理性与温和。后来不再允许普拉多请求宽恕及自称改过自新;管理委员会要求他携眷离开阿姆斯特丹,最好移居海外。但是没有表现出对斯宾诺莎之谴责所特有的愤激与猛烈。㉟

斯宾诺莎的革出教门令采用的格式似乎是摩特拉拉比以前从他在威尼斯的导师摩德纳拉比那里带来的。摩特拉于 1618 年曾有威尼斯之行,与他同道者是名为"雅各布礼拜堂"的犹太教公会其他成员,以及帕尔多拉比所领导的分裂派(不久变成名为"以色列礼拜堂"的犹太教公会)的代表们。他们是在法拉尔事件上分裂成的两派,而且正在威尼斯方面的帮助下企图实现和解,至少也要从威尼斯的西葡系犹太社区的拉比们和领导者们那里取得裁决意见。威尼斯地区"塔木德·妥拉"犹太教公会的领导层劝告阿姆斯特丹的公会令众友好解决他们的分歧,但是仍然扬言要对"散播宗派分裂种子"的那些人实行革出教门。由摩特拉带回阿姆斯特丹的那份"革出教门令"文本很可能是摩德纳从"Kol Bo"(《涵盖一切》)第 139 章改编的。《涵盖一切》是约 1490 年在那不勒斯印行的一部 13 世纪末或 14 世纪初犹太传说与惯例的汇编。㊱摩特拉的威尼斯导师编制出一份充满咒骂诋毁的文本,詈言连篇;恶毒用语的十足大量使得实际用于斯宾诺莎案的革出教门令相比之下似乎还算温和。后者的格式大概还取自威尼斯犹太教公会 1618 年对乌列尔·达·科斯塔所宣布的革出教门令。在根据希伯来原文的西班牙语译本中,见到一些咒骂与后来针对斯宾诺莎的咒骂相同或近似:"我们予以革出教门和驱逐,隔离,毁灭及诅咒……";"以约书亚驱逐耶利哥人的革出教门令诅咒他,像以利沙诅咒仆人那样,而且以写在摩西律法上的全部詈词诅咒他";"上帝要在普天之下抹掉他的名字,而且按照律法书上所写的诅咒,上帝将使他与以色列的各支族隔离而堕入邪恶";而且(如同斯宾诺莎的革出教门令),重复《申命记》4∶7 中著名的词句:"令他进来时受诅咒;出去时受诅咒……躺下时受诅咒;起身时受诅咒。"在这两份革出教门令的末尾都出现《申命记》4∶4 中的语句:"今日只有你们这些对上帝忠诚的每个人全部存活。"摩特拉从威尼斯带回来的文本一定成了范例,在需要下革出教门令的案件特别严重的情况下,阿姆斯特丹的西葡系犹太人便援用这种格式。戴维·门德斯·恩里克斯、阿龙及伊萨克·迪亚斯·达·丰塞卡因为被认为"追随卡拉派(Karaites)*",从而否认"口传律法"的真实性,于 1712 年被革出教门,当时犹太教公会所用的就是同样的文本。㊲

显而易见的问题就是:为什么斯宾诺莎在如此极端的偏见下被革出教门?不论是他的革出教门令,还是那个时期的任何文件,

---

* 卡拉派(Karaites):公元 760 年后建立于巴比伦的犹太教派别,只承认《塔纳赫》(Tanak)的权威,排斥《口传律法》及拉比的任何解释与创新。此派主张依靠理性理解上帝,其宗教信条完全根据书面的《妥拉》经文。

都没有确切地说明：他所具有的所谓"邪恶主张和行为（más opinioins e obras）"是些什么，也没有说明据称他业已传授和实践的"令人憎恶的异端邪说（horrendas heregias）"或"极其荒谬的行为（ynormes obras）"是什么。当时他只有 23 岁，还没有发表过任何东西。就我们所知，他甚至没有写过任何论文。在他的现存书信中，斯宾诺莎从来没有提到他这个时期的生活，因而他本人没有向他的通信对象（或我们）提供任何线索涉及他被革出教门的原因。离开他的犹太教学习——而且可能是离开名为"律法之冠"的犹太经学院——而到别的地方寻求哲学与科学方面的教育，或许已经冒犯了犹太社区内他的"老师们"，特别是摩特拉。如果此时他确实是在范·登·恩登的学校里上课，拉比们肯定会感到不悦。况且，如果在为父亲服丧期满之后他的确开始逐渐不再按期出席犹太会堂，或真正奉行犹太教律法（大概是关于重视安息日或遵守饮食律法），那么，社区的领导者们（parnassim）或许会采取扬言要革出教门的手段使他就范。然而，这些问题都不足以解释他的革出教门令的激烈程度。

在疏于遵守正统的行为方式上，斯宾诺莎不会成为唯一的一人。在社区里想必有了许多人不那么热衷于履行他们的宗教义务。亚伯拉罕·门德斯在伦敦的时候，他没有按期参加那里的 minyan（祈祷班）和做祷告。1656 年他遭到的惩罚是两年内不得被召去诵读《妥拉》。还有一个人由于没有为他的儿子实行割礼而面临革出教门的威胁。如卡普兰所说，"那种案例是社区日常生活所特有的。"㊳因此，导致对斯宾诺莎的激烈驱逐令的根源似乎不像是仅在于他脱离犹太教的行为规范。常去非犹太人的场所，或与非犹太人保持教育关系和学术联系的也不会只有他一人。这些葡裔犹太商人与他们的荷兰邻里和生意伙伴有经常的商务及社会联系。人们知道他们进市内的一些咖啡厅和餐馆,那儿的酒及食品都不见得是犹太教的"可食"(Kosher)食物。而马纳塞与基督教社会的广泛学术联系,虽然令其他的拉比们感到担心甚至鄙视,它本身绝不是有惩罚之虞的原因。问题不可能在于斯宾诺莎对世俗性学问之研究本身。阿姆斯特丹的葡裔犹太人不是栖息于文化与学术的"隔都"(ghetto)中的蒙昧主义者。拉比们都通晓希腊和罗马的异教古典作品,以及荷兰、法国、意大利及西班牙的现代名著。犹如社区的许多成员一样,他们对当代的欧洲学术感兴趣。连"喀巴拉派"(Kabbalah)的阿伯布都拥有诸如马基雅维里、蒙田和霍布斯之类务实的思想家的著作[39]。

因此,问题的答案必然还是在于斯宾诺莎的"异端邪说"和"邪恶见解"。[40]这样说的证据见于一位奥古斯丁修会僧侣于1659年写给宗教法庭的报告。这位僧侣名为托马斯·索拉诺—罗布莱斯,当时他结束了使他于1658年末到达阿姆斯特丹的四方云游之后回返马德里。以前的马拉诺(marrano)分子现住在北部欧洲,他们曾经一度处于西班牙宗教法庭的管辖范围内,而且与返乡的"改宗者"(conversos)尚有联系,所以,宗教法庭的审判官们对于那些以前的马拉诺分子所作所为无疑是有兴趣的。托马斯告诉审判官们,他在阿姆斯特丹见到斯宾诺莎及普拉多。在他们分别被革出教门之后,看来他们还保持相互交往。据他称,两人都对他说,他们本来遵守犹太律法,但是"改变了观点",而且说他们由于对上帝、灵魂和犹太律法的观点而被犹太会堂革出教门。在犹太教公会的心目中,他们业已"达到无神论的程度"。[41]

在近代欧洲的初期,"无神论"这种罪名具有多种解释是出了名的,很难说明控方所指的确切内容。斯宾诺莎所写的著作大多是死后才发表的。但是如果我们以这些著作为指引,倒也不太难想见,在 1655 年末及 1656 年初,他势必在思考——而且可能在讲述——那些问题,特别是借助于托马斯修士的报告,以及那时去过阿姆斯特丹的另一名访客,米格尔·佩雷斯·德·马尔特拉尼拉上尉后来给宗教法庭的报告。因为斯宾诺莎的全部著作,不论是他所完成的及生前未完成的(而且包括后来发现的论著),都包含一些观念,那是他从十七世纪五十年代后期起不断继续研究而有系统地详加阐述的。

《伦理学》是斯宾诺莎于十七世纪六十年代初开始撰写的哲学名著,而《神、人及其幸福简论》是略早的作品(其写作期可能早到 1660 年,仅在他被革出教门四年以后!),后者包含《伦理学》中的许多思想,它们或是实际上已有充分表述,或是尚处于萌芽的形式。在这两本书中,斯宾诺莎从根本上否定认为死后享有生命的人类灵魂不朽说。虽然他愿意承认,即使在身体死亡以后,心灵(或者部分心灵)是永恒的而且延续存在于神,他认为个人的灵魂随身体之消灭而消灭。[42]因此,就永恒的奖赏和惩罚而言,没有什么可希望和惧怕的。他认为,希望和惧怕其实只是情绪而已,宗教领袖们加以操纵以保持他们的信众处于虔敬顺从的状态。把上帝视为施与奖惩的独立自主的法官这一观念乃基于一种荒谬的拟人化。"他们断言诸神指挥万物以供人用,这样就可以使人离不开诸神,而且对诸神顶礼膜拜。因此人们莫不别出心裁,自出机杼,设计拜神的不同方式。"[43]所以,迷信、无知和偏见就是建制性宗教的基础。实际上,斯宾诺莎坚持认为,神只是无限的实体,而且,本身与自然同一。[44]其他万物绝对必然地出自神的本性。斯宾诺莎还否认人在任何值得注意的意义上是自由的,或者说,就其自身而言,是不可能为其自身的救赎和幸福有所作为的。[45]

后来出版的《神学政治论》的主要见解之一便是说,《摩西五经》,即希伯来圣经的首五卷,其实不是出自摩西手笔,其中的训诫也不是逐字来自神授。倒不如说,它的道德教训虽然确实表达"神的旨意",但是圣经却是许多后来的著者及编者的作品,而我们现有的文本乃是历代相传之自然过程的结果。斯宾诺莎还认为,如果说犹太人之"被选定"有任何意义的话,那么,不是由于别的,而是由于他们已被授予"现世的物质幸福"及自治政府。在上帝的帮助下,作为一个民族,作为某些律法下的社会组织,他们能够长期保存他们自身。认为犹太人是上帝的"选民"的观念不具有形而上的或道义的重要意义;而这样一种选定未必是他们所专有。犹太人既不是道德上优越的民族,也不是在智慧上超过所有其他民族。

> 所以,我们可以得到一个结论(因为上帝对所有的人一样地仁厚,犹太人之为上帝选定是因为他们的社会组织与政府),个别的犹太人,离开他的社会组织与政府,其所得于上帝之所赐,并不高于别的人。犹太人和非犹太人并无分别……所以,在现在,绝对没有任何事物犹太人可以僭称或擅取,而不顾其他民族。[46]

他补充说,如果不是犹太教的"基本原理"打击犹太人的"阳刚之气"太厉害,有朝一日,他们可以"重新振兴他们的王国"。[47]

这些观点不可能博得十七世纪犹太社区的拉比们青睐。不乏令人信服的理由认为,到1656年其中某些意见简直是已经发展成熟,而至迟到1660年斯宾诺莎会开始把它们写下来。有些资料来源称,斯宾诺莎被犹太会堂革出教门之后,他立即为他的"背离"犹太教写了一篇"辩护词"(Apologia)。[48]这篇传说中的手稿假定题为《证明应当脱离犹太会堂的辩护词》(Apologia para justificarse de su abdicacion de la sinagoga),据培尔(Bayle)说,可能是以西班牙语写的,根本没有印行,而且从来未被发现。如果这样一篇文章确实存在过,它很可能不是斯宾诺莎真正有意提交社区领导者们或犹太教公会的拉比们的东西;根本没有理由认为斯宾诺莎正式采取或甚至考虑过向把他革出教门的那些人投诉的打算。[49]在他的观点的这篇首次书面表述中,据说找得到后来出现于《神学政治论》中的许多内容,大抵上包括对《妥拉》神授说和关于"犹太民族神选说"之否定。乌得勒支大学的神学教授扎洛蒙·范·蒂尔是培尔说法的出处之一,也是此事上的证人。他于1684年写道:

> 这名宗教之敌(斯宾诺莎)是始作俑者,胆敢推翻新旧约全书的权威性,企图向世人证明,这些书如何经过人手多次改写和修订,以及如何被提升到圣书之权威的。在一篇题为"为我脱离犹太教辩护"的以西班牙语写的反对旧约的论文中,他详细阐述这些想法。但是,在他的朋友劝告之下,他压下这篇文章,而且设法将这些货色更巧妙更简练地写进另一本著作中,那就是1670年出版的《神学政治论》。[50]

其实,范·蒂尔、培尔等人所提到的可能就是《神学政治论》中论述圣经的那些部分的早期草稿(或笔记)。斯宾诺莎可能早在十七世纪五十年代末以这种或那种形式撰写那部论著。在鹿特丹执政望族阿德里安·佩茨(Adriaen Paets)写给阿姆斯特丹谏诤派神学院的阿诺尔德·普伦堡(Arnold Poelenberg)教授的一封信中,实际上就提到这一点。佩茨是一位同情阿明尼乌斯派(Arminian,即谏诤派)的文化人士,以宗教宽容政策的支持者闻名。在

1660 年 3 月 30 日他的一封信中,他说他看到一本小册子(libellam),

> 一篇神学政治论文(*tractatum theologico-politicum*),其作者你当然不会全然不知道,但是现在应该不提他的名字。(这篇论文)包含现时最有用的论据,其中大多在别处任何地方都找不到。首要一点,他敏锐而精确地提出建制的律法与自然的律法之间的区别问题。我预料将有许多人士,主要是神学家们,在他们的情绪与可憎的偏见左右之下……一定会极力诽谤一本他们不理解的书。[51]

如果佩茨所说的确是斯宾诺莎的《神学政治论》的一种早期稿本,那么他对这部著作后来可能造成的公众反应是有先见之明的。他对这个稿本内容的描述至少抓住斯宾诺莎论著中的某种政治原理;而且,在十七世纪的尼德兰,看起来还没有出版过其他著作,其书名含有"神学政治"一词。[52]因为斯宾诺莎著作中的政治思想与他的神学推断关系如此紧密,《神学政治论》的任何初稿都会,即使仅以萌芽的形式,包含他的对圣经批判及对建制性宗教之批评的主要内容。虽然,佩茨的信完全没有提到斯宾诺莎对圣经的明显大胆的见解是值得注意的,但是,他与范·蒂尔所提及的仍然可能是同一本著作(或者是其中不同的部分)。[53]

斯宾诺莎对《妥拉》之起源的看法,势必早在他在犹太社区上学和非正规的学习期间已经开始出现,而在此时期之末尾更是无疑的。其实,他对摩西五经之地位所得出的那些推论有助于解释他对犹太教的不再抱幻想。斯宾诺莎可能在未被革出教门以前,就熟习中世纪犹太哲学家伊本·埃兹拉(Ibn Ezra)的圣经评注。

埃兹拉论证摩西不可能写出传统上认为是他所写的圣经各卷。大概在这个时候,斯宾诺莎或许还读过伊萨克·拉·佩雷尔(Issac La Peyrère)论证亚当以前存在过人类的著作。拉·佩雷尔是马纳塞的朋友,那本著作是 1655 年他在阿姆斯特丹时期出版的。他的论点之一就是认为我们现有的圣经实际上是取自几个资料来源的一部汇编。所有这一切表明,大概在斯宾诺莎被革出教门前后,他很有可能已经否定《妥拉》神授说及摩西的著者地位。其实,在《神学政治论》讨论圣经问题的核心部分,斯宾诺莎本人就强调说:"我这里所说的无一不是我思量了好久的。"[54]

除了关于久已湮没失传的论文的传言之外,还有一些更具体的理由,说明斯宾诺莎著作中的观念——特别是关于神、灵魂及《妥拉》——早在十七世纪五十年代中叶已存在于他的头脑中(还可能于他的言谈中)。首先是有一位自称认识斯宾诺莎本人的老者留下的证言。德国旅行家戈特利布·施托尔(Gottlieb Stolle)于 1704 年与他谈话,他认为斯宾诺莎被革出教门的理由是因为他断言"摩西五经是人为的书(ein Menschlich Buch),因而不是摩西所写的。"[55]当时有一条斯宾诺莎被社区里的同学"盘问"的轶闻。在卢卡(Lucas)对导致革出教门的事由的记载中说,犹太教公会里面有不少关于斯宾诺莎的主张的议论;人们,尤其是拉比们,对于这个年轻人所思考的问题感到奇怪。据卢卡说——而这条轶闻没有任何其他资料证实——"在那些最热衷于与他结交的人们中间,有两个青年装成他最亲切的朋友,请求把他的真实观点告诉他们。他们承诺,不论他的意见如何,他都不用惧怕他们,因为他们的求知欲除了要廓清他们自己的疑问以外,没有其他目的。"[56]他们说,如果仔细阅读摩西五经和各先知书,那么就会得出结论,认为灵魂不是不灭的,而且神是实体的。他们问斯宾诺莎:"在你看来怎么样？神有形体吗？灵魂是不灭的吗？"斯宾诺莎迟疑一阵以后，便堕入圈套。

（斯宾诺莎说）我承认，既然在圣经里找不到关于非物质的或无形体的说法，那么，认为神是形体没有什么可反对的。更有理由的是，如先知所说，神是至大的，而不可能理解没有广延的至大，所以，也不可能理解没有形体的至大。至于精灵（spirits），圣经确实没有说这些东西是真实而永恒的实体，只是一些幻影，被称为天使，因为神使用他们来宣布神的旨意；他们属于无法看到的诸如天使及所有的其他精灵们那类，只是因为他们的材料是非常精细而缥缈的，因此只能被视为在镜中，在梦里或在夜间看到的幻影。

至于人的灵魂，"圣经不论在哪里讲到这一点，'灵魂'一词只是用以表述生命，或任何活着的东西。寻求支持其不灭性的任何章节都会是徒劳的。至于相反的说法，到处都可以看得到，而且无比容易证明此点。"

斯宾诺莎有理由不信任他的这些"朋友"求知欲背后的动机，他不久便乘机中断这场交谈。起初，这些对话者以为他不过是在捉弄他们，或者只是故意唱反调来激怒他们。但是当他们看出他的态度是认真的，马上引起议论纷纷，举座哗然。"他们说，认为这个年轻人或许成为犹太会堂的栋梁之才的人们纯属自欺，看来他更有可能成为败事之徒，因为他对摩西律法一味憎恶与轻蔑。"据卢卡称，在把斯宾诺莎召到（犹太会堂的）审判员面前时，正是这几个人出来举证，声称他"讥笑犹太人是'生来愚昧无知的迷信的民族，不懂得何之谓神，却胆敢自称为神的子民'，以至贬损其

他民族。"㊼

最后，就是托马斯修士及马尔特拉尼拉上尉的那些更为可信的报告。按照他们在宗教法庭上的证词，1658年斯宾诺莎和普拉多两人都断言灵魂不是不灭的，(摩西)律法"不真实(no hera verdadera)"，以及除了"哲学上的"意义以外，没有神存在。在宣誓作证时托马斯说：

> 他认识这两人。医师普拉多的教名为胡安，但是不知道犹太名字是什么。普拉多曾在阿尔卡拉(Alcala)*学习。另有一人姓埃斯宾诺莎，他想那是荷兰某地的本地人，曾在莱顿大学学习，是优秀的哲学家。这两人曾信奉摩西律法，因为他们后来达到无神论的地步，遂遭犹太会堂驱逐和隔离。他们本人对证人说，他们施行过割礼，而且遵守犹太律法。因为在他们看来，那个律法不真实，灵魂随身体而灭亡，而且，除了在哲学意义上之外不存在神，所以他们已经改变思想。这就是他们被犹太会堂驱逐的原因。虽然他们为向来得不到犹太会堂的宽容，与其他犹太人也缺少沟通而感到遗憾，他们乐于成为无神论者。既然他们认为神只在哲学意义上存在，……而且灵魂随身体俱灭，因此他们不需要信仰。㊽

如果在1658年斯宾诺莎说过有关神、灵魂和摩西律法的这些问题——而且还是对陌生人说！——那么，很有可能早两年他就一直在这样讲，特别是由此可见犹太教公会的领导层认为他的

---

* 阿尔卡拉(Alcala)，西班牙地名，可能是马德里附近的埃纳雷斯堡(Alcalá de Henares)，也可能是塞维利亚或格拉纳达附近的地名。

"异端邪说"和"邪恶主张"的严重程度。

《妥拉》的"真实性",以及作为自主的创世者、律法的颁发者和裁判者——而不仅是"无限的实体"——的神之存在,乃是犹太教两项核心的和(按迈蒙尼德的说法)不可缺少的信条。它们属于迈蒙尼德所坚持的十三项信条,任何犹太人都需要信奉。他强调,第一项基本信条就是创世主上帝的存在,而第五项规定上帝脱离一切自然变化过程,只有上帝是完全独立自主的。第八项指出《妥拉》来自上帝。[59] 在《密什那·妥拉》(*Mishneh Torah*)一书中,他坚决主张:对于"说《妥拉》不是出于神授的人",应予以"隔离和毁灭"。[60] 阿姆斯特丹的哈赞们(chachamim),特别是摩特拉和马纳塞,对迈蒙尼德极其尊重。在有关"哈拉哈"(halacha,律法)的事务上,首席拉比肯定会请教于十二世纪的那位伟大的哈赞[61]。

具有同等重要性,而且实际意义或许更大的事情是,灵魂不灭论及《妥拉》神授说乃是"塔木德·妥拉"犹太教公会的拉比们直接关注的问题。在导致他们对乌列尔·达·科斯塔案作出严厉反应的诸项原因中,当然就有他对灵魂不灭论及"口传律法"之有效性的否定。此外,在十七世纪三十年代中期摩特拉与阿伯布的争辩中,摩特拉力主对怙恶不悛的罪人之灵魂有永恒的惩罚,正是显示他对强大的灵魂不灭论深信不疑。因为,这种惩罚当然会需要有身体死亡后灵魂之永恒存在。其实,大约十年以前,摩特拉写过长篇论文为灵魂不灭论辩护。[62] 而在 1652 年马纳塞发表他自己的《生命之气》(*Nishmat chaim*),坚持认为"灵魂不灭的信条"是犹太教信仰的"基础和根本原则"。[63]

至于摩西律法的"真实性"问题,如果斯宾诺莎在 1656 年就已在表达他在这个问题上的考虑,那么,他会招致摩特拉对他自己的莫大愤怒,因为摩特拉的大作就是为《妥拉》的神授来源及真实性(verdade)的长篇辩护。在 1659 年以前,摩特拉尚未开始写作他的《论摩西律法之真实性》,但是,毫无疑问,他在那本书中论述的问题(包括摩西律法神圣性之"证明")已是一直盘桓脑际有年。在他的布道词中这个问题多次出现。[64]

因此,如果说在 1655—1656 年间斯宾诺莎就否定灵魂不灭论(连同永恒奖惩的相关教义)和《妥拉》神授说——有不少证据显示这点——那么,他可能已经选取了一系列更危险的论题。他也不可能不意识到这些风险。以他的学识和经验,他不会不知道他的主张将在哈赞们中间引起什么反应。卢卡还讲过一条无法证实和不大可信,但是却颇为感人的轶闻。当摩特拉得知那些青年盘问斯宾诺莎的观点后所作的报告时,起初他不肯相信,鼓励那些青年继续盘问,以为这样他们就会明白他们的误解。但是当他听说斯宾诺莎已被带上"拉比法庭"(Beth Din)时,因为担心"他的学生所遭到的危险",他跑到犹太会堂。很快他就发现这些传闻都是真实无误的。

> 他质问他是否想到他为他树立的榜样?他的背叛难道是他关照他的教育造成的结果吗?难道他不害怕落到有生命的上帝之手吗?(他说)尽管乱子闹得很大,但是悔改还来得及。[65]

关于摩特拉与斯宾诺莎的关系之性质及密切程度,以及在处分过程中摩特拉所起的作用,是有些争议的。这位首席拉比即便在最称心的时候也是令人生畏的,如果对他的爱徒之命运有过这样动情的反应,当然会对这场帷幕初揭的戏剧添加感性的色调。鉴于这个年轻人背离犹太教,而且如此决绝拒斥对他的苦心教育培植,摩特拉为此表现的悲愤交加是不难想见的。令人遗憾的是现已不可能肯定地说摩特拉在斯宾诺莎革出教门事件上起过多大作用,以及他对斯宾诺莎放弃信仰有什么个人感想。毕竟,那份由他本人在几乎四十年前从威尼斯带回来的超乎寻常地严酷的革出教门令文本,在束之高阁多年尘封之后,或许正是在他的要求之下,才拿出来用于斯宾诺莎案(但是,值得玩味的是,它没有用于普拉多案。在斯宾诺莎之后不久,普拉多被革出教门,而且似乎由于实际上同样的罪名)。

*　　　*　　　*

研究斯宾诺莎的学者们有一个课题,那就是推测造成斯宾诺莎在宗教、神、灵魂、政治和圣经诸问题上的"异端"思想的人士都是些何许人也?实际上这变成对斯宾诺莎的"污染源"的探究,而且,引申一步,就是探究他被迫脱离犹太社区的各项远因。有些人认为,在西葡系犹太教公会以外的种种影响提早形成斯宾诺莎的非正统思想;另外一些人坚持主张,我们只需要考察阿姆斯特丹犹太社区本身内部某些非正统的流派便可。从某种意义上说,这种探究全是缘木求鱼,不仅因为我们绝不可能得到确切的答案,更为重要的是,因为任何能令人满意的研究必须通盘考虑这些纷繁的来龙去脉,以及斯宾诺莎本人无师自通的渊博学识和不容否认的独创精神。早在二十岁出头的时候,斯宾诺莎已经生活在学术界和思想界各种影响的相对复杂的脉络之中,这些影响很多是相辅相成的。在他真正转向研究非犹太的哲学家之前,他大概在阅读诸如迈蒙尼德所著《迷途指津》(*Guide for the Perplexed*);十六世纪柏拉图主义者朱达·阿布拉巴涅尔(Judah Abrabanel)所著《关于爱的对话》(*Dialogues on Love*)*,其中有许多观念后来出现在斯

---

* 阿布拉巴涅尔(即 Abravanel,Judah Leone,拉丁名为 Leo Hebraeus,又作 Leone Ebreo)约 1465 年生,1535 年死。犹太哲学家和医师。1492 年从西班牙流亡到意大利,著有《关于爱的对话》(*Dialoghi d'amore*)。斯宾诺莎所说的"神之爱"(Amor Dei)似乎受此书影响。

宾诺莎的著作中;⁶⁶以及约瑟夫·萨洛蒙·德尔米迪哥（Joseph Salomon Delmedigo）所著《神之书》（Sefir Elim），此书论述伽利略的科学，是由马纳塞出版的。⁶⁷斯宾诺莎或许从犹太哲学原著及犹太社区的非正统派友人那里已获得有关灵魂之性质，圣经之地位或上帝与天地万物之关系的一切见解，同时还从1654年以来所接触的各类持异见的基督徒那里会听到有关"真正的"宗教及道德的说法，这些观点可能互为印证，相得益彰。

虽然范·登·恩登在斯宾诺莎所受的哲学与政治教育方面确实起过一定作用，但是斯宾诺莎对宗教和圣经问题上发展起来的观点大概从另一个环境中吸取更多的滋养。⁶⁸此期间在斯宾诺莎最密切的友人中间，包括他在阿姆斯特丹交易所结识的熟人，有些人定期参加"社友会派"（Collegiant）集会，那是从约1646年以来一直在阿姆斯特丹举行的。这些社友会派人士——因为他们每两周一次的星期天聚会名为"社友会"，故称社友会派——是一些心怀不满的门诺派、谏诤派，以及其他持异见的新教宗派成员，他们谋求一种教条性较少的和非僧侣等级统治的宗教形式。犹如贵格派（Quakers）在他们的平等主义和非威权性社团内聚会一样，社友会派也回避任何官方的神学，拒绝任何教士的领导。在他们的礼拜仪式或学习集会上，有此要求的任何成年人都有机会轮到自己发挥圣经之奥义。

第一个社友会派团体于1619年出现于Warmond，在某种程度上是对多特（多德雷赫特）宗教会议（Synod of Dort）所通过的把谏诤派逐出新教教会的反动决议之反应。不久以后，这个团体将主要活动基地迁至距莱顿市仅几英里的莱茵斯堡。到十七世纪四十年代，荷兰各地若干城市，包括格罗宁根、鹿特丹，尤其是阿姆斯特丹，都有"社友会"存在。为了小心谨慎起见，阿姆斯特丹的团体通常在其成员家里聚会；虽然人们也知道他们聚会于扬·利乌魏特茨开设的书店，即"殉道者书店"，或者，当他们企图避开加尔文教会牧师的骚扰时，聚会于再洗礼派社团的教堂圣器室内。他们在一起祈祷、阅读和阐释圣经，从事对信仰问题的自由讨论。谈到教条性宗派问题时，他们认为官方的加尔文教会和持异见新教徒的有组织的教会都不比天主教会更好；他们断言，真正的基督教是无告解的(nonconfessional)。它的基本特点在于对自己的同胞和对上帝的合乎福音的爱，在于服从不经任何神学注释的耶稣基督原有教谕。在耶稣的教谕中所包含的几条简单而普遍的真理以外，每人有权利信仰他或她所要信仰的，而且无权利干扰别人的信仰。灵魂的得救不是通过任何迷信的仪式或神迹，也不靠归属于任何有组织的膜拜，而是只凭衷心的内在信仰。教友会派无需牧师，在集会上任何感到神启的人都可以讲道。他们否定任何预定论教义，认为它与基督的自由精神不相容，而且，像由许多教友会派分子构成的再洗礼派一样，他们只劝自主同意的成年人施行洗礼。作为十足的反教权主义者，社友会派谋求将基督教从各建制化教派强加于礼拜仪式与活动的束缚中解放出来。对于这些持和平主义的"没有教会的基督徒"（用科拉克夫斯基的名言）来说，道义行动比任何一套教条更为重要。随之而来的真正宗教意识和自身行为只有在情感、思想和言论不受任何教会权力束缚的地方才能顺利发展。⑥

亚当·波里尔(Adam Boreel, 1603—1665)是阿姆斯特丹社友会派的创建者之一。对于所有愿意以真诚而无羁绊的方式表达其信仰的人们来讲，他是自由平等观念的一位博学而坚定的拥护者。在波里尔看来，精神问题中的唯一公认的权威就是圣经本文，所有的人都可以自行阅读和解释它（以及为它争辩）。就日常的礼拜活动可能采取的特定形式而言,圣经之神谕是朴素而无偏见的。波里尔是马纳塞·本·伊斯雷尔的密友——马纳塞可能把他介绍给斯宾诺莎,他们可能以葡萄牙语或西班牙语交谈。⑦⓪波里尔是泛基督教主义者,在鼓励人们参加活动方面对犹太教徒、路德派教徒和贵格派教徒一视同仁。⑦①

  正统的加尔文教派没有多久就对社友会派产生疑虑。他们被指控为反三位一体论——在某些情况下或许不错。犹如几十年前对待谏诤派那样,新教牧师们强烈反对社友会派,特别是因为他们发觉社友会派的集会成为索齐尼教义(Socinianism)的阵地。索齐尼教义或许是反三位一体论诸派中最受诟病和迫害的。除了否定上帝作为圣父、圣子及圣灵的三位一体性以外,十六世纪意大利神学家福斯托·索齐尼(Fausto Sozzini,拉丁语名为 Faustus Socinus)的门徒们否认基督耶稣的神性及原罪说,而新教教会的领导者们将这两者视为基督教的基础。在 1653 年的反索齐尼派运动中,加尔文教牧师们(predikanten)成功说服荷兰省及西弗里斯兰省议会发布法令——主要针对社友会派——禁止反三位一体论者(尤其是索齐尼门徒)召开的"秘密宗教会议"。⑦②波里尔集团的成员们努力保持低姿态,希望受益于阿姆斯特丹执政望族通常采取的宗教宽容态度。但是在一些省份内,对社友会派的迫害在很大程度上延续到下一个世纪。

  如果说斯宾诺莎在被犹太社区革出教门之前,大概早在 1654 年末,就参加社友会派的集会,这绝非没有道理的。在那次决裂以前,至少他与许多社友会派分子很熟识,其中有些人可能怂恿他参加他们的一两次集会。⑦③斯宾诺莎许多最亲密而持久的友谊关系大约在此时开始形成,其中包括的人士诸如西蒙·约斯登·德·福里(Simon Joosten de Vries)、彼得·巴林(Pieter Balling),以及门诺派分子雅里希·耶勒斯（Jarig Jellesz）和扬·利乌魏特兹（Jan Rieuwertsz），他们都是波里尔在阿姆斯特丹的"社友会"成员。以他在希伯来语及《妥拉》方面的学识，斯宾诺莎对这些耽好圣经的人们来说无疑会大有用场。反之，波里尔及其同道者在道德和宗教上的见解也会让斯宾诺莎感到不少兴趣。社友会派在政治上的自由思想，在宗教上的宽容态度，在圣经诠释上的打破教条，以及一般的反教权立场，都会对斯宾诺莎有巨大的吸引力。[74]

在1656年7月以前，斯宾诺莎尽管有这些业余的课外兴趣，但在严格意义上说，他仍是"塔木德·妥拉"犹太教公会的成员（而且，看来还是积极的）。他的思想固然可能受到他的教友会派朋友们的熏陶，但是似乎也不难在"伏龙区"（Vlooienburg）本身找到同情和共鸣，因为那里非正统观念、怀疑主义，甚至彻底的无宗教信仰并不罕见。由于改宗者（Converso）移民的到来，犹太人的队伍还在增大，为"圣会会众"（Kahal Kodesh）服务的拉比们正在尽最大努力保持宗教的凝聚力及教义的正当合宜。因为一直不忘达·科斯塔的悲剧事件，他们特别警惕异端观念出现于犹太教信仰之最根本的原则，诸如灵魂之本性和律法之地位问题。然而，鉴于这个历史不长的社区处于国际大都会的环境之下，许多成员的背景复杂，他们的任务必然是艰难的。那些前"马拉诺"（marranos）不仅不情愿放弃家里几代人寝馈已久的信条与教仪，而且（如达·科斯塔）他们往往觉得他们所"回归"的犹太教并非正如他们原来设想（或希望）的样子。

在近来定居于阿姆斯特丹的这批犹太教的新回归者中间有一位胡安·德·普拉多。[75]普拉多于1612年生于西班牙安达卢西亚（Andalucia）一个回归犹太教的"改宗者"家庭。他在托莱多（Toledo）大学攻读医学，于1638年获博士学位。1639年他已经在鼓励其他"马拉诺"分子奉行犹太律法,这种活动自然引起宗教法庭的注意。虽然他的妻子和家里其他人一度遭到拘留,但是普拉多本人从来没有被宗教法庭所逮捕。固然好几年这也没有妨碍他们留居于西班牙,但是到十七世纪五十年代初,普拉多已发现住在宗教法庭的统治之下变得太危险。他的一名亲戚在拷问之下供认普拉多曾经说服他回归犹太教,这个事件大概就是决定性因素。当时塞维利亚的大主教多明戈·皮门托调任罗马枢机主教学院成员的新职,聘请普拉多担任他的私人医生。这使他有机会偕带妻子和母亲永远离开西班牙。然而,他没有在罗马久留,1654年他到汉堡,改名为丹尼尔,成为西葡系犹太教公会的积极分子。他在那里的逗留时间甚至更短,1655年间他抵达阿姆斯特丹,加入"塔木德·妥拉"犹太教公会,在该市的"医师协会"注册行医。他的医疗工作可能不很成功,因为社区从来没有向他征收 finta(按个人财产估算的会费),而且他常得到犹太教公会的慈善资助。[76]

在西班牙时期普拉多虽然是提倡改宗犹太教的积极分子,而且后来(在汉堡及初到阿姆斯特丹时期)他本人外表上看也是一名遵守教规的犹太人,但是,人们对他本人宗教观念及实践之正统性乃至一贯性有所怀疑。据传在1643年他曾敦促朋友们接受理神论的(deistic)观点,声称一切宗教都能对其信徒给予救赎,使他们意识到神,而在这方面犹太教不比基督教和伊斯兰教有更多的特权。[77]在阿姆斯特丹他参加摩特拉办的犹太经学院"律法之冠"(Keter Torah)。学者勒瓦(I. S. Revah)认为,他在那里初识斯宾诺莎。不久以后,他开始对犹太教的原理提出哲学上的反对意见。阿姆斯特丹犹太教公会的重要成员伊萨克·欧罗比奥·德·卡斯特罗在西班牙时就认识普拉多,而在普拉多被革出教门之后,他对普拉多的宗教观念之演变颇感兴趣,曾与普拉多通信争辩。据他说,普拉多公开回归犹太教后不久,便陷入不信神的深渊。[78]普拉多的"邪恶见解"十分严重,足以受到社区管理委员会的警告(而且可能革出教门,至少是有些危险)。社区管理委员会令他撤回他的主张,改正错误。结果,在 1656 年夏,大约在斯宾诺莎被革出教门的同时,丹尼尔·德·普拉多登上"诵经台"(theba)*,在犹太会堂里宣读如下声明:

> 由于抱有邪恶见解,在侍奉上帝及神圣律法中缺乏热诚,按照社区管理委员会诸位长老的训令,根据我本人的自由意志,我登上此台,在崇敬的上帝和神圣律法面前,在此神圣社区之全体社员面前,我承认我犯下了在言论与行动上反对崇敬的上帝及其神圣律法的罪过,而且在此神圣社区内引起公愤。我为此感到强烈的悔恨,为我引起的公愤而谦卑地乞求上帝及神圣律法的宽宥,乞求本社区全体社员的饶恕。我情愿承担履行拉比们规定的悔罪惩处,而且保证永不再犯此类罪行。我祈求你们请普世的上主赦免我的罪恶,赐我以怜悯。祝愿以色列获得和平。[79]

然而,普拉多的悔罪似乎欠缺真诚,他继续表现离经叛道的言行。社区管理委员会下令调查普拉多和丹尼尔·里贝拉的言行。丹尼尔·里贝拉是普拉多的朋友,那时正在犹太教公会为贫寒学生所设的特别学校中讲授非宗教的教材。该校的几名学生揭发普拉多和里贝拉的"毁谤活动",诸如在前往犹太会堂途中嘲笑犹太人,

---

* 诵经台(theba):西葡系犹太教公会用语,指犹太会堂中用以主持宗教仪式,包括诵读《妥拉》的木台。在德系犹太会堂中称此为 bima。

并且对社区管理委员会表示不敬。据称普拉多说:"看来这些犹太小子要在阿姆斯特丹设立宗教法庭。"按照学生们的证词,他们还计划撰写许多"令人愤慨的不道德的"信件,在摩特拉的住所及他的犹太经学院散发。里贝拉出身于老基督徒家庭,原名何塞·卡雷拉斯—科利戈,于1653年改信犹太教。在这些借端寻衅的同时,据说普拉多和里贝拉还向学生们讲过各种异端言论。例如,一名青年说普拉多告诉他在安息日不禁止梳头或带钱。社区管理委员会的成员以及摩特拉和阿伯布两位拉比根据证词确信必须采取某种措施。在审查过程中里贝拉似乎离开了阿姆斯特丹(他曾对一名学生表示他想去布鲁塞尔与他的兄弟在一起,但是,如勒瓦所查明,他实际上作为英国圣公会的成员来到英格兰),[80]但是普拉多仍住在附近。1658年2月4日,对他宣布一份革出教门令(对他来说可能是第二次):

在社区管理委员会诸位长老面前,各色证人均判定,丹尼尔·德·普拉多故态复萌,令人愤慨。他反对我们的神圣律法,以其可恶的见解,再次企图蛊惑人心。因此,社区管理委员会诸位长老在拉比们的劝告下,一致决议:对涉案的丹尼尔·德·普拉多革出教门,而且与本民族隔离。他们下令,本社区的人员,除了普拉多的家里人之外,不论以言语或以文书,不论在本市或外地,均不得与他沟通交往,否则便以革出教门令问罪。祝愿上帝使其子民免于邪恶,让以色列获得和平。[81]

普拉多心慌意乱,焦虑不安。他不像斯宾诺莎,他根本不想离开社区。他在尼德兰相对来说是一名新来者,没有广泛的家族和商业联系,大概不大懂得荷兰语,这些也与斯宾诺莎不同。更重要的是，他有赖于犹太教公会的财务支持。奥古斯丁会的僧侣托马斯修士向宗教法庭报告称，普拉多诉说他多么"痛惜失去一向从犹太会堂领到的救济金"。㉘社区管理委员会鉴于他的处境困难和家庭需要，提出帮助他移居海外"某个奉行犹太教的地区"。普拉多拒绝他们的帮助，反而抗诉他的清白无辜，要求撤销革出教门令。他的儿子戴维致函社区的领导层，为他父亲的正统信仰辩护，反对对他的不公处置。令他特别气愤的是拉比摩特拉对待普拉多的方式，因他采用的是侮辱与攻讦而不是教育和改造。㉘普拉多本人向他曾一度隶属的汉堡西葡系犹太社区管理委员会投诉，要求代为说情，但是德国的犹太教公会拒绝此事。在1659年之后某个时候，普拉多离开阿姆斯特丹。他最后住在联省共和国以外的安特卫普，那里有一个葡裔犹太人社区。

在辩护过程中，普拉多承认，虽然他对犹太律法没有任何明显的实际违反（这是假话，因为里贝拉的学生们都说，他们两人在吃不符合犹太律法的"特列夫"[treyf]*食品，在非犹太商贩那里购买肉食、糕饼和乳酪，而且在安息日违反对各种活动的限制），但是，他可能无意中讲过异端性意见。㉘从托马斯修士及马尔特拉尼拉上尉在宗教法庭的证词中我们可以了解那些意见都是什么。那位修士描述普拉多"高大瘦削，鼻大，脸带褐色，黑发和黑色眼睛"；他像斯宾诺莎那样，于1658年否定"摩西律法之真实性"，断言上帝"只在哲学意义上存在"，而且声称灵魂与身体俱灭而非不灭。㉘犹太教公会的调查者从里贝拉的学生们那里搜集的情报证实，这些正是这两人几年前宣讲的那些内容。他们告发说，普拉多

---

* "特列夫"（treyf）：按照犹太律法，只准吃"可食"（Kosher）食品，其他如猪肉、虾、贝壳类水产品为不准吃的"特列夫"食品。

同时否定灵魂之不朽性,肉体之复活,以及《妥拉》之神授起源。与里贝拉一起,他坚持认为摩西律法犹如其他宗教所信奉的各套律法那样,都是提供给儿童以及尚未达到知性与理解之应有水准的其他人的。但是,对于自由而负责的成年人而言,应遵循的唯一权威就是理性本身。除了其他文件以外,从欧罗比奥·德·卡斯特罗对普拉多的观点的抨击也可看到,显然普拉多否认成文律法或口传律法具有神启的来源,而且断言现存的圣经只不过是人为作品的汇集。他讥笑犹太人以上帝的"选民"自命,讥笑《妥拉》是一系列的将上帝拟人化,毫无用处。此外,据说普拉多还辩称,没有证据表明世界具有时间上的起始,从而否定圣经对创世的记载(虽然,在他回应审判者的辩护词中否认曾持这样的观点)。最后,欧罗比奥的反驳表明,普拉多断言上帝不是宇宙的创造者,也不是统治者或法官,总之,如托马斯修士所指控的那样,上帝"只是在哲学意义上"存在。[86]

这样,在据称普拉多于 1655—1657 年间所宣扬的观点与斯宾诺莎在同期间几乎肯定持有的观点之间,存在明显的辐合。诗人丹尼尔·德·巴里奥斯认为,在这两名背教者之间有密切的思想上以至私人的关系,这种关系的根源在于他们都与摩特拉办的犹太经学院有联系。在 1683 年的作品中,他绘声绘色但是明确无误地将斯宾诺莎与普拉多两人相提并论:

> 在保卫宗教和反对无神论的斗争中,最为贤明的索尔·列维·摩特拉以其才能为智慧增光,以其文笔为思辨添彩。凭摩特拉所写的教义书页,犹太经学院"律法之冠"自从它庆祝成立的那一年以来,在学术界未经开垦的林莽中从来没有停止燃烧。在渎神的草原上("普拉多"的西班牙语原意为大草

原),他们要以销毁荆棘("埃斯宾诺斯"的西班牙语原意为荆棘)之火焰照明,而摩特拉的热诚便是火焰,燃烧在宗教之林莽中永不熄灭。〔着重点为原文所加〕⑰

巴里奥斯只是在模仿亚伯拉罕·佩雷拉在十七年前所写的如下词句:"除了不毛之地以外,这个世界是长满蓟草和荆刺(埃斯宾诺斯)的田野,充斥毒蛇的绿原(普拉多)。"⑱

托马斯修士及马尔特拉尼拉上尉的证词以直截了当的语言显示,在被犹太社区驱逐的事件中,斯宾诺莎与普拉多在阿姆斯特丹互有来往,马尔特拉尼拉还肯定他们以及其他人都在来自加那利群岛(the Canary Islands)的贵族约瑟夫·格埃拉家里定期聚会。由此可见,甚至在1656年7月以前,当两人都还是"塔木德·妥拉"犹太教公会的成员的时候,斯宾诺莎与普拉多就是熟识的朋友,对此没有可以怀疑的理由。在欧罗比奥·德·卡斯特罗(他在1662年才来到阿姆斯特丹,远在所有这些事件发生以后),佩雷拉、巴里奥斯及社区的其他人士看来,斯宾诺莎与普拉多的背教事件联系在一起是毫无问题的。在社区的档案书卷中,普拉多的悔过收心及正式道歉的声明正好放在记载斯宾诺莎革出教门的那一页之前,这可能说明社区的管理委员会同时将这两人革出教门(只有普拉多请求宽恕)。晚近的一位历史家甚至认为,就十七世纪阿姆斯特丹的葡裔犹太人而言,其实,从来没有什么"斯宾诺莎事件",只有"斯宾诺莎及普拉多事件"。⑲

当时,在阿姆斯特丹葡裔犹太社区内某些未必持正统观念的前马拉诺分子中间,斯宾诺莎的异端思想可能颇为社友会派所接受甚至鼓励——如果它不是来自社友会派的话。⑳社友会派对宗教和道德的观点与斯宾诺莎有很多共同之处,但是他们不怀疑灵魂不灭,也不主张上帝"只在哲学意义上"存在。[91]据我们所知,他们不否认《妥拉》的神授来源。思想更为世俗性的普拉多博士几乎比斯宾诺莎年长二十岁,还不可能肯定地认为竟成为这个青年的"污染源"。[92]情况很可能正好相反。在对圣经的解释方面,以斯宾诺莎的学历而言(尽管中途退学),他不可能从普拉多那里学到很多(普拉多很少或根本不懂希伯来语),而他到此时所受的哲学教育(犹太教的及另外方面的)会为他的好钻研的头脑提供充分的素材来思考灵魂与上帝的性质。

如果一定要寻找斯宾诺莎的"污染源"的话,那么,在某种意义上真正的问题渊薮就是阿姆斯特丹本身,这里有政治上激进的前耶稣会修士,带有索齐尼思想的社友会派,犹太教的背教者,可能还有贵格派信徒及持自由思想的怀疑论者。在这个比较自由和宽容的城市里,各种异端思想枝繁叶茂。作家和出版家们,如果他们足够谨慎和愿意守法的话,都能传播他们的思想和作品,不会遇到太多麻烦。在宗教上持不同意见的各派——有时甚至包括天主教——只要保持低姿态而不扰乱和平的话,都能如自己所愿奉行他们的宗教(或不信奉宗教)。较严格的加尔文教徒一向对异教徒及不信教者保持警惕,而且多次企图把执政望族从不崇尚教条的迷梦中唤醒。对本市的统治阶层而言,他们不愿意影响相对平静的政治与社会均衡状态(更不用说打断文化上的生气蓬勃),因为这对阿姆斯特丹的经济成功十分关键。斯宾诺莎敢于走出木材水道的范围寻求商机及拉丁语知识,显然利用这个城市为他提供的学术文化机会。虽然社区内有些犹太人像他那样对犹太律法,上帝的天命,以及灵魂之不灭感到怀疑,但是,毫无疑义,他的思想还受到以下两方面的激发:一方面是他在范·登·恩登的学校里读到的书籍;另一方面是他在那些长久相处的持异见新教徒中间所看到的一切。

*　　　　　*　　　　　*

对斯宾诺莎的革出教门令(cherem)不仅是西葡系犹太教公会惩罚其成员离经叛道和违忤不服的"内部事件",还有更广泛的背景因缘。作为社区管理委员会维护社区内宗教正统性和道义一致性的纪律手段,约瑟夫·卡普兰(Yosef Kaplan)称这种作用为革出教门令的"社会功能"。犹如此时期的其他革出教门事件一样,对斯宾诺莎的惩处当然由此可找到部分解释。"犹太社区"(kehillah)的管理者和拉比们推行建设统一团结的社区之方案,其功能之一便是以传统的犹太教教育成员和吸纳新来者。斯宾诺莎的行动与主张只要危害这个方案,他就会遭受最强烈的谴责。不过,这个事件还有政治方面的背景。

这样说的意思可能是很直接而明显的。在斯宾诺莎的成熟期,甚至可能在他的早期,他的政治观点就属深刻的民主主义。在对国家和社会的观念上,他是自由的共和派,认为主权在于人民的意志。他力主思想与言论自由,力主保护公民权利,反对滥用权力的政体。另一方面,阿姆斯特丹葡裔犹太人的领袖们是一些富商,他们以专制的方式管理社区事务。在荷兰的政治现实即寡头统治中,他们是重大的经济利益相关者,他们自己的政治主张必然是相当保守的。他们有些人甚至可能成为奥伦治派的支持者,在荷兰政界,那一派要求恢复类似君主制的省督统治(stadholdership)。斯宾诺莎的民主信念,以及他与如范·登·恩登那样想当革命者的人,和如社友会派那样的社会激进分子(其中有些人简直是资本主义批判者)接触,当然会惹恼那些社区领导者(parnassim)。⑬

但是,斯宾诺莎事件在政治上有一个更加令人关注的重要方面。作为原来的难民群体——而且犹太教公会的许多成员只是最近才从伊比利亚半岛来到的——犹太人意识到他们有赖于主人翁荷兰人的善意友好。荷兰共和国的生活虽然可能表面上像是雷斯达尔(Ruisdael)*的恬静的风景画或弗美尔(Vermeer)和德霍赫(de Hooch)**的整饬的家居风俗画那样,但是犹太人很了解,就在十七世纪荷兰社会表层下面酝酿的政治张力和宗教倾轧,以及他们所处的潜在险境。一旦加尔文教会中不尚宽容的倾向占了上风——犹如在 1618 年及十七世纪四十年代末再度发生的那样——那么,在这些反动势力面前,犹太人、天主教徒、以及持异见的新教徒都会痛感他们的处境岌岌可危。

当 1619 年犹太人正式获准定居于阿姆斯特丹的时候,市议会明白晓谕他们不得对基督教作任何书面或口头攻击,要规范他们的行为,而且确保社区成员严格奉行犹太律法。那时正好在多特(多德雷赫特)宗教会议(Synod of Dort)之后,严格的加尔文教派驱除谏诤派而巩固他们对新教教会的控制。对犹太人的警告至少在某种程度上是为了确保他们不可涉足外面的事,起码在宗教问题上。因此,定居不久的西葡系犹太人感到他们自己的地位朝不保夕。他们是生活在一个被宗教分歧所撕裂的社会中的难民。他们获得宽容,甚至获准奉行他们的宗教。但是阿姆斯特丹市正式晓示他们自扫门前雪,坚持犹太教的正统思想,不可误入荷兰人的领域越俎代庖。这必然使得犹太人深感不安,战战兢兢,如履薄冰,不许在社区内发生任何引起阿姆斯特丹当局人士注意的事情,

---

* 雷斯达尔(Jacob van Ruisdael 约 1628—1682),荷兰油画及铜版画家。其风景画以森林、牧场和海洋为主,表现北欧天然的诗情。

** 德霍赫(Pieter de Hooch 约 1629—1684),荷兰风俗画家,表现市民日常生活情景及乡村风光。

以免招致对他们自己不利的看法。

在将近二十年以后,西葡系犹太人中仍然明显存在关于荷兰人如何看待他们的敏感心理。在三个犹太教公会于 1639 年合并时所采用的规章中,禁止举行公众的庆婚或送葬行列,以免这种排场冒犯非犹太人,让犹太人遭受滋扰生事的责难。按照该市的愿望,还有一条规定,禁止犹太人同基督徒讨论宗教问题,不准劝他们改宗犹太教,因为这样做或许"妨害我们享有的自由"。[94]甚至到 1670 年,即在犹太人获得公开住在阿姆斯特丹的权利五十多年以后,他们还在小心翼翼地维持一个品行端正和井然有序的小社会的外观。当年 11 月 16 日,阿伯布拉比为葡裔犹太人向阿姆斯特丹市提交申请,要求兴建新的犹太会堂——即坐落于犹太宽街的这一宏伟建筑,现仍在使用。那时犹太人已达到 2500 人以上,他们需要修建一座足以容纳膨胀中的人口的大会堂。阿伯布在其申请书上说,人们为争座位而造成的"不愉快"对宗教仪式甚有打扰,"以致我们不能专注于对创世主的祈祷。"[95]紧接着在次日,社区的长老们向市政长官提交另一份申请,这回是要求重新批准社区于 1639 年采用的规章。在这第二份申请中,他们明确提到社区领导者(parnassim)有权将"不守法规和叛逆反抗者"革出教门。[96]这似乎是明确而得体地告诉阿姆斯特丹的执政望族:这个社区固然正在扩大而且要建一座新的犹太会堂,但是也赋予其领导者强大的法纪权力,因此他们不必为在他们中间出现一个活跃的犹太大社区而担心。

那时,犹太人知道,荷兰以宗教宽容闻名,但是也有限度,因此想方设法向他们的主人翁保证,犹太社区是在正统控制之下的。他们的不安全感或许有些过分,他们的忧虑稍微超过危及他们的地位的任何真正的风险程度。阿姆斯特丹的执政望族很了解葡裔居民对本市经济生活的重要贡献。他们不打算蹈袭或者让别人为他们重犯 1492 年西班牙王室的重大错误。尤其是在十七世纪五十年代，由于在新的大议长扬·德·维特(Johan de Witt)领导下开创"真正自由"时代，加尔文教会内反对宗教宽容的政治势力受到限制。在斯宾诺莎被革出教门的 1656 年，共和派牢牢控制阿姆斯特丹市，令奥伦治派反对势力大为恐慌。尽管如此，犹太人意识到荷兰的政局会发生突然的，往往是革命性的变局，包括荷兰人所说的 wetsverzettingen（颠覆），即在危机状态下的政权转移。他们可能完全改变市镇的权力结构，扭转其政策方针，犹如在 1650 年阿姆斯特丹及其他市镇短期出现过的那样。* 阿姆斯特丹犹太人的谨慎态度，以及历史上的教训，都令他们不会过多信任当前的宗教宽容气氛之持久性。他们对革出教门令的运用，除了维持内部纪律的功能之外，还是一种公开的举措，旨在向荷兰当局传达犹太社区治理得井然有序的信息；[97] 按照市府批准他们有权公开定居时规定的条件，他们绝不容忍破坏犹太人固有的操行或教义。

此外，当社区领导者发布对斯宾诺莎的革出教门令之际，他们所驱逐的这个人持有的观点不仅犹太人而且连任何主流派基督徒都会认为是异端的。灵魂不灭和货真价实的神授天意之观念对加尔文教牧师和对犹太教拉比同样重要。因此，通过对斯宾诺莎的革出教门令，他们表明不仅不容许破坏犹太教的正统观念，而且，犹太社区绝不是任何异端派别的避风港。大概，以对斯宾诺莎的革出教门令中所特有的深恶痛绝态度，社区管理委员会反映他们担心：如果容忍不仅否定犹太教的、而且否定基督教的诸项原则，

---

* 1650 年 7 月，奥伦治亲王威廉二世下令拘禁荷兰省议会的六名主要成员，逼阿姆斯特丹等市镇改组政权，奥伦治派得势。11 月威廉二世患天花去世，尼德兰第一次"无省督时期"开始。

则会招致荷兰方面特别严峻的对待。

犹太人的领导层可能还想向荷兰当局表明,他们的社区也不是笛卡尔主义者的避风港。在十七世纪四十年代,荷兰各大学内猛烈进行对笛卡尔哲学的公开战斗。这场冲突最后蔓延到学术界,宗教界及整个政界,造成的派别林立现象不亚于谏诤派争议所引起的局面。

1642年,在极端保守的神学家(兼大学院长)吉伯图斯·沃秀斯(Gibertus Voetius)*的鼓动下,乌得勒支大学谴责笛卡尔哲学之教学。沃秀斯认为,这种"新科学"有破坏基督教基本教义之危险。他坚称:哥白尼观点(对此笛卡尔从未明确论证过,但是显然支持过)认为行星与天体的中心是太阳而非地球,这点与圣经不符;笛卡尔的方法论无可避免地导致激进的怀疑主义,从而丧失信仰;笛卡尔的形而上学似乎与各种基督教信条不一致;而且,首先与作为学院内标准课程的"古代哲学"不相容。1646年莱顿大学接踵而上,规定只应向学生讲授亚里士多德的哲学。那所大学的理事会甚至不准哲学系和神学系的教授在其论文和论辩中提及笛卡尔和他的新思想。[98]不久以后,其他高等学府发布各自的禁令,这场风潮的最高峰是1656年,正好在斯宾诺莎被革出教门之前,荷兰省及西弗里斯兰省省议会的公告。省议会宣称,"为了和平与安宁起见",全体哲学教授必须宣誓承诺"停止提起来自笛卡尔哲学的哲学原理,如今笛卡尔哲学触怒许多人"。[99]

对笛卡尔思想的攻击随时间与地点之不同而起伏不定。在某些大学里,禁令的推行出奇地松弛。即使有大学行政管理方面的

---

* 沃秀斯(Voetius,1588—1676),荷兰新教神学家,乌得勒支大学神学教授,拥护多德雷赫特宗教会议所公布的教义,多次对阿明尼乌斯派、天主教派及笛卡尔派展开论战。

支持,这些禁令的效果也是成败未卜的。作为1672年以前共和国的主要政治领导人,荷兰省大议长扬·德·维特本来是一位很不错的数学家,对新哲学的原理持同情态度。无疑在他的帮助下,笛卡尔主义渐渐渗透到大学各院系。到十七世纪五十年代初,起初领导对笛卡尔之攻击的莱顿大学及乌得勒支大学,都以笛卡尔派教授麇集而闻名。

在反对者看来,笛卡尔主义有推翻他们的整个知识体系和宗教体系之势;这就是笛卡尔主义引起如此反弹和激发如此激情的原因所在。多少世纪以来,各学校和大学院系里的哲学与神学都固执地墨守亚里士多德哲学(至少是经中世纪评注家所解释的那种)。新的哲学与科学免除许多亚里士多德思想的概念与范畴。按照伽利略和笛卡尔的机械论哲学,自然界只是由运动中的物质颗粒所构成。一切科学解释说的只是运动中的物质成分(以及这种成分之组合),其形状、大小和运动可以用纯数学的词语来描述。在诸物体中,根本不存在亚里士多德的科学世界观中所在多有的超自然力量,非物质成分或心灵主义趋势。像灵魂那样起作用的因素,大学教授们却用以理解普通有形物体之行为,神学家们用以解释使圣餐物变成耶稣的肉体和血这类超常的事件,在物质世界中根本不存在。物质世界与心灵世界之间的这一根本分野——所谓"二元论"——乃是笛卡尔形而上学的中心论题。后来有些笛卡尔主义者走得很远,认为这一新的世界图景,以及其严格机械性的决定论,需要对圣经有非字面的理解。他们论证,因为圣经描述的神迹不符合自然之普遍数理定律,记叙这类事件的篇章必须按比喻的意义来阅读。沃秀斯及其支持者们也认为,按照笛卡尔的"怀疑方法",真正的哲学思考肇始于对人们先前接受的全部信念之悬疑态度和批判审查,这可能导致怀疑主义甚至无神论。由此可见,对笛卡尔的争论变得不仅关乎学院式的哲学与神学原理。对严格的加尔文教徒而言,笛卡尔主义是危险的哲学,它会毁灭一般人的宗教与道德。

1656 年反笛卡尔运动处于它的一个周期性高峰。到十七世纪五十年代末,作为笛卡尔思想的阐释者,斯宾诺莎在他的相识者中间很出名(甚至受他们钦佩)。如果如柯勒鲁斯所言,[100] 仅在几年以前,大约在他被革出教门前后,斯宾诺莎确实一直在阅读和谈论这种新哲学——大概在范·登·恩登指导下,或在某些跟上最新学术发展的门诺派朋友推荐下——那么,在犹太社区领导层中这肯定会引起某种担心。社区的管理委员会势必看到荷兰人的反笛卡尔活动,而将一名明显的"笛卡尔主义者"革出教门可能成为向荷兰当局所作的表示,说明"塔木德·妥拉"犹太教公会不比整个荷兰省更容忍颠覆性哲学的存在。

* * *

如果说社区的拉比们和管理者们只是简单地开除斯宾诺莎,而没有同时设法说服他悔过和回归犹太教公会的组织中来,那是很不可能的。实际上,在革出教门令公告上说,社区管理委员会的成员们"曾尽力以各种办法和许诺使他迷途知返"。据卢卡(Lucas)称,在摩特拉本人跑到犹太会堂去了解关于他的门生背教的报告是否真实之后,"以最凛然威严的语气催促他决定悔过抑或受惩,而且誓言,如果他不立即表示悔罪,就会把他革出教门。"斯宾诺莎的回应有意把这位拉比逼得失常:"我知道这番威胁的分量。你曾费心教我希伯来语,作为回报,我很愿意让你看看如何革出教门"。这位拉比勃然大怒,离开犹太会堂,"发誓除非天打雷劈绝不再回来。"[101]

如果社区管理委员会遵照迈蒙尼德所规定的程序,会给斯宾诺莎一次悔过和改正的警告,接着还有两个为期三十天的反省期。只有在这六十天之后,如果他依旧拒绝请求宽恕,才会最终执行惩处。⑩虽然没有文件证明"塔木德·妥拉"犹太教公会正式奉行这一分阶段的顺序,但是多项资料确实说明,社区管理委员会的成员们不遗余力设法使斯宾诺莎改正,或者至少要他保持体面,像一名犹太教公会正派成员那样行事。据传他们甚至想以实利诱使他参加犹太会堂,在外表上遵守他们的行为准则。例如,培尔(Bayle)断言,"据说犹太人表示愿意对他宽容,只要他肯使他的行为表现适应他们的教规,他们甚至承诺给他一份年金。"⑩在对柯勒鲁斯(Colerus)的谈话中,在海牙的斯宾诺莎之房东证实此事,自称斯宾诺莎本人告诉他说,他们建议给他一千荷盾"以便不时在犹太会堂露面"。⑩据说斯宾诺莎回答道:"即使他们愿意给他一万荷盾",他也不会同意这种虚伪做法,"因为他只寻求真理而非表面现象。"⑩

7月27日(阿布月第六日)在犹太教公会的集会上宣读革出教门令,当时斯宾诺莎大概不在场。如果他认为他的惩罚不公或过严,他的确有权向本市的长官投诉。1639年市府批准社区的规章制度时,明文认可犹太社区的管理者们有权将不服从的成员革出教门,虽然,如果被逐者正式请求他们说情,看来他们也愿意介入和作出裁决。⑩斯宾诺莎没有这样做。与普拉多不同,他也没有吁请另外的犹太教公会代他说项。其实,他甚至没有要求"塔木德·妥拉"犹太教公会本身重新考虑它的判决。他只是退出社区。托马斯修士在谈到两年半以前他的两名在阿姆斯特丹的犹太朋友被犹太教公会驱逐一事时,他对宗教法庭说,"他们为失去犹太会堂给他们的救济金及不能与其他犹太人交流而感到遗憾。"⑩

但是他在这里所指的很可能只是普拉多而非斯宾诺莎,因为只有普拉多接受过财务资助。反之,斯宾诺莎似乎毫不惋惜就离开了。关于他对革出教门所持的态度,卢卡转述的他的这段话或许最传神:"反而更好;只要我对诽谤诋毁无所畏惧,他们不强迫我去做任何我绝不会主动自愿做的事。不过,既然他们要把事情搞成那样,我乐于走上向我敞开的路,感到慰藉的是我的出走会比古代希伯来人从埃及出走更为清白无辜。"⑩

注释

①阿诺德·维茨尼策(Arnold Wiznitzer)著:《殖民巴西的犹太人》(*The Jews of Colonial Brazil*)第 120 页以下。乔纳森·伊斯雷尔(Jonathan Israel)作:"荷兰的西葡系犹太人,千禧年派的政治,以及为巴西而进行的斗争(1640—1654)"("Dutch Sephardi Jewry, Millenarian Politics, and the Struggle for Brazil(1640—1654)")。

②伊斯雷尔(Israel)著《重商主义时代的欧洲犹太人,1550—1750》(*European Jewry in the Age of Mercantilism*,1550—1750,154.)。

③鼠疫的统计资料见伊斯雷尔(Israel)著《荷兰共和国》(*The Dutch Republic*,625.)。

④范·德·塔克(Van der Tak)作:"斯宾诺莎对葡裔犹太社区的支付"("Spinoza's Payments to the Portuguese-Israelitic Community,"190—2)。

⑤同上,191。

⑥弗罗伊登塔尔(Freudenthal)著《斯宾诺莎生活史》(*Die Lebensgeschichte Spinoza's*,114.)。

⑦例如,勒瓦(Revah)所作"论斯宾诺莎的决裂之根源"("Aux origine de la rupture Spinozienne," 369)及莱文(Levin)著《斯宾诺莎》(*Spinoza*,180—2.)提到此说。

⑧范·德·塔克(Van der Tak)所作"斯宾诺莎对葡裔犹太社区的支付"

("Spinoza's Payments,"192)赞成这个解释。他坚持认为,"虽然在他被革出教门前的最后几个月里他已是不常去犹太会堂,他与他的犹太同胞疏远是不成问题的;不过,与这种渐变现象相反,革出教门令势必来得十分出乎意料。"因此,缴纳的锐减"只能解释为财产减少的结果"。

⑨此文书重印在瓦斯·迪亚斯及范·德·塔克(Vaz Dias and Van der Tak)所著《斯宾诺莎:商人与自学成功者》(*Spinoza, Merchant and Autodidact*, 163—4.)。

⑩同上,169。

⑪同上,191。

⑫此公告收藏在阿姆斯特丹市市政档案的犹太人档案中。葡萄牙语译文见于瓦斯·迪亚斯及范·德·塔克(Vaz Dias and Van der Tak)所著前引书164页,英译文见于该书170页。我所用的译文见于阿萨·卡什尔及什洛莫·比德曼(Asa Kasher and Shlomo Biderman)所作"为什么斯宾诺莎被革出教门?"("Why Was Spinoza Excommunicated?" 98—9)。

⑬见《犹太百科全书》(*Encyclopedia Judaica*)中的"革出教门"(cherem)条目,以及在雅各布·卡茨(Jacob Katz)所著《传统与危机》(*Tradition and Crisis*,84—6)中的讨论。

⑭《塔木德》记载有三名学者因其言行而被法利赛人的教团驱除,见《密什那"证言"》(*Mishnah 'Eduyyot'*,5.6)及《密什那"中间一道门"》(*Bava Metzia*,59b.)。*

⑮《密什那·妥拉》(*Mishneh Torah*)**,妥拉律法研究(Hilchot Talmud Torah)第七章。

⑯《塔木德百科全书》(*Talmudic Encyclopedia*),"革出教门"("Cherem")条目;梅舒朗(Méchoulan)作"在阿姆斯特丹的革出教门问题"("Le Herem à

---

* 《中间一道门》(*Bava Metzia*)是《密什那》第四卷第二节,《证言》(*Eduyyot*)是第四卷第七节。

** 《密什那·妥拉》(*Mishneh Torah*)是迈蒙尼德(Maimonides)的主要著作之一。这部为普通大众写的犹太律法全书于1185年完成。

⑰《密什那·妥拉》(Mishneh Torah)妥拉律法研究(Talmud Torah),第七章,第二节。

⑱同上,第六章。

⑲见《犹太百科全书》(Encyclopedia Judaica,352)。

⑳卡茨(Katz)著《传统与危机》(Tradition and Crisis,85.)。

㉑《犹太百科全书》(Encyclopedia Judaica,355.)。

㉒弗罗伊登塔尔(Freudenthal)著《斯宾诺莎生活史》(Die Lebensgeschichte Spinoza's,9—10.)。

㉓同上,第42页。迈耶(Meijer)称,犹如在威尼斯,担任宣读革出教门令的人以抽签办法选出,而在本案中此事可能落在摩特拉身上;见迈耶著《巴鲁赫的写照》(Beeldvorming om Baruch,54.)。

㉔维茨尼策(Wiznitzer)作"阿姆斯特丹的'塔木德·妥拉'犹太教公会之合并协定与规章(1638—1639)"("The Merger Agreement and Regulations of Congregation 'Talmud Torah' of Amsterdam(1638—1639),"131—2.)。

㉕卡普兰(Kaplan)作"革出教门令的社会功能"("The Social Functions of the Herem,"126—7.)。

㉖同上,138—40页。梅舒朗(Méchoulan)作"在阿姆斯特丹的革出教门问题"("Le Herem à Amsterdam,"118—19.)。

㉗维茨尼策(Wiznitzer)作"阿姆斯特丹的'塔木德·妥拉'犹太教公会之合并协定与规章"("The Merger Agreement,"132.)。

㉘此处笔者的论述很大程度上根据卡普兰(Kaplan)对阿姆斯特丹社区内革出教门事件之分析,见其所作"革出教门令的社会功能"("The Social Functions of the Herem")。

㉙同上,122—4页。

㉚葡裔犹太社区档案334,no.19,fol.72(阿姆斯特丹市政档案)。

㉛所有这些案例均见于卡普兰(Kaplan)作"革出教门令的社会功能"("The Social Functions of the Herem,"135—8.)。

㉜"革出教门令的社会功能",124 页。

㉝葡裔犹太社区档案 334,no. 19,fol. 16(阿姆斯特丹市政档案)。

㉞葡裔犹太社区档案 334,no. 19,fol. 562. 关于库列尔案,见卡普兰(Kaplan)作"革出教门令的社会功能"("The Social Functions of the *Herem*,"133—4.)。

㉟普拉多的革出教门令全文见于勒瓦(Revah)著《斯宾诺莎与胡安·德·普拉多》(*Spinoza et Juan de Prado*,29—30,58—59.)。

㊱萨洛蒙(Salomon)作"斯宾诺莎之名副其实的革出教门"("La Vraie Excommunication de Spinoza")。见奥芬贝格(Offenberg)作"《涵盖一切》的年代确定"("The Dating of the *Kol Bo*")。

㊲见卡普兰(Kaplan)作"十八世纪初阿姆斯特丹的'卡拉派'"("'Karaites' in Early Eighteenth-Century Amsterdam")。

㊳"革出教门令的社会功能"("The Social Functions of the *Herem*," 118—19.)。

㊴亚历山大·马克斯(Alexander Marx)著《犹太历史及文献研究》(*Studies in Jewish History and Booklore*,210—1.)。

㊵然而,弗列辛(Vlessing)认为,其实,斯宾诺莎的革出教门背后的原因"主要是财务问题";见其所作"转变中的犹太社区:从乐意接受到解除束缚"("The Jewish Community in Transition: From Acceptance to Emancipation," 205—10.)。虽然弗列辛从斯宾诺莎惨淡的财务情况着眼,但是她的说法不令人信服。

㊶勒瓦(Revah)著《斯宾诺莎与胡安·德·普拉多》(*Spinoza et Juan de Prado*,32—3.)。

㊷*KV*,23:1—2,I/103;C/140—1;*Ethics* VP23。

㊸《伦理学》第一部分,附录。(*Ethics* I, Appendix.)

㊹*KV*,2:12,I/22;C/68. *Ethics*,IP 11。

㊺*KV*,18:1,I/86—7;C/127。

㊻《神学政治论》第三章。(*TTP*, chap. 3.)

㊼《神学政治论》第三章。(*TTP*, chap. 3, Ⅲ/57.)

㊽柯勒鲁斯(Colerus)之说见于弗罗伊登塔尔(Freudenthal)著《斯宾诺莎生活史》(*Die Lebensgeschichte Spinoza's*, 68);培尔(Bayle)之说见于同上第30页;而扎洛蒙·范·蒂尔(Salomon Van Til)的报告见于同上第237页。

㊾在消除有关斯宾诺莎的"辩护词"的一些臆测方面,范·德·塔克(Van der Tak)很起作用;见其所作"斯宾诺莎的辩护词"("Spinoza's Apologie")。另见勒瓦(Revah)著《斯宾诺莎与胡安·德·普拉多》(*Spinoza et Juan de Prado*, 40—1.)。

㊿弗罗伊登塔尔(Freudenthal)著《斯宾诺莎生活史》(*Die Lebensgeschichte Spinoza's*, 237.)。另见杜宁—博尔科夫斯基(Stanislaus von Dunin-Borkowski)
368 所著《斯宾诺莎》(*Spinoza*, pt. 4, p. 125.)中关于《辩护词》与《神学政治论》之间关系的分析与结论。

(51)布洛姆与柯克霍芬(H. W. Blom and J. M. Kerkhoven)作"关于斯宾诺莎的宗教与政治论著之早期手稿的一封信?"("A Letter concerning an Early Draft of Spinoza's Treatise on Religion and Politics?" 372—3.)

(52)同上, 375。

(53)另一方面,维姆·克莱弗(Wim Klever)对我说,他认为佩茨所提到的著作未必是斯宾诺莎所写。

(54)《神学政治论》第九章, Ⅲ/13。

(55)弗罗伊登塔尔(Freudenthal)著《斯宾诺莎生活史》(*Die Lebensgeschichte Spinoza's*, 221—2.)。

(56)同上, 5。

(57)同上, 7。

(58)同上。32。

(59)《评密什那》(*Commentary on the Mishnah*)* 第十章"敬和德林"

---

* 《评密什那》(*Commentary on the Mishnah*)是迈蒙尼德早期著作(1158),其中包含后来的《密什那·妥拉》(*Mishneh Torah*, 1185)和《迷途指津》(*The Guide for the Pevplexed*, 1190)的许多重要思想。

("Sanhedrin")。

⑥0忏悔之律法(Hilchot Teshuvah)第三章。

⑥1关于这一点,见卡什尔及比德曼(Kasher and Biderman)作"为什么斯宾诺莎被革出教门?"("Why Was Spinoza Excommunicated?"105.)。

⑥2这篇论文已失传。但是马克·萨珀斯坦(Marc Saperstein)试图从摩特拉的布道演讲中推想它的某些内容;见其所作"索尔·列维·摩特拉关于灵魂不灭的论文"("Saul Levi Morteira's Treatise on the Immortality of the Soul")。

⑥3见此书的导言。关于社区的拉比们针对据说斯宾诺莎持有异端观点的那些问题上的看法,卡什尔及比德曼(Kasher and Biderman)在所作"为什么斯宾诺莎被革出教门?"("Why Was Spinoza Excommunicated?"104—10.)中有最佳和最透彻的考察。

⑥4摩特拉的许多布道演讲于1645年汇集出版,书名为《向索尔致敬》(Giv'at Sha'ul)。

⑥5弗罗伊登塔尔(Freudenthal)著《斯宾诺莎生活史》(Die Lebensgeshichte Spinoza's,8.)。

⑥6按照格布哈特(Gebhardt)的说法,正是阿布拉巴涅尔的书授意他离开犹太会堂。另见塞亦夫·莱维(Ze'ev Levy)所作"在青年斯宾诺莎哲学思想的发展中犹太教的若干影响"("Sur quelques influences juives dans le développment philosophique du jeune Spinoza,"69—71.)。

⑥7关于德尔米迪哥对斯宾诺莎的重要性,见安科纳(d'Ancona)著《德尔米迪哥及马纳塞·本·伊斯雷尔对斯宾诺莎的影响》(Delmedigo, Menasseh ben Israel en Spinoza)。

⑥8然而,在斯宾诺莎对社友会派的关系及他的结识范·登·恩登两者之间有直接的联系。大概正是他的门诺派兼社友会派朋友们指引他去找那位前耶稣会教士学习拉丁语(和哲学)。

⑥9科拉克夫斯基(Kolakowski)著《没有教会的基督徒》(Chrétiens sans église,166—77.)。

⑦0见波普金(Popkin)作"斯宾诺莎最初的哲学年月"("Spinoza's Earliest

Philosophical Years")。

㉛关于波里尔,见伊斯雷尔(Israel)著《荷兰共和国》(*The Dutch Republic*,587—8)及迈恩斯玛(Meinsma)著《斯宾诺莎和他的圈子》(*Spinoza et son cercle*,chap.4.)。

㉒关于反索齐尼派运动,见伊斯雷尔(Israel)著《荷兰共和国》(*The Dutch Republic*,909ff.)。

㉓迈恩斯玛(Meinsma)认为"在1654年或1655年初,斯宾诺莎可能与这些人(社友会派)站在一边",见《斯宾诺莎和他的圈子》(*Spinoza et son cercle*,152)。

㉔但是,马德莱娜·弗朗斯(Madeleine Frances)否定社友会派对斯宾诺莎有任何"联系"或影响;见《斯宾诺莎在尼德兰》(*Spinoza dans les pays néerlandais*)。

㉕格布哈特(Gebhardt)所作"胡安·德·普拉多"("Juan de Prado")是对普拉多的生活和思想以及他与斯宾诺莎的关系的首次重要论著。另见勒瓦(Revah)作"论斯宾诺莎的决裂之根源"("Aux origines de la rupture spinozienne")及所著《斯宾诺莎与胡安·德·普拉多》(*Spinoza et Juan de Prado*)。卡普兰(Kaplan)论欧罗比奥·德·卡斯特罗的书《从基督教到犹太教》(*From Christianity to Judaism*)是必读的。

㉖卡普兰(Kaplan)著《从基督教到犹太教》(*From Christianity to Judaism*,129.)。

㉗同上,126。

㉘勒瓦(Revah)著《斯宾诺莎与胡安·德·普拉多》(*Spinoza et Juan de Prado*,25—6.)。

㉙同上,28。

㉚勒瓦作"论斯宾诺莎的决裂之根源"("Aux origines de la rupture spinozienne",563.)。

㉛勒瓦(Revah)著《斯宾诺莎与胡安·德·普拉多》(*Spinoza et Juan de Prado*,59—60.)。

(82)《斯宾诺莎与胡安·德·普拉多》,64。

(83)此信原文见于勒瓦(Revah)作"论斯宾诺莎的决裂之根源"("Aux origines de la rupture spinozienne," 397—8.)。

(84)同上,398—401。

(85)勒瓦(Revah)著《斯宾诺莎与胡安·德·普拉多》(*Spinoza et Juan de Prado*,60—8.)。

(86)从卡普兰(Kaplan)著《从基督教到犹太教》(*From Christianity to Judaism*,163—78)及勒瓦(Revah)作"论斯宾诺莎的决裂之根源"("Aux origines de la rupture spinozienne," 375—83.),可以见到根据欧罗比奥的原文对普拉多观点的推想,这些都保留在他们的通信中。

(87)勒瓦(Revah)著《斯宾诺莎与胡安·德·普拉多》(*Spinoza et Juan de Prado*,22.)。

(88)《道路的确定》(*La Certeza del Camino*,29.)。*

(89)阿尔比亚克(Albiac)著《空虚的犹太会堂》(*La Synagogue vide*,329.)。

(90)持此论者有阿尔比亚克(Albiac)、勒瓦(Revah)、格布哈特(Gebhardt)、弗朗斯(Frances)以及最近的约维尔(Yovel,见其所著《斯宾诺莎及其他持异见者》*Spinoza and Other Heretics*),等等。

(91)在勒瓦(Revah)看来,这就证明此事件违反社友会派的论点。他坚持认为"斯宾诺莎与普拉多的联系可以解释一切问题",见"论斯宾诺莎的决裂之根源"("Aux origines de la rupture spinozienne,"382)。在宗教法庭的案卷中发现的文书决定性地打消任何以与社友会派的接触来解释斯宾诺莎之叛教的企图,见《斯宾诺莎与胡安·德·普拉多》(*Spinoza et Juan de Prado*,33)。

(92)对勒瓦(Revah)来说,"普拉多的不信教代表斯宾诺莎的思想发展中一个重要阶段",见"论斯宾诺莎的决裂之起源"("Aux origines de la rupture

---

* 《道路的确定》,1666 年出版。著者亚伯拉罕·伊斯雷尔·佩雷拉(Abraham Israel Peirera)是阿姆斯特丹的犹太富商,详见本书第五章。

spinozienne,"382）。

㉝另一方面,刘易斯·塞缪尔·福伊尔(Lewis Samuel Feuer)认为,社区的领导者寄望于加尔文教会的领导人和省督,而斯宾诺莎的政治观点直接与他们实质上的君主制信念相反;见于福伊尔(Feuer)所著《斯宾诺莎与自由主义之兴起》(*Spinoza and the Rise of Liberalism*, chap. I)。此说是难以置信的。首先,犹太商人(包括拉比们在内)更认同于重商主义的和专业阶层的共和派执政望族,后者统治阿姆斯特丹;而不是认同那些经常反对他们的卡尔文教牧师们。福伊尔断言,在共同反对信奉天主教的西班牙(以及在巴西失败后反对葡萄牙)的斗争中,犹太社区领导层与奥伦治派站在一起。但是,犹太人从经验中得知,对伊比利亚半岛的战事使商业遭殃。阿姆斯特丹的犹太人确实感激弗雷德里克·亨德里克任省督时给予他们的保护;但是我认为,如果说他们在原则上宁可选择准君主制而不要共和制,未免言过其实。我相信,对于让他们得以经营商业的和平与稳定局面,以及免于迫害的保护,不论如何达到,他们会无比珍视。

㉞维茨尼策(Wiznitzer)作"阿姆斯特丹的'塔木德·妥拉'犹太教公会之合并协定与规章"("The Merger Agreement," 123—4.）。

㉟迈耶(Meijer)著《巴鲁赫的写照》(*Beeldvorming om Baruch*, 57.）。

㊱同上, 57—8。

㊲荷兰人常去犹太会堂看犹太人的礼拜活动,表明荷兰人很关心犹太社区正在发生的事情。此外在犹太人和荷兰人之间还有通常频繁的商业和社会接触,显然荷兰人不难有很多机会得知犹太社区的重大事件,而像斯宾诺莎之革出教门案,整个犹太教公会势必已议论纷纷。

㊳关于乌得勒支及莱顿大学事变的记载,见特奥·弗尔贝克(Theo Verbeek)著《笛卡尔与荷兰人》(*Descartes and the Dutch*, chaps. 2 and 3.）。

㊴彼得·海尔(Pieter Geyl)著《十七世纪的尼德兰》(*The Netherlands in the Seventeenth Century*, 2:107—9.）。

㊵弗罗伊登塔尔(Freudenthal)著《斯宾诺莎生活史》(*Die Lebensgeschichte Spinoza's*, 39.）。

⑩①《斯宾诺莎生活史》,8。

⑩②卡什尔及比德曼(Kasher and Biderman)在所作"斯宾诺莎何时被革出教门?"("When Was Spinoza Banned?")中认为,这是斯宾诺莎案所遵循的正式程序。但是,如卡普兰(Kaplan)所指出,没有文献证据支持此说;见"革出教门令的社会功能"("The Social Functions of the *Herem*,"139 n78.)

⑩③弗罗伊登塔尔(Freudenthal)著《斯宾诺莎生活史》(*Die Lebensgeschichte Spinoza's*,29)。

⑩④同上,40。

⑩⑤同上,29,40。

⑩⑥例如,在德尔·索托(Del Sotto)家庭案件中,他们就是这样做的。见斯韦琴斯基(Swetschinski)作"亲属关系与商业:十七世纪荷兰葡裔犹太人生活的基础"("Kinship and Commerce," 70—2.)。

⑩⑦勒瓦(Revah)著《斯宾诺莎与胡安·德·普拉多》(*Spinoza et Juan de Prado*,32.)。

⑩⑧弗罗伊登塔尔(Freudenthal)著《斯宾诺莎生活史》(*Die Lebensgeschichte Spinoza's*,8)。

第七章 别涅狄克特

到 1656 年末,斯宾诺莎年满 24 岁。从托马斯修士和马尔特拉尼拉上尉在三年以后的描述来看,他似乎成为一名俊美的青年男子,地中海型的容貌一望可知。据那位修士说,斯宾诺莎"个子不高,面庞漂亮,肤色苍白,有着乌亮的头发和双目"。那位军官补充道,他有"良好的瘦削身材,黑色长发及短须,脸型优美。"①德国哲学家戈特弗里德·威廉·莱布尼茨(Gottfried Wilhelm Leibniz)于 1676 年访问过斯宾诺莎,他说斯宾诺莎"面色灰黄,带有西班牙人的容貌"。②那个时期有些据说是斯宾诺莎的肖像画,显示一张瘦长无须的脸,其面色证实这些报道。③其中有一幅为塞缪尔·范·霍赫斯特拉滕(Samuel Van Hoogstraten)所画,他是当时艺术界人士的著名记述者,相当于荷兰的瓦萨里(Vasari)*。斯宾诺莎的身体一向不健壮。他一生大多苦于呼吸道疾病——大概有些像是导致他的母亲夭亡的那类病——而他的单薄与苍白(托马斯形容他为 blanco[西班牙语,苍白])无疑为此反映。

在被革出教门后不久,斯宾诺莎离开"伏龙堡"地区;甚至早在对他宣布革出教门令之前,他可能已经离开那里。根据革出教门的规定,他的家人和朋友均需与他断绝一切关系。如果他与他

---

* 瓦萨里(Giorgio Vasari,1511—1574),意大利画家和建筑家。其著作《最杰出的画家、雕刻家和建筑家之生涯》(Vite de più eccellenti pittori, scuttorie architetti, 1550)是从十三世纪到当时的意大利美术家的著名传记。

的兄弟加布里埃尔合伙经商时住在一起,也不得不到此为止。我们不确知此时他去哪里住。最有可能的是搬到范·登·恩登那里去住,倘若那时他尚未住在那里的话(卢卡持此说)。这样他就可以继续学习研究,或许还附带授一点课来挣他的食宿费用。从斯宾诺莎的著作里可以证明,他参加了那所拉丁语学校于1657和1658年的演出——可能在特伦斯(Terence)的一出喜剧中担当角色——这说明此刻他仍与范·登·恩登在一起。④此时斯宾诺莎可能正住在辛格尔(Singel)水道地区,那是市内一条较高档次的水道,距"木材水道"有适当的距离。⑤

卢卡或许不无偏见地企图把犹太人说成器量狭小恶意报复的一伙,他坚持认为,对于摩特拉及社区领导者而言,把斯宾诺莎从他们中间赶出还是不够的。他断言,他们要斯宾诺莎离开本市,因为这个背教者只要还在阿姆斯特丹过日子,对他们仍然是很恼火的事。"在认为已受到斯宾诺莎的公然侮辱之后,摩特拉尤其不能忍受让他的门生与他住在同一城市里这件事。"他们看到斯宾诺莎"不受他们的管辖,不要他们的帮助而生活下去",感到难以容忍。

那些犹太人大为不安,因为他们未能一击中的,而他们要拔除的眼中钉却逍遥在他们的权力之外……但是(摩特拉)怎样才能把他赶出(阿姆斯特丹)呢?摩特拉虽然是犹太会堂的首长,却不是城市的长官。而在此际,为虚妄的宗教狂热所掩饰的怨恨如此强烈,这个老人竟然得逞。他找到一名意气相投的拉比,他们一起去见市政长官,力陈他们将斯宾诺莎革出教门不是由于通常的理由,而是因为他对摩西和上帝可恶的亵渎。以神圣的仇恨向绝不妥协的心灵提示的一切理由,他们夸大错误,最后要求将被告逐出阿姆斯特丹。⑥

据卢卡说,阿姆斯特丹的市政长官们看出,这件事与其说是关于信神和正义,不如说是属于挟私报复。他们打算推卸责任,把此事交给加尔文教会处理。对那些牧师来说,他们看不出"被告的所作所为有什么渎神之处"。尽管如此,出于对拉比职责之重视(而且大概想到他们自己的类似处境),他们向市政长官建议将被告判定为自阿姆斯特丹市驱逐出去几个月。卢卡最后说,"这样一来,拉比当局得以报仇雪恨。"

这是一段富有戏剧性的情节,而且,卢卡与斯宾诺莎的私人交情使此说有几分可信性。然而,除了卢卡的报道之外,根本没有证据表明发生过任何这类向市政府的投诉或放逐的事情。不存在斯宾诺莎之被迫流亡的法律档案,甚至也没有任何文件证明犹太社区要求以这个方式惩处它的一名成员。况且,按照犹太教公会的规章制度,只有社区管理委员会(ma'amad)才有权就社区的公务与市政当局沟通。在这类重要的事件上,一名拉比会自作主张直接去找阿姆斯特丹的市政当局,看来很不可能。⑦

尽管如此,有些历史家还是相信,拉比们的确曾要求市政当局放逐斯宾诺莎。⑧他们辩称,摩特拉或阿伯布可能提出有说服力的理由,认为作为一名异端分子,斯宾诺莎会影响别人,包括基督徒在内。但是,似乎没有理由相信,此时控制全市的自由派执政望族会被加尔文教牧师们说服,去判处流放一个没有发表过任何东西的人,更不可能听从犹太教拉比们的意见这样行事。虽然,在加尔文教会坚持之下,市政长官把人们逐出城市的事件还不是前所未闻的,这通常是由于发表被判定为有危害性的东西,加之,如果作品是荷兰语的,从而危及普通市民的宗教信仰,则更有可能造成这种情况。即使某人仅仅由于他的据称是异端的宗教信仰或活动而被放逐,被控者也是因其观点已有相当名声,或是因与当局认为可疑的运动(诸如索齐尼教派)显得有某种联系。1657 年有些英国贵格会(Quakers)教徒在他们开始定期集会后不久遭到监禁和逐出阿姆斯特丹。⑨但是,他们大概是在针对社友会派及其他反三位一体论者的整个运动中被抓的,因为在当局看来,贵格会教徒往往与那些人有联系。总的来说,在宗教的正统性问题上,市府的领导者觉得很难实行放逐(或者连较温和的制裁处罚也不情愿)。在新教牧师的唆使下,在 1668 年,他们确曾把斯宾诺莎的朋友阿德里安·考贝夫(Adriaan Koerbagh)*投入监牢,罪名是有"亵神的"观点;他被判处服刑十年后驱逐出境,但是被捕后一年之内瘐死狱中。像斯宾诺莎一样,考贝夫否定圣经为神的著作。但是,在考贝夫被捕一年以前,他已经以本国语言的书籍发表他的意见。此外,到十七世纪六十年代末,政治环境有很大改变:德·维特的"真正自由"正在走下坡路,而复苏的奥伦治派及其在加尔文教牧师中的盟友们有了更大的影响力。另一方面,阿德里安的兄弟扬(Jan)与他一同被捕后,只受到警告便由市政长官释放出来。当局人士声称:在共和国内即便持有异端观点的人,如果未曾写书或组织集会就不能遭受惩罚。⑩

因此,似乎完全可以这样说,斯宾诺莎根本没有被逐出阿姆斯特丹。其实,从他于 1656 年被革出教门到他于 1661 年开始留下现存的书信,在这整段时间中看来他大多住在那个城市里。因为人们对这个时期他的活动和行踪所知甚少,常常称之为他一生中

---

* 考贝夫(Adriaan Koerbagh 约 1632—1669):1668 年以荷兰语发表著作,反对新教教会,反对三位一体论,宣传斯宾诺莎的观点,因此被捕判刑十年。翌年死于狱中。其弟扬(Jan,即约翰内斯 Johannes)·考贝夫亦因宗教异端思想被捕,后获释。

的"混沌时期"。柯勒鲁斯(Colerus)认为,在学会磨制透镜的技术之后,因为不再有任何必要留在阿姆斯特丹,斯宾诺莎便离开市区,住在通往"老教堂"(Ouderkerk)路上的一个朋友家中。⑪西葡系犹太人公墓所在的这个小村庄位于阿姆斯特丹市外约十英里处,通往那里的道路正好沿着阿姆斯蒂尔河(Amstel River)。沿途遍布一些分配停当的"乡村住宅",市里的名流巨子偕其家属在那里布置他们的花园,享受新鲜空气,避开拥挤的闹市(以及各水道夏天散发的恶臭),从而得到短期的休憩。斯宾诺莎可能暂住于康拉德·伯格(Conraad Burgh)家中。伯格是阿姆斯特丹的法官,也是本市最富有者之一。他同情社友会派,与斯宾诺莎的关系可能是通过他的门诺派朋友们建立的。斯宾诺莎还与伯格的儿子阿尔贝特友善。他们俩大概是在十七世纪五十年代末于范·登·恩登那里结识的。阿尔贝特在去莱顿大学之前曾在那里学习拉丁语,而且在学校演出的一些戏剧中与斯宾诺莎共同登台。⑫

没有什么证据支持柯勒鲁斯的说法。即使在"老教堂"区或其附近,或在"通往"那里的途中,斯宾诺莎有过旅居停留,不论是住过一段时候还是仅仅对某些朋友的造访淹留,在整个这一时期中,他的主要活动和基本住所还是在阿姆斯特丹。(尤其,如果柯勒鲁斯所说的 op de weg naar Ouwerkerk[通往老教堂路上]不过是指仍很靠近阿姆斯特丹市界的某条路上的一所房子,那么,沿河进入市区应该只是短短的行程)斯宾诺莎为了演戏或其他事情继续与范·登·恩登及其学校接触,此外还定期参加在约瑟夫·格埃拉家里的聚会(如马尔特拉尼拉上尉所见证),这一切都说明这点。一位博学的丹麦旅行者奥劳斯·博尔希当时的一则日记显示,至迟从 1661 年 5 月,直到那年他迁居莱茵斯堡之前,他还是住在阿姆斯特丹。博尔希在莱顿的时候听到一位朋友说,"阿姆斯特丹有一些无神论者。他们有很多是笛卡尔主义者,其中有一名肆无忌惮的犹太无神论者。"⑬ 没有问题,这里所指的是斯宾诺莎。

当时在阿姆斯特丹领导贵格派教会的是英国人威廉·埃姆斯(William Ames)。他在 1657 年 4 月写给常常被称为"贵格会教徒之母"的玛格丽特·费尔(Margaret Fell)*,其中可能也提到斯宾诺莎。该信写道:

> 在阿姆斯特丹有一名犹太人。据他本人及其他人说,因为除了灵光之外他不承认任何导师,他被犹太人赶出来。他让我找他谈话。他很年轻,而且的确承认所说的一切。他说过从外部来诵读摩西和先知经文对他没有意义,除非他从内心去领会。因此,看来他确实承认基督之名,我指示将你的书的两个缮本之一给他。他给我传话说他会来参加我们的集会,但是这时我进了监狱。⑭

如果埃姆斯确实是在说斯宾诺莎,那么,这封信不仅透露斯宾诺莎在被革出教门之后仍然住在阿姆斯特丹,而且说明在此事件发生后不久——甚至可能在发生之前⑮——他就与贵格会教徒有接触。他可能是通过他的社友会派朋友们介绍给贵格会教徒的。在亚当·波里尔的社友会中,持异见的门诺派和谏净派分子与这个英国教派有很多共同之处。由于他们强调"内心灵光"之重要意义,对解释神谕之个人独立性,以及对礼拜之反威权的行事方式,在关于宗教,敬神,甚至道德问题上,这两个集团的见解相似。此

---

* 玛格丽特·费尔(Margaret Fell,1614—1702),在贵格会创始人福克斯传道早期皈依此派,后来与福克斯结婚,她的家成为贵格会传道士的大本营。

外,贵格会教派有兴趣接触犹太人。当时的千禧年教义信徒们（millenarians）——所有期待基督复临的人们——普遍预言 1656 年为犹太人改宗基督教的年份,这是迎接千禧年之即将到来的必要步骤。⑯其实,在阿姆斯特丹成立贵格会教派的一部分原因就是看到那里有大量公开存在的犹太人口。传道士们把在这个城市里会见犹太人并予以开导作为他们的历史使命。他们出席犹太会堂,访问犹太家庭,同他们辩论,努力争取他们。马纳塞·本·伊斯雷尔在 1655—1657 年间逗留英国,为犹太人重新获准进入那个国家而努力,当时费尔本人已经设法打通与他的联系。她希望马纳塞在犹太教公会会员中散发她写的关于改宗的小册子。这原来是一封公开信,题为"致马纳塞·本·伊斯雷尔:犹太人走出巴比伦和打开监狱之门的呼声,对顺从者这是佳讯,对囚徒们这是自由"。马纳塞本人虽然具有对救世主的坚定信念,与许多亲犹的千禧年教义信徒们有密切接触,而且十分乐意与他们讨论弥赛亚降临的主题,但是,对于促使犹太人改宗,他肯定不会有兴趣。不管怎样,他回到尼德兰后不久便逝世,似乎根本没有理会费尔的吁请。

贵格会教派会把斯宾诺莎视为有助于他们开拓事业的良好候选者。因为他对脱离犹太社区毫无遗憾,他们大概假定他不具有拉比们对改宗基督教工作的担心和疑虑。而且,以他的希伯来语知识,他可能满足了费尔的渴望,把她的著作译成便于在犹太人中间传播的那种语言。在斯宾诺莎与埃姆斯之间最初的中间人可能就是彼得·塞拉列乌斯(皮埃尔·塞勒里埃尔)。他是阿姆斯特丹主要的千禧年教义信徒之一,而且定期参加社友会派在波里尔家中的集会。⑰斯宾诺莎可能在阿姆斯特丹"社友会"成员中初识塞拉列乌斯(Serrarius),而且同他成为好朋友。塞拉列乌斯对于贵格会教派(由于他们的千禧年教义的观点)和犹太人(由于他们在历史的"终结"中要起的重大作用)都感兴趣。他于1580年生于伦敦的一个胡格诺派(Huguenot)家庭*,1630年结婚后才迁往阿姆斯特丹,在这两国都有许多关系密切的同事。埃姆斯和马纳塞都是他的朋友。马纳塞和他都对末世论感兴趣,而且可能最初把他介绍给斯宾诺莎。波里尔曾向集会的社友会派和贵格会派教徒们出示一篇文章,论述最近由一名自称救世主的英国贵格会人员引起的骚动,这时斯宾诺莎或许甚至正在塞拉列乌斯家里。⑱

埃姆斯在把费尔致马纳塞的信从英语译成荷兰语之后,约在1657年初,他把译文交给他的犹太朋友转译为希伯来语。费尔看来对他们的翻译十分满意,因此她于1657年底要求阿姆斯特丹的另一位贵格会传道士威廉·卡顿把她的第二本小册子译成希伯来语。卡顿回信道:

> 我找到一位犹太人,把这本书给他看,而且问过他什么语言对犹太人最合适。他告诉我葡萄牙语或希伯来语。如果是希伯来语,在耶路撒冷或世界上几乎任何地方的犹太人或许都能看懂。他已承担为我们翻译,因为他是好几种语言的行家。⑲

几个月后,卡顿致函费尔称,因为要把书译成希伯来语的那位犹太人"不能从英语翻译",故像埃姆斯一样,他首先必须把它译成荷兰语。"他现在有了荷兰语文本,而且正在翻译它,犹如上次

---

* 塞拉列乌斯(Peter Serrarius):另有资料称,他于1636年生于比利时,住在阿姆斯特丹,经常去伦敦访问。他是社友会派,相信基督复临及至福一千年之说教。1667年发表论著,回应梅耶尔所著《哲学是圣经的解释者》。一说其生卒年份为1600—1669年。

一样（指翻译致马纳塞的信）。"[20] 他还加上一句："从事翻译的这位犹太人就他本身而言仍然是非常友好的。"

第二本书题为《关爱的致意：写给犹太人中亚伯拉罕之苗裔，无论他们流散和落脚于大地何方》。这是恳请犹太人加入"新约"（New Covenant）的一份慈爱而有力的呼吁，对他们表示热情欢迎。费尔敦促犹太人"洗净（他们的）罪孽"，改恶从善，"转向你们内心的灵光"。于是，在"灵光与慈爱之神约"中，他们定能分享"绝不消失的持久富源与传统"。费尔常常谈到关于贵格会教派务使犹太人享有加入好人方面之酬报的善良愿望："如果汝等走进我主上帝用以教导其子民的灵光，就享有我主慷慨赐汝之爱；但愿绝对遵从克服罪孽的灵光之指引与教导。在这里汝等将净化心灵，去掉心上的包皮。"[21]

对于其永恒的福祉尚属未卜的犹太人，费尔只宣示热烈的爱惜与关怀。对于继续抗拒改宗所发出的恐吓则保留在塞缪尔·费希尔（Samuel Fisher）致犹太人的信中，而费尔之书的译本在发表时附有这封信。在经常与犹太人争辩的阿姆斯特丹贵格会教徒中，费希尔是主要的辩论家。费尔论述上帝之爱，而费希尔则强调上帝之愤怒。费希尔在他的信中警告那些人将会发生的事情，因为"神已对他们发出召唤，但是他们没有服从"。他坚称："在神看来，犹太人已经作孽……而且选择了神不要你做的事。"他们不听从律法，反而藐视律法。最后他以不祥的语调说："以色列的孩子们，放聪明些接受忠告吧！记住你们是桀骜不驯的！"[22]

卡顿指出，找来翻译费尔所著《关爱的致意》的那个犹太人与埃姆斯所找的译者是同一个人，即"被犹太人所逐出"的那个阿姆斯特丹的犹太人。如果这确实就是斯宾诺莎，那么，那些小册子成了一位学者所称的"斯宾诺莎最早的出版物"。在1657和1658年一段短暂的时间内,斯宾诺莎就成了贵格会教派的某种犹太事务专家和顾问,为他们翻译,而且在与阿姆斯特丹的犹太人打交道中怎样做才是最好的问题上,或许还为他们提供咨询。在贵格会的领导人乔治·福克斯(George Fox)*向埃姆斯打听关于把他为犹太人写的论文译成希伯来语的时候,埃姆斯再度采取先把论文译成荷兰语的步骤。不过,在"与一位曾是犹太教徒"的人——大概又是斯宾诺莎——商议之后,埃姆斯最后决定,因为阿姆斯特丹的犹太人大多根本不懂希伯来语,最好还是以荷兰语印行,这是他们能读能说的语言。㉓这次在这位犹太顾问把问题思考一番之后,想必已向埃姆斯讲明,能够阅读希伯来文的那些人会是最不可能争取过来的,而那些在埃姆斯看来或许会对改宗的呼吁持开放态度的人们也没有能力从希伯来文中获取信息。

如果斯宾诺莎就是埃姆斯和卡顿所说的那位乐于帮忙的犹太人的话,纵使考虑到他在此时已与犹太教决裂,此外还有他与阿姆斯特丹的犹太教公会处于顶牛状态,但是,看到他竟然为一个积极争取犹太人改宗的基督教新教派提供服务,也是够令人诧异的。与某些十七世纪的作者的报道相反,㉔斯宾诺莎"脱离"犹太教以后,没有变成一名上教堂的基督徒。而且,绝对没有他曾正式加入贵格会教派的问题,因为那是一群狂热的教徒,除了在敬神问题上的平等观念,和对"真正信仰"之内在本性的宽容态度以外,斯宾诺莎同他们不会有什么共同点。其实,不论他与贵格会教派可能有过什么关系,到1658年也就结束了。那时一名英国贵格会分子

---

* 乔治·福克斯(George Fox,1624—1691),英国宗教家,贵格会(即公谊会)的创始人。他追求内心的宗教经验,摒弃一切外在的形式。从1647年开始传道后,对中下阶层有很大吸引力。因为不服从英国国教,遭到当局猛烈打击。后来在美洲和欧洲各地传教,信徒众多。

詹姆斯·内勒自称救世主,在这个问题上阿姆斯特丹的传教士们发生深刻的分歧。诸如波里尔和塞拉列乌斯等社友会派分子嘲笑贵格会派中那些激昂的弥赛亚崇拜者,而他们对待那个新教派的态度会吸引斯宾诺莎与他们同道。㉕尽管如此,这时斯宾诺莎对宗教和圣经的一些观点大概与贵格会的信仰和实践十分谐调,正像与社友会派的观点契合一样;而贵格会教派当初对他的吸引力,如果有过的话,可能也是出于这些学理上的近似之处。

此外,对斯宾诺莎而言,与贵格会教派共事可能成为一种有益的和在学术上重要的经验。如果他与塞缪尔·费希尔接触,在费尔的第二本小册子上与他合作,那么,他就会看到当时对圣经问题的一些最激进的观念。从 1656 年起,在英国、法国和荷兰的许多基督教学者和教士致力于对圣经之来源与地位的争辩,而懂得希伯来文的费希尔乃是主要人物。费希尔认为,如果说圣经的文句都是从上帝原来的启示中原封不动地传下来的,那就很不可能。其实,真正的神启几乎肯定经过多次的改动才成为书面的文本。我们现有的只是经过无数次传抄之后的一个抄本,全是人为的可能有错误的产品。费希尔把上帝的永恒而超自然的福音同那些历史的自然的过程区别开来,通过那些过程,福音终于传到我们这里,而在此过程中它势必经过种种变异与增添,包括从事编纂的拉比及文士们可能进行过的正典化工作。他辩称,似乎也不可能说摩西就是全部《五经》(Pentateuch)的作者。因此,就上帝的神启而言,"内心的灵光"是比书面的圣经好得多的指针。㉖在斯宾诺莎于 1657 年同费希尔及其他贵格会派教徒的讨论中,他自己对圣经之著作与编订问题上的激进观点完全可能得到增强——他们的讨论或者甚至成为那些观点的来源。㉗

*　　　　　*　　　　　*

关于贵格会在荷兰的传教活动的这些文件所提到的那个"犹太人"如果就是斯宾诺莎的话，那么，这些文件证实从 1657 年到 1658 年期间他全在阿姆斯特丹。㉘然而，在 1659 年初以前有些时候，(最晚)在他与托马斯修士及马尔特拉尼拉上尉于阿姆斯特丹交谈的时候，看起来他或是逗留或是定期访问莱顿，以便在莱顿大学学习。正是托马斯修士本人提供这条信息。在他给宗教法庭写的报告中，他说斯宾诺莎"在莱顿学习，而且是良好的哲学家"。其实，斯宾诺莎大概正是为了增进他的哲学教育而开始在莱顿学习。既然他不再经商，可以自由投入更多的精力于哲学，斯宾诺莎想必感到这正是时机，用以补足他或许从范·登·恩登、他的社友会派友人们，以及他自己的阅读中获得的任何关于笛卡尔学说的知识。虽然没有关于他在大学里正式注册入学的记录，但是他可以未经任何科系正式录取而旁听课程。(最初促使斯宾诺莎采用他的拉丁化教名"别涅狄克特"的动机可能就是由于他与大学生活的联系，在那里一切教学和学术发言都用拉丁语。)笛卡尔本人曾于 1630 年在莱顿大学学习数学。这里不仅是共和国内最老牌和最优秀的大学，而且因为充分备有笛卡尔派的教授而闻名。这必然使莱顿大学对斯宾诺莎特别有吸引力，成为符合他的宗旨的自然选择。

尽管该大学的理事会于 1646 年，而且荷兰省议会新近于 1656 年都已经发布反对讲授笛卡尔哲学的法令，莱顿大学哲学系和神学系仍有一些人公开拥护笛卡尔思想，以及其在物理学、医学、逻辑学和数学上的各种应用，其中有东方语言教授及数学家雅各布·戈里乌斯(Jacob Golius)*和在 1648 年已任神学教授的亚伯拉罕·海达努斯(Abraham Heidanus,即 Abraham van der Heyden)。曾为笛卡尔的《方法谈》附录绘图的小弗兰斯·范·斯霍滕(Frans van Schooten the younger)**在莱顿大学教授数学,至 1660 年去世为止。但是,对斯宾诺莎来说,他最有兴趣参加的应该是哲学系人士所授的课,他们负责逻辑学、自然哲学、形而上学、心理学和伦理学的讲授。实际上这里盛行笛卡尔主义,因为只要哲学教师们不误闯神学的领域,这个大学往往容许他们走自己的道路。哲学家通常强调保持理性(哲学思辨的固有手段)与信仰间的区别的重要意义,因此,至少在理论上,他们能够接受这种限制。

在莱顿的哲学家中间,有一位逻辑学教授阿德里安·赫吕波尔德(Adriaan Heereboord,1614—1661)。在十七世纪五十年代初,他以对笛卡尔思想兼收并蓄的热忱而声名大噪。赫吕波尔德爱好嘲笑他的信奉亚里士多德学说的同事们,因为他们盲从别人的意见而不对自然作真正的调查研究。他特别信服笛卡尔的哲学方法及"我思故我在"(cogito ergo sum)之说的作用,因为这是一切知识的第一真理和基础。关于理性在知识寻求中的应有的做法,包括"怀疑方法"所起的作用,笛卡尔有许多重要的论点,赫吕波尔德在授课和对学生辩论的指导中予以介绍引进。笛卡尔本人承认,与雷基乌斯(Reqius)(即亨利·勒·鲁瓦,他在乌德勒支大学是笛卡尔的一名过分热心的门徒)相较,赫吕波尔德"更加公然支

---

* 戈里乌斯(Jacob Golius,1596—1667),荷兰的东方学者,原在莱顿大学攻读阿拉伯语及东方学,后任教授,著有《阿拉伯语—拉丁语字典》(Lexicon Arabico-Latinum)。

** 小斯霍滕(Frans van Schooten the younger,约 1615—1660),荷兰的数学家,莱顿大学教授,其主要著作显示解析几何之具体运用,对此学科之早期开拓作出贡献。

持我,而且以更多的赞词表彰我"。㉙当大学的学监们于 1647 年再次指示哲学系和神学系全体教授不得讨论笛卡尔及其思想时,他们的告诫主要是针对赫吕波尔德。㉚但是他对这项指令置之不理。

虽然在十七世纪五十年代末赫吕波尔德仍在活动,他的嗜酒问题已经开始影响他的事业,最后他被解除教职。㉛不管怎样,作为笛卡尔思想的主要阐释者,他的重要性已被约翰尼斯·德·雷伊(Johannes de Raey,1622—1707)所掩没。在迁至莱顿之前,德·雷伊是雷基乌斯在乌得勒支大学的学生。他到莱顿大学任哲学教授,讲授自然哲学及其他科目(在 1658 年以后他还教医学,令医学系人员大为错愕)。笛卡尔一贯注意鼓励他的荷兰门徒们,据称他说德·雷伊讲授他的哲学比任何其他人更好。㉜在 1648 年,当德·雷伊在莱顿大学接受他的人文与医学学位后不久,而且还在对大学生进行私人授课的时候,他本人也遭到大学理事会的谴责。他的私人授课想必带有不少笛卡尔思想,为了今后更严密的监管,理事会决定:"以学监们的名义告知德·雷伊先生,只有在他同校长以及各系教授们认真考虑之后才可以提供私人授课。此外,不准进行任何笛卡尔哲学的讲授。"㉝德·雷伊对笛卡尔思想的追随带有兼容并蓄的成分。他愿意吸收亚里士多德思想的要素,而且致力于显示笛卡尔思想体系并非一种对传统哲学的破坏性决裂。后来他还要与被视为"激进的"笛卡尔派的斯宾诺莎等人拉开距离。约 1658 年——斯宾诺莎大概还在那里——德·雷伊偕同阿诺尔德·赫林克斯(Arnold Geulincx,1623—1669)*来到莱顿。赫林克斯很可能是由于他的笛卡尔思想而被迫离开低地国家南方的卢万大学。他

---

* 赫林克斯(Arnold Geulincx,1623—1669),荷兰哲学家。1640—1646 年在卢万大学修习神学,后留校就职。由于崇拜笛卡尔 1658 年被迫离职。1665 年在莱顿大学任教,后罹时疫而殁。著有《伦理学》等。

从天主教改宗加尔文教后不久来到莱顿，立即投入海达努斯倡议下的莱顿大学笛卡尔小组。赫林克斯与斯宾诺莎有不少共同的思想，其实，在赫林克斯死后，有一位加尔文教牧师指责他已陷入斯宾诺莎主义的"邪恶"之中。这两人在莱顿可能相互结识。

斯宾诺莎在莱顿大学可能旁听关于笛卡尔的科学、方法及形而上学的授课，为此，他在阅读中或许有了充分的准备。笛卡尔的主要哲学著作，包括《第一哲学沉思集》（1641）及《哲学原理》（1644）都是以拉丁语发表的。即使原来以法语（斯宾诺莎似乎不很懂法语）㉞出版的广泛流传的《方法谈》（1637），以及科学论文（但非数学论文），在 1644 年以后都有拉丁语版。斯宾诺莎有一部 1650 年版的笛卡尔《哲学著作集》（*Opera Philosophica*），包括所有这些著作。在笛卡尔的一些书信于 1657 年首次发表之后，斯宾诺莎应该也能开始读到他的富有哲学思想的通信。但是，哲学方法的一部早期而有影响的论著，即未完成的《探求真理的指导原则》（*Rules for the Direction of the Mind*）*，虽然在崇拜者的小圈子里有手写本流传，直到 1701 年才出版（荷兰语本出现于 1684 年）。㉟

当时一些重要的笛卡尔派学者正在继续发展笛卡尔的形而上学和科学思想，虽然所采取的途径笛卡尔本人未必都同意。对于这些人，斯宾诺莎也花时间去研究。斯宾诺莎一定听过德·雷伊关于笛卡尔的《方法谈》和《哲学原理》的讲课㊱，可能正是德·雷伊首先指导斯宾诺莎读约翰内斯·克劳贝格（Johannes Clauberg）**的

---

* 此书本名 *Regulae ad directionem ingenii*，约写于 1627—1628 年，直到 1701 年才以拉丁语遗稿出版于阿姆斯特丹。这是笛卡尔早期对知识和哲学方法的重要陈述。1991 年商务印书馆出版此书的汉译本（管震湖译）。

** 约翰内斯·克劳贝格（Johannes Clauberg,1622—1665），德国哲学家，笛卡尔主义者。《全集》（*Opera*）为 Schalbruch 所编，1691 年出版。

著作。这位德国学者曾于十七世纪四十年代在莱顿大学师从德·雷伊,到五十年代末已发表多种重要哲学论著,包括1652年的《笛卡尔派的辩护》(*Defensio Cartesiana*),此书斯宾诺莎藏有一本。在数学教育方面,斯宾诺莎似乎倚重于大斯霍滕(Frans van Schooten the elder)*之读本。著者是笛卡尔的更忠实的门徒之一,于1649年还负责将《方法谈》中的几何学论文译为拉丁语。㊲

另外,在十七世纪五十年代末,斯宾诺莎正在埋头研究笛卡尔及其门徒的著作(或如他的好友雅里希·耶勒斯所说,研读"最著名和最伟大的哲学家勒内·笛卡尔的哲学著作"[Scripta Philosophica Nobilissimi e. s. summi Philosophi Renati des Cartes]),㊳深入思考这位旅居国外的法国哲学家思想体系的基本特征。笛卡尔所说的一切(或者在许多情况下是不言而喻的),对斯宾诺莎而言,想必似乎已是发聋振聩的,甚至进而是正确的。这种二元论的、形而上的世界新图景,由于将心灵与物质全然分开,为纯粹机械论的形而下学(自然哲学)提供各项根据,得以有效、清晰而平易地解释自然现象——使自然之结构与动力均能以纯数学方式加以说明。笛卡尔的科学研究工作在其所有方面的统一性自会促进各个不同学科中对确定性的探索,而且扩大在特定学科中进行富有成效的实验工作之可能性。此外还有笛卡尔对于心智、对于理性之洞察自然之内部运作的能力采取的乐观主义态度。对笛卡尔来说,如果在正确的方法指导下,理智(即知性,intellect)能够通过它本身的概念工具,它的"清楚明晰的观念",真正(而且有效地)认知世界的全部细节。至少对斯宾诺莎而言,更为重要的是,心灵

---

* 大斯霍滕(Frans van Schooten the elder,1581—1646),荷兰数学家,曾在莱顿大学任教授,为惠更斯(Huygens)之师,小斯霍滕之父。此处原书有误,应为小斯霍滕。

还能知道它自己在那个世界中的位置。

斯宾诺莎所受的犹太教育囿于传统,其中包括拉比式诠释的那些逻辑上严格但已过时的做法,以及犹太教哲学典籍的对宇宙之推测,甚至连伟大的迈蒙尼德都束缚在实质上是亚里士多德派的体系之中。与此截然不同,这时出现的是一个进步的哲学家园,斯宾诺莎在其中感到惬意。笛卡尔主义是比较年轻的哲学,那时还有许多工作有待完成。这不是说他会在笛卡尔思想中固步自封,就像其他人自缚于柏拉图或亚里士多德那样。如果说他曾经是一个幼稚的门徒,那也只是极短暂的现象。斯宾诺莎是一位很有独创性和独立性的思想者,具有非常敏锐的分析力,因此不是不加批判的追随者。

大概他首先看到的就是,在一个基本上笛卡尔式的框架里,他有可能开始从事他自己的哲学研究计划;在这个时期前后,这个计划的轮廓正在变得日益明确,而且就像是从他自己的经验中自然产生的。斯宾诺莎感兴趣的是人的本性及其在世界上的地位。这个存在物既认知自身,又认知自身作为一个部分的这个世界,那么,这个存在物是什么?在人与自然界的关系中,能够就他的自由、他的可能性及他的幸福得出什么结论?他对这个世界的情感反应之性质及他在世界之内的行动之性质是什么?

在他的哲学修习中斯宾诺莎想必进步迅速,因为到1661年初,他作为"擅长笛卡尔哲学"的人士已是颇有名气。[39]他的研究工作还有一个不错的班子,因为在他的阿姆斯特丹朋友圈子中"新科学"(scienta nova)是经常的对话课题。他们似乎定期会晤讨论哲学观念和宗教思想,[40]大概由于他新近在莱顿大学听课,但也正由于他在学术上卓然超群,斯宾诺莎成了某种现成的,即使往往带批判性的笛卡尔思想专家。据卢卡说,"他的朋友大多是笛卡尔派,他们向他提出一些难题,而且坚持认为只有以笛卡尔的原理才能解决。"而斯宾诺莎却"以全然不同(于笛卡尔)的论据排难解惑,使他们省悟当年学者们所犯的某种错误"。㊶在这些人士中,当然有他多年一贯交往的社友会派及其同路人,但是也有近来他在阿姆斯特丹或莱顿结识的某些新知。

雅里希·耶勒斯(Jarig Jellesz,这是"耶勒逊",即"耶勒之子"的缩写)是斯宾诺莎亲密的终身朋友,大概是在十七世纪五十年代初,于阿姆斯特丹商业交易所首先遇到的。耶勒斯于1619或1620年生于阿姆斯特丹的弗里斯兰血统的富裕家庭,后来成为主要经营香料和干果的杂货商人。他既从事批发,也经营零售贸易,而且时常同葡裔犹太人做生意。他甚至可能曾经是斯宾诺莎家族商行的一名客户,因为在1655年他从西蒙·罗德里格斯·努内斯那里购买葡萄干,而这些是迈克尔·斯宾诺莎父子们所经营的进口商品的一种。有一位友人为耶勒斯所作"普世基督教信仰之告白"附加一条传记性注释,按照这位友人的说法,耶勒斯在比较年轻时便放弃商业,当时他"领悟到财货的积累不能满足他的心灵。因此他把他的商店卖给一位老实人,而且,从未结婚便退出尘世的喧嚣,在平静中实践真理之知识,寻求上帝之真正本性和取得智慧"。㊷耶勒斯的家族属于阿姆斯特丹佛兰芒人门诺派社区,他大概是该市的社友会派团体的更虔诚的成员之一。他深信信仰乃属私事,即内心的坚强信念和宗教体验,所以他反对外在的权威,有组织的教规和神学的教条化。他坚持认为人的幸福只存在于神之知识中,即与神的理解的一种纯理性的契合。㊸

扬·利乌魏特茨(利乌魏特之子)于1684年出版了耶勒斯所作的"告白"。利乌魏特茨于1616年也生于门诺派的家庭,他是一名激进勇敢的印刷和售书商人,出版其他出版商不愿接触的作品。他与斯宾诺莎结识不是通过他正在印行他们的著作的社友会派（或许经由耶勒斯本人），就是通过范·登·恩登。他与斯宾诺莎都有许多学术兴趣，和范·登·恩登的相同，特别是对笛卡尔哲学及激进的政治理论。1657 年，大约在他参加了斯宾诺莎和他的其他朋友讨论笛卡尔思想的集会的时候，利乌魏特茨开始出版笛卡尔著作的荷兰语译本，这项工作用了他差不多三十年的时间。这些著作的译者是扬·亨德里克·格拉兹梅克（Jan Hendrik Glazmaker）。他是笛卡尔派"圆桌会议"的另一名成员，后来将斯宾诺莎大部分著作译为荷兰语的正是此人。格拉兹梅克也是在 1620 年左右生于阿姆斯特丹佛兰芒人门诺派社区，而且可能通过那位杂货商人初识斯宾诺莎。[44]

斯宾诺莎可能也是通过社友会派的关系网结识彼得·巴林（Pieter Balling），后者不久变成斯宾诺莎更忠实的门徒之一。巴林是一名教育程度高的门诺派商人，由于通西班牙语，他大概还同葡裔犹太人做生意；一度他是某些荷兰商人在西班牙的代表。他是斯宾诺莎最大的仰慕者之一，热心参加阿姆斯特丹的哲学讨论会。在他以最大的努力帮助散播斯宾诺莎著作的同时，他还撰写他自己的斯宾诺莎主义论著，那就是 1662 年匿名出版的《烛台之光》(*The Light upon the Candlestick*)。因为它强调"灵光"，许多人以为它是贵格会教派的埃姆斯所写的。在这本书中，巴林主张通往宗教信仰的一种私人的、非告解的和宽容的途径。他采取比耶勒斯稍微更为神秘主义的方式，认为每个人都可能具有一种对神的自然的、直觉的、"内在的"体验。任何个人，不论其圣经知识或告解背景，都能通过自己的理智力与神相通。"烛台之光"就是理性，"清楚明晰的真理知识"，他将此等同于福音、基督和神道。[45] 这本书当然是由利乌魏特茨出版的。

在柯勒鲁斯所写的传记中,他特别提到西蒙·约斯登·德·福里(Simon Joosten de Vries)对斯宾诺莎的挚爱与忠诚。㊻他们之间的信件可以证实这一点。那里有时表现一种热烈而亲密的私人关系,在斯宾诺莎现存的通信中是少有的。德·福里约在1634年出生于有门诺派背景的上层中产阶级商人的大家庭里。他可能也是通过社友会派的关系认识斯宾诺莎的。在十七世纪六十年代,哲学家斯宾诺莎可能与德·福里的家族亲属发展一种不常见的密切关系。德·福里于1667年早逝,死前他尽最大努力保证他的朋友在财务上会得到良好的照顾,这项承诺由他的妹妹和妹夫遵从兑现。

尽管这个小组有成为"无神论的笛卡尔派"之名声㊼,显然,耶勒斯、巴林以及斯宾诺莎学术小组的许多其他成员主要致力于宗教改革和宗教宽容,提倡以自己的方式敬神的个人自由,也就是说,个人只由他自己的智能来引导,不受任何教义和仪式的约束,而且摆脱任何神学的或其他的权威人士的干扰。他们同斯宾诺莎一样对笛卡尔的哲学满腔热情。他们尤其倾心于其理性主义思想,强调以独立的理性获致更高的真理的力量。犹如斯宾诺莎,他们深信,人的幸福,就其在古希腊人所说的 eudaimonia* 或福慧双修及笛卡尔派所说的"得救"之充分意义上,乃在于无拘无束而有条有理地运用旨在通往其正当目标的理智。就斯宾诺莎而言,对于其友人们关于"内在体验",伦理道德和宗教宽容的诸项观点无疑是感兴趣的。但是与斯宾诺莎不同,他们的动机具有深刻的宗教性,而理性引导他们所达到的真理通常是虔诚的基督教真理。人们怀疑阿姆斯特丹的这个笛卡尔派讨论小组是否有时类似于波

---

* eudaimonia,指亚里士多德哲学所说的由理性支配的积极生活所带来的幸福。

里尔的"社友会"集会。

前来参加哲学讨论的那些斯宾诺莎的友人除了具有社友会派或门诺派背景者之外,还有几位可能在莱顿大学与他结识的人。例如,那位激进的政治与宗教思想家阿德里安·考贝夫(Adriaan Koerbagh)从1656年至1661年在莱顿大学学习。虽然他是在医学系注册的学生,因为前几年他在乌得勒支大学曾修习哲学,他可能也参加斯宾诺莎所聆听的德·雷伊对笛卡尔哲学的讲授。既然德·雷伊在1658年以后还教医学,考贝夫对于他的医学讲师的笛卡尔主义倾向大概感到十分好奇,要去看看这位讲师在纯哲学领域说些什么。考贝夫像范·登·恩登一样爱好民主政治,他可能通过他们的这位共同的朋友已经见过斯宾诺莎,但是,在莱顿大学建立联系似乎更有可能。

久而久之,斯宾诺莎与考贝夫之间形成密切的相互影响的关系。在政治观点和对宗教的态度上,他们是一致的。贯穿于考贝夫的形而上学原则的是明确无误的斯宾诺莎主义倾向,而斯宾诺莎所著的《神学政治论》与考贝夫对国家和圣经问题的大胆想法有许多共同之处(考贝夫肯定会看到斯宾诺莎从1665年起撰写的这部著作的初稿)。在加尔文教会的唆使下,考贝夫以渎神的罪名被市政当局逮捕之后,于1669年瘐死狱中。实际上,这个事件至少部分地激发斯宾诺莎发表《神学政治论》的决心。斯宾诺莎力主思想与言论自由,力主在社会与政治领域里教会当局不得干涉,这时他无疑会想到他的朋友遭受的劫难。

考贝夫虽然似乎没有成为一个特别信教的人,然而,他像耶勒斯、巴林等人一样是理性主义者,而且,就他本人而言,至少名义上也抱有以上帝为中心的人间福祉观念。人在对神的认知中找到他的 beatitudo(幸福)。对神的这种理解不是某种神秘的内省,只是理性对永恒不变的实质之智力掌握。以此为根据,考贝夫反对非理性的神学和迷信的宗教仪式。他坚持认为,真正的宗教是内在的、个人的事情。真正的神谕只是爱上帝和服从上帝,以及爱你的邻人。其他的一切都是附带的或多余的。在考贝夫的观点中还有明显的索齐尼主义(Socinianism)成分,因为他否认三位一体及耶稣之神性。[48]处于斯宾诺莎的其他友人中间,他一定感到很自在,而且由于他与阿姆斯特丹社友会派接触可能受到强烈的影响。

另一方面,洛德韦克·梅耶尔(Lodewijk Meyer)*甚至不自称他同斯宾诺莎的其他友人有同样的虔敬信仰。他出身于路德派而非门诺派家庭。在他与社友会派友好,甚至可能参加他们的某些集会之际,他的真正爱好是哲学与艺术,尤其是戏剧与文学。从1665年至1669年,他成为阿姆斯特丹市立剧场的院长,而在1669年,是戏剧与文学团体"有志者事竟成"(Nil Volentibus Arduum)的创办人。梅耶尔具有渊博的人文素养,如果他竟然谈论宗教问题,那就是为了有助于结束神学上的争吵,不让它搅扰共和国的和平。他对斯宾诺莎个人的学术仰慕不仅基于他们共同的哲学爱好(特别是对笛卡尔),而且也基于梅耶尔本人所矢志的对追求真理的一种共同献身。因此,不论在斯宾诺莎有生之年,或在他死后将所搜集到的遗著付梓,梅耶尔比任何人都更负责将斯宾诺莎的作品出版印行。

1629年梅耶尔生于阿姆斯特丹。他原来希望当一名路德派牧师,但是这番热诚为时不久。青年时期他对语言有强烈的兴趣,而且在1654年改编了一本书,解释在十七世纪荷兰语中所用的几

---

* 梅耶尔(Lodewijk Meyer,1630—1681),在各国不同的出版物中,Lodewijk(荷兰人名)有时拼作 Ludwig(德国人名,即路德维希)或 Lewis(英国人名,即刘易斯)。

千个外来语。同年他为莱顿大学所录取,起初学习哲学,在 1658 年后学习医学。1660 年他在这两个学科都获得博士学位。他在莱顿一定认识考贝夫,因为他们在同一科系,而且会听同样的课。大概也是在莱顿,而不是在范·登·恩登的学校里(如学者们大多所设想的那样),梅耶尔初识斯宾诺莎。当斯宾诺莎在范·登·恩登的学校里上学的时候,即 1654 年至 1658 年初,梅耶尔甚至不在阿姆斯特丹;而当斯宾诺莎可能正在莱顿逗留的时候,梅耶尔确实也在那里。

除了作为斯宾诺莎的密友和赞助提倡者之外,梅耶尔的哲学重要性在于他自己对圣经诠释工作的激进的理性主义理论。为了结束危及尼德兰社会安宁的宗教派别纷争起见,梅耶尔提出一种诠释圣经的方法,他认为这个方法会显示圣经真正而明确的含义,会"确认和传播神圣真理之不朽教义,让我们的灵魂得到救赎和享受幸福"。这个方法见于梅耶尔所著《哲学是圣经的解释者》(*Philosophia S. Scripturae interpres*),它是彻底的笛卡尔派思想;此书匿名出版于"Eleutheropolis"("自由之城")。他强调依靠理智之清楚与明晰的观念的重要意义。这就是说,诠释圣经的真正指针乃是哲学或理性,不是信仰或建制性的权威当局。为了取得梅耶尔所称的圣经本文的"真义",即其作者想要表达的意义,我们应该只依靠自然理性清楚明晰地领悟的东西,而不是仅随传统、教会或教皇的摆布。这是因为圣经的终极作者——虽然不是我们现有的书面经文的直接作者——乃是上帝。上帝是无所不知的,而且必然是真诚正确的,所以,上帝想要表达的任何主张将不仅是他的话的"真义",而是真理本身。既然理性乃是发现真理的本领——逻辑的、自然的和心灵的本领——,而且既然圣经之"真义"也是这个绝对真理,那么,理性就是理解圣经之意义的固有

工具。㊾

通过显示什么本来可以归因于上帝,什么本来不可以,理性也会告诉我们,圣经的语句何时应该照字面解读,何时应该当比喻解读。例如,圣经说到上帝的双脚,他的手指,以及他的愤怒。但是,根据理性我们知道,要有双脚或手指或情感就需要一个身体,而有一个身体却是与作为上帝这样无限完美和永恒的存在物不相容的。所以,像这些提及上帝的段落必须当比喻解读。㊿

梅耶尔的著作与斯宾诺莎的《神学政治论》一并遭禁。(有些 173
人甚至认为《哲学是圣经的解释者》是斯宾诺莎自己写的。)(51)被激怒的批评家们认为梅耶尔滥用笛卡尔对理性与信仰之区隔,而且实际上把神学附属于哲学。笛卡尔本人很不愿意将他的方法用于神学的问题。梅耶尔自己的无所顾忌导致他得出结论:圣经本文充满矛盾、混乱和虚妄。这不仅冒犯了同情沃秀斯的正统加尔文教徒,甚至像莱顿大学的海达努斯教授这样的笛卡尔主义者,以及像塞拉列乌斯这样的持普遍宽容态度的典型人物都同声谴责。(52)

既对哲学抱有真正的热诚,似乎又是精力充沛,晚来的(53)梅耶尔在阿姆斯特丹的集会上势必成为激励人心的角色。和他在一起的还有一位"忠实的老友"约翰内斯·鲍麦斯特(Johannes Bouwmeester)*,从1651年至1658年也是在莱顿大学学习哲学与医学,可能是自行或通过梅耶尔介绍而与斯宾诺莎结识的。鲍麦斯特对文学、哲学和科学具有同样广泛的兴趣。(54)无疑至少在某种程度上,他们使那个小组具有"自由思想"的名声。这个意义多歧的

---

* 鲍麦斯特(Johannes Bouwmeester,1630—1680),1658年在莱顿大学完成医学教育,在阿姆斯特丹行医。他对多种科学、语言、戏剧和诗歌都有兴趣。在斯宾诺莎1663年出版的《笛卡尔哲学原理》一书前面题献的短诗,人们认为是鲍麦斯特所作。

标签不论是否适当,到十七世纪五十年代末及六十年代最初的一年半(当时梅耶尔和考贝夫获得大学学位不久,可能已参加这个小组),斯宾诺莎的阿姆斯特丹小组包括各种爱好与人物:从虔敬的、无告解派的宗教改革者及攻击传统观念的圣经批评者到有教养的人文学者和激进的民主主义者,不拘一格,兼容并蓄,为了各种不同的理由,他们都有兴趣讨论笛卡尔主义及其他的哲学与宗教问题。

* * *

在发现马尔特拉尼拉上尉给宗教法庭提供的证词以前,通常都认为斯宾诺莎在被犹太社区驱逐之后,不再与阿姆斯特丹的西葡系犹太人有任何接触。而柯勒鲁斯硬说斯宾诺莎一度宣称"从那时起他与他们既不交谈,也无任何来往"。他还写道:"阿姆斯特丹的一些熟识斯宾诺莎的犹太人曾告诉我说,那个情况众所周知"。[55]但是那名西班牙军官于 1659 年作证说,约在那时,斯宾诺莎和普拉多"按期常去约瑟夫·格埃拉之家",同行为伍者有米古埃尔·莱诺索大夫及一名经营糖果点心及烟草的商人帕切科。这说明有些葡裔犹太人情愿不顾禁令,与被谴责的异端分子共同聚会。按照马尔特拉尼拉的报告——而且根据另外的资料——莱诺索和帕切科两人来自塞维利亚,显然都是"塔木德·妥拉"犹太教公会的正直会员,因为他们向那位上尉表白他们自己都是"遵守教规的犹太人,而且虽然有一次人们向他们提供猪肉,他们忍住不吃。"[56]另一方面,格埃拉先生是富有的非犹太人,来自加那利群岛。他住在阿姆斯特丹是希望治好他的麻风病。那时寻求医疗的外国人常来荷兰访问,[57]而格埃拉肯定不会讲荷兰语,势必觅请说西班牙语的大夫。莱诺索大概是他的护理医生,在出访时有时由帕切科陪伴,那是莱诺索作为"马拉诺"住在西班牙时期认识的老朋友。

莱诺索于1658—1659年间出席斯宾诺莎和普拉多的朋友聚会特别耐人寻味。因为在伊比利安半岛过着信奉犹太教的改宗者生活,他于1655年被巴尔塔萨·欧罗比奥·德·卡斯特罗向宗教法庭告发。这位欧罗比奥·德·卡斯特罗也是来自塞维利亚,后来当他亦在阿姆斯特丹行医,而且是葡裔犹太教公会的成员时(用伊萨克这个名字),曾严词谴责被革出教门的普拉多和斯宾诺莎。看来欧罗比奥和莱诺索,以及普拉多,在塞维利亚都是秘密的犹太教徒。欧罗比奥于1655年被宗教法庭囚禁和拷问时,他供出一些人名,其中包括米古埃尔·莱诺索和胡安·德·普拉多。这说明格埃拉的访客莱诺索和普拉多,或许还有帕切科,已经相识颇久,而且处境很不相同。到欧罗比奥招供的时候,莱诺索和普拉多幸而已经离开西班牙,远飏于宗教法庭势力所及之外。[58](只举报那些已知死亡或出走的人们是通常的做法。)因为莱诺索(使用犹太名字亚伯拉罕)和欧罗比奥后来在阿姆斯特丹合作处理各种不同的病例,似乎没有什么令人不快的感觉。[59]不过,当欧罗比奥开始挞伐普拉多,以及后来抨击斯宾诺莎的时候,不知他是否知道,在几年以前,他的行医同事及皈依犹太教的老同志曾经违抗犹太教公会而与这两名异端分子交往。因为直到斯宾诺莎被革出教门之时前后,莱诺索和帕切科才来到阿姆斯特丹,斯宾诺莎大概是在他脱离社区后的某个时候,由普拉多介绍给他的这两位来自塞维利亚的前"马拉诺"分子的。莱诺索和帕切科从来没有因进入斯宾诺莎周围四肘尺之内而遭到社区管理委员会的禁令惩罚,大概对于他们与他的会见守口如瓶。

* * *

斯宾诺莎最早的哲学写作是从他在阿姆斯特丹最后几年开始的，大约就在他常去格埃拉家，而且还亲身（不仅是靠通信）出席那个笛卡尔派小组的时候。在鹿特丹执政望族阿德里安·佩茨1660年3月写给那位谏诤派教授的信中，提到一位"你不会完全不知道的作者"所写的《神学政治论文》。如果这确实是指斯宾诺莎写的一本小册子，那么，在十七世纪五十年代末，哲学家已经把他对于导致他被革出教门的同样一些问题——圣经的著者和诠释——的观点，以及有关政治与宗教当局、自然法与国法的看法形诸楮墨。[60]（这也说明，他于1670年发表的《神学政治论》并非只是对十七世纪六十年代末荷兰政治危机的回应，或只是反映考贝夫于1669年瘐死狱中所造成的个人创伤，倒可以说是针对国家、自由、宽容，当然还有宗教问题的长期研究的成果）与此同时，斯宾诺莎的头脑显然转向伦理学、知识论和形而上学的一些广泛问题。其实，从1658年到1665年左右，不论在佩茨所持有的"小册子"上他可能写了什么内容，他对神学政治问题的关心处于次要地位。他正在通过断断续续的各种努力，构建一个充分发展的哲学体系。

《知性改进论》（*Tractatus de intellectus emendatione*）是论述方法论及知识论的未完成的著作。它总是被看作斯宾诺莎的早期作品之一，但是学者们通常断定它写于1662年左右，晚于某些其他著作（包括他的名著《伦理学》的初稿）。然而，有充分理由认为，《知性改进论》其实是现存的第一部斯宾诺莎原创性哲学论著。此书的主题内容，专用术语，关于知识及心灵活动的特有原理，可能的资料来源，以及它作为各种哲学问题之更系统的论著的导论性作用,在显示其写作时期应定在《神、人及其幸福简论》(*Korte Verhandeling van God, de Mensch en deszelvs welstand*)一书以前,后者可能是他在1660年末或1661年初开始写的。㉑

斯宾诺莎将《知性改进论》设想为某部较大著作的一部分——或许是第一部分。《知性改进论》是要论述哲学方法之开端问题和关于自然及知识种类的某些基本问题,这一切均以构成人生之"幸福"者的概括性观念为背景。斯宾诺莎在《知性改进论》一书中所说的"我的哲学"[*nostra Philosophia*]那部著作的其余部分,本来还要对这些问题作更深入的论述。这部"哲学"应该是对心灵、形而上学、自然哲学、伦理及其他课题的广泛而系统的探究,显然在他撰写《知性改进论》时尚未着笔。后来出现的情况似乎是这样:由于某种原因,在1659年末或1660年初,他决定放弃《知性改进论》的写作而另起炉灶,这次撰写的是成为《神、人及其幸福简论》的那本书,其中关于方法论的诸章在各个不同的方面与《知性改进论》的内容有重叠。㉒

《知性改进论》一书明显的宗旨固然是作为追求真理所遵循的正当方法的导论,另外它像笛卡尔的《方法论》,一方面是斯宾诺莎自己的学术路线的自传式述略,另一方面是呼吁读者——假定为至少涉猎过笛卡尔哲学的人士——循行同样的道路而且转入哲学的生活。

即使是开始考虑实行这样的转变,都需要对自己所过的生活有一种不满足的感觉,这种感觉或许尚未充分表达。这个人必须置疑他已采取的及已成为其行动指针的价值观念,而且探求对人的"真正的幸福","最大快乐的永恒来源"。易言之,人必须开始过苏格拉底所说的"审视过的生活"。斯宾诺莎的意见认为这种对幸福的追求需要根本改变一个人的生活方式。必须停止寻求通常的"幸福",诸如荣誉、财富和感官快乐。在反思之下,这些东西本身都显示为短暂而无常的——总之,根本不是所期望的对人的真正的幸福。况且,这些不经久的东西往往导致我们的失败与毁灭。

> 世界上因拥有财富而遭受祸害以至丧生的人,或因积聚财产,愚而不能自拔,置身虎口,甚至身殉其愚的人,例子是很多的。世界上忍受最难堪的痛苦以图追逐浮名或保全声誉的人,例子也并不少。至于因过于放纵肉欲而自速死亡的人更是不可胜数。⑬

177　另一方面,真正的幸福在于对永恒不变的东西的爱,这绝不会引起忧伤、危险或苦恼,只是欢欣愉快的源泉。

这种真正的幸福基本在于具有某种"本性",即处于对人是自然的某种状态中,而且体现人性之完善。因为人类其实是有知者——用普通的哲学定义来说就是理性动物——我们的幸福,我们的完善,主要在于具有某种知识。作为那种知识,作为我们应该力争的东西,就是对于我们在大自然中的地位的理解。或者,如斯宾诺莎所说,"人的心灵与整个自然相一致的知识。"⑭人并非处于大自然之外,而是它密切而不可分割的部分,受制于它的全部规律。当一个人看到这样一条途径,而且努力使别人也看到它的时候,那时他便达到了人生的幸福,"人的最高的完善境界"。

为了实现真正的幸福,需要对于大自然本身及人性这两方面的完全的知识,这包括清楚而透彻地理解物与心之形而上学,身体之自然科学,我们的思想之逻辑学,以及我们的情感之诸原因,这些都是在这部"哲学"接下去的部分里更实质的讨论的内容。但是,在能做到这一切以前,还需要有一个方法。这可不是一个率然从事的课题。知性必须加以纯化,为探索大自然之任务做好准备。如果没有一个方法,还想达到我们的"成功地认识事物"之目标——为我们的幸福所系的目标——则注定会希望落空。

斯宾诺莎坚持认为,有四种不同的"认识事物"之方式:[一]我们仅凭传闻或符号认识某些事物。这是相当间接,因而(绝对地说)不可靠的认识方式。我们通过传闻或习用的符号得知我们的生辰或身世。这些不是我们能直接和立即确知的事情。[二]我们由"泛泛的经验",亦即未经知性或理智的指引或批判审查的经验,而得知或认识其他事物。这些是我们随时碰见的事物。往往,在我们的经验未发生矛盾的情况下,我们能从一些类似的情况得出普遍性推断。但是,虽然这种归纳推理的结果可能实际上是真实的,还是(再次绝对地说)不确定的和可能会改变的。斯宾诺莎指出,正是仅由泛泛的经验,他知道他将来必死,"我之所以能肯定这一点,因为我看见与我同类的别的人死去,虽然不是所有的人都在同样的年龄死去或者因同样的病症而死。"与此相似,我由泛泛的经验知道油可助燃而水可灭火,知道犬吠,以及"差不多所有关于实际生活的知识"。

泛泛的经验中所缺乏的是事物之深层知识。我们需要知道的不仅是事物如何出现,即以什么次序和与其他事物有什么明显的(过去的)联系,我们还需要知道它们是什么,它们怎么样,以及它们为什么是这样。这就是斯宾诺莎所说的事物之"本质"(essence)。这涉及认识一事物的本质的特质(如果没有这些特质,它便不是那个事物),以及大自然中的诸普遍性原因和解释它的未来发展的本身规律。尤其,我们需要在我们对这些事物的知识中的确定性,这是单凭我们的感觉经验根本不能取得的。

[三]要了解事物之本质有两条途径。第一条是我们从另一件事物推论这个本质。这种推论的或推理的"认知"说明,有时我们如何通过我们关于某种结果的经验的追溯,得知事物的原因;或者,我们根据普遍性的真理或一般定理推断某种特定的事实。如果我们认识到太阳比肉眼所见实际上更大,不过只是因为我们根据视觉本性的一般原理(诸如同一物体从远处看则小,从近处看则大)推理所知,那么,我们对太阳之大小的知识,虽然真确无误,仍然只是推论得来的知识。对斯宾语莎而言,推理认证之中仍有某种不足。它比"只通过事物的本质"认识事物要差一些。[四]第四种知识在于对事物本质的直接、直观、非推论的掌握。任何时候以某些方式影响身体,心灵都有感觉,由此可以推论,我们能知道心灵与身体是统一的。另外,只凭了解心灵之性质,而且看到正是心灵之本质统一于身体,我们能直接知道心灵与身体是统一的。

因此,我们的目的就是——在这个最充分、直观和完善的意义上——对于我们要使其完善的"自己的本性",必须有确切的认识,同时还必须对于"事物的本性"具有必要多的认识;由此区分事物之不同,它们的行动能力和接受限度,将此结果与人的本性和力量相比较。

方法之宗旨在于告诉我们如何以系统的、有规律的(而非偶然碰到的)方式达到对大自然及其秩序和因果关系的这种知识。方法来自对我们确有的知识的反思。在那个基础上,我们必须学会如何将"真观念"——显示事物本质的观念——与虚构区别开来,将"清楚明晰的"认识与混淆的认识区别开来。在我们的诸概念中,我们必须力争精确性和清晰性,以致我们肯定那些概念不包括不属于一事物之基本性质的东西;而且,本质上属于该事物的诸特质都是互相不同的,并且显然来自该事物的本性。循此途径,举例来说,我们能认识到三角形诸内角之和等于180度,和灵魂不能具有物质的部分。易言之,在我们对知识之寻求中——说到底,对幸福之寻求中——我们必须依靠知性,而不是想象或感觉。如果有人要问知性本身的可靠性,而且提出认识论上的问题,即我们如何能确知我们的清楚明晰的观念真是客观真实的,而非只是主观确定的,那么(如在他以前的笛卡尔一样)斯宾诺莎直接诉诸神之善意与诚实。⑥因为首先给予我们认知能力的极其完美的上帝不可能是一个欺骗者,如果我们正确运用那些能力,我们一定达到真理。

当心灵中的诸观念真实而充分地表示事物之本质,而且反映自然之秩序的时候,我们便达到了我们所想望的完善。但是,斯宾诺莎坚持认为,只有在我们将自然中诸事物之全部观念均联系于作为整个自然之源泉的存在之观念的时候,这种完善才会出现。

> 所要达到的目的即在于获得清楚明晰的诸观念,这就是说,源自纯粹的心灵而非身体的偶然动机的那些观念。其次,为了让所有的观念可以包摄在一个观念之下,我们要努力把它们以这样一种方式加以联系和排列,以便我们的心灵可以尽可能既从全体又从部分将大自然之真实再现于思想中。……必须尽快地,而且理性要求我们,去探讨是否有一个存在,以及何类存在,它是万物的原因;而它的客观本质可以是我们一切观念的原因。于是,有如前面所说,我们的心灵将尽量完全地再现大自然;因为它可以客观地〔以思想之形式〕掌握大自然之本质、秩序和整体。⑥

了解大自然及我们在其中的位置就是要认知:在一个最完善

的存在中大自然有其根源。所以,我们必须尽我们所能来保证:不仅我们具有这一完善的存在之清晰观念,而且我们的一切其他观念均以适当的秩序从这一存在之观念中得出。"显然,为了使我们的心灵完全地再现大自然的原样起见,心灵的一切观念都必须从那个表示自然全体的根源和源泉的观念推绎出来,因而这个观念本身也可作为其他观念的源泉。"⑥ 在《知性改进论》中,斯宾诺莎一直不称这个存在为"神",但是显然指的是"神"(而且在这部著作随后的部分里或许会指明这一点)。大自然具有某种"固定的和永恒的"方面,包括其规律及事物最一般的性质。一切自然的存在物和事件,一切原因和"变灭无常的个别事物"之序列必然从这些普遍的和不变的要素中得出。当我们懂得这个道理,知道事物如何不是无缘无故地来自"第一因","大自然之根源和源泉"(这在《伦理学》一书中明白地指出为神及其属性),那么,我们就抓住了万物之最高真理。

为什么斯宾诺莎一直未能完成《知性改进论》是不清楚的。此书的许多内容,包括自然在更高的存在中有其源泉,而且有固定而不可违背的秩序之观念,以及认为除了涉及人的目的以外,事物本身无所谓善恶这一激进的伦理观念,重新出现在他的那些更成熟的著作中,所以肯定不是因为他感到此书的主要原理有什么根本性错误。也许他感到他的表述有所不足,或是他的论据有某些瑕疵。或者,斯宾诺莎可能只是最后认为,没有必要把关于方法的所有内容放在一部独制的著作之前;在他搁置《知性改进论》以后不久⑱,便开始撰写《神、人及其幸福简论》,在此书主要部分内包括其方法论内容。

*　　　*　　　*

根据丹麦旅行者奥劳斯·博尔希的日记,迟至1661年5月,"肆无忌惮的犹太人"斯宾诺莎还在阿姆斯特丹参加"无神论的笛卡尔主义者"的集会。⑩然而,现存的斯宾诺莎书信中的第一封信,即亨利·奥尔登伯格*1661年8月26日从伦敦寄的一封短函,说明到那时斯宾诺莎已经住在莱茵斯堡大约有一个月(在此信的开头奥尔登伯格深情地回顾他最近对"您在莱茵斯堡的隐僻的住处"的访问)。由此可见,斯宾诺莎于1661年夏迁往莱顿市外几英里处的那个小村庄里。如他的朋友耶勒斯所说,他大概是在寻求乡间的平静,暂且避开友人们的经常打岔,以便能够专心致志地"探究真理",而"减少对他沉思的搅扰"。⑩这可能就是几年以后他告诉卢卡的情况。卢卡写道:"当人们开始给他找麻烦时,他希望避开大城市的狂热。"卢卡认为,正是"对独处的爱好"促使斯宾诺莎离开阿姆斯特丹前往莱茵斯堡。"为了克服研究工作中的种种障碍,他只好溜之大吉,他在那里远离一切干扰,全心全意投入哲学。"⑪那时大概不再有任何家庭方面的原因让他留在他的出生城市了。他的兄弟加布里埃尔及他的姊妹(或同父异母姊妹)丽贝卡尚住在阿姆斯特丹。但是按照革出教门令的规定,禁止他们同他往来,虽然我们不知道他们对于恪守禁令有多么认真。加布里埃尔在前往西印度群岛之前,似乎自己经营他家的商行,因为斯

---

*　奥尔登伯格(Henry 或 Heinrich Oldenburg),约于1620年生于不来梅,其父为当地哲学教授。他于1639年获神学硕士学位后,前往英国。1652年返回不来梅,翌年市议会派他去同克伦威尔谈判不来梅在英荷战争中的中立地位问题。后来他留在英国,结识诗人弥尔顿,学者霍布斯等。1661年他在荷兰拜访斯宾诺莎及惠更斯。1662年英国皇家学会成立后他担任秘书。他于1677年去世。

宾诺莎不再参与，没有什么财务上的动机让他留在阿姆斯特丹。

斯宾诺莎可能是由他的社友会派友人们指引迁往莱茵斯堡的。若干年以前，这个村庄是社友会派在荷兰的活动中心。虽然，到十七世纪六十年代初，它对这个运动的重要意义已不复存在；当时那里的社友会一年只聚会两次。[72]另一位德国旅行者名叫哈尔曼，他是戈特利布·施托尔的伙伴。他在日记中说莱茵斯堡享有宗教宽容的盛名，对于寻求宗教自由的避难者来说，那是一块特别好的地方。[73]虽然斯宾诺莎不是被拉比们或任何其他人赶出阿姆斯特丹的，他当然不算避难者，但是，莱茵斯堡的名声可能对他有过某种影响。就他选择莱茵斯堡而言，一个更有可能的解释就是那里邻近莱顿。从他曾在莱顿大学学习的时候起，大概还有些朋友留在那里，他的新住地容易通往那所大学。所以，莱茵斯堡既有乡村的安静隐蔽，又靠近大学市镇的各种资源，这两项优点相结合，对他从事哲学工作反而更好。

注释

① 勒瓦（Revah）著《斯宾诺莎与胡安·德·普拉多》（*Spinoza et Juan de Prado*, 65, 68.）。

② 弗罗伊登塔尔（Freudenthal）著《斯宾诺莎生活史》（*Die Lebensgeschichte Spinoza's*, 220.）。

③ 然而，在这些肖像中没有一幅鉴定为斯宾诺莎之真容。

④ 见阿克曼（Akkerman）作"斯宾诺莎的语词缺陷"（"Spinoza's Tekort aan Woorden"）。

⑤ 许多学者认为，甚至直到此时，通常说是 1657 年初，斯宾诺莎才开始到范·登·恩登那里学习。但是我认为这是太晚了。按照托马斯修士的说法，斯宾诺莎在莱顿大学短暂学习以后，到 1658 年末或 1659 年初，他回到阿姆斯特丹。这就是说，不迟于 1658 年初，甚至很可能更早些，他大概在莱顿

大学上课。假定(这很有可能)他去莱顿学习笛卡尔学说,那么,他必然事先知道他需要懂拉丁语。如果在 1657 年以前他还没有到范·登·恩登那里开始学拉丁语,那就很难有时间掌握足够的拉丁语知识,能够跟上哲学课程。

⑥弗罗伊登塔尔(Freudenthal)著《斯宾诺莎生活史》(*Die Lebensgeschichte Spinoza's* ,10—11.)。

⑦见梅舒朗(Méchoulan)作"在阿姆斯特丹革出教门"("Le Herem à Amsterdam," 132.)。

⑧布吕格曼及弗兰克(Brugmans and Frank)著《尼德兰犹太人的历史》(*Geschiedenis der Joden in Nederland*, 626—8);弗朗塞斯(Francès)著《斯宾诺莎在尼德兰》(*Spinoza dans les pays néerlandais*, 130.)。

⑨迈恩斯玛(Meinsma)著《斯宾诺莎和他的圈子》(*Spinoza et son cercle*, 246.)。

⑩同上,369。

⑪弗罗伊登塔尔(Freudenthal)著《斯宾诺莎生活史》(*Die Lebensgeschichte Spinoza's*, 56);另见同书中 106 页约翰内斯·莫尼克霍甫(Johannes Monikhoff)的报告。

⑫迈恩斯玛(Meinsma)著《斯宾诺莎和他的圈子》(*Spinoza et son cercle*, 205, n.26.)。

⑬克莱弗(Klever)作"在博尔希日记里面的斯宾诺莎及范·登·恩登"("Spinoza and Van den Enden in Borch's Diary," 314.)。

⑭波普金(Popkin)著《是斯宾诺莎最早的出版物吗?》(*Spinoza's Earliest Publication*? 1.)。波普金认为,除了斯宾诺莎之外,这不可能是别人,不会是普拉多或里贝拉。但是,克莱弗根据博尔希日记中的某些话,不同意波普金关于贵格会关系的说法;见"在博尔希日记里面的斯宾诺莎及范·登·恩登"("Spinoza and Van den Enden in Borch's Diary," 322—4.)。

⑮卡什尔及比德曼(Kasher and Biderman)在"为什么斯宾诺莎被革出教门"("Why Was Spinoza Excommunicated?")一文中认为,斯宾诺莎涉嫌与贵格会的关系在日期上早于(而且或许导致)被革出教门,这似乎是可能的。

⑯波普金(Popkin)作"斯宾诺莎,贵格会派及千禧年教义的信徒们"("Spinoza, the Quakers and the Millenarians," 113.)。

⑰范·登·贝格(Van den Berg)作"贵格会与千禧年教派"("Quaker and Chiliast," 183.)。

⑱波普金(Popkin)作"斯宾诺莎,贵格会派及千禧年教义的信徒们"("Spinoza, the Quakers and the Millenarians," 123.)。

⑲同上,116—117。

⑳同上,117。

㉑波普金(Popkin)著《是斯宾诺莎最早的出版物吗?》(*Spinoza's Earliest Publication?* 88—90.)。

㉒同上,105—106。

㉓波普金(Popkin)作"斯宾诺莎,贵格会派及千禧年教义的信徒们"("Spinoza, the Quakers and the Millenarians," 117—18.)。

㉔见弗罗伊登塔尔(Freudenthal)著《斯宾诺莎生活史》(*Die Lebensgeschichte Spinoza's*, 27)中塞巴斯蒂安·科索特(Sebastian Korthalt)之文,及同书31—32页中培尔(Bayle)之文。

㉕波普金(Popkin)作"斯宾诺莎,贵格会派及千禧年教义的信徒们"("Spinoza, the Quakers and the Millenarians," 123—4.)。

㉖波普金(Popkin)作"塞缪尔·费希尔与斯宾诺莎"("Samuel Fisher and Spinoza")。

㉗在引起我们注意这一假定方面,波普金的贡献最多。

㉘埃姆斯和卡顿商讨斯宾诺莎之工作的信件发出日期为1657年4月,1658年3月及1658年10月。

㉙1644年1月8日致波洛特函,见《笛卡尔全集》(*Oeuvres de Descartes*, 4: 76—8.)。

㉚关于赫昌波尔德在莱顿大学对笛卡尔学说的各项争论中所起的作用,见费尔贝克(Verbeek)著《笛卡尔与荷兰人》(*Descartes and the Dutch*, chap. 3.)。

㉛同上,87。

㉜布耶(Bouillier)著《笛卡尔哲学的历史》(*Histoire de la philosophie cartésienne*,1:270.)。

㉝费尔贝克(Verbeek)著《笛卡尔与荷兰人》(*Descartes and the Dutch*, 129,n.116.)。

㉞在他逝世时的藏书中,只有三本法语书,其中包括安托万·阿尔诺及皮埃尔·尼科尔(Antoine Arnauld's and Pierre Nicole's)合著的《逻辑学,或思想的艺术》(*La Logique, ou l'art de penser*(1665)),即一部笛卡尔派逻辑与方法的论著。* 斯宾诺莎可能懂得一些法语,但是大概不足以靠法语书进行他自己的哲学学习。

㉟虽然斯宾诺莎根本没有这本书,但是很熟悉其内容。到十七世纪六十年代末,通过阅读阿诺德及尼科尔的《逻辑学》,即所谓"波尔—罗亚尔逻辑"(Port-Royal Logic),任何读者都能学习笛卡尔的"规则"。

㊱多亏费尔贝克(Theo Verbeek)提示这一点。

㊲斯宾诺莎藏有小斯霍滕所著《通用数学原理》(*Principia Matheseos universalis*)(1651)及《数学运算》(*Exercitationum Mathematicarum*)(1657)两书。

㊳见于斯宾诺莎的《遗著集》(*Opera Postuma*)前言;另见阿克曼及哈贝林(Akkerman and Hubbeling)作"斯宾诺莎遗著集的前言及其作者雅里希·耶勒斯"("The Preface to Spinoza's Posthumous Works and Its Author, Jarig Jellesz"(载于 *Studies in the Posthumous Works of Spinoza*),217.)。

㊴克莱弗(Klever)作"在博尔希的日记里面的斯宾诺莎及范·登·恩登"("Spinoza and Van den Enden in Borch's Diary," 315.)。

㊵施托尔(Stolle)的日记,见弗罗伊登塔尔(Freudenthal)著《斯宾诺莎生活史》(*Die Lebensgeschichte Spinoza's*, 222.)。

㊶同上,12。

㊷范·德·塔克(Van der Tak)作"雅里希·耶勒斯的来历"("Jarig

---

* 此书即《波尔—罗亚尔逻辑》(*Logique de Port-Royal*,亦称《王港逻辑》)。作者之一安托万·阿诺德(Antoine Arnauld ,1612—1694),法国神学家。另一作者皮埃尔·尼科尔(Pierre Nicole, 1625—1695),隐居波尔—罗亚尔,也是著名的神学家。

Jellesz' Origins")。耶勒斯的传记资料亦见于阿克曼及哈贝林(Akkerman and Hubbeling)作"斯宾诺莎遗著集的前言及其作者雅里希·耶勒斯"("The Preface to Spinoza's Posthumous Works and Its Author, Jarig Jellesz")。那条传记性注释的作者可能是利乌魏特茨。

㊸科拉克夫斯基(Kolakowski)著《没有教会的基督徒》(*Chrétiens sans Eglise*, 217—25.)。

㊹考察格拉兹梅克的翻译活动以及某种家庭背景,见泰森—斯豪特(Thijssen-Schoute)作"扬·亨德里克·格拉兹梅克:十七世纪的大翻译家"("Jan Hendrik Glazemaker:De Zeventiende Eeuwse Aartsvertaler")。

㊺科拉克夫斯基(Kolakowski)著《没有教会的基督徒》(*Chrétiens sans Eglise*,210—17.)。

㊻弗罗伊登塔尔(Freudenthal)著《斯宾诺莎生活史》(*Die Lebensgeschichte Spinoza's*, 62.)。

㊼按照博尔希日记的记述;见克莱弗(Klever)作"在博尔希日记里面的斯宾诺莎及范·登·恩登"("Spinoza and Van den Enden in Borch's Diary," 314.)。

㊽见范登博斯(Vandenbossche)著《阿德里安·考贝夫与斯宾诺莎》(*Adriaan Koerbagh en Spinoza*)。

㊾梅耶尔(Meyer)著《哲学是圣经的解释者》(*Philosophia S. Scripturae Interpres*, chap. 4.)。

㊿同上,第 6 章,第 3 段。没有迹象表明梅耶尔是否承认这就是迈蒙尼德在《迷途指津》(Ⅰ. 1—70)所持有的同一观点。

(51)关于将梅耶尔与斯宾诺莎及笛卡尔相比较,见拉格雷(Lagrée)作"梅耶尔与《哲学是圣经的解释者》"("Louis Meyer et la *Philosophia S. Scripturae Interpres*");和泰森—斯豪特(Thijssen-Schoute)作"洛德韦克·梅耶尔及他与笛卡尔和斯宾诺莎的关系"("Lodewijk Meiyer en Diens Verhouding tot Descartes en Spinoza")。另见博尔多里(Bordoli)著《笛卡尔与斯宾诺莎论理性与圣经》(*Ragione e scrittura tra Descartes e Spinoza*)。

㊾伊斯雷尔(Israel)著《荷兰共和国》(*The Dutch Republic*, 919.)。

㊿直到 1660 年他才从莱顿大学毕业。

54迈恩斯玛(Meinsma)著《斯宾诺莎和他的圈子》(*Spinoza et son cercle*, 197.)

55弗罗伊登塔尔(Freudenthal)著《斯宾诺莎生活史》(*Die Lebensgeschichte Spinoza's*, 41—2.)。

56勒瓦(Revah)著《斯宾诺莎与胡安·德·普拉多》(*Spinoza et Juan de Prado*, 67—8.)。

57卡普多(Kaplan)著《从基督教到犹太教》(*From Christianity to Judaism*, 135, n.77.)。

58同上,88。

59同上,204。

60布洛姆与柯克霍芬(Blom and Kerkhoven)作"这是关于斯宾诺莎的宗教与政治论著之初稿的一封信吗?"("A Letter concerning an Early Draft of Spinoza's Treatise on Religion and Politics?")。按照米格尼尼(Mignini)所提出的假定,1660 年那篇论文主要是论政治的内容,即《神学政治论》后七章的基本论点,而且,只是在 1665 年以后,斯宾诺莎才开始认真撰写《神学政治论》中专论圣经的诠释诸章,这大概是重写那篇久已失传的《辩护词》中的材料;见米格尼尼作"斯宾诺莎的年表之资料与问题"("Données et problèmes de la chronologie spinozienne," 14.)。

61菲利波·米格尼尼(Filippo Mignini)在所作"《知性改进论》的写作年代与说明"("Per la datazione e l'interpretazione del *Tractatus de intellectus emendatione*")及"从 1656 至 1665 年斯宾诺莎的年表之资料与问题"("Données et problèmes de la chronologie spinozienne entre 1656 et 1665")中,首次论证《知性改进论》之写作年代先于《神、人及其幸福简论》。米格尼尼的假定已在不同程度上为柯利(Curley)及普罗埃提(Proietti)所接受,见柯利作"斯宾诺莎著作之英语新译本"("Une Nouvelle Traduction anglaise des oeuvres de Spinoza")及普罗埃提作"耽于玩乐的青少年:斯宾诺莎著作中的古典拉丁作品"

（“Adulescens luxu perditus：Classici latini nell'opera di Spinoza”）。

(62)米格尼尼反对将《知性改进论》视为《神、人及其幸福简论》本身的导
373 论（我认为这似乎有道理）。他还断言（可能不大有道理），斯宾诺莎致奥尔登伯格的信写道，（大概在 1661 年末或 1662 年初）“就这个问题（事物如何开始存在，它们凭借什么纽带依赖第一原因）我已经撰写了一部完整的小册子，而且还论述知性之改进”（书信第 6 封：I/36；C/I，188），这时他所提到的只是《神、人及其幸福简论》及其方法论部分，而非《简论》和《知性改进论》合在一起。按照乔基姆（Joachim）在其所著《斯宾诺莎的知性改进论》（*Spinoza's Tractatus de Intellectus Emendatione*，7）中的说法，米格尼尼的结论部分地根据以下事实：即在出现上述信件时，《知性改进论》本身既不是“完整的”著作，也不是某部“完整的”著作的一部分；见其所作“斯宾诺莎的年表之资料与问题”（“Données et problèmes de la chronologie spinozienne”），以及柯利（Curley）所译《斯宾诺莎著作集 · 第一卷》第 188 页注 53。《知性改进论》一书所代表的大概是《简论》之方法论各部分的一个早期文本，或者甚至是草稿。

(63)Ⅱ/7；C/9。

(64)Ⅱ/8；C/11。

(65)Ⅱ/30；C/35。

(66)Ⅱ/34；C/38；Ⅱ/36，C/41。为了保持十七世纪的哲学用语，本段末尾“客观地”一词解作“以思想之形式”（cognitively 或 intelligibly）。

(67)Ⅱ/17；C/20。

(68)这就假定米格尼尼关于《知性改进论》的写作年代和构成的说法是正确的，而且，这部著作不是如格布哈特所主张的那样，成为《神、人及其幸福简论》一书中同时以拉丁语和荷兰语的文本一起保存至今的仅有的部分。

(69)克莱弗（Klever）作“在博尔希日记里面的斯宾诺莎及范 · 登 · 恩登”（“Spinoza and Van den Enden in Borch's Diary，” 314.）。当然，那时斯宾诺莎可能只是在阿姆斯特丹访问，犹如在迁往莱茵斯堡后他习以为常的那样。不过，从博尔希提及他的方式来看，似乎更像是他还住在那里。

⑦⓪阿克曼及哈贝林(Akkerman and Hubbeling)作"斯宾诺莎遗著集的前言"("The Preface to Spinoza's Posthumous Works," 216.)。

⑦①弗罗伊登塔尔(Freudenthal)著《斯宾诺莎生活史》(*Die Lebensgeschichte Spinoza's*,12.)。

⑦②奥芬贝格(Offenberg)编《斯宾诺莎》(*Spinoza*,43.)。

⑦③弗罗伊登塔尔(Freudenthal)著《斯宾诺莎生活史》(*Die Lebensgeschichte Spinoza's*, 229.)。

第八章　莱茵斯堡的一位哲学家

1661 年仲夏,斯宾诺莎住在莱茵斯堡(Rijnsburg)。他与药剂师兼外科医生赫尔曼·霍曼同住在卡特威克街的一栋房子里,地处远离村庄中心的一条安静的街上。霍曼属于当地的"社友会",大概是通过他的在阿姆斯特丹的社友会派朋友们把斯宾诺莎介绍给这位新房东的。这栋房子现在尚存,自 1667 年以来(在斯宾诺莎搬走以后)临街正面镶饰有一块石牌,上面镌刻着出自德克·坎普赫伊森(Dirk Camphuysen)*的诗句:

> 哦！倘若人人明智
> 而且更具善意,
> 世间岂不成为天堂。
> 现在它却多半是个地狱。

这栋房屋的背面有一室,供斯宾诺莎安放他的磨制透镜的设备。当斯宾诺莎还在阿姆斯特丹的时候,想必已经着手干这门手艺,因为到他定居莱茵斯堡的时候,他在这方面相当熟练,准备好开始以此为业。早在 1661 年秋,他不仅在磨制透镜,而且在造望

---

* 坎普赫伊森(Dirk Camphuysen,1586—1627),荷兰诗人兼牧师,信奉阿明尼乌斯教派,著有诗集。

远镜和显微镜上闻名。①斯宾诺莎可能本来就已经以制造透镜和仪器来维持生活。当时他被迫完全断绝与犹太社区的一切关系，因而不能从事他的进口生意，不得不另谋生计。但是，自从1655年以来，"本托和加布里埃尔·德·斯宾诺莎"这爿商行无论如何也没有很多收益，肯定不够偿还他父亲留下的债务，而斯宾诺莎可能也不觉得他被迫退出商界造成的损失有多大压力。况且，从《知性改进论》开首几段来看，显然，斯宾诺莎抱有独自的、哲学上的理由离开商界，从追求金钱和其他无常的财货转而探索"真正的幸福"："我发现，如果我全心全意投入这个新的生活规划，而放弃旧的……则我所放弃的必定是某些邪恶，而我所获得的必定是某种幸福。"②他毕生努力将他的物质需求保持在最小限度，但是他的友人们提供了很多财务援助。

当时，磨制透镜的工作更可能主要不是由于金钱上的需要，而是出自科学兴趣。由于对新的机械论科学全都热心探讨，斯宾诺莎所关心的是生物学和化学之微观现象最新的详细解释，天文学之宏观现象不断改进的观测，以及使这些发现成为可能的光学原理。在1665年致奥尔登伯格的信中，他显然高兴地谈到他从荷兰科学家及数学家克里斯蒂安·惠更斯（Christiaan Huygens）*那里听说的一些新仪器："惠更斯告诉我许多有关这类显微镜和意大利制造的某些望远镜的有趣的事情，意大利人使用了这种望远镜，能观察到木星上由于它的卫星的插入所引起的蚀蔽现象，以及土星上的某种阴影，后者犹若为一环带造成的。"③

斯宾诺莎本人在自然科学或数学上没有很多重要的崭新研

---

* 惠更斯（Christiaan Huygens, 1629—1695），荷兰物理学家，发现透镜之新磨制法（1655）；制成望远镜，首次看到土星之环带；发明钟摆（1656）；创立光之波动说（1678）。为英国皇家学会会员，法兰西学院首位外籍院士。

究。他的确对光学理论及当时通用的光源物理学有了扎实的掌握，而且有足够的资格在通信中对折光数理的精微之处从事高深的讨论。数学家约翰内斯·胡德（Johannes Hudde）* 对透镜之切割与磨光感兴趣。在 1666 年致胡德的信中，斯宾诺莎对为什么他认为一面凸一面平的透镜比一面凸一面凹的透镜更有用，提出几何学上的论据。④但是，尽管卢卡断言，"假如不是死亡的阻碍，有理由认为他会发现光学中最美妙的奥秘，"⑤斯宾诺莎并没有因他对科学的理论贡献而在他的同时代人士中特别出名。不过，他在实用光学方面的才能确已为众所承认，此外他还热衷于研究显微镜和望远镜的观测。久而久之，他在透镜和仪器结构方面的专门知识博得一些著名专家的赞誉。惠更斯于 1667 年（当时斯宾诺莎住在伏尔堡）自巴黎致函他的兄弟称："伏尔堡的那个犹太人在他的显微镜上所用的透镜有着令人佩服的抛光。"⑥一个月以后，他仍以这个略带轻蔑的称呼（偶而在信中改称"我们的犹太人"）写道："伏尔堡的那个犹太人利用仪器完成他的小透镜，做得非常精良。"⑦到十七世纪七十年代初，斯宾诺莎已是遐迩闻名，以致德国哲学家莱布尼茨（Leibniz）称他为"杰出的光学家，颇著名的觇管制造者"，而且直接告诉他，"在您名声远扬、深受称赞的种种方面，我理解的是您在光学方面的精湛技巧……在这方面的研究中，除了您以外，我不容易找到有更好的评判者。"⑧德克·凯尔克林克是斯宾诺莎在范·登·恩登学校中的老同学，这时成了公认的高明医师，而且娶他以前老师的女儿为妻。连他也称赞斯宾诺莎的手艺："我有一台第一流的显微镜，为著名的数学家和哲学家别

---

* 胡德（Johannes Hudde，1628—1704），生于阿姆斯特丹，1672 年当选为该市市长。他对光学和概率论有强烈兴趣，擅长数学。

涅狄克特·斯宾诺莎所制,这样我就能看到淋巴管束……好啦,这个我所使用的神奇仪器清楚地发现了的东西,本身还是更加神奇的。"⑨

在那个时代,透镜之磨制与抛光是一项安静、专注和寂寞的职业,要求克制与耐心——总之,一项非常适合斯宾诺莎的性格的工作。不幸的是,对于身体健康它却不那么适宜,而工艺过程中产生的玻璃粉尘可能加剧他的呼吸器官问题,导致他的早逝。

*　　　*　　　*

在卡特威克街住下不久,斯宾诺莎受到亨利·奥尔登伯格的访问,这是后者定期欧陆之行中的一次。奥尔登伯格约于1620年生于不来梅,他的父亲在那里教哲学(他在那里原名为海因里希Heinrich)。于1639年取得神学学位后,奥尔登伯格开始淹留英国,大概为某个富家当家庭教师。1648年他返回欧陆旅行,最后在他的故里住了一阵。1653年不来梅的市议会显然看中奥尔登伯格在英国的社会关系,要他回英国与克伦威尔就第一次英荷战争期间不来梅的中立地位举行谈判。十七世纪五十年代中期他大多时间留在英国。他在牛津大学入学,并且为贵族青年当家庭教师。知识界的名人,如兼任克伦威尔拉丁语秘书的诗人弥尔顿(John Milton)和哲学家霍布斯(Thomas Hobbes),都与他有友好来往。

在他的学习研究中,奥尔登伯格养成对科学问题的兴趣,后来通过访问法兰西科学院,以及在巴黎的亨利—路易·阿贝尔·德·蒙莫尔住宅中聚会的著名的学者群体,加强了这方面的热忱。在十七世纪六十年代中期返回伦敦后,他加入聚于格雷钦学会的人士的团体,进行"对自然界秘密的实验探索"。奥尔登伯格成为这个俱乐部的活跃分子，而且当他们于 1662 年并入皇家学会时出任学会秘书。他在科学界有许多国际联系，包括与惠更斯交往，这使他成为这个职位的天然人选。他应负责维持学会与它在欧陆上的同事们的通信往来，以便从遐方异域的各种研究者那里搜集信息和资料。

在他担任新学会的职务以前，奥尔登伯格去了一次不来梅和尼德兰。他打算访问惠更斯，给他带去关于英国最新的科学发展信息。不过，在他到达海牙之前，他途经阿姆斯特丹和莱顿。在其中之一，或许两个城市，都有人向他提到斯宾诺莎。这些人可能是他们都认识的阿姆斯特丹社友会派或笛卡尔派朋友，诸如彼得·塞拉列乌斯⑩或扬·利乌魏特茨⑪，也可能是莱顿大学的自由派神学教授约翰内斯·科克切尤斯（Johannes Coccejus），*这是他的一位好友。⑫奥尔登伯格的好奇心激发起来后，七月中旬他从莱顿出发，前往莱茵斯堡访问这位新近迁来的哲学家。这两个人相处得很好；在这次访问后，他们的第一次相互通信充满热烈致意及早日重聚的愿望。斯宾诺莎一定给他的访问者留下深刻印象。奥尔登伯格在信中写道："我感到这样难舍难分，因此，一返回英格兰，我就想尽快和您至少保持书信的联系。"他敦促斯宾诺莎："让我们在真诚的友谊中携起手来，而且，让我们以一切善意和努力辛勤地培育这份友谊吧。"⑬至于斯宾诺莎这方面，则表示"您的友谊使我多么高兴"，但又担心在更为世故和老练的奥尔登伯格眼里显得过于急切，他写道：

---

* 科克切尤斯（Johannes Coccejus，1603—1669），德国新教教会的神学家。1630 年在不来梅大学任教授，1650—1669 年在莱顿大学任教授。

我自己觉得颇为冒昧,竟敢与您建立友谊关系,特别是当我想到朋友间应无所不谈,对精神方面的问题尤其如此。不过,迈出这一步与其说是敝人所为,不如说应归功于您的殷勤善意。出于高度殷勤,您不惜屈尊纡贵;由于满怀善意,您抬举我,让我无顾忌地领受您毅然给我的友情,而且俯允我报答厚谊。我将竭诚尽力来做到这一点。⑭

在斯宾诺莎的住所,他们谈论神及其属性,人的心灵与身体的统一,以及笛卡尔和培根的哲学——所有这些都是斯宾诺莎直接关心的论题。在此以前几个月内,他一直在撰写一部系统的哲学论著。在这部著作里,他要研究形而上学的、伦理学的、神学的、心理学的、方法论的、自然哲学的和认识论的问题。这些是他长期不断考虑的问题,而在《知性改进论》中只是(作为他的"哲学")有所暗示。

在1661年9月斯宾诺莎首次给奥尔登伯格复信的时候,《神、人及其幸福简论》一书在很大程度上还在写作进程中。⑮这本书最有可能是他尚住阿姆斯特丹的时候在友人们的鼓动下开始着手的。友人们势必看到,斯宾诺莎远非仅与他们讨论别人的学说——尤其是笛卡尔的——而且他们可能想要一部关于他自己的发展中的哲学思想的简明论著,最好形成书面形式,以供他们研究和讨论。斯宾诺莎答应了他们的要求,大概在1660年中期到他迁往莱茵斯堡之间的什么时候,以拉丁语撰写一本书。那时友人们要求有一部荷兰语的文本,大概是为了供那些拉丁语欠佳的小组成员使用。于是斯宾诺莎重写全书,顺便有所增补与改订,有些是对他的友人们的提问和建议之回应。⑯这一撰述与修改的过程在整个1661年内持续不断。虽然斯宾诺莎似乎考虑过最终出版这

本书,[17]但是,他写于卷末的话清楚地说明,此书实际上主要是为他的友人们写的对其哲学的表述:

> 为了最后结束这一工作,我只需要对那些我为之而写的朋友们说:不要为这些新的东西而惊讶,因为你们知道得很清楚,事物并不因为它没有为许多人所接受就不是真的。而且你们也不会不知道我们所处的时代的特征,我恳切要求你们,在把这些观点告诉他人时,务必十分谨慎。[18]

斯宾诺莎清楚地看到,在荷兰的加尔文教会当局心目中,不仅他的思想之异常独创性,而且其竟敢公开发表,都是过于激进的事。

《简论》一书开卷伊始便是对神的存在提出几条证明,真够"思无邪"的。而且,像《知性改进论》一样,这部著作的结论认为,人的快乐与安宁,甚至我们的"福祉",在于神的知识和关于自然万物如何依存于神的知识。与此同时,倡导对神的爱作为我们最高和真实的善。然而,这位其存在得到证明的神并非新教教会成员,甚至任何宗教素谙熟知的神。斯宾诺莎说的神不是仁慈而随意的创世主。他的神不是任何传统意义上的立法和执法者。他不是慰藉与赏罚的本源,也不是人们祈祷的对象。斯宾诺莎明确地否认神是全知、慈悲而智慧的。反之,神是"被断定为具有一切属性的一个存在"。神是斯宾诺莎所称的"实体"。实体纯属真实的存在。按照定义和证明,实体在其自类中是无限圆满的,而且是无限与唯一的;这就是说,它不受同性质的任何其他实体的限制。它也是从原因上说独立于它自身之外任何事物:实体必然存在,而非偶然存在。

因此，能思的实体，即思想为其属性或本质的实体是无限而唯一的；只有一个能思的实体。有广延的实体，即广延（或维量，事物之本质）为其属性的实体亦属同理。其实，思想与广延正是一个无限与圆满的实体的两种属性或本质。思想为其属性的实体与广延为其属性的实体的数量上是同一的。自然中的一切属性——而我们只认识其中的两种——尽管表面上多种多样，只是一个单一存在的不同方面。大自然是一个统一体，一个此外没有任何东西的整体。但是，如果大自然就是无限的属性所构成的实体，万物因而产生的统一体，那么，大自然就是神。自然中的万物"存在于神内而且在神内被理解"。神不是在自然之外。他不是某种远因。反之，神是现有一切的固有因和持续因。神也是万物的自由因，但这不是说，事物本来可能不像它们发生过的那样发生出来，或者事物本来可能更加或更少圆满。万物以永恒的必然性自神（从大自然）流露出来。在自然里绝无偶然的或意外的东西。根本没有自发的或无前因的事情。没有任何事物本来能够不像它发生过的那样发生。这都是由神的诸永恒属性所注定而成为必然的。

斯宾诺莎称神为 Natura naturans（能产生自然的自然），或"能动的自然"——自然之主动的、永恒的和不变的方面。在这个意义上，自然是无形的：它存在于思想与广延——一切存在物的两种为我们所知的本性——之看不见的但是普遍的属性中，以及支配每个属性的规律：思想之规律和广延之规律（即几何学）。Natura naturata（被自然产生的自然），或"被动的自然"则是我们所知的这个世界：物质及运动之世界（包括身体）与知性之世界（包括身体之概念或观念）。这个世界无非是产生和维持它的无限实体之产物。个别的事物及其特质就是斯宾诺莎所说的那个实体之诸"样式"——实体之诸属性表现它们自己的方式。与根本性的实体本身不同,它们按照自然的不变规律出现和消失。

这就是斯宾诺莎的伦理学和人类学的形而上学背景。因为自然中的每个事物只存在于而且必然来自神,斯宾诺莎的激进的决定论之后果之一就是说,善与恶本身都不是实在的。他坚持认为,"善与恶不存在于自然中",只是"思想存在物",心灵之产物。一切善与恶都和我们的观念相关。这些道德范畴只是我们贴在事物上的标签,说明事物达到或未达到我们的理想。一名"善"人只是符合我们的完善人物之标准的一个人,正如一个"坏"锤子就是不符合我们的完善锤子之观念的一个锤子。

人是心灵和身体的合成。但是,与笛卡尔的形而上学中的二元论不同,在斯宾诺莎看来,人心和人身不是两个不同的实体。我们的心灵只是神的实体属性之一,即思想的样式。其实,身体无非是对应于神之广延属性中某种样式的思想中的样式——一种观念或知识。⑲

因为人表现为心灵(思想的样式)和身体(广延的样式),他是"知识"(或认知方式)与激情(被动情感)*两者之主体,而不同的激情自然伴随不同的知识种类。谈到我们的知识,斯宾诺莎如他在《知性改进论》所述,区分为得自传闻或泛泛的经验的意见,得自推理逻辑的真信仰,以及通过清楚明晰的概念对事物本身之直觉领悟(这是最好的一种知识)。与间接的认知及泛泛的经验不同,理性的知识,不论它是推理的还是直接的,都不受错误支配。它是稳定的认知状态,而且提供对其对象之本质的理解。对象愈善,则这种知识也愈善;这种知识愈善,则认知者之情况也愈善。

---

* 激情(英语:passion,拉丁语 affectus,passio,荷兰语:hartstocht 或 lijden)主要指心灵被动地受外物影响所产生的情感,亦译作"被动情感"。

他断言，"那个与最圆满的存在，即神，结合为一，从而享有它的人，才是最圆满的人。"⑳

这些不同的认知方式各有其特定的情感上的后果。对于人类不同的激情，如爱、快乐、恨、痛苦、猜忌、耻辱、欲望、谢忱、惋惜，等等，斯宾诺莎精心地加以分类、解析和评价，而且论证何者最导致人的幸福而何者促成我们的毁灭。只要我们依赖传闻和泛泛的经验，看重和追求我们的想象与感觉之短暂的对象，我们一定受制于各种激情，如欲望、恨、爱、痛苦、惊异、情欲、恐惧、失望和希望。变幻无常的东西完全非我们的力量所及。我们不能控制它们，而它们的特质及我们对它们的占有是多舛而难料的。这种爱慕与依恋只能导致不幸。反之，真信仰给我们带来对事物秩序的清楚的理解，而且让我们以知性的方式认识我们身外的事物如何实际上取决于它们的终极因和本源。我们终将认知神自身及直接依存于神的"永恒与不朽的事物"，以及变幻无常的事物随之而生的方式。

神的知识正是大自然在其最广大范围内的知识。这种知识导致对其他万物所依存的最高存在的爱。这样我们就能调适我们自己以不带诸如憎恨与猜忌之类激情的方式行事，因为那些激情总是基于对事物的错误认识和评价，同时对其必然性缺乏洞察。理性的正当使用会消除我们生活中的那些有害的激情。我们一定要在永恒存在物之敛心默祷中始终不渝。"如果人们爱永远不变的神，则他们就不可能陷入激情这种泥潭中去。正因为这个理由，我们提出下述观点作为坚定不移的原则：神是我们一切善的唯一的第一因，是我们一切恶的解救者。"㉑

还要认识到这样一点：人本身是自然的一部分，牢固地维系于自然的对万物秩序的因果链上面。我们的各项行动和激情也是被决定的；若将自由视为自发性则是一种幻觉。"一个人，作为整个自然的一部分,自然既为他所依赖又控制着他,他并不能由他自身而作任何努力以达成他的解救与幸福。"[22]我们必须知道,我们的身体,从而还有我们的心灵,都像任何其他事物一样受制于自然的诸规律。"我们这样依靠于一个最圆满的事物,以致我们成为那个整体的一部分,也就是说,他(神)的一部分,并且以某种方式为了完成所有这一切依靠他的、由他英明地安排的完善作业而贡献我们的一份。""这种知识使我们免于痛苦、失望、猜忌、恐惧和其他坏的激情……坏的激情本身就是地狱。"最重要的是,我们一定不再害怕神,"神本身就是最高的善,由于神,一切具有本质的事物才葆其本色,其中包括生活于神之中的我们。"

这就是通往幸福与快乐的道路。神之知识和对神的爱,通过缩小我们的身体支配我们的力量,使我们免于各种激情之烦扰,同时,使我们获得最大的"真正的自由"(可理解为"我们的知性通过与神直接的结合而获得的一种稳定的存在"和从各种外在因的一种解放)。这就是我们的"福祉"所在。[23]

且不论斯宾诺莎的神学用语以及看来像是对正统观念让步之处("神之爱是我们最大的福祉"),他的意图是明白无误的。他的目标完全在于宗教及其概念的非神圣化和自然化:"人,只要他是大自然的一部分,就必须遵循大自然的规律。这是真正的对神的服役(宗教)。只要他的行为是这样,他便享有他的幸福。"[24]斯宾诺莎以实体、实体之属性及样式和自然之规律这样一套术语,对神之存在与性质,天道之存在与本性(斯宾诺莎以事物保存自身的自然惯性替代它),预定论(以世界上的因果必然性替代它),超度问题,以及"神对人之爱"均给予自然主义的解释。连灵魂之不朽也看作无非是一种"永恒的绵延"。只要灵魂只与身体相结合,它就是必朽的而且与身体俱亡。然而,当它与一个不变的事物相结合(诸如当它认知神或实体的情况下),灵魂也带有不朽性。这不是大可自慰的个人不朽性。

《神、人及其幸福简论》是一部难解而复杂的著作。斯宾诺莎投入很多精力来阐明和修改它的内容和表述。当奥尔登伯格于1661年夏在莱茵斯堡逗留的时候,斯宾诺莎可能将最新的拉丁文手稿本的若干部分交给他看,但是斯宾诺莎似乎已是很谨慎,不向他的访客透露太多详情:奥尔登伯格回忆说:"我们的谈话似乎有隔膜。"[25]奥尔登伯格对他听到或读到的东西深感好奇,但是也困惑不解,特别是对这一体系的形而上学。尤其,它似乎是以笛卡尔的措辞来表述,但是看起来又不是在提出通常的笛卡尔学说。斯宾诺莎愿意帮助他的新朋友阐明问题,但是,尽管他说"您会很容易地理解我的意图",奥尔登伯格在全面掌握上似乎有了困难。

如他告知奥尔登伯格的那样,在整个1661年以至进入1662年,斯宾诺莎都在忙于《简论》一书,"抄写和修改这部著作。"[26]然而,他对是否发表此书犹豫不决,其原因主要还不是它一直未完成——其实,到1662年初,他似乎已经认为这是一部完整的著作,即使还需要加工——而是因为他担心"当代的神学家会憎恶这部著作,而且以他们惯有的仇恨来攻击我,我是绝对害怕争吵的"。[27]甚至在1663年7月,他还拿着手稿不放,等着看看公众对他即将发表的对笛卡尔哲学原理的批判性纲要有什么反应。[28]奥尔登伯格虽然很想得到一份抄本,但是斯宾诺莎连《简论》的提纲都还没有交给他。[29]不过,那位"皇家学会"的秘书多次鼓励他迈步前进:"把它发表吧,不理那些假神学家的咆哮。您的国家是很自由的,而在那里应该十分自由地从事哲学研究。"[30]奥尔登伯格对荷兰的宗教宽容程度的看法或许有点夸大,或许他没有领会斯宾诺莎著作之更深层的神学意蕴。

奥尔登伯格得知斯宾诺莎对科学问题的关心，而且履行他作为皇家学会秘书的职责，在提问和敦促的同时，于 1661 年秋他将罗伯特·玻意耳（Robert Boyle）*所著"几篇自然科学研究论文"的拉丁译文抄本送往莱茵斯堡。玻意耳是十七世纪英国大科学家，而且是气体膨胀定律的发现者。他主要是一位化学家，而且是机械论范式的重要倡导者。对他而言，首要的纲领性问题涉及证明化学像其他自然科学一样，可以按照纯粹机械论的方式来研究，没有亚里士多德派科学家所说的潜质和神秘力。化学反应，物理改变，以及事物之质量与因果性都可以作为形状与大小不等的物质微粒（小体）之运动、静止、联系和碰撞之结果来解释。今后不再像莫里哀（Molière, 1622—1673）对亚里士多德派解释方式所作的著名嘲讽那样，以内部含有"冰冷质"（frigiditas）来解释雪的冰冷，以使人入睡的"催眠力"来解释鸦片的作用。玻意耳希望，从此以后，科学的解释能以清楚明白的方式，只诉诸物质之量的特点。如果某种化合物有咸味或苦味，那只是由于构成化合物诸元素之微小颗粒与舌头的细孔交互作用的方式使然。

在对科学真理的探索上，奥尔登伯格将玻意耳与斯宾诺莎视为志同道合的伙伴。作为他的两个朋友之间的疏通者和传达者，通过与斯宾诺莎的通信，他努力排除他们在个别现象之细节方面的任何分歧，而将他们在一般原理上的一致凸显出来。对他来说，最重要的似乎是他们共同投身于新科学。他期望他们依照他们各

---

* 玻意耳（Robert Boyle, 1627—1691），英国物理学和化学家，贵族出身，伊顿中学毕业。1644 年加入研究新学问的团体"看不见的学院"（Invisible College）。此团体后来发展成皇家学会，他是活跃的干事之一。1654—1668 年间在牛津以父亲的遗产建立实验所，在物理与化学方面有多方面成果。1662 年发现玻意耳定律：如果温度不变，气体的容积变化与压力成反比。后来定居伦敦。作为虔诚的清教徒，终生独身，专心研究工作。

自但是互补的才能,能够一起对那个事业作出贡献。

我倒是愿意鼓励你们两人把你们的才能结合起来,努力推进一种真正坚实的哲学。但愿我能特别敦促您,以您对数学理解之敏锐,继续建立一些基本的原理,正如我不断地怂恿我的高贵的朋友玻意耳以多次精确的实验观测证实和阐明它们一样。㉛

在奥尔登伯格送交斯宾诺莎的那本书中,有一篇论文题为"论硝石"。通过推理和实验,玻意耳认为硝石或芒硝(硝酸钾)具有的"异质的"或混合的性质,是由非挥发性物质(碳酸钾)和挥发性物质("硝精"或硝酸)所构成,两者彼此互不相同,并且与它们所构成的整体也不相同。他在坩锅里熔化一些硝石,放进一块燃烧着的煤,且让它点燃起来。他继续给混合物加热,直到"挥发性物质"全部去掉为止。留下的是"非挥发性物质",于是他添加几滴硝精,接着让熔化体挥发和晶化,从而重新构成硝石。他希望所证明的不仅是说,这一特定的化合物是由不同种类的微粒组成(硝精的微粒基本上有别于非挥发性的硝石),而且,更具有普遍意义的是说,硝石与其构成要素——以至任何实体——其不同的特性(诸如它们的味觉、嗅觉等等)都可以由它们的微粒之形状、大小、关系及运动上的区别来解释。据奥尔登伯格说,玻意耳写这些论文首先是为了"说明化学在证实哲学的机械论原理上的作用"。㉜

毫无疑问,斯宾诺莎像玻意耳一样主张机械论哲学,主张以微粒理论解释化学的、物理的和感觉的各种现象。但是,令他感到奇怪的是,如果玻意耳的目标不过是证实机械论的普遍原理,为什么他要费这么多的力气做实验。因为,虽然实验可以说明硝石特有性质本身的某种情况,其实,如笛卡尔和培根都证明过的那样,硝石之本性首先是机械论的这一事实——而且,更为重要的是,自然界一般只按机械论哲学的原理运行这一事实——可不能靠实验,而只能靠知性(理智)来揭示。㉝此外,斯宾诺莎辩称,连玻意耳关于硝石之异质性的结论也未为他的实验所证实。他认为那些实验结果完全符合硝石之同质性的假说。实际上,他做出他自己的实验,用以支持认为硝石与硝精其实是由同类微粒组成的同样物质。唯一的区别在于当那些微粒处于静止时它就是硝石,而当它们处于运动时它就是硝精。他认为,硝石之"还原"只是硝精之微粒趋于静止。玻意耳所说的"不挥发的硝石",即硝精已被冷却后留下的盐,只是原来的硝石中的渣滓而已。㉞

从他与奥尔登伯格通信讨论玻意耳著作的情况来看,斯宾诺莎证明他自己,即使不是像玻意耳那样有造诣的化学家,至少也熟悉做实验,熟悉运用提出假说并且按实验结果加以检验的科学方法。他对化学的兴趣,他对当年最新化学理论的谙知,以及他对原料、设备和化学实验程序的得心应手,大概是从他在阿姆斯特丹的时期开始。有一些很知名的化学家和炼金术士,包括保罗·费尔根豪尔(Paul Felgenhauer)和约翰内斯·格劳贝尔(Johannes Glauber)*,在该市工作。十七世纪五十年代末,格劳贝尔的实验室里进行许多对硝石的研究,在那里举行的关于化学实验的讨论中,范·登·恩登和塞拉列乌斯是经常的参加者。㉟斯宾诺莎陪同他以前的拉丁语教师出席那些讨论似乎是颇有可能的——鉴于斯

---

* 格劳贝尔(Johannes Rudolf Glauber,1604—1668),德国化学家。首次人工制成结晶硫酸钠,即芒硝或皮硝。

宾诺莎于1661年表现的对硝石实验的熟能生巧,这点甚至是可以肯定的。

*　　　*　　　*

多年以来,尤其是在他的传记作者们的观念中,形成隐士斯宾诺莎的神话,把他说成与世隔绝的孤独者,单枪匹马地从事哲学研究。然而,从我们所知他在莱茵斯堡的生活来看,这种说法完全脱离实际,大谬不然。他有几位亲信密友得到他的赏识与敬重,还有许多相知者,其中有些人与他保持活跃的通信联系,进行有成效的哲学讨论。

莱茵斯堡的居民虽然是宽容大度的,但是那里可能没有成为人文荟萃、学术昌明的地方。斯宾诺莎与村镇里的社友会派有多少来往,是否参加他们的集会,甚至与他们打成一片,现在已无从得知。在十七世纪六十年代初,那里的社友会活动相当沉寂,他的发自莱茵斯堡的现存信件都没有提到那个团体。他肯定会从他们中间找到能共同讨论宗教和伦理问题的一些人。斯宾诺莎在阿姆斯特丹的反告解派朋友们在这里有一些同道者,斯宾诺莎同这些人的关系即使不密切,但一定至少是友好的。不过,这个时期他非常专注于写作、研究和磨制透镜,没有理由可以认为,如某些人所说的那样,斯宾诺莎成为莱茵斯堡社友会派的正式成员。

斯宾诺莎常常离开沉寂的莱茵斯堡,暂别他那静谧的遁居之所,而到某个城市会见他的朋友。至少有一次,大概在1662年末,他去海牙与西蒙·德·福里晤谈。㊱他还去了几次阿姆斯特丹,有时待好几个星期,无疑与德·福里、耶勒斯、梅耶尔以及小组的其他成员在一起。那时一定还经常访问附近的莱顿大学,大概去聆听德·雷伊(这时是大学的哲学教授)或他的笛卡尔派同事阿诺尔德·赫林克斯所开的某些讲课,而且参加那里的学术活动。在莱顿实际上斯宾诺莎是知名人士。当奥劳斯·博尔希访问附近的观光点时,一名医师告诉他有一位"斯宾诺莎,他从犹太教徒变成基督教徒,现在几乎成了无神论者。他正住在莱茵斯堡,擅长笛卡尔派哲学,更有甚者,他甚至以其清晰而且颇有根据的观念取代笛卡尔"。㊲

从莱茵斯堡往阿姆斯特丹和莱顿两市的交通线是双向车道的,而到卡特威克街拐角这所房屋访问的人不只是奥尔登伯格。看来斯宾诺莎多次见到彼得·巴林,他简直是斯宾诺莎与阿姆斯特丹那个小组之间的某种信使。巴林多次来莱茵斯堡与他的朋友晤谈,而且在斯宾诺莎与其他人之间来回捎信。在莱顿与斯宾诺莎相识的人中有许多大学生,他们可能在德·雷伊授课的启发下,似乎养成前往莱茵斯堡的习惯,寻求对更精微的笛卡尔哲学原理的开导。首先,有另外一名丹麦人尼尔斯·斯滕森(他在大学注册的拉丁语名为尼古拉·斯蒂诺),此人后来成为有成就的解剖学家。斯蒂诺于 1671 年回忆斯宾诺莎"一度曾是我的好友",而且另外还说他与"尼德兰的许多斯宾诺莎主义者"很熟。㊳根据大学的档案,阿德里安的兄弟扬·考贝夫于 1662 年已从阿姆斯特丹返回莱顿,以便完成他的神学学业。㊴他肯定会抽时间对他哥哥的朋友作一两次访问。考贝夫兄弟的朋友亚伯拉罕·范·伯克尔正在大学里攻读医学。他像斯宾诺莎和阿德里安·考贝夫一样,对政治哲学有兴趣。在 1667 年他就从事一项重要任务,将托马斯·霍布斯所著的《利维坦》(1651)译成荷兰语;那是政治思想史的基本著作之一。德克·凯尔克林克尚留在莱顿,大概正在完成他的医学学业。他可能也曾独自或同别人去看望他在范·登·恩登的拉丁语学校中的老同学。

那时有一名青年名叫布尔夏德·德·沃尔德(Burchard de Volder)。他于1643年生于阿姆斯特丹的门诺教派家庭里,可能初识斯宾诺莎是在他们还住在那个城市的时候;德·沃尔德或许也在范·登·恩登的学校里学习拉丁语,可能得到斯宾诺莎的帮助。他接着到乌得勒支大学学习哲学和数学,后来在莱顿大学学习医学。1664年以前他在莱顿,获得学位后返回阿姆斯特丹开始行医。由于他对笛卡尔哲学有兴趣,像其他人一样,德·沃尔德当学生的时期也会到莱茵斯堡短程旅行,找住在村镇中的那位笛卡尔专家谈话。可以肯定的是,在十七世纪六十年代中期,德·沃尔德与斯宾诺莎成为好友。在德·沃尔德成为莱顿大学的哲学教授以后,哈尔曼博士与他的旅伴施托尔确实与德·沃尔德谈过话;他在日记中写道,利乌魏特茨之子曾对他们说,德·沃尔德是"斯宾诺莎的特别朋友"。㊵从施托尔与德·沃尔德的谈话中得知,德·沃尔德很了解斯宾诺莎的著作,甚至可能持有类似于他的犹太朋友的观点。㊶虽然他的医师工作一直很忙,德·沃尔德对数学和科学问题的兴趣保持不变。他发表一些哲学论著,包括针对法国主教皮埃尔—达尼埃尔·于埃之恶毒非难而为笛卡尔所作的长篇辩护;他还与莱布尼茨、惠更斯等人保持活跃的学术通信。1697年他成了莱顿大学校长,这是一个重要的标志,说明自从十七世纪四十年代笛卡尔主义在那所大学中开始遭到谴责以来,已经有了多大的进展。那些任命他担任这个职位的人们未必了解他与来自阿姆斯特丹的挨骂的异端分子之间过去长期密切的关系。

斯宾诺莎似乎有一种才能,把渴望听取和讨论他对各种哲学问题的意见的志同道合人士吸引过来,形成一个小圈子;在他位于莱茵斯堡期间,在莱顿可能形成一个小组,与阿姆斯特丹的那个小组差不多。在人们的印象中,斯宾诺莎做到"桃李不言,下自成蹊",简直具有领袖群伦的个人魅力。卢卡在下文中企图表达的正是这一点：

> （斯宾诺莎的）谈吐温文尔雅，取譬设喻精确合理，使得人人不知不觉间同意他的观点。虽然他不爱用清辞丽句，但却循循善诱。他的话明白易懂，卓见纷呈，听者莫不深感满意。这些美好的才能吸引住所有知书达理的人士，而且不论何时，他总是令人感到心平气和，如坐春风……他胸怀广大，洞见深刻，而且随遇而安，乐于助人。他是如此老成练达，以致不论最温和还是最严厉的人士都感到一种特有魅力。㊷

有一名经常来访的莱顿大学学生最后留住在斯宾诺莎家，以便得到课外的传授。因此，斯宾诺莎一度有一位常住的但不完全适意的伙伴和室友。这位约翰内斯·卡则尔（或卡则阿留斯）1642 年生于阿姆斯特丹。他可能于十七世纪五十年代中期在范·登·恩登的学校最初见到斯宾诺莎，大概在那里听斯宾诺莎讲拉丁语法的初步课程。大约在斯宾诺莎迁居莱茵斯堡的同时，他离开阿姆斯特丹到莱顿学习神学。卡则阿留斯曾在莱顿市短期居留，住在扎洛蒙小街雅可布·范·德·阿斯家里，但不久便离开莱顿去与斯宾诺莎同住。在斯宾诺莎移居伏尔堡之后几年，卡则阿留斯在乌得勒支大学短暂逗留后便返回他的出生地，开始他作为新教牧师的生涯。然而，他十分渴望到异国他乡任职。当 1667 年末荷属东印度公司宣布他们需要驻殖民地的牧师时，卡则阿留斯立即抓住这个机会。他前往印度西南部的马拉巴尔海岸（Malabar Coast），在那里养成对植物学的兴趣。在他不从事牧师职务的空闲时候，他在总督的公司里用很多时间从事当地植物的分类。

1677年正值壮年他死于痢疾。㊸

在对卡则阿留斯的授课中，斯宾诺莎集中阐释笛卡尔所著《哲学原理》的第二部分及第三部分。笛卡尔企图以这部著作作为他的"哲学总论"（Summa philosophiae），即对他的哲学与科学的完整而系统的阐述。《哲学原理》基本上是笛卡尔哲学的一本教科书，它有雄心涵盖方法论、形而上学和自然哲学上的所有常见的课题。作者梦想有朝一日，它取代大学课程中的以亚里士多德学说为核心的经院哲学教科书。笛卡尔为广大不同现象所提供的科学解释都是机械论的，把整个物理学建立在他的二元论形而上学之上，在心灵世界与物质世界之间建立排他而彻底的本体论区分。笛卡尔于1644年实际发表的内容可能已经比他原初设想的有所减少，而他计划中的某些重要方面未能完成。尽管如此，《哲学原理》一书仍是他的成熟思想最全面和详尽的表述。

在《哲学原理》的第一部分，笛卡尔首先介绍他在《第一哲学沉思集》中已经讨论过的认识论基本内容，包括证明神的存在而且不是骗子。因此，如果运用得当，我们的理性是通往真理的可靠手段。接着，在介绍身心二元论及他的实体形而上学各项基本范畴之后，他在第二部分进而考虑物质与运动之性质以及物理学之最一般原理，包括自然法则及支配在运动和静止中的各物体之间碰撞的规律。此书的第三部分"论可见的世界"介绍他的天文物理学的总的看法。笛卡尔谨慎但仍大胆站在哥白尼一边。除了其他问题之外，他提出著名的天体旋涡形成说，用以解释诸行星如何围绕太阳转，描述太阳黑子是什么，而且为彗星运动之原因提供一种理论。第四部分的内容又回到论述地面的现象，而且，按照新科学和利用只在他的假说中的运动中的颗粒物质，来解释诸如重力和磁性现象，为笛卡尔学说的化学及物质科学建立基础。

斯宾诺莎在家里给他的学生口授的课程是对笛卡尔哲学之精确的,但必要时是批判性的阐述,集中讲《哲学原理》第二部分以及某些第三部分,它包括笛卡尔科学的最重要的内容。通过授课,斯宾诺莎将关于物质、运动及其规律重新纳入"几何学方式",以公设、界说、公理和有证明的命题来完成整个系统。[44]他还向卡则阿留斯介绍"在形而上学中有争议的某些主要的和最困难的问题,这些是笛卡尔还没有解决的"。[45]这些问题几乎肯定包括神的本性,本质与存在之间的差别,以及神的存在。然而,斯宾诺莎所未做的事就是向卡则阿留斯传授他自己的发展中的哲学体系之原理,因为他认为他的学生不够条件。

听说他正在讲授笛卡尔哲学,而且受益的幸运儿竟与他同居一室,斯宾诺莎在阿姆斯特丹的友人们非常艳羡。1663 年 2 月西蒙·德·福里致函斯宾诺莎,表示渴望不久能去看他(虽然严冬气候还阻碍任何旅行),而且抱怨距离使他们相隔两地。他毫不掩饰他的羡慕:"您的同伴卡则阿留斯与您同住,在早点、正餐以及散步的时候都能与您交谈最重要的问题,真是幸运,太幸运了。"[46]从斯宾诺莎在下个月给他的复信来看,卡则阿留斯是一名热情但是修养不足的青年。斯宾诺莎觉得他不成熟、不耐心,而且不好教。辅导这样的人学一种他自己已经放弃的哲学——斯宾诺莎可能为了收入而担任这项工作——显然是某种负担。但是,大概想起他自己年轻时的学术热诚,他认为这些缺点只是卡则阿留斯的年龄所致。虽然斯宾诺莎还不准备,或允许任何别人,向他透露斯宾诺莎自己的形而上学观点,但还是对这个青年寄予厚望,而且看到他某种真正的才能。斯宾诺莎在致福里的复信中说:

您没有理由去羡慕卡则阿留斯,因为再没有哪个人会像他那样使我感到厌烦,或者使我更需谨慎小心了。所以我希望您和我们所有的朋友,在他尚未达到成熟的年龄之前,不要将我的观点告诉他。他还是太稚气而不稳定,贪爱新奇胜于追求真理。但是我希望几年之内他会克服这些幼稚的缺点。的确,就我能从他的性格作判断而言,我有理由确信这一点;也正是他的秉性使我喜爱他。㊼

* * *

充当卡则阿留斯的笛卡尔哲学私人教师一事势必转移斯宾诺莎的注意力,不能专心投入诸如表述他自己的哲学体系之类更紧要的工作计划。在1662年初,他还在修改《神、人及其幸福简论》一书的内容。他的论神、自然及人的幸福的一些思想观念,就主要方面而言,那时已经完全形成。但是他打算加工某些重要的细节,诸如身心关系的性质,各种知识的分类,以及各种激情的归类。然而,此刻他特别关心的是表述他的思想观念的方式。在《简论》之现存手稿末尾出现的"附录"大概写于全书主体完成之后,内含关于实体及其属性与因果性的七项公理。在这些公理之后,便是关于实体之唯一性、独立性、无限性和存在性的四项命题之证明。这次除了以"几何的方式"重新予以表述之外,实际上其内容与《简论》第一篇开首两章相同。其实,这篇"附录"可能就是早期的《伦理学》草稿的一部分。在《伦理学》这部哲学巨著中,《简论》的所有最重要的原理,以及大量更多的内容,完全以几何的形式表述。自从1661年秋天以来,斯宾诺莎一直在考虑以数学的形式表述他的思想观念。斯宾诺莎在九月份致奥尔登伯格的信中提到"附录"(大概尚未写成)里会出现的三个命题(虽然稍有不同),他写道:

>既然这些论点业已证明,那么只要您同时注意到我的神之界说、您就会很容易地理解我的思想意图,因此没有必要对这些问题作更详细说明了。但是,为了清楚而简洁地表述这些论点,我能想到的最好方式莫过于以几何形式加以证明,而且提请您予以评判。㊽

由此可见,甚至在继续修订《简论》的同时,斯宾诺莎在构思——或许甚至开始撰写——一部更大规模的著作,对他的理论体系提供更有效和严密的表述。

在十七世纪,可靠的知识的模式便是数学。它的命题表述清楚,它的论证(若处理得当)不容置疑,而它的方法(若使用得当)极其简明。欧几里得(Euclid)所著《几何原本》(*Elements*)是这门学科最流行的范例,其开首便是23条基本定义(即界说 definitions,如"点是没有部分的","线只有长度而没有宽度"),5条公设(postulates,如"凡直角都彼此相等")和5条"一般概念"或公理(common notions or axioms,如"等于同量的量彼此相等","等量加等量,其和仍相等")。以这些现成的简单工具作为前提,欧几里得着手证明关于平面图形的许多命题及其特性,其中有些是极为复杂的。(例如,"卷一"的第一命题提出"在一个已知有限直线上作一个等边三角形"的方法;第五命题是"在等腰三角形中两底角彼此相等"。在"卷十"内,他在证明如何求出仅在正方形中可公度的两条有理线段。)除了界说、公设和公理之外,每项命题之证明只用已经证实的诸命题。在证明中绝不采用未证明的假设;除了不证自明的或明显已知的之外,没有任何先决条件。以这种方式推演,结果保证是绝对可靠的。

心目中有这一模式,斯宾诺莎希望将笛卡尔本人对各门科学中最大确定性之梦想予以扩大和实现。犹如他的导师笛卡尔,他认为哲学(广义地理解,包括许多如今更适于称为自然科学、人文科学和社会科学的学问)可能达到的精确无疑程度即使不是与数学相等也是近似的。[49]总之,斯宾诺莎要在形而上学、认识论、自然哲学、心理学和伦理学中做出欧几里得在几何学中达到的成就。作为必须为人类指出通往快乐与幸福的途径的学科,哲学只有以这种方式才成为真正有系统的,而且其结论保证正确有效。达到这个目标的手段,简直就在于将形而上学及其他学科纳入与欧几里得用以编排他的材料完全相同的形式之中。这样一来,他们的陈述之清楚明晰性就会以明白易懂而有说服力的方式展示他们的真理。在这里,斯宾诺莎走得比笛卡尔本人的任何设想都更远。[50]笛卡尔当然认识到哲学需要严格有序。他毕生多次强调,人们必须从不容置疑的首批原则出发,继续进行下去,达到能够以确实有效的方法从这些原则必然推论出来的结果。而且他相信数学为所有各门科学提供正确的方法论模式:

> 那些以很简单容易的推理所构成的长长的系列,几何学家通常用来获致他们最艰难的证明,也使我得以设想:凡是人所能认识的事物均以同样的方式相互联系……迄今在科学中探索真理的人们之中,只有数学家已能找到某些证明,亦即确实而明白的推理。[51]

他认为"方法指示我们遵循正确的秩序,而且确切地列举所有相关的因素;它包含赋予算术规律以确定性的一切"。他相信这同一个方法也能用于解决其他科学部门的问题。在其所著《哲学原理》的结尾，笛卡尔表示，就连他对特定自然现象的详细的机械论解释也是绝对确实的。"数学的证明具有这种确定性……如果人们看到我的这些答案怎样在前后相接的系列中从人类知识的第一批最简单的原则推断出来，或许连这些答案也可列入绝对确定性这一等级之内。"㊼

然而，在斯宾诺莎看来，笛卡尔做得还不够。笛卡尔没有想到"几何的方式"在哲学及各门科学中的应用真的需要它们采用欧几里得的表述形式。那就是为什么他一直没有认真试图以真正的几何学方式表述他的答案的原因所在。而这正是斯宾诺莎在给卡则阿留斯授课时试图在一定程度上予以纠正的地方。对于他自己所著的《简论》，想必感到了同样的不满意，而正是大约在他给奥尔登伯格写信的时候，他开始把许多研究精力用于对他的神与实体学说之系统明确的几何学表述。易言之，到 1661 年底，斯宾诺莎已经在撰写后来成为他的《伦理学》初稿的部分。

对他的工作进展感兴趣的不止他一个人。在斯宾诺莎离开阿姆斯特丹后不久，他的友人们似乎停止了讨论哲学的定期集会。无疑斯宾诺莎本来是他们的会议的领导者，既然这时他只是间或来到市内，这个小组失去其促进者。但是在 1662 年末或 1663 年初，其成员们重新集会。然而，此时若说它是笛卡尔思想小组，不如说它是斯宾诺莎分子小组。因为促成重新开会的因素都是斯宾诺莎自己的著作，那时他已经开始将这些作品交给他在阿姆斯特丹的友人们，让他们提问和评论。德·福里于 1663 年 2 月致函斯宾诺莎称："虽然我们的身体彼此远离，但是在脑海中频繁想到您，尤其是在我手执您的作品而且沉浸于其中的时候。"㊽德·福里所持有而且与他的朋友们共同研读的抄本，就是后来成为《伦理学》第一部分"论神"之早期草稿的部分。巴林在一次从他的莱茵斯堡之行返回后,他已经将抄本带给德·福里。德·福里和其他朋友们仔细通读这份材料,而且,出于对他们这位身居异地的朋友的这种钦慕之情,他们开始集会讨论以便达到更深的理解。德·福里向斯宾诺莎报告说:"我们小组的成员们不是对一切都很清楚——这是我们已经恢复我们的集会的原因。"出席集会的成员大概包括德·福里、梅耶尔、耶勒斯、利乌魏特茨、鲍麦斯特、巴林,甚至可能有考贝夫兄弟。每人轮流通读最新指定的部分,"按照他自己的观点"解释那段的基本意思,然后,"遵循您的诸命题的先后次序",为大家进行论证。接着对比较难懂之处进行争辩和讨论。当谁都解释不了的时候,他们便转而请求作者本人予以说明。

> 一旦我们不能互相作出满意的解释时,我们认为值得把它记下来,并且写信告诉您。这样,如果可能的话,您会把问题说得更清楚,让我们可以在您的指导下维护真理,对付那些以迷信的方式信教的基督徒,而且抵制一切攻击。(54)

虽然所质询的文本不再是圣经,阿姆斯特丹这种集会与社友会派的集会在形式上不无相似之处。简直没有哪位哲学家可能指望拥有更加热心忠诚的门徒了。

注释

①克莱弗(Klever)作"在博尔希日记里面的斯宾诺莎及范·登·恩登" 373("Spinoza and Van den Enden in Borch's Diary," 314.)。

②Ⅱ/6;C/8—9。

③Ep. 26,Ⅳ/159;C/394。

④Ep. 36。

⑤弗罗伊登塔尔(Freudenthal)著《斯宾诺莎生活史》(*Die Lebensgeschichte Spinoza's*,14.)。

⑥克里斯蒂安·惠更斯(Christiaan Huygens)著《全集》(*Oeuvres Complètes*,6:155.)。

⑦同上,158。

⑧弗罗伊登塔尔(Freudenthal)著《斯宾诺莎生活史》(*Die Lebensgeschichte Spinoza's*,193.)。亦见 Ep. 45(莱布尼茨致斯宾诺莎函),及克莱弗(Klever)作"杰出的光学家"("Insignis Opticus")。

⑨《解剖学观察》(*Observationes Anatomicae*),引自克莱弗(Klever)作"斯宾诺莎生平与著作"("Spinoza's Life and Works",33.)。

⑩Ep. 14 显示塞拉列乌斯不但是斯宾诺莎的朋友,也是奥尔登伯格的朋友。

⑪至少这是迈恩斯玛(Meinsma)的提示,见《斯宾诺莎和他的圈子》(*Spinoza et son cercle*,223.)。

⑫见巴邦、赖斯及阿德勒(Barbone, Rice, and Adler)为《斯宾诺莎书信集》所作的"导言"("Introduction," *Spinoza: The Letters*,8.)。

⑬Ep. 1, IV/5;e/163。

⑭Ep. 2, IV/7;e/164—5。

⑮直到两个荷兰语手稿在十九世纪中叶发现之前,此书在很大程度上还是一部逸作。这两个手稿都不是斯宾诺莎本人的。它们最有可能是一部失传的拉丁语原著的译本。如果说斯宾诺莎会以荷兰语写过一部复杂的哲学著作,则似乎很不可能,因为他坦承感到自己不适于用那种语言表述哲学问题。

⑯至少米格尼尼(Mignini)认为是这样。米格尼尼为斯宾诺莎较短著作的这部最新荷兰语版编订《简论》的评注本;见阿克曼(Akkerman)等人的《斯宾诺莎:短篇手稿》(*Spinoza: Korte Geschriften*,230—240.)。格布哈特(Gebhardt)曾提出:斯宾诺莎原以荷兰语向他的朋友们口述此书,只是在他定居

莱茵斯堡之后,才将手稿诸部分改写成两本不同的拉丁语论著:一部论述方法问题,即《知性改进论》,而另一部论述形而上学,即《简论》。这些论著后来送回阿姆斯特丹由彼得·巴林译成荷兰语,见Ⅰ/424—31。

⑰见 Ep. 6 和 Ep. 13(其中提到的出版"其他著作"似乎就是指《简论》)。

⑱Ⅰ/112;C/149—50。

⑲严格地说,在斯宾诺莎看来,心灵与身体其实是从两个不同的角度(亦即在两个不同的属性之下)考虑的同一个样式。

⑳Ⅰ/61;C/104。

㉑Ⅰ/78;C/119。

㉒Ⅰ/86-7;C/127。

㉓见《简论》第二篇,第十八章和第十九章。

㉔Ⅰ/88;C/129。

㉕Ep. 1,Ⅳ/6;C/164。

㉖Ep. 6,Ⅳ/36;C/188。

㉗同上。

㉘Ep. 13,Ⅳ/64;C/207。《伦理学》的重要部分是这时写的,但是不知在这封信中斯宾诺莎所指的究竟是《简论》还是在《伦理学》中对他的思想的几何方式的表述;见米格尼尼(Mignini)作"资料与问题"("Données et problèmes," 12—13)及柯利(Curley)编译的《斯宾诺莎著作集·第一卷》第350页。

㉙Ep. 11,Ⅳ/51;C/200。

㉚Ep. 7,Ⅳ/37;C/189。

㉛Ep. 16,Ⅳ/75;C/218。

㉜Ep. 11,Ⅳ/50;C/198—9。

㉝Ep. 13,Ⅳ/66—7;C/210。

㉞Ep. 6。

㉟克莱弗(Klever)作"在博尔希日记里面的斯宾诺莎及范·登·恩登"("Spinoza and Van den Enden in Borch's Diary," 316—17.)。

㊱Ep. 8，Ⅳ/40；C/192。

㊲克莱弗(Klever)作"在博尔希日记里面的斯宾诺莎及范·登·恩登"("Spinoza and Van den Enden in Borch's Diary," 315.)。

㊳关于斯蒂诺的这些说法，参见 Ep. 67a，及克莱弗(Klever)作"斯蒂诺对斯宾诺莎及斯宾诺莎主义的论述"("Steno's Statements on Spinoza and Spinozism")。

㊴迈恩斯玛(Meinsma)著《斯宾诺莎和他的圈子》(*Spinoza et son cercle*, 230.)。

㊵弗罗伊登塔尔(Freudenthal)著《斯宾诺莎生活史》(*Die Lebensgeschichte Spinoza's*, 231—2.)。

㊶克莱弗认为，德·沃尔德实际上是"隐蔽的斯宾诺莎主义者"；见克莱弗(Klever)作"布尔夏德·德·沃尔德(1643—1709)，莱顿大学讲坛上的隐蔽的斯宾诺莎主义者"("Burchard de Volder(1643—1709), A Crypto-Spinozist on a Leiden Cathedra")。

㊷弗罗伊登塔尔(Freudenthal)著《斯宾诺莎生活史》(*Die Lebensgeschichte Spinoza's*, 22—3.)。

㊸迈恩斯玛(Meinsma)著《斯宾诺莎和他的圈子》(*Spinoza et son cercle*, 230—4.)。

㊹Ep. 13，Ⅳ/63；C/207。

㊺见梅耶尔(Meyer)作"《笛卡尔哲学原理》序"(Preface to *Descartes's Principles of Philosophy*, Ⅳ/129—30；C/227.)。

㊻Ep. 8，Ⅳ/39；C/190。

㊼Ep. 9，Ⅳ/42；C/193—4。

㊽Ep. 2，Ⅳ/8；C/166。斯宾诺莎将证明附在这封信里，但是此附件后来已阙失。关于重建这些证明之内容，见巴蒂斯蒂(Battisti)作《神之存在的证明》(*La dimostrazione dell'esistenza di Dio*)。

㊾关于在人文科学和社会科学中，是否能达到数学的确定性，笛卡尔大概不抱有斯宾诺莎的乐观态度，虽然在此问题上争议很大。

(50)在笛卡尔对于反对《沉思集》的第二组意见的答复中，作为对其反对者之要求的回应，他确实以几何的方式表述该著作的某些主要论证。但是他也承认，他不相信形而上学最好完全以几何的方式来表述（《笛卡尔全集》7:156—7）。

(51)《谈方法》（*Discourse on Method*）第二部分。

(52)《哲学原理》（*Principles of Philosophy*，Ⅳ.206.）。

(53)Ep.8，Ⅳ/39；C/190。

(54)同上。

第九章 "伏尔堡的那个犹太人"

在当地教堂牧师继任者的人选问题上,靠近海牙的村镇伏尔堡(Voorburg)居民在1665年陷于一场恶斗。伏尔堡属于代尔夫特(Delft)市政府管辖。在争论一方提呈市政府的请愿书中提到丹尼尔·泰德曼,说他家住有一名"来自阿姆斯特丹的犹太人,据说现在是无神论者,嘲笑一切宗教,因而在国内是一个有害分子"。请愿者们还说,许多有识之士和传教师都能为此作证。①

泰德曼是画家,而且一直有军籍。他偕妻子玛格丽塔·卡雷尔丝住在教堂街的一所房屋中,大概靠近市镇中心。他们是新教教会的成员,但是泰德曼似乎有了社友会派的倾向。②这些倾向看来实际上就是他在1665年的争执中处于落败一方的原因。当斯宾诺莎于1663年春季从莱茵斯堡迁往伏尔堡时,可能是在他自己的社友会派朋友的推荐之下,选定租赁泰德曼的房子。

伏尔堡比莱茵斯堡大很多,但仍然是斯宾诺莎所寻求的和平与安静的小地方。③它与海牙的距离不比莱茵斯堡距莱顿更远(几英里之遥),所以它也具有邻近重要城市及其社会的和学术的资源之优势。柯勒鲁斯说斯宾诺莎在海牙有"很多友人",而在他住在伏尔堡的几年间,他似乎又有了一个仰慕者的小圈子。"他们常常与他在一起,而且很喜欢聆听他的谈话"。他们前往伏尔堡大概像斯宾诺莎前往海牙那样频繁。后来斯宾诺莎本人迁居海牙很可能就是受到他们的怂恿。④惠更斯家族在伏尔堡附近拥有一处乡村庄园。克里斯蒂安·惠更斯的父亲康斯坦丁·惠更斯是笛卡尔的朋友，早期曾为在海牙听政的省督弗雷德里克·亨德里克当过秘书。他把伏尔堡称为"无与伦比的村镇"。⑤大约在1665年初，斯宾诺莎与克里斯蒂安·惠更斯结交之后，当惠更斯没有前往伦敦或巴黎从事科学工作的时候，斯宾诺莎想必有时会到距他家有五分钟步行路程的这座庄园（Hofwijk）中消闲。

通过泰德曼，斯宾诺莎似乎不仅进入了伏尔堡当地社会，从而卷入牧师人选问题的争执，而且还学到一些美术方面的知识。柯勒鲁斯自称他有过一本斯宾诺莎所作的画集，还说那是从他（和斯宾诺莎）在海牙的房东那里得到的。那位房东也是画家。看起来这位哲学家喜爱肖像画：

> 他自学绘画艺术，⑥而且能够以墨水或炭笔速写人像。我手上有一整本他的画册，这是他为他所认识的和有时访问他的各种显要人物所作的肖像画。除了其他作品之外，我在第四页看到一张穿衬衫的渔夫的速写，渔网在右肩上，正像一般出现在历史图片上的著名的那不勒斯起义者马萨涅洛（Masaniello）*。他的最后的房东亨德里克·范·德·斯毕克告诉我说，这幅肖像酷似斯宾诺莎本人，一定是按照他自己的面孔画出来的。⑦

---

* 马萨涅洛（Tommaso Aniello Masaniello，1620—1647），那不勒斯起义领袖。他原是阿玛菲（Amalfi）地方的渔民。在那不勒斯人反抗西班牙统治下的重税的斗争中，1647年7月他领导起义成功。但是后来沦为杀人放火，失去民心，他本人被西班牙总督派人暗杀身亡。阿姆斯特丹的赖克斯博物馆版画部藏有一幅据信是这张肖像画的镌版复制品。

这本画册一直没有找到。

虽然伏尔堡甚至比莱茵斯堡离阿姆斯特丹更远一些,但是,通过信件和亲自造访,斯宾诺莎与他在阿姆斯特丹的友人们保持密切联系。例如,德·福里就在斯宾诺莎搬来之后的第一个夏天(1663年)前来访问,而且在后来几年里又来访问多次。反过来看,斯宾诺莎也愿意回阿姆斯特丹,而且频繁回去。其实,在4月末他把家具及磨制透镜的设备搬到泰德曼家不久,他就返回阿姆斯特丹逗留几个星期。在他迁居不久便长时间不在伏尔堡,其原因就是准备出版他给卡则阿留斯讲过的笛卡尔哲学教程。他在阿姆斯特丹的友人们仍然艳羡卡则阿留斯的幸运,要求他们自己有一本斯宾诺莎对笛卡尔哲学原理的解说。当时,这部著作只是以口授记录的形式保存在卡则阿留斯手中。当斯宾诺莎来到阿姆斯特丹时,他们请他为他们编撰一部增订本,后来还敦促他允许在利乌魏特茨的出版社出版发行。斯宾诺莎于7月底致函奥尔登伯格,解释他自己为什么没有更及时答复奥尔登伯格上次来信(写于四月初),而且他只是刚看到那封信。

有一些朋友要求我给他一部论著的抄本,其内容包括以几何学方式证明的笛卡尔著《哲学原理》第二部分和关于形而上学主要问题论述的纲要。以前我曾把这部论著口述给一个年轻人,对他我不愿意公开讲授我自己的观点。友人们要求我尽快以同样的方式把《哲学原理》第一部分也写出来。为了不让他们失望起见,我立即着手这项工作,在两周内完成交给他们。最后他们要求我让他们出版全书。我欣然应允,但是提出一个条件:要他们当中的一位朋友趁我在场的时候加以文字润色,并且写一篇短序,告诉读者我不承认这部论著中包含的观点都是我自己的,因为我在那里写了许多完全与我自己的看法相反的东西,而且举一两个例子说明这一点。在担任出版这本小书的友人们中,有一位承诺了我的全部要求,而这就是我在阿姆斯特丹待了一些时候的缘故。当我一返回我现住的这个村镇,因为朋友们光顾来访,我简直没有自己的时间。⑧

慨然应允帮助修饰斯宾诺莎的拉丁语文体而且为著作撰写序文的朋友就是洛德维克·梅耶尔。他也是出版这部论著的主要推动者。梅耶尔曾经有意亲自将笛卡尔的原理"改写"成几何学的形式,但是因其他更迫切的事而受阻。⑨他认为,为了解决哲学与科学中许多争论不休的问题,"建立人类知识的整座大厦",最好的途径是采用"数学家的方法",以及它的界说、公理和推演出来的命题。⑩他本来十分钦佩笛卡尔,称之为"我们时代最耀眼的明星",但是对笛卡尔没有充分运用这个方法感到失望。因此,他十分高兴得知斯宾诺莎的工作,而且努力将《阿姆斯特丹的别涅狄克特·德·斯宾诺莎依几何学方式证明的勒内·笛卡尔所著"哲学原理"第一篇和第二篇》付梓出版。梅耶尔认真负责委托他照管的全部印刷与出版事务以及对朋友的义务。⑪在手稿的全部修订过程中,他就种种文体上的,甚至实质性的问题为斯宾诺莎提供咨询,例如有一次询问是否最好把"神之子是圣父本身"的说法删除,以免冒犯总在警惕索齐尼主义之表现的神学家们,而斯宾诺莎常常听从他的判断。斯宾诺莎往往对他说,"按你认为似乎是最好的选择来做吧。"⑫在撰写序文时,梅耶尔很注意斯宾诺莎的意见,显然尽量顺应他的愿望。

斯宾诺莎同意出版这部论著连同一篇附录,即《形而上学思想》(Cogitata Metaphysica),"简略地说明形而上学总论中一般出现的有关存在物及其状态的主要问题",如他函告奥尔登伯格所云,在某种程度上,这是由于他想知道他自己的思想会引起什么样的反应,而且可能还想在有影响的人士中赢取某种支持:

> 这样做的结果或许会导致我国某些身居要职的人物想要看到我的其他著作,而这些著作我承认是我自己的;这样一来,他们会做出安排,让我能够不冒招致麻烦的风险而出版这些著作。如果出现这种情况,我会毫不犹豫地立即发表一些作品;否则,我宁可保持沉默,而不将己见硬捅出去,拂逆国人,招致敌视。⑬

斯宾诺莎在这里提到的"其他著作"或许是《神、人及其幸福简论》,但是,更可能的是对那部著作内容的更新的几何形式改写,即《哲学》(Philosophia)一书,它是《伦理学》的早期文本。在1663年中期,斯宾诺莎可能过度乐观地预期此书即将接近完成。⑭

其实,斯宾诺莎不得不暂时中断《伦理学》一书的写作来整理《笛卡尔哲学原理》。他总是担心《笛卡尔哲学原理》一书的社会反应,他要让人们知道"我是在两个星期内整理出来的。有了这个预先声明,人们就不会觉得我的表述已达这样程度,以致不可能有更清楚的表述;而且人们也不会因他们可能感到有一两处晦涩不明而怫然不悦"。⑮然而,即使在他返回伏尔堡之后,直到1663年夏末,在他致函梅耶尔商议那篇序文的时候,这种担心还萦系心头。

《笛卡尔哲学原理》和《形而上学思想》是斯宾诺莎有生之年以他的名字发表的仅有的两种论著。斯宾诺莎除了以《形而上学思想》，而且多少更加巧妙地以《笛卡尔哲学原理》本身，为他自己的形而上学和伦理学观念试水之外，他打算使这两种论著"为所有人的利益"服务。他希望人们知道，出版它们的动机在于"传播真理的愿望"和"引起人们去研究真正哲学的善意……目的在于普遍的利益"。⑯对人类最有益的"真正的"哲学，无疑就是近代哲学。近代哲学摆脱经院哲学那种陈腐而蒙昧的窠臼，其宗旨是进步的，而其精神大抵上是笛卡尔主义的。

其实，如果说斯宾诺莎曾经服膺笛卡尔思想，那完全是1661年以前的事。但是在1663年，他绝不是笛卡尔的不加批判的门徒，而且在《笛卡尔哲学原理》一书中，他清楚地表明，而且要梅耶尔强调这样一点：即他不是在那里提出他自己的观点。

> 既然他答应对自己的学生讲授笛卡尔哲学，他认为自己理应一步也不离开笛卡尔的观点，不讲述同笛卡尔的学说不相符甚至相反的见解。因此不要认为他这里所讲的就是他本人的观点，或者只是笛卡尔学说中他所赞同的那些观点。

在这篇序文中，梅耶尔只指出在斯宾诺莎与笛卡尔之间最显著的意见分歧：斯宾诺莎"认为意志并不是和理智不同的，它远没有笛卡尔赋予它的那种自由"，而且心灵本身也不是实体。已出版的这部著作有时对笛卡尔持批评态度，偶尔显示斯宾诺莎真正的主张，但是我们不知道它在何等程度上反映他对卡则阿留斯讲授的内容。因为他认为卡则阿留斯尚未成熟到足以聆听自己的观点，所以我们不知道在他给那个年轻人的授课中有多少对笛卡尔的批判。实际上或许在大多数授课中"一步也不离开"笛卡尔的观点。

不过,扬·利乌魏特茨于1663年秋季印行的那部书确实不仅是笛卡尔观念的概要。虽然其材料大多直接来自笛卡尔的著作——主要是《哲学原理》本身,连带还有《第一哲学沉思集》,以及笛卡尔对于《沉思集》招致的异议之答复——首先,为了适用于几何学表述之需要,这些材料经过重新安排整理。而且,如斯宾诺莎在致梅耶尔函中所云,有时他证明一些笛卡尔仅只断言的东西,使用有别于笛卡尔的证明方式,甚至补充一些笛卡尔所忽略的东西。⑰但是,斯宾诺莎的兴趣并非仅仅在于以几何学方式对笛卡尔所说的和他如何论证的(或本应如何论证的)内容给予准确的,即使稍加补充的描述。他还认为自己在运用笛卡尔的原则去解决某些在他看来笛卡尔没有适当处理的问题。如梅耶尔所说,这本书中有许多内容笛卡尔没有明确说过,但还是能够"从笛卡尔所奠定的基本原则中确切地推论出来。"斯宾诺莎的工作在于澄清、解释、阐发、引申、举例、论证、添加被隐去的前提和改善论据;总之,他有时像是一位忠实但有创意的笛卡尔主义者,从事许多其他颇为正统的笛卡尔派哲学家在十七世纪所做的工作。但是他对笛卡尔的主张也提出质询、批评、存疑("我不知道创造[或保存]一个实体是否需要比创造[或保存]诸属性更大的工作"),纠正以及彻底否定。有时他对笛卡尔的失误作善意的解释("我认为笛卡尔非常明智,不会有那个意思");在别处则给予严厉的批评。

即使只就他对笛卡尔思想之几何学表述而言,斯宾诺莎所著《笛卡尔哲学原理》一书的成就也不应低估。虽然这份材料原来是为教一名不算优秀的学生,或是为满足执意的友人而写的,但仍然不是额外进行的一项偶然而无关紧要的工作。斯宾诺莎将笛卡尔思想体系最重要的内容加以甄选与"改写",这不仅对提高他自己的哲学声誉,而且对有志认真而批判性地研究那个体系的许多人而言,都有很大的作用。

此书开首评述笛卡尔在《哲学原理》第一篇和《沉思集》中讨论的认识论问题。对笛卡尔来说,"怀疑方法"是开启哲学推理和"发现一切知识的基础"的固有途径。如果在开头时就采取怀疑的姿态,真理探索者便能"摆脱一切成见",发现错误之原因,而且最终找到对一切事物之清楚明晰的了解途径。作为笛卡尔的十分著名的论证,一切事物之第一确定性就是我们自己的存在。即使面临最极端的怀疑论者的质疑,我只能认知"我存在"(或另表述为"我思故我在")这一命题之绝对不容置疑。但是,对于笛卡尔所提出的简单直观的真理——简单地认为"我存在"是确信的真理——斯宾诺莎以几何学方式予以证明。

> 命题二:"我存在"必须是自明的。
> 证明:假如否定此说,则我们只有借助某种他物才能知道这个真理,而对这种他物的认识和确信(据公理一,即"我们之所以认识和确信未知的事物,只是借助于认识和确信在可靠性和认识方面先于这未知事物的另一事物")在我们心中应当先于"我存在"这个判断。但这是荒谬的(据命题一,即"当我们不知道我们是否存在时,我们不能绝对地确信任何东西")。故"我存在"必须是自明的。⑱

从我自己的存在之确定性,我还能够变得确知一个创造了我的无欺骗性的神之存在,从而确知神所赋予我的理性能力之可靠性。如果我只凭借我的对事物之清楚明晰的概念,我一定获致真理。

以这些不寻常的预先论证,斯宾诺莎首先考虑在《哲学原理》

第一篇和第二篇所展示的笛卡尔派学术之形而上学基本原理。这就包括实体之本体论,思想与广延之性质,心灵与身体之间以及身心与神之间的区别和关系。有关的形而上学命题一旦确立之后,接着就是构成斯宾诺莎对卡则阿留斯所授课程之主体的内容。这里包括世界之普遍性特征和笛卡尔物理学之最一般的原理:物质、运动和力量(笛卡尔从纯粹数量的角度界定为物体的质量与速度之产物)之性质,自然物体之构成与特性,以及支配运动中的物体(既指固体亦指液体)的各项规律。笛卡尔将诸物体之物质只认同为广延;物体和它所占的空间没有区别。所以,物体之一切特性必然是广延之诸样式,即可量化的诸方面,例如形状、大小、可分性和运动或静止。笛卡尔认为,由此可见,虚空是不可能的,凡有空间的地方就有物质。因此,笛卡尔主张充实的空间(plenum),反对机械论的微粒世界的一种特殊模式,即原子论模式,按照这个模式,不可分的原子在空虚的空间运动和相互碰撞。根本没有空虚的空间,当物质运动时,它占其他物质的位置,而其位置也被其他物质所占。一部分物质(一个物体)移动另一部分物质的唯一方式就是去碰撞它。

虽然物体之间的这种碰撞是物体所具有的特定运动的原因,但是宇宙中运动之普遍的、首位的和持续的原因是神。神赋予物质以运动,而且在其中维持着同等量的运动亘古不变。这就让笛卡尔从神之本性推断出自然界最普遍的定律,他的守恒定律,认为宇宙间运动之总量是恒定的。从这条定律,加上关于神如何维持物体运动的更多的根据,得出其他定律。这样,斯宾诺莎紧密依照笛卡尔的原文,证明笛卡尔主义的惯性原理:

命题十四:凡物就其为简单的和未分化的事物而言,如果按其自身来考察,尽其可能永远保留在同一状态中。本命题在许多人看来,仿佛是一条公理,但是我们要对它加以证明。

证明:既然一切事物只有借神的助力才能在一定的状态中存在(据第一篇命题十二),而神在进行创造时是绝对恒定的(据第一篇命题二十绎理),则如果不考虑任何外部的,亦即特殊的原因,而按事物本身来考察事物,则应当肯定,它尽可能永远保留在现今的状态中。此证。[19]

此书第三篇开首概述笛卡尔对科学方法的意见,和关于世界的某些一般性假设的陈述,笛卡尔相信这些假设可以让他解释许多现象。于是,读者看到天体的旋涡说,和关于构成地球和星球的普遍性物质的某些详情。但是,在关于物质分成的微粒问题的仅仅两个命题之后,此书颇为突兀地告终。斯宾诺莎给卡则阿留斯的授课大概到此为止,没有再讲下去。他在阿姆斯特丹已经花费两个多星期的时间为他的朋友们将讲义扩展出第一篇,此时他想必决定不再按照《哲学原理》第三篇续写这些未完成的部分,以免更多占去他用于撰写《伦理学》的时间与精力。

根据某种想法,斯宾诺莎决定在他的《笛卡尔哲学原理》一书中应该增加一篇哲学附录,其内容为对于他认为笛卡尔没有适当论述的古典形而上学问题的讨论。甚至在以几何学方式撰写《笛卡尔哲学原理》之前,"形而上学思想"可能已经写好。斯宾诺莎这篇论著的目的在于澄清哲学之主要概念、范畴和特征。在他看来,这些问题本为以前的思想家所忽视,甚至搞得晦涩不明。他的批判大多指向经院哲学,包括中世纪的思想家和最近的新亚里士多德派,诸如莱顿大学的赫吕波尔德(Heereboord)教授。有时候他直截了当采用笛卡尔派的观点;在另外一些场合,细心的读者找出斯宾诺莎自己的形而上学观念之吉光片羽(例如,"一切被自然产生的自然乃是唯一的存在物。由此可以推出:人是自然的一部分")。存在物之本性与类别,本质与存在之间的区别,以及在必然的、可能的和偶然的存在之间的差异,都得到详细的论述。对于神及其属性——其永恒性,单纯性,知识,无所不在,万能,意志和力量——都个别加以考察,以廓清以前的著作家遗留的某些混淆。斯宾诺莎摒弃一些"谬见",诸如经院哲学赋予植物的植物性灵魂,和某些思想家归因于神的绵延。在《笛卡尔哲学原理》和"形而上学思想"中有一些意见显然不是斯宾诺莎的,例如,提出解读圣经最好的办法就是认真看待它声称的说法之真理性;[20]以及如梅耶尔所指出,他似乎在主张人的意志是自由的。

对于不熟悉情况或偶然翻阅的读者来说,在这两种论著中哪些主张为斯宾诺莎所赞同,而哪些为他所反对,区分起来可能有些困难。与他通信的一位荷兰商人威廉·范·布林堡所遭到的正是这种混淆。但是,这本书恰好适合预期的作用,至少如在他致奥尔登伯格的信中讲过的那样:让那些身居高位的有识之士注意到他本人,而且或许会使他们有兴趣出版他本人的思想(从而得到对出版的某种庇护)。这些论著似乎得到广泛的阅读和讨论,特别是在莱顿,而且为斯宾诺莎赢得笛卡尔哲学评注能手的声誉。[21]对此书的好评令人充满希望,致使斯宾诺莎的友人们立即筹划第二次拉丁语版。虽然这个版本一直未能实现,但是荷兰语版由彼得·巴林翻译,由雅里希·耶勒斯承担支付费用(他还出资印行拉丁语原版),确实在翌年问世。斯宾诺莎插手了这实际上是另一版本的出版。[22]他对原文进行修订与改正,而且大概很细心审阅过巴林的译文。在这个译本发表之后,斯宾诺莎终于能够把此事完全置诸脑后。在1665年初致布林堡的信上,斯宾诺莎说:"我现在已不把思想放在这本论笛卡尔的著作上了。自从它译成荷兰文以来,我就没有对它作进一步的考虑。"他又说,这样做的理由"说来话长,所以还是不说了吧"。㉓

*　　　　*　　　　*

1663年夏季,欧洲北方再度爆发鼠疫。虽然这种传染病经过一段时间才发展到最猖獗的阶段,但是它的传染性特别强,而且延续六年多。在1665年致斯宾诺莎的信中,奥尔登伯格报告称,因疫情"凶险",皇家学会在伦敦的会议都停止召开,而科学家们到乡下避难。"我们的哲学学会在这危险的时刻没有举行公开的会议。"有些人随同国王撤往牛津,其他人分散到英格兰各地。许多会员"没有忘记他们自己的责任",继续进行他们的私下实验。㉔大无畏的奥尔登伯格还留在伦敦,履行他作为学会秘书的通信职责。即使在这样的危机时期,他从来不放过机会敦促斯宾诺莎发表他的思想。就在瘟疫爆发之前,奥尔登伯格于1663年8月在信中说:"直到您慨允我的请求为止,我绝不停止敦促您",或者,至少也要让他看到斯宾诺莎的某些作品。"如果您愿意让我知道其中的某些主要成果,啊!我会多么敬爱您,而且我会自认与您联系得多么紧密!"㉕奥尔登伯格最渴望得到一本《笛卡尔哲学原理》。他要求斯宾诺莎通过塞拉列乌斯交给他一本。塞拉列乌斯与他们两人时有接触,当斯宾诺莎住在乡下时,他往往像一名以阿姆斯特丹为基地的驿站站长,为斯宾诺莎担任国际通信(甚至作为信使旅行到英国)。

据传鼠疫始于阿姆斯特丹,在那里1663年差不多有一万人死亡;翌年死亡人数升至两万四千人以上。英国外交官乔治·唐宁爵士*于1664年7月报告称:"上周阿姆斯特丹死739人,瘟疫扩散遍及全国,无孔不入,蔓延到安特卫普和布鲁塞尔。"㉖巴林的儿子还是幼童,死于1664年6月。斯宾诺莎与巴林关系热络,显然为他的朋友丧子而感伤,对这位刚刚译毕其论笛卡尔的著作的人士深表同情:

(上月来信)令我不胜伤心焦虑,虽然,想到您性格坚强,处变不惊,噩运打击,对您亦无如之何,这大有助于您节哀。尽管如此,我的担心仍与日俱增,因此,鉴于交情,望慨然拨冗,惠书详告近况,切盼切盼。

巴林相信他有过关于他的儿子将死的某些"噩兆"。斯宾诺莎在信中提到:"在您的孩子尚健康无恙时,您就听到像是他在病中及濒危时发出的那种呻吟"。因此巴林致函斯宾诺莎请求给予解释。在复信中,斯宾诺莎提出他希望会有安慰作用的说法,即关于将父亲的心灵与儿子的心灵联结在一起的交感纽带;此外,还讲述他自己在一年前有过的一个梦:"一日清晨,天空已现曙光,我从大梦中醒来,觉得在梦乡中出现过的一些形象仍在眼前,宛若真实事物一样栩栩如生,特别是有一个面孔黝黑、满身疥癣的巴西人,我从来没有见过。"㉗无法知道斯宾诺莎认为这个梦的内容有什么重要性,或是巴林从朋友的说法中得到什么慰藉。巴林本人大概

---

* 乔治·唐宁(George Downing,1623—1684),英国驻荷兰大使。十七世纪荷兰鼎盛时期,他努力仿效荷兰的方法,吸收荷兰的技术。在英荷争霸斗争中,他与奥伦治王室密谋反对荷兰共和国首脑扬·德·维特(Jan de Witt)。英国首相官邸所在的唐宁街即以他的名字命名。

在那年内死于瘟疫*,这是他与斯宾诺莎之间现存的最后书信。当时斯宾诺莎无疑感到十分难过,但是,这方面的任何表示大概都被他的遗著编辑们连同他的许多其他私人信函一起付诸一炬。

在流行瘟疫的年代,那些有能力的城市居民逃往荷兰乡间避难。伏尔堡距海牙很近,它本身也够大,有遭传染的危险。因此,几乎肯定在殷勤关切的西蒙促使之下,斯宾诺莎凭借他与德·福里家族的关系,于1664年冬天离开伏尔堡几个月。斯希丹(Schiedam)是靠近鹿特丹的中型村镇,他暂住在那里附近的一座乡间住宅内。西蒙·德·福里姐姐的公公雅各布·西蒙斯·海森是这个名为"长果园"的农场的主人。海森家族也属再洗礼派商人的殷实宗族,靠鲱鱼和盐业起家。斯宾诺莎大概在十年前与他们结识。当西蒙的姐姐特列提耶于1655年嫁给阿列维·海森的时候,西蒙可能不忘邀请他的这位最密切的友人参加婚礼。虽然这个农场为阿列维的父亲拥有,但是这对青年夫妇带他们的孩子住在那里。其实,海森家族与德·福里家族有血缘关系,因雅各布·海森是西蒙外祖母的兄弟,所以也是他的舅爷。发生瘟疫以后,两个宗族的成员都避居于农场之内以减少染病的可能。斯宾诺莎于12月加入到他们那里,逗留到1665年2月。那里环境优美,错落有致的农舍和果树林俯临河水。但是这次来访可能不很惬意。在1664年初阿列维的兄弟很可能死于瘟疫。接着是特列提耶和西蒙的母亲玛丽亚·德·沃尔芙,他们的兄弟弗兰斯·约斯滕·德·福里及其妻西耶提茵·雅各布·欧茵均于6月身亡。㉘然而,即使他们

---

* 巴林(Pieter Balling),另说卒于1669年。他的本职为商务代理,与几家西班牙商行有业务关系。他属于门诺教派,1662年出版著作名为《烛台之光》(The Light on Candlestick),抨击宗教上的教条主义,主张一种建立在灵魂内在启示之基础上的单纯宗教。1664年他将斯宾诺莎所著《笛卡尔哲学原理》译成荷兰语出版。

聚会的时机不是特别有兴致,对西蒙来说,能够与斯宾诺莎共度一段较长的时间想必还是十分满意的。

从波罗的海将谷物运往欧洲其他地方和新大陆所经过的一个主要港口是多德雷赫特。威廉·范·布林堡(Willem van Blijenbergh)*是那里的谷物商和经纪人。他自称为"真理追求者",从1665年1月起,他的一系列来信打破斯宾诺莎在斯希丹的平静生活。布林堡的时间虽然大多用于经商,但总是对神学和哲学抱有爱好,而且显然喜欢有机会同像斯宾诺莎这样发表过著作的学者讨论哲学问题。他本人于1663年出版了一本书,名为《为反对无神论者的冒犯而确认的关于神及宗教的知识,以清晰自然的论据证明神已创建和启示一种宗教,愿意人们以这种宗教敬神,而基督教不仅符合神所启示的宗教,并且与我们的内在理智相一致》。斯宾诺莎显然对此书毫无所知,而且不了解此人的信仰,便开始与他互通长信——不久便感到后悔。

布林堡只读过《笛卡尔哲学原理》及那篇形而上学附录。可以想见,对于分辨哪里是斯宾诺莎提出自己的观点,和哪里仅仅是综述笛卡尔的观点,布林堡有些为难。即使他好不容易地把两者区别开来,他也得费很大的劲去理解斯宾诺莎的确切意思;在通信者中他不是最有洞察力的,也不是宅心仁厚的人。不过,关于斯宾诺莎对笛卡尔思想的阐释以及他本人的学说,布林堡还是提出一些很有兴趣和重要的问题。"正如我(在您的著作中)找到不少先

---

* 布林堡(Blijenbergh,？—1696)大概生于阿姆斯特丹,在多德雷赫特经商。1663年出版一本题名冗长的小册子,认为圣经应该优先于理性,哲学是神学的侍女。1674年出版一本反对斯宾诺莎的书,题名《反驳名为"神学政治论"的渎神书籍》。1682年又出版一本反对斯宾诺莎所著《伦理学》的小册子。他于1695年被选任多德雷赫特的市长。

得我心的东西一样,我也遇到一些我难以理解的论点。"㉙通过写信,布林堡在善与恶之地位问题上紧逼斯宾诺莎(按照斯宾诺莎的观点,它们不是真实的存在物),特别是神与罪孽的关系。如果神是万物及其情状之原因和继续保持者,那么,神必然也是灵魂内一切"运动"或意志之原因。既然那些意志中有些是邪恶的,"从这一断言中似乎也必然推出:要么在灵魂的运动或意志中不存在恶,要么神本身就是恶的直接原因。"他也不明白,如果按斯宾诺莎所说,万事都必然出自神之不变的意志,那么,怎样还能有人的自由之任何余地。而且,他颇为敏锐地看到,如果按照那些至少对斯宾诺莎著作之读者而言似乎是其本人的身心问题之形而上学观点,在理解灵魂如何是不朽的问题上就有某种困难。

> 当我想到我这条随时都会死亡的转瞬即逝的生命的时候,如果我不得不认为我会消失,而且会断绝神圣而荣耀的冥思默祷,那么,我肯定会比不知其末日的所有生物都更为不幸。盖在我死前,死之恐惧令我不欢;在我死后,我便化为乌有,因为失去那种神圣的冥思默祷而陷于可悲的境地。在我看来,这正是您的见解似乎导致的境地:一旦我在这里走到尽头,此后我必永远消失无迹。㉚

在第一次复信中,斯宾诺莎精心地努力向布林堡解释:据我们的看法,神怎样只是事物中肯定的东西之原因,而邪恶只是一种缺乏或事物未达到更圆满的状态。他告诫他的新通信对象,不要陷于一般俗众谈论神的那种不确切的和令人误解的方式,而且不要以为我们能够以我们的行动"触怒"神。但是布林堡后来的质询表明他是一个眼界狭隘的人。他的那些来信冗长、啰唆、令人生厌,而且显然不具备斯宾诺莎的许多哲学前提。从第二次复信起,因为斯宾诺莎开始认识到同他打交道的这个人的人品,他的耐心逐渐消蚀。"当我读到您的第一封信时,我以为我们的观点几乎一致。……第二封信却使我感到根本不是这回事。我认为我们不仅在从最初的原理推演下来而得到的结论上不一致,而且对那些最初的原理本身就有分歧。"他谦恭但是坚决地表示要中断他们的通信。"我几乎不相信我们的通信能使我们相互受益,"他写道,而且表明他认为布林堡不仅没有理解他的观点,而且不能够理解。[31]这两人之间几乎没有共同点。在斯宾诺莎看来,这些属于没有共同尺度的观点。布林堡在神学与哲学的所有问题上都遵从圣经的权威。

> 我看出,即使是按照逻辑法则稳定确立的证明,只要它不符合您或您所知道的神学家归因于圣经的解释,它对您就没有任何正确性可言。不过,如果您坚信上帝通过圣经比通过自然理智之光说得更清楚有效,那么,您完全有理由让您的理智顺从您认为属于圣经的那些意见。但是,(您要知道,)自然理智之光也是神授给我们的,而且通过神的智慧保持坚强不坠。

如果理性与信仰发生冲突,按照布林堡的意见,一定是理性有缺陷。斯宾诺莎的意见则大相径庭。对他来说,没有比理性更高的权威。在他致布林堡的复信中,以下这段非常能说明斯宾诺莎本人的学术思想取向:

> 就我自己来说,虽然我研究圣经多年,但是我坦白直率地承认,我不理解圣经。我完全知道,当一个无可争议的证据摆在

我的面前时,我不可能觉得我还会怀疑它。我充分接受我的理智告诉我的东西,根本不怀疑其中有诈,也不认为圣经可能与它抵触……因为真理与真理是不矛盾的……即使一旦我发现我业已从自然理智中得到的成果有误,那些成果仍然是可喜的,因为我得到享受,而且努力使我的生活过得无憾无悔,平静欢愉,从而令我提高一步。与此同时,令我最满意和安心的是,凭借最圆满的神及其永恒不变的旨谕的力量,万物生生不息。㉜

这不是说斯宾诺莎不认为圣经是真理之源泉。倒是可以说,为了能够看到它确实含有的那些真理,而且赋予它所应有的权威,人首先必须自己摆脱"偏见与幼稚的迷信"。尤其,必须停止从人的角度设想神,把神的作风拟人化,斯宾诺莎认为这就是布林堡不能正确理解其学说的部分原因。神不是法官,也不受激情的支配。各种激情(愤怒,猜忌,期望,等等)都是神学家为了利用一般人的希望与恐惧而荒唐无稽地归因于神。

> 因为神学通常、而且不无理由、把神表现为一个圆满的人。所以,神学自然会说神期望某种东西,神喜欢敬神者而不喜欢不敬神者的行为。但是在哲学里,我们清楚地认识到,把使人臻于圆满的那些属性归于神,其错误如同把使象或驴臻于圆满的东西归于人一样。因此,从哲学上说,我们不能说神要求某人做某事,或者说神喜欢某事而不喜欢某事。因为这些都是人的属性,跟神没有关系。㉝

斯宾诺莎的语气以及暗指布林堡本人欠缺真正的哲学思维使得布

林堡惊讶不已。"鉴于您的请求和承诺,我本来期待一次友善而有教益的答复。可是相反,我收到的信看来不太友好。"[34]但是布林堡是一个非常执着的人,只要斯宾诺莎愿意再答复几个问题,他宁肯不计较斯宾诺莎一时的失礼。在3月初他写信告诉斯宾诺莎他要前来莱顿,而且计划访问他这位哲学家。斯宾诺莎热情接待了他,纵使从他自己的研究工作中为这名谷物商人再花费更多时间势必很不情愿。他们讨论了关于自由、罪孽和灵魂本性的问题。必然会令斯宾诺莎感到大为恼火的是,后来得知布林堡离去之后想把一切都落在书面上,却想不起来他们讨论的内容以及斯宾诺莎对他的回答。"我发现实际上对于讨论的内容我连四分之一都记不起来。因此,请您原谅,我想再次麻烦您,提出关于我不清楚理解您的观点的问题,或是我没有很好记住的问题。"[35]对斯宾诺莎而言,这是够受的了。他给布林堡回信,以客气但是清楚无误的措辞告诉他不要打扰。"我想有机会友好地亲自请求您放弃您的要求(即要求进一步论证斯宾诺莎的观点)。"[36]

到了此刻,连矻矻不倦的布林堡对他们之间的歧见也不能抱任何幻想了。过了几年,在斯宾诺莎发表《神学政治论》,详述他对圣经的观点以后,布林堡写了一本五百页的大部头书,题为《基督教之真理与圣经之权威,反驳不信神者的论据或名为"神学政治论"的渎神书籍》,作为回敬,于1674年在莱顿出版。不过,布林堡的通信可能毕竟对斯宾诺莎起了某种作用。如最近有一位学者指出,由于布林堡对斯宾诺莎观点不能理解和有偏见的反应,斯宾诺莎看到发表他自己的学说,特别是《伦理学》的时机,其实可能还不成熟。[37]与布林堡的相互通信只能使斯宾诺莎增加疑惧,担心他的意见会引起公众怎样的反应,尤其是那些不大懂哲学的新教教会成员们。

* * *

就像十七世纪六十年代中叶荷兰共和国的瘟疫尚不足以使民生陷于艰辛似的,联省共和国与英国之间的战事于1664年再度阴森逼近。1660年查理二世恢复王位并且结束对西班牙的敌对状态,此后英国一直在发展海军。荷兰人本来利用英国在军事方面的分心来加强他们对海上运输的控制,这样一来则深感不安。荷兰商人虽然珍视在海运路线问题上达成的和议,而且普遍庆幸得以拔除对尼德兰一向敌视的克伦威尔,但是对英国经济和军事力量的增长却感到威胁。与此同时,德·维特及执政望族担心查理国王对威廉三世的意图。这个少年的母亲玛丽·斯图亚特是查理的妹妹,而他的父亲是已故省督威廉二世。奥伦治派正在向荷兰省议会施压,要求给予尚未成年的威廉作为其父亲的省督职位继承人的当然地位。那时他们希望查理会对他的外甥伸出援手。

1662年秋,英国与尼德兰终于签署拖延已久的友好条约。但是,这两个名义上的盟邦之间关系过于恶化,这项条约没有任何重要意义。首先,荷属东印度公司与它的英国对手为争夺南太平洋的霸权而紧张竞争。查理国王对英国岸外的外国捕鱼权所加的限制对荷兰渔业的打击特别大。此外,还有在加勒比海、北非和西非殖民地的紧张关系。1664年新尼德兰已被英国侵占,成为现在的纽约。荷兰人对英国的指控显然是合理的,特别是在英国舰船开始骚扰和强征公海上的荷兰船只的时候。但是英国人无心去讲公道或法律。在这两个海洋大国之间,夙仇旧恨只不过郁积在友好薄膜下面,此时开始急剧地表面化。英国人拥有明显的军事优势,自信能取得速胜和辉煌战果,因而日益大胆。按照塞缪尔·佩皮斯(Samuel Pepys)*的说法,英国人"狂热地要跟荷兰人打仗"。[38]

战争于 1665 年 3 月正式爆发。起初荷兰人按兵不动。一百多艘舰船及两万一千名士兵留在港内待机而行。国内许多人对海军将领越来越不耐烦,而斯宾诺莎本人也不知道他们是否过于谨慎。"我听到许多有关英国的事情,但不确切",斯宾诺莎于 1665 年 6 月致函阿姆斯特丹的鲍麦斯特:

> 人民不停地猜想各种坏事,谁都找不到为什么舰队不起航的理由。的确,局势似乎还没有把握。我怕我们这边要求过于明智谨慎。不过,事变本身终将表明他们的想法和企图——但愿上帝保佑。我希望听到我国人民在那里想什么和确实知道什么。[39]

这次事变最后表明是一场灾难。那个月末,荷兰舰队被击溃。而这只是许多挫败中的第一次。直到 1666 年荷兰在法国与丹麦的援助下才能根本扭转战局。查理国王在他的各港口被封锁,船只大量被俘,而且在东印度的各殖民地被接管之前,一直没有表示议和的意愿。英国搞得财力枯竭,士气消沉,遂于 1667 年 7 月在布雷达(Breda)与尼德兰签订和约。英方得以保住纽约,但是不得不将从荷兰夺取的其他几处重要而有利的殖民地退还。

自从奥尔登伯格与斯宾诺莎上次互通信函以来,已经有些日子了,而且这时的战事使伏尔堡与伦敦之间通信困难。尽管如此,在 1665 年 4 月,奥尔登伯格通过塞拉列乌斯得悉斯宾诺莎"健康

---

* 塞缪尔·佩皮斯(Samuel Pepys,1633—1703),英国海军士官,有《日记》(*Diary*)九卷,记 1660 年 1 月至 1669 年 5 月期间的航海事务、宫廷风俗及日常生活。后来还有书信及第二本日记编成问世(1932)。

无恙,而且惦记您的奥尔登伯格",便主动写信探问。一如既往,他立即重提他的出版请求。"玻意耳先生与我常常谈到您,您的博学及深邃思想。我们期望您的思想成果得以问世,付诸有识之士的关爱。我们确信在此事上您不会让我们失望。"㊵得到他的英国朋友的平安来信斯宾诺莎衷心高兴。从那年夏初到夏末,他们通信谈论书籍,科学信息,共同的知友和战事的进展。奥尔登伯格像玻意耳一样感染上民族主义情绪。在致玻意耳的信中,他的说法就像是战争的责任在于荷兰人不肯妥协:"如果他们肯放下他们的傲慢态度,就会发现英国方面不乏大度与公正,承诺若干条件,让他们可以继续从事可观的贸易,充分支援他们的国家;在我看来,他们没有比这样做更值得的了。"㊶然而,在同一个月(1665年9月)致斯宾诺莎的信中,他似乎只是对这种一团糟的局面感到厌倦。

> 这场可怕的战争带来真正的一系列劫灾,几乎消灭世界上的一切文化……我们在这里天天预料第二次海战的消息,除非你们的舰队或许已经再次退回港口。您暗示勇气是你们之间争论的话题,这种勇气是野蛮而不人道的。如果人们遵照理性而行动,他们就不会这样公然互相残杀。但是我何以要抱怨呢?只要人类存在就会有罪恶,然而即便如此,罪恶也不是一刻不息的,有时还是会被较好的事物所抵消。㊷

斯宾诺莎像奥尔登伯格一样对国际政治的局势感到失望。他也从中找到对人性进行反思的机会。把他对于"浴血的战士"的思考不折不扣地纳入他自己的哲学理念。

如果那位有名的嘲弄家[指公元前五世纪的希腊哲学家德谟克利特（Democritus）*]还在人世，他简直会笑死。对我而言，这些纷扰既不令我笑，更不会令我哭，毋宁令我进行哲学思考，更切近地观察人类的本性。因为我不认为嘲笑自然是对的，更不用说去叹惋自然。我认为人类如同其他东西一样，只是自然的一部分。我不知道自然的每一部分如何与整个自然协调，如何与其他部分取得一致。我认为正是由于缺乏这种理解，我们只是局部而零碎地感知自然之某些特征，而且与我们的哲学观念不合，所以，对我来说这些自然特征一度似乎是庸人自扰、失序而荒谬的现象。但是，现在我让大家各行其是。只要允许我为真理而生活，那些自愿的人们当然可以为他们所想望的好结果去赴死。㊸

这时斯宾诺莎对惠更斯颇为了解，在与奥尔登伯格的通信中谈过不少。大概由于参加同一个集会或是通过中间人，他与惠更斯可能有时在海牙相会。但是，在斯宾诺莎迁居伏尔堡后不久找到他也是可能的。几年前奥尔登伯格到莱茵斯堡访问斯宾诺莎的时候，他不可能不向他的这位科学上的新朋友谈起惠更斯。何况，他到尼德兰是要访问惠更斯的，而且，在与斯宾诺莎交谈之后，他一定认识到这两个人有多少共同之处。㊹除了对自然哲学，特别是笛卡尔的自然哲学各种领域有共同的兴趣之外，他们都精于数学、光学和磨制透镜。㊺的确，这两人的志趣颇为相投。在斯宾诺莎来到海牙的时候，他会常去访问惠更斯。另一方面，惠更斯家族的庄

---

* 德谟克利特（Democritus，约460—370 B.C.），古希腊哲学家，发展他的老师留基伯（Leucippus）创立的原子论。他兼通数学、天文、音乐、诗学、伦理学和生物学。据说他经常嘲笑人类的愚蠢和虚荣。

园恰位于伏尔堡近郊,在他屡屡前往小住的期间肯定会访问斯宾诺莎。在1664年夏秋海牙闹瘟疫期间,惠更斯与他的兄弟康斯坦丁在那座庄园稽延时日,他们之间更便于进行哲学交谈。在1663年至1666年之间,斯宾诺莎与惠更斯似乎用了很多时间共同讨论天文学和若干物理学问题,诸如笛卡尔在运动规律之计算上的错误。[46]

惠更斯是一部重要的光学理论《屈光学》(*Dioptrics*)的著者。他于1667年致其兄弟的信上说:"伏尔堡的那个犹太人在他的显微镜上所用的透镜磨光精良。"[47]惠更斯赞赏斯宾诺莎的透镜和他的仪器,那时斯宾诺莎与惠更斯本人在那个领域里取得的进展不分轩轾。斯宾诺莎函告奥尔登伯格:"惠更斯现在和过去一样,全力从事磨制屈光镜片。为此目的,他已经创制一部机械,用以转动镜片,真是了不起。但是我不知道他以此取得了什么进展,说实在的,我也不很想知道。因为经验告诉我,在磨制球面镜片时,徒手作业比任何机械都取得更保险和更好的结果。"[48]惠更斯的"机械"让磨制者将镜片放在一个装置上,然后把它带上磨床;而斯宾诺莎宁愿手执镜片在磨床上加工,磨床是一个靠踏脚板使劲驱动的大型木制结构。

斯宾诺莎和惠更斯这对朋友同床异梦。斯宾诺莎是出身商人家庭的犹太人,他宁愿以一门手艺维持生计而过简朴的生活。惠更斯是荷兰贵族,他也磨制透镜,但是拒绝从事销售他的产品,因为他认为那样做有失身份。而且,除了在学术上的同好之外,他们的关系似乎没有真正的热情与亲近。在惠更斯从巴黎写给他的兄弟的信中,他提到斯宾诺莎时不称姓名,而称他为"伏尔堡的那个犹太人"或"希伯来人"。此外,尽管他很赞赏斯宾诺莎磨制透镜的实用技术,他对斯宾诺莎的光学理论知识评价不高。当阿贝·

加卢瓦于 1682 年向惠更斯要一本斯宾诺莎所著《神学政治论》和《遗著集》的时候，惠更斯复信说："为了让您高兴，但愿有更好的事情我会为您效劳。"㊾就斯宾诺莎方面来看，他对惠更斯似乎没有他对其他一些友人那样的感情和信任。从几年以后斯宾诺莎致阿姆斯特丹的医生格奥尔格·舒勒（Georg H. Schuller）*信中所说的话明显证明，斯宾诺莎与惠更斯之间有某种距离。埃伦弗莱德·瓦尔特·冯·奇恩豪斯**是斯宾诺莎和舒勒两人的朋友，按照他们两人的介绍，奇恩豪斯于 1675 年在巴黎与惠更斯交往。惠更斯已经见到斯宾诺莎送给他的一本《神学政治论》，这时追问奇恩豪斯是否斯宾诺莎还出版过任何其他著作。奇恩豪斯见过《伦理学》的手稿。正好在几个月以前，斯宾诺莎由于想避免必然会招致的指责，中止了《伦理学》的出版。奇恩豪斯知道斯宾诺莎的谨慎，而且遵守允许他看《伦理学》时他的保密承诺。据舒勒的信，他答复惠更斯说，"他只知道有一本对笛卡尔哲学原理第一部分和第二部分的证明。除了以上所述，他没有说过有关您的其他事情，而且希望这不会令您不快。"㊿斯宾诺莎在对舒勒的复信中说：奇恩豪斯"在与惠更斯先生的交谈中表现谨慎周到"，㈤斯宾诺莎对此表示高兴。斯宾诺莎与惠更斯的兄弟康斯坦丁的关系可能更好些，他们都对透镜和绘画（!）感兴趣，而且在惠更斯于 1666 年前往巴黎之后，他们似乎有几年继续会面。㈥

---

* 舒勒（Georg H. Schuller, 1651—1679），生于德国的韦瑟尔（Wesel），在莱顿大学学习医学后，住在阿姆斯特丹行医。他是斯宾诺莎的许多医界朋友之一，斯宾诺莎临死时，守候在他身边的唯一人士。

** 奇恩豪斯（Ehrenfried Walther von Tschirnhalls, 1651—1708），德国伯爵。1668—1675 年在莱顿大学学习期间志愿参加荷军对法国作战。1674 年通过舒勒结识斯宾诺莎。1675 年他在伦敦结识奥尔登伯格及许多重要的科学家。似乎在斯宾诺莎的《知性改进论》启示之下，他于 1683 年出版《心灵医学》（Medicina mentis）。

斯宾诺莎访问海牙除了见惠更斯兄弟之外还有其他原因。他在那里甚至有一个临时寓所，即 Baggyne 街的"亚当夏娃楼"，那是丹尼尔·泰德曼的房产，由他的兄弟米沙克居住。[53]虽然在文化的国际性方面，阿姆斯特丹是无与伦比的，但是海牙有一批学界重镇，可以与他们切磋交流。惠更斯在迁往巴黎之前，可能把斯宾诺莎介绍给他的同道约翰内斯·胡德（Johannes Hudde）[54]，那是一位数学家、光学理论家和透镜磨制者，也是《小屈光学》（*Parva dioptrica*）一书的著者。胡德于1628年生于阿姆斯特丹执政望族家庭。十七世纪五十年代末他在莱顿大学学习医学（他在那里与洛德韦克·梅耶尔同学，可能初识斯宾诺莎）。胡德写过两篇数学论文，与许多著名人士通信讨论科学及笛卡尔几何学，但是后来为了从政而放弃学术生涯。1667年他成为阿姆斯特丹市政府成员；在1772年他成为该市的一位市长，这是他多次出任此职中的第一次。在1666年前半年内，他与斯宾诺莎曾有短暂通信来往，主要讨论神之存在与唯一性（斯宾诺莎向他介绍了《伦理学》一书中的证明），以及折射作用之几何学问题。为了抵制正统的传道士们，斯宾诺莎一直在寻求政界领导层的某种庇护，而胡德确实属于这个阶层，与胡德保持友谊具有长远实用价值的可能性。斯宾诺莎发展他们之间的关系可能正是为了这个缘故。

* * *

在荷兰舰队战败以前，斯宾诺莎于1665年春季再次来到阿姆斯特丹，这次逗留了几个星期。他大概见到他的全部老友，包括德·福里、鲍麦斯特、塞拉列乌斯，以及当时担任阿姆斯特丹市立剧院导演的梅耶尔。[55]波里尔那时在他位于罗金街（RoKin）的住宅内主办社友会派的聚会，斯宾诺莎可能访问过他。[56]斯宾诺莎也可能顺便去利乌魏特茨办的书店,看看自由思想出版界的新书。鲍麦斯特似乎变得有些疏远,而斯宾诺莎在返回伏尔堡时,对他的朋友这种异常表现感到有点不快。首先,当斯宾诺莎即将离开阿姆斯特丹时,这位医生未能如约同他告别。其次,当鲍麦斯特在海牙时,却不去访问斯宾诺莎。

> 我不知道您是否已完全把我忘了,但是许多事情凑在一起令我有此感觉。首先,当我即将动身时,我要向您辞行,而且,既然您本人邀请了我,我想我一定会在府上见到您。但是,我听到的是您已经去了海牙。我返回伏尔堡,相信您至少会顺便来访。但是,如系天意,您竟不来看您的朋友就打道回府。结果,我已经等待三个星期,在此期间我没有收到您的一封信。㊾

尽管如此,一切都不计较。斯宾诺莎关心鲍麦斯特脆弱的感情,而且鼓励他"生气勃勃地从事严肃的工作,力求以自己生命的宝贵时光致力于自己心智的修养"。鲍麦斯特,本来就畏首畏尾,似乎已经处于长期的信心危机之下。通过继续进行哲学问题的通信,斯宾诺莎希望他的朋友树立起自信心。"您应当知道,我以前曾经猜测,而现在几乎可以肯定,您对自己的能力缺乏应有的信心。"斯宾诺莎告诉他不要顾虑讲出自己的思想,而鲍麦斯特却觉得自己不配这样做,看来是怕斯宾诺莎把自己的信给别人看,引起别人嘲笑他。斯宾诺莎做出承诺:"我向您保证,今后我一定认真负责保管您的来信,没有您的允许我绝不把这些信的内容告知别人。"鲍麦斯特在他来到伏尔堡附近时没有去看望斯宾诺莎,这大概就是由于在这位博学而声名鹊起的朋友面前有这些自卑情绪,而斯宾诺莎敏锐发觉这些情绪,努力让他感到无拘无束。看起来斯宾诺莎十分关心他的朋友们,就像他们关心他一样。他不仅关心他们的身体健康,也关心他们在心理与感情上的健全。

然而,斯宾诺莎自己却在受疾病折磨。他从阿姆斯特丹回去以后,曾经给自己放血以缓解发烧。"我离开那里以后,我有一次从静脉放血,但是发烧不止(虽然我比放血以前更精神一些,但是,我想这是由于空气的改变)。"[58]斯宾诺莎在1665年6月致鲍麦斯特的信中第一次透露他的呼吸系统有病,这大概是他的母亲遗传下来的,在十二年后终于不治的病。他要求鲍麦斯特给他一些"红玫瑰蜜饯",这是这位医生约定给他的。将富有维生素C的玫瑰花苞捣碎拌以等量的糖,然后在水中熬成浓稠的混合物,人们认为这是治肺病的一种药。虽然斯宾诺莎说他那时已经好了一阵,他大概预料将来还会发作。他又说曾患过几次间日热,这是往往导致发烧抽搐的一种疟疾。最后他说,"靠良好的饮食我已痊愈,把病魔撵得不知去向。"

*　　　　*　　　　*

尽管战争、瘟疫、疾病和布林堡的来信引起种种困扰和分心,但是在1664年全年及1665年初,斯宾诺莎在加速进行一项宏大的工作,即以几何学形式表述他的形而上学、心理学及伦理学观念——包括在《神、人及其幸福简论》中以较不严格的形式处理,而在《形而上学思想》中小心翼翼地提出的许多内容。至1665年6月,斯宾诺莎似乎已经认为他所写成的作品可以说是他的《哲学》(*Philosophia*)一书的几近完篇的草稿,也就是后来所称的《伦理学》。此时他所构想的是一部分成三篇的著作,大概相当于《简论》的三重内容(论神、人及其幸福)。但是在 1675 年左右他所保有的,而且在他死后由他的友人们最后发表的定本却补充、修订和改编成五个部分(论神、心灵、情感、情感对人的奴役,及通过理智的力量达到自由),而原来的第三篇扩充为第三至第五部分。[59]于 1663 年已经流传于他的友人之间的"第一部分"即"论神"(De Deo)的草稿现存拉丁语及荷兰语两种手稿,犹如"第二部分"即"论心灵的性质和起源"(De natura et origine mentis)那样,都是由巴林翻译。[60]在 1665 年 3 月他向布林堡讲到在后来出版的版本上似乎是在"第四部分"的结尾中的内容,[61]但是当时属于"第三部分"。到 6 月份他差不多将结束这一部分。他觉得,虽然还有更多的内容要写,但是"第三部分"大多写好可以开始译成荷兰语。在那个月里斯宾诺莎致鲍麦斯特的信有一部分内容就是向他探询是否可能承担这项翻译,很可能是因为巴林已经去世。[62]

> 关于我的《哲学》的"第三部分",我不久将寄给您一些,如果您愿意承担翻译的话;否则就寄给我们的朋友德·福里。虽然,我本来决定在完稿之前不把它寄出,然而,因为其篇幅变得比预想更长,我不想让您等得时间太久。[63]

1665 年的"第三部分"一定包含了正式发表的版本中的"第四部分"和"第五部分"中许多内容。在他即使只是以初步的形式论述了这部著作的最重要的结论,如"理智的力量",人的自由及幸福,以及在正式发表的"第五部分"所处理的全部问题以前,我们很难相信斯宾诺莎竟会认为最后这部分已经写好可以开始翻译,从而可以假定它实际上是已经完成。[64]当斯宾诺莎于 1665 年秋搁置这本分成三部分的《伦理学》而撰写《神学政治论》的时候,他最可能持有的是一部他当时认为实质上完整的草稿,虽然这部大体上可做定本的草稿在后来几年还会有重大的改写。

《伦理学》是一部经天纬地、赅博多方的著作。它也是一部胆大于身、无所忌惮之作,人们会视之为系统的无情的批判书,针对关于神、人及宇宙之传统哲学概念,特别是以此为根据的各种宗教,及神学的和伦理的信念。尽管很少提到过去的思想家,这本书展现渊博的学识。明显贯彻全书的是斯宾诺莎对古代的、中世纪的、文艺复兴期的,以及现代的著作家们的知识,异教的、基督教的和犹太教的无所不包。柏拉图、亚里士多德、斯多噶派、麦蒙尼德、培根、笛卡尔及霍布斯等等都属于本书的学术背景。与此同时,它是哲学史上最彻底的原创性著作之一。

它也是最艰深的著作之一,特别是由于它的编排格式。初看之下,单是《伦理学》的外观就令人气馁,非哲学家的读者甚至望而却步。它的欧几里得几何结构由界说、公则、公设、命题、附释及绎理组成,看来简直是啃不动的。但是,斯宾诺莎自1661年末以来早已矢志采用的这种几何学的编排设计,并非某种表面的外壳,如果认为其内容本来能够以与此不同的较易读的方式表述,这种看法是不对的。

鉴于"演绎法"是斯宾诺莎诸项论题的论证理由,对于他的诸项结论之确定性与说服力而言,几何学方式具有方法论上的必要性(而且在辩论术和教学手段上大概是有用的)。除此之外,几何学方式对斯宾诺莎的形而上学及认识论之内容具有本质的关系。包含必然的因果联系的宇宙结构反映于包含必然的逻辑联系的观念体系中。况且,斯宾诺莎的以理想的形式构成知识的理念,即事物本质的直观认识,本来就含有一种能动的、合理推论的理解,

《伦理学》诸命题之讲述的方式与此不无相似。⑥⑤

尽管此书难度很大,斯宾诺莎明确地认为,我们都赋有相同的认知能力,只要有充分的自主自制和学术专注,任何人都能最高程度地认知真理。大概这就是为什么似乎从开始他就想确保有一部《伦理学》的荷兰语译本,以便让众多的人接触"真理"。因为,最重要的乃是我们的天然的 eudaimonia(幸福),即我们的快乐或心灵健康,而在斯宾诺莎来看,这就是体现为《伦理学》各项命题的知识。

那种知识之本,而且斯宾诺莎想要证明(按照此词语的最有说服力的意义)的东西,就是关于神、自然和我们自身的真理;关于社会、宗教和生活的真理。尽管从"第一部分"到"第三部分"涉及大量形而上学、自然科学、人类学和心理学内容,但是斯宾诺莎认为此书的中心要旨在于自然的伦理。这就是要说明,我们的快乐和幸福不在于受制于各种情感的生活,也不在于我们通常追求的瞬息无常的财富,更不在于对作为宗教而发生的各种迷信的有关的不假思索的依附,而是在于理性之生活。然而,为了阐明和证实这些大致为伦理的结论,斯宾诺莎首先必须揭穿宇宙的神秘,说明它的真相。这就需要展开若干形而上学的基本原理,即"第一部分"的课题。

"论神"这部分开首就是对十七世纪任何哲学家都会熟悉的术语的若干界说,这些界说看似简单其实不然。"实体,我理解为在自身内并通过自身而被认识的东西";"神,我理解为绝对无限的存在,亦即具有无限多属性的实体,其中每一属性各表示永恒无限的本质。"虽然有些批评家抱怨说,"第一部分"的这些界说已属过多臆断,但是,严格按规定来说,"第一部分"的诸项界说是斯宾诺莎的根本出发点。然而,对于西蒙·德·福里提出的询问,斯宾诺莎的回答称,界说不必是真实的或可以证明的,但要"说明我们所设想的或者我们所能设想的事物"。⁶⁶其实,这些界说只是一些清晰的概念,他的学说体系的其余部分建立在这些概念上面。跟在界说后面的是一些公则,他假定在通晓哲学的人看来这些公则是明显而不成问题的。如"一切事物不是在自身内,就必定是在他物内";"如果有确定原因,则必定有结果相随"。根据这些,必然引出第一项命题,而且只要使用前面的内容便能证明后续的每项命题。

从命题一到命题十五,斯宾诺莎陈述他的神之观念的基本要素。神是宇宙之无限的、必然存在的(亦即没有原因的)、唯一的实体。宇宙中只有一个实体;它就是神,而其他每个事物乃在神之内。

命题1:实体按其本性必先于它的分殊。

命题2:具有不同属性的两个实体彼此之间没有共同之点。(易言之,如果两个实体本性不同,那么它们没有共同的东西。)

命题3:凡是彼此之间没有共同之点的事物,这物不能为那物的原因。

命题4:凡两个或多数的不同之物,其区别所在,不是由于实体的属性不同,必是由于实体的分殊各异(属性即本性或本质,分殊即它们的非本质的特质)。

命题5:按事物的本性,不能有两个或多数具有相同性质或属性的实体。

命题6:一个实体不能为另一个实体所产生。

命题7:存在属于实体的本性。

命题8：每一个实体必然是无限的。

命题9：一物所具有的实在性或存在愈多，它所具有的属性就愈多。

命题10：实体的每一个属性必然是通过自身而被认识的。

命题11：由无限多的属性组成，而每个属性各表示其永恒与无限的本质的神，或实体，必然存在。（此命题之证明只在于古典的"神之存在的本体论证明。"斯宾诺莎写道："如果你否认此说，假使可能请设想一下神不存在。这样一来，根据公则七（"凡是可以设想为不存在的东西，则它的本质不包含存在"），神的本质不包含存在。但是按照命题七，这是不通的。所以，神必然存在。此证。"）

命题12：如果从实体之属性推出实体可分，则不能真正认识实体之属性。

命题13：绝对无限的实体是不可分的。

命题14：除了神以外，不能有任何实体，也不能设想任何实体。

作为无限的、必然而没有原因的、不可分的存在，神是宇宙之唯一实体；这个证明在其简练有效方面是很了不起的，具备精到的逻辑演绎所特有的单纯美。首先，认定没有两个实体能共有一个属性或本质（命题五）。然后，证明有一个具备无限多属性的实体（即神；命题十一）。接下去的结论便是，那个无限的实体之存在排除任何其他实体之存在。因为，如果竟然有第二个实体，它就不得不具有某种属性或本质。但是，既然神具有一切可能有的属性，那么，这个第二个实体所具有的属性就会是神已具有的诸属性之一。但是，业已认定没有两个实体能具有同样的属性。所以，除了神以外，不可能有这种第二个实体。

如果神是唯一的实体，而且（据公则一）一切事物如果不是一个实体，就必定是在实体内，那么，一切其他事物必然是在神之内。"一切存在的东西，都存在于神之内，没有神就不能有任何东西存在，也不能有任何东西被认识"（命题十五）。

这一起步阶段的结论一旦确立下来，斯宾诺莎立即显示其论辩所向的目标。自从他被犹太社区革出教门以来，人们一直在谴责他把神说成"只在哲学意义上存在的神"。他的神之定义意味着排除对神的存在之任何拟人化观念。在命题十五的附释中，斯宾诺莎指出："有些人想象神就像人一样，由心灵与身体组成，而且受情感所支配。但是，从业已证明过的结论可以明显看出，他们偏离对神的真知识有多么远。"这种神之拟人化观念除了是错误的之外，对人的自由与活动只能导致损害。

显然，"第一部分"的专门用语大多直接来自笛卡尔。但是，即使最专注的笛卡尔主义者也会感到很难理解命题一至十五的全部重要意义。认为神是实体而其他一切事物都在神之"内"，这是什么意思？斯宾诺莎是不是说，岩石、桌子、椅子、鸟、山脉、河流及人类都是神之"特质"（Properties），从而可以是神的表述（正如人们会说桌子"是红色的"）？认为物与人，即我们通常设想为独立的东西，其实只是某一存在物的特质，这个说法似乎很奇特。对于这种说法的奇异性，更不必说它引起的哲学问题，斯宾诺莎不是不知道。当一个人感到疼痛的时候，由此可见疼痛说到底正是神之"特质"，因而神感到疼痛吗？像这样的难题可以用以解释，为什么斯宾诺莎的用语从命题十六起有一个微妙而重要的转变。这时与其说把神表述为一切事物的根本实体，不如说是一切存在物的普遍的、内在的和持续的原因:"从神的本性之必然性中一定推得出无限多样式中的无限多事物(也就是说,能够进入无限理智之力量范围的一切事物)。"

按照传统的犹太教和基督教的神之概念,神是超然的创世主,神以从无到有的创造,导致一个与他自身不同的世界出现。神凭自由意志之自发行为创造世界,而且,毫无问题,不创造他自身以外的任何东西本来也是可能的。反之,斯宾诺莎认为神是万物之原因,因为一切事物按照因果性和必然性从神的本性推得出来。易言之,如他所说,从神的无限力量或本性中,"一切事物必然流出,或者,正如根据三角形之本性,从永恒到永恒推出其三内角之和等于二直角一样,总是以同等的必然性和同样的方式推得出来。"⑰ 所以,世界之存在是如数理那样必然的。不可能认为神会存在而没有这个世界。这不是说,神并非自行导致世界出现,因为在神之外没有任何东西驱使他实现世界之存在。但是,斯宾诺莎确实否认神以自由意志之某种随意而非既定的行动创造世界。神不可能采取另外的做法。除了现实的世界外别无另类代替选择,而在那个世界里面绝对没有偶然性或自发性。一切都是绝对地和必然地既定的。

命题29:自然中没有任何偶然的东西,反之,一切事物都受神的本性的必然性所决定而以一定的方式存在和动作。

命题33:万物除了在已经被产生的状态或秩序中外,不能在其他状态或秩序中被神所产生。

然而,事物依存于神的途径有所不同。宇宙的某些性能必然只出自神,或者更确切地说,出自神的诸属性之一自身的绝对本性。这些就是世界之普遍的、无限的和永恒的诸方面,它们不出现或消失。它们包括宇宙最一般的诸法则,共同以一切方式支配一切事物。出自广延之属性的是支配一切有广延的东西的规律(几何学的真理),和支配物体之运动与静止的规律(物理学的规律);出自思想之属性的是思想之规律(逻辑学)及斯宾诺莎所称的"神之理智"。具体的和个别的事物在因果关系上距神较远。它们只不过是有限的"神的属性之分殊,也就是以某种一定的方式表示神的属性的样式"。⑱

支配具体事物之产生与行动的因果次序或维度有两种。一方面,它们取决于直接出自神之本性的宇宙之一般法则。另一方面,每一具体事物起作用或受到作用取决于其他一些具体事物。因此,一个运动中的物体之实际行为不仅是运动之普遍规律的作用,而且也是在它周围和与它发生接触的其他一些运动和静止中的物体的作用。⑲

斯宾诺莎的论神的形而上学简洁地归结为出现于《伦理学》之拉丁语版(但不是荷兰语版!)中的一个短语,"神或自然"(Deus, sive Natura)。其全句是:"那个永恒无限的存在物,即我们所称的神或自然,以它所赖以存在的同一必然性行动。"⑳斯宾诺莎的这个说法可以解读为企图神化自然,也可解读为企图自然化神,是模棱两可的。但是对认真的读者来说,斯宾诺莎的本意是明白无误的。在他辞世之后,出版他的著作的友人们由于担心这种等同提法在本国语的读者中可以预计到的反应,想必已经将"或自然"之语删除。

斯宾诺莎坚持认为,自然有两个方面。首先,宇宙之主动性的、生产性的方面——神及其诸属性,其他万物由此而来。这就是斯宾诺莎所称的"产生自然的自然"(Natura naturans),这个词语在《神、人及其幸福简论》里出现过。* 严格地说,这是等同于神的。宇宙之另一方面就是由主动性的方面所产生和维持的方面,称为"被自然产生的自然"(Natura naturata)。

> Natura naturata(被动的自然)则是指出于神的本性或神的任何属性的必然性的一切事物,换言之,就是指神的属性的全部样式,就样式被看作在神之内,没有神就不能存在,也不能被理解的东西而言。⑦

在《伦理学》第一部分,斯宾诺莎的独到见解就是认为自然是不可分的、没有原因的、实体的全部——实际上,这是唯一的实体的全部。自然之外别无他物,存在的每一事物都是自然的一部分,而且是自然以决定论的必然性使之出现。这个统一的、唯一的、生产性的、必然的存在物正是"神"一词的意义。由于自然所固有的必然性,宇宙间无目的论可言。自然不为任何目的而行动,而万物不为任何设定的宗旨而存在。不存在"目的因"(用普通的亚里士多德术语来说)。神"做事"不为任何别的目的。万物之秩序以不可违背的决定论出自神之本质。关于神的宗旨、意图、目标、优选或志向的一切说法只是拟人化的虚构。

我这里想要指出的那些成见尽基于这样一点:人们普遍认为

---

* Natura naturans(产生自然的自然)见于《神、人及其幸福简论》第一篇第八章(商务版汉译本第175页)。此语亦可译为"能动的自然","作为原因的自然","造物"。反之,"被自然产生的自然"(Natura naturata)亦可译为"被动的自然","作为结果的自然","被造物"。这对词语最早可以追溯到亚里士多德关于"不被运动的东西"(the unmoved)和"被运动的东西"(the moved)的区分。

自然万物像人一样都是为着达到某种目的而行动。甚至,他们确信神本身也指导万物朝向固定的目的;因为他们说神为人创造出万物,而且创造出人以便有人崇拜神。⁷²

神不是一个以目标为导向的计划者,按照事物在多大程度上符合其目标来评判事物。事物只是由于自然及其法则而发生。"自然本身没有预定的目的。……万物皆循自然之永恒必然性而出。"不这样认为就要陷入各种迷信中,正是这些迷信观念处于有组织的宗教之核心。

> 人们从他们自身和身外找到许多很便于为他们自己所用的手段。例如,双目用于视,牙齿用于嚼,谷物和动物用作食品,太阳用于采光,海水用于养鱼等等。因此,他们把自然万物视为对自己有用的手段。既然知道这些手段是他们所找到的而非他们所创造的,于是他们就认为另外有人创造了这些手段供他们使用。因为把万物视为手段,他们不可能认为事物是自行创造出来的,而是类似于他们一贯为自己制造的工具那样,他们必会推想有某位或若干自然之主宰,而且赋有人的自由,依照他们的需求,创造万物以供他们使用。但是他们对主宰的心意一无所知,只能自己揣测。于是,他们断言,诸神创造万物,以供人用,以便令人们依附于神,对神顶礼膜拜。这样一来,各人自行其是,想出各种不同的敬神方式,以便获得格外的神宠,而且让神按照他们的盲目贪欲及无餍需求指挥整个自然。此后,这种偏见发展成迷信,深入人心。⁷³

如果神能审理裁判,行动有计划有目的,那么,就得服从和安抚神。

在这样的神面前,随机善变的传教士便能利用我们的希望与恐惧,提出一些可行的办法,设法避免神的惩罚而博得神的奖赏。但是,斯宾诺莎坚持认为,如果说神或自然为了一些目的而行动,亦即在自然中找出目的来,就是曲解自然,把结果(终局)置于真正原因之前,"根本弄颠倒了。"

神也不行使奇迹,因为根本不会发生背离自然之必然过程的事物。对奇迹的信仰只是由于对各种现象的真正原因无知之故。

233 如果一块石头从房顶落到某人的头上而且把人砸死,他们就会用这个方法论证道:这块石头坠下的目的就在砸死那人;否则,如果它不是为了根据神意的这个目的而坠下,怎么会有这么多凑巧发生的事呢(因为常常有许多凑巧的事同时发生)?也许你会回答说:这件事情的发生是由于刮大风,而那人正在那里走过。但是他们会追问为什么那时刮风,为什么那人恰巧在那里走过。如果你再回答说:那天起风是因为前一天在平静的天气后大海已经开始波涛汹涌,而那人又得到朋友的出门邀请。他们又会追问——因为追问是无止境的——为什么大海起风浪,为什么那人恰巧当时接到邀请?似此辗转追诘,不断询问原因之原因,直到你托庇神意以圆其说为止。这就是说,神意便是无知的庇护所。[74]

这段词锋凌厉,斯宾诺莎对他的立场的危险性显然不是不知道。传教士们正是要利用人们的轻信不疑。任何人若是想要揭开帷幔,显示自然之真相,定会遭到那些传教士怒斥。"要是有人要探求奇迹的真正原因,以学者的态度了解自然,而不像愚人那样目瞪口呆,不知所措,那种人难免被视为渎神的异端分子而遭到谴责。

被普通群众尊为天地诸神之解说者的那些人知道,对愚昧无知的揭穿会导致敬畏感的消失,而敬畏感正是维护那些人的论据和权威的唯一手段。"

在《伦理学》的"第二部分",斯宾诺莎转入论述人的起源和性质。我们所认识到的神之两个属性为广延与思想。这本身含有他的同时代人会视为惊世骇俗的论点,通常遭到误解而且总是被诋毁。斯宾诺莎在"命题二"中说,"广延是神的一个属性,换言之,神是有广延的东西。"人们几乎普遍地,但是错误地,把这句话解读为神简直是有肉身的。在这些批评家看来,正是由于这个理由,"斯宾诺莎主义"等同于无神论的唯物主义。

然而,在神之内的不是物质本身,而是作为一种本质的广延。广延与思想是两个不同的本质,绝对没有任何共同性。广延之样式或表现是有形的物体;思想之样式是观念。因为广延与思想毫无共同之处,物质领域与心灵领域在因果次序上是两个封闭的系统。每个有广延的东西来自仅是广延之属性。每个有形的事物都是诸有形事物之无限的因果系列之部分,而且只取决于广延之本性及其法则,与广延本性对其他有广延的物体之关系相联结。同样地,每个观念只来自思想之属性。任何观念都是诸观念之无限系列之组成部分,而且取决于思想之本性及其法则,加上思想本性对其他观念之关系。换言之,在形体与观念之间,在物质的与心灵的之间,没有因果互动关系。然而,在这两个系列之间,存在全然的相关与平行。广延中的每个样式都是物质之相对稳定的集结,对此而言,在思想中有一个相应的样式。实际上,他坚持认为,"广延的一个样式和这个样式的观念乃是同一的东西,不过由两种不同的方式表示出来罢了。"[75] 由于自然或实体之基本的和深层的统一性,思想与广延只是"把握"同一个大自然的两种不同的途径。因此,每个物质的东西具有它自己的特定观念(某种柏拉图概念),这个观念表现或表象它。既然那个观念只是神之诸属性之一(思想)的一个样式,它是在神之内,而且诸观念之无限的系列构成神之心灵。按照他的解释:

> 存在于自然界中的圆形与也在神之内存在着的圆形之观念是同一的东西,但借不同的属性来说明罢了。所以,无论我们借广延这一属性或者借思想这一属性,或者借任何别的属性来认识自然,我们总会发现同一的因果次序或同一的因果联系,亦即连续出现的同样的事物。

他论证道,由此可见,物体之间的因果关系反映为神的诸观念之间的逻辑关系。或者,如斯宾诺莎在"命题七"所述:"观念的次序和联系与事物的次序和联系是相同的。"

然而,有一种有广延的物体在其组成和在其对行动和受动的处置上,较之任何其他物体大为更加复杂。这种复杂性反映于其相应的观念上。这里说的物体是指人的身体,而其相应的观念便是人的心灵或灵魂。因此,心灵犹如其他观念那样,只是作为神的属性的思想的一个特定的样式。身体上发生的无论什么事物都反映或表现于心灵上。在这种情况下,心灵在一定程度上模糊地察觉在其身体中发生的事物。而且通过其身体与其他物体的互动,心灵得知在周遭的物质世界中正在发生什么。但是人的心灵与它的身体的互动并不比任何思想之样式与广延之样式的互动为多。

作为十七世纪哲学的迫切问题之一,或许也是笛卡尔的二元论最著名的遗留,那就是诸如心灵与身体这样两个根本不同的实体如何统一于一个人,而且相互有因果联系。一个有广延的身体如何能啮合于不能接触或运动的无广延的心灵,引起它的"变动",也就是说,引起诸如疼痛、感情和认知之类心灵上的结果。其实,斯宾诺莎否定人是两个实体之统一的说法。人的心灵和人的身体是同一事物的两个不同的表现,即在思想(属性)之下和在广延(属性)之下的表现。而且,因为心灵与身体之间不存在因果互动关系,所谓身心问题在严格意义上讲不会发生。

像神一样,人的心灵含有诸观念。这些观念包括感官的映象,性质的"感受"(如痛苦与愉悦),知觉的信息,其中有些是不精确的定性、现象,因为那是身体受到周围物体的影响时在思想中身体情况之表现。这类观念没有表达对世界的正确和真实的知识,只是一种相对的、局部的和主观的图像,说明对感知者而言事物目前似乎是怎样的。这些感知缺乏有系统的秩序,也缺乏任何通过理性的批判性监督。"当人的心灵在自然之共同秩序下认识事物时,心灵对它自己,对它的身体,以及对外界物体都没有正确的知识,而只有混淆的片段的知识。"[76] 在这样的情况下,我们的观念仅取决于我们与外部世界诸事物的偶然与意外的遭遇。这种肤浅的认识绝不会为我们提供关于那些事物之本质的知识。其实,这就是虚妄与错误之恒常的来源。这种"由泛泛的经验得来的知识"也是重大谬见的根源,因为,自认为自由的我们在愚昧无知中不晓得我们正是如何被诸项原因决定。

另一方面,正确的观念是以理性的和有序的方式形成,必然是真实的而且揭示事物之本质。"理性",即第二种知识(在"泛泛的经验"之后),乃是通过论证推理的程序对事物本质之领悟。"具有真观念并没有别的意思,即是最完满、最确定地认识一个对象。"它涉及理解某事物不仅对其他对象的因果联系,而且更重要的是对神之诸属性及直接由此推出的无限的样式的因果联系(自然之法则)。事物之正确观念将其对象清楚而明晰地置于它的全部因果纽带中,而且不仅说明它是什么,还要说明它是怎样和为什么。真正了解事物的人懂得该事物为什么必然如此而别无其他可能的理由。"理性的本性在于把事物视为必然的,而非偶然的。"[77]如果认为某个事物是偶然的或自发的,这种信念只能出于不充分掌握该事物的因果关系,对该事物的洞察残缺不全。以正确的观念来理解就是要理解自然固有的必然性。

单靠感性经验绝不可能提供正确观念所传达的信息。感觉所表示的只是从某个角度在某个时刻出现的事物。另一方面,正确的观念说明事物如何必然出自神的某一属性,从而在事物的"永恒的"诸方面表现它,用斯宾诺莎的话来说就是"在永恒的形式下"(sub specie aeternitatis),这与时间没有任何关系。"理性的本性在于把事物视为必然的,而非偶然的。而且理性对事物的这种必然性具有真知识,亦即能够认知事物的自身。但是事物的这种必然性乃是神的永恒本性自身的必然性。所以,理性的本性在于在这种永恒的形式下来考察事物。"第三种知识,即直观知识,采取理性所认识的结果,而且在心灵的一次性窥察中领悟这种推理结果。

斯宾诺莎关于正确的知识之理论在人类之认知力问题上显示出无与伦比的乐观主义。甚至笛卡尔也不认为我们能够了解全部大自然以及其最内在的秘密,达到斯宾诺莎认为可能的深度及确定性。洛德韦克·梅耶尔(Lodewijk Meyer)本人在他为《笛卡尔哲学原理》所作序中提醒读者注意他们两者之间的区别。

> 我们不可不看到,在(本书)某些地方所使用的"这一点或那一点超出了人的认识范围"一语,必须看作……只代表笛卡

尔的意见。绝不应认为本书的著者作为他自己的意见而提出这个说法。在本书著者看来，只要人的理智沿着一条不同于笛卡尔所开辟和修好的道路去探索事物之真相与知识，那么，所有那些事物，以及连许多更崇高微妙的其他事物，都能不仅清楚明晰地被认知，而且还可以得到很圆满的解释。[78]

最值得注意的是：因为斯宾诺莎认为，对于任何对象以及整个自然的正确的知识，含有对神，以及事物如何与神及其属性相关的全面知识，他还不惜声称，我们至少在原则上能够完满而正确地认知神："对于每一个观念所包含的神的永恒无限的本质的知识是正确的和完满的。"[79] "人的心灵具有神的永恒无限的本质的正确知识。"[80] 历史上向来没有任何一位其他哲学家愿意作出这一断言。不过，再说也没有其他哲学家将神等同于自然。

斯宾诺莎致力于这样详细地分析人的构成，因为他的主要目标在于论证人犹如其他广延的和思想的存在物那样，如何成为自然之一部分，存在于同样的因果纽带之中。这个说法具有深远的伦理学的蕴涵。首先，它暗示说人并非天赋自由，至少在这一用语的普通意思上是这样。因为我们的心灵和心灵中的事件只是一些观念，存在于出自神之属性即思想的诸观念之因果系列之内，所以，我们的行动与意志犹如其他自然事件一样是必然被决定的。"在心灵中没有绝对的或自由的意志，而心灵之有这个意志或那个意志乃是被一个原因所决定，而这个原因又为另一原因所决定，而后面这个原因又同样为别的原因所决定，如此类推，以至无限。"

凡是适用于意志（当然，还有我们的身体）的道理也适用于我们心理生活的一切现象。斯宾诺莎认为这是以前的思想家尚未充分了解的问题,那些思想家似乎要把人置于自然之外(或超自然)的位置上。

> 大部分论述各种情感及人的行为的作者似乎不是在讨论遵循自然共同规律的自然现象,而是在讨论自然之外的现象。他们看起来甚至把自然中的人设想为王国中的王国。他们认为,人打破而非遵循自然的秩序,有绝对的力量控制自己的行动,而且只由自己而非外物来决定。[81]

例如,笛卡尔认为,如果要保留人的自由,那么灵魂必须免除那种支配物质世界的决定论法则之控制。

如斯宾诺莎在《伦理学》第三部分的"序言"所说,在正式出版的《伦理学》第三部分和第四部分内,他的宗旨在于把人类及其意志和感情生活恢复到它们在自然中的固有地位。因为没有任何事物处于自然以外,即使人的心灵也不例外。

> 自然总是同一的,而且它的力量与作用到处都是同一的;这就是说,万物据以发生和从此形态变成彼形态的那些自然法则和规律到处和永远都是同一的。所以,我们用以理解各种自然事物的途径应该也是同一的,即通过自然之普遍法则和规律。

我们的情感,诸如爱心、愤怒、仇恨、嫉妒、骄傲、猜忌,等等,"如其他个体事物一样,出于自然之同一的必然性与力量。"所以,斯宾诺莎就像解释自然中的任何其他事物一样解释这些情感,认为它们像运动中的物体及数学图形之特质一样在出现时便被决定。

"我将采取我在前面两部分中考察神和心灵的同样的方法来考察情感之性质和力量;并且我将要考察人的行为与冲动正如考察线、面和体积一样。"

我们的情感分为主动情感与被动情感。当事情之原因在于我们自己的本性之内——更明确地说,我们的某种知识或正确的观念之内——那么,这就是心灵主动之情况。反之,当事情在我们之内发生而其原因在于我们的本性之外,那么,我们是被动的而且正受到施动。不论是在我们采取主动的时候和在我们受到施动的时候,通常发生的情况都是在我们的心灵或身体上的某种性能变化,斯宾诺莎称之为"我们的活动力量"或我们的"坚持存在的力量的增加或削减"。一切存在物天然地赋有这样的力量或努力。这种"努力"(conatus)是一种存在的惯性,构成任何存在物之"本质"。"每一个自在的事物莫不努力保持其存在。"[82](或译:"每一个事物,就其自身力量所能而言,莫不努力保持其存在。")情感正是这个力量中的任何变化,不论是增加或是减少。主动的情感是在这个力量中只发源于我们的本性(或"正确的原因")的诸变化;被动的情感是在这个力量中发源于我们之外的那些变化。

我们应当努力争取的就是摆脱被动情感——或者说,虽然这不是绝对办得到的,至少也要学习缓解和抑制那些被动情感——而变成主动的、自主的人。如果我们能达到这一点,那么,我们一定是"自由的",以至我们所发生的一切将不来自我们与外在事物的关系,而来自我们自己的本性(因它出自,而且最终必然取决于神之诸属性,亦即以我们的心灵与身体为其样式的实体)。结果,我们一定会从困扰此生的情感起伏中真正解放出来。实现这点的办法便是增加我们的知识,我们储备的正确观念,而且尽可能消除我们的不正确观念;后者并非仅来自心灵之本性,而来自其作为我们身体如何被其他物体所激动的一种表现。换言之,我们需要使自己从对感觉与想象的依赖中解脱出来,因为感觉与想象的生活是被我们周遭的物体所激动和引领的生活。我们需要尽可能依赖我们的理智力。

由于我们固有的保持自己存在的努力——这在人类来说就称为"意志"或"冲动"——我们天然地追求那些我们认为因增加我们的活动力量而对我们有利的事物,躲开或逃避那些我们认为因减少我们的活动力量而对我们有害的事物。这就成了斯宾诺莎将人的被动情感加以分类的基础。被动情感就是外界事物激动我们的力量或性能诸方式的一切作用。例如,快乐只是向更大的行动能力的运动或过渡。"快乐……作者将理解为心灵借以过渡到较大完满的被动情感。"[83]作为一种被动情感,快乐总是由某种外界事物所造成的。反之,痛苦是向较小的完满状态的过渡,也是由我们以外的事物所引起的。爱心只是为一个外在原因的观念所伴随的快乐,它导致向较大完满的过渡。我们爱对我们有益而且使我们快乐的事物。憎恨只是"为一个外在原因的观念所伴随的痛苦"。希望只是"为将来或过去的事物的意象所引起的不稳定的快乐,而对于这一事物的结果我们拿不准"。我们所希望的事物其尚不确定的出现将带来快乐。然而,我们所恐惧的事物其同样不确定的出现将带来痛苦。当其不确定的结果变得确定时,希望就变成信心,而恐惧则变成失望。

人的一切情感,只要是被动的,就总是外向的,指向以某种方式激动我们的事物及其性能。在我们的被动情感和欲望唤起之下,我们寻求或逃避那些我们认为引起快乐或痛苦的事物。"凡我们想象会增进快乐的一切,我们努力予以实现;但是凡我们想象会有违快乐而增进痛苦的一切,我们努力予以祛除或消灭。"[84]根据我们是否认为我们所欲求或厌恶的事物遥不可及,近在眼前,必然出现,可能来临或未必发生,我们的希望和恐惧情绪起伏不定。但是,我们的被动情感之对象既然处于我们之外,故全然不受我们的控制。所以,我们愈是让自己被它们所左右,我们愈是受被动情感的支配,而且更不主动更不自由。其结果是一幅相当可悲的生活景象,陷入被动情感的泥沼,追求和逃避导致那些被动情感的变化无常的事物而不能自拔:"在许多方面我们任由外部原因所摆布,犹如在相反的风向激荡之下的海浪翻滚颠簸,不知会有什么结局和命运。"⑧⑤《伦理学》"第四部分"的标题为"论人的奴役或情感的力量",它十分清楚地显示斯宾诺莎对于人的这种生活的看法。他解释道:"我把人在控制和克制情感上的软弱无力称为奴役。因为一个人为情感所支配,行为便没有自主之权,而受命运的宰割。在命运的控制之下,有时他虽明知什么对他是善,但往往被迫而偏去做恶事。"他认为这是一种"心灵之病态",病在过于爱恋"变化无常而绝不是我们所能完全享有的事物"。⑧⑥

对此困境的解决是用一个古老的办法。既然我们不能支配那些往往为我们所看重,而且让它们影响我们的福祉的事物,那么,倒是应当设法控制我们作出的评价本身,借以尽量缩小外部事物和被动情感对我们的影响力。我们绝不可能完全消除被动情感;连那种在此生是可取的也不能消除。我们本来就是自然的一部分,而且绝不可能使自己完全脱离与外部事物联系的因果系列。"一个人不可能不是自然的一部分;他不可能除了经受只通过他自己的本性能够理解的,而且以他作为正确原因的变化之外,不经受任何变化。……由此可见,人必然总是受制于被动情感,他遵循和服从自然之共同秩序,并且使他自己尽可能适应事物的本性的要求。"⑧⑦但是,我们毕竟能够削弱被动情感,节制它们,而且从它们的骚扰中获得一定程度的缓解。

　　抑制和缓解被动情感之途径在于通过德性。斯宾诺莎是以私利作为道德基础的心理学者和伦理学者。一切存在物天然地寻求自己的利益——保持自我的存在——而它们这样做是正确的。这就是德性之所在。因为我们是能思的存在物，赋有智力和理性，我们的最大利益在于知识。所以，我们的德性在于对知识和理智、对正确观念之追求。最完善的一种知识就是事物本质之纯理智的直观知识。这是"第三种知识"，它超出泛泛的经验及推理知识，不是在事物的时间维度、在事物的绵延和在事物与其他个别事物的关系中认识事物，而是在永恒性方面认识事物，这就是说，析离时间与地点之一切考虑，把事物置于它们与神及其属性的关系之中。易言之，它是在诸事物对普遍性本质（思想与广延）及自然之永恒法则的观念性与因果性关系中理解事物。

　　　　我们把事物看作是真实的不外以两种方式：或者是就事物存在于一定的时间及地点的关系中去加以认识，或者是就事物被包含在神内，从神圣的自然之必然性去加以认识。现在我们既然通过第二种方式把事物看作是真实的，我们就是在永恒的形式下去认识事物，而它们的观念含有神之永恒无限的本质。[88]

　　但是这正是说，归根到底，我们力求一种神之知识。任何物体之概念均涉及广延之概念；而任何观念或心灵之概念均涉及思想之概念。但是思想与广延正是神之属性。所以，任何物体或心灵之固有的正确的概念必然含有神之概念或知识。"第三种知识是由神的某些属性之形式本质之正确观念出发，进而达到对事物本质之正确知识。"[89]而我们愈以这个方式认识事物，我们愈知神。所以，神之知识是心灵的最大的善和它的最大德性。

当我们通过第三种知识,从永恒的方面和对神的关系来理解事物时,我们所见到的是万物的决定论的必然性。我们懂得一切物体及其状态必然出自物质之本质及自然哲学之普遍规律;而且懂得一切观念,包括心灵的一切特质,必然出自思想之本质及其普遍规律。这种省悟只能削弱被动情感对我们的支配。对于一定会实现的事物我们不再那么求之若渴或恐惧不安,对于为我们拥有的东西我们不再那么挂虑或失望。我们对一切事物处之泰然,安之若素,而且不为过去、现在或将来的事情以各种不同的方式受到过分而荒唐的激动。其结果便是克己自持及心平气和。

> 正如经验所证实,对于事物必然性之知识愈能用于我们所更明晰而生动地想象的个别事物上,则心灵控制感情的这种力量则愈大。因为我们知道,一旦失主明白他所失去的东西无论如何也是不能保留的,他因损失而蒙受的痛苦便会减轻。同样,我们知道,没有人会为婴儿不能讲话、行走或推理而感到惋惜,也不会为婴儿多年懵懂不明而感到遗憾。(因为我们认为襁褓无知,乳臭未干是自然而必然的。)⑨

对于我们的诸种情感本身,可以用这个方式来理解,这样就进一步削弱情感对我们的支配。

斯宾诺莎的伦理学说在某种程度上是斯多噶派*的,⑨ 而且

---

* 斯多噶派(Stoicism),公元前300年左右芝诺(Zeno)在雅典建立的古希腊哲学。主张淡泊坚忍,摆脱情感与欲望。认为以知识为基础的德性是至善与至福。神圣的理性即命运与上帝,自然受其支配,智者与之和谐相处。其哲学的宗旨在于为伦理学建立唯理的基础,使人生遵循自然。

令人想起诸如西塞罗(Cicero)和塞内加(Seneca)之类思想家的学说。

> 我们并没有绝对的力量,能使外界事物皆为我用。如果我们觉得已经尽了自己的责任,而自己的力量不足以使自己避免不幸,加之我们既然是自然整体的一部分,遵循自然的秩序,那么,我们应耐心地忍受眼前发生的一切,尽管有些事与我们对自己利益的考虑大相径庭。如果我们清楚明晰地了解这点,则我们为理智所明确的那部分,亦即我们较好的那部分,就会充分感到心甘情愿,而且会努力坚持那种乐天知命的达观态度。因为,就我们所知,我们只能要求有必然性的事物,而且,在绝对的意义上,我们只能从真理中得到满足。[92]

说到底,取代对短暂的"财货"的情感上的爱的东西,就是对我们能充分而稳固地拥有的永恒不变的善,即神的理智上的爱。第三种知识引起对其对象的爱,而且在这种爱之中的不是作为情感的快乐,而是幸福本身。从迈蒙尼德对人间的 *eudaimonia* 的看法中得到指点,斯宾诺莎论证,心灵对神的理智的爱就是我们的宇宙观,我们的德性,我们的快乐,我们的幸福和我们的"得救"。[93]我们的自由和自主性也在于此,因为我们接近这样一种状态:即我们在那里所发生的一切只是出自我们的本性(作为神的属性之一的既定不变的样式),而不是作为外部事物激动我们的诸方式之结果。斯宾诺莎所说的"自由人"是对时运之得失处之泰然的人,仅做那些他所认为"生活中最重要的事",照顾别人的福利(尽其可能来保证别人也通过理智解除被动情感的诸般骚扰),而且不害怕死亡。[94]自由人既不盼望冥界的永恒奖赏,也不担心任何永恒惩罚。他知道灵魂在任何个人的意义上都不是不朽的，但是却赋有某种永恒性。心灵所含有的真实和正确的观念（它们是永恒的）愈多，那么，在身体死亡及心灵对应于身体的绵延的那部分消失以后，它保留在神的思想属性中的也就愈多。⑨⑤对于他在事物之自然体系中的地位的这种理解为自由的个人带来真正的心灵宁静。

斯宾诺莎关于人的行动与幸福的伦理学说衍生出若干社会思想和政治思想，全都与在十七世纪六十年代中期日益盘踞在他的脑海中的一些问题有关。因为人类中间的分歧与不和总是我们的不同而多变的被动情感造成的结果，而那些都具有同样本性并且按同样原则行事的"自由的"人们将天然而容易地形成和谐社会。"只要人们为被动情感所激动，他们便可以互相反对……（但是）只要人们在理性之指导下生活，他们一定仅做那些对人性有益的事情，从而对每个人来说，那些事情也是符合每个人的本性。所以，只要人们在理性之指导下生活，他们必然相互一致。"⑨⑥自由的人类将是彼此互利和有益的，而且对别人的意见，即使是错误，持宽容态度。然而，人类一般并非生活在理性的指导之下。所以，为了确保个人免遭其他人们方面对私利之任意追求所造成的损害，就需要有国家或最高统治者不是凭借理性而是凭借暴力威胁行事。在自然状态下每个人无限制地追求他自己的利益；从这种状态转入国家状态，就涉及普遍放弃某些自然权利——诸如"私人各自报复和判断善恶的权利"——而且将那些天赋的权利授予一个中央权力机构。只要人类还为他们的被动情感所引导，就需要国家，以使他们"彼此和平相处和互相扶助"。⑨⑦

在《伦理学》一书中，明显的政治问题只占很少篇幅。约在这个时期，政治争端已经开始再次扰乱伏尔堡，以及整个荷兰共和国的和平生活。正是由于斯宾诺莎可能认为这些政治问题更迫切，他大概于 1665 年把那部著作的写作搁置起来。事隔多年,可能在扬·德·维特遇害和"真正自由"的时代结束以后,斯宾诺莎才得重理旧业,认真从事他的形而上学和伦理学论著。

他也许期待一个更有利的时机,让他的关于神、自然和人的激进观念之几何方式表述得到人们的接受。斯宾诺莎在天性上是很谨慎的人。他的戒指图章镌刻"慎"(Caute)字作为座右铭。虽然在他的朋友小圈子内,人们一直在阅读《伦理学》的手稿,但是对于是否向圈子外面的人们透露他的学说及其神学内蕴,他迟疑不决。奥尔登伯格于 1661 年有幸略窥斯宾诺莎关于神及实体的观念之秘旨,[98] 但是,此时连他也只是得知对那部著作之形而上学诸命题的一部分说明。在 1665 年 11 月的一封信中,斯宾诺莎应奥尔登伯格之请求进一步向他及玻意耳(Boyle)解释"自然的每一部分如何与整个自然相一致,和与其他部分相结合的方式。"斯宾诺莎详细解答身体与心灵如何各自成为无限广延及无限思想的一部分,从而成为"自然之诸部分",但是不提(甚至不暗示)广延及思想乃系神之诸属性。[99] 奥尔登伯格的来信至少体现他的坚持不懈("我希望您最后有您自己的思想研究成果,交给哲学界去发扬光大"),但是也相当清楚地表明他对斯宾诺莎的整个立场一无所知:

> 我的朋友,您为什么要踌躇呢?您怕什么?我劝您努力以赴,完成这项极重要的任务。您一定会看到真正的哲学家一致支持您。我敢以自己无疑能够履行的誓言作担保。我根本不信您抱有任何触犯神之存在与旨意的思想,完好无损的宗教有赖这些至关重要的支柱而坚如磐石。而且,一切哲学思考不是备受维护便是得到宽容。所以,不要搁置延迟,也不要改变

主意。⑩

毫无疑问,斯宾诺莎的谨慎小心是有必要的。但是,如果他以为在一部不那么正式的论著中讨论圣经,宗教和政治当局及神学权威所加的限制,发表后得到的反应会较有分寸和较易应付,而且可能为他的形而上学及伦理学说铺平道路,那么,他就大错而特错了。

注释

①弗罗伊登塔尔(Freudenthal)著《斯宾诺莎生活史》(*Die Lebensgeschichte Spinoza's*, 118—19.)。

②迈恩斯玛(Meinsma)著《斯宾诺莎和他的圈子》(*Spinoza et son cercle*, 283.)。

③卢卡(Lucas)说,斯宾诺莎迁往伏尔堡因为"他认为那里会更平静";见弗罗伊登塔尔(Freudenthal)著《斯宾诺莎生活史》(*Die Lebensgeschichte Spinoza's*, 13.)。

④同上,57。

⑤同上,283。

⑥虽然科勒鲁斯说斯宾诺莎自学绘画,约翰尼斯·门尼克霍夫(Johannes Monnikhoff)*认为斯宾诺莎从泰德曼那里磨炼他的技巧。在十八世纪中叶,门尼克霍夫写过斯宾诺莎的传略,作为《神、人及其幸福简论》的导言。见弗罗伊登塔尔(Freudenthal)著《斯宾诺莎生活史》(*Die Lebensgeschichte Spinoza's*, 106.)。

⑦同上,56。

⑧Ep. 13, Ⅳ/63;C/207。

---

* 门尼克霍夫(Monnikhoff, 1707—1787),阿姆斯特丹的医生。他崇拜精研斯宾诺莎著作的笛卡尔主义者德尔霍夫(Deurhoff, 1650—1717),后来发现的《神、人及其幸福简论》的抄本都是门尼克霍夫的笔迹。

⑨I/129；C/227。见泰森-斯豪特（Thijssen-Schoute）作"洛德韦克·梅耶尔及他与斯宾诺莎的关系"（"Lodewijk Meyer en Diens Verhouding tot Descartes en Spinoza"），179。

⑩序（Preface），PPC，I/127—8；C/224—5。

⑪同上，I/130；C/227。

⑫Ep. 12a。

⑬Ep. 11，IV/64；C/207。

⑭见米格尼尼（Mignini）作"斯宾诺莎编年史"（"Chronologie Spinozienne," 11—12.）。

⑮Ep. 15，IV/72；C/215。

⑯Ep. 15，IV/73；C/216。

⑰Ep. 15；在《笛卡尔哲学原理》的"序"中，梅耶尔几乎逐字逐句地重申斯宾诺莎的告诫，I/131；C/228—9。

⑱PPC，I/152；C/241。

⑲PPC，I/201；C/277。

⑳I/265。实际上，这是迈蒙尼德的观点，斯宾诺莎将在《神学政治论》中予以辩驳。

㉑见克莱弗（Klever）作"1667年斯宾诺莎的名声"（"Spinoza's Fame in 1667"）。

㉒这至少是格布哈特（Gebhardt）的意见；见I/611。其他学者不同意。

㉓Ep. 21. IV/133；C/382。

㉔Ep. 29，IV/164。

㉕Ep. 14，IV/72；C/215。

㉖伊斯雷尔（Israel）著《荷兰共和国》（*The Dutch Republic*, 625.）。

㉗Ep. 17，IV/76；C/353。

㉘范·德·坦格（Van der Tang）作"斯宾诺莎在斯希丹"（"Spinoza en Schiedam"）。

㉙Ep. 18，IV/80—1；C/355。

㉚Ep. 20, Ⅳ/122; C/373—4。

㉛Ep. 21, Ⅳ/126; C/375。

㉜Ep. 21, Ⅳ/126—7; C/376。

㉝Ep. 23, Ⅳ/148; C/388。

㉞Ep. 22, Ⅳ/134—5; C/382。

㉟Ep. 24, Ⅳ/153; C/390—1。

㊱Ep. 27, Ⅳ/161; C/395。

㊲这是柯利(Curley)的似乎有点道理的假说;见 C/350。

㊳伊斯雷尔(Israel)著《荷兰共和国》(*The Dutch Republic*, 766.)。

㊴Ep. 28, Ⅳ/163; C/397。

㊵Ep. 25, Ⅳ/158; C/393。

㊶1665 年 9 月 28 日函;《亨利 · 奥尔登伯格书信集》(*The Correspondence of Henry Oldenburg*, 2:553.)。

㊷Ep. 29, Ⅳ/165; SL/182—3。

㊸Ep. 30, Ⅳ/166; SL/185。

㊹然而,奇怪的是,在 1665 年 5 月致奥尔登伯格的信中,斯宾诺莎提到,惠更斯如何在最近曾“告诉我他认识您”(书信第 26 封)。这说明此前斯宾诺莎没有从奥尔登伯格那里得知他们两人是朋友。

㊺迈恩斯玛(Meinsma)断言惠更斯对斯宾诺莎的兴趣“不超出他所磨制的透镜”,见《斯宾诺莎和他的圈子》(*Spinoza et son cercle*, 323),这个说法肯定是错误的。

㊻见 Ep. 26 及 Ep. 30。

㊼惠更斯(Huygens)著《全集》(*Oeuvres complètes*, 6:181.)。

㊽Ep. 32, Ⅳ/174—5; SL/195—6。

㊾惠更斯(Huygens)著《全集》(*Oeuvres complètes*, 8:400—2.)。

㊿Ep. 70。 377

(51)Ep. 72。

(52)在 1667 年 9 月至 1668 年 5 月,克里斯蒂安从巴黎致康斯坦丁的书信清楚表明这点;见《全集》(*Oeuvres complètes*;6:148—215.)。

㊳见 Ep. 29;及迈恩斯玛(Meinsma)著《斯宾诺莎和他的圈子》(*Spinoza et son cercle*, 300.)。我现在说那是丹尼尔·泰德曼的房产,主要根据在斯宾诺莎的信中称它为"画家丹尼尔先生寓"。

㊴维姆·克莱弗(Wim Klever)* 曾经对我提示,斯宾诺莎可能从他在莱茵斯堡时期就结识胡德,当时胡德在莱顿大学的笛卡尔派数学小组内。

㊵从《斯宾诺莎书信集》中的第 25—28 封信可以推断,他至少见到塞拉列乌斯、利乌魏特茨和鲍麦斯特。

㊶见迈恩斯玛(Meinsma)著《斯宾诺莎和他的圈子》(*Spinoza et son cercle*, 295.)。

㊷Ep. 28,Ⅳ/162;C/395。

㊸Ep. 28,Ⅳ/163;C/396。

㊹在 1665 及 1675 年期间,斯宾诺莎可能对《伦理学》的文稿已经做了不少编订、改写和增补的工作,特别是考虑到他在此期间已经写成的《神学政治论》。《伦理学》的大部分工作,如果不是全部的话,很可能是在"第三部分",而不是在"第一和第二部分"。

㊺阿克曼(Akkerman)不确知巴林是自己完成全部工作还是得到斯宾诺莎的其他朋友的协助;见"对斯宾诺莎遗著之研究"("Studies in the Posthumous Works of Spinoza," 160—1.)。

㊻例如,在 1665 年 3 月致布林堡的信中,斯宾诺莎提到的内容以改写的形式构成正式版本中"第四部分"之命题七十二;见 Ep. 23,Ⅳ/150—1;C/389。

㊼见阿克曼(Akkerman)著《对斯宾诺莎遗著之研究》(*Studies in the Posthumous Works of Spinoza*,152—3.)。

㊽Ep. 28. Ⅳ/163;C/396。

---

* 维姆·克莱弗(W. N. A. Klever),荷兰鹿特丹伊拉斯谟大学的哲学教授,《斯宾诺莎学刊》(*Studia Spinozana*)的主编。

㉞也有可能是这样:我们现知的作为"第五部分"("论理智的力量或人的自由")的许多内容是后期,大概是1675年左右,增补进去的。但是,如果是这样的话,那么,1665年的草稿就没有包含斯宾诺莎势必认为或许是此书最重要的"伦理的"方面。关于《伦理学》一书之发展与构成的讨论,见斯泰恩巴克(Steenbakkers)著《斯宾诺莎的〈伦理学〉从手稿到印行》(*Spinoza's Ethica from Manuscript to Print*);阿克曼(Akkerman)著《对斯宾诺莎遗著之研究》(*Studies in the Posthumous Works of Spinoza*);及鲁塞(Rousset)作"最初的《伦理学》"("La Première 'Ethique'")。

㉟对于《伦理学》之形式与内容间的关系的精彩讨论,见于斯泰恩巴克(Steenbakkers)著《斯宾诺莎的〈伦理学〉从手稿到印行》第五章(*Spinoza's Ethica from Manuscript to Print*, chap. 5.)。他有力地驳斥沃尔夫森(Wolfson)的说法,后者认为哲学的内容只是非本质地联系到其可有可无的几何的形式上,见《斯宾诺莎哲学》(*The Philosophy of Spinoza*)第二章。

㊱Ep. 9, Ⅳ/43—4;C/194—5。

㊲IP17S1。

㊳IP25C。

㊴在柯利(Curley)所著《斯宾诺莎的形而上学》(*Spinoza's Metaphysics*)和《在几何学方法背后》(*Behind the Geometrical Method*)中,对自然之因果秩序,尤其是永恒和无限的诸样式如何与特定的诸样式联系,有很好的分析与解释。

㊵"第四部分"序言。

㊶IP29S。

㊷"第一部分"附录。

㊸同上,Ⅱ/78—9;C/440—1。

㊹同上,Ⅱ/80—1;C/443。

㊺ⅡP7S。

㊻ⅡP29C。

㊼ⅡP44。

⑦⑧ Ⅰ/132;C/230。

⑦⑨ Ⅱ P46。

⑧⓪ Ⅱ P47。

⑧① Ⅲ,序言。

⑧② Ⅲ P6。

⑧③ Ⅲ P11S。

⑧④ Ⅲ P28。

⑧⑤ Ⅲ P59S。

⑧⑥ V P20S。

⑧⑦ Ⅳ P4。

⑧⑧ V P29S。

⑧⑨ Ⅱ P40S2。

⑨⓪ V P6S。

⑨① 虽然在一些重要的方面,斯宾诺莎对斯多葛学派持批评的态度;见《伦理学》"第五部分"序言。

⑨② Ⅳ,附录,Ⅱ/276;C/594。

⑨③ 见迈蒙尼德(Maimonides)著《迷途指津》(*The Guide of the Perplexed*,Ⅲ.51.)。

⑨④ Ⅳ P66,67。

⑨⑤ V P38。

⑨⑥ Ⅳ P34—35。

⑨⑦ Ⅳ P37S2。

⑨⑧ 指《斯宾诺莎书信集》中第二封信的附页,现已阙失。但是,在这封信里,斯宾诺莎也避免"对此再作更详尽的说明",这就是说,不谈他的关于神之本性的实体观念之内蕴。

⑨⑨ Ep.32。

⑩⓪ Ep.31。

第十章 "政治人"(Homo Politicus)

荷兰的乡镇生活虽然是平静的,但也有其不利的一面,特别是对于通过与他人进行学术交流而卓见成效的人。斯宾诺莎在1665年11月致奥尔登伯格的信上说,因为气候恶劣,他困于伏尔堡,不能到海牙去见人或发信。他自己的邮件也总是稽延时日才收到。"上星期我就写好这封信,但因为大风阻挡我去海牙,故未能寄出。这就是住在这个乡镇的不便。我很少及时收到信件,因除非恰巧碰到及时送信的机会,否则要延宕一两个星期我才收到。"①尽管如此,在"教堂街"的这个住所,斯宾诺莎尚能工作不受干扰,也没有大城市那些令人分心的事。

然而,正在他的《伦理学》手稿几近完成的时候,这种平静生活在伏尔堡暂告中断;而对斯宾诺莎而言,或许是永不复返。事件的影响甚至对他搁置那部著作的决定有一定作用。从神学的和政治的方面来说,1665年当地的宗教争端是一般荷兰社会所特有的教派分立的反映,看来斯宾诺莎被卷入其内。或许就是在丹尼尔·泰德曼的住宅坐落的那条名为"教堂街"的当地教堂里,担任牧师的雅各布·范·奥斯特维克去世或退休,他的职位方告出缺。泰德曼在负责遴选新牧师的委员会中任职。他与教区的主教亨德里克·范·盖伦以及前任主教罗特威尔共同提名一位名为范·德·维勒的泽兰省人士,为此向代尔夫特的地方长官呈交申请书。由于泰德曼是教友会派,而他的同事是自由派,也可能是谏净派,他们提出的人选遭到教会中较正统人士的反对。保守派也向代尔夫特提出他们自己的申请书。他们指责提名委员会蓄意挑衅,而且表明他们宁愿推举名为韦斯特宁的一位牧师。虽然还不清楚韦斯特宁是否被任命,市镇的首长们是站在保守派一边的。② 从保守派提出的申请书来看,斯宾诺莎似乎属于泰德曼那派,甚至有可能他曾参与草拟他们原先的申请书。③ 在伏尔堡的许多新教徒邻里眼中,斯宾诺莎这个"犹太血统"的人是知名的。与这次事件中他的那些自由派同伙相比,他更对社会有危害:"据说(他)现在是无神论者,嘲笑一切宗教,因而在国内是一个有害分子,许多有识之士和传教士都能为此作证。"④

对于说他是无神论者的指责,斯宾诺莎总是深感气愤。朗贝特·范·凡尔底桑(Lambert van Velthuysen)*攻击《神学政治论》,谴责斯宾诺莎"以诡秘而伪装的论据讲授十足的无神论"。⑤ 作为回应,他非难范·凡尔底桑"反常地曲解我的意思",而且抗辩称这位批评家应以这样肆意指责为耻。"如果他知道(我遵循的生活方式),他就不会如此轻易相信我在讲授无神论。因为无神论者总是过度喜爱荣誉和财富,而正如所有认识我的人所知道的,对这些我历来都是视若敝屣的。"⑥ 然而,无神论这顶帽子在他死后多年没有摘掉,而且,由于受到如皮埃尔·培尔(Pierre Bayle)这样的一般持宽容态度的权威人士的认可,这个说法益加流行。尽管对斯宾诺莎的品格表示钦佩,培尔在其所著《历史的批

---

* 凡尔底桑(Lambert van Velthuysen, 1622—1685),生于乌得勒支,曾在该地大学里学医学、哲学和神学。后来在当地行医,支持笛卡尔哲学,同情社友会派。1655 年曾撰文支持哥白尼学说,反对宗教当局的迫害。但是,虽然他具有自由派的倾向,但是认为《神学政治论》是无神论兼宿命论。1673 年斯宾诺莎逗留乌得勒支期间曾与他多次交谈。斯宾诺莎死后,凡尔底桑在一部名为《论自然宗教和道德的起源》的论著中攻击斯宾诺莎的《伦理学》。

评的辞典》内"斯宾诺莎"条目开首这样描述:"生为犹太人,后来脱离犹太教,而最后成为无神论者。"他坚持认为斯宾诺莎"至死完全确信无神论",而且散播败坏他人的种子。

不论"无神论者"这一称号可能一般有什么多义性,从十七世纪荷兰的变化无常的宗教环境来看,这个词语的意义变得格外模糊。在伏尔堡的那些上教堂的公民的眼里,它至少意味着对宗教不尊重。斯宾诺莎对有组织的宗教肯定没有很高的评价,尤其是对当年存在的那种。但是他确实信仰他所谓的"真正的宗教",大概同他的不进告解室的朋友们所奉行的那种不无相似。所以,当他听到范·凡尔底桑断言他已"抛弃一切宗教",他感到吃惊。"我请问,如果一个人宣布一定要承认神为至善,而且神作为至善一定要在自由的精神中受到敬爱,那么,那个人会抛弃一切宗教吗?况且他还宣布,我们的最高幸福和至上的自由莫不仅在于此。"⑦他承认,他的确鄙弃像范·凡尔底桑那些人的建立在情感与迷信上面的宗教:

> 我想我知道这个人陷于什么泥淖中不能自拔。他在德性本身和理智中找不到什么令他悦服,要不是这个唯一的障碍,即对惩罚的恐惧,他就要选择感情用事的生活。这样一来,他的避免作恶和服从神旨就像一个奴隶那样勉勉强强动摇不定,通过敬神他期待从神那里得到的报酬远较对神的敬爱本身更为可贵,而且,所做的善行愈是令他反感,愈是不心甘情愿,他就愈是陷于这个地步。其结果就是他认为,凡是不为这种恐惧约束的人必过放荡不羁的生活,抛弃一切宗教。

斯宾诺莎的思想体系连对神之存在的信仰都排除在外吗?多年以

来，斯宾诺莎着重而反复地否定这点。对于一位赋有神学家们传统上所归属的诸般特性的神，他肯定不会劝人信仰。但是，难道斯宾诺莎未曾证明过这些特质其实与神之真正定义不符吗？然而，他的同时代人士似乎更感兴趣于对他的声名的诋毁，而不是对他的论证的缜密研究。这就为斯宾诺莎的朋友和辩护者带来许多工作可做。戈特利布·施托尔在旅居尼德兰期间，曾就据称斯宾诺莎不信宗教的问题询问布尔夏德·德·沃尔德。沃尔德对斯宾诺莎相当了解，而且比这次访问期间（1703年）尚存的任何人确实了解更多。"他是一名无神论者，对吗？"这个问题德·沃尔德以前可能被问过一千次，因此很恼火，对此他回答道，他不能同意。⑧

斯宾诺莎暂且把《伦理学》的工作搁置一旁，以便撰写一部关于神学问题和政治问题的论著。这个决定背后的促动因素之一就是斯宾诺莎对无神论之指责视若芒刺在背。1665年9月，奥尔登伯格对于斯宾诺莎转向研究这类问题的决定，在信中善意地调侃道："我觉得，与其说您在进行哲学思考不如说您在进行神学论证，如果可以这样说的话；因为您目前写的是您对天使、预言及奇迹问题的想法。"⑨在复信中，斯宾诺莎解释他改变工作计划的理由：

> 现在我正在撰写一部著作论述我对圣经的看法。驱使我这样做的理由如下：一、神学家的偏见。我知道这些偏见是阻碍人们思考哲学问题的主要障碍。因此我要致力于揭露这类偏见，把它们从明智的人们的头脑中清除出去。二、普通群众对我的意见，他们不断错误地指责我搞无神论；我不得不尽可能扭转这种看法。三、进行哲学论证和说出我们的想法的自由。由于传教士们的滥权和肆无忌惮，这种自由从各方面受到压

制,我要全面为此辩护。⑩

信里斯宾诺莎的口吻带有怨气。他大概对伏尔堡事件的结果很不满意,特别是对镇上许多重要人士谈论和对待他及他的房东所采取的态度。他对新教牧师们向来缺乏敬意,对于他们到处企图主宰公共事务,心中无疑感到不愤。尽管他厌恶与神学家们论战,他还是要发表他的著作。此刻许多事件已经把他的愤愤不平变成明显的怒气。

其实,斯宾诺莎于1665年秋所从事的与其说是一项新计划,似乎不如说是旧话重提。他在《神学政治论》里论述的许多神学的和政治的问题——圣经之地位与解读;犹太民族之为神所挑选;国家之起源;政府当局和宗教当局之性质、合法性与界限;以及宗教宽容之必要性——我们有理由认为其中有些早在他被犹太社区革出教门时期就是斯宾诺莎所关注的。如果那些一般抱敌对态度的目击者尚属可信的话,他们关于斯宾诺莎在1655—1656年期间的宗教信仰的证词已讲到1670年出版的那部著作上的对圣经的基本看法。据说被革出教门后不久斯宾诺莎曾写过一篇《辩护词》,而且在阿德里安·佩茨致普伦堡的信⑪中提到1659年末或1660年初有过一本《神学政治论文》,从这些报道可以看出,长久以来,斯宾诺莎一直在构思,而且或许实际上在写作一部著作,它至少部分地类似《神学政治论》。

现在搞不清楚的是,在引起奥尔登伯格置评的原信(早已遗失)中,斯宾诺莎是否在他对圣经的详细看法上,比在他对他的形而上学之神学含义上,更乐于提供消息。据猜测他不是这样的,因为笃信基督教的奥尔登伯格以他一贯的热情回应斯宾诺莎的解释。"我完全赞同您提到的促使您撰写一部关于圣经的论著的那些理由，而且我极其渴望亲眼看到您在这个问题上的想法。"⑫他正期待塞拉列乌斯不久将从阿姆斯特丹寄给他一个邮包，而且希望斯宾诺莎能把已写好的论著放到里面。

对斯宾诺莎来说这会是很方便的事，因为他还是在作不定期的阿姆斯特丹之行。除了访问他的那群老朋友之外，他似乎还在此期间会见胡德及德·沃尔德，看来是去讨论自然哲学和数学问题。⑬这些短途旅行也会使他有机会及时了解某些新近的事态，那是他一定抱有很大兴趣的，而且只会确立他对"流行的"宗教之迷信性质的看法。

* * *

或许如所指望，1666那年被许多人赋予重大的意义。基督教的千禧年教义信徒根据"启示书"的数字线索，相信那是基督复临和确立"圣徒法则"的一年。预期犹太人改宗基督教（基督即将复临的重要标志）的年份原来是1656年，对1656年尚感失望的许多亲犹太人士一直寻找说明这次他们的信仰会得到感应的任何迹象。从犹太教的弥赛亚主义者方面来说，自从马纳塞·本·伊斯雷尔十六年前报告关于蒙特奇诺斯在新大陆发现某个"失落的支族"以来，他们便切望弥赛亚的降临及在其统治下所有的犹太人都聚集于"圣地"。基督教的千禧年信徒及犹太教的弥赛亚主义者这两部分人的希望，看来一度终于都应验在一名来自士麦那（Smyrna）的弥赛亚，名为沙巴泰·泽维（Sabbatai Zevi）*的人身上。

---

* 泽维（Sabbatai Zevi, 1626—1676），生于土耳其的士麦那（即伊兹密尔），年轻时曾研究犹太教的神秘主义，聚集一批门徒。1646年以弥赛亚（救世主）自命，成为犹太史上影响最大的假弥赛亚。后在奥斯曼帝国苏丹的死刑逼迫下，于1666年改宗伊斯兰教。

泽维于1626年生于土耳其的士麦那,他的家族是来自希腊的德系犹太人。[14] 他的生日恰值犹太历阿布月的哀悼日(Tisha b'Av),即该月(公历七八月间)九日,那天是纪念第一圣殿和第二圣殿被焚毁的日子,拉比们传统上将它视为弥赛亚诞生日,后来泽维充分利用这一巧合。泽维早慧有才,虽然有几分抑郁症。经过塔木德及拉比律法的传统宗教训练以后,泽维早年转入研习来自十三世纪卡斯蒂利亚(Castile)的犹太教神秘主义著作《佐哈尔》*以及其他喀巴拉派典籍。虽然他从来没有在犹太教公会正式担任拉比,但在少年时期便得到"哈赞"(Chacham)的称号。泽维是具有超凡魅力的人物,在较短时期内就吸引了许多追随者。他们跟随他学习《塔木德》,而更热衷的门徒则遵循他的严格苦行实践,以便使他们自己都对"妥拉"的奥秘有神秘的洞识。(这些实践包括禁戒性欲;据传泽维在几次婚姻中均未圆房)看来泽维还是一名狂躁抑郁症患者,易于情绪大波动和妄想症发作。正如犹太教神秘主义大师格肖姆·绍勒姆(Gershom Scholem)**所说,"沙巴泰·泽维无疑是一名病人。"[15]

喀巴拉派(Kabbalah)在"无限"(En Sof)与"流溢层"(Sefirot)之间有传统的区分。"无限"是神之存在的隐秘"核心",而"流溢层"则是神在世间的各种显现部分。泽维关于妥拉之意义,神之

---

* 《佐哈尔》(Zohar),喀巴拉派的主要著作,相传为公元2世纪犹太领袖西缅·巴·约海(Simeon Bar Yohai)所著,其实多为后人伪托。一度失传,至13世纪末在西班牙发现。此书使犹太教神秘哲学有深入发展,被视为继《塔木德》《塔纳赫》的第三部圣书。

** 绍勒姆(Gershom Gerhard Scholem,1897—1982),世界著名犹太教神秘主义历史与教义学家。生于柏林,1923年移居耶路撒冷。1933—1965年任希伯来大学教授,1968—1974年任以色列科学与人文学院院长。主要著作有:《犹太教神秘主义中的主要流派》(1946),《关于喀巴拉及其象征主义》(1960),《沙巴泰·泽维:神秘的弥赛亚》(希伯来语版1957,英译1973),《论处于危机中的犹太人与犹太教》(1976)。

本性与显灵,以及通向觉悟之路径的诸信条均集中在这个区分上面。按照《佐哈尔》一书,在妥拉中代表神之名的四个希伯来字母(即"四字母词",如 YHWH)所指示的不是发出"流溢层"的隐秘而不可及的核心,而是七个显现的"流溢层"之一,构成可见的宇宙的各种主动及被动力量的其他"流溢层"均包含于其内。神的诸属性所归属的就是这个主导的流溢层,因此它就是作为创世者与立法者的以色列之神的神性本质。它是犹太民族在祈祷中崇拜的对象,各项神的戒律由此发出。泽维虽然从喀巴拉派的这个古典体系中得到启发,据说对此有重大的修改。据称他曾断言,其实,以色列之神("四字母词"所命名的对象)不在诸流溢层之中,而在于高于各流溢层之上但仍有别于"无限"的某种"神性自身",它来自隐秘的核心,而且从上方支配各流溢层(因而支配世界)。⑯

按照某些拉比的说法,1648 年是犹太人的救赎年。在这一年里,泽维开始经常地读出"四字母词",这是为拉比犹太教所禁止的做法,被宗教当局视为他的心理不稳定的症状。作为对他的行为与主张的惩罚,在 1651 年左右他被逐出士麦那,此后他浪迹于地中海地区,在十七世纪六十年代初到达巴勒斯坦。在耶路撒冷,他短期内接触到一名犹太经学院(yeshiva)的学生,名为亚伯拉罕·拿单·本·伊莱沙·哈伊姆·阿什克纳济(Abraham Nathan ben Elisha Chaim Ashkenazi)。此后不久,这名在加沙学习喀巴拉的青年受到泽维圣徒式的或古怪的行为的影响,以及在其非正统的神秘主张和关于泽维以弥赛亚自命的流言启发之下,他遭遇一次神秘的"显圣",遂醒悟到沙巴泰的弥赛亚使命。⑰ 在 1665 年初,这位"加沙的拿单"公开宣布泽维是弥赛亚。他很快说服沙巴泰本人,使之于 1665 年 5 月声称自己是弥赛亚。作为这位弥赛亚的先知——实际上充当以利亚（Elijah）*的角色——拿单为他的老师成功地煽起巨大的热狂。然而，不是人人都信服。耶路撒冷的拉比教士们很快将泽维革出教门，于1665年夏把他逐出巴勒斯坦。此时泽维返回士麦那。他接管该市的犹太会堂，中止实施犹太律法，而且宣称自己是"救世主"。此后他公布：1666年6月18日实行"救赎"。关于弥赛亚降临（显然不是关于他被耶路撒冷的拉比驱逐）的消息开始扩散。过了一段不长的时期，中东及欧洲各地的犹太人卷入期待救赎的狂热。他们开始变卖他们的财物，违背戒律（特别是在斋期和节日问题上），而且准备共同返回"圣地"。他们的反对者们担心自己的生命财产而噤若寒蝉。

  西葡系犹太人特别易于卷入沙巴泰狂热，但也不限于他们。萨洛尼卡（Salonika）、君士坦丁堡、里窝那（Leghorn）、威尼斯、伦敦、汉堡，甚至西印度群岛各地的犹太社区均被波及，但是波兰和日耳曼的德系犹太人也不例外。不过，环绕泽维之出现的期盼救世主运动最重要的中心大概是阿姆斯特丹。在十七世纪后半叶，全欧洲的许多葡裔犹太人都把荷兰的社区视为思想和精神上的带头羊；汉堡的拉比雅各布·萨斯波塔斯是最敢于大声疾呼的反沙巴泰分子，从他对"塔木德·妥拉"犹太教公会成员的斥责中明显看到这一点："当这场错误萌发时，全体犹太人都在注视你们。如果你们抵制过这种传言，或者（至少）不承认它们的确实性，那么，其他社区本来不会陷入错误，因为那些社区都以你们为榜样。"⑱

  由于看到进行中的对英战争和1664—1665年间鼠疫对全国的影响，以及许多人认为1664年的彗星加剧死亡率，在阿姆斯特

---

  * 以利亚（Elijah），公元前九世纪以色列的先知，他坚持对耶和华的信仰，反对异教诸神。见《旧约》"列王纪"。

丹的犹太人中间,那些更抱有弥赛亚信念的人们正在期待表明这种灾难都有某种目的的征兆(最近的鼠疫对这些犹太人的打击似乎不如对其他族群那样严重)。泽维的一名妻子逃避1648年的哥萨克人屠杀,已在阿姆斯特丹的德系犹太人中间找到庇护。在1665年11月关于泽维的传言开始出现时,那里一片欢腾。拉比萨斯波塔斯写道:

> 阿姆斯特丹市人声鼎沸,闹得惊天动地。各条街上铃鼓喧阗,手舞足蹈,他们极度狂欢。为了在仪式中列队唱圣歌,他们把带有美丽装饰品的犹太律法手卷都从"约柜"中取出来,也不考虑可能招致非犹太人嫉恨的危险。反之,他们公然宣告这些信息,将所有的传闻都通知非犹太人。[19]

自从摩特拉于1660年逝世后,喀巴拉派的阿伯布担任首席拉比。在他的领导下,社区成员们恣意沉迷于预期从流散中返回的喜悦里面,孤注一掷,不顾一切。商人们荒废他们的生意,没完没了的庆祝仪式打乱了正常生活(宗教生活更不消说)。许多人抛开一切实际事务,不考虑前景,立即安排前往"圣地"之行。亚伯拉罕·佩雷拉是社区中最富的人员之一,而且是狂热的沙巴泰分子。他不惜重大亏损出售他的乡村住宅,"在买主凭自身的良知确信犹太人有'王'之前,"还拒收买家任何金钱。[20]阿姆斯特丹的犹太人给他们的孩子取名为沙巴泰和拿单,在他们的礼拜仪式中增添新的祈祷,采用教士祷告之每周吟诵(以前只在主要节日上吟诵),而且筹划将先人的遗骸从"老教堂"公墓中掘出带往巴勒斯坦。阿姆斯特丹的犹太出版社还开始印行"加沙的拿单"所编祈祷书之希伯来语、西班牙语和葡萄牙语版本。阿伯布的同事和沙巴泰分子阿隆·扎法蒂拉比在致他的朋友萨斯波塔斯的信中报告这种普遍的意乱情迷情况：

> 圣公会的激情非笔墨所能描述。您若亲眼目睹，就会同意这简直是天意。犹如在赎罪日那样，他们不分昼夜留在犹太会堂，而在安息日他们奉献出一万多银盾。我们的犹太经学院不得不为众多的忏悔者和礼拜者增添长凳，如果您在场的话，您会看到这种天翻地覆的局面。在他们通常掷骰子和摇彩票的所有场所，不待圣公会首长的命令，他们都自行罢手不干，而且整天整夜地暗诵神律。㉑

不是人人都对这个假弥赛亚和他的先知如此着迷，虽然很少有人胆敢公开发表他们的看法。十八世纪初，阿姆斯特丹有一位名为莱布·本·奥泽的公证人，他是德系犹太人。他描述一名不信者的大胆勇敢：

> 一位名为阿拉蒂诺的西葡系犹太商人否定所有这些传闻和文件。他公开说道："你们是疯子！神迹在哪里？先知以利亚自己带来的音讯在哪里？要降临于耶路撒冷的圣殿在哪里？预示的世界末日战争在哪里？为什么我们未听到在战斗中降临的弥赛亚·b.约瑟？"但是，人人都咒骂他，而且说，"当然他不会看见弥赛亚之面孔。"㉒

莱布说阿拉蒂诺之死被视为噩兆："一日他从交易所回家吃饭，在洗手和掰开面包之际，他突然倒地而死。犹太人以及非犹太人得知此事后，都感到很大的恐惧和震动。"阿伯布拉比告诉萨斯波塔斯说:"吵闹与争论"已经将犹太教公会的成员分裂成两派,沙巴泰分子在数量上远远超过他们的反对者,而且"打击任何反对他们的信仰的人。"[23]

在1666年,沙巴泰运动的狂热分子就像突然面临天塌地陷。那年2月间,泽维在君士坦丁堡被苏丹逮捕,囚于加利波利要塞。土耳其当局本来就日益担心,一直在监视着他们那里的弥赛亚运动。当局提出的罪状包括煽动暴乱和道德败坏。他们要泽维在死刑与改宗伊斯兰教二者之间选择其一。他选择了后者,于9月变成一名穆斯林,改名阿齐兹·穆罕默德·埃芬迪。虽然他暗地里继续奉行某种形式的犹太教,他的追随者们感到沮丧万分。多数人直截了当地唾骂这个假弥赛亚,恢复他们的正常生活,或者重拾旧业。然而,不少人仍然相信泽维是弥赛亚,只是把他的背教行为当作宏大计划的一部分,力图以各种方式使之合理化。

基督教的千禧年信徒对1665—1666年的事变抱有强烈兴趣。在新教徒中间散布沙巴泰为救世主的传闻方面,塞拉列乌斯(Serrarius)实际上起了积极的作用。由于相信犹太教徒和基督徒都在期待同一位弥赛亚,[24]他认为犹太人的这种活动就是他原本期待于1666年发生的他们即将改宗的真正预兆,而且认为这是基督复临和基督千年王国肇始的序曲。他于1666年初从事拿单祈祷书的翻译,而且虔信到底,为了亲自会见泽维,他于1669年前往土耳其,死于途中,时已89岁(?原文如此)。因为在1668—1670年间斯宾诺莎现存的信件只有一封,我们无法径直了解这位长期老友的噩耗势必给斯宾诺莎造成的巨大伤痛。塞拉列乌斯曾经为斯宾诺莎做过许多事,特别是在他刚被革出教门之后,他可能将遭驱逐(或许无家可归)的斯宾诺莎介绍给阿姆斯特丹的千禧年信徒集团,包括其贵格会社团。

奥尔登伯格也密切关注关于在犹太人中出现弥赛亚的传闻,

而且向他的许多通信者打听,看看他们对新近的这些事态有什么了解。他的动机还不仅是闲暇中的好奇心。他认为,在圣地光复犹太王国将是具有重大政治意义的事件。他大概从塞拉列乌斯本人那里听到关于阿姆斯特丹的沙巴泰运动的许多消息。1665年12月,他写给他们的那位住在伏尔堡的共同友人斯宾诺莎,探询其对整个事件的看法。

> 这里广泛散播一个流言,说是两千多年以来散居各地的犹太人即将返回他们的祖国。在这附近很少有人相信,但是许多人有此愿望。务请告诉您的朋友,您对此事有何耳闻,有何想法。至于我自己,只要不是来自与此事最为攸关的君士坦丁堡可靠人士的报告,我绝不可能相信。我很想知道阿姆斯特丹的犹太人关于此事听到了什么,他们对这样重大的宣告有何反应。此事如果当真,它可能带来一场世界危机。㉕

斯宾诺莎对这次探询的答复已无可稽考。对于席卷欧洲犹太人的这场疯狂,他不可能不知道,更不可能不关心。当他多次访问阿姆斯特丹时,他可能已获悉许多第一手信息,但是,他也可能通过塞拉列乌斯的报告得知那里的事态。对于他以前的教师、邻人和商务伙伴的这些活动,想必斯宾诺莎顶多觉得饶有兴致,而且可能鄙视他们的迷信与可笑行为。他一直在思考与撰写关于以权威自命的宗教当局得以操纵普通群众之轻信与激情的种种方式,这整个闹剧无疑为他提供了一切证明。

* * *

虽然到1667年中期,对英国的战事正在逐步结束,但是尼德

255 兰国内的和平却再次转向其周期性危机之一。自从德·维特凭借他个人和立法机构的力量成功地排除荷兰省的任何"省督"官职以来，荷兰政治与社会的分歧只是表面上弥合，而在战事的处理方式（以及缔和条件）上的争议则重新开启衅隙。

在十七世纪的荷兰共和国内，甚至或许在全部荷兰历史上，扬·德·维特（Johan de Witt）大概是最伟大的政治家。因为荷兰经常处于例如英国、法国、西班牙以及日耳曼诸侯在这方面或那方面的威胁下，他在国际舞台上面临重重困难。不仅如此，他在国内尤其遭到反对。有鉴于此，他的成就显得愈加令人钦佩。德·维特于1625年9月25日出生于多德雷赫特的富人家庭。㉖他的哥哥科内利斯（Cornelis）也是荷兰政界的重要角色，他们兄弟俩都在莱顿大学攻读法律，尽管扬在笛卡尔主义者大斯霍滕（Frans van Schooten the elder）指导下还培养出对数学的强烈兴趣。他们于1647年在荷兰法院宣誓就任律师，而扬在海牙跟随一位以同情"谏诤派"知名的律师见习执业。然而，德·维特在此期间对政治没有真正的兴趣，而数学多年来一直是他真正热衷的学科。他写成一篇关于圆锥曲线的论文，而且在几何学知识方面名声相当大。惠更斯和牛顿后来都钦佩他在这个领域的研究。

1650年夏，省督威廉二世与荷兰省议会之间的冲突激化到顶点。扬的父亲雅各布是多德雷赫特市选派的议员，而且是坚定的共和派。他与其他五名议员一起遭到省督逮捕。扬为他的父亲努力奔走，而雅各布于8月获释。在那年11月省督突然去世之后，德·维特被任命为多德雷赫特市镇的两名立法顾问之一，也就成为多德雷赫特在荷兰省议会中的常任代表。这时德·维特兄弟看到他们的政治命运再次兴起。因为多德雷赫特的立法顾问在必要时可以代理荷兰省议会的大议长（当时在任者是雅各布·卡茨），这个职位是重要的。1651年召开各省议会大会(the Great Assembly)决定共和国的政治前途。会上最主要的议题便是对废除省督职位的争论,德·维特在这场争论中起了领导作用。他有力地陈述荷兰省的主张,反对继续任命这个职位。在许多人看来,省督职位(stadholdership)是一种中世纪的残余,源自勃艮第公爵(dukes of Burgundy)*指定代理人统治低地国家时期。1652年74岁的卡茨辞去大议长之职,他的前任阿德里安·鲍(Adriaan Pauw)勉强复职。但是鲍氏不久前往英国从事外交事务,由德·维特执行其大部分国内工作。鲍氏于1653年初逝世,扬·德·维特自然而然地据有国家这个最有权力的政治职位。

德·维特是真正的共和主义者。他所效忠的尼德兰是一个宪政国家,没有任何如省督和总司令之类准君主职位(但是他愿意由各省自行决定是否任命一名省督)。按照他的观点,共和国各市镇和各省的治理机构——市政厅和省议会——有权选择他们所愿意的任何人担任当地及省级官职,而且在联省一级上代表他们出席尼德兰国会。他提倡"真正自由"之说,在荷兰政治中大力推进中央向地方的权力下放。他坚决主张主权属于各省。尼德兰国会(联省三级会议)只行使"乌得勒支同盟"(Union of Utrecht)**所赋予的那些权力,即宣战权与缔和权。一切其他权力本应属于各省议会,而各

---

* 勃艮第(Burgundy):法国中部一个历史上的省名。勃艮第人于公元五世纪建立强大王国,后被法兰克人灭亡。十五世纪勃艮第家族复兴,至十六世纪初疆土包括现在的比利时、荷兰及法国北部。至十六世纪末,勃艮第家族为哈布斯堡家族所取代。

** 乌得勒支同盟(Union of Utrecht):在对西班牙的"八年战争"中,尼德兰北部于1579年初成立"乌得勒支同盟",参加者有荷兰省、泽兰省、乌得勒支、格罗宁根和格尔德兰;后来还有根特省、安特卫普、布雷达、布鲁日、德伦特;最后还有奥伦治亲王威廉一世。这是对抗尼德兰南部西班牙统治的防御联盟,安排用于防务的税收,规定宗教自由,后来为北方的荷兰共和国赢得某种宪政局面。

省议会的职权和特权则源自各市镇派来作为议员的代表。然而，德·维特不是民主主义者。像执政望族阶级的任何其他成员一样，他矢忠于他所受益的寡头制度。其实，他的婚姻就很有利于他晋身阿姆斯特丹的执政望族社会：他的妻子文德拉·比克尔出身于市内最有势力的氏族之一。虽然，斯宾诺莎及其他激进的民主派是德·维特以及他那代表反奥伦治的各阶层利益的派别的天然政治盟友，但是，在他们之间存在政治上和意识形态上的重大分歧。[27]据说德·维特读了1670年出版的《神学政治论》之后，非常不满该书的民主主义观点，以致拒绝与斯宾诺莎会面："当斯宾诺莎得知大人阁下不赞成他的书时，他派人去见大人阁下以便谈谈此事。但是他得到的回答是大人阁下不要见到他登门造访。"[28]

德·维特也是宗教宽容的提倡者，但不属于无条件的那种。在他于1656年调停大学内对笛卡尔主义的争论时，他在一定范围内维护哲学论证的自由。[29]虽然坚持要尊重新教信仰对一切其他教派的优先地位，他还是赞成宗教信仰的自由。不过，在这个问题上，他又是与斯宾诺莎、考贝夫以及他们的同路人分道扬镳。即使是最有自由思想的执政望族，也不愿意取消对思想上和宗教上异见分子的一切检查制度和实际钳制。对于要求著作家不得逾越的限度，大议长有非常明确的观念。毕竟，德·维特要保证的是荷兰共和国的平安与稳定。近来有一位传记作者称他为"马基雅维里主义者"(Machiavellian)，*但是他在为国家服务而不是为他自己

---

* 马基雅维里(Niccolo Machiavelli,1469—1527)，佛罗伦萨的政治家和作家。他早期担任佛罗伦萨共和国使者，熟悉意大利的政情。在1513—1517年间，写成《君主论》及《李维罗马史论》。后来人们将马基雅维里主义者视为利用权术、不择手段的政治家。但是近代以来，人们强调其共和主义及号召国家统一的思想，马基雅维里已被看作政治哲学的先驱。

谋权力。㉚

德·维特对宗教宽容和其他紧迫问题采取的态度很大程度可以从他的非常棘手的处境来解释。奥伦治派一贯对德·维特的掌权愤愤不平（尤其是对他在使威廉三世不得担任荷兰省督的"除名条例"上所起的作用），他们急于与英国媾和并与查理二世建立良好关系。查理二世是威廉三世的舅父，奥伦治派大概天真地相信查理二世以后会帮助他们促成奥伦治王室的"王政复辟"。但是，德·维特那派坚持要在军事上挫败英国，遏制英国人的威风，以荷兰议会方面的胜利为任何和平条约争取强硬的条件。1667年6月7日，海军上将德·鲁伊特（Michiel de Ruyter）的舰队驶入泰晤士河，使英国舰队遭受巨大损失。这时查理二世只好议和，别无他途可行。这一仗有效地结束英国对航运线的控制，不仅是荷兰海军的凯旋和荷兰商贸经济的喜讯，而且还是德·维特本人明显的政治胜利。尽管如此，奥伦治派及其在正统新教牧师中的盟友们继续施加压力。在签订布雷达和约（Peace of Breda）*——当年有人风趣地称之为"夹杂不清的和约"——以后不久，荷兰省议会发布"永久法令……以维护自由"，此举意在平息德·维特的反对派，并以"大和谐"来补"真正自由"之不足。这项决议一方面永久废除荷兰省的省督职位，将其全部政治职能交给议会（省的三级会议），另一方面，决议表明荷兰省支持奥伦治亲王任职于政务院（Council of State）——其实就是企图以原有成员荐举新成员的

---

* 布雷达和约（Peace of Breda）：在鲁伊特率舰队突袭泰晤士河口的查塔姆船坞，重创英国舰队之后，荷兰共和国的议和条件有所改善。结束第二次英荷战争的布雷达和约于1667年7月底签订。条约规定荷兰将北美殖民地让给英国（新阿姆斯特丹变成纽约），但是保住南美的苏里南（Suriname），而且英国放弃对东印度马鲁古群岛的要求。此外英国的航行条令放松，允许荷兰更多的商务贸易进入英国。

办法吸收他——而且提供他最终担任总司令职位的可能性。在奥伦治派看来,此项决议就是企图削除威廉亲王的合法权利,而议会派则认为这是对共和国原则的英明捍卫。德·维特本人则将此项决议仅视为一次实用性妥协方案。[31]他的政敌们不满足于这项折中办法,而在等待时机,时来运转便起而报仇雪恨。

在十七世纪六十年代,一位来自莱顿的纺织厂主后来以其政治著作赢得国际声誉。他就是德·维特及其共和主义原理的大辩护师皮埃尔·德·拉·库尔(Pierre de la Court),亦名彼得·范·登·霍夫(Pieter van den Hove)。在1662年出版的《荷兰之利益》(*The Interest of Holland*)一书中,他主张废除省督职位,坚持认为这种职位违反荷兰的最高利益。他把对英国的战争归咎于奥伦治派的军事君主主义,而且强调共和主义的政府形式最有利于和平与经济繁荣。德·维特曾参与这部论著的撰写,而且赞同其中的大部分主张。在同一年出版的《政治论说》(*Political Discourses*)中,库尔进一步提出反对君主制及准君主制政府体系的强烈主张。他还强调,为了社会安宁起见,教会——此指新教牧师们——应谨守其固有的范围,即其教徒的精神生活,而不得对政界有任何影响。[32]

斯宾诺莎阅读德·拉·库尔的著作,受到他的思想影响。他藏有一本《政治论说》,以及他的兄弟扬氏所著的书。[33]十七世纪这两位杰出的政治理论家也可能互相熟识。然而,斯宾诺莎与德·维特本人是否有个人关系则不清楚。虽然,原则上的民主主义者斯宾诺莎与务实的自由派德·维特并非持有相同的政治观点,但是历史环境似乎已经将他们的命运连在一起。他们确实都遭到荷兰新教教会这同一个宗教当局的轻蔑与诋毁,而且同样地为德·维特的政敌们所鄙弃。由于同样矢忠于荷兰共和国,斯宾

第十章 "政治人"（Homo Politicus） 387

诺莎对德·维特在与新教牧师们对立中的困境深表同情,对大议长在维护世俗的和相对宽容的国家方面的有限的政治目标表示支持。(斯宾诺莎对于省督在荷兰历史上的地位自然不抱幻想。他在 1665 年 11 月致奥尔登伯格的信中,不屑地谈论上艾瑟尔（Overijsel）省人请奥伦治亲王充当对英国的调解人的运动。)[34]当年的敌对势力倾向于把他们两人混为一谈,不需要细加区别。一位批评德·维特的加尔文教徒甚至认为,"德·维特及其同伙"曾经帮助编辑出版《神学政治论》[35]。因为斯宾诺莎和德·维特都热衷于共和主义和数学研究,人们往往想当然地认为这两人是活跃的政治盟友,甚至是亲密朋友,在斯宾诺莎从伏尔堡迁往海牙之后,德·维特还往其寓所访问。[36]卢卡最先提出这个不经之谈：

> (斯宾诺莎)有幸结识大议长德·维特,后者要向斯宾诺莎请教数学问题,而且常常降贵纡尊向他咨询重要事项。但是斯宾诺莎毫不贪求意外之财。德·维特给他一笔二百荷盾的年金。在德·维特死后,他的继承人们看到斯宾诺莎的这位慷慨资助者的签字后,提出一些困难不能继续提供年金,斯宾诺莎泰然自若地将证明文件留给他们,就像他另有其他收入似的。这种不计私利的态度引起他们重新考虑,终于把他们刚才拒付的年金欣然授予。因为他从父亲那里继承的只是一些商务纠纷,没有什么遗产,他的生计大部分正是靠这笔年金。[37]

很难相信德·维特会有很多数学问题要向斯宾诺莎领教。在他们现存的书信中,不论斯宾诺莎或是德·维特,连一次都没有互相提到过。[38]此外,除了卢卡的这篇报道之外,也没有关于德·维特留给斯宾诺莎一笔年金的证据。虽然卢卡可能从斯宾诺莎本人那里听到有关年金的事,但是,斯宾诺莎连从他的亲密友人那里接受补贴都不愿意,若说他竟然从一个政治派别的领导者(即使是他支持的人)那里拿过任何金钱,则是值得怀疑的。[39]尽管如此,在荷兰黄金时代的这两个大人物之间建立即使不是特别热络的,至少也是偶尔的联系,这个想法是颇有吸引力的。在 1664 年至 1666 年间,德·维特、惠更斯和胡德一起研究概率之计算,恰好在同一时期,斯宾诺莎对一系列数学问题发生兴趣。[40]鉴于惠更斯和胡德都与斯宾诺莎关系密切,他们不可能不知道斯宾诺莎在这方面的兴趣与能力,几乎无法想象他的这两位朋友未曾试图把他也邀请到他们的研究项目中。然而,不管怎样,斯宾诺莎与德·维特的私人关系之性质仍然纯属臆测。

*　　　*　　　*

斯宾诺莎与奥尔登伯格的关系成了对英战争所引起的不幸之一。虽然在战时状态下伏尔堡与伦敦之间的通信有困难,但是在阿姆斯特丹的塞拉列乌斯帮助之下,他们两人得以维持通信直到 1665 年 12 月。真正的打击发生于 1667 年夏初奥尔登伯格的被捕。6 月 20 日,他被押解到伦敦塔狱。他写信给别人说,他被控有"危险的图谋和活动"。对于他被判定这一罪状的确切原因他不完全清楚,但是他揣度——这似乎已有人向他确认过——这是由于他在一些信件和谈话中批评过战争行为。人们知道他曾支持克伦威尔的主张远远超过支持查理二世的主张,这肯定无助于他的处境。奥尔登伯格否认对他的指控,不过在给他人写信时承认,他的确对进行战争的方式表示过某些保留意见,但是仅仅出于对英国的安全与福利的担心。

对于一个仅仅八十年前还合掌乞求英国的怜悯与援助,而且他们现在的繁荣很大程度上应感激英国的民族(指荷兰)来说,我看到他们对英国这样傲慢蛮横,心里十分难过。因此,对英国而言,如果就事论事,我所表达的那些意见无论如何都是发自我的苦心焦虑。尽管如此,我想还是有所失误和疏忽,可能对国王及国家之昌盛证明是很有害的。所以,对于我所提出的关于我方之不慎与安全的某些不满言论,既然已经触犯法律,我愿意竭诚请求国王陛下的宽恕。但是,关于那些不轨企图,我可以毫无愧怍地声明,我是完全无辜的,而且任何熟知我的人都能证明我对国王及王国之利益与昌盛的热爱、关怀与忠诚。[41]

尤其,奥尔登伯格似乎对于导致"傲慢的"荷兰人在那个月竟远征到泰晤士河的一些政策与方略有过批评。这时他对"我的言论之轻率和愚蠢"表示后悔。[42]他还认为,他这个出生于外国的人有许多海外关系,特别是在荷兰和法国,这个事实引起对他的忠诚的怀疑。但是,自从战争开始以来,他一直都让他的来自那些地方的信件接受检查。在囚室中一旦获准使用笔和纸,他便直接上书国王申明他的清白无辜。他向查理国王申诉:虽然"陛下的祈求者感到极其痛苦,但是因为写了一些轻率而苛求的意见,引起陛下不悦,现在待罪于陛下的塔狱",他矢言如许多人可见证的那样,是一名"真实而忠诚的英国人"。[43]

战争结束后,奥尔登伯格于8月26日从塔狱获释。他的经济状况和身体状况都不好,而且为当时人们如何看待他而担忧。他尤其渴望恢复他与伟大而广泛的欧洲科学界通信的任务,但是担心他的许多朋友不会率然恢复给他写信,以免再次令他蒙受嫌疑。他致函玻意耳(Boyle)称:他顾虑"外国人士,尤其是邻近各国的,可能对恢复交流抱有戒心。出于对我的安全的某种敏感和忧虑,不愿与我交往。他们可能认为擅自给我写信,犹如我给您写信这样,会危及我的安全。"[44]过了相当一段时期之后,他才与斯宾诺莎恢复通信。

在奥尔登伯格获释一个月以后,斯宾诺莎的友人小圈子蒙受一次无法弥补的损失。1667年9月26日,西蒙·约斯登·德·福里在阿姆斯特丹下葬。因为斯宾诺莎遗著的编辑们把斯宾诺莎书信中主要属于私人性质的(非哲学内容的)几乎都销毁了,我们不知道斯宾诺莎对他的亲密朋友的逝世想必感到何等的深刻创痛。德·福里曾对斯宾诺莎怀有无限的挚爱与忠诚。卢卡和柯勒鲁斯都报道说,德·福里为支持斯宾诺莎的生计提供一笔年金,但是斯宾诺莎拒绝接受。卢卡是这样说的:"他的一位亲密朋友,一位富人,要赠给他两千荷盾,以便让他生活得更舒适,但是他像平常一样婉言谢绝,说他不需要赠金。"[45]柯勒鲁斯补充说,斯宾诺莎答道,接受这么多钱"或许会使他不能专心工作和敛心沉思。"[46]过了一阵,在德·福里同他的朋友讨论他正在草拟的遗嘱条文的时候,他再次提出这个问题——这也说明他的逝世对斯宾诺莎来说不全是意料之外。因为德·福里一直未婚,他要求斯宾诺莎作为他唯一的继承人。斯宾诺莎表示反对说:"如果他将他的财产放弃给一个外人,不论他对此人的友谊有多么深厚。"这对德·福里的兄弟来说会是不公平的。[47]德·福里依从斯宾诺莎的意见,但是最后至少部分地遂其已愿:他留给斯宾诺莎500荷盾的年金,从其财产中支付。斯宾诺莎认为这还是太多,尤其鉴于他的需要有限,他把款额减至300荷盾。[48]柯勒鲁斯断言在西蒙死后,这笔钱由"住在斯希丹的"西蒙的兄弟支付。但是到 1667 年,西蒙的所有兄弟均已去世,而且他们原来没有在斯希丹住过。然而,西蒙的姊妹特列提耶·约斯登·德·福里确实住在那里。在 1664—1665 年那个冬天瘟疫期间,斯宾诺莎曾去住过几个月的正是她与她的丈夫阿列维·海森共有的那所房屋。几乎可以肯定,特列提耶继承她兄弟的遗产,而且阿列维受托全面管理妻子的金钱,他尊重已故姻亲的愿望,继续支援同他很熟悉的斯宾诺莎。[49]

虽然这笔额外的收入想必是有助益的,但是斯宾诺莎对自己的财务从来不大关心。他的友人们的慷慨资助经常补充他磨制透镜所挣的收入。[50]从一切迹象来看,他过的是很俭朴的生活。卢卡说"他毫不贪求意外之财",写道:

> 不仅财富引诱不了他,而且他根本不怕贫困的种种恶果。德性使他超越所有这一切。虽然他的运气不佳,他从来不向命运乞怜,也无怨言。如果说他运道中常,但是足堪弥补的是他的心灵崇高,令人景仰。即使在他极为拮据的时候,他也犹如财源无虞似地出手大方,将朋友的少许馈赠借助他人。当他听说欠他二百荷盾的某人已经破产时,他毫不着急,微笑着说:"我一定要节衣缩食来弥补这小小的损失。要想有刚强意志就得付出这种代价。"[51]

斯宾诺莎的日常用度不大,衣着家什"朴素无华"。他穿戴平常,不大讲究(至少按照柯勒鲁斯的说法,"他的着装简单普通")。[52]他确实没有多大花销。他虽然不反对"纯正的娱乐",但是"不沾"肉体之欢。[53]斯宾诺莎本人强调,凡是献身于追求真理的人"享受快乐只应以保证健康为限度"。他认为,"就感官的享乐而言,当人心如此沉溺于其中时……它就完全不能想到别的任何事物。但是在感官的享乐满足以后,极大的苦恼随之而至……因过于放纵感官的享乐而自速其死者事例不可胜数。"⑭ 培尔(Bayle)转述斯宾诺莎的邻居的报告称,他饮食适度,不大在乎金钱。⑮ 据说他甘于"勉强糊口的生活",至于吃些什么看来他也不很关心。柯勒鲁斯说:

> 根据在他去世时我找到的一些材料,看起来他一整天吃值三个斯泰弗(stuiver)*的带黄油奶羹,喝值一个半斯泰弗的一瓶啤酒。另外一天他只吃加葡萄干和黄油的麦片粥,值四个斯泰弗和八分钱。在一整月内,在他的账单中只买过两次半品脱的酒;而且虽然他常常被他人邀请就餐,但他宁愿吃他自己的面包。⑯

像他那个时期的许多荷兰人那样,他也用烟斗吸烟,⑰ 那大概是一个长柄陶制烟斗,犹如那时的许多静物画上所看到的那种。在他那一般刻苦的生活制度中,这也许是他容许保留的极少坏习惯之一。他建议任何想要达到"人生最高完善境界",而且过哲学生涯的人,"对于金钱或任何其他物品的获得,必须以维持生命与健康为限度",⑱ 显然,斯宾诺莎恪守这个临时的"生活规则"。

*　　　*　　　*

因为在1667年3月至1671年初期间,现存的书信只有三封,都是致雅里希·耶勒斯(Jarig Jellesz)的,所以,在这个时期内,斯

---

* 斯泰弗(stuiver),荷兰旧辅币名。一个斯泰弗值五分钱,一个荷盾值二十个斯泰弗。

宾诺莎的活动详情和他对时局事态——其中有些对他的触动颇为直接——的想法都不清楚。1668年5月,正好在他的朋友阿德里安和扬·考贝夫被捕之前,他的房东泰德曼在海伦街买了一幢新屋,他大概迁居到伏尔堡的另一处。斯宾诺莎似乎还在帮助耶勒斯学习笛卡尔哲学。致耶勒斯的那几封信说明他对科学问题继续有兴趣,尤其是光学和流体动力学,同时对炼金术的实验也不仅是一时感到好奇。那时奥伦治亲王的私人医生和海牙居民约翰内斯·爱尔维修(Johannes Helvetius)*做过某些实验。他从一位来访的炼金术士那里窃取一小块"点金石"。他把这块碎片放在坩锅内与铅一起熔化。据说那块铅转化为金。在市镇里这件事引起轰动,而且得到当地的某些"专家",包括一位名为布雷希特的银匠的"确认"。斯宾诺莎得知此事后,曾询问福修斯(Issac Vossius)**的意见(福修斯一度是马纳塞·本·伊斯雷尔的朋友,这时是惠更斯的同事,他像惠更斯和斯宾诺莎一样对光源及光学感兴趣)。福修斯"大加嘲笑,而且甚至对我问他这样无聊的事感到意外。"[59]斯宾诺莎没有因朋友的嘲笑而止步,他继续探询此事。于1667年初他花时间去访问海牙的布雷希特,后者有他的说法。他甚至去见爱尔维修本人,惠更斯对此人评价颇低。[60]

大约在这个时期,斯宾诺莎可能也在撰写一篇短论,探讨虹之现象所蕴藏的几何光学问题。耶勒斯、卢卡、柯勒鲁斯等人都提到斯宾诺莎有过这样一篇论著。在奥尔登伯格于1665年告知他玻

---

* 爱尔维修(Johannes F. Helvetius),在1680年出书《神学的哲学》(*Philosophia theologica*),攻击笛卡尔和斯宾诺莎的哲学。惠更斯称他为"这个小医生",对他不信任。

** 福修斯(Issac Vossius,1618—1689),曾论述《七十子希腊文本圣经》(*Septuagint*)及诗学,1673年成为温莎(Windsor)大教堂的教士。

意耳所著《关于颜色的实验和思考》(Experiments and Considerations Concerning Colours)有拉丁文版后不久,斯宾诺莎大概在阅读此书。他在1666年中期致胡德的信和1667年3月致耶勒斯的信都表明,在六十年代后半期,他特别专心研究光学的实际问题和理论问题,这些内容在以前的全部信件中都未真正讨论过。然而,斯宾诺莎传记的最早的作者们也几乎一致认为,在斯宾诺莎死前不久,他所写的关于虹的任何材料均"付之一炬"。[61]不过,海牙市政当局的出版业官员莱维·范·戴克于1687年出版一本匿名小册子,名为《虹的代数计算》,有些人坚持认为这就是据说斯宾诺莎所写的那篇文章。[62]这一说法没有证据支持,而且斯宾诺莎不是此书作者之说似乎相当肯定。[63]那篇计算以完全接受笛卡尔对虹之性质的说明为基础,而到六十年代末,惠更斯业已驳倒其说明的重要内容;这个事实不大可能为斯宾诺莎所未闻。笛卡尔曾利用斯内尔(Snel)*的折射定律按几何学计算落在水滴上的光线如何会在运动中受影响。他特别感兴趣的是,那些光线从水滴上的各点反射和折射(但非衍射)之后会照到观测者眼中的角度。[64]而那本小册子的作者,不论可能为何人,利用笛卡尔的解析几何(或代数几何)和折射定律计算虹和霓之弧形高度。这篇著作的数学功夫是完全合格的,但是鉴于在光学理论及光线性质之学说上的最新发展,其科学内容有些过时。

*　　　　*　　　　*

在十七世纪六十年代,除了德·福里和巴林之死以外,对斯宾

---

* 斯内尔(Snel van Roijen,又名 Willibrord Snellius,1580—1626),荷兰数学家和物理学家,1613年起任莱顿大学教授。1615年发现折射定律。主要著作有《圆弧测定》(Cyclometria,1621);《三角形定理》(Doctrinae triangulorum,1627)。

诺莎在情感上和思想上造成的影响,莫过于导致阿德里安·考贝夫于1669年瘐死狱中的一系列事件了。考贝夫事件不仅对他周围的朋友同道们,而且对整个尼德兰今后的宗教宽容政策和世俗主义都有重大的意义。新教教会在起诉阿德里安及其兄弟扬氏中所显示的势力,在某种程度上,标志"真正自由"的式微。这也让斯宾诺莎比以前更清楚地看到,需要以更强硬的立场捍卫德·维特所主张的共和国基本原则,而在斯宾诺莎看来,德·维特本人这时似乎不愿意进行斗争。

早在1666年,扬·考贝夫本人还是一名新教牧师的时候,就因为抱有非正统的主张而遭到他的教会上司们的怀疑,而有了一个私生子的阿德里安则被认为生活不检。他们两人那年都受到阿姆斯特丹教会的讯问。阿德里安因他的不道德行为而被警告,而扬则因他对神和其他问题的思想而被质询。他以显然是斯宾诺莎主义的解释作为答辩:"既然神是无限的存在而神之外无物,一切被造都不是存在物,只是为其动静所决定或广延出来的分殊或样式。"⑥两年之后,在1668年2月,阿德里安发表他所著的《花卉之园》(*Een Bloemhof van allerley lieflijkheyd*)。这位兄长一向对荷兰语之历史与用法感兴趣。在这本书中,他以只是说明渗透到法律的、医学的、祈祷词的和口语的荷兰语汇中的那些外来语为掩护,着手宣示他的哲学观点和神学观点。他的意图显然是批判甚至嘲笑几乎一切有组织的宗教,而他的口气往往交替使用讽刺和藐视的语调。他尤其乐于嘲弄他认为是天主教之迷信的事物。

> 祭坛:屠宰杀生的地方。在罗马天主教的信仰中,那里甚至是教士们每天主持敬神仪式的圣所。但是,它的基本特色不再是屠宰牲畜,犹如在犹太教或其他异教中那样;而是一种更为

奇特的事，即人之神创。因为在一天之内任何时辰，他们能办连神都办不到的事：从一小块麦面饼中创造出一个人来。他们把这块面饼原样不变地给人去吃，同时宣称这是一个人，不仅是人，而且是神所临在的人。这是一个多么荒谬的说法！⑥⑥

通观考贝夫的全部著作，在这种嘲笑下面，藏有严肃的形而上神学理论和宗教哲学，这是在一些重要方面考贝夫与他的朋友们，诸如斯宾诺莎、范·登·恩登和洛德韦克·梅耶尔，所共同具备的。除了其他问题之外，考贝夫否定圣经之神授说。他坚持认为，圣经是一部人为的著作，由以斯拉（Ezra，亦作 Esdras）从各种其他著作中编纂而成。（按照斯宾诺莎的说法，以斯拉执行摩西五经编纂者的任务。考贝夫大概学了不少斯宾诺莎诠释圣经的知识）犹如对任何书籍一样，诠释圣经之意义的正当方法是尊重自然的方法，主要依据其作者与原文的语言和历史背景。另一方面，为了领悟圣经内的真理，除了需要人的理性之外，别无其他：

> 圣经……一般地说，实际上类似于包括列那狐（Renard）*或厄伦史皮格尔（Eulenspiegel）**之故事的那种书……人们不可能知道这些犹太人作品的著者是谁。有些最著名的神学家认为某位名叫以斯拉的人从其他犹太书籍中编成圣经……在圣经中，一方面有一些确定的和合乎理性的内容，我视为经文而且必然进入其他著作之内容的只是这部分。但是其余的内容

＊ 列那狐（Renard，或 Reynard the Fox），中世纪流传于法国。佛兰德与日耳曼文学中的叙事诗的主角，后来成为寓言及民间故事中狐的专称。

＊＊ 厄伦史皮格尔（Eulenspiegel ？—1350?），出身于日耳曼农民的一位讽刺家。关于他的故事最初大概是1483年的低地德语文本，至1560年有英语文本。

对我们来说是无用的空话,完全可以抛弃。[67]

除了《花卉之园》以外,同年后来又写成《暗处之光》(*Een Ligt schijnende in duystere plaatsen*),考贝夫在这两本书中抨击大多数宗教之非理性现象,以及它们的迷信式教仪和典礼。神之真正的教谕,即"真正的宗教",只是对神之知识与信从和对邻人之爱。不怕被指控为索齐尼主义之罪名,他否认耶稣是神,而且摒弃三位一体说的一切教条。神只是唯一的宇宙实体。此一存在由无数的无限属性所构成,其中只有两个属性为我们所认知,即思想与广延。这就是说,作为一个必然的和决定论的体系,神等同于自然。因此,奇迹,即神所造成的对自然规律的背离,是不可能的事。[68]在政治方面,考贝夫是激进的民主派。他坚信世俗性共和制的价值,而且告诫说教会有篡夺政治权力的危险。在1664年出版的一本小册子中,他把德·维特的共和国概念表述为主权者与诸自治省的联邦,而且主张宗教当局从属于政府的民政当局。[69]

虽然考贝夫学识渊博,显然不仅受到诸如霍布斯等当代思想家的影响,[70]而且还阅读古典著作,但是,他的学说具有斯宾诺莎主义性质是无可否认的。他一定仔细研读过《伦理学》的手稿和尚在撰写中的《神学政治论》。不幸的是他缺乏斯宾诺莎的谨慎态度。他以自己的名字而且用荷兰语出版《花卉之园》,从而加剧当局人士的惶恐不安,认为阅读此书而且受到精神污染的人可能比用学院式拉丁语出版的书大为增多。他设法用同样的方式出版《暗处之光》,但是乌得勒支的出版商埃韦拉都斯·范·埃德得知这可能是一本引起公愤的(因而对他有危险的)书时,他便停止印行。[71]扬氏试图让出版商相信此书得到德·维特之认可,但是这无疑是一条诡计。显贵的德·维特绝不会有意公开支持考贝夫的亵渎言论,甚至连对斯宾诺莎和梅耶尔那些人的民主共和主义也不会公开支持。如果考贝夫及其同道人士认为大议长和其他执政望族同情他们的政治宗教主张,他们就是大错而特错了。可以保险地假定,至少斯宾诺莎不会抱有任何这种幻想。德·维特走在一条钢丝上面。他憎恶牧师们干预国政的任何企图,但是也不能冒险小觑他们,或与他们对立。他肯定不想把他的政治前途——或许连他的生命——与这些激进派所持的较极端的观点拴在一起。甚至比德·维特更为民主派的德·拉·库尔也觉得考贝夫的观点过分而不能苟同。⑫

范·埃德不相信扬氏所说的保证,而且向当局人士告发。乌得勒支的司法长官没收已经印好的几章,而且送交阿姆斯特丹的有关官员。审查官怀疑扬氏是此书的作者之一,于5月10日将他逮捕。阿德里安一度逃脱,但是在一名"杰出的友人"为1500荷盾的赏金泄露他的行踪之后,6月18日终于在莱顿被捕,以敞篷车铁索银铛地解返阿姆斯特丹。在新教教会的怂恿和充分配合之下,由市府官员组成的一个委员会对考贝夫兄弟二人进行长时间的审讯。审查官中包括胡德(Johannes Hudde),他以前是斯宾诺莎在光学研究上的同事,现在是阿姆斯特丹的长官之一。

从审讯时向阿德里安提出的问题可以看出,虽然斯宾诺莎当时还只发表过《笛卡尔哲学原理》及其附录"形而上学思想",但是他对圣经的看法以及政治主张却是相当有名,以致到1668年中期,足以引起阿姆斯特丹执政望族们注意。

阿德里安·考贝夫是阿姆斯特丹的律师和医生,年龄35岁。问题:他写过一部名为《花卉之园》的书吗?回答:是的。问题:是他自己写的吗?回答:是的,没有人帮助过他。问题:亚

第十章 "政治人"(Homo Politicus) 399

伯拉罕·范·伯克尔(斯宾诺莎的另一位朋友,1667 年首先将霍布斯著《利维坦》译成荷兰语者)医师帮助过吗?回答:没有,虽然他与别人谈过此事倒也不是不可能。但是,在此书完全印好以前,他的兄弟(扬氏)也没有读过。他的兄弟经他同意改正过一章,但不属于引起争议的章节。问题:有谁与他的观点相同?回答:就他所知,没有人与他观点相同。他还说,他未曾与范·伯克尔或任何别人谈过那些观点,甚至未与斯宾诺莎或他的兄弟谈过……他承认曾与斯宾诺莎相处,在不同场合去过他家,但是从来没有同他谈过此事。他撰写《花卉之园》只是为了教人们讲正确的荷兰语。问题:他懂得希伯来语吗?回答:只是在字典的帮助下。问题:希伯来字 shabunot 是什么意思?回答:我不知道,必须查一下 Buxtorf 氏字典。被告承认曾与范·伯克尔等人有关系,但是断言他从来没有与斯宾诺莎谈过这一学说。[73]

考贝夫何时,或有多么经常访问在伏尔堡的斯宾诺莎,我们不得而知。在斯宾诺莎的通信中可能保留的关于他们的关系的任何证据,尤其是在斯宾诺莎与他们两兄弟中任何一人或许有过的信件,由于可以理解的原因,在斯宾诺莎逝世后,极有可能被他的友人们所销毁。如考贝夫在回答一系列盘问的过程中所供认的那样,在1662—1663 年间他同范·登·恩登也有接触。审问还表明考贝夫否认耶稣的神性及马利亚的童贞。"我们实际上不知道谁是这位救世主(耶稣)的真正父亲。正是由于这个原因,一些无知的民众断言这就是神,永生之神及永生之神之子,而且断言他为一位与男人无涉的处女所生。但是这些说法都与圣经不相干,而且违背真理。"考贝夫被问道他是否同斯宾诺莎说过这点。"回答:

没有……也没有同他的兄弟说过。但是他承认在五六年前曾经访问过范·登·恩登之家一或两次。"⑭

这场审讯历时数周之久。已经系狱超过六周的扬氏受警告处分后被释。法官们一致同意他没有参与写作那两本亵神的论著。一位当地长官指出:"在我国,只要不公开集会或发表文章,我们对人们所持关于教会的意见并不苛求。"⑮可是另一方面,阿德里安于7月29日被判处十年徒刑,继以十年放逐,而且科以4000荷盾的罚金。这项判决是严厉的,但是,幸亏胡德等人施加影响,没有采取委员会的一名成员所建议的刑罚:剁掉他的右手拇指,以烧红的铁条在他的舌上穿通一孔,而且监禁三十年,没收他的全部财产,焚毁他的一切书籍。⑯他被押解到阿姆斯特丹一处重犯监狱,那里通常专关判处苦役的暴力罪犯。几周以后,因在狱中患病,他被移送 Het Willige Rasphuis,那是该市的另一监狱,条件差堪忍受,而且有医务室。考贝夫在牢内健康急剧严重恶化,判刑后只过一年多,便于1669年10月15日死亡。

在斯宾诺莎看来,市政长官与教会当局对阿德里安·考贝夫的处置是世俗机关与教派分子之间危险的勾结,此案促使他最后完成他的《神学政治论》,而且开始准备出版。至少三年半以来他不断地撰写此书。在此期间,他目睹两位朋友被政府逮捕,其中一位死于狱中。至1668年底,斯宾诺莎势必几乎全力倾注于完成他这部关于宗教与国家问题的论著——此时,在他看来,不论于公于私,此事均有迫切的重要意义。

至此斯宾诺莎对于他的思想会引起什么反应不可能有任何幻想。为了保护他自己和他的出版商,他采取必要的预防措施。《神学政治论》的初版本虽然是在1669年末或1670年初的某个时候由扬·利乌魏特芨(Jan Rieuwertz)在阿姆斯特丹出版的,但是在封面上印的是假的出版商和出版地点:"汉堡,海因里希(亨里科姆)·库拉特(Heinrich Kuhnraht)＊出版,"根本没有著者的名字。这些措施不是没有理由的,特别是因为新教教会当局已得知某些亵神与异端著作正在阿姆斯特丹发行,在1669年他们对利乌魏特茨的书店尤其保持严密的监视。[77]斯宾诺莎的这位出版商友人很熟悉而且同情他的思想,斯宾诺莎对其能力和见识完全信任,尽管如此,斯宾诺莎可能前往而且滞留在阿姆斯特丹照料此书的印行。

此书的副题清楚表明著者的原意及其与当时政治环境的紧密相关:"本书表明,容许哲学思考的自由不仅对宗教信仰及国家安定无害,而压制这种自由反而可能危害国家安定与宗教信仰本身。"斯宾诺莎的最终意图是要削除宗教当局在共和国内行使的政治权力。如他对奥尔登伯格所说,正是"传教士们的滥权及以中心自命",对于我们"发表我们的想法"的自由最有威胁。[78]他认为民主共和国是政府的最佳和最自然的形式,即使他不能将尼德兰转变成这种政体,他至少可以有助于确保它真正维持自从独立以来奉行不变的宗教宽容政策及世俗立宪原则。鉴于教会诉诸作为神谕的一本书的神圣性来为他们的弊政辩护,所以,消除教会势力的关键在于论证圣经及其启示的真正性质,消除流行宗教里面的"迷信的附丽",而且努力申明某些理想的政府原则,使政府立基于把公民社会升到首要地位的崭新局面。

这是一项特别适合于斯宾诺莎的任务——鉴于他对犹太的和非犹太的文化学术的素稔,他确实比那个时期的任何其他哲学家

＊ 库拉特(Heinrich Kuhnraht,1560—1605),十七世纪初日耳曼神秘主义作家。利乌魏特茨选用这个人名,作为出版商的假名,大概是想作为一个罕有人懂得的戏谑。

更为胜任。这项工作既需要诠释圣经的才能,又需要政治理论方面的学养有素。在前者来说斯宾诺莎是游刃有余的,他不仅多年寝馈于希伯来语、妥拉和拉比传统文化中,而且熟悉古典和当代的犹太哲学文献,从迈蒙尼德的《迷途指津》到马纳塞的《仲裁者》,正统的和异端的无不涉猎。另一方面,自从在阿姆斯特丹就学于范·登·恩登门下以来,他从未停止研读十六世纪和十七世纪初的重要政治思想家,诸如马基雅维里和格劳秀斯的著作。在十七世纪六十年代,在政治的和历史的学习中,他又增添霍布斯、德·拉·库尔等人新出版的著作(霍布斯的著作包括《利维坦》及《论公民》,前者于1667年译成荷兰语,于1668年译成拉丁语)。

《神学政治论》与《伦理学》两书尽管在体裁和论题上明显不同,但是具有实质的连续性。其实,《伦理学》一书的形而上学、神学及伦理学内容为《神学政治论》的政治、伦理及宗教的论题奠定基础,有时明显地引发后者的论题。

> 所谓神的指导,我指的是自然之固定不变的秩序,或自然事物之互联体系。我在上文已表明,而且以前在另文论证过*,万物借以发生而且为之所决定的自然之普遍法则,不过是神之永恒律令,而且总是含有永恒的真理及必然性。所以,不论我们说万物按照自然法则而发生,或者说万物为神的律令和指导所决定,其含义是同样的。⑲

在《伦理学》一书中所看到的对神的"仅是哲学上的"而非拟人化

---

* 见斯宾诺莎著《笛卡尔哲学原理》附录"形而上学思想"第二篇,第九章。参看《神、人及其幸福简论》第二篇,第二十四章。

的表述,在《神学政治论》中同样也可以看到:"(摩西)把神设想为统治者、立法者、国王、仁慈的、公正的,等等;而这些都只是人性之属性,根本不是神之本性。"⑧⑩ 而且,《伦理学》认为人的幸福在于对自然的认识,从而在于理智上的对神之爱;这一观念在《神学政治论》中也有表述:"就其实质与完整性而言,自然万物含有并且表现'神'这个概念;所以,我们对自然事物的了解愈多,我们所获致的神之认知也就更强大更完善。"⑧⑪ 此外,《神学政治论》以非几何学的方式论述《伦理学》中的许多观念,因而也更易懂些,有时还详细补充《伦理学》所略掉的内容。⑧⑫

通过宗教的某种现实发展历史,《神学政治论》开宗明义就提醒读者注意的,正是教士们利用普通人的情感在其信众中所倡导的那些迷信教义与行为。在致力于追求现世利益的生活中,主要的情感便是恐惧与希望。面临变幻无常的命运,人们在恐惧与希望的左右之下,寄望于采取估计可保证他们所希冀的好处的行为。因此,人们实行祈祷、礼拜、许愿、献祭,以及参加流行宗教的各种仪式。但是,各种情感犹如引起这些情感的事物一样变动不居,因而建立在那些情感上面的迷信现象往往动荡不定。野心勃勃而且图谋私利的牧师们尽最大努力稳定这种局面,设法使那些教义与行为永久不变。"宗教不论真假,他们都大力委以盛大堂皇的仪式,令人觉得颠扑不破,叹为观止,从而以最高忠诚翕然从之"。⑧⑬ 对于教会领袖们的意图,政府当局一般起助纣为虐的作用,威胁着要把对正统神学的一切偏离视为"扰乱治安"加以惩处。结果便造成一种缺乏理性基础的国教,一味"崇敬教士",包括阿谀奉承和装神弄鬼,但是绝非真正的敬神。

斯宾诺莎认为,解决这种情况的办法就是要重新审视圣经,把"真正宗教"的教义找出来。只有这样,我们才能确实厘定我们必须怎样表示对神应有的崇敬和获得福祉。这将减少宗教当局对我们的情感生活、精神生活和物质生活的支配,而且恢复国家与宗教之间的正当而健全的关系。为了论证哲学思辨的自由——本质上是思想与言论的自由——不会妨害虔信宗教,对于圣经的严密分析尤其重要。如果能够证明,圣经只不过是朴素的道德说教的载体("爱你的邻人"),而非"自然真理"的来源,那么,人们就会明白:"信仰是与哲学不同的东西"。斯宾诺莎着意证明的是:其神圣性只在于道德说教这一方面——不在于圣经的词句或历史——而在其他方面,它只是一部人为的文献。圣经的教谕只是"信服(神)",而不是知识。因此,哲学与宗教、理性与信仰,分别属于两个不同的专有领域,互不相涉。所以,容许哲学推理和思考的自由对真正的宗教没有任何害处。其实,由于大多数社会动乱起自教派纷争,这种自由对于公共安全和宗教虔诚都是必不可少的。国家的真正危险来自那些不去敬神,只是膜拜书面上的某些词句的人们:"但是,他们会坚持认为,即使神律是写在我们的心上,圣经仍然是神谕。所以,我们除了可以说这是神谕之外,不可再说圣经是经过删节和妄改过的。作为回答,我不得不说这些人的虔诚未免走火入魔,他们正在把宗教变成迷信,甚至濒于把外在的表现,即形于楮墨的东西,当作神谕来供奉。"㉞

通过真正而明智地阅读圣经,许多问题都变得清楚起来。首先,先知不是智力超群的人——也就是说,不是天赋聪明的哲学家——而只是非常虔敬,甚至道行高尚的人,赋有生动的想象力。凭借他们的想象力,通过词句,通过真实的或虚构的人物,他们能够领悟神的启示。这就使得他们得以了解超出理智范围的事物。况且,预言的内容也按照先知的人身气质、想象能力和个别意见或偏见而有所变化。由此可见,预言虽然在神之力量里有其来源——按照斯宾诺莎的形而上学体系，它在这方面与任何其他自然事物没有区别——但是不提供自然现象或精神现象的专门知识。一旦涉及在哲学、历史或科学问题上的知性事项，先知们不一定是可靠的；关于根据我们的理性能力应当相信或不相信自然界的什么事物，他们的说法并未设定界限。

圣经中说得最清楚的莫过于约书亚，或许还有为他撰史的作者，以为太阳绕地球转，地球不动，而且太阳会停住。不过许多人不承认天体能有任何变动，把这段解释得完全违反原意。另外有些人的态度比较科学，承认地动说，太阳静止而不绕地球转，但是他们牵强附会地说这就是这段的意思，不惜歪曲原文。他们的说法真是令我吃惊。难道我们必须相信战士约书亚是天文专家吗？难道奇迹不能启示于他，而且日光不能由于约书亚所不知的原因而在地平线上逗留时间较长吗？以上两种说法我都觉得很可笑。我宁愿坦率地说，约书亚不知道白日延长的真正原因；他和他的族人都相信太阳每天绕地球转，而那天太阳停顿一阵就是白日延长的原因。[85]

对于希伯来人的神选说或"天职"说，斯宾诺莎给予同样的贬低。他强调说，任何人把他们的幸福建立在他们的独特天赋上的说法都是"幼稚的"；就犹太人而言，这应指唯有他们在各民族中幸蒙神选而言。其实，古代希伯来人在其智慧和亲近上帝方面并不超过其他民族。他们在智力上或道德上都不比其他民族优越。只是在他们的社会组织和政治幸运方面，他们为神所"选定"。神（或自然）赋予他们一套法律，而且他们遵守那些法律，其自然的结果便是社会秩序井然，而且他们的自治政府得以长治久安。由

274 此可见，他们的"神选"是一时的和有条件的，而且他们的王国早已不复存在。所以，"如今没有任何事物犹太人可以擅称只属于他们自己而不为其他民族所具备。"[86]斯宾诺莎由此否定特殊神宠论，而包括阿姆斯特丹的西葡系犹太拉比们在内，许多人却坚持认为这是犹太教的根本要素。斯宾诺莎认为，不论声称信仰什么教义，真正的敬神与赐福就其范围来说都是普世的，任何人都可以达到。

斯宾诺莎对犹太教之分析的中心在于区别神律与教仪条例（这种分析对任何宗教都适用）。神律只要求对神的知与爱，以及达到此境地所需的行动。这种爱必须只是来自其目标之善，而非来自对于可能遭惩罚之恐惧或对于获得任何酬报之希望。神律不要求任何特定的仪礼，诸如献祭、饮食限制或节日教规。《妥拉》的 613 条戒律与福祉或德行无关。它们只是针对希伯来人，以便他们在一个自治的国家里可以管好他们自己。这些教仪条例有助于维持他们的王国和确保繁荣，但是仅在那个政治实体存续期间有效。它们并非在任何情况下对全体犹太人都有约束力。其实，摩西制定这些条例纯属为了实用的理由：这样人民便可各尽其责而非自行其是。

> 摩西运用他的神力与权威在国内推行一种宗教，其目的在于使人民各尽其职乃出于信仰而非恐惧。他还以他们对所得利益的考虑约束他们，而且通过神的启示承诺将来给予他们许多更大的好处……所以，教仪条例的宗旨在于：人们不得自行其是，一切听从别人的指示，而且，人们通过其全部行为和思想，承认他们根本不是他们自己的主人，而是完全处于别人的控制之下。[87]

不仅犹太教的礼拜教规,而且一切宗教的外表典章都是如此。这些活动与真正的福祉和敬神毫无关系。它们只是为了控制人民的行为和维系一个特定的社会。

关于奇迹的各种故事也有类似的功能。圣经的语言适合于激发普通大众的想象并且迫使他们服从。圣经的作者们在讲述问题时往往以存心促使人民——尤其是未受过教育的人民——为信仰效忠的方式,而非诉诸万事的自然而真实的原因。"如果圣经要采取政治历史家所用的文体描述一个帝国的崩溃,普通大众就会无动于衷……"然而,假使把奇迹理解为神意造成的对自然常轨之背离,那么,严格地说,奇迹是不可能的。任何事物,不论多么不寻常,都具有自然的原因和解释。"发生于自然的事物没有违反自然的普遍法则的。"这只是斯宾诺莎的形而上学原理的一条结论。按传统所讲的奇迹,需要在神与自然之间有所区别,而斯宾诺莎的哲学在原则上排除这一点。况且,只要在自然中诸事物之关联顺序是神之诸属性的必然后果,自然之秩序便是不可违反的。

> 自然之普遍法则只不过是神之律令,来自神的本性之必然与圆满。所以,如果自然中有任何事物要违背自然的普遍法则而发生,它也会必然违反神之律令、知性和本性。或者说,如果任何人断言神会违反自然法则而行事,他就不得不同时断言神违反自身的本性而行事——没有比这样说更荒谬的了。⑧

有些事物其自然的原因不为我们所知,因此我们将它归诸超自然的神之力量,在这个意义上当然有所谓"奇迹"。然而这就再度退却到迷信,那是"一切真正知识和真正道德之死敌"。

斯宾诺莎从想象力之生动方面分析预言,而且分析作为政治幸运的犹太人之"神选"问题,作为某种社会及政治上的权宜之计的教仪条例,以及因不了解自然中必然的因果运行而产生的对奇迹的信仰,他便将犹太教和其他宗教的某些基本要旨予以自然化(从而剥去其神秘外衣),而且破坏它们的外在的迷信的教仪之基础。同时,他借此将宗教的根本教义归结为爱神与知神的简单而普遍的公式,其本身就是以自然为依归的。当斯宾诺莎转入论述圣经本身的作者和诠释问题时,这一自然化的论证过程达到惊世骇俗的顶点。毫无疑问,斯宾诺莎对圣经的看法成为《神学政治论》中最激进的论题,而且说明他为什么遭到同时代人那样尖刻的抨击。其他人士在他以前提示过摩西不是全部《五经》(Pentateuch)的作者,但是没有人像斯宾诺莎这样大胆而详尽地论证,把这一主张贯彻到底。在斯宾诺莎以前,也没有任何人愿意像斯宾诺莎那样由此得出关于圣经之地位、意义和诠释的各项结论。[89]

斯宾诺莎否定《妥拉》全部或甚至大部分为摩西所著。《妥拉》是以第三人称提及摩西;《妥拉》讲述摩西之死,尤其是他死后的事件;其中有些地名是摩西的时期尚未使用的;所有这一切"毫无疑义地说明":通常称为《摩西五经》的那些作品其实是生活在摩西以后许多世代的某人所著。固然,摩西确曾撰写某些历史和法律书籍,而且在《五经》中可以找到那些久已湮没的书籍的断简残篇。但是,现存的《妥拉》以及希伯来圣经的其他各卷(诸如《约书亚记》、《士师记》、《撒母耳记》及《列王纪》),既非出自各卷署名人物之手,亦非出自出现于各卷中的任何人之手。斯宾诺莎认为,实际上这些作品都是在所述事件之后许多世代才出生的某一历史家撰写的,而且此人最可能是以斯拉(Ezra)。正是这位被逐的领袖持有许多传给他的著作,而且着手把它们编成一部统一的(但非无瑕疵的)记事。以斯拉的著作后来又由其他编纂者加以补充完善。因此,我们现有的不过是一部汇编——而且还是一部编得相当失当、任意和"残缺不全"的书。

> 只要看一下就知道,这五卷的全部内容编排得混乱无序,不顾编年,同一情节重复出现,有时还互相歧异。我们显然可以认为所有这些材料都是杂乱地搜集存档,以待日后研究整理。不仅这五卷的内容如此,叙述到(耶路撒冷)城市毁灭为止的其他七卷也是以这种方式汇编起来的。⑨

至于《先知书》(Prophets)诸卷*,其起源更晚,为迟至第二圣殿时期的一位编史家或文士(scribe)所编(在斯宾诺莎看来,是"堆积在一起")。公元前二世纪法利赛人(Pharisees)从大量文献中选出若干篇,将它们奉为正典。因为流传过程是一个历史过程,包括长时期内通过许多文士相传人手写成的文献,而且因为究竟包括哪些作品和排除哪些作品的决定出自难免会犯错误的常人,我们完全有理由认为"旧约"的原文是鲁鱼亥豕,漏洞百出的。

斯宾诺莎的研究传承名家的说法。12世纪伊本·埃兹拉(Ibn Ezra)在对《申命记》的注释中已经提出摩西不是全部《五经》的作者的主张。例如,他指出摩西不可能写出关于他自己之死的记载。斯宾诺莎通晓而且钦佩伊本·埃兹拉的著作,无可置疑,他对《妥拉》之作者问题的看法受到那些著作的影响。不过,他也熟

---

* 《先知书》(The Books of the Prophets):《约书亚记》、《士师记》、《撒母耳记》(上下卷)与《列王纪》(上下卷)被称为"前先知书"。《以赛亚书》、《耶利米书》、《以西结书》及合为一卷的《十二小先知书》被称为"后先知书"。

悉伊萨克·拉·佩雷尔（Issac La Peyrère）较近期出版的《亚当以前的人》（*Pre-Adamitae*）。在此书中，这位法国加尔文教的千禧年信徒不仅质疑摩西之为圣经的作者，而且质疑其流传过程的可靠性，从而怀疑圣经原文是否准确。阿姆斯特丹的贵格会领导者塞缪尔·费希尔（Samuel Fisher）于 1660 年发表《村夫野叟对拉比们的警告》（*The Rustic's Alarm to the Rabbies*）。费希尔强调圣经是一部历史文献，多人写成的文本，因此不应混同于与历史无关的永恒神谕。摩西的贡献只是开启记录神谕的这个过程。费希尔对于现在视为圣经的内容之真实性表示怀疑。其实，我们现有的各卷都是经过辗转传抄，历经无数人之手的抄本。在此流传过程中，势必有所窜改和删略，故文本中讹舛甚多。斯宾诺莎不能阅读英语，但是，十七世纪五十年代他在阿姆斯特丹可能与费希尔有个人联系，这说明费希尔的观点或许对他会有影响。最后一点，斯宾诺莎显然很仔细研读过英国哲学家托马斯·霍布斯所著的《利维坦》，那部书强调，归于摩西名下的《五经》实际上是在他的时代很久以后写下的，虽然摩西确实撰写过其中出现的某些内容。[91]

诚然，否定摩西是圣经的作者在那时还是一种非常反正统的观点。斯宾诺莎说，关于《五经》的作者，"差不多都公认是摩西"，而且斯宾诺莎知道，否定这个教条会招致宗教当局的谴责。但是，到 1670 年，不论主张摩西没有撰写《妥拉》的全书，还是指出圣经出于常人之手，而且通过一个易出差错的历史过程流传下来，都不是新奇的事。斯宾诺莎的激进而富有创新精神的断言在于论证这点对如何阅读和诠释圣经具有重大意义。人们膜拜圣经本身，把各卷的词句而非所要传达的神谕奉为至尊，他对这种做法深感不安。如果圣经是一部历史的，因而是自然形成的文献，那么，就应该像对任何其他自然事物一样对待它。所以，圣经研究或圣经诠释学应该如自然研究或自然科学那样进行：其一般原则就是通过搜集与评估以实际经验为根据的资料，也就是说，考察"这本书"本身：

> 我认为解释圣经的方法与解释自然的方法没有差别，其实是完全一致的。解释自然的方法首先在于搞清自然的来历（历史），犹如根据确实的资料那样，由此得出自然现象的释义。同样，解释圣经必须对圣经的来历（历史）进行真实坦率的研究，犹如根据可靠的资料和原则那样，以有效的推理得出圣经作者们的原意。如果我们不另外采取其他资料和原则，只根据圣经本身及其来历（历史），我们总可以不致弄错，而且，我们在讨论超出我们的知性的问题时就像讨论为理智所认识的事物一样确实可靠。[92]

就像对自然的知识必须只从自然中寻求一样，对圣经的知识——对其原意的领悟——必须只从圣经中寻求。斯宾诺莎显然与迈蒙尼德在《迷途指津》中的观点不同。[93]12世纪那位伟大的犹太教学者像斯宾诺莎一样也是理性主义者，曾经主张破解圣经之意义就是要看出其中与理性一致的东西。因为圣经是神谕，其原意一定与真理等同。所以，某些段落从字面上解读可能难以视为真实，那么，必须抛开字面的意思而取其比喻的意义。有时圣经提到神的身体部分。但是理性告诉我们非物质的永恒的神不具有身体。所以，圣经中任何对神的手或脚的提法必须视为比喻来解读。[94]在斯宾诺莎看来，为了解释圣经而超出圣经本身，援用某种外部的理性或真理标准，这种释经方法就是不合理的。"为了知道摩西是否相信上帝是火，我们绝不能根据其是否合乎理性来决定这个问题，而只有从摩西本人的其他言论来判断。"⑨⑤解释圣经时人们所寻求的圣经之原意与哲学上或历史上真实的东西,这两者之间必须区别开来。实际上,圣经所述有许多是不真实的。圣经不是知识之源泉,尤其不是有关神、天堂,或者甚至人性的知识之源泉。易言之,它不是哲学,所以,理性之原则一定不能作为我们解释圣经的唯一指针。圣经的道德信条确实符合理性,因为它为我们的推理能力所赞同。但是,只有通过那种"历史性"方法才能发现圣经教人以这种信条。

用以发现圣经之作者们想要教导的内容的那个方法,实行起来需要许多语言学上的、历史学上的和版本校勘上的能力。人们应该懂得撰写圣经所用的语言,即希伯来语,以及其作者们的生平、时代、连同他们的"偏见",还有他们的读者群的性质。只有将一部书置于其本身的和历史的来龙去脉之内,人们方可望破解其作者所要传达的原意。

> 我们的历史性研究应该揭示现存先知书各卷的有关本末,说明各卷作者的生平、身份和志业,详述他是何许人,其写作的原因与时期,为了何人及以何种语言写作。此外,还要考证每卷的遭遇,即它最初如何得到认可,落入何人之手,有多少不同的版本,何人决定将它奉为正典,最后,现在公认为圣经的各卷是怎样合为一书的。对圣经的历史性研究应该包含所有这些细节。重要的是搞清楚作者的生平、身份和志业,我们才能知道哪些话作为律令和哪些话作为道德信条而写的。况且,我们越是了解作者的思想和人品,我们就越是易于解释他的言论。⑨⑥

斯宾诺莎的这些论述的结果之一便是打开诠释圣经的大门，凡能够和愿意取得必要的学养的任何有识之士都可以涉足其间。当然，即使最为饱学的研究者也要克服各种不同的困难，因为十七世纪尚存的希伯来语言知识残缺不全，其字母、词汇及语法所固有的含糊多歧，以及确切地搞清楚这种古代作品之历史背景难度很大。尽管如此，斯宾诺莎坚持认为，他的解释圣经的方法"只需天赋理智之帮助"。冗长而繁复的注释，或诸如教士、拉比或牧师之类神职人士之介入都是不需要的。"既然解释圣经的最高权力属于每个人，解释圣经的法则必然非天赋理智而莫属。天赋理智为人人所共有，它不是任何超自然的权利，或任何外在的权威。"⑨

在适当的解释下，圣经所传达的普遍性启示便是一项简单的道德信条："知神与爱神，而且爱你的邻人如同爱你自己。"这是神的真言，真正宗教的基础，而且在一个有舛误、经窜改和多讹传的文本中毫无玷污。这一信条与关于神或自然的形而上学理论无涉，而且无须哲学上的高深学养。圣经的宗旨不在于传授知识，却在于令人遵奉莫违，而且规范人们的操行。"圣经的教义不包含高深的思辨或哲学推理，只是很简单的东西，连最愚钝的人都能懂。"⑨⑧其实斯宾诺莎认为，对于虔信与福祉而言，甚至不需要熟谙圣经，因为其中的启示只需通过我们的理智力便能了解，即使对大多数人来说困难很大。"一个人如果对圣经中的叙述一无所知，但是凭天赋的理智知道有一位像我们所讲述的那样的神存在，而且那个人也遵循真正的人生准则，那么，他是完全有福的。"⑨⑨

由此可见，真正属于宗教的仅有的实践性戒律就是为贯彻道德信条和"在心中确认对邻人之爱"所必需的那些戒律。大拉比希勒尔(Hillel)*说过,其余的一切仅仅是解说评述而已。"所以,普遍的信仰应该只包含那些为服从神而绝对必须的教义,对此无知就根本不可能服从神……所有这一切必须集中于一点:即存在一个最高的神,神持有公正与博爱,凡欲得救的人们都必须服从神,必须以实行对他们的邻人的公正与博爱来崇拜神。"至于其余,"因为每个人对他自己最为了解,故应信奉他认为最能加强他对公正之爱心的教义。"[100]

斯宾诺莎对于宗教宽容、自由推理和信教自由之主张的核心就在这一点。如果把圣经之中心旨意——以及虔信之实质内容——归纳为简单的道德准则,免除一切多余与臆想的教义和仪式条例;如果断定圣经没有必要传授特定的哲学真理,没有必要指示(或禁止)许许多多规定的行为,那么,他既说明哲学独立于宗教之外,也论证:赞成每个人都可随意解释宗教并不会对虔诚信神有什么害处。

至于说作为真正生活之典范的神究竟是什么,是火、是神灵、是光、是思想,或是别的什么,这与信仰完全无关。同样,关于他为什么是真正生活之典范,究竟这是由于他具有公正仁慈的精神呢,还是因为他作为万物存在与活动的基础,也是我们的知识的基础,我们通过神才知道什么是真实、公正和善良

---

* 希勒尔(Hillel),公元前一世纪生于巴比伦,后来在耶路撒冷学习犹太律法,成为《塔木德》权威。在犹太教史上,希勒尔的地位与以斯拉相当,是第二圣殿后期最伟大的圣哲。他拟订解经准则七条,主张不拘泥词义,学者们有权根据理性与逻辑作出适合当代需要的解释。他与主张严格按照词义解经的沙玛伊(Shammai)不同,史称法利赛开明派。犹大国王希律(Herod)任命他为"散和德林"(Sanhedrin,立法与司法机构)的主席,而沙玛伊为副主席。他有一句名言:"己所不欲,勿施于人。这就是律法的全部,而其余都是解说评述而已。"

呢？这个问题也与信仰无关。人们对这些问题持什么观点都不要紧。此外，与信仰无关的问题还有：相信神是实质性的，抑或潜在性的无所不在？神支配万物是根据其意愿，抑或根据自然之必然性？神是如同君主那样颁布律令，抑或把律令作为永恒真理来传授？人服从神是出于自己的自由意志，抑或出于神律之必要？最后，赏善罚恶是自然的，抑或超自然的？我认为，只要得出的结论不是为了自己可以破格作恶，或是为了减少对神的服从，那么，在这类问题上持什么观点都与信仰无关。甚至可以说，每个人都必须按他自己的理解修正这些信条，而且以令他感到能够无保留和深信不疑地接受的方式，为他自己解释这些信条，庶几能够全心全意服从神。[101]

信仰与虔诚不属于对神之存在持有最合理的论据的人，或是对神之属性持有最透彻的哲学理解的人，只属于"推行公正与博爱最有成绩的人"。

斯宾诺莎对宗教的论述在政治上具有清楚的衍生后果。因为他的论辩锋芒针对宗教当局之干涉政局，他的决定撰写《神学政治论》的背后一直有一种准政治的动机。但是，他也利用这个契机，对于当时在《伦理学》的手稿中大概只有简要陈述的一般国家理论予以更详细和透彻的说明。[102]这样一番关于国家政府之真正性质的审视对于他争取学术与宗教自由的主张殊为重要，因为他必须证明这种自由不仅对政治健全无碍，而且还是必不可缺的。

所谓每个人都有权利去做任何能够保全他自己的事情，在《伦理学》中，这种以个人为本位的自我中心论体现于一种前政治的语境内，即所谓自然状态，这是没有法律、宗教或道德上的正确与错误的一种普世的状态。"一旦被视为只是在自然的主宰之下,那么,无论任何人都认为,为了他自己的好处,不管凭健全理智的指导还是为感情冲动所驱使,他都可以借最高的自然权利不择手段地为他自己谋利益,举凡暴力、欺诈、诉求,或任何他认为最容易达到目的的办法均无不可;因而他可以把企图阻止他遂其所愿的任何人视为敌人。"[103]当然,这就是生活在一种相当不安全和危险的状态之下。霍布斯有一句名言:自然状态中的生活是"孤独、贫困、卑污、残忍和短寿的"。[104]作为有理性的人,即使仍然根据彻底的自我中心的观念,不久我们就认识到:如果在我们自己之间达成协议,抑制我们的相互冲突的欲望及对自身利益的无限追求,我们的情况会有改善,总之,在理性的法则下比在自然的法则下生活更符合我们自身的利益。因此,我们同意将尽可能满足自身利益的这种自然的权利与权力移交给最高统治者。那个最高统治者可能是一个人(结果是国家实行君主制),一小群人(结果是寡头制)或全民的政体(民主制),无论怎样,最高统治者的权力范围是绝对的和不受约的。它将负责使全体社会成员恪守协议,这通常要靠利用他们对破坏"社会契约"的种种后果所抱的担心恐惧。对最高统治者的服从不违反我们的自主性,因为在遵循最高统治者的命令时我们是在遵循一个我们自由授权的当局,而其命令除了是为我们合理的自身利益之外别无其他目的。

> 也许有人认为,这样就会把臣民变成奴隶,因为奴隶才在命令下行事,而自由人之行事遂其所愿。然而,这个说法不完全对,真正的奴隶是一味追求享乐的人,他既看不到也做不了对他自己有益的事,唯有全部心智都只由理性来指导的人才是自由人。诚然,按命令行事,亦即服从,在某种意义上确是

失去自由,但是这样做本身并未把人变成奴隶,还要看他的行事之理由。如果行事不是为了当事者自己的利益,而是为了下命令者的利益,那么,当事者就成丧失自己利益的奴隶。不过,如果国家以全民的福祉,而非统治者的私利为最高的法律,那么,每事都服从最高统治者之权力的人应称为臣民,而不是对自己无益的奴隶。⑩

最有可能根据健全的理性颁布法律,而且符合建立政府的各项目的的政体,便是民主制度。因为在民主制度中人民只服从根据这个政体的总体意志颁布的法律,这是源自社会契约的"最自然的"治理形式,而且最不易发生种种滥用权力现象。既然人民大众的多数很不可能同意一项非理性的方案,在民主制度中,当权者的命令之合理性实际上得到保障。反之,君主制是最不稳固的治理形式,而且最有可能蜕化为专制暴政。

唯恐他的读者们看不到他的理论主张对现实政局的重大意义,斯宾诺莎一语破的地指出:

至于荷兰的(组成议会的三个)社会等级,就我们所知,他们从来没有过君主,只有伯爵,*而且从来没有将最高统治权交给伯爵。在莱斯特伯爵(Count Leicester)时期,⑩荷兰的有权势的社会等级明文宣示,他们一贯有权提醒伯爵们履行自己

---

* 伯爵(Count):奥伦治亲王威廉一世原是德国拿骚·迪伦伯格(Nassau-Dillenburg)的伯爵。当时荷兰及泽兰两省要立威廉一世为联省的立宪伯爵,其他各省惮于荷兰省的雄厚财力,为了避免受它支配,曾经尝试在国外物色可能的伯爵来当统治者。在西班牙大军压境的形势下,联省共和国于1585年曾请英国伊丽莎白女王派莱斯特伯爵(Earl of Leicester)率英军来援助,并授以"总督"头衔。两年后莱斯特伯爵失败下台,尼德兰国会(三级会议)终于决定不再延请外国的伯爵来执政。

的职责,一贯有力量捍卫他们的权威及公民的自由,如果伯爵们专制无道便予以抵制,而且通常对伯爵施以约束,使之在无他们的认可与同意时便不能做任何事。由此可见,最高统治权总是掌握在这些社会等级的手中,而最后一个伯爵*企图侵占的正是这个统治权。……这些事例充分证明我们的主张,即每个国家必须保持它自己的政体,不能改变,否则有招致覆灭的危险。[107]

奥伦治王室那派鼓噪要威廉三世恢复担任省督之职,他们在这里无疑看到斯宾诺莎的矛头所指。

斯宾诺莎虽然十分倚重古代希伯来国家这个实例,他还是在考虑荷兰共和国当前的局势,因此他认为,不论什么国家,处理一切公共事务的全部权力必须保持在唯一的最高统治者手中,才能实现安全、稳定及持续不坠。当祭司阶层开始篡夺政治权力时,第二个犹太国家因内讧而垮台,而第一个犹太国家因国王们与管理全部宗教事务的利未人之间的分权而削弱。对荷兰共和国中的加尔文教会牧师们而言,这里有一条清楚的经验教训:

> 把颁布律令或处理政务的任何权利授予神职人员,这对于宗教与国家两者都是何等有害。如果限制这些神职人员只在被询及的时候才能对任何问题作出答复,而平时只准按照传统惯例布道和主持教仪,安定局面就会大为增进。[108]

因为宗教的外在活动仪式涉及公民的行藏用舍及人际关系,它们

---

* 这是指西班牙国王菲利普二世。

属于"社会活动",因而在当权者的管理范围之内。斯宾诺莎说,犹太高级祭司们"篡夺世俗统治者的权利,而且最后甚至愿意被称为君王"。如果当时的荷兰牧师们没有从斯宾诺莎的描述中看出是在影射他们自己,那简直是特别迟钝不灵。

因此,当权者应该对世俗与宗教两方面的全部公共事务有完全的管辖权。不应存在分立于国家设立与管理的宗教之外的教会。这将防止教派活动和宗教纠纷的繁衍。一切有关宗教仪式典礼之外部表现的问题均由当局掌控。统治者若理想地按照其"民约规定的"义务保证这些宗教活动符合公共的和平安全与社会福利,这样做对每个人最有利。

> 既然决定何为全民福祉和国家安全之所需,从而规定必要的法令,都只是统治者的职责,那么,规定每个人应该如何善待自己的邻人,亦即应该如何遵从神谕,也只是统治者的职责。由此,我们清楚地看到,统治者如何成为宗教的解释者,而且还看到,每个人应有的宗教活动如果不符合公共利益,从而遵守统治者的全部法令,他也就不能正确地遵从神谕。[109]

统治者应以号令推行神律的方式进行统治。因此,公正与博爱获得以统治者之权力为后盾的法律力量。

另一方面,"内在的宗教信仰"及由此产生的教义,亦即内心的虔诚观点,则专属于个人的权利。这是一种不可剥夺的私权,即使最高统治者也不能立法予以控制。在任何情况下,谁都不能支配或限制别人的思想,如果当权者有此企图,政府就会陷于鲁莽灭裂。因为人民总要说出他们的要求,至少在私下里说,从来不可能真正有效地控制言论。"按照绝对的自然权利,每个人是他自己的思想的主人,因此,在国内不顾人们的不同的和反对的意见,迫使人们只按当权者的规定说话,任何这种企图必遭彻底失败。"⑩

斯宾诺莎承认,对于言论和说教必须有某种限制。不应容忍煽动人们否定社会契约的谋反言论。但是,最好的政府愿在实行仁慈宽容方面发生失误而容许哲学思辨与宗教信仰的自由。这样一种宽泛的自由有时无疑会产生某种"麻烦"。不过,企图以法律管制一切事物的人"与其说是纠正邪恶不如说是加剧邪恶"。斯宾诺莎还指出:"这种自由是艺术与科学之进展所必不可少的;只是那些具有自由而无成见的判断力的人们才能在这些领域获得成就。"⑪这个主张比约翰·斯图亚特·穆勒(John Stuart Mill)对自由问题的功利主义辩护提早差不多两个世纪。

在《神学政治论》的末尾,斯宾诺莎不禁对那些应为阿德里安·考贝夫之死负责的人们,即加尔文教会当局及其同谋者,给予最后的痛击:

> 昭然若揭的事实是,那些著书立说的人通常只为有识之士写作,而且只诉诸理性,而那些给别人的著作定罪,并且煽动蛮横的暴徒反对其著者的人们倒是真正的宗派分裂分子……在一个自由的国家里,真正的和平扰乱者就是那些妄图废除不容压制的判断自由的人们。⑫

他在结论中认为,国家可行之策"最安全的莫过于把宗教拜神视为仅在于遂行博爱与正义"。统治者的权利只限于管理人民的行动,而"容许每个人随意思考和说出他的想法"。

在政治思想史中,《神学政治论》是关于世俗民主国家的最雄辩的论著之一。斯宾诺莎对他所述及的问题深有感触,而且,与《伦理学》所表现的一般平心静气形成对比,在《神学政治论》中他的情绪强烈而鲜明。尽管如此,他还是看到当时的政治现实而且抱有相当的慎重警惕。他想必知道教会当局会如何对待这本书,对于他的攻击言论肯定不会手下留情。但是,他明智地把市镇的执政望族阶层拉到他这边,因为他们是他在对"神权政治"的斗争中的天然盟友。而且,在防止威廉三世充当省督一职的问题上,他们的坚定立场通常也是不亚于他的。因此,在《神学政治论》中,散见一些可能取悦阿姆斯特丹(或许还有海牙)的寡头政治统治者的言论。

> 毋需远绍旁搜,随手便可举出一些例子,进一步证明我们的看法:即这样一种自由不会带来不利。单凭统治者的权威固然不能予以压制,但是却足以防止那些意见显然不同的人们相互伤害。以阿姆斯特丹市为例,它享有这种自由而发展壮大,赢得各国的钦佩。在这个繁荣昌盛的国家和无与伦比的城市里,各民族和各教派的人民融洽无间地生活在一起。在他们将财货付托给别人时,只需了解对方的贫富情况及是否诚信,不用考虑他的宗教派别,因为那些问题对法律诉讼毫无影响。任何教派的成员,只要他不害人,不妄取,安分守己,就不会招人嫉恨,以致得不到市政当局的保护。⑬

这段话要么是出色的一例尖刻反讽,尤其鉴于市政当局对考贝夫问题的处置;要么是拉拢执政望族的尝试,旨在说服他们善待他的著作,甚至把他看作他们的目标的有力辩护人,虽然他们自己可能已经暂时忘怀这一目标。执政望族也会看到,斯宾诺莎对于国家管理宗教的呼吁,不过是重新提出六十年前奥登巴恩韦尔特在他对反谏诤派的最后的致命对抗中所主张的政见。[114] 鉴于奥登巴恩韦尔特在共和派主要人士中近乎神话般的崇高地位，这项呼吁对他们可能有很强烈的吸引力。尤其是那些抱有谏诤派信念的执政望族，他们对于正统加尔文教会希望强加于人的信仰一致的抵制不亚于斯宾诺莎，因此，对于斯宾诺莎的主张，即将宗教从一切外在的教仪典章中抽离出来，回归于实质上的道德训诫，以及斯宾诺莎的反教条主义思想，他们会感到很大的同情。

其实，斯宾诺莎似乎业已积极企求执政望族之某些有力人士的保护。阿姆斯特丹的一位颇有自由思想的执政望族阿德里安·佩茨为什么在十七世纪六十年代初会有一本题目为《神学政治论文》的作品，这可以由此得到解释。还有人说，斯宾诺莎又把《神学政治论》的一份完整手稿送交德·维特，虽然这是出自德·维特的一名政敌之口，此人无疑希望把德·维特与这位声名狼藉的无神论者搅在一起。[115] 斯宾诺莎可能曾经希望从那位大议长那里取得某种支持。卢卡等人说，德·维特确曾为这位哲学家提供庇护，甚至帮助确保在他有生之年此书不会遭禁，但是此说缺乏独立的证据。[116] 最为重要的是，斯宾诺莎很可能指望通过他谦恭提请"我国政府（极可能指荷兰省议会）的审查判断"，便会避开可能来自统治阶级的任何攻击。在此书的开端与末尾，他都坚持说，"如果他们认为我的著作任何部分违反我国法律，或对公众利益有害，我甘愿撤回。"这番指望很快就破灭了。

注释

①Ep. 32, Ⅳ/175; SL/196。

②迈恩斯玛（Meinsma）认为，其实获此职位的人是约翰内斯·蒙田丹；见《斯宾诺莎和他的圈子》(*Spinoza et son cercle*, 306, n. 6.）。

③这至少是迈恩斯玛的看法;《斯宾诺莎和他的圈子》,284。

④此文件见于弗罗伊登塔尔(Freudenthal)著《斯宾诺莎生活史》(*Die Lebensgeschichte Spinoza's*, 116—118.)。

⑤见 Ep. 42。

⑥Ep. 43, Ⅳ/219; SL/237。

⑦Ep. 43, Ⅳ/220; SL/238。

⑧见弗罗伊登塔尔(Freudenthal)著《斯宾诺莎生活史》(*Die Lebensgeschichte Spinoza's*, 228.)。施托尔日记原文为"Ober [Spinoza] ein Atheus sey, könne er nicht sagen."(斯宾诺莎是否一名无神论者,他说不上。)但是克莱弗(Klever)坚持认为,其实这是德·沃尔德原来的更强烈否定性回答的缓和说法;见"布尔夏德·德·沃尔德"("Burchard de Volder," 195.)一文。

⑨Ep. 29, Ⅳ/165; SL/183。

⑩Ep. 30。

⑪米格尼尼(Mignini)觉得,认为佩茨提到的论文作者是斯宾诺莎的说法很有道理;见"资料与问题"("Données et problèmes," 13—14.)。

⑫Ep. 31。

⑬弗罗伊登塔尔(Freudenthal)著《斯宾诺莎生活史》(*Die Lebensgeschichte Spinoza's*, 200—201.)。

⑭格肖姆·绍勒姆(Gershom Scholem)所著《沙巴泰·泽维:神秘的弥赛亚》(*Sabbatai Sevi: The Mystical Messiah*)对泽维的生平及以他为中心的运动已有详尽而诱人的叙述。

⑮同上,125。

⑯同上,119—122。

⑰同上,199 以下各页。

⑱同上,519。

⑲同上,521。

⑳同上,529—530。

㉑同上,523。

㉒《沙巴泰·泽维:神秘的弥赛亚》,520。

㉓同上。

㉔梅舒朗(Méchoulan)著《斯宾诺莎时期阿姆斯特丹的犹太人》(*Etre juif à Amsterdam au temps de Spinoza*, 122.)。

㉕Ep. 33。

㉖德·维特的标准传记是赫伯特·罗恩(Herbert Rowen)所著《扬·德·维特,荷兰省的大议长,1625—1672》(*Jahan de Witt, Grand Pensionary of Holland, 1625—1672.*);亦见于他所著的《扬·德·维特:"真正自由"之政治家》(*Jahan de Witt: Statesman of the "True Freedom"*)。

㉗伊斯雷尔(Israel)著《荷兰共和国》(*The Dutch Republic*, 788);福伊尔(Feuer)著《斯宾诺莎与自由主义之兴起》(*Spinoza and the Rise of Liberalism*, 76—80.)。

㉘这是莱顿大学的一位古典学者赫罗诺维厄斯(Gronovius)日记中的一条记载;见于克莱弗(Klever)作"一份新文件"("A New Document")。

㉙罗恩(Rowen)著《扬·德·维特:"真正自由"之政治家》(*Jahan de Witt: Statesman of the "True Freedom,"* 58—59.)。

㉚同上,97。

㉛同上,131。

㉜伊斯雷尔(Israel)著《荷兰共和国》(*The Dutch Republic*, 759—760.)。

㉝布洛姆(Blom)作"斯宾诺莎与德·拉·库尔"("Spinoza en De La Court")。

㉞Ep. 32。

㉟见奥芬贝格(Offenberg)编《斯宾诺莎:哲学家逝世三百周年》(*Spinoza*, 60.)中展品目录第142项。

㊱弗罗伊登塔尔(Freudenthal)和格布哈特(Gebhardt)认为这两人之间有密切关系。但是,亚皮克瑟(Japikse)认为鉴于缺乏任何具体证据,宜持谨慎态度。见"斯宾诺莎与德·维特"("Spinoza en de Witt")一文。

㊲弗罗伊登塔尔(Freudenthal)著《斯宾诺莎生活史》(*Die Lebensgeschichte*

Spinoza's, 15—16.)。

㊳斯宾诺莎的朋友们于1677年编辑他的书信集时,可能销毁提到这位当时失宠和被贬的大议长的全部书信。

㊴对手稿的研究显示,论及年金的那段文字很可能不是卢卡的手笔。见奥芬贝格(Offenberg)编《斯宾诺莎》(*Spinoza*, 60.)。另一方面,接受作为朋友之馈赠的金钱是一回事;接受作为自己所著书籍的年金是完全不同的另一回事,尤其是在十七世纪著者的版权尚未充分建成之前。所以,或许不应该将斯宾诺莎之不愿接受朋友们的捐助视为同样不愿接受著者应得的年金的证据。

㊵1665年4月5日胡德致惠更斯函,见于惠更斯(Huygens)著《全集》(*Oeuvres complètes* 5:305—311);关于斯宾诺莎对于概率计算的兴趣,见1666年10月他致范·登·梅尔(Van der Meer)的信,即Ep. 38。有人主张说,1687年与"虹的代数计算"("The Algebraic Calculation of the Rainbow")一起发表的论文"机遇的计算"("Reeckening van Kanssen")是斯宾诺莎所作。此说法有争议。例如,可见德·费特(De Vet)的论文"斯宾诺莎是'虹的代数计算'和'机遇的计算'的作者吗?"("Was Spinoza de Auteur van Stelkonstige Reeckening van den Regenboog en Reeckening van Kanssen?")。后项判断完全没有证据。早期的斯宾诺莎传记作者们至少都确实注意到论虹的一篇论文,但是他们任何一位都没有提到后面那篇论文。

㊶1667年7月15日奥尔登伯格致塞思·沃德(Seth Ward)函。《亨利·奥尔登伯格书信集》(*The Correspondence of Henry Oldenburg*, 3:448.)。

㊷1667年7月20日奥尔登伯格致阿林顿勋爵(Lord Arlington)函。同上,450页。

㊸奥尔登伯格致查理二世的申诉书,同上,452—453页。查理二世的大臣们根本没有将申诉书上呈国王。

㊹1667年9月12日函,同上,473—474页。

㊺弗罗伊登塔尔(Freudenthal)著《斯宾诺莎生活史》(*Die Lebensgeschichte Spinoza's*, 18.)。

㊻《斯宾诺莎生活史》,62 页。

㊼卢卡(Lucas),同上,18 页。

㊽按照施托尔(Stolle)的说法,最后的数额为 250 荷盾;同上,225 页。

㊾见范·德·坦格(Van der Tàng)作“斯宾诺莎与斯希丹”(“Spinoza en Schiedam”)。

㊿例如,莱布尼茨(Leibniz)称斯宾诺莎靠耶勒斯(Jellesz)维持生活。见弗罗伊登塔尔(Freudenthal)著《斯宾诺莎生活史》(*Die Lebensgeschichte Spinoza's*, 201.)。

(51)同上,16 页。

(52)同上,59 页:“In zyn kleeding was hy slegt en borgerlijk...”(他的衣着不讲究,保持中产者的水准)不过,卢卡坚认斯宾诺莎衣着整洁。

(53)此据卢卡的说法:同上,20 页。

(54)《知性改进论》,Ⅱ/6—7;C/8—9。

(55)弗罗伊登塔尔(Freudenthal)著《斯宾诺莎生活史》(*Die Lebensgeschichte Spinoza's*, 31, n. 1.)。

(56)柯勒鲁斯(Colerus)文;同上,58 页。

(57)同上,61 页。

(58)《知性改进论》,Ⅱ/9;C/12。

(59)Ep. 40。

(60)见克莱弗(Klever)作“爱尔维修事件,或斯宾诺莎与点金石”(“The Helvetius Affair, or Spinoza and the Philosopher's Stone”)。

(61)柯勒鲁斯(Colerus)文,见弗罗伊登塔尔(Freudenthal)著《斯宾诺莎生活史》(*Die Lebensgeschichte Spinoza's*, 83);卢卡(Lucas)文,同上,25 页;耶勒斯(Jellesz)作荷兰文版《遗著》(*Nagelate Schriften*)之前言,见于阿克曼(Akkerman)所作“斯宾诺莎遗著的前言”(“The Preface to Spinoza's Posthumous Works,” 219)一文;科索特(Kortholt)文,见于弗罗伊登塔尔前引书(Freudenthal, 83.)。

(62)在《斯宾诺莎手册第五期》(*Cahiers Spinoza* 5 (1984—5):40—51.)中

有这篇论文的法语译本。

㊃例如:加贝(Gabbey)作"斯宾诺莎的自然科学与方法论"("Spinoza's Natural Science and Methodology," 152—154)及德·费特(De Vet)作"斯宾诺莎是'虹的代数计算'和'机遇的计算'的作者吗?"("Was Spinoza de Auteur van Stelkonstige Reeckening van den Regenborg en Reeckening van Kanssen?")

㊄《气象学》(Meteorology)论说八(Discourse 8)。

㊅迈恩斯玛(Meinsma)著《斯宾诺莎和他的圈子》(Spinoza et son cercle, 340)。

㊆容根尼伦(Jongeneelen)作"阿德里安·考贝夫的政治哲学"("La Philosophie politique d'Adrien Koerbagh," 248.)。

㊇同上,249—250。

㊈范登博什(Vandenbossche,)著《阿德里安·考贝夫与斯宾诺莎》(Adriaan Koerbagh en Spinoza, 9—10.)。

㊉容根尼伦(Jongeneelen)作"阿德里安·考贝夫的一本不为人知的小册子"("An Unknown Pamphlet of Adriaan Koerbagh")。

⑩容根尼伦论证考贝夫对霍布斯著《利维坦》之研读的重大意义。

⑪关于考贝夫兄弟之观点,以及导致他们的受审和导致阿德里安入狱的事态经过,见于容根尼伦(Jongeneelen)作"阿德里安·考贝夫的政治哲学"("La Philosophie politique d'Adriaen Koerbagh");范登博什(Vandenbossche)作《阿德里安·考贝夫与斯宾诺莎》(Adriaan Koerbagh en Spinoza);尤其是迈恩斯玛(Meinsma)著《斯宾诺莎和他的圈子》(Spinoza et son cercle, chaps. 9 and 10.)。

⑫伊斯雷尔(Israel)著《荷兰共和国》(The Dutch Republic, 787—789.)。

⑬在迈恩斯玛(Meinsma)所著《斯宾诺莎和他的圈子》(Spinoza et son cercle, 365—6)中,从考贝夫的审讯记录里重印大量引文。

⑭同上,366页。

⑮同上,369页。

⑯同上,368页。

⑦《斯宾诺莎和他的圈子》,376页。

⑧Ep. 30。

⑨TTP(《神学政治论》) Ⅲ, Ⅲ/45—46; S/89。

⑩TTP Ⅳ, Ⅲ/64; S/107。

⑪TTP Ⅳ, Ⅲ/60; S/103。

⑫柯利(Curley)作"对一部被忽视的杰作的几点注记(二):作为《伦理学》之绪论的《神学政治论》"("Notes on a Neglected Masterpiece (Ⅱ): The *Theological-Political Treatise* as a Prolegomenon to the *Ethics*")。

⑬TTP,序, Ⅲ/6—7; S/51。

⑭TTP Ⅻ, Ⅲ/159; S/206。

⑮TTP Ⅱ, Ⅲ/35—6; S/79。

⑯TTP Ⅲ, Ⅲ/56; S/99。

⑰TTP Ⅴ, Ⅲ/75—6; S/119。

⑱TTP Ⅵ, Ⅲ/82—3; S/126。

⑲虽然,应该指出,洛德韦克·梅耶尔关于圣经的观点实际上如斯宾诺莎一样激进,而且他的著作受到教会和世俗当局两方面同样猛烈的抨击,对他们两人的抨击往往出现在同一份公告上面。

⑳TTP Ⅸ, Ⅲ/131; S/175。

㉑见《利维坦》第三部分,第33章。关于斯宾诺莎之圣经研究的历史背景和哲学背景,见理查德·波普金(Richard Popkin)所作三篇论文:"斯宾诺莎与塞缪尔·费希尔"("Spinoza and Samuel Fisher"),"对斯宾诺莎的圣经研究之科学的某些新见解"("Some New Light on Spinoza's Science of Bible Study")及"斯宾诺莎与圣经学术研究"("Spinoza and Bible Scholarship")。

㉒TTP Ⅶ, Ⅲ/98; S/141。

㉓斯宾诺莎也反对洛德韦克·梅耶尔概述的笛卡尔派的方法论,见梅耶尔(Meyer)著《哲学是圣经的解释者》(*Philosophy, Interpreter of Holy Scripture*)。

㉔见迈蒙尼德(Maimonides)著《迷途指津》(*The Guide of the Perplexed*,

Ⅱ. 25.)。

(95)TTP Ⅶ, Ⅲ/100—1; S/143。

(96)TTP Ⅶ, Ⅲ/101—2; S/144—5。

(97)TTP Ⅶ, Ⅲ/117; S/160。

(98)TTP ⅩⅢ, Ⅲ/167; S/214。

(99)TTP Ⅴ, Ⅲ/78; S/121。

(100)TTP ⅩⅣ, Ⅲ/177; S/224。

(101)TTP ⅩⅣ, Ⅲ/178—9; S/225。

(102)虽然,1661 年佩茨(Paets)提到“神学政治论文”的信件显示,斯宾诺莎那时业已想到《伦理学》中的许多政治观点,但是,《伦理学》中的这些政治性内容可能只是在《神学政治论》完成之后才加进去的。不过,这一点纯属推测。

(103)TTP ⅩⅥ, Ⅲ/190; S/238。

(104)《利维坦》第一部分,第 13 章(*Leviathan*, Ⅰ. 13. ix.)。

(105)TTP ⅩⅥ, Ⅲ/194—5; S/242—3。

(106)在威廉一世死后,为了在反抗西班牙的起义中寻求某种领导,联省共和国于 1585 年转向英国。他们置身于莱斯特伯爵之领导下,后者曾担任“总督”两年。

(107)TTP ⅩⅧ, Ⅲ/227—8; S/278—9。

(108)TTP ⅩⅧ, Ⅲ/225; S/275—6。

(109)TTP ⅩⅨ, Ⅲ/232—3; S/284。

(110)TTP ⅩⅩ, Ⅲ/240; S/292。

(111)TTP ⅩⅩ, Ⅲ/243; S/295。

(112)TTP ⅩⅩ, Ⅲ/246; S/208。

(113)TTP ⅩⅩ, Ⅲ/245—6; S/298。

(114)奥登巴恩韦尔特只不过支持阿明尼乌斯派于 1610 年拟订的“谏诤书”;见伊斯雷尔(Israel)著《荷兰共和国》(*The Dutch Republic*, 424—425.)。

(115)见弗罗伊登塔尔(Freudenthal)著《斯宾诺莎生活史》(*Die Lebensge-*

schichte Spinoza's, 194.)。

⑩迈恩斯玛(Meinsma)的态度较卢卡(Lucas)更谨慎,但是他仍然认为这两人很可能有一种私人关系;见《斯宾诺莎和他的圈子》(*Spinoza et son cercle*, 406—407.)。

第十一章　海牙的平静与骚乱

既然《神学政治论》的写作已经结束,而且正在付印,斯宾诺莎决定此时应迁居海牙。乡间生活有种种不便和欠缺,他大概已经开始感到厌倦。很可能他也想更加靠近城市的文化生活。因为他在城里有许多朋友和熟人,他会觉得住在那里要比从伏尔堡来回往返更为方便得多。据说他的这个想法也得到朋友们的鼓励。柯勒鲁斯写道:"在海牙他的朋友众多,有的是军人,还有些高官和显要人士,时常来访,与他交谈。正是应他们的请求他终于移居海牙。"①斯宾诺莎大概在 1669 年底或 1670 年初离开伏尔堡,起初住一所房屋四层后部的几间(实际上是阁楼),地处名为"平静渡口"的一个偏僻码头。房主是一位名为范·德·维弗的寡妇,20 年后柯勒鲁斯住在这几间屋时的房东太太也是她。她的丈夫威廉律师逝世不久,看来她靠出租房屋弥补丧失的收入。她告诉柯勒鲁斯,斯宾诺莎通常避开与人接触,往往在他的房间内用膳。有时他好几天都不外出。

海牙是一个花费大的城市。对于斯宾诺莎有限的收入来说,范·德·维弗家的租金过于高昂。一年多一些之后,他迁往亨德里克·范·德·斯毕克在附近拥有的一处房屋,时值 1671 年 5 月初,这是他生前最后一次搬家。这所房屋地处城市边缘的巴维罗恩斯水道(Paviljoensgracht)。他住在二层楼上的独间大屋内,年租金为 80 荷盾。如斯宾诺莎在伏尔堡的房东一样,路德派教徒范·德·斯毕克是一位知名画家。他主要从事室内装饰,不过人们知道他有时也绘肖像画。② 这所房屋原来是风景画家扬·范·霍延(Jan van Goyen)*的产业,斯毕克可能通过他在圣·卢加同业公会的关系获得。他不仅靠房客的租金,而且从他作为在编的军方法律顾问挣得的酬金补充他从事工艺的收入。③ 军人的薪金通常拖欠一年才能拿到,为了支撑到发薪之日,他们往往要向殷实的市民告贷(利率一般为6%)。

范·德·斯毕克的住宅不可能是很安静的。在斯宾诺莎搬进来的时候,这位画家与妻子伊达·玛加丽塔·凯特琳有三个孩子;在1671年至1677年间又出生四个。不过,就斯宾诺莎的要求来说,这里想必是足够安静的,因为他迁入后住了五年半,直到他逝世之日。他把房间布置得朴素实用,家什很少。室内有一张床,一个栎木小桌,一个三角桌和另外两个更小的桌子,他磨制透镜所用的装备,以及书橱中大约150本书。墙上挂着一幅油画,那是装在黑色画框中的一张肖像。此外还有一个棋盘。④ 他注重节约,而且以生活俭朴自豪。在柯勒鲁斯前往采访时,房客们说斯宾诺莎常常告诉他们:"我就像一条把尾巴含在嘴里的蛇。除了适当的葬礼所必需的以外,我不想在死后留下什么东西。我的亲戚们不会从我这里继承什么,正如他们没有留给我什么东西一样。" ⑤

斯宾诺莎似乎与范·德·斯毕克一家有过友好的,甚至亲近的关系。关于这位房客,他们对柯勒鲁斯说了许多有趣的事。柯勒鲁斯是海牙市的路德教派牧师,而他们是他的教堂会众。他常常有机会同他们交谈,因而他对斯宾诺莎的个性和习惯能够描绘

---

* 霍延(Jan van Goyen,1596—1656),荷兰风景画家。最初赴巴黎学画,后来在哈勒姆(Haarlem)师从范德维尔(Van de Velde)。1631年以后在莱顿及海牙工作。作品取材于荷兰风俗及风景。

出一帧一定相当可靠的图像。另外,柯勒鲁斯不是斯宾诺莎的景仰者,因此他的记叙避免通常的理想化窠臼。斯宾诺莎看来在他的房间内度过很多时间,时而磨制透镜,时而写作,有时或许只是阅读。"他在家的时候,他不麻烦任何人……在研究工作中要是累了,他便下来与房友们谈谈当时发生的任何事情,甚至琐细的小事。"为了消遣,他喜欢聚集蜘蛛,让它们相互打架,或把苍蝇扔到蛛网上,制造"战斗",这使他高兴得"不禁爆出笑声"。斯宾诺莎远非传说中那种郁郁寡欢,甚至孤僻离群的隐士。在他确实放下他的工作时,他是合群而克己的,具有悦人的温和安详气质——这很符合人们对《伦理学》一书作者的期望。他霭然可亲,体贴周到,乐于与他人相处,反过来他人似乎也乐于与他交往。

> 他的谈吐行事镇定而谦冲,懂得如何以令人钦佩的方式驾驭自己的情感。没有人见过他愁眉苦脸或欢乐忘形。他能够制怒和压抑自己的不满,仅以手势或片言只字表示一下,或者站起走开以防感情失控。此外,在日常交往中他是友善而随和的。如果房东太太或户内其他人有了病,他一定要去问候和安慰,告诉他们这是上帝安排的命运,鼓励他们坚持忍耐。他告诫家里的孩子们要讲礼貌,敬重长辈,而且常去教堂做礼拜。⑥

斯宾诺莎关心家庭的宗教习惯。"当那家的人们从教堂回来时,他常问他们从布道中学到什么。"他高度敬佩一位名叫科德斯的路德派牧师,即柯勒鲁斯的前任,有时去听他布道,而且劝告范·德·斯毕克一家及房客们"不要错过这样一位杰出的牧师的任何布道。"斯宾诺莎甚至赞扬房主一家的路德派信仰,虽然(据推测)

多是出于礼貌而非任何其他原因。某日,范·德·斯毕克的妻子问斯宾诺莎,他是否认为她能够在她所信仰的宗教中得到护佑,他回答道:"你的宗教很好,只要你致力于和平与虔诚的生活,你不需要寻找另外的宗教以求护佑。"⑦

柯勒鲁斯的记叙以及其他人的报道,⑧令人以为斯宾诺莎真的变成一名虔诚的基督教徒。虽然这是很难置信的事,但是,在他的著作中有很多地方将耶稣称为"基督",而且明显地赞赏耶稣的教导,这就使得这个问题特别难以解决。他相信耶稣作为圣经启示之接受者,等同于而且或许甚至超过摩西。在《神学政治论》中他写道:"所以,基督的声音可以称为神的声音,犹如摩西所听到的声音一样。在这个意义上我们也可以说,神的智慧,亦即超乎人类的智慧,在基督那里具有人的性质,而基督乃是拯救之途。"⑨他还坚持认为,"假若一个人对圣经的记载一无所知,但是却具备有益的信念和生活的真正观念,那么,他完全是有福的,而且基督的精神真正在他心中。"⑩然而,斯宾诺莎对耶稣预言的解释大多可以要么视为他所提出的圣经阐释——在这种情况下他只是发挥圣经似乎讲到的耶稣——要么完全以自然主义的和说教者的方式予以讲解,不含任何本质上是基督教的超自然教义。例如,所谓"神将自己启示给基督,或直接启示给基督的心灵",应该仅是解读为关于耶稣对真理的清楚明晰的领悟的一种说法。⑪斯宾诺莎当然不相信基督教原本所要求的耶稣是神之子之说;他既不相信耶稣的诞生有什么神奇之处,也不相信会发生如复活之类事情。

奥尔登伯格读了《神学政治论》以后,开始对斯宾诺莎遵守基督教信仰有些怀疑,促请他正是在这些问题上表态:"(有些人)说您在隐瞒您对耶稣基督这位救世主和人类唯一的中保的看法,关于其道成肉身和神人和合的意见。他们要求您清楚表明您在这三个问题上的态度。如果您这样做,而且在此事上满足明智合理的基督徒的要求,我认为您的地位将有保证。"⑫斯宾诺莎的答复势必令他失望。"我像您一样按照字面的意义接受基督的受难、死亡与埋葬,但是对他的复活则是按照寓言的意义来理解的。"⑬他坚持认为,说"基督从死里复活"实际上是说他的精神影响,表明"通过其生与死提供一个非凡的神圣榜样。"⑭至于道成肉身,这也只应该理解为神的智慧以最高程度表现于耶稣。但是,"至于某些教会在此之外所增添的教义,亦即神表现为人的本性,我曾明白地告诉他们,我不懂他们说的是什么。诚然,说实话,在我看来,这就像是告诉我一个圆形表现为方形的本性一样的荒谬。"⑮斯宾诺莎确实相信,耶稣是一位天资卓越的道德导师,他必须说的有关天恩及虔信的话大多为真理。但是,既然是这样,那些同样的原则对任何具有充分理性的人都是不难理解的,而"拯救"无论如何也毋需承认耶稣为救世主。在《神学政治论》或其他地方,斯宾诺莎都没有什么言论可视为皈依基督教这一有建制的宗教,或奉行其主要的神学教义的表现。

然而,斯宾诺莎拒绝正式信奉基督教,却接受他所看到的基督教原有的道德启示,这当然不是出自任何残余的犹太人感情。作为成年人,斯宾诺莎不认为自己是犹太人;他的自我定位绝不囿于他的犹太出身与教养。在《神学政治论》本身就能找到对这一点的最清楚的表露,该书提到犹太人的时候总是用第三人称,即"他们",毫不以优于其他民族的"神选"自许。斯宾诺莎不属于任何有教会的宗教,也无意参加任何"教派"。根据他的哲学思想来看,这一定属于原则问题而不仅是历史的偶然现象。对他来说,如果变成一名奉行教规的基督教徒,正像是接受了据说拉比们所提供的待遇而留在"塔木德·妥拉"犹太教公会中当会员一样,成了假装虔诚的人。

*　　　　*　　　　*

斯宾诺莎在巴维罗恩斯水道的寓所内接待过许多来访者，范·德·斯毕克对于他们家里的宾客不绝如缕一定已经习惯。在海牙等地斯宾诺莎这时已有名声——在许多人看来这是有些狼藉不堪的名声。虽然《神学政治论》业已匿名出版，作者名字倒也不是多大秘密。一位与他相识的人报道称，斯宾诺莎的访客包括"各类抱有好奇心的人，甚至还有上流社会的淑女（filles de qualité），她们自夸为女流俊杰。"⑯柯勒鲁斯说斯宾诺莎的朋友中有些军人。这或许就是为什么斯宾诺莎的名字作为证人出现于1673年2月一份涉及某些陆军人员的公证书上的原因。有一位来自马略卡岛（Majorca）*的说西班牙语的雇佣军人唐·尼古拉斯·德·奥利弗·富拉纳中校，他正在帮助荷兰人对去年入侵尼德兰的法军进行新的战斗。因为他与另一名因擅离岗位而于1673年1月被捕处决的军官有联系，对富拉纳而言，向公众证明他并未被捕，甚至没有涉嫌至为重要，这或许是为了保证为他自己或为其下属军官由诸如范·德·斯毕克那样的法律顾问出面担保贷金的缘故。因此，在其团内军士长费迪南德·勒·费夫尔，海军陆战队上尉维尔纳·马蒂森以及一位有某种国际身份的人士加布里埃尔·米兰的陪同下，富拉纳去找海牙的公证员约翰内斯·比克曼，让他的证人们作出以下声明：

---

* 马略卡岛（Majorca 或 Mallorca），西班牙以东地中海上巴利阿里群岛的最大岛屿。

以下情况属实：他们很熟悉富拉纳中校，这位富拉纳中校现居海牙，自由无碍，随意走动；而本公证员同样声明，我也很熟悉富拉纳中校。此中校现居于此，没有被捕或受到滋扰；本文件正式证明，上述诸方本日均见到自由走动的富拉纳中校并与他谈话。为此，在请来的证人别涅狄克特·斯宾诺莎和戴维·西蒙森先生面前，本公证书在海牙签署生效。⑰

看来富拉纳是改宗者基督教会的犹太人。他在布鲁塞尔的马拉诺社区住过一阵子，后来定居在阿姆斯特丹的葡裔犹太人社区。在产生此文件的时候，富拉纳不可能懂得很多荷兰语，而斯宾诺莎大概是被找来帮他翻译。这时斯宾诺莎受邀作证总该是有酬的。既然范·德·斯毕克作为军方的法律顾问同涉及的任何一位军官都可能有联系，可能正是他促成这项安排。或许富拉纳是斯宾诺莎的"军人朋友"之一。因为他住在海牙但是只讲西班牙语，在某种场合他与无疑会讲西班牙语的斯宾诺莎可能碰到一起。他们的相识或许是米兰介绍的。米兰是一位交结权贵的代理商，他在海牙代表丹麦国王的利益。像斯宾诺莎一样，米兰出身于葡裔犹太商人家庭，来自汉堡。在十七世纪六十年代他住在阿姆斯特丹，但是于 1670 年迁到海牙，在这里为他的丹麦雇主们服务，因为所有的宫廷贸易都在此进行。斯宾诺莎和米兰都算得上当地的名人，既然有这么多的共同之处，如果他们在像海牙这样相对较小的地方彼此相识也是不足为奇的。

　　与伏尔堡相比，海牙到阿姆斯特丹的距离并不更远，在十七世纪七十年代，斯宾诺莎还是不时到他的这个出生地城市旅行。1671 年 2 月 27 日，玛丽亚·范·登·恩登与德克·凯尔克林克在阿姆斯特丹成婚。斯宾诺莎可能应他先前的拉丁语老师的邀请,甚至可能应新郎本人的邀请,前往帮助筹办婚礼。在斯宾诺莎的藏书中,有几本凯尔克林克于 1670 年及 1671 年出版的书,这说明在那几年里他们两人还有接触。为了娶范·登·恩登的女儿为妻,凯尔克林克不得不改宗天主教。他的岳父原来是耶稣会会员,据传即将开始担任法国国王路易十四的医学顾问,而路易十四对新教就像对荷兰共和国一样敌视。这一情况或许使凯尔克林克的改宗成为必要。我们不知道斯宾诺莎是否成为加尔默罗会(Carmelite)*的法国小教堂中来宾之一。关于他自己爱玛丽亚而未能如愿娶她的传闻是很不可信的。但是如果真有此事,他的朋友的婚礼就成了一桩带有苦涩回味的喜事。

斯宾诺莎也可能为参加他的朋友洛德韦克·梅耶尔和约翰内斯·鲍麦斯特所属的学术文化协会的会议而有阿姆斯特丹之行。在周围都是豪宅的市中心辛格尔水道 Stil Malta 地方,有些人于 1669 年 11 月创立一个新的"学会"。⑱除了医生梅耶尔及鲍麦斯特之外,他们还包括曾经与斯宾诺莎一起在范·登·恩登家学习的安东尼德斯·范·德·胡斯及几位著名的律师,其中至少有一位出身于执政望族的家庭。对于戏剧,尤其对法国品种的戏剧有共同兴趣是他们聚在一起的动机。这个学会他们命名为 Nil Volentibus Arduum(拉丁文:有志者事竟成),每周二晚五时至八时开会讨论悲剧、喜剧、诗歌、戏剧理论、拉丁语及法语古典戏剧之翻译,以及各种文化问题。对梅耶尔和鲍麦斯特两人而言,先前一年颇为困难,起码梅耶尔大概正在为他的旺盛精力寻找新的创新去处。1669 年因与剧院的董事们发生意见分歧,梅耶尔已被撤掉院

---

* 加尔默罗会(Carmelites Order):天主教托钵修会之一。12 世纪中叶创建于巴勒斯坦。1378—1417 年天主教会大分裂时期该修会衰落,16 世纪重整复兴。

长职务,这大概就是他很想开创他自己的戏剧学会的原因。另一方面,曾经参与《花卉之园》之写作的鲍麦斯特,此时刚刚幸免于阿德里安·考贝夫渎神案的牵连。

在这个协会的会议上,由一位会员以书面或口头的方式对指定的议题陈述一些意见,然后进行集体讨论。他们还合作翻译法国戏剧,由利乌魏特茨的书店予以出版。到1671年,他们的讨论范围有所扩大,包括明显的哲学问题。在5月19日,"要求每位会员检讨我们的语言之本质与特性",而在12月,有人主持一次圆桌会议,讨论的问题是:独居岛上的一个人能否单靠他的推理能力获致对神与自然之正确观念?梅耶尔甚至将斯宾诺莎学说的论题引入他们的交谈。实际上,"有志者事竟成"所起的作用往往与十七世纪六十年代初斯宾诺莎的朋友们在阿姆斯特丹形成的小组差不多。⑲梅耶尔谈到善与恶的性质,这无疑受到在《伦理学》手稿上斯宾诺莎对这些道德品质之论述的启发,而鲍麦斯特则提出关于"真理"的问题。奇怪的是耶勒斯或利乌魏特茨似乎都没有参加过这些会议。然而,不难设想,斯宾诺莎可能至少出席过一两次。

* * *

如果斯宾诺莎真的以为他的"论述圣经的著作"会像他于1665年致奥尔登伯格函中所说的那样,让他平息那些"不断指责我搞无神论"的人们,而且扫除认为他否定一切宗教的印象,那么,他必定会遭到当头一棒。荷兰的读者是在十七世纪七十年代初看到这本书的。它立即广泛引起酷烈无情的反应。斯宾诺莎很快就被视为虔诚信教之敌对者——或者简直就是敌人。有些更为极端的批判者谴责他是恶魔的代理者,甚至就是"基督之敌"(Antichrist)*本人。

1670年5月,莱比锡的神学教授雅各布·托马修斯首先发难。他写出长篇抨击,驳斥"关于哲学推理之自由的匿名论著",坚持认为那是"无神的"文件。乌得勒支大学教授雷尼尔·曼斯维特(Regnier Mansveld)**写道:"照我看来,这部论著应该永远埋葬,让它湮没无闻。"[20]威廉·范·布林堡(Willem van Blijenbergh)以前那样热心请教斯宾诺莎为他解释斯宾诺莎哲学的原理,但是不久也自然参加进来。在1674年所写的对《神学政治论》的评论中他说:"此书充满刻意的憎恨,堆砌一些从地狱里锻造出来的见解,对此每个有理性的人,甚至每个基督教徒都应感到厌恶。"他声称,斯宾诺莎企图推翻基督教,以及"以此为基础的我们的全部希望",而代之以无神论或者某种"按照统治者之利益及胃口形成的自然宗教"。[21]这本书遭到谏净派、笛卡尔派,甚至诸如约翰内斯·布雷登堡(Johannes Bredenburg)那样的社友会派的攻击。布雷登堡是来自鹿特丹的一名商人,他猛烈反对斯宾诺莎的神之观念及作为其思想体系之中心的决定论。在1675年所著的《驳斥神学政治论》(*Enervatio Tractatus Theologico-Politici*)中,布雷登堡认为斯宾诺莎的宿命论对一切真正的宗教及礼神都是有害的。几乎所有的斯宾诺莎批判者都认为《神学政治论》是一部危险的颠覆

---

* 基督之敌(Antichrist):圣经用语,见《新约》"约翰一书2:18",指否认圣父与圣子,不承认道成肉身及耶稣之救世主使命的"那个恶人"(The wicked one)。许多传说涉及基督之敌或欺世者,认为他将在基督复临之前出现,是世界末日的征兆。这些传说主要根据《新约》"帖撒罗尼迦后书2:1—12"及"启示录8"。

** 曼斯维特(Regnier Mansveld,或作Regner van Mansvelt):他继沃秀斯(Voetius)之后担任乌特勒支大学哲学教授,于1674年发表著作抨击斯宾诺莎,书名为《驳斥匿名的神学政治论,一本少见的书》(*Adversus Anonymum Theologico-Politicum, Liber Singularis*),在阿姆斯特丹出版。

性作品,它在名义上信神的掩护下,旨在散布无神论及完全放任自由。㉒甚至连托马斯·霍布斯这样在政治的和神学的争论方面处变不惊的人也对斯宾诺莎的大胆无畏感到震悚。据其传记作者说,这位英国哲学家自称,《神学政治论》"使他深受刺激,因为他不敢这样大胆写。"㉓

在这些个人发表的评论后不久,宗教当局便正式宣布谴责。1670年6月30日,一向严防"索齐尼主义及越轨言行"的阿姆斯特丹新教教会作出决定,认为此事十分严重,应该通过本市的教会总评议会声讨"渎神和危险的"《神学政治论》。海牙地区的教会评议会于7月跟风而上,通告本省的教会评议会严防这部"偶像崇拜和迷信的论著。"莱顿、乌得勒支及哈勒姆的教会总会均已关注这本"邪恶有害的书"所造成的威胁,而且决议必须采取措施。㉔到了夏末,此事已提交荷兰北部及南部的各教会评议会,它们都强烈谴责此书。荷兰南部教会评议会的代表们决议认为,《神学政治论》是"世界上从未见过的卑劣的渎神书籍",而且呼吁全体教士警惕其恶性影响。他们还告知教士们力促当地的执法官员采取行动制止此书的印刷与发行。

在是否接受这些投诉的问题上,各地政府的态度有所不同。虽然莱顿的市政长官们确曾命令司法官从当地书商那里没收《神学政治论》的全部存货,许多市镇——包括阿姆斯特丹——的市政厅及荷兰省级长官们故意拖延。在十七世纪后半叶,荷兰省法院对下属市镇法院的权威实际上虽然成问题,但仍是省内最高法院。于1671年4月,它按本省教会会议的请求,审查"各种渎神书籍",包括霍布斯著《利维坦》的荷语译本,梅耶尔著《哲学是圣经的解释者》及斯宾诺莎著《神学政治论》。该法院一致同意,这些著作含有许多"引起公愤的意见"及"无神的思想",而且基本上达成如下结论:那些市镇的执法官员所采取的禁止和没收梅耶尔与斯宾诺莎著作的措施符合过去的立法。各地教会会议控诉《神学政治论》之索尼齐主义的策略得逞。荷兰省议会曾于 1653 年 9 月 17 日颁布法令,授权制止"索尼齐派的"及类似的冒天下之大不韪的著作。荷兰省法院宣布此书的出版与发行显然违背那条法令。㉕海牙的法官们进一步规定,应该以特别条例禁止这类著作的出版、发行和出售。他们授权省内各市镇的执法官员下令调查这些书籍的著者、出版社、印刷厂和书店,要求他们根据 1653 年的法令"毫不留情地"起诉应负责任的各方。

　　一周以后,荷兰省议会照例受理法院的判决,而且成立一个委员会调查违禁书籍的问题。但是,值得注意的是,议会没有如教会会议及法院所要求的那样,另行颁布法令,禁止《神学政治论》及其他"违碍的"著作之发行。几乎可以肯定,控制省议会的执政望族们不过是不愿意成为禁止以非本地语言所写书籍的始作俑者。何况,德·维特尚任大议长,牢固地控制着议会。由于他本人致力于坚持即使是有限度的哲学思考之自由,他可能对这一决定施加了某种影响。尽管如此,各地教会会议继续施加压力,不断地提醒本市和本省当局人士履行职责。新教教会在谴责《神学政治论》的问题上是全体一致的,而且,没有几年,阿姆斯特丹、莱顿、海牙、多德雷赫特、乌得勒支、海尔德兰及弗里斯兰的牧师们都通过无数的决议,反对这本"败坏人心的十恶不赦的书"。㉖当然,这类决议的实际效力还要看当地执法官员如何处理。在十七世纪七十年代初,各主要市镇的书店里大多还能买到《神学政治论》。不过,书商们不得不小心翼翼。把这部著作真的下架没收的市镇恐怕不止莱顿一地。

　　斯宾诺莎知道,正是因为他的著作是以拉丁语写成的,他才幸免于与考贝夫相同的厄运。诚然,早先有过对《神学政治论》之荷兰语译本的迫切要求。利乌魏特茨㉗事先没有与斯宾诺莎接洽就决定立即委托扬·亨德里克·格拉兹梅克进行翻译。几年以前,格拉兹梅克曾为利乌魏特茨的出版社译过笛卡尔著作的荷兰语本。但是,斯宾诺莎根本没有允许这项翻译工作,而且看来也没有这种要求。在1671年初,当他听说格拉兹梅克的译本已在印刷过程中时,他立即设法阻止此事。因为担心荷兰语版问世后的种种后果,他于2月间致函耶勒斯,请他的朋友帮助制止这本书的出版:

> 某某教授(可能是莱顿大学的笛卡尔派哲学教授特奥多尔·克兰(Theodore Craanen))最近来访,告诉我一些事情,其中包括他听说我的《神学政治论》已译成荷兰语,而且有他所不知的某位人士建议印行出版。因此,我最诚挚地请求您查清此事,若有可能便制止其印行。这不仅是我的请求,而且也是我的许多好友的请求。他们不愿意看到此书遭禁,而倘若此书以荷兰语出版的话,这个情况必然会发生。我完全信任您会为我和我们的事业效力此事。㉘

他的吁请获得成功,而格拉兹梅克的译本直到1693年才问世。由于对1668—1669年的一些事件记忆犹新,斯宾诺莎无疑也在考虑他个人的安全。

对于来自教会当局的、大概连来自学术界的诸项攻击,他也不觉得意外。犹如几年前他曾告知奥尔登伯格的那样,他一向意识到"当代的神学家们……以其惯有的恶意"多么易于对非正统的见解大发雷霆。㉙在大多数情况下,他保持泰然自若,不屑考虑这

些出于无知,和拒绝对他的思想作公正无偏的解读的那些反对意见。在 1674 年致耶勒斯的信中,关于曼斯维特的批评他写道:

> 在书店的橱窗里我已经看到(乌得勒支大学教授所写反对我的那本书)。从我当时读到的那一点内容来看,我认为它不值得读下去,更无须作答。所以我对摆在那里的那本书置之不理,而其作者也就由他去吧。当我想到无知者通常最敢于而且最轻易动笔写书,不觉莞尔。在我看来,他们就像总是把最次的东西首先摆出来的商店老板那样,兜售他们的货色。他们说魔鬼是诡诈的家伙,但是我认为这些人士的狡猾远远超过魔鬼。㉚

斯宾诺莎自称他没有读过,甚至没有购买曼斯维特的著作可能是假话。在他的藏书里有一本这位教授所著《驳斥匿名的神学政治论》,当然,这或许是一本放在那里未读的赠品。㉛不管怎样,对于猛烈的攻击,斯宾诺莎在理智上,显然也在情感上,一般都是不为所动的。然而,这番经验确实令他对于出版《伦理学》持更加谨慎的态度。在他迁居海牙之后不久,他便重拾旧业,恢复《伦理学》的撰著。

* * *

1671 年 10 月,斯宾诺莎收到格特弗里德·威廉·莱布尼茨(Gottfried Wilhelm Leibniz)的一封信。莱布尼茨(1646—1716)不久以前从阿尔特多夫(Altdorf)大学毕业,获法学学位。这位德国青年这时担任美因茨选帝侯(the Elector of Mainz)的文化和外交参事。当然,莱布尼茨是一位近代的大哲学家和数学家,大约与牛顿同时独立地开拓了微积分。但是,在他最初与斯宾诺莎通信时,他还是无名小辈。莱布尼茨对科学问题有巨大兴趣——有一阵他担任纽伦堡的一个炼金术学会秘书——而且已经发表过论物质与运动的论文。莱布尼茨听到斯宾诺莎在光学领域的"精湛技巧"的消息后,从法兰克福写信,通过他们在光学上的共同兴趣,向斯宾诺莎作自我介绍。他请斯宾诺莎评阅他附寄的论文"高等光学评述"(Notitia Opticae promotae)。在这篇论文中他讨论以透镜折射的光线之聚集问题,和这些光线对磨制的镜片之孔径大小的密切关系。[32]然而,显然莱布尼茨想得到的不仅是关于光学技术问题的一次对话,虽然他没有对斯宾诺莎提到这点。此时他已经读过《神学政治论》[33],也许还读过《笛卡尔哲学原理》。那本《神学政治论》可能是托马修斯(Thomasius)给他的,托马修斯不仅是斯宾诺莎最初的批评者之一,而且是莱布尼茨早期在莱比锡大学的教授。莱布尼茨此刻无疑有兴趣与那些著作的作者在哲学问题上开始对话。虽然莱布尼茨在信上根本没有这种请求,斯宾诺莎自发地如其所愿为他打开对话的大门。在复信中斯宾诺莎说:"我确信您在海牙认识某位愿意承担我们的通信的人。我想知道那是谁,以便更方便和安全地发送我们的信件。如果您还没有拿到《神学政治论》的话,倘若您想要,我将送上一本。"[34]遗憾的是,斯宾诺莎与莱布尼茨之间的其他信件均未保留下来。这两位人士一定讨论过《神学政治论》中提出的许多形而上学的和神学的问题,而且,鉴于莱布尼茨实际上在各学科上的天赋才华和广泛兴趣,这或许是斯宾诺莎曾经有过的最有益的哲学交流。[35]

然而,斯宾诺莎对这位新的同行缺乏充分的信任。莱布尼茨的信件含有一个娴于外交礼节及宫廷教养的人所能具备的全部谦恭与尊敬,但是斯宾诺莎很久都不确知他的动机何在。在1672

300 年,美因茨选帝侯派遣莱布尼茨前往巴黎,在那里一直住到 1676 年,设法说服路易十四停止扰乱欧洲的和平,而将他的军事野心转向埃及。在巴黎期间,莱布尼茨结识该市的大批学者,包括惠更斯和斯宾诺莎的另一位相识者埃伦弗莱德·瓦尔特·冯·奇恩豪斯(Tschirnhaus)。奇恩豪斯生于 1651 年,是一位饱学的德国贵族,曾在尼德兰受过几年教育。十七世纪七十年代初,他在莱顿大学攻读法律期间,可能首次接触斯宾诺莎的思想。在莱顿他遇到一位学医的大学生格奥尔格·赫尔曼·舒勒(Schuller),他们同住一处,而且似乎都对哲学感兴趣。学习结束之后,奇恩豪斯决定留在荷兰共和国,起初有一段时期当志愿军。到 1674 年,当他住在阿姆斯特丹的时候再次与舒勒相逢。此刻舒勒不知怎么已经认识斯宾诺莎。奇恩豪斯在阿姆斯特丹开始与利乌魏特茨、梅耶尔和鲍麦斯特接触,但是,他在那里没有逗留多久,很快迁往伦敦和巴黎。他在伦敦见到奥尔登伯格、玻意耳和牛顿。奇恩豪斯离开阿姆斯特丹时携有一部《伦理学》的手稿(或者至少是该书的主要部分)。这一定是他从斯宾诺莎在阿姆斯特丹的一位朋友那里获得的,甚至或许取自斯宾诺莎本人。[36] 取得这本手稿的条件就是他自己珍藏而不示他人。作为遨游四方的奇恩豪斯与斯宾诺莎之间的中介人,舒勒于 1675 年秋致函海牙的斯宾诺莎称,奇恩豪斯在巴黎见到莱布尼茨,而他们的这位朋友——几乎可以肯定是在莱布尼茨请求之下——很想出示他的那部《伦理学》。

> 他在巴黎遇到一位名为莱布尼茨的博学人士,娴于各种科学而无通常的神学偏见。他已经与莱布尼茨建立密切的友谊,因为正像他自己一样,莱布尼茨也在研究知性之不断完善问

题,甚至认为除此之外没有更佳和更有益的事情了。他说,在道德上莱布尼茨是最有涵养的,讲话只根据理性之指示而不受情感的影响。他还说,莱布尼茨精通自然哲学,尤其是对于神与灵魂的形而上学研究。最后他得出结论认为,如果事先得到您的允许的话,此人是最值得将您的著作出示的人;因为他相信这将给著者带来很大的裨益,如果您愿意的话,他答应相当详尽地介绍此书。但是,如果您不愿意,请勿担心,他一定会按照诺言诚实地对此保密,正如他丝毫没有提到过一样。㊲

仿佛奇恩豪斯在通过舒勒努力让斯宾诺莎对莱布尼茨起好感,而且允许他向他的这位德国朋友出示手稿方面,还说得不够似的,舒勒又提到:"这位莱布尼茨高度评价《神学政治论》,如果您还记得的话,有一次他就此事给您写过信。"在那封信的末尾,舒勒还加上他自己对奇恩豪斯之请求的支持:"所以,我请求您,若无很强的反对理由,请不介意慨予允准,只要可能的话,请让我尽快得悉您的决定。"

鉴于莱布尼茨的机智老练,或许口是心非,即使奇恩豪斯本人可能并不了解实情,他所说的莱布尼茨对《神学政治论》的看法也是纯属误解。诚然,莱布尼茨对斯宾诺莎的学识深邃曾抱巨大敬意。但是在1670年秋,早在他初次致函斯宾诺莎之前,莱布尼茨致函托马修斯,赞扬托马修斯对《神学政治论》的"驳斥":"对于这本有关哲学推理之自由的肆无忌惮、不可容忍的书,您给了它应得的对待。"㊳那时莱布尼茨可能还不知道那部著作的作者是谁,但是,在他于1671年5月致函乌得勒支大学修辞学教授约翰·格奥

尔格·格雷维乌斯(Johan Georg Graevius)*时,他肯定已经得知:

> 我已阅读斯宾诺莎所著的书。这样一位饱学人士看来竟堕落至此地步,我感到可悲。他对圣经发起的批判在霍布斯所著《利维坦》中有其根据,但是不难指出,这种批判疵病累见。这类著作旨在摧毁为殉道者们之宝贵血汗与警惕目光所巩固的基督教。但愿它们能激励某位学识与斯宾诺莎相抵,但对基督教之尊重胜过于他的人士出来驳斥他的许多谬误推理和他对东方文献的妄用。㊴

以上是莱布尼茨对格雷维乌斯之告知所作的回应。格雷维乌斯曾告诉他有一部"名为《神学政治论》的极其有害的书(Liber Pestilentissimus),"其著者"据说是名为斯宾诺莎的犹太人,但是由于他的荒谬见解而为犹太会堂所逐出"。㊵

斯宾诺莎知道他的著作在德、法两国遭到的对待,因此可能对莱布尼茨的评价已经有怀疑,虽然更可能的是他不过是按他天生的谨慎性格行事。不论出于哪个可能,他拒绝允许奇恩豪斯的请求。

> 我认为我曾经通过通信得知他所写到的莱布尼茨,但是我不了解,他作为法兰克福的参事为什么去了法国。就我从他的来信所能作的揣测来看,他似乎是一个有自由思想的人,而且精通各门科学。即使如此,我认为这样仓促地将我的著作托

---

* 格雷维乌斯(Graevius,Johan Georg,1632—1703),生于德国纽伦堡,1661 年起任乌得勒支大学教授,校订出版希腊、罗马之古典著作,刊行《古罗马文库》(Thesaurus antiquitatum romanarum)十二卷(1694—1699)。

付给他是轻率的。首先我想知道他来法国正在干什么,而且想听听我们的朋友奇恩豪斯在与他有较长时间的交往,而且更密切了解他的性格之后对他的意见。㊶

斯宾诺莎在这里表现的反对态度在一定程度上也与政治形势有些关系。1675 年荷兰共和国尚与法国处于交战状态,斯宾诺莎之想知道来自美因茨的这位外交官究竟在巴黎干什么,这恐怕是由于担心莱布尼茨代表他的主子正与法国有所勾结,而法国人最近已处死他以前的拉丁语教师。不然的话,斯宾诺莎可能只想尽量减少看到他这本著作手稿的人数,他知道这本著作只会加剧他这种"众人咻之"的处境。他认为《伦理学》在许多方面比《神学政治论》更加激进,而他本来希望后者对思想及表达之自由的主张会为《伦理学》之发表开辟道路。因为他一直没有亲自见过莱布尼茨,对其了解有限,不足以信任后者不把从阅读《伦理学》所知道的内容传到敌对的批评家那边,或是甚至可能自行着手攻击这部著作。

遵照他的朋友的愿望,奇恩豪斯没有让莱布尼茨看到手稿。但是,虽然在字面上,而大概却没有在精神上奉行斯宾诺莎的要求,他确实向莱布尼茨介绍了《伦理学》的内容。莱布尼茨在 1676 年写道:"奇恩豪斯告诉我许多关于斯宾诺莎之著作手稿的事情。斯宾诺莎之著作将论述神、心灵、幸福或完人观念,心灵之改善,身体之改善,等等。"㊷莱布尼茨后来的著作清楚表明,最后他同意斯宾诺莎遗著中的某些内容(他写道,遗著包含"很多好的思想"),但是,更为多见的是,他认为遗著充满"古怪而荒谬",甚至危险的主张。㊸尽管如此,这不妨碍他对斯宾诺莎人格的判断,他有时提到斯宾诺莎时称:"那个见解精明的犹太人。"他写道:

虔诚信念要求：如果人们的教义是有害的，就应在适当场合指出其不良效果，例如，违反全善、全智和完全正义之天道，或否认使灵魂处于神的正义作用之下的灵魂不灭说的信条，均属此类，遑论危及道德与公共秩序的其他意见。我知道有些卓越而善意的人士认为，这些理论上的意见对实践并没有如人们所想那样大的影响。我也知道，有些品格良好的人们绝不因那些说法的诱导而做出任何有失自己本色的事情；何况，那些凭思辨而得出错误见解的人不仅凭天性远离常人易犯的罪恶，还会关怀那些多少以他们为领袖的教派之令誉。例如伊壁鸠鲁和斯宾诺莎，可以认为他们的生活足以为人表率。㊹

* * *

1672年春，路易十四挥其陆军入侵荷兰领土，共和国遭到灾难性打击。㊺自从1662年法荷协定以来，法国与尼德兰处于扞格不入的联盟关系中。在第二次英荷战争中，路易国王本来是对荷兰有助益的，甚至曾帮助遏制来自东面的明斯特公国王子主教的威胁。但是，一直潜伏在公开宣称的友好关系背后的是法国对西属尼德兰之野心所引起的紧张。南部的低地诸邦在两个世纪以前曾经属于勃艮第公爵，路易国王谋求将其统治扩张到那里。在十七世纪六十年代中期，大为削弱的西班牙开始从其佛兰德与瓦隆领地撤军，法国国王看到采取行动的时机已经成熟。此事在德·维特及其同僚之间引起忧心忡忡。在西班牙与法国这两大国之间，尼德兰需要某种均势，以便它们相互制约，不让这两贪婪的王朝之一觊觎荷兰的领土。这时，一个没有敌手的法国只能成为荷兰共和国的祸患。作为某种安抚措施，德·维特一度建议恢复法荷之间1635年的分割协定，那就会让法国占有西属尼德兰的一大部分，而将一些佛兰德地区留给荷兰。

法国与尼德兰在经济方面的关系也日益恶化。当时荷兰的出口货，诸如布匹、鲱鱼、烟草和糖，开始夺取法国市场的巨大份额，路易王朝的财务大臣让-巴蒂斯特·科尔贝（Jean-Baptiste Colbert）于1667年4月对所有的外国进口货课以苛税。鉴于法国贸易对荷兰经济的重要性，这项措施对荷兰打击尤为严重。再加上最近法国建立东印度和西印度公司与它们的荷兰对手竞争，科尔贝的措施只是增加荷兰公众非但焦虑，而且愤慨的态度。共和国的公民们即将达到他们的忍耐极限。

法国陆军于1667年暮春进入西属尼德兰。在与西班牙谈判对付法国威胁的策略未获结果之后，荷兰共和国于1668年与英国及瑞典结为三国同盟。这一军事同盟谋求消弭法国与西班牙在南部尼德兰问题上滋长的冲突，建议一项大部分对法国有利的解决方案。如果法国拒绝中止其进攻行动，则以军事干预为威胁。在如何对付法国的问题上，连尼德兰国会派内部都有很大分歧。德·维特认为开战不会有任何好处，而至少表面上与法国维持睦邻关系对荷兰的安全非常重要。因此，他不惜一切代价避免干预。然而，其他人对谈判解决的可能性不那么乐观。到1671年，由于路易十四怒视三国同盟而且密谋报复，荷兰为数颇多的决策官员力促至少实行经济制裁，主张禁止诸如葡萄酒、纸张和醋之类法国进口货。在1671年11月尼德兰国会通过一项这样的措施。

1672年1月，法国与科隆及明斯特结盟反对荷兰共和国，似乎失去和平解决的一切希望。这时荷兰为敌对国家所包围。路易十四似乎不仅企图接管西属尼德兰，而且要击败尼德兰共和国本身，把它改变为以威廉三世为首的君主国。如果他以为这样做至少会为他赢得共和国内奥伦治派的支持,那么,他对荷兰人性格的判断就很差。他对共和国的荣誉及其主权两者的威胁,引起德·维特的奥伦治反对派力主采取强硬的回应。连阿姆斯特丹的执政望族都愿意搁置他们与奥伦治派的分歧,为现在获得多数支持的威廉谋取管理国政的某种职位。随着对法战争似乎日益临近,各方日益支持任命威廉为荷兰省及其他省份的省督,以及共和国部队的总司令及海军统帅。1672年2月,尼德兰国会终于授予他陆海军的指挥权。

两个月后,路易国王向荷兰宣战;不久继其后尘的有英国国王、明斯特王子主教及科隆的选帝侯。起初荷兰招架无力,丧失大片领土。6月23日法军进入乌得勒支之时,法国及明斯特公国的一支部队占领几座其他市镇。这次溃败的罪责大多落在德·维特及其执政望族的盟友头上。德·维特在外交上一向进行成效卓著的博弈,巧妙地使西班牙、法兰西、英国、瑞典、丹麦几个国际上的大国以及神圣罗马帝国的各邦国互相对抗。尤为重要的是,他是一位实用主义者,愿意与他认为当时对荷兰最有利的方面结盟。但是在1672年,尼德兰人民对第二次英荷战争的记忆犹新,不再愿意以实用主义的方式解决问题。大议长的地位空前削弱。许多匿名的小册子指责他军事上不胜任,非法将公款抽调进他的私人账户,甚至阴谋将共和国拱手让给各敌国,以便他能为它们统治下去。

6月21日夜间,德·维特从海牙的荷兰省议会所在地"内廷"(Binnenhof)步行返家途中,遭到出身良家的四名青年持刀攻击而负伤。只有一名刺客被捕,且于六日后被斩首。德·维特的伤势虽然不很严重,但是在疗养期间便病倒了。他的不能视事只是增多要求更强有力的领导的呼声,而在七月初,荷兰及泽兰省都宣布威廉三世为省督。到七月底德·维特虽然痊愈,而尊贵的威廉也要求他继续任职,但是他迫于政治压力,于 8 月 4 日辞去尼德兰国会大议长之职。与此同时,德·维特的哥哥科内利斯已于 7 月 23 日被捕,据说是策划谋杀省督,这当然是一项捏造的指控。经过长时间的审讯之后,他于 8 月 20 日正式被宣告无罪。然而,一伙敌对的暴徒聚集在囚禁科内利斯的监狱外面。为裁决而激怒的奥伦治派已经把群众煽动起来,而扬·德·维特误以为他的哥哥请他前去协助护送出狱。德·维特到达监狱,要将科内利斯带往附近的一位亲戚住宅;但是当他进入他的哥哥的囚室时,他们两人认识到他们自己陷入的困境。在他们步出院门时,"卖国贼来了"的呼声大作,他们被迫退回楼内。在附近开会的荷兰省议会设法阻止对他们的伤害。但是暴徒此刻已失去控制。虽然监狱外面驻有武装士兵,却因谣传企图在海牙大肆破坏的一群农民正在逼近,必须将士兵调去驻守本市的各桥梁。据说当驻军撤离时,骑兵队的司令官曾说道:"我服从命令,但是此刻德·维特兄弟性命不保。"㊻

这时守卫监狱的只是一小队民兵,聚集起来的群众把他们堵在里面而闯入监狱。据说他们发现科内利斯在床上读一本法国戏剧,而扬·德·维特手持圣经坐在床脚一边。这两人被赶下楼并且推到等在那里的暴徒中间。本来是要绞死他们,但是在他们到达绞架之前便被凶殴致死。他们的尸体被剥光衣服倒挂起来,简直被撕裂得体无完肤。

犯下这种野蛮暴行的不是一伙流浪的盗匪,而是包括有身份的中产者在内的一群市民,这使斯宾诺莎感到震骇莫名。莱布尼茨于 1676 年途经海牙时曾与斯宾诺莎谈到围绕德·维特兄弟之死的一些事件:"餐后我与斯宾诺莎共度几个小时。他对我说,在德·维特兄弟遇害的那天,他要想夜间出去,在杀人现场附近张贴告示,写明 ultimi barbarorum(大意是:"你们野蛮透顶")。但是他的房东把门上锁不让他出去,以免他也同归于尽。"㊼范·德·斯毕克大概也在考虑他自己的安全及他的房屋的情况。他的担心是很有道理的,因为,不论在知识者或一般人看来,斯宾诺莎的名字与德·维特有密切联系。其实,大议长的政敌们就利用传闻中他与"邪恶的斯宾诺莎"的联系,对他及他的兄长丑诋中伤。1672年有一本小册子说,德·维特从根本上给予斯宾诺莎出版《神学政治论》所需要的保护。小册子的作者断言:在德·维特的藏书和手稿中找到一本《神学政治论》,那是"堕落的犹太人斯宾诺莎从地狱中制作出来的。此书以前所未有的无神论方式论证神谕必须通过哲学来阐释与理解,而扬·德·维特对此书的出版是知情的。"㊽

德·维特及其政权倒台的直接后果之一便是"真正自由"之终结,包括各省(以及市镇)的自治政策和一般宽容的学术气氛之消失。各市政厅开始广泛的整肃。在被视为同情德·维特兄弟的执政望族清除之后,取而代之的是旗帜鲜明的奥伦治派和倾向于赞同正统加尔文教会的目标的人士。政治权力由于从各市镇及各省议会回归于省督和威廉有很大势力的国会,变得更加集中化。结果,对当局来说,更易于对国内的言论和行动实行较为广泛和坚定的控制。1672年在权力分配和政策执行两方面发生的这次政局巨变几乎肯定说明,为什么斯宾诺莎此后必须不仅克服教会当局的非难,还要对付来自世俗官场的种种排斥。

政治风向的改变可能还说明这样一个事实:即1672年之后斯宾诺莎本人同时成为大学里笛卡尔派哲学家和神学家的攻击目标。此事初看起来或许似乎令人感到意外,诸如乌得勒支大学的雷尼尔·曼斯维特,莱顿大学的约翰尼斯·德·雷伊、克里斯托弗·维蒂希（Christopher Wittich）和特奥多尔·克兰（Theodore Craanen）以及朗贝特·范·贝尔底桑这些人都联合起来反对斯宾诺莎。毕竟，这些人在不同程度上矢志于宣传新哲学和科学。但是鉴于十七世纪七十年代的政治现实，他们的确别无选择，只好严厉斥责"激进的笛卡尔派"及他们的斯宾诺莎派盟友。即使他们确实与斯宾诺莎、梅耶尔、范·登·恩登等人在方法论和形而上学原理上有不少严重的分歧，他们的敌对态度至少有几成是他们自己的困难处境必然造成的战略防御手法。

自从1650年以来，新教教会内自由派与保守派之间的两极分化已形成两个学说阵营之间的争论，各自纠合在一位有魅力的领袖人物之后。一方面是人所敬畏的吉伯图斯·沃秀斯（Voetius），他是乌得勒支大学的院长，笛卡尔派的死敌之一。作为神学上的正统派和社会政治政策上的保守派，沃秀斯不容忍对他在新教信条上的狭隘观点，以及这种信条在社会与学院中的作用的主要看法有任何偏离。他的对手是莱顿大学的神学教授约翰内斯·科克切尤斯（Cocceius），后者对加尔文学说之要求的解释是相当自由的，对圣经也持有一种非基要主义的观念。他认为，圣经的词语不应该总是按字面来解读，倒不如按照其语言学的、文学的和历史的脉络去理解。

1655年在莱顿大学神学系，沃秀斯派与科克切尤斯派开始争论，那是主要由于对安息日教规之遵守的不同意见所引起的在社会习俗上的分歧观点。沃秀斯派一直在普通人的生活方式中提倡更多遵守神律。对于十七世纪荷兰人尽情享受诸如跳舞和赌博之类多种消遣，他们通常是劝阻的。他们特别反对在安息日从事任何工作或娱乐。"主日"是供安息和祈祷之日，而不是在运河水道上举行滑冰舞会。科克切尤斯派回应说，在他们这个时代，严格遵守"十诫"的第四条实际上并不需要。敬神不再要求人们停止工作或放弃一切娱乐。至 1659 年,这场论战已经白热化。荷兰省议会当然看到国内任何神学争执势必有转变成政治斗争的危险,它敦促南荷兰教会评议会设法平息这场关于安息日的争论,禁止对此问题作进一步讨论。

自然,犹如十七世纪最初十年内谏诤派与反谏诤派的斗争一样,十七世纪五十年代末沃秀斯派与科克切尤斯派之间的分裂确实变成政治和文化的紧张局面。科克切尤斯派往往得到议会派分子,即德·维特及其盟友们的支持,因为他们都在努力遏制正统的新教牧师之政治与社会势力。另一方面,沃秀斯派与奥伦治派携手,因为这两派都反对荷兰省议会的权力:对沃秀斯派而言,这是由于议会掌握在比较宽容(因而在神学上"不严格")的执政望族之手;而对奥伦治派而言,这是由于荷兰省议会的代表们阻碍任命他们所爱戴的威廉三世。科克切尤斯派后来还被视为与笛卡尔派结盟,这个看法在很大程度上也是正确的。德·维特、科克切尤斯及笛卡尔派都坚持把哲学与神学分隔开。笛卡尔及其门徒们毫不含糊地断言,哲学一定不得擅自对神学问题表态,而在与信条无关的问题上,神学家应该让哲学家仅仅通过理性自由从事探讨。对学院里的笛卡尔派来说,这是一种便利的区隔,因为这意味着他们在教学上有某种程度上的独立性,不受神学家的监督。在德·维特看来,作为削弱神学家势力的一项措施,把这两个学科,即大学里的两个系,区隔开来是特别重要的。为了限制神学家的控制范围,有必要支持(而且扩大)哲学思辨的自由。如果哲学与神学保持互不相犯,那么,就有神学家不得逾越的清楚划定的界线。沃秀斯派不仅憎恨限制他们的权威范围的企图,而且辩称如果不将神学置于哲学之上,使之控制哲学,那么,哲学最终会凌驾于神学之上。

由于科克切尤斯派对圣经不采取按字面理解的态度,他们也被视为支持笛卡尔派在自然哲学和新科学方面的事业。如果不再需要按照字面解读全部圣经,那么,圣经中关于奇迹的记叙——亦即对机械论的宇宙中数学规律的明显违反——就完全可以当作比喻来理解。对于一贯看作支持以不动的地球作为宇宙中心之观念的那些圣经章节,科克切尤斯的解经方法也为哥白尼的重新解读扫清道路。[49] 久而久之,笛卡尔派和科克切尤斯派变得更加大胆,他们的许多主张远远超过科克切尤斯本人明确赞同的观点。诸如弗兰斯·伯曼那样的神学家和诸如格雷维乌斯(Graevius)那样的人文学者并不顾虑宣示他们对笛卡尔派方法论、形而上学及自然哲学的同情。有一位历史家指出,"科克切尤斯的工作简直就是把加尔文派神学与笛卡尔派科学和哲学融合在一起。"[50]

在十七世纪六十年代,大多数地方的事态平息了一段时期。科克切尤斯本人于1669年去世,而笛卡尔派控制了莱顿和乌得勒支的主要大学。但是,在德·维特于1672年被推翻而沃秀斯派及其政界支持者占了上风时,开始出现对科克切尤斯派及笛卡尔派的新的反动。各大学普遍清除笛卡尔派哲学教授和科克切尤斯派神学教授。不过,这次运动波及面更广,矛头不仅指向在大学里任教的温和的笛卡尔派,而且针对诸如梅耶尔和斯宾诺莎这样的激进派独立人士。其实,因为梅耶尔的超级理性主义著作《哲学是圣经的解释者》论证理解圣经之意义的真正指南乃是理性本身,自从1666年出版以来,它成了正统派(甚至连笛卡尔派)泄怒的对象。这本书只是证实沃秀斯派最严重的担忧。对十七世纪六十年代末和七十年代初的沃秀斯派而言,科克切尤斯的学说看来很像梅耶尔那种极端的笛卡尔主义。[51] 听取神学家的意见的世俗当局实际上不能分辨不同类别的笛卡尔派和科克切尤斯派。荷兰省议会于1676年宣布谴责"科克切尤斯派和笛卡尔派"的二十条主张,其中一条就是断言哲学应该是圣经的解释者。《神学政治论》之著者所发表的第一部著作竟是笛卡尔哲学的概要,这一事实对温和的笛卡尔派的事业是没有助益的。

所以,笛卡尔派(及科克切尤斯派)对斯宾诺莎的倒戈反击需要联系沃秀斯派对笛卡尔派和科克切尤斯派的这次攻击来审视。借助于他们自己对斯宾诺莎和激进的笛卡尔派的反戈一击,比较温和的笛卡尔派希望在他们的批判者的眼中,把他们自己与侵染国家的更加"危险的"自由思想潮流区别开来。对于胆敢将理性主义哲学的原理过度引申,以致开始否定灵魂不灭、圣经神授、三位一体,以及神的奇迹可能出现等教义的任何人,他们大声疾呼地予以强烈批判。这不只是一种战术性的计策。的确,在斯宾诺莎与笛卡尔派之间存在实质性哲学分歧。只有《笛卡尔哲学原理》和《神学政治论》的天真的读者才会认为,把斯宾诺莎等同于"笛卡尔派"有什么实际意义。但是,毫无疑义,如果笛卡尔派自身要进行有效的辩护,他们不得不公开地使自己与斯宾诺莎拉开距离,即使这样做实际上夸大他们与他之间真正的哲学分歧。斯宾诺莎本人看穿他们的策略。在1675年9月致奥尔登伯格函中,他抱怨写道:"头脑糊涂的笛卡尔派为了甩掉他们自己这种被认为站在我这边的嫌疑,不停地到处声讨我的主张和著作,而且还在继续这样做。"[52]

科克切尤斯派也很有理由感到焦虑不安。他们的许多基本教义类似斯宾诺莎在《神学政治论》中论证的各种问题。他们像斯宾诺莎一样,把神的道德律法和教仪规则区分开来,从而他们可以断言,严格遵守安息日的诫条属于教仪规则,它是直接对犹太人颁布的,而且本来是只为犹太人制定的。他们也主张宗教当局不应过问世俗的政治事务。而且,他们认为圣经应该按它自己的条件来理解,也就是说(用斯宾诺莎的说法),"从圣经本身"来理解。[53] 这些相似的观点足以促使科克切尤斯派努力澄清说,他们也不是斯宾诺莎分子。

* * *

从德·维特遇害之后开始的对斯宾诺莎展开攻击期间,斯宾诺莎势必乐于得悉,至少还有一些人赏识他的哲学才能,即使尚不清楚那些人的这一表现是否有坚实的根据。1673 年 2 月,斯宾诺莎收到约翰·路德维希·法布里丘斯(Johann Ludwig Fabricius)的来信,这是代表日耳曼帝国诸邦之一,巴拉丁选帝侯(Elector of Palatine)卡尔·路德维希(Karl Ludwig)而写的,内容如下:

名望崇高的阁下,

我最仁慈的爵爷,巴拉丁选帝侯殿下命我致函阁下。虽然我们尚不相识,但您深为殿下所赞赏,故请问您是否愿意接受他的著名大学之正式哲学教授席位。年金当按目前给予正式教授之薪俸。在别处您不会找到对杰出人才更能赏识的王侯,而殿下已将您列入其间。您将享有哲学推理之最大自由,而他相信您不会误用以妨害公认的宗教。我有幸遵从最明智的殿下之命令行事……我愿意只补充一点:如果您光临此间,除非一切变得违反我们的希望与期待,否则您一定享有与一位哲学家相称的愉快生活。

祝您好运,谨此致候,此呈最尊敬的阁下,

发自您的最忠诚的

J. 路德维希·法布里丘斯

海德堡大学教授兼巴拉丁选帝侯之参事。㊾

对斯宾诺莎而言,在海德堡大学提供的哲学教席一定是一条喜讯。在"三十年战争"*以前,海德堡作为选帝侯领地的首府,拥有欧洲最大的大学之一,而卡尔·路德维希此时正在设法恢复其昔日的荣誉。自从约翰内斯·弗赖施海姆(Johannes Freinsheim)于1660年去世以来,在该系较低的教学人员中一直没有正式的哲学教授任此教席。此职位起初提供给法国萨默尔(Saumur)一所新教学院的塔内吉尔·勒菲弗教授(Tannequil Lefevre)。他接受此职位,但于首途前往海德堡之前死于1672年2月。弗赖施海姆原是笛卡尔派人士,而选帝侯大概想找一位思想相似的教师补缺。他聘请斯宾诺莎的计划得到于尔班·谢弗罗(Urbain Chevreau)的支持。谢弗罗是某种常驻学者,旅外的法国天主教徒,为选帝侯担任学术顾问。几年后他写道:"我在选帝侯的宫廷里大力推荐斯宾诺莎,虽然我之得知这位犹太清教徒,不过是通过阅读《笛卡尔哲学原理》第一篇和第二篇,那是扬·利乌魏特茨于1663年在阿姆斯特丹印行的。选帝侯有这本书,而且,在为他读了其中的几章之后,他决心任命斯宾诺莎在海德堡大学教哲学,条件是他不将哲学作为教义阐述。"㊿这不是犹太人首次在这所大学里任教。实际上雅各布·伊斯拉埃尔(Jacob Israel)不仅是生理学教授,而且是

---

* 三十年战争(Thirty Years War, 1618—1648),起初是信仰天主教的神圣罗马帝国皇帝与信仰新教的日耳曼地区若干邦国之间的冲突,后来西班牙、法国、瑞典、丹麦及特兰西瓦尼亚卷入,演变成争夺欧洲霸权的斗争。西班牙失败之后,神圣罗马帝国皇帝孤立,遂开始谈判(1643—1648),签订威斯特伐利亚和约结束战争。

校长。

看来谢弗罗和卡尔·路德维希二人都不很了解《神学政治论》。受选帝侯委托写信邀请斯宾诺莎的约翰·法布里丘斯却不然,他是一名严格的加尔文派教徒,在海德堡大学神学系占有教席,而且是卡尔·路德维希的好友兼顾问。他至少读过《神学政治论》,而他对此书的意见与几乎所有神学家的意见并无不同。1671年法布里丘斯通读了那部著作之后,对他的朋友和传记家约翰·海德格(Johann Heidegger)*说:"我看到向公众发表如此肆无忌惮的越轨言论,公然亵渎基督教本身及圣经,感到毛骨悚然。"⑤⑥可是,这位可怜的人士奉其君主之命,不得不邀请这样一本"骇人听闻的书"的著者来与他共事。法布里丘斯抛开他的敌意——和他的自尊心——而写出那封信。

斯宾诺莎认真看待这项聘请,甚至为此竟找到法布里丘斯的兄弟曾题献卡尔·路德维希的一本旧作。⑤⑦但是,经过一个月的考虑以后,他决定婉言谢绝。

> 如果我曾经抱有就任于任何学院教席的意愿,那么,除了巴拉丁选帝侯殿下通过您提供给我的聘请之外,我不可能另有期待,特别是由于这位最仁慈的殿下欣然惠允的从事哲学推理的自由,何况我久已向往生活于人人钦佩其智慧的殿下治理之下。但是,因为我从来无意从事公开的教学,虽然我已对此事考虑再三,我终于不能让自己抓住这次荣幸的良机。

---

* 海德格(Johann Heidegger, 1633—1698),瑞士新教神学家,任苏黎世大学神学教授,1675年的"瑞士协和信纲"(Formula Consensus Helvetica)的主要起草人。

313 鉴于最近海牙的事态发展及国内在哲学自由方面的暗淡前景,这次聘请可能是特别有吸引力的。但是,斯宾诺莎实际上从未离开过尼德兰,甚至没有在别处短暂逗留过,而且终其一生都将如此,何况,他在海牙和阿姆斯特丹有许多好朋友。除此之外,还有两项主要的考虑使他谢绝聘请。第一,他不愿意为教学而失去宝贵的时间,"我认为如果我要抽出时间教导青年学生,我势必放弃我在哲学上的进一步发展。"第二,而且这一点可能是更重要的因素,法布里丘斯的信上提到一个不祥的条件,即不可"误用"哲学自由来"妨害公认的宗教"。他对这句话的暧昧含义感到不安。

> 我不知道为了避免显得妨害公认的宗教,那种哲学推理的自由必须限制在什么范围之内。因为教派纷争与其说是由于对宗教的热忱,不如说是由于人们不同的禀性,或者由于爱闹对立,致使他们歪曲或斥责一切即使正确论述的问题。既然在我个人的隐居生活中,我对此已有所体验,在我荣升这一显要职位之后,这些情况更会令人担心。因此,请尊贵的阁下垂鉴,我不是由于期待某种更大的幸运而踌躇不前,而是出于对平静生活的热爱。我相信,只要不去公开讲学,我就能在某种程度享有平静。

斯宾诺莎在结束此信时请求选帝侯"惠允更多的时间考虑此事",然而,显然他无意接受聘请。[58]

选帝侯在指示法布里丘斯写信的时候,是否明确告诉他在致斯宾诺莎函中提出他的"哲学推理之自由"会是有条件的,我们不得而知。谢弗罗认为,卡尔·路德维希所坚持的一切不过是"他不将哲学作为教义阐述"。这或许仅仅意味着斯宾诺莎的讲学任务限于哲学,他不应对教会的教义有任何表示。易言之,这可能是约定把哲学与神学分隔的一种说法。法布里丘斯在信中对此给予更为不祥的扭曲,仿佛如果教会当局发现他的讲课内容有碍的话,即使纯哲学的讲授也可能给斯宾诺莎带来麻烦。怀有敌意的法布里丘斯在遵照选帝侯的指示写信时,或许在设法以吓走斯宾诺莎来破坏聘任。[59]如果这就是他的策略,那么,至少在谢弗罗看来,这一做法得逞。"我们探讨过他的拒绝理由,而且,在我收到来自海牙和阿姆斯特丹的几封信后(不清楚这些信是否斯宾诺莎本人所写),我推测是'条件是您不作为教义阐述'这些话令他担心"。谢弗罗最后认为,作为上计"他留在荷兰更好些,他在那里可以与奥尔登伯格及其他英国人士频繁交往,可以完全自由地与那些热衷求知的访客畅谈他的主张与学理,不论是理神论者或无神论者,都把他们化为自己的门徒。"[60]然而,卡尔·路德维希势必大失所望。他是一位教育和文化程度很高的宽容的统治者。他是在尼德兰长大的,于三十年战争期间,他的父亲弗雷德里克五世,即所谓"冬王",被迫在尼德兰避难。作为加尔文派教徒,卡尔·路德继希在宗教和政治问题上是相对自由的,当然不会像在他周围的那些人那样,认为斯宾诺莎的哲学——甚至《神学政治论》——是令人深恶痛绝的。

至于斯宾诺莎,他没有接受聘请对他是一件好事。对于宫廷生活的繁文缛节他本来就会感到不耐,而且人们肯定会期待他不时地侍奉选帝侯及其家族在学术与教育上的需要。他更不能忍受海德堡大学圈内的政治活动和钩心斗角。鉴于翌年法军便进入海德堡,关闭这所大学,而且驱逐所有的教授,拒聘也是一次精明审慎的决定。这样,他再想回到海牙的平静生活或许会遭到某种困难,斯宾诺莎的尴尬处境会是特别棘手。如果接受卡尔·路德维希的聘请而离开本国,他或许会加剧人们对他的敌意,那些人尚把他与德·维特兄弟联系在一起,怀疑他有叛国倾向。

*　　　　*　　　　*

其实,人们对斯宾诺莎是否忠于荷兰的怀疑在 1672 年夏天达到高度敏感,那时他往敌军战线后方作了一次蕴涵危险(而且可能不明智的)但是颇有收获的短期旅行。在战事的初始阶段,威廉三世指挥下的荷兰部队处境不妙。整个 1672 年,共和国遭到一系列重大的军事失利。到夏末尼德兰大部分国土沦于法国或明斯特公国之手。有时未经战斗,各市镇便相继沦陷。乌得勒支市无意遭受长期围困,于 6 月 13 日向孔戴亲王*投降。直到 1673 年 11 月为止,该市受法军控制达一年半之久。孔戴扈从中的一名中校让-巴蒂斯特·斯陀普(Jean-Baptiste Stouppe)是该市驻军司令。

斯陀普——这个名字在他的意大利北部家乡市镇大概读作斯托帕(Stoppa)——出身于法裔新教徒家庭。[61] 在十七世纪四十年代末和五十年代,他在伦敦当胡格诺教派(Huguenot)**的牧师,私下为克伦威尔做些情报工作,包括企图在法国挑起胡格诺教派的叛乱。据传有一次他代表护国公克伦威尔提出,如果孔戴亲王愿

---

*　孔戴亲王(Condé, Louis Ⅱ of Bourbon, Prince of, 1621—1686),法国将军。19 岁起参加"三十年战争",曾于 1643 年及 1648 年打败西班牙军队,于 1645—1646 年打败巴伐利亚军队。后来成为路易十四统率下最大的将军之一,于 1668 年在弗朗什孔泰(Franche-Comté)击败西班牙人,于 1674 年在塞内弗(Seneffe)击败奥伦治王室的威廉三世。晚年隐退后与莫里哀及拉辛等文学家交往。

**　胡格诺教派(Huguenot),对于十六世纪和十七世纪宗教战争中法国新教徒的称呼。他们主要是加尔文派教徒,因受天主教多数派的严重迫害,数千人离开法国散居英国及荷兰等地。

意主管这次叛乱的话,就让孔戴亲王当法国国王。虽然孔戴后来短期间参加过"投石党"(Fronde)*的叛乱,但是当时他谨慎地予以拒绝,不无讽刺意味地回答道:一旦克伦威尔的军队开到法国,他会欣然照办。查理二世重登王位后斯陀普逃离英国,加入他的兄弟在那里当军官的孔戴亲王部队。然而,因为他为信奉天主教的国王服务,进攻尼德兰这个新教徒的国家,他本人遭到一位瑞士神学教授的批判。

作为对那位神学家的回应,斯陀普撰写《荷兰人的宗教》(La Reliqion des Hollandois)一书,谴责所谓荷兰人的宗教狂热。他辩称荷兰人不是那位善良的教授所设想的诚实而虔敬的新教徒。实际上他们的宗教教规及神学正统性很不令人满意。他们容忍各种旁门左道荒诞不经的教派,甚至允许自由思想者和无神论者发表他们的观点而不给予任何反驳。他对斯宾诺莎的虔信态度颇不尊重,以斯宾诺莎为例证明他的论点:

> 我听说有一位著名的饱学之士,他拥有许多完全附和他的观点的追随者。我说的这个人出身于犹太家庭,名为斯宾诺莎,他没有正式放弃犹太教,也不皈依基督教;因此,他是一个很坏的犹太教徒,更不是什么基督教徒。几年前他以拉丁语写了一本书,题为《神学政治论》。此书的主要宗旨似乎就是破坏一切宗教,尤其是犹太教和基督教,而且传授无神论、信仰自由和摆脱所有宗教……他的追随者们不敢公开出面,因为他的书绝对颠覆一切宗教之根基。⑫

---

* 投石党运动(Fronde),指在路易十四未成年时期,法国贵族反对红衣主教马萨林首相的宫廷势力,于1648—1653年间发动的一系列内战。

316 斯陀普对斯宾诺莎的博学难以忘怀,因此,在他看来,反驳那本"有害的"著作是特别重要的事。荷兰人对他听之任之,想必若非缺乏批判他的勇气或才能,就是与他沆瀣一气,臭味相投,而这是更令人担心的。斯陀普猜想原因在于后者。他指出荷兰人在奉行基督教之外表礼仪方面漫不经心,尤其是那些在海外经商的荷兰人。例如,在远东的荷兰海员和商人忽视奉行基督教的礼仪,甚至有时加以阻止,这是众所周知的。斯陀普在这里所根据的是斯宾诺莎本人所述的旅日荷兰人的行为。斯宾诺莎在《神学政治论》中说,因为在日本基督教已被禁止,荷属东印度公司训示其雇员不要举行基督教的外表礼仪。[63]斯宾诺莎举出这个例子是为了论证那些宗教仪式对真心虔敬者不是必不可少的。在斯陀普看来,这表明荷兰人将其商业利益置于他们的宗教义务之上。尤为重要的是,这表明他们在内心里都是斯宾诺莎主义者。[64]

斯陀普那本攻击斯宾诺莎,而且攻击如此可恶地容许斯宾诺莎著作发行的荷兰人的书是 1673 年 5 月写的。不到两个月以后,同样是这个人,却护送斯宾诺莎从海牙到乌得勒支法军司令部访问他的指挥官孔戴亲王,这简直更是令人不可思议。其实,首先正是斯陀普本人怂恿那位将军邀请斯宾诺莎。格罗宁根的一位科克切尤斯派(Cocceian)神学家让·布兰(Jean Brun,又名约翰内斯·布劳恩,Johannes Braun)曾指出这一明显的虚伪表现。作为对斯陀普的书的回应,他在为荷兰的新教辩护时写道:"我必须指出这是多么令人惊讶,我一方面看到斯陀普如此激烈地抨击斯宾诺莎,而且不顾在该国(尼德兰)有这么众多的人士拜访他的事实;同时,又看到在乌得勒支斯陀普本人直接与斯宾诺莎交朋友。我已确知,正是他恳请孔戴亲王把斯宾诺莎从海牙邀到乌得勒支,特意为了交换意见,而且他高度称赞斯宾诺莎,在交往中十分亲近。"⑥

斯陀普显然不是很刻板教条和对斯宾诺莎很有成见,以致毫无兴趣去结识荷兰共和国的一位大名鼎鼎的学术界闻人——即使是最声名狼藉的。甚至在撰写那本反对斯宾诺莎的书的时候他似乎已经亲自结识斯宾诺莎,或许一度在海牙访问过斯宾诺莎。⑥斯陀普也意识到他的司令官对哲学问题有兴趣,爱好自由思想,而且习惯于与一些有学识的(和狂放不羁的)朋友在一起。⑥孔戴亲王住在尚蒂伊(Chantilly)*的时候,他的门客中有许多重要的作家,包括莫里哀、拉辛和拉封丹。⑥这时他设法尽可能在环境允许的条件下,于乌得勒支重建他所凭借的那种文化氛围,而且还要在他带来的法国幕宾中添加一位荷兰的角色。柯勒鲁斯写道:"孔戴亲王很想与斯宾诺莎交谈,"甚至提出,只要斯宾诺莎愿意把他的著作之一题献给法国国王,就为他从路易十四那里争取一份年金。⑥斯宾诺莎终于"以尽可能最有礼貌的方式"拒绝年金的提供,还说"他不想题献任何著作给法国国王"。但是,虽然因不得不中断他的工作而有几分勉强,他确实接受了前往乌得勒支的邀请。

在1673年夏,这不可能是一次轻易的旅行。为了进入法军占领的地区,不仅存在如何避开荷兰军队的问题。作为一项防御行动,荷兰人已经打开堤坝,放水淹没海牙与乌得勒支之间的大片土地,致使不可能直接往东越过一个城市到其他城市。卢卡和柯勒鲁斯都写道,虽然亲王本人在几天以前因王事鞅掌而调离,斯宾诺莎在法军营地受到殷勤周到的接待。"在亲王离任期间接待斯宾诺莎的卢森堡大亲王竭诚欢迎,让他确信亲王殿下的一番好意。"⑦斯宾诺莎觉得自己处于友好的氛围中。当地的一些学者,

---

* 尚蒂伊(Chantilly),巴黎附近的市镇,以产瓷器、花边服饰和奶油著名。

如乌得勒支大学的教授格雷维乌斯(Graevius)和范·凡尔底桑(Van Velthuysen),不顾荷兰市民同胞的敌视借机参加学术交流,向孔戴亲王致敬。那些市民别无他意,只是憎恶法国占领军,可以想见,他们对法军的来宾也不会有好感。在乌得勒支逗留期间,斯宾诺莎得以结识这两位对他最严厉的批评家。范·凡尔底桑尽管在两年半以前对《神学政治论》的评断颇为苛刻,他在内心里是一位自由派,斯宾诺莎似乎已平息他们的争论——或者不如说求同存异。几年以后他们通信的语气显然比 1671 年那时更友好一些,因为斯宾诺莎认为这位笛卡尔派教授"热诚追求真理而且……思想格外正直。"[71]

318　　然而,事情似乎颇为清楚,斯宾诺莎根本没有见到孔戴亲王本人。孔戴于 7 月 15 日离开乌得勒支,而实际上可以肯定,在 7 月 18 日以前斯宾诺莎尚未到达那里。[72]孔戴曾经留言要斯宾诺莎等待他的返驾。在斯宾诺莎传记的早期作者中,只有培尔(Bayle)断言这两人最后确实会见过,而且交谈多次,孔戴甚至试图(借助于提供一份优厚的年金)说服斯宾诺莎随他返回法国,加入他的宫廷生活。当然,斯宾诺莎予以拒绝,他表示:"只就他的名声已经由于《神学政治论》而遭到痛恨而言,殿下的全部权力也不足以保护他抗拒宫廷的顽固势力。"[73]培尔的根据有二:其一是埃及籍犹太医生昂里凯斯·莫拉莱斯(Henriquez Morales,即亨利·莫雷利,Henri Morelli)的证言,他熟识斯宾诺莎,而且声言曾经与斯宾诺莎谈过那次旅行;[74]其二是孔戴的外科医生布西耶先生,他随军来到乌得勒支,而且坚称他看到斯宾诺莎进入亲王的居室。[75]可是,另一方面,柯勒鲁斯说,范·德·斯毕克夫妇确实告诉他斯宾诺莎始终未得会见孔戴。[76]卢卡同意此说,指出在斯宾诺莎到达后几个星期,亲王送信称他在相当长的时间内不会返回乌得勒支。此后不久，斯宾诺莎正式道别，让他的主人们大失所望。不过，这势必是一次比较愉快的逗留，可能比原来的预期稍长，其中穿插一些学术界的和其他的招待会，结识一些有趣的新朋友。

不出所料，斯宾诺莎返回海牙后受到的肯定不是对英雄的欢迎。他的房东再次不得不为这位房客的安全和为保护他的住宅而担心。范·德·斯毕克告诉柯勒鲁斯说：

> 斯宾诺莎从乌得勒支回来以后，有一伙人对他感到愤恨。他们认为他是间谍，咕哝说他在国家大事上与法国人勾搭。由于见到他的房东对此事深感不安，害怕他们会闯进房间来找斯宾诺莎，斯宾诺莎说了一番话让他平静下来："不要害怕！我是无罪的，而且政府高层有许多人很了解我为什么去了乌得勒支。一旦他们在您家门口吵嚷，我一定挺身而出，哪怕他们会像对待善良的德·维特兄弟那样对待我。我是一名正直的共和派，国家的福祉便是我的目标。"[77]

斯宾诺莎关于有些高层人士知道他为什么身赴敌营的说法曾引起猜测，认为他大概担负官方的外交使命，可能携带着海牙政府给法军首长的举行和谈的某种建议。如果说斯宾诺莎和斯陀普——以及孔戴，倘若他们见过面的话——谈过不少关于他们两国之间的战事，甚至可能提出如何迅速结束战争的各种建议，这可能没有什么问题。但是若是说斯宾诺莎竟为海牙的当权者所派遣，这种设想似乎很不可能。那个时期是奥伦治派得势的日子，而非德·维特兄弟。纵使省督或国会有意与法国人联络，他们也不会将如此敏感的任务委托给他们视为共和国之敌的人士来承担。

当然，斯宾诺莎不是共和国之敌。他的一切作品所意指的

"幸福"与利益,不仅属于他的同胞人士,而且属于由他们所构成及为他们所凭借的政治社会。所以,在他对他的房东所讲的那段简短的话中含有某种程度的悲情。在想到聚集在巴维罗恩斯水道旁那座住宅前面的不可理喻的群众时,他最担心的大概不是遭到像德·维特一样的残暴结局,而是共和国的未来,尤其是这个国家一度主张的那些原则。

注释

382　①弗罗伊登塔尔(Freudenthal)著《斯宾诺莎生活史》(*Die Lebensgeschichte Spinoza's*,57.)。

②迈恩斯玛(Meinsma)著《斯宾诺莎和他的圈子》(*Spinoza et son cercle*,400.)。

③见门尼克霍夫(Monnikhoff),在弗罗伊登塔尔前引书(Freudenthal,107)内。

④在他去世时的财物清单,见弗罗伊登塔尔前引书(Freudenthal,164.)。

⑤同上,58—9。

⑥同上,60—1。

⑦同上,61。

⑧包括培尔(Bayle)在内,见同上31—2。

⑨TTP I,Ⅲ/20—21;S/64。

⑩TTP V,Ⅲ/79;S/122。

⑪TTP Ⅳ,Ⅲ/64—5;S/107—8。

383　⑫Ep. 71。

⑬Ep. 78。

⑭Ep. 75。

⑮Ep. 73。

⑯出自斯陀普的记叙,见弗罗伊登塔尔(Freudenthal)著《斯宾诺莎生活

史》195页。

⑰关于与此事有联系诸人之文件与资料,见佩特里及范·苏特伦(Petry and Van Suchtelen)作"斯宾诺莎与军界:一份新发现的文件"("Spinoza and the Military: A Newly Discovered Document")

⑱关于此学会的历史及其讨论的诸课题之概况,见范·苏特伦(Van Suchtelen)作"'有志者事竟成':斯宾诺莎的工作朋友们"("Nil Volentibus Arduum: Les Amis de Spinoza au travail")。

⑲同上,397—8。

⑳弗罗伊登塔尔(Freudenthal)著《斯宾诺莎生活史》(*Die Lebensgeschichte Spinoza's*, 74.)。

㉑同上,75。

㉒关于对斯宾诺莎的最早一批荷兰批评者,见范·邦格(Van Bunge)作"论'神学政治论'的早期社会反应"("On the Early Reception of the *Tractatus Theologico-Politicus*")。关于布雷登堡,见科拉克夫斯基(Kolakowski)著《没有教会的基督徒》(*Chrétiens sans église*, chap. 4.),亦见西布兰德(Siebrand)著《斯宾诺莎与尼德兰人士》(*Spinoza and the Netherlanders*)。

㉓奥布里(Aubrey)著《简短传记集》(*Brief Lives*, 1:357)。

㉔各地教会议会召开时间如下:乌得勒支,4月8日;莱顿,5月9日;哈勒姆,5月27日。

㉕伊斯雷尔(Israel)所作"1670—1678年间荷兰共和国对斯宾诺莎著作的取缔"("The Banning of Spinoza's Works in the Dutch Republic (1670—1678)");此文研究1674年以前在《神学政治论》之出版与发行问题上各地世俗当局所构成的种种困难,纠正了认为各市和各省的世俗权力机构以任何官方措施使该书通行无阻的传统看法。

㉖关于所有这些针对斯宾诺莎的措施的文件,或其摘录,见弗罗伊登塔尔(Freudenthal)著《斯宾诺莎生活史》(*Die Lebensgeschichte Spinoza's*, 121—189.)。

㉗此项翻译工作是否就是利乌魏特茨主动发起的尚不确定,但这似乎是

最有可能的假定。

㉘Ep. 44。

㉙Ep. 6，Ⅳ/36；SL/83。

㉚Ep. 50。

㉛见斯宾诺莎藏书目录 67/41 项，弗罗伊登塔尔（Freudenthal）著《斯宾诺莎生活史》(*Die Lebensgeschichte Spinoza's*, 161.)。

㉜Ep. 45。

㉝见 1671 年 5 月 5 日莱布尼茨致格雷维乌斯（Graevius）函；莱布尼茨（Leibniz）著《作品与书信集》(*Sämtliche Schriften und Briefe* I. 1, 148.)。

㉞Ep. 46。

㉟虽然他们的通信都没有保留下来，但是舒勒（Schuller）的信（Ep. 70）清楚地表明有过这样的哲学交流。

㊱奇恩豪斯通过舒勒至少得到一封给斯宾诺莎的介绍信，斯宾诺莎在 1674 年 10 月致舒勒的信（Ep. 58）中提到这位"您的朋友"。不过，到 1675 年 1 月，奇恩豪斯与斯宾诺莎至少有过一次关于哲学问题的面谈（见 Ep. 59），而斯宾诺莎对这位青年人的印象可能很好，以致让他持有一份《伦理学》稿本。

㊲EP. 70。

㊳莱布尼茨（Leibniz）著《哲学论文集》(*Die philosophischen Schriften*, 1:64.)。

㊴莱布尼茨（Leibniz）著《作品与书信集》(*Sämtliche Schriften und Briefe* I. 1, 148.)。

㊵同上，142。

㊶Ep. 72。

㊷弗罗伊登塔尔（Freudenthal）著《斯宾诺莎生活史》(*Die Lebensgeschichte Spinoza's*, 201.)。

㊸《神正论论文：哲学论文集》(*Essais de Théodicée*, *Philosophische Schriften*, 6:217.)。关于莱布尼茨与斯宾诺莎的研究，见弗里德曼（Friedmann）著

《莱布尼茨与斯宾诺莎》(Leibniz et Spinoza),以及集中讨论此问题的《斯宾诺莎研究》(Studia Spinozana)专刊(Vol. 6, 1990)。

㊹《人类理智新论》(New Essays on Human Understanding)第4卷,第16章,第4节。

㊺关于法荷战争的开端以及导致德·维特兄弟死难的事变过程,本书的叙述大多采自伊斯雷尔(Jonathan Israel)所著《荷兰共和国》(The Dutch Republic, 776—806)及罗恩(Rowen)所著《扬·德·维特》(Johan de Witt)第12章。

㊻罗恩(Rowen)著《扬·德·维特:主张真正自由的政治家》(John de Witt: Statesman of the True Freedom, 216.)。

㊼弗罗伊登塔尔(Freudenthal)著《斯宾诺莎生活史》(Die Lebensgeschichte Spinoza's, 201)。

㊽同上,194。

㊾关于沃秀斯与科克切尤斯之间的争论,精彩的论述见于伊斯雷尔(Israel)著《荷兰共和国》(The Dutch Republic, 660—9; 889—99.)。亦见泰森-斯豪特(Thijssen-Schoute)著《尼德兰笛卡尔主义》(Nederlands Cartesianisme)中的资料。

㊿科拉克夫斯基(Kolakowski)著《没有教会的基督徒》(Chrétiens sans église, 313.)。

㉛见伊斯雷尔(Israel)著《荷兰共和国》(The Dutch Republic, 916—19.)。

㉜Ep. 68。

㉝见科拉克夫斯基(Kolakowski)著《没有教会的基督徒》(Chrétiens sans église, 293—309.)。

㉞Ep. 47。

㉟弗罗伊登塔尔(Freudenthal)著《斯宾诺莎生活史》(Die Lebensgeschichte Spinoza's, 219)。

㊱见迈尔(Mayer)作"斯宾诺莎之受聘于海德堡大学"("Spinoza's Berufung an die Hochschule zu Heidelberg," 30.)。

(57)见斯宾诺莎藏书目录 71/45 项,弗罗伊登塔尔(Freudenthal)著《斯宾诺莎生活史》(*Die Lebensgeschichte Spinoza's*,162)。

(58)Ep. 48。

(59)至少这是迈尔(Mayer)的推测,见“斯宾诺莎之受聘于海德堡大学”(“Spinoza's Berufung an die Hochschule zu Heidelberg,” 38.)。他觉得,其实,选帝侯根本没有指示说,斯宾诺莎不应“作为教义阐述”,而且,他认为这或许是谢弗罗简单概述法布里丘斯信函的内容,而不是选帝侯对法布里丘斯的指示。

(60)弗罗伊登塔尔(Freudenthal)著《斯宾诺莎生活史》(*Die Lebensgeschichte Spinoza's*,219.)。

(61)斯陀普的传记资料见于迈恩斯玛(Meinsma)著《斯宾诺莎和他的圈子》(*Spinoza et son cercle*,420—2);及波普金(Popkin)作“对斯宾诺莎的‘神学政治论’首次发表的反应”(“The First Published Reaction to Spinoza's *Tractatus*,” 6—7.)。

(62)斯陀普(Stouppe)著《荷兰人的宗教》(*La Religion des hollandais*,66.)。

(63)TTP V,Ⅲ/76;S/119。

(64)斯陀普(Stouppe)著《荷兰人的宗教》(*La Religion des hollandais*,106)。

(65)弗罗伊登塔尔(Freudenthal)著《斯宾诺莎生活史》(*Die Lebensgeschichte Spinoza's*,200.)。

(66)这是波普金(Popkin)的提示,见“斯宾诺莎的《神学政治论》中心论点的首次公开讨论”(“The First Published Discussion of a Central Theme in Spinoza's *Tractatus*,” 103.)。柯勒鲁斯报道称,斯陀普与斯宾诺莎曾互通信件(虽然这些信件现已失传,即使曾经有过的话);见弗罗伊登塔尔(Freudenthal)著《斯宾诺莎生活史》(*Die Lebensgeschichte Spinoza's*,64.)。

385 (67)迈恩斯玛(Meinsma)著《斯宾诺莎和他的圈子》(*Spinoza et son cercle*,420)。

(68)孔戴在法国的门客圈子内有巴尔塔萨·欧罗比奥·德·卡斯特罗,他就是后来的伊萨克·欧罗比奥·德·卡斯特罗,来自阿姆斯特丹葡裔社区的主要的斯宾诺莎批判者;见卡普兰(Kaplan)著《从基督教到犹太教》(*From Christianity to Judaism*,103—4.)。

⑲弗罗伊登塔尔(Freudenthal)著《斯宾诺莎生活史》(*Die Lebensgeschichte Spinoza's*,64.)。

⑳卢卡(Lucas),同上,16。

㉑Ep. 69。

㉒见古斯塔夫·科昂(Gustave Cohen)作"圣埃夫勒蒙在荷兰的旅居"("Le Sèjour de Saint-Evremond en Hollande (1665—1670)," 70—1.)。

㉓弗罗伊登塔尔(Freudenthal)著《斯宾诺莎生活史》(*Die Lebensgeschichte Spinoza's*,34—5.)。

㉔见波普金(Popkin)作"对斯宾诺莎的'神学政治论'首次发表的反应"("The First Published Reaction to Spinoza's *Tractatus*," 11.)。

㉕在最近的学者中,波普金(Popkin)对斯宾诺莎实际上曾经会见孔戴提出最有力的证明,见其作"在克拉克的意外发现:斯宾诺莎与孔戴亲王"("Serendipity at the Clark: Spinoza and the Prince of Condé")。

㉖弗罗伊登塔尔(Freudenthal)著《斯宾诺莎生活史》(*Die Lebensgeschichte Spinoza's*,64—5.)。

㉗同上,65。

第十二章 "自由的人绝少想到死"

由于彼得·巴林、西蒙·德·福里和阿德里安·考贝夫相继去世,到十七世纪七十年代初,阿姆斯特丹的斯宾诺莎友人圈子失去重要的核心成员,甚至在一段时期内大伤元气。范·登·恩登也已经离开,去了巴黎,后因参加反路易十四的密谋而于1674年被处决。不过,那时还有鲍麦斯特及梅耶尔,他们大概时常前往海牙会见斯宾诺莎。利乌魏特茨也还健在,不过他可能很忙,筹划出版新书,在市府当局的监视之下努力维持他的书坊。到1674年,新一代热心的斯宾诺莎主义者和同路人加入到这些老伙伴的队伍中来,其中有舒勒和他在莱顿大学攻读医科时期认识的朋友彼得·范·根特,而奇恩豪斯也参加过几个月。所以,在整个七十年代,阿姆斯特丹大概一直有一个斯宾诺莎门徒的活跃小组,他们很可能在利乌魏特茨的书坊里聚会,继续进行这个小组从五十年代末开始的活动。

而那时还有雅里希·耶勒斯这位始终诚实可靠的朋友。在1673—1674年间,他从研究笛卡尔及《伦理学》渐渐转向研究《神学政治论》,所读的想必是格拉兹梅克那部未发表的荷兰语译本。在现已失传的一封信里,他问道,斯宾诺莎自己的自然权利理论及对国家的论述如何与霍布斯的区别开来。他大概也对他的朋友的这本书最近遭到的攻击表示关切。①对于梅耶尔的文学俱乐部,耶勒斯即使出席过,似乎也没有成为积极的参加者,而且,他在哲学研究中似乎一直主要是独自进行的。总之,耶勒斯可能总是只好勉为其难地与斯宾诺莎的其他伙伴相处。在小组中他大概是受过正规教育最少的。他从来没有上过大学,甚至不懂拉丁语。他或许还对梅耶尔等人的自由思想倾向略感不悦。耶勒斯是一位具有深刻而朴素的信仰的人士。1673 年春,耶勒斯将他写的《普世基督信仰之自白》*寄给斯宾诺莎,他在此书中企图只阐明为"所有基督徒所能接受的普世信仰"所需要的最基本的信条。这篇著作表达理性主义者的、无告解的(nonconfessional)和上帝一位论派的信仰。其精神灵感来自路德和伊拉斯谟,也来自笛卡尔和斯宾诺莎。至福与天恩等同于永恒真理之"纯理性知识"。耶勒斯排斥一切具体的典礼仪式,认为它们不为虔诚和真正宗教所需要,实际上还可能构成障碍。救世所必需的只是知性与道德行为。这就是耶稣的真正教导,而耶稣是一位比谁都更得道于圣灵,亦即更具有神的智慧和理性的人。② 据说斯宾诺莎虽然"没有称赞(耶勒斯),也没有很多同意的表示",但是给他写信说:"我愉快地通读了您寄来的著作,感到没有什么需要改动。"③

斯宾诺莎与耶勒斯的关系可以回溯到他们在阿姆斯特丹交易所当商人的时期,比他生平所保持的任何其他关系都更悠久。在这些艰难的岁月里,耶勒斯的长期友谊,或许还有他的财务支持,一定对斯宾诺莎有很大的重要意义。因为,尽管斯宾诺莎性情平和,对《神学政治论》所遭到的尖刻攻击泰然自若,但是,当他听说 1673 年 12 月荷兰省和西弗里斯兰省的国会代表们呼吁,对以假

---

* 《普世基督信仰之自白》(Confession of the Universal and Christian Faith),在耶勒斯死后的第二年,即 1684 年,此书的荷兰语版由利乌魏特茨在阿姆斯特丹印行,书名为 Belydenisse der algemeenen en Christelyken geloofs, vervaltet in een brief aan N. N., door Jarig Jelles。

的书名出版的"渎神"书籍采取强硬措施的时候,不可能完全无动于衷。那些代表们矛头直指而且引起这场新的整肃行动的,与其说是《神学政治论》本身(此书封面所刊的出版社和出版地点虽然是假的,但书名不假),不如说是那年年初出现的一种将《神学政治论》与梅耶尔所著《哲学是圣经的解释者》合订为单卷的版本,它分别以不同的假书名印成三本书:《全部医学之新观念》(*Totius medicinae idea nova*),莱顿大学已故的医学教授弗朗西斯科斯·德·勒·博·西尔维于斯著;《历史著作集》(*Operum historicorum collectio*),十八年前去世的人文学者达尼埃尔·海因西厄斯著;《外科医术全书》(*Opera chirurgica omnia*),弗朗西斯科·恩里克斯·德·比利亚科塔所著的医科论文集。议会对这种行为具有的"欺骗性"尤为愤恨。他们要求荷兰省法院断然制止这种有害的作品,而且颁布法令,务使斯宾诺莎和梅耶尔的书籍在全省范围内予以取缔和没收。

法院有了采取行动的充分理由。结果,在1674年7月19日,荷兰省的世俗当局明令禁止《神学政治论》以及其他"索齐尼派的和渎神的书籍",诸如霍布斯的《利维坦》和梅耶尔的《哲学是圣经的解释者》。④所有这些书籍均被认为"不仅颠覆真正基督新教之教义,而且充满对于神、对于神品及美好的三位一体的亵渎,反对耶稣基督的神性及其真正的天恩。"判决认为这些著作既破坏基督教之基本原理,又推翻圣经之权威。所以,法院颁布法令:今后应禁止印行、出售或传播此类书籍,违法者予以相应惩罚。⑤

显然,德·维特的精神已荡然无存。不论荷兰省议会还是法院,更不用说市镇政府,现在都掌握在那些毫无同情心的执政望族手里。斯宾诺莎不可能再指望省里有法不依,或得到地方官员的庇护。与此同时,新教教会的领导者及各大学的神学家和哲学家,尤其是笛卡尔派,继续施加压力。仅在1673年夏及1674年秋之间,即省议会完成其调查结果前不久,到法院颁布其命令后不久,《神学政治论》遭到三个省(北荷兰省、南荷兰省及乌得勒支省)的教会评议会及一个主要城市(莱顿)的教会总会的谴责。阿姆斯特丹的教会总会此前已经提出过指斥,而海牙不久于1675年跟风而上。

斯宾诺莎势必感到四面受敌。但是,他一直坚持对这些攻讦不直接回应的政策。他对任何争辩和公开论战毫无兴趣。正如多年前由于预期到神学家们的反应,他不打算发表《神、人及其幸福简论》一书时,向奥尔登伯格所作的解释:"我是极端害怕争论的。"⑥到1675年,他对那些批评者的态度甚至变得更加轻蔑:"我从未考虑要驳斥我的任何论敌,在我看来,他们根本不值一驳。"⑦

此外,他自己的著述工作十分繁忙,以致不能与众多的批评者进行旷日费时的笔战。在十七世纪七十年代初,斯宾诺莎回头重理《伦理学》的撰写。他特别集中力量改写一度扩大了的第三部分的内容,而且此时是要组织到第四部分和第五部分中去。这包括不少他的道德心理学,情感对人的奴役问题及关于"自由人"的论述。斯宾诺莎在《伦理学》里必须论述的政治的与社会的性质,以及关于宗教和真正自由的问题,有不少很可能在1670年以后都有过重大的修正。在至少六年中断之后重拾旧业的这部手稿的后面诸部分,这时必须改写;这不仅根据中断期间他的阅读所得——特别是霍布斯的《利维坦》,而且更重要的是根据他本人在《神学政治论》中所陈述的国家及公民社会之理论。我们不确知在斯宾诺莎于1665年将《伦理学》之撰述搁置一旁时他已经写出了多少,虽然那显然是一部颇为可观的草稿;所以,我们也不知道这部完整的著作有多少只是七十年代写出来的。然而,鉴于在十七世纪六十年代初和七十年代初之间,他的形而上学的、伦理的和政治的思想表现出来的一般连续性,在他迁往海牙后对《伦理学》所作的增添或改动不大可能是对他的基本学说的任何重大修正。在完成《神学政治论》之后,他的关于人及人的动机的理论之政治含义可能变得更清楚和更周详,但是即使与他在 1661 年左右开始构思他的学说体系之几何学方式的表述时相比较,这些含义绝不可能在思想上相去甚远。

斯宾诺莎还继续从事其他几项工作。有可能迟至 1674—1675 年冬天,斯宾诺莎还在考虑完成《知性改进论》。他也可能一直在想撰写一篇关于自然哲学的短论。在 1675 年 1 月与奇恩豪斯的往来通信中,对这两项工作都有重大的提示。奇恩豪斯还在阿姆斯特丹的时候,舒勒医生给过奇恩豪斯一本《方法论》的著述之手稿,⑧后来奇恩豪斯问斯宾诺莎计划何时发表这部著作。斯宾诺莎在复信中简短地说:"至于您的其他问题,即关于运动和关于方法的那些问题,因为我在这些方面的观点尚未以适当的次序写出来,留待另外时机再谈。"⑨他还打算在《神学政治论》后来的版本中,增添一系列的注释,以便"如果可能的话,扫除那些用以反对它的偏见"。因此,于 1675 年秋,他请奥尔登伯格指出,在《神学政治论》中那些"对学者来说成为绊脚石"的段落。⑩此外,他希望把范·凡尔底桑的那封批判信函及他对这些批判的回应收进该书内。由于他已经会见那位乌得勒支的教授,他对那位教授更为重视。他致函范·凡尔底桑,请求他的允许,而且还说,如果他认为斯宾诺莎的答辩有任何太刺耳的言辞,他完全可以改正或删除那些话。⑪

大概就在这个时期,如果不是早几年的话,斯宾诺莎着手撰著一部希伯来语法。⑫在《神学政治论》中,他坚持认为对正确解释圣经来说,希伯来语之知识是必要的。"既然《旧约》和《新约》诸卷的作者都是希伯来人,对希伯来语的研究无疑成了首要条件,这不仅是为了理解以那种语言写成的《旧约》诸卷,也是为了理解《新约》。因为,《新约》诸卷虽然是以其他语言印行的,但是充满希伯来的成语。"⑬但是,真正在日常生活中使用过希伯来语的民族,据斯宾诺莎的申诉,没有把有关他们的语言之基本法则的任何资料留给我们。当然,在十七世纪有多种希伯来语法书,有老的也有新的,包括摩特拉(Mortera)拉比(1642年)及马纳塞(Menasseh)拉比(1647年)所写的著作。斯宾诺莎本人藏有几本关于希伯来语的书籍,包括布克斯托夫(Buxtorf)*于1629年出版的《神圣希伯来语语法宝典》(*Thesaurus grammaticus linguae Sanctae Hebraeae*)。斯宾诺莎写道:"几乎所有的草木虫鱼之名以及其他许多词语由于代久年湮,都一无所存了……时光不留情,希伯来民族所特有的惯用法和语式差不多都从人们的记忆中消失。"除了这些必然将殃及日后对希伯来语的任何论述的无可弥补的问题之外,斯宾诺莎认为,在前人所著的所有语法书中还有一个他所不能容忍的问题。正如布克斯托夫的书名所示,这是作为"神圣"语言,即作为圣经语言的希伯来语的一部语法。斯宾诺莎认为希伯来语肯定是一种天然语言。他在另一方面建议写一部作为天然语言的希伯来语法。"有许多人写过圣经之语法,但是没有人写过希伯来语言之语法。"⑭说也奇怪,他据以研究和举例的唯一文本实际上就是希伯来语的圣经。不过,他的研究方法完全与他对圣经的说法一致。如果就像他在《神学政治论》中所主张的那样,圣

---

* 布克斯托夫(Buxtorf, Johannes, 1564—1629),德国闪语文化学者,著有《希伯来语及迦勒底语手册》(*Manuale hebraicum et chaldaicum*, 1602)及《希伯来语及迦勒底语字典》(*Lexicon hebraicum et chaldaicum*, 1607)等。其子小布克斯托夫(1599—1664)继承父志,亦为巴塞尔大学教授,完成其父的若干著作。

经是一部人为的著作,多年以来以产生所有书籍的自然方式编撰而成,那么,它的语言不应视为某位超凡入圣者的超自然语言,而只是特定民族使用过的语言。犹如圣经只是一部出自人手的文本,希伯来语也只是一种人间的语言。

《希伯来简明语法》是在斯宾诺莎死后出版的一部未完成的遗著,其目的在于通过重建作为天然语言而非"神圣语言"的语言规律和用法,提供某种世俗化的希伯来语。他指出,这部著作是写给"那些想要说希伯来语的人们,而不是那些只是为了唱圣歌的人们。"⑮最初他是应朋友们的要求而开始撰写的,原来想供他们私人使用。响应斯宾诺莎本人提出的"只根据圣经"来解释圣经的呼吁,以及他们的新教教养中回归"圣经"本身的要求,这些朋友请他提供这种语言之基本知识的某种入门教材,以便帮助他们学习。据耶勒斯称,这部著作有几份稿本在阿姆斯特丹的小组中流传。⑯斯宾诺莎对这种流传方式可能很满意,根本不想正式出版。

耶勒斯还指出,《希伯来简明语法》本来是要按《伦理学》的"几何学方式"来写的,打算包括两个部分。第一部分是已完成的三十三章,阐述基本的词源变化,希伯来语字母,以及关于名词、动词及其他词类的变化规律。斯宾诺莎在这部分里可能着手厘清想读《妥拉》的那些人面临的某些较易处理的问题,他在《神学政治论》中曾经指出过这些问题,诸如某些希伯来语字母的相似性所引起的可能的混淆,以及因加元音符号(元音化 vocalization),标点和重读所带来的困难。在他根本没有着手撰写的第二部分,要讲的是希伯来语的句法规律。⑰

在编写他的语法书时,斯宾诺莎多少依靠其他犹太的和非犹太的希伯来语文学家的著作。除了布克斯托夫的书以外,他藏有

第十二章 "自由的人绝少想到死"　483

十二世纪圣经大注释家摩西·金基(Moses Kimchi)*所著的一本十六世纪出版的语法书,以及埃利亚胡·列维塔(Eliyahu Levita)所著的一本。尽管如此,他所写的这部还是独具一格的。其中最大的特点就是斯宾诺莎的希伯来语法套用拉丁语的范畴与架构。例如,希伯来语的名词据说有六种变格:主格、属格、与格、宾格、呼格及夺格。因此,按照斯宾诺莎的说法,名词דבר("字词"或"事物")的与格לדבר实际上只是这个名词与表示至某终点的介词(如英语 to)复合在一起。[18]按照标准的拉丁语词形变化表,希伯来语动词赋有各种不同的"变位"。此外,此书的编写虽然没有采取"几何学方式",斯宾诺莎仍对取自圣经的希伯来语给予高度理性主义的表述。他尤其着意于说明这是一种完全为规律所支配的语言。他醉心于将所有的构成与变化均归结为各项规律,而且尽可能消除一切不规则的形式。这种倾向导致他假定第八种"变位"(比通常的七种动词形式多一种),即希伯来语动词的被动与反身形式(hitpael)。[19]斯宾诺莎对闪语系历史的最独创的(即使是站不住脚的)贡献大概就是他的名词首要理论。他断言,"希伯来语的一切字词均有名词之力量与特性。"[20]按照他的说法,所有的动词、形容词及其他词类均从实词派生出来。如某些学者所指出的,因为在他的基本形而上学理论中,"实体"是基础性范畴,名词首要说只是他的基本理论在语言学中的表现。[21]

　　斯宾诺莎的朋友们感到他的希伯来语法著作有多大助益,我们无从得知。这不是一本适合初学者使用的著作。在他的这本书

---

* 金基(Kimchi,可能即 Kimhi David,1160—1235),犹太裔的希伯来语学者和圣经学者。他对圣经中的困难词语和段落给予逻辑的和语法的解释。所著语法著作及 Sefer Michlol(Book of Roots)译成拉丁语,广为基督教学者所使用。

中也有明显的错误,这大概是因为自从斯宾诺莎正规攻读希伯来原文以来已经将近二十五年之久。尽管如此,通过为他的基督教朋友们撰写《希伯来简明语法》,斯宾诺莎在无意中实现了格劳秀斯的目标。格劳秀斯在1618年主张应该允许犹太人在尼德兰定居,他说:"坦率地说,上帝希望他们有地方住。那么,为什么不住在这里而住在别处呢?……况且,他们中间的学者可能教我们希伯来语而对我们有所助益。"

*　　　　　*　　　　　*

在多项工作计划齐头并进,而且健康状况已经使他感到担心的情况下,对斯宾诺莎来说,时间与精力变得愈益可贵。随着声誉日隆,他的大部分时间为接待来访者及回复来信所占。例如,一度担任霍林赫姆市(Gorinchem)*之立法顾问的许戈·博克赛尔(Hugo Boxel)**于1674年秋季询问斯宾诺莎是否相信幽灵。博克赛尔根据可信的古今传说及合理的原则,确实相信此事,虽然他认为没有雌性幽灵,因为他们不生育。㉒斯宾诺莎一年前在乌得勒支逗留期间可能见过博克赛尔,出于对这位来信者的尊重,他没有直截了当地否认幽灵的存在,但是最后指出没有任何支持此说的证据。他觉得相信这类事物只是出于想象,而非理性的产物。博克赛尔回信说,斯宾诺莎的成见可能阻碍他在此事上探究真理,这时斯宾诺莎既然不容回避,便坦率直言,认为幽灵传说都是无稽之谈。"我承认我大吃一惊,这倒不是由于所说的传说故事,而是由

---

* 霍林赫姆(Gorinchem),荷兰市镇,在鹿特丹东偏南约30公里。
** 博克赛尔(Hugo Boxel),1655年在其家乡城镇霍林赫姆任秘书,四年后当选为立法顾问(Pensionary),1672年德·维特遇难后免职。他可能参与斯宾诺莎于1673年访问乌得勒支法军营的活动。

于它们的作者。我惊奇这些有才能和判断力的人们[诸如小普林尼(Pliny the Younger)*和苏埃托尼乌斯(Suetonius)]**竟会浪费他们的辩才,滥用来说服我们相信这类荒诞不经的事情。"㉓至于断言所有的幽灵都是雄性,这大概是因为"那些见过裸体幽灵的人未曾看其阴部,也许他们过于惶恐或不了解这种差别"。

博克赛尔是非常固执的。他认为,因为幽灵比有形的被造物更多地表现神的形象,相信幽灵之存在对神之荣耀带来更大的敬意。斯宾诺莎以他关于神及宇宙固有的必然性的理论答辩博克赛尔的说法。但是博克赛尔对斯宾诺莎的理论持不同意见。斯宾诺莎感到不耐烦,认为他们这种交流不会有任何结果,最好还是结束这场讨论。"我们这次讨论或许表明,遵循不同的前提原理的两个人,在涉及许多其他问题的事情上要想达成一致所遇到的困难。"㉔他认为,他们在基本原则上有这么多歧见——诸如关于神、必然性和人性——他们绝无可能在这个次等重要的问题上解决分歧。斯宾诺莎感到尤其可厌的是博克赛尔执着于对大众想象的神之拟人化观念。

您认为如果我否定神有视、听、期望、意欲,等等行为,而且在崇高的水准上实现这些能力,您就不知道我说的神是哪一种了。因此,我料想您认为没有比上述表征所展现的更大的圆满性。这也不足为奇,因为我相信,如果三角形会说话,它也会说,神就是崇高的三角形,而圆形会说神之本性在于崇高的圆形。如此类推,每个事物都会把自己的属性说成神的

---

* 小普林尼(Pliny the Younger),约公元61—112年,古罗马元老院议员,老普林尼(Pliny the Elder)之侄,以其书信集知名。
** 苏埃托尼乌斯(Suetonius),约公元69—150年,古罗马传记作家和历史学家。

属性,使自己俨如神一样,而其他的东西都是不圆满的畸形。

就我们所知,博克赛尔后来不再给斯宾诺莎写信。

那年较晚的时候,奇恩豪斯(Tschirnhaus)通过舒勒(Schuller)开始与斯宾诺莎通信,那是一次更富哲学成果的讨论。1674年秋奇恩豪斯在阿姆斯特丹开始认真研读《伦理学》,很可能还有舒勒等人在一起。他首先关心的似乎是意志自由的问题。在十月份写给斯宾诺莎的信中,他说人的自由不需要排除一切有决定作用的因素。他主张,即使我们的行动为明确的原因所决定,只要我们不受外部环境的限制或强迫,以致除了我们已做的事之外,本来就不可能另有作为,那么,我们便可以认为我们自己是自由的。奇恩豪斯示意斯宾诺莎,如果不含有人没有自由之意,《伦理学》中关于宇宙的决定论性质所作的一切论述可能都是真理。在斯宾诺莎致舒勒的第一封信中还称奇恩豪斯为"您的"朋友,他通过这封信答复奇恩豪斯称:在宇宙中"每一事物必然为外因所决定,以某种确定的和限定的方式存在和行动",在这个宇宙中自由对人类而言只是一种幻想。我们与任何其他的被造物,诸如从空中扔下的石头,没有不同。

请您设想一下,一块运动中的石头认为而且知道,它正在尽它的力量继续运动。既然这块石头只意识到它本身的努力,*对于这点毫不含糊,那么,它一定认为它是完全自由的,而且它继续运动只是出于自愿,别无其他原因。众所奢言拥有的

---

* 努力(conatus):这是斯宾诺莎的伦理哲学与心理学的中心观念,指一切自然事物保持自我存在的天然倾向或趋势,这是事物本身的现实本质。有些学者认为这一观念是后来弗洛伊德所提出的内驱力(libido)之先声。

人的自由也是这样,它仅在于人们意识到他们的愿望而不知决定他们这个愿望的原因。其他如婴儿认为他自由地要吃奶,发怒的男孩要报复,以及懦夫要逃走,都属同一道理。连醉汉也认为,正是根据他的自由决定,他说出那些后来清醒时不愿意说的事情。㉕

斯宾诺莎与奇恩豪斯似乎相互真正留下深刻印象。这位爱好哲学的贵族人士醉心于斯宾诺莎的学说体系,甚至为之倾倒,特别是那种"探究真理的方法",他认为是"极其优异的"。他们的通信导致1674年末的亲身会面,地点大概在阿姆斯特丹。即使在奇恩豪斯首先去巴黎,后来去伦敦以后,他仍然下苦工夫去了解《伦理学》中关于神与自然之形而上学的微言妙谛,而且向斯宾诺莎提出不少深入而睿智的问题。(奇恩豪斯在巴黎担任路易十四的财政大臣科尔贝之子的家庭教师。)与布林堡那些烦人的疑问或范·凡尔底桑偏颇的非难不同,与奇恩豪斯的交流无疑令斯宾诺莎耳目一新。多年以后,尽管不乏证据,奇恩豪斯也从来不公开承认他受过斯宾诺莎的影响,甚至一度发展到否认他曾认识斯宾诺莎。然而,在私人通信和谈话中,他为他的朋友大力辩护,反对批评者的指责。但是,在开诚布公的时候,他最多公开勉强承认:"就算我是一位犹太哲学家的追随者,那也无关紧要,因为几乎所有的经院哲学家都信服肯定不是基督徒的亚里士多德。"㉖

翌年(1675)春天,斯宾诺莎还得以恢复他与奥尔登伯格的通信。经过一些非常艰苦的年月之后,到十七世纪七十年代,皇家学会的这位秘书已是洗心革面。他的妻子死于瘟疫,他遭到短期但是有害的监禁,而且有为独自抚养两个孩子而导致困难的财务负担,结果,奥尔登伯格这时成为一个更谦卑、更平静或许更怀旧和保守的人。在他历经劫波期间,他大概从宗教信仰中得到巨大的慰藉。那是一种不断深化的相沿成习的信仰。因此,当他读到他的朋友"对圣经的论著"(很可能在它刚出版之后),他必然深感吃惊。斯宾诺莎曾经送给他一部《神学政治论》,[27]而奥尔登伯格起初的反应——表现在一封不复存在但是可能在1670年写的信中——无疑是负面的。这可能就是两人没有通信的原因,直到1675年6月,奥尔登伯格为他以前匆促表示的生硬态度道歉而再度致函斯宾诺莎:"当时(写先前那封信的时候)在我看来有些内容似乎会对宗教有害,"然而,他承认他最初的判断是"很不成熟的",只是根据"一般神学家制定的标准和刻板的信条(在我看来似乎受教派偏见的影响太大)。"他向斯宾诺莎保证,现在他对此书已经有了"更正确的看法",而且深信,"您根本无意对真正的宗教和健全的哲学给予任何伤害,恰恰相反,您在努力宣扬与确立基督教的真正宗旨,以及裨益世人的哲学之优异精粹。"[28]

奥尔登伯格的诚实性在这里不好估计。学会的通信秘书其职责在于搜集情报信息,作为这方面的一项实用的本领,他当然能够讲许多口是心非的话。他不想让一向小心翼翼的斯宾诺莎吓得将来不敢同他通信,特别是因为他渴望得到一本《伦理学》。此书看来他与奇恩豪斯在伦敦讨论过,而且他相信其出版在即。其实,他六月份来信的动机是相当明白的。就在他重新向斯宾诺莎保证,他相信哲学家之宗旨是为了"宣扬与确立"真正的基督教和"裨益世人"的哲学之后,他又写道:

既然现在我相信这是您的既定宗旨,我竭诚请您惠允说明您为此目标的打算与考虑,经常赐函给您的衷心期待此一神圣事业之最大成果的真诚老友。我向您许下神圣的诺言,若您吩咐我缄口保密，我一定不向任何人泄露。为此我决心要做的只是：逐步让那些贤明之士接受您一旦进而公诸于世的那些真理，而且驱除已经构成的反对您的思想的那些偏见。

在伦敦塔狱时所造成的创伤大概尚未平复，谨小慎微的奥尔登伯格在下一个月里迅速致函称，如果斯宾诺莎想给他几本《伦理学》*以便"在我各处的朋友间"散发，他希望小心一点。"我只请求您在适当的时候将它们委托给一位住在伦敦的荷兰商人，以后他会设法交给我。没有必要提及曾经将这种书送到我处……"㉙

当然，奥尔登伯格对1670年之信件表示道歉可能并非深于城府或别具心机之举。他们之间的通信在奥尔登伯格入狱以前已告中断，对于长期不通音信之后重新恢复联系而言，这位几乎过于热心的奥尔登伯格对《神学政治论》的初次反应回想起来势必感到似乎颇为鲁莽唐突。虽然在赔礼道歉以前要等五年的时间未免过长，但是他在1675年可能只是觉得这是对于一位他仍视为友人之情谊所应做的表示。或者，他可能由于奇恩豪斯的一番美言真地改变了他对《神学政治论》的看法。奇恩豪斯通过舒勒透露，正是在奥尔登伯格致函斯宾诺莎以前，在1675年春季与奥尔登伯格有过一次在他看来似乎有成效的会晤。"（奇恩豪斯）说，玻意耳及奥尔登伯格先生本来对您有一种很外行的看法。他不仅消除了这个看法，而且还补充一些理由，使他们重新给予您最有价值的好评，而且还高度重视《神学政治论》一书。"㉚

然而，从后来他致斯宾诺莎的信来看，奥尔登伯格于1675年6月所表白的赞许不能不似乎有欠真诚。尽管看来对斯宾诺莎还

---

* 原文如此，但此处的《伦理学》应为《神学政治论》。

是抱有真挚之情,但是,终其一生,奥尔登伯格显然对他的朋友的哲学与神学观点(以及他的虔信态度)是有疑虑的。对于奇恩豪斯相信奥尔登伯格真正改变了看法,很有可能这样解释:当玻意耳及奥尔登伯格看到奇恩豪斯不仅是斯宾诺莎的朋友,而且比他们更倾向于赞同斯宾诺莎的观点,他们势必感到有圆通敷衍的必要。

这个问题的部分原因在于奥尔登伯格确实不懂得斯宾诺莎观点的实质。

> 对于您表示愿意说明与缓和《神学政治论》中那些对读者构成障碍的篇章,我不能不赞同。在我看来,尤其是那些似乎以暧昧的方式论述神与自然之问题的地方,许多人认为您将两者相互混淆。此外,许多人认为您剥夺奇迹之权威性与有效性,但是几乎所有的基督徒都相信神的启示之确实性只能建立在这些奇迹上面。况且,他们说您在隐蔽您对基督耶稣、救世主、人类唯一的中保,以及其道成肉身和为世人赎罪的看法。他们要求您在这三方面清楚地表明您的态度。如果您做到这一点,从而令通情达理的基督徒们心悦诚服,我相信您的地位将安如磐石。㉛

实际上,斯宾诺莎势必对奥尔登伯格有多么仔细阅读过《神学政治论》感到疑惑。在他于1675年12月的回信中,他向奥尔登伯格摊了牌。虽然他坚持认为那些认为他把神和自然看成一个东西("他们把自然理解为某种质量或有形物")的人们是出于误解,但是他承认:"我对于神和自然持有一种与近代基督教徒惯常所主张的非常不同的观点。"至于奇迹问题,"我是相反地深信神的启示之确实性只能建立在教义之智慧上面,而不是在奇迹,亦即无知上面。"最后，斯宾诺莎打消奥尔登伯格对斯宾诺莎皈依基督教教条或许抱有的任何幻想，尤其是关于作为按字面解释的神之化身的耶稣。㉜与奥尔登伯格原来对斯宾诺莎观点之正统性所感到的半信半疑相较，他对这番澄清甚至觉得更为不安。

从他与奇恩豪斯的交谈中，奥尔登伯格也得知那部"分成五部分的论著"（即《伦理学》）中的某些内容。他据此劝告斯宾诺莎说："出于您对我的深情厚谊，我劝您在书中不包括任何可能像是对宗教美德之实践的触犯。我力陈此议，因为这个道德沦丧的时代最热衷的莫过于以其结论助长猖狂罪行的那些学说。"㉝虽然，在他们恢复通信后的整个第二阶段，奥尔登伯格提到"您的读者们"会对那部著作恼火，毫无疑义，这基本上是他在表达他自己的反对意见。斯宾诺莎最想知道自己可能说了些什么，不仅会为好辩的神学家们所不容，而且还会危及"宗教美德之实践"。奥尔登伯格显示，他所担心的首先是斯宾诺莎的决定论，以及他所说的在斯宾诺莎观点中所固有的那种"宿命论"。

> 您似乎断言一切事物与行动都有一种宿命的必然性。他们（您的读者们）说，如果承认和肯定这一点，一切法律、所有道德和宗教之筋骨均被砍断，而全部奖惩都成为毫无意义。他们认为，任何被迫的东西，或包含必然性的东西，都是可以宽恕的，而且认为这样一来，在上帝看来没有什么人不可原谅了。如果我们被命运所驱使，而且万物在命运的铁掌操弄之下遵循一条固定而不可避免的途径行事，那么，他们看不出来还有什么可以归罪和惩罚的余地。㉞

在一封立即回复的信中，斯宾诺莎否认他的观点替人们的行动开脱责任。道德诫律仍然是"有益的",而且对我们有约束力。正是因为善必然而不可避免地来自德行(而恶来自罪行),美德之实践"不会因此而更为可取或更不可取"。此外,他又写道:"在神前,人们没有任何假托的借口,其原因不外乎他们在神力之下犹如黏土在陶工的手中,同样的一块黏土制成许多人,有体面的也有不体面的。"㉟他论证道,任何人都不能为已经让他得到的天性而抱怨神,也就是抱怨自然之必然性。

> 一个性格软弱的人抱怨神不给他精神力量和对神的真知与真爱,而赐予他的天性如此软弱,以致不能控制他的欲望,那么,这就像一个圆形抱怨神不给它球体之特性,或一个患肾结石的孩子抱怨神不给他健康的身体,其荒谬性都是同样的。对于每个事物而言,只有必然出自其既定原因的东西是在它的能力范围之内。要求具有坚强性格则不在每个人的能力范围之内,而要求具有健全的身体也不比具有健全的心理更在我们的能力范围之内。如果不是对经验和理性两者都悍然不顾,任何人都不能否认这点。

诚然,斯宾诺莎承认,一切由于其天性之必然而犯罪的人因此都是不无缘由的。而如果要想从此得出结论,认为神不能对他们发怒,斯宾诺莎是同意的,但是这只因为神首先不是会生气的存在物。若是因此而说一切人都应得神佑,斯宾诺莎则不敢苟同。"人们有可能不无缘由,但是仍不得神佑而备受痛苦。马之为马而不是人,不无缘由,但它必然是马而不是人。人因犬咬而发狂诚然不无缘由,但是仍然应是死于窒息。最后,一个不能控制其欲望、不能因不敢触法而自律的人,虽然也是因其弱点而不无缘由,但是他得不到内心的安宁,得不到对神的知与爱,而必然自毁前程。"㊱奥尔登伯格觉得斯宾诺莎为其观点的辩护颇为无情,但他仍然不能折服。"如果神由于人们绝不可避免的罪孽而把他们付诸永恒的或者至少一时是可怖的痛苦来折磨,这似乎很残酷。"㊲

奥尔登伯格对《神学政治论》的解读以及随后的通信似乎大大影响他对斯宾诺莎的看法。看起来他对斯宾诺莎的私人热情没有动摇。但是,奥尔登伯格其实从来没有真正很好了解斯宾诺莎。他们只在十五年前见过一次面,而且为时很短暂。当斯宾诺莎观点的真正本质在他们后来的通信中逐渐而终于显现出来的时候,而且当他认识到他们所认同的"真正虔信和宗教"之理念有根本的分歧的时候,如奇恩豪斯转告斯宾诺莎那样,奥尔登伯格大概确实对他个人有一种"很外行的看法"。

* * *

到 1675 年 7 月初,斯宾诺莎对于他在《伦理学》一书著述方面的进展十分满意,认为此书终于到了出版的时候。他一直小心保护这一书稿,只让他选定的几个人看过,而且那时也以他们不向他人道及此书为唯一的条件。此时这本书似乎即将发表。那个月底他前往阿姆斯特丹,将此书稿——很可能是新抄的整齐副本——交给利乌魏特茨。不清楚斯宾诺莎是否还打算在书名页上不署他的名字,犹如他在《神学政治论》上做过的那样。不过,他未必还觉得有必要采取这种预防措施。自从十五年前他着手这部著作以来,尤其是五年前《神学政治论》面世之后,世道沧桑,关于著者是谁的问题,不会有什么秘密可言。

另外,匿名出版也没有什么好处。自从法军于 1674 年秋被迫撤出乌得勒支及其他市镇以来,省督在荷兰人民的心目中享有崇高地位。人们认为奥伦治王室的成员再度发挥了拯救尼德兰于水火的作用。威廉及其支持者严辞斥责抵制他巩固权势的那些共和派人士。虽然自由派的执政望族和许多商界人士要求迅速结束战事,恢复以前的政治和经济状况,但是奥伦治派坚持打下去,直到最后击败法国,给他们一个教训。鉴于他们对国会、荷兰省议会及一些重要的市政厅的控制,奥伦治派在大多数政治与军事问题上必然自行其是。在神学领域,他们的盟友沃秀斯派同样享有霸权地位。因此,1670 年以来的弈局形势大变,没有理由可以认为,只要匿名发表论著,就能化险为夷,免遭比较肆无忌惮的考贝夫那样的噩运。尽管如此,还是应该试试运气。说不定某位持同情态度的执法长官遭到新教牧师们施加压力的时候,借口正在想方设法找出这种有害著作的作者是何人,可以借机拖延搪塞。

当他在市内办事时,斯宾诺莎可能在好奇心驱使下走访他原来的住区。他一定听到消息说,他以前所属的犹太教公会正在"宽街"(Breestraat)尽头修建一座宏大的新会堂。此项建设已于1671 年开工,指导者是荷兰建筑师埃利亚斯·鲍曼和木工师傅希利斯·范·德·费恩(因为犹太人尚未获准加入市内的任何行业公会,必须使用荷兰的建筑人员)。虽然在 1672 年的第一波灾难之后,工程停顿了两年多,到斯宾诺莎于 1675 年夏季来到阿姆斯特丹时,建筑已告竣工。他可能甚至想到参加新建筑的奉献大典,那是在 8 月 5 日举行的。对于耗资已近十六万五千荷盾的这一综合服务设施而言,这是一次隆重的仪式。庆祝典礼历时八天,全阿姆斯特丹都参加进来,包括执政望族家庭的一些显要成员。一位参观者惊讶地说,目睹一个在严格意义上尚处于放逐中的民族举办的犹太会堂落成庆典,他简直不能相信自己的眼睛。㊳

斯宾诺莎在阿姆斯特丹逗留两周。但是,刚刚开始料理他的

著作的出版工作,他便突然停止这项印刷。九月初返回海牙之后,他向奥尔登伯格说明他的这一决定的原因:

> 当我在做此事时,谣传四起,说我在印行一本论神的著作,力图借此证明神不存在。有不少人听信这项谣言。因此,可能造此谣言的某些神学家抓住机会,向(奥伦治)亲王及执法长官控告我。此外,一些笨头笨脑的笛卡尔派人士,为了自己摆脱附和我的嫌疑起见,便四处攻击我的观点和著作,迄今喋喋不休。一些可靠人士还说,神学家正在各处策划反对我。听到这些消息之后,我决定延迟此项出版工作,看看事态会如何发展。我本想告知您我要采取的措施,但是情况似乎日益恶化,我现在尚未确定怎样办。㊴

势必令斯宾诺莎感到困扰的部分原因乃是那年六月他所在城市的教会总会发布反对他的决议案。海牙的新教教会领袖们在五年前已经谴责过《神学政治论》。不过,这次他们的攻击似乎更是针对个人而且来势不妙。教会总会的成员们在一次例行集会上的讨论内容,以"斯宾诺莎"这一简单标题载入他们的会刊记录,内称:"教会总会得知,斯宾诺莎之最亵神的言论开始在本市和外地日益扩散。因此迫切要求本会各成员核实他们对此所能得悉的情况,是否有任何其他的斯宾诺莎著作可能正在印行,以及还有什么更大的危害,以便向本会议汇报此事,而且于调查结束后采取措施。"㊵不过,这并未吓住斯宾诺莎,使他不敢于一个月以后带着出版足本《伦理学》的计划前往阿姆斯特丹。

如斯宾诺莎致奥尔登伯格的信中所示,他业已料到,较之牧师们有时火力全开更值得担心的是,世俗当局在神学家们的唆使之下可能准备再次采取行动的消息。关于他即将发表的著作内容的一些绝非友善的流言蜚语,斯宾诺莎是信息灵通的。特奥多尔·赖丘斯于 8 月 14 日自海牙致函给一位有势力的朋友称:"我们中间有人说,《神学政治论》的作者将要发表一部论神和心灵的书,甚至比前一本更有危险性。您及同您一起治理国政的人士,将有责任确保此书不得出版。"㊶如果说,在发表《伦理学》之前出版《神学政治论》,原来的目的是通过首先阐述关于哲学推理之自由的主张,来为他的形而上学与道德的激进观念开路,那么,斯宾诺莎大为失算。考虑到斯宾诺莎不太喜欢争论,实际上《神学政治论》或许已经使得在他有生之年不可能出版《伦理学》一书。

*　　　　*　　　　*

阿尔贝特·伯格(Albert Burgh)是富有的执政望族家庭的子弟,也是斯宾诺莎在范·登·恩登的学校中结识的朋友(或许是他的学生)。1675 年 9 月,斯宾诺莎在其他通信中有一封长信,那是阿尔贝特在 25 岁那年从佛罗伦萨写来的。他的信开头尚称友善:

> 在我出国之际,我保证在旅行期间如果有什么值得注意的事情发生就写信给您。现在既已出现这种情况,而且是一件极重要的事,我要履行我的许诺。我必须告诉您,通过神的无限仁慈,我已经回归天主教会,而且成为它的一名成员。㊷

这件事本身虽然令人失望,但对斯宾诺莎来说不是新闻。关于尼德兰共和国的财政部长康拉德·伯格(Conraad Burgh)之子改宗的传闻,他在阿姆斯特丹和别的地方已经听到。诚然,此事有不少议论。人人都说,这是一起引人瞩目的改宗事件,在一位赞赏者看来,这件事还"起教化作用"。[43]据这位见证人说,若非"上帝怜悯他"而引他出国的话,"因为他与本世纪最不信神和最危险的人斯宾诺莎结交,他本已濒临从异端思想走到无神论的边缘"。[44]通过旅居帕多瓦(Padua)和威尼斯期间得到的宗教体验,他终于了解他的真正使命。在罗马期间他受到来自阿姆斯特丹的一位多明我会修道士的教导,立誓甘于贫困,而且采取托钵僧的服装和举止。伯格崇奉极端苦行。据说不论什么天气,他总是身着破旧法衣,跣足长途旅行。当然,他的家族为这一事态变化大为苦恼。他们千方百计要他回家和回归加尔文教会,甚至切断对他的供给。然而,这一切都是徒劳,对他们的不理解,阿尔贝特仅一笑置之,而且挖苦他们的烦恼。

看到一位老朋友,虽然刚愎自用,却在努力重叙他们的友谊,斯宾诺莎起初可能高兴了一阵。然而,随着他把信读下去,他的喜悦很快就烟消云散了。因为,阿尔贝特在信中不遗余力地设法说服斯宾诺莎改正其错误做法,拯救其灵魂,并且转向基督而"重新做人"。

> 我过去愈是钦佩您的思想透彻和敏锐,现在就愈是为您感到痛惜与悲哀。虽然您具有神赐的璀璨才华,能力出众,确是一位十分热爱真理的人,然而却自陷于凶恶狂妄的魔鬼所设的罗网中遭到蒙蔽。因为,除了幻觉与妄想之外,您的全部哲学算是什么?尽管如此,您却不仅将今生的精神安宁,而且将您的灵魂之永世救赎都寄托在那上面。

伯格接着攻击斯宾诺莎在《神学政治论》那本"不信神的"和"恶魔

一般的"书中的观点,告诫他"承认您的邪恶异端思想,恢复您扭曲的天性,而且与教会和解……如果您不相信基督,你会比我所能说的更为可悲。"他质问斯宾诺莎,为什么"您要不断地胡言乱语,徒劳无益地妄谈无数预兆和神迹的问题呢?要知道,在基督之后,由他的使徒和弟子,以及后来的成千上万名圣者,通过上帝的全能力量,实现了这些预兆和神迹,以证实及确认天主教信条之真理性。"对斯宾诺莎而言,尚有一条拯救他自己的途径,那就是"幡然悔悟您的罪孽,努力认清您的可悲而荒唐的推理方式之极度狂妄自大。"但是他担心骄傲自豪会妨碍斯宾诺莎弃暗投明。"想想您有什么理由嘲笑除了您那些可怜的仰慕者之外的整个世界呢?想想由于有人认为您的才华出众,有人赞赏你的空虚无益,甚至完全错误和亵神的学说,您已经变得何等妄自尊大和自命不凡。"

这位小人物似乎真的忘乎所以了,而斯宾诺莎也要对他如实说来。他没有马上回信,这或许是因为还没有想好对这样一番酷评最好如何处理。但是到了12月,伯格的父亲亲自要求帮助开导他的儿子,斯宾诺莎终于写了回信:

> 我本来不打算给您回信,因为我相信,为了使您恢复常态和回归家庭,你所需要的与其说是论证,不如说是时间……但是一些同我一样对您的卓越禀赋曾经抱有很大希望的朋友们热心敦促我不要放弃朋友的义务,不要由于您现在的情况而不顾您不久以前的表现。[45]

许多人都说,斯宾诺莎是举止安稳、温和,不轻易动怒的人。但是在逼迫之下,尤其是在这样的直接人身攻击之下,他完全能够以眼还眼,以牙还牙。在昔日朋友的这番恶言刺激之下,他对伯格的尖锐抨击毫不退缩。当然,他努力诉诸阿尔贝特尚存的理智,请他不要忘掉对不同的宗教信仰应有的宽容。"若非您或许连同您的理智一起已经失去记忆,否则您不可能否认,在每个教会内都有许多正直而仁慈地崇拜上帝的可敬人士"。在他对阿尔贝特的抗辩中,《神学政治论》所主张更多普世性和更少宗派的宗教观念之诸项原则是明显的。

> 把罗马教会与其他教会区别开来的东西都没有真正的重大意义,它们只是迷信的产物。因为,正如使徒约翰所说,正直和仁慈是真正天主教信仰的唯一确实的标志,"圣灵"的真正成果;哪里有它们,哪里就真正有基督,而哪里没有它们,也就没有基督。只有基督的精神才能领导我们达到对正直与仁慈之爱。如果您愿意正确地自省这些东西,您就不会迷失自己,也不会给您的亲属造成巨大的创痛,他们现在都为您的不幸命运而悲叹。

但是,与其如阿尔贝特的父亲或许愿意的那样坚持温和说理,斯宾诺莎还是决定对这个年轻人采取以子之矛,攻子之盾的回击。[339] "可怜虫,您在为我悲哀吗?您根本不看我的哲学,却说它是妄想吗?失去理性的年轻人,谁使您中了邪,使您认为您吞入腹中的都是崇高永恒的真理?"阿尔贝特问他怎能确信他已找到世界上最好的哲学,对此问题斯宾诺莎答道:

> 其实,这个问题我有更大得多的权利向您提出。我不敢说我已找到最好的哲学,但是我知道我所理解的是真正的哲学。如果您问我怎么知道的,我的回答是:我知道这一点犹如您知

道三角形三内角之和等于二直角同样道理。毋庸多说,任何头脑健全的人都不会否认这一点。他不去幻想那些把假观念当作真观念来传授的暧昧的精灵……但是,您却以为终于找到最好的宗教,或者不如说,找到您竟然发誓轻信的最好的人们。在那些过去、现在或将来都传授其他宗教的所有的人们中间,您怎么知道他们是最好的呢?您是否考察过在这里、在印度和在全世界各处传授的古今所有那些宗教呢?

无论如何,所有的这类宗教只不过是制度化的迷信活动。斯宾诺莎坚持认为,罗马天主教会尤其如此。"我认为,除了伊斯兰教会的组织制度远远超过罗马教会之外,罗马教会在欺骗群众和压制人的精神方面是组织得最好的。自从这种迷信活动创立以来,在他们的教会里没有发生过宗派分立。"说到底,对斯宾诺莎而言,伯格的来信只是证实他在《神学政治论》和《伦理学》两书中所论述的,隐蔽在自称的宗教信仰后面的非理性心理动机:"您已经变成这个教会的奴隶,这与其说是由于对神的爱不如说是对地狱的恐惧,后者才是迷信的唯一原因……我靠的是理性,我接受的是神之真言,它寓于心中而且绝不可能扭曲或败坏,难道您认为这就是狂妄自大吗?"

最后,斯宾诺莎以毫不原谅的劝告结束全信:

抛开这种坑人的迷信,承认神赐的理性,而且加以发展吧,否则您会成为残酷无情的人……如果您注意一下(《神学政治论》中的)这些内容,还考察一下教会的历史(我认为您对此很无知),弄明白天主教的许多传统惯例何等虚伪,罗马教皇凭什么机遇与手腕,最终取得基督诞生后六百年对教会的无

上权威,我深信您最后会恍然大悟。但愿如此,这是我对您的 340
真诚希望。

在那年的晚些时候,阿尔贝特返回阿姆斯特丹,而斯宾诺莎可能已经将写给他的信寄到他的父母家里(伯格的老爹可能只是在他的儿子回来后请求斯宾诺莎援助)。当然,伯格是身着褴褛罩衫,一路乞求布施,跣足徒步从意大利回来的。他的行为令家庭震惊,不久之后他的父母也就不知所措,一筹莫展。斯宾诺莎的反驳看不到什么效果,这令他们大失所望。在短期逗留以后,而且肯定是受不了家里的豪华环境,阿尔贝特·伯格参加了方济各修道会,而且出走到罗马过僧侣生活。[46]

* * *

在整个 1676 年,斯宾诺莎与奇恩豪斯及奥尔登伯格进行哲学问题的通信,而且继续为《神学政治论》的订正版写注释。然而,他的健康情况一定已经在逐渐但明显的恶化之中。由于多年以来吸进磨制透镜时产生的玻璃粉末,他固有的呼吸器官问题已日益加剧。虽然他不断挤出工作时间接待众多的访客,在这一年内他大概没有很多旅行。到巴维罗恩斯水道的住所访问的客人中间,有德国哲学家兼外交家莱布尼茨。在五年前他曾与斯宾诺莎通信,而且曾与奇恩豪斯在巴黎结交。这时莱布尼茨起程回汉诺威,以便就任不伦瑞克(Brunswick)公爵约翰·弗雷德里克(Johan Frederick)宫廷的图书馆馆长。他于十月离开巴黎,在伦敦逗留约一周,就地与奥尔登伯格过从一段时间。他与奥尔登柏格势必就斯宾诺莎所著《神学政治论》有过长时间的称心的讨论。关于斯宾诺莎对于神、奇迹和事物之必然性诸问题的观点,他们都抱有一些重要的反对意见,而且或许对比过他们各自阅读该书的笔记。他们还深入思考过近期斯宾诺莎致奥尔登伯格的几封信,莱布尼茨把信件抄下来以备自用,而且日后他加注大量批评性及解释性评语。㊼

在前往荷兰途中,所乘船只因风滞留于泰晤士河,莱布尼茨写了一些论语言、物理和数学的短章。他还为预期与斯宾诺莎的会面做好功课,大概是准备一系列的笔记和问题以供讨论。他确实在打算更多地了解斯宾诺莎关于神、自然和人心的观点,莱布尼茨在他生涯的这个阶段对这些课题抱有巨大的兴趣。关于《伦理学》一书,奇恩豪斯已经让他有很好的了解。尽管斯宾诺莎不允许奇恩豪斯让莱布尼茨阅读该书的抄本,奇恩豪斯还是可能给他看过。㊽

莱布尼茨抵达尼德兰后,先去阿姆斯特丹,大约一个月里他在那里逗留过。他会见胡德(这时是该市的长官之一),同他讨论各种数学与政治问题,而且得识斯宾诺莎的一些朋友,特别是奇恩豪斯可能介绍过的舒勒。他还去过代尔夫特(Delft),在那里会见安东尼·范·列文虎克(Leeuwenhoek)。

由于奇恩豪斯及舒勒两人所作的备加称赞的报告,斯宾诺莎对莱布尼茨的来访已经有了善意的准备。据莱布尼茨说,大概在几个星期之中他与斯宾诺莎会见多次。尽管他们在见解和作风上都不一样——长袖善舞的莱布尼茨是杰出的宫廷学士——这两人还是有许多共同点和大有可谈的。在许多领域里他们的兴趣互有交集。他们的长时间讨论包含各种重要的哲学、政治和科学课题,涉及笛卡尔的运动法则所固有的问题以及荷兰共和国近来的事件。㊾莱布尼茨借机叩问斯宾诺莎的形而上学观念,而此时斯宾诺莎对他的客人所持动机与意图较他一年以前更少疑虑,便示以

《伦理学》,或者至少是它的某些部分。

> 途经荷兰时我见到斯宾诺莎,同他有几次长谈。他有一种奇异的形而上学,充满悖论。例如,他认为世界与神只是同一个实质物,神是万物之实体,而万物只是诸样式或依存物。但是,我注意到,他给我看的一些他的所谓证明并非完全正确。在形而上学中提出真正的证明并不像人们所想的那样容易。[50]

在他们的一次会晤之前,莱布尼茨写下了关于神之存在的本体论证明他的一些想法(那就是说,因为"存在"是处于诸多圆满事物之中,故包含一切圆满性的神必然存在,此证)。斯宾诺莎在《伦理学》第一部分使用过本体论的证明,而莱布尼茨要求阐明一切圆满事物能够相容共存于同一个主体之中的方式。据莱布尼茨说,这至少是他们两人能够达到某种程度的一致的一个领域。[51]

同莱布尼茨的几次会晤虽然令人兴奋和愉快,但却让斯宾诺莎不能集中精力于算是他平生最后的、纵令未完成的著作上面。据耶勒斯说,《政治论》是"在他死前不久"写作的。[52]斯宾诺莎应该是在1676年的年中以前着手撰写此书的。在那一年的某个时候,他给一位不明友人写信说,他在"忙于某种我认为更有益的、我相信也会使您感到更高兴的事情,即不久以前在您的建议下开始撰写的《政治论》。"斯宾诺莎进一步指出,到了写这封其确切日期亦不可知的信的时候,他已经完成这部书的前六章。

从某些方面来看,《政治论》是《神学政治论》的续编。如果说,1670年出版的那部著作确立国家状态的根本基础和最一般性原理,而不论国家的统治采取什么形式(不论采取君主政体、贵族政体或民主政体),那么,这部新的著作更具体地论述不同政体的国家如何能够良好运行。斯宾诺莎还企图——没有完成的企图——证明,在各种政体中,应当选择民主政体。毫不亚于《神学政治论》,《政治论》的构思也是与荷兰共和国当时的政局密切联系。斯宾诺莎根据直接的历史相关性,甚至迫切性来论述许多普遍的政治哲学课题。

《政治论》是一部很具体的著作。其实,开宗明义斯宾诺莎就摒弃那些缔造一种过理性生活的人们的社会之乌托邦计划和理想主义希望。"如果认为能够说服一般民众或忙于国事者完全按理性的指令生活,那简直是沉迷于诗人们所歌颂的黄金时代,或耽于童话似的梦想。"㊼反之,任何有益的政治科学其出发点必须是现实主义地评估人性及其诸种激情,认为这是自然的必然现象,易言之,必须以《伦理学》中的自我本位心理特点为出发点。只有这样,才能推断出一些按照经验最宜作为政体之基础的政治原理。

> 我致力于政治学研究的目的不是为了提出新的或前所未闻的意见,而是通过可靠和无可争辩的推理,并且从人的真正本性,导出一些最符合实践的东西。而且,为了把人们通常在数学研究中所表现的那种客观态度运用于这方面的研究工作中,我十分注意理解人们的行为,而不是加以嘲笑,表示叹惋,或给予诅咒。所以,对于诸如爱、憎、怒、嫉妒、功名心、同情心之类的激情,以及其他对人心的刺激,我都不看作人性的缺陷,而视为属于它的本性,犹如热、冷、风暴、雷鸣之类属于大气层的本性一样。这些现象即使引起麻烦,但是必然发生的,而且具有确定的原因,通过这些原因我们努力认识这些现象的本性。㊾

可靠的政治理论还需要熟悉历史，熟悉在不同的时代和地域真正实行过的各种体制，不论成功与否。为了准备这部著作，斯宾诺莎亲自认真研究热那亚和威尼斯这两个著名的共和国的体制，而且熟读古今作家所论述的不同政府形式和它们的领袖，包括真实的和传说中的。

除了对人性，特别是人的行动与动机之现实主义的理解以外，政治哲学需要说明各种权利。在斯宾诺莎看来，自然权利仍然是自然之基本法则所决定，这条法则显示万物本来都力求保全自己。至于赋有冲动的众生，这条法则意味着每一个体均在欲望的引导下谋求及取得自认为乃属其本身利益的东西。所以，任何人都有权利去做他根据天性必然做的事情，而他的权利同他的力量所及范围一样广大。

但是，人类在自然状态下不久认识到，要想保证自然权利，最好联合起来，一致同意按照体现于法律的全体之共同判断来生活。在希望与恐惧之激情引导下，而且为了保护其生命和财产免遭他人暴力攻击，"民众便团结起来，情愿宛若受一个头脑指挥。"所以，经一致同意，他们将国务委托给一个最高权力，今后他们作为臣民，由这个最高权力行使"统治权"。这个最高权力有权尽其所能保持和平，规定享有福利的条件，"克服共同的恐惧，消除共同的不幸"，而且通过发布符合其臣民之利益的法律，从根本上表达与推行民众之意志。在理想状态下，这个最高权力应在理性，而非激情的引导之下有效地做到："健全的理性所教导的目标本身就是指向全体人民之利益。"那时，人民就会承认，他们自己和他们的统治者之间有共同的目标。这样就导致一个稳定而繁荣的国家，国内的和平与安全不仅是建立在恐惧感上面，而且也是建立在其公民中的公德心上面。

民主政体是最好的国家形式。在民主政体下,构成大众的公民们为他们自己保留最高统治权力。国家的每一成员有权在制定法律和担任公职的机构中投票。"统治权"因而直接掌握在被统治的全体人民之手中。这就在最大的实际程度上,保证最高权力所颁布的法律会反映人民之意志和服务于人民利益。斯宾诺莎在《神学政治论》中指出,民主政体是"最自然的国家形式"。在《政治论》的论民主政体诸章尚未写出很多之前他便逝世,但是没有理由认为,1672年暴民的行为改变了他的思想。然而,他也承认,实际上不是每个国家都将成为民主国家,许多国家由于其历史的或政治的传统,或者某些其他因素,可能不适于转化为民主宪政。此外,他认为,对于既成的政府基本结构,无论它可能是怎样的,国家不应轻率地考虑实现激进的变革。由于这些理由,《政治论》的主要问题不在于如何实现一个理想的国家本身,而是在于如何在实践中和现实主义的条件下,建立君主的、贵族的或民主的政体,以便它尽可能接近于为政府之所以存在的诸项宗旨服务。斯宾诺莎的目标在于说明,每一种政府形式如何才能按照其类别加以完善,而且说明根据它作为有效的最高权力机构怎样顺利运作的条件,以便使之最优化。

将政治权力授予一个人的君主政体,在理想的情况下不会是绝对的政体。国家的法律务必不受一个人的无常的而且可能非理性的意志所支配。"君主并不是神,而是常人,往往受到海妖歌声的迷惑。"[55]君主的权力必须为强大而独立的议事会所限制。这个议事会必须成为体现全体居民之典型抽样的代议性大会(其成员来自"公民中各个阶级或氏族"),在发布什么法律和采取什么行动方针方面负责向君主提供咨询。君主必须总是采纳议事会所推荐的诸选项之一,理想的情况是采纳得到议事会多数支持的选项,因为那是会符合其大部分臣民之利益的。

> 君主的职责在于经常了解国家的状况和事务,洞悉人民的共同福利,从事对其大多数臣民有利的一切工作。……但是,君主也不能仅凭自己一人就知道什么是对国家有利的。……所以,君主的权利是在议事会所呈交的诸项意见中选取一种,而不是违反整个议事会的意见而擅自决定或另作主张。㊻

换言之,理想的君主政体是立宪君主制;君主必须响应由人民的代表所表达的人民的意愿。在这种情况下,"一切法律都是君主明文宣布的意志,然而,并非君主的一切意愿都有法律效力。"㊼

斯宾诺莎对君主制政府形式之完善化所做的考虑并非只是为西班牙、英国和法国这类国家刻意设计的一番空想。其实,在尼德兰就有把"省督"变成君主的很多支持者。虽然在某些省内省督已被指明为"首席贵族",严格按照法律来说,他只是所任职的(各)省议会之公仆和长官。在1674年获得胜利以后,威廉三世在荷兰省的省督官职已成为永久性和世袭性的,而1675年1月海尔德兰省议会实际上提出命名他为"海尔德兰公爵",企图授予这位奥伦治亲王对该省真正的君权。荷兰的共和派群情大哗。面对阿姆斯特丹及其他主要城市的强烈反对,威廉谢绝这项荣幸。其实,这一事件标志省督的民望开始下降;而到斯宾诺莎撰写《政治论》时,君主政体的直接威胁大为降低。㊽不过,导致海尔德兰省之动议的激情仍然存在。斯宾诺莎的意图在于确保从纯粹共和制走向君主制的任何步骤都要成为尽可能温和稳健的。

斯宾诺莎所规划的贵族制度在许多重要方面类似于尼德兰大

多数地方当时的那种制度。斯宾诺莎在这里也提出一些办法，改善这种政制天然易于产生的某些弱点。在他看来，近十年内共和国的许多问题应归咎于这些弱点。斯宾诺莎规划的贵族政体是一种城邦，统治它的三个机构为"最高议事会"（立法大会）、"护法官议事会"（护法官执行局）和法院。这些机构的全体成员都来自贵族阶级。这些国家机构之间存在监督，及在其各自独有的权力之间清楚的分际，但是它们合在一起在国内行使绝对的威权。"平民大众"没有任何政治权力，因此，平民必须有赖于统治阶级的智慧和品德。

最大和最重要的政治机构就是"最高议事会"，它负责制定法律，其成员由全体贵族组成。斯宾诺莎认为，贵族政体成功的关键在于拥有足够大的执政望族阶级，保证其中有数量充足的人员（而且他清楚表明应为男性）是"才智出众"的"优秀人物"，在品德、诚信和智慧上超过所有其他人员。他建议平民对贵族的比率为五十比一。在一个人口为二十五万的城邦里，执政望族阶级应有五千人。这样就保证有一个至少有一百名担任制定法律者的领导集团（同时假定每百人中只有两三人真正配当贤明的领导者），这是那样规模的城邦制定明智法律所必需的最低人数。进入统治阶级的人士乃由现任在位的人员推选（或荐举）出来，在资产、财富或家族出身方面不作要求。

斯宾诺莎相信，他所设计的这种理想的贵族国家不会遭到荷兰共和国在十七世纪六十年代末和七十年代初确曾发生的那些问题。假使阿姆斯特丹及荷兰省的执政望族为数更多一些，而且门槛不那么高，他们本来可能更果断地采取行动反对奥伦治派的压迫。德·维特作为执政望族的代理人，因而也就能够排除万难，把他认为符合共和国的最大利益的政策推行下去。这样，使各市政厅和省议会陷于困境的广泛分权本来不会发生。然而,鉴于当时的事态,"实际掌握统治权的人数过少,以致不能管理民众和压制强大的反对派。结果,反对派往往得以肆无忌惮地策划阴谋,终于把他们推翻。"斯宾诺莎确信,在1672年导致他所说的"荷兰共和国之垮台"的原因之一就是"统治者人数太少"。

在斯宾诺莎的考虑从单一城邦的贵族政体进而达到多城邦共同掌权的政体时,他想到对他那个时代而言还有另一条教训。如果由几个城市合成一个联邦,而且每个城市有它自身的贵族阶级——荷兰共和国实际上就是如此,那么,政权必须保持分治,即各城市实行自治。"各城市的贵族——其人数多少必须按城市的大小而定——对于他们自己的城市享有最高的统治权。通过这个城市的最高议事会,他们全权决定城防的兴建、城墙的扩大、赋税的征收、法律的制定或废止,总之,他们有权为这个城市的保全和发展采取一切必要的决策。"[59]这种地方自治是德·维特的"真正自由"的主要原则之一。只有属于共同利益的事务才应由大元老院处理,而每个城市向它派出代表。而且,各城市获准派出的代表名额应与城市的规模和实力相称。这样就可以防止较小的城市干扰多数人按照他们的共同利益所决定的各项政策。斯宾诺莎觉得荷兰省议会及尼德兰国会(联省议会)就有这样的弱点。向荷兰省议会派出代表的每个市镇,不论它是大城市如阿姆斯特丹,还是小镇如皮尔默伦德(Purmerend)*,都有一票表决权;而共和国的每一省,不论其大小或对总体预算的财政贡献如何,在尼德兰国会中都有一票表决权。这就使得奥伦治派抵消在荷兰省议会中共和派各城市和德·维特的盟友们的

---

* 皮尔默伦德(Purmerend),在阿姆斯特丹北约20公里。

势力。

如果彻底遵守分权的原则,而且执政望族阶级足够强大,不存在谁在哪一级掌权的含糊不清之处,那么,在这个多城邦构成的贵族政体中就不需要设置任何支配性的准君主职位。遗憾的是,荷兰人在十七世纪五十年代正式排除省督的时期,根本没有采取这些预防措施。

如果有人反驳说,荷兰省不是因为没有伯爵或代替他的职位的人而未能长久维持吗?我的回答是这样的:荷兰人民以为,为了保卫他们的自由,只要摆脱他们的伯爵,从国家肢体上切除其头颅就足够了。他们从来不想改组他们的国家,而是让国家的其余部分保持原状。于是,荷兰成了没有伯爵的伯爵领地,就像没有头颅的肢体一样,而实际的领地也没有名称就维持下去。所以,大多数臣民不知道谁掌握统治权也就不足为奇了。⑩

当然,这样的危险总是会有的:即人民在非理性的激情驱动之下,在危机时期愿意置身于某一个人物的统治之下。"在国家陷于严重危机之际,人们有时惊慌失措,在当前的恐惧支配之下,既不考虑未来,也不顾及法律。他们都倒向因胜利而声名烜赫的人物,让他超越法律的约束,延长其统治任期而开极坏的先例,而且将全部国务托付于他的忠实。"⑪这就是从贵族政体蜕化为君主政体的开端,而在这里所指的是奥伦治亲王,当属明确无误。但是,斯宾诺莎强调,在最好的贵族政体或民主政体之国家内,一切都按规定安排,这种情况的确不会发生,因为,"任何人都不可能靠宣传他的德行把自己突出到这样一个众望所归的地位,而且他必然还会有许多为他人所拥护的竞争对手。"

综观斯宾诺莎关于理想的君主政体和贵族政体的论述,可以说,他自己的那种以自由和理性的人们组成民主国家的乌托邦观念,被迫为政治、历史和心理的现实情况让路,但是,他最根本的政治和人道主义原则仍然不失为对任何类型的国家之最高权力的基本限制因素。不论国家的政体是君主的、贵族的,甚至民主的,坚持自由(即思想、言论和宗教信仰不受限制)与宽容都是绝对无商量余地的。任何类型的理想国家都要使那些自由得到维护和最大发展,它们符合国家的安全与福利。此外,政权之审议和运行应该是公开的。斯宾诺莎的所有理想制度中都有反对政府黑箱操作的规定,认为这必然会导致国家的垮台。

斯宾诺莎属于他那个时代的最开明和最自由的思想家之列,然而,他并未摆脱当时的一切偏见。在《政治论》现存的几章之末尾,即在论民主政体的开头几节里,令人遗憾的是我们看到他最后有一小段离题的话,讨论妇女不适于掌权的本性。对于"妇女是由于本性抑或由于制度惯例而从属于男子的权力"这个问题,斯宾诺莎毫不含糊地回答说:"由于本性"。他认为,妇女由于本性的弱点应该排除于政府之外。他的结论认为,"我们完全可以断言,妇女在本性上没有与男子平等的权利……因此,两性平等掌权是不可能的,而男子受妇女统治则更不可能。"[62]奇怪的是他竟没有看到,不仅在他的哲学中没有任何东西导致这种结论,而且,他的所有原理都反对这种结论,尤其是认为一切的人都平等地赋有智力,而且平等地能够达到理性自主的那些原理。[63]

*　　　　*　　　　*

在1676年至1677年的冬天,斯宾诺莎显然身体不好。他大概给自己放了几次血,因为这个办法过去似乎曾有一些缓解作用。鉴于他的病情,他可能一直经常咳嗽,而且势必较常人更苍白和瘦弱。尽管如此,范·德·斯毕克及其家人告诉柯勒鲁斯说,他们

"没想到他已濒临生命的结束,甚至在他死前不久,他们一点都没有察觉到"。[64] 斯宾诺莎天性坚忍,大概对他的病痛有很大自制力而绝少声张。在他自己的一生中,他总是努力尽可能信守他的哲学主张,因此他不喜欢思考他自己的必然归宿。对于迷信的民众而言,这种思考倒是一种本能。他们在希望与恐惧的驱使之下,对于某些所谓来世要发生的情况忧心忡忡。但是,斯宾诺莎在《伦理学》一书中写道:"自由的人绝少想到死,他的智慧不是死的默念,而是生的沉思。"[65]

其实,斯宾诺莎自己可能对他的迅速谢世也没有思想准备,如舒勒在他的葬礼后那天所说:"因为他没有留下最后的遗嘱便离开我们,看来死前意外的衰竭使他猝不及防。"[66] 这个说法不完全如实。虽然没有书面的遗嘱,但是斯宾诺莎至少的确告诉范·德·斯毕克说:在他死后,应立即将内存他的信件和文稿(包括《伦理学》)的写字台送交阿姆斯特丹的利乌魏特茨。[67] 柯勒鲁斯关于最后那天情况的报道虽然是在将近三十年后写出来的,据推测都是从房东一家人那里直接听说。如果是可信的话,斯宾诺莎即使意识到他的病情严重,但是没有想到那天下午都挨不过去。

当房东在(前一天)下午四点左右(从教堂)回到家时,斯宾诺莎从他的房间走下楼梯,点燃烟斗同他长时间谈话,特别是关于那天下午的布道会情况。此后不久他走回在他所用和所睡的那间前厅的床上。星期天早晨,在教堂举行礼拜之前,他又下楼与房东夫妇谈话。他曾经派人请过阿姆斯特丹的某位医生 L. M.,医生吩咐他们买一只老公鸡在那天早晨煮好,以便斯宾诺莎下午可以喝些鸡汤,他们照办了。而且在房东夫妇回家时，他吃得津津有味。那天下午房东全家返回教堂，医生L. M. 单独留下陪他。但是在他们从教堂回家后，就听说斯宾诺莎已于三点左右逝世。在场的那位医生当晚就乘夜班航船返回阿姆斯特丹，甚至没有参加料理丧事。但是他拿走斯宾诺莎放在桌上的一些钱，还有若干金币、几件金器和一把银柄刀。[68]

斯宾诺莎于星期天（2 月 21 日）安静地长眠。看来，去世时守在身边的那位医生是他的老朋友洛德韦克·梅耶尔（Lodewijk Meyer），不过，那位"来自阿姆斯特丹的医生"其实可能是舒勒。后来舒勒告诉奇恩豪斯说，斯宾诺莎逝世那天他在场，而且他对莱布尼茨称，"在逝世前后，彻底地、逐一地"检查了斯宾诺莎的东西。[69]不论那位医生是谁，对于金钱和银器的失踪，更像是为了收集纪念品而不像是盗窃。[70]

范·德·斯毕克为斯宾诺莎安排了葬礼，四天后举行。据柯勒鲁斯说，"许多名人"随同遗体前往新教堂的墓园。吊客中有几位想必来自阿姆斯特丹，随在灵车后面的送殡者足够坐满六辆马车。事后范·德·斯毕克在家里置酒招待他们及其邻居。

柯勒鲁斯没有提到任何参加丧礼者的名字。在 2 月 25 日来到墓园的吊客中，不知是否有斯宾诺莎在尼德兰仅存的亲属丽贝卡及外甥丹尼尔·德·卡塞里斯（他也是丽贝卡的继子）。可以肯定，丽贝卡对她的背教的兄弟，或至少对其财物，没有完全忘怀。在 3 月 2 日宣布了她本人及丹尼尔成为斯宾诺莎唯有的合法继承人以后，她授权范·德·斯毕克拟订她的兄弟之遗物的清单。[71]然而，还有斯宾诺莎所欠的一些未偿债务的问题。首先，在斯宾诺莎卧病期间提供一些药品的药剂师约翰·施罗德应得 16 荷盾；其次,理发师亚伯拉罕·克维尔在最后三个月曾为斯宾诺莎修面数次,应得1荷盾18斯泰弗。其他人也来提交账单。同时,还欠范·德·斯毕克的房租、伙食费及丧葬费。面临这样一个负债累累的遗产权,丽贝卡不久改变了主意,不再过于起劲地要求她的权利。她觉得她的兄弟寥寥可数的遗物之变卖所得恐怕还不足以抵偿所有这些债务。她不想马上自掏腰包向债主们付钱,至少要取得某种保证,让她能够从遗产所得的金钱中收回她的损失。结果,在5月30日,即范·德·斯毕克授权在阿姆斯特丹的代理人向作为斯宾诺莎之继承人的丽贝卡和丹尼尔领取欠款的同一天,[72]他们向海牙高等法院提交诉状,要求有条件地中止他们作为斯宾诺莎继承人的权利与义务。

阿姆斯特丹居民丽贝卡·埃斯宾诺莎及丹尼尔·卡塞里斯(米丽娅姆与塞缪尔·德·卡塞里斯所生之子)谨作申诉如下:巴鲁赫·埃斯宾诺莎分别为两申诉人之兄弟与舅父,于1677年2月逝世,其遗物已归两申诉人所有。由于担心上述的巴鲁赫·埃斯宾诺莎可能负债颇多,以致径行同意此项遗产权可能对两申诉人不利和引起损失,故两申诉人认为,除非持有全部财产清单,否则不宜接受此项遗产权。职是之故,两申诉人不得已呈文诸位大人阁下,敬请指示海牙法院核发财产清单,并且视必要附以免除损失的条款。[73]

与此同时,范·德·斯毕克获得授权,拍卖斯宾诺莎的衣服、家具和书籍以偿付一些债主,并且收回他本人的花费。这位房东于11月举行拍卖。到场人数不少,所得收入足以偿还债务。[74]范·德·斯毕克自己则由"斯希丹的那位朋友"代偿斯宾诺莎的丧葬费和房租,⑮几乎可以肯定,那个人就是西蒙·德·福里的连襟阿列韦·海森。据柯勒鲁斯说,丽贝卡鉴于没有留下什么东西,终于宣布放弃她对斯宾诺莎遗产的要求。⑯

甚至在盘点遗物以前,范·德·斯毕克已经把写字台和内存的东西送往阿姆斯特丹。在收到《伦理学》、《知性改进论》、《政治论》、《希伯来简明语法》及一大批信件的手稿之后不久,斯宾诺莎的友人们便着手准备将它们印行发表。⑰到那年年底,斯宾诺莎"遗著"的拉丁语及荷兰语版已面世。⑱为了保护利乌魏特茨的安全起见,书名页上既无出版商的名字也没有出版地点。不过,此时作者已经远逝,非当局势力所及了。

注释

①见斯宾诺莎于1674年6月2日对此信的复函,Ep.50。

②见科拉克夫斯基(Kolakowski)著《没有教会的基督徒》(*Chrétiens sans église*,217—25.)。

③Ep.486。

④如本书第十一章所述,这不是荷兰对此书的第一次省府禁令。其实,乌得勒支省可能已经也禁止此书;见伊斯雷尔(Israel)作"1670—1678年间荷兰共和国对斯宾诺莎著作之禁止"("The Banning of Spinoza's Works in the Dutch Republic(1670—1678),"9.)。

⑤弗罗伊登塔尔(Freudenthal)著《斯宾诺莎生活史》(*Die Lebensgeschichte Spinoza's*,139—40.)。

⑥Ep.6。

⑦Ep.69。这是他对他的一位批评者范·凡尔底桑所说的话,但是此时他对凡尔底桑的态度是热诚的。

⑧弗罗伊登塔尔(Freudenthal)著《斯宾诺莎生活史》(*Die Lebensgeschichte Spinoza's*.207.)。

⑨Ep. 60。奇恩豪斯曾询问斯宾诺莎:"何时我们才得到您的在获取未知真理之知识时正确指导理性的'方法',以及您的'自然哲学总论'呢?我得悉您正是在最近对这些问题已经取得巨大进展。关于前一个问题我已经了解,而关于后一个问题我是从您的《伦理学》第二部分所附的补则中知道的。这些补则为自然哲学的许多问题提供现成的解决方案。"(Ep. 59)根据已出版的《伦理学》,更有理由认为那时斯宾诺莎还在考虑撰写《知性改进论》,至少是撰写它的一个后来的版本。虽然不清楚这部分著作是从撰著《伦理学》的哪个时期派生出来的,但是,在《伦理学》第二部分命题四十的附释中对正确观念与共同概念的讨论里面,他自称他把对这些问题的探究留到"另外一部论著";柯利(Curley)在其注释中指出,这应该是指《知性改进论》的一个后来的稿本。

⑩Ep. 68。

⑪Ep. 69。

⑫普罗伊埃蒂(Proietti)有力地论证:希伯来语法之撰述应该划入从1670 年至1675 年之间的某一时间;见"佩特罗尼乌斯的《萨蒂利孔》及斯宾诺莎的《希伯来语法》撰述时期"("Il 'Satyricon' di Petronio e la datazione della 'Grammatica Ebraica' Spinoziana")。

⑬TTPV Ⅱ, Ⅲ/100;S/143。

⑭I/310。

⑮I/300。

⑯见阿克曼(Akkerman)作"斯宾诺莎遗著集之前言"("The Preface to Spinoza's Posthumous Works," 252.)。

⑰同上,253。

⑱I/324。

⑲关于《希伯来简明语法》的这个方面的讨论,见利维(Levy)作"斯宾诺莎所著《希伯来语法》中的规范性问题"("The Problem of Normativity in Spinoza's *Hebrew Grammar*")。

⑳见《希伯来简明语法》第五章。

㉑见利维(Levy)作"斯宾诺莎所著《希伯来语法》中的规范性问题"("The Problem of Normativity," 372.)。

㉒博克赛尔于1674年9月开始与斯宾诺莎通信,Ep. 51。

㉓Ep. 54。

㉔Ep. 56。

㉕Ep. 58。

㉖托马修斯(Thomasius)著《以理性与法律为基础的坦率、有趣但是严肃的思想观念》(*Freymüthige Lustige und Ernsthafte iedoch Vernunft-und Gesetz-Mässige Gedancken*,1:780.)。对于奇恩豪斯与斯宾诺莎之研究,见武尔茨(Wurtz)作"斯宾诺莎的一位异端的门徒——埃伦弗莱德·瓦尔特·冯·奇恩豪斯"("Un disciple hérétique de Spinoza: Ehrenfried Walther von Tschirnhaus"),及韦尔米(Vermij)作"斯宾诺莎主义在荷兰:奇恩豪斯的小圈子"("Le Spinozisme en Hollande: Le Cercle de Tschirnhaus")。

㉗奥尔登伯格似乎没有收到斯宾诺莎送给他的那本,但是不管怎样还是搞到一本;见 Ep. 61。

㉘Ep. 61。

㉙Ep. 62。

㉚Ep. 63。

㉛Ep. 71。

㉜Ep. 73。

㉝Ep. 62。

㉞Ep. 74。

㉟Ep. 75。

㊱Ep. 78。

㊲Ep. 79。

㊳见别林凡特(Belinfante)等著《犹太会堂:葡裔犹太文化的纪念物》(*The Esnoga: A Monument to Portuguese-Jewish Culture*, 47.)。

㊴Ep. 68。

㊵弗罗伊登塔尔(Freudenthal)著《斯宾诺莎生活史》(*Die Lebensgeschichte Spinoza's*, 147—8.)。

㊶同上,200。

㊷Ep. 67。

㊸详情见阿尔诺(Arnauld)著《为天主教徒辩护》(*Apologie pour les Catholiques*, II. 25, in *Oeuvres*, 25: 861—4.)。

㊹同上,862。

㊺Ep. 76。

㊻在阿尔贝特·伯格致函斯宾诺莎的同一个月内,尼古拉斯·斯泰诺(Nicholas Steno)怀着同样的目的也从佛罗伦萨给斯宾诺莎写信。斯泰诺是一位年纪较大而且更有成就的丹麦科学家,在莱顿大学时期是斯宾诺莎的朋友,1667年皈依天主教。实际上,他和伯格两人可能在共同努力劝说他们的哲学家朋友改宗,虽然还没有确切的证据肯定这一点。斯泰诺的语调比较温和、理性和恳切得多,根本没有伯格信中那些刺耳的话。他强调斯宾诺莎的哲学之无效性(他似乎很了解斯宾诺莎的哲学)以及皈依教会有望获得的永恒的酬报。然而,斯宾诺莎可能根本没有收到这封信(即《斯宾诺莎书信集》的67a函)。此外,克莱弗(Klever)认为,这封信的正确日期是1671年,而非1675年,见其所作"斯泰诺对斯宾诺莎及斯宾诺莎主义的论述"("Steno's Statements on Spinoza and Spinozism")。

㊼关于莱布尼茨对斯宾诺莎致奥尔登伯格信函的评论,见莱布尼茨(Leibniz)著《哲学论文集》(*Philosophische Schriften*, 1: 123—30.)。莱布尼茨还阅读和评论斯宾诺莎于1663年4月致梅耶尔的信,这是莱布尼茨在阿姆斯特丹时舒勒拿给他看的;见《哲学论文集》(*Philosophische Schriften*, 1: 130—8.)。

㊽然而,弗里德曼(Friedmann)认为,莱布尼茨在荷兰期间,对《伦理学》一书本文并不熟悉,见其所著《莱布尼茨与斯宾诺莎》(*Leibniz et Spinoza*, 83.)。

㊾见莱布尼茨在所著《神正论》(*Theodicy*, III. 376)中的评论,以及"斯宾

诺莎之未发表过的辩驳”(“Réfutation inédit de Spinoza”)。

(50)弗罗伊登塔尔(Freudenthal)著《斯宾诺莎生活史》(*Die Lebensgeschichte Spinoza's*, 206.)。至于莱布尼茨认为究竟哪些命题尚需证明,可见1676年11月所写的一篇文章,载于《哲学论文集》(*Philosophische Schriften*, VII. 262.)。

(51)莱布尼茨(Leibniz)著《哲学论文集》(*Philosophische Schriften*, VII. 261—2.)。

(52)阿克曼(Akkerman)作“斯宾诺莎遗著集之前言”(“The Preface to Spinoza's Posthumous Works,” 249.)。

(53)III/275;E/289。

(54)III/274;E/288—9。

(55)III/308;E/327。

(56)III/308—10;E/328—30。

(57)III/308;E/328。

(58)见伊斯雷尔(Israel)著《荷兰共和国》(*The Dutch Republic*, 814—18.)。

(59)III/348;E/371。

(60)III/352;E/376。

(61)III/357;E/383。

(62)III/359—60;E/386—7。

(63)对于斯宾诺莎将妇女排除于完整的公民权利之外的主张所作的文饰与辩护,见马特龙(Matheron)作“斯宾诺莎主义的民主政体中的妇女与仆役”(“Femmes et serviteurs dans la démocratie spinoziste”)。

(64)弗罗伊登塔尔(Freudenthal)著《斯宾诺莎生活史》(*Die Lebensgeschichte Spinoza's*, 94.)。

(65)IV P67。

(66)弗罗伊登塔尔(Freudenthal)著《斯宾诺莎生活史》(*Die Lebensgeschichte Spinoza's*, 202.)。

(67)同上,76。

(68)同上,95—6。

⑥⑨关于斯宾诺莎逝世时舒勒留在现场,以及关于他在准备发表斯宾诺莎著作上所起的作用,见斯滕巴克(Steenbakkers)作"斯宾诺莎的《伦理学》从手稿到印行"("Spinoza's *Ethica* from Manuscript to Print",50—63.)。

⑦⑩关于财物失踪问题的较为体面的解释首见于门尼克霍夫(Monnikhoff)的说法;见弗罗伊登塔尔(Freudenthal)著《斯宾诺莎生活史》(*Die Lebensgeschichte Spinoza's*,108.)。

⑦①在斯宾诺莎去世的当天,本来有一份遗物清单;关于两份清单的详情,见于同上(154—6 and 158—65.)。

⑦②同上,165—7。

⑦③瓦斯·迪亚斯及范·德·塔克(Vaz Dias and Van der Tak)合著《斯宾诺莎:商人与自学成功者》(*Spinoza Merchant and Autodidact*,171.)。

⑦④科索特(Kortholt)如是说;见弗罗伊登塔尔(Freudenthal)著《斯宾诺莎生活史》(*Die Lebensgeschichte Spinoza's*,27.)。

⑦⑤这是按照柯勒鲁斯(Colerus)的说法,见弗罗伊登塔尔(Freudenthal,98.)。

⑦⑥弗罗伊登塔尔(Freudenthal,103.)。

⑦⑦利乌魏特茨、耶勒斯、梅耶尔、鲍麦斯特、舒勒、彼得·范·根特及格拉兹梅克均参与此事。

⑦⑧希伯来语法只有拉丁语版,而且他的友人们只选辑他们认为具有哲学意义的那些信函。

关于本书所用各种资料版本的说明

斯宾诺莎原著的版本

斯宾诺莎的拉丁语版《遗著集》(*Opera Postuma*)及荷兰语版《文集》(*Nagelate Schriften*)出版于1677年。这两种著作集包含《伦理学》(*Ethica*)、《政治论》(*Tractatus Politicus*)、《知性改进论》(*Tractatus de intellectus emendatione*)、《希伯来简明语法》(*Compendium Grammatices Linguae Hebraeae*,此书仅有拉丁语版)和75封信函;那时,《笛卡尔哲学原理》(*Renati Des Cartes Principiorum Philosophiae*)及《神学政治论》(*Tractatus Theologico-Politicus*)已经出版,而《神、人及其幸福简论》(*Korte Verhandeling van God de Mensch en deszelvs welstand*)直到19世纪才被发现。1925年格布哈特(Carl Gebhardt)编辑出版《斯宾诺莎著作集》(*Spinoza Opera*)共四卷(1987年增加第五卷)。这是迄今通用的斯宾诺莎著作校订本。不过,目前正在由"斯宾诺莎学说研究组"(Groupe de Recherches Spinozistes)编订的版本在不久的将来将取而代之。本书所引用的斯宾诺莎著作原文全部来自格布哈特的版本,标以卷次及页码(例如Ⅲ/23)。《伦理学》的引文还具体指出所在的"部分"(Book),"命题"(Proposition),"附释"(Scholium)和"绎理"(Corollary）；例如，IP15S1 就是第一部分，命题十五，附释一。《伦理学》、《知性改进论》（注释中的缩略词为 TIE）、《笛卡尔哲学原理》（注释中的缩略词为 PPC）、《人、神及其幸福简论》（注释中的缩略词为 KV）及书信集的第 1—28 封信函的英语引文，均采用埃德温·柯利（Edwin Curley）所译的《斯宾诺莎著作集·第一卷》(*The Collected Works of Spinoza, vol. 1*)，普林斯顿大学出版社 1985 年出版（注释中的缩略词为 C）。这是这些著作的现行标准英语版，此书的第二卷尚未问世。因此，《神学政治论》的英语引文均采用塞缪尔·雪利（Samuel Shirley）的译本，由莱顿的 Brill 出版社 1989 年出版（缩略词为 S）；《政治论》的英语引文均采用埃尔威斯（R. H. M. Elwes）的译本，由纽约 Dover 出版社 1951 年出版（缩略词为 E）。至于书信集的第 29—84 封信函，则采用塞缪尔·雪利所译的《斯宾诺莎书信集》(*Spinoza: The Letters*)，印第安纳波利斯（Hackett）出版社 1995 年出版（缩略词为 SL）。因为斯宾诺莎的书信大多简短，其引文不难查到，我一般只标明第几封信函（缩略词为 Ep.）。对于较长的书信，我也提供格布哈特版本的卷次及页码，以及柯利或雪利译本的页码。

斯宾诺莎生平的资料

除了斯宾诺莎的书信集之外，关于他的生平及所处环境，绝对不可或缺的资料来源有三种。首先是弗罗伊登塔尔（J. Freudenthal）所著的《斯宾诺莎生活史》(*Die Lebensgeschichte Spinoza's*)，此书 1899 年出版于莱比锡，包含早期卢卡（Lucas）、柯勒鲁斯（Colerus）、培尔（Bayle）、科索特（Kortholt）和门尼克霍夫

（Monnikoff）所写的传略，以及施托尔（Stolle）、哈尔曼（Hallman）等人所作的报道和采访。此书还收录有关斯宾诺莎生平的许多现存的档案，如葬礼与婚姻的记录、教会与世俗当局的决议案，以及来自书信及论著中的大量摘记。任何斯宾诺莎传记的作者都不能不采用此书的资料。瓦斯·迪亚斯及范·德·塔克（A. M. Vaz Dias and W. G. Van der Tak）所著的《斯宾诺莎：商人与自学成功者》（*Spinoza: mercator et autodidactus*，1932年版）是同样重要的资料来源，尤其是关于斯宾诺莎的家族和早年生活方面的文献收集。此书的英译本发表于1982—1983年的《罗森塔利安纳研究汇刊》（*Studia Rosenthaliana*）。最后一种是迈恩斯玛（K. O. Meinsma）所著的《斯宾诺莎和他的圈子》（*Spinoza et son cercle*）。迈恩斯玛的这本权威性著作最初于1896年以荷兰语版发表。后来于1983年以法文版重新印行，含有各地学者提供的新增注释。此书是对斯宾诺莎及其所处境遇的广泛的传记性研究，也是重要文献摘录的宝贵汇编。在努力廓清这些不同资料来源所含的全部信息（与误传）的过程中，我发现哈贝林（Hubbeling）收集整理的"斯宾诺莎生平：资料来源及某些文献概览"（Spinoza's Life: A Synopsis of the Sources and Some Documents）很起作用。

汉译专有名词注释索引

（按英文字母顺序排列。页码为原书页码，即本书边码）

Ab	阿布月	16
Abrabanel	阿布拉巴涅尔	138
Adriaan Pauw	阿德里安·鲍	11
Alcala	阿尔卡拉	136
Aliyah	阿利雅	124
Amen	阿门	124
Andries Bicker	比克尔	82
Andries Pels	佩尔斯	363
Antichrist	基督之敌	295
Ark	约柜	120
Arminians	见 Remonstrants	
Arminius, Jacobus	阿明尼乌斯	12
Ashkenazim	德系犹太人	16
Balling	巴林	213
Balzac	巴尔扎克	365
Bar mitzvah	成年礼	79
Barbary Coast	巴巴里海岸	32
Bava Metzia	《中间一道门》	366
Bayle	培尔	43
Beit hamidrash	学经堂	75

Belshazzar	伯沙撒	77
Beth Din	拉比法庭	53
Beza (Béze)	贝兹	109
bikur cholim	探视病人	18
bima	诵经台（比麻）	71
Blijenbergh	布林堡	214
Books of the Prophets	先知书	276
Bouwmeester	鲍麦斯特	173
Boxel	博克赛尔	326
Boyle	玻意耳	191
Bruno	布鲁诺	111
Burgundy	勃艮第	256
Buxtorf	布克斯托夫	324
Camphuysen	坎普赫伊森	182
Carmelite	加尔默罗会	293
Caro	卡罗	122
Cats	卡茨	49
chacham (-im)	哈赞（们）	16
Chantilly	尚蒂伊	317
Chuppah	胡帕	19
Clauberg	克劳贝格	166
Coccejus	科克切尤斯	185
Colerus	柯勒鲁斯	42
Collegiant	社友会派	107
Commentary on the Mishnah	《评密什那》	368
Conatus	努力	328

Condé	孔戴亲王	315
Confession of the Universal and Christian Faith	《普世基督信仰之自白》	321
converso	改宗者	1
Coornhert	库恩赫特	111
"count"	"伯爵"	283
Court	库尔	114
cubit	肘尺	120
De Hooch	德霍赫	148
Democritus	德谟克利特	220
Downing	唐宁	212
Eduyyot	《证言》	366
Elijah	以利亚	251
Elul	以禄月	55
Erasmus	伊拉斯谟	111
eudaimonia	幸福	170
Eulenspiegel	厄伦史皮格尔	266
Ezra	以斯拉	121
Fox, George	福克斯	161
Fronde	投石党运动	315
gabbai	嘎巴伊（司库）	18
Galileo	伽利略	99
Gemara	革马拉	63
Generality Lands	延伸地区	83
Gersonides	格尔松尼德斯	93
getto	隔都	19

Geulincx	赫林克斯	165
Glauber	格劳贝尔	193
Golius	戈里乌斯	164
Gomarus, Franz	霍马勒斯	357
Gorinchem	霍林赫姆	326
Goyen	霍延	288
Graevius	格雷维乌斯	301
Great Assembly	议会大会	85
Grotius	格劳秀斯	11
halacha	哈拉哈(律法)	20
Hannukah	光复节(净殿节)	118
heder (elementary school)	小学	56
Heidegger	海德格	312
Helvetius	爱尔维修	263
Hillel	希勒尔	280
Honthorst	洪特霍斯特	43
Hudde	胡德	183
Huguenots	胡格诺教派	315
Huygens	惠更斯	183
Ibn Ezra	伊本·埃兹拉	93
Johan de Witt	扬·德·维特	105
Kabbalah	喀巴拉	17
Kaddish	致哀祈祷	118
Karaites	卡拉派	129
Kehillah	犹太社区	16
Kimchi	金基	325

Klever	克莱弗	377
Koerbagh	考贝夫	157
Kosher meat	"可食"食品	122
Künraht	库拉特	269
La Certeza del Camino	《道路的确定》	369
Ladino	拉地诺方言	19
Leeuwenhoek	列文虎克	43
Lucas	卢卡	42
ma'amad	管理委员会	18
Machiavelli	马基雅维里	257
Maimonides	迈蒙尼德	53
Majorca	马略卡岛	292
Mansveld	曼斯维特	295
Marano	马拉诺	xii
Margaret Fell	玛格丽特·费尔	159
Marie de' Medici	玛丽·德·梅迪奇	91
Massaniello	马萨涅洛	204
Maurits of Nassau	纳骚家族的毛里茨	13
Menasseh ben Israel	马纳塞	93
Mennonites	门诺派	101
Meyer	梅耶尔	171
mezuzot	美祖扎赫	69
Midrash	米德拉什	15
minyan	祈祷班	118
Mishnah	密什那	52
Mishneh Torah	《密什那·妥拉》	366

mitzvah（复数:mitzvot）	米茨瓦	37
Monnikhoff	门尼克霍夫	375
Montaigne	蒙田	111
More, Thomas	莫尔	105
Natura naturans	产生自然的自然	231
New Netherland	新尼德兰	113
(The) Nightwatch	《夜巡》	76
Nil Volentibus Arduum	"有志者事竟成"	171
Nishmat Chaim	生命之气	52
Noah	诺亚（挪亚）	92
Oldenbarneveldt, Johan	奥登巴恩韦尔特	12
Oldenburg	奥尔登伯格	180
Omer	七周斋期（欧麦）	70
parnas(-sim)	社区领导者（们）	18
parshah	每周经段	62
passions	激情	188
Passover	逾越节	64
Peace of Breda	布雷达和约	257
Pepys	佩皮斯	219
Pharisees	法利赛人	68
Pliny the younger	小普林尼	327
Port-Royal Logic	波尔-罗亚尔逻辑	371
Potter, Paulus	波特	25
(The) Prophet Balaam	《先知巴兰》	76
Purim	普珥节	15
Purmerend	皮尔默伦德	347

Quevedo	克韦多	114
rabbi	拉比	6
Rashi	拉什	62
regents	执政望族（名称）	13
regents	执政望族（历史）	58
Rembrandt	伦勃朗	25
Remonstrants	谏诤派	48
Renard	列那狐	266
Reuben	流便	97
Rieuwertsz	利乌魏特茨	107
Ruisdael	雷斯达尔	148
Rules for the Direction of the Mind	《探求真理的指导原则》	166
Saadya Gaon	萨迪亚·高昂	93
Salonika	萨洛尼卡	55
Sanhedrin	《散和德林》	52
Schochetim	索海特	9
Scholem	绍勒姆	250
Schooten the elder	大斯霍滕	166
Schooten the younger	小斯霍滕	164
Schuller	舒勒	222
Sepharad	赛法拉德	1
Sephardim	西葡系犹太人	xi
Serrarius	塞拉列乌斯	160
Shema	示玛	23
The Shield and the Buckle	《大小盾牌》	68
shofer	羊角号	123

Shulchan Aruck	《舒尔汉·阿路赫》	64
Simchat Torah	转经节	38
Snel	斯内尔	264
Socinians	索齐尼派	92
sofer (scribe)	文士	85
Solomon's Temple	所罗门圣殿	80
Stadholder	省督	12
Stoicism	斯多葛派	242
Stuiver	斯泰弗	263
Suetonius	苏埃托尼乌斯	327
Sukkot	结庐节，或住棚节	64
Synagogue	犹太会堂	xii
tallitot	塔利特	69
Talmud	塔木德	15
Talmud Torah	犹太教律法学校	38
Tannaitic period	坦拿时期	121
tefillin	塔夫林	69
Temple	圣殿	16
Terence	特伦斯	109
Thirty Years' War	三十年战争	311
Torah	妥拉	15
Tosafot	托萨佛特	64
Treaty of Münster	蒙斯特和约	82
treyf	特列夫	144
Tschirnhaus	奇恩豪斯	222
Twelve Years' Truce	12年停战协定	82

tzedakah	义举	117
Union of Utrecht	乌得勒支同盟	256
Vasari	瓦萨里	155
Velthuysen	凡尔底桑	246
Vermeer	弗美尔	43
Vianen	维安嫩	51
Voetius	沃秀斯	151
Vossius	福修斯	263
Vroedschap	市长老(元老会)	58
yeshiva	耶希瓦	89
Yom Kippur	赎罪日	124
Zevi	泽维	249
Zohar	《佐哈尔》	249

Bibliography(参考书目)

Aitzema, Lieuwe van. *Herstelde Leeuw, of Discours over't gepasseerde in de Vereenigde Nederlanden in't jaer 1650 ende 1651.* The Hague, 1652.

Akkerman, Fokke. "Spinoza's Tekort aan Woorden." In *Mededelingen vanwege het Spinozahuis* 36(1977).

——"Studies in the Posthumous Works of Spinoza." Ph. D. thesis, University of Groningen, 1980.

Akkerman, Fokke, and H. G. Hubbeling. "The Preface to Spinoza's Posthumous Works(1677) and Its Author Jarig Jellesz(c. 1619/20 – 1683)." *LLAS* 6(1979):103 – 173.

Akkerman, Fokke, et al. *Spinoza: Korte Geschriften.* Amsterdam: Wereldbibliotheek, 1982.

Albiac, Gabriel. *La Synagogue vide.* Paris: Presses Universitaires de France, 1994.

Allison, Henry E. *Benedict de Spinoza: An Introduction.* New Haven, CT: Yale University Press, 1987.

Alquié, Ferdinand. *Le Rationalisme de Spinoza.* Paris: Presses Universitaires de France, 1981.

Altmann, Alexander. "Eternality of Punishment: A Theological Controversy within the Amsterdam Rabbinate in the Thirties of the Seventeenth Century." *Proceedings of the American Academy for Jewish Research* 40(1972):1–88.

D'Ancona, J. *Delmedigo, Menasseh ben Israel en Spinoza.* Amsterdam, 1940.

"Komst der Marranen in Noord-Nederland: De Portugese Gemeenten te Amsterdam tot de Vereniging." In Brugmans and Frank, eds., *Geschiedenis der Joden in Nederland.* Amsterdam, 1940.

Arnauld, Antoine. *Oeuvres de Messire Antoine Arnauld.* 43 vols. Brussels: Sigismond d'Arnay, 1775–83.

Aubrey, John. *Brief Lives.* Ed. Andrew Clark. Oxford: Clarendon Press, 1898.

Auffret-Ferzli. "L'Hypothèse d'une rédaction echelonné du Tractatus de Intellectus Emendatione de Spinoza." *Studia Spinozana* 8 (1992):281–94.

Baer, Yitzhak. *A History of the Jews in Christian Spain.* Philadelphia: Jewish Publication Society, 1966.

Barbone, Steven, Lee Rice, and Jacob Adler. "Introduction." In *Spinoza: The Letters.* Trans. Samuel Shirley. Indianapolis: Hackett Publishing, 1995.

Baron, S. W. *A Social and Religious History of the Jews.* Vol. 15. New York: Columbia University Press, 1952.

Battisti, G. Saccara del Buffa. "La dimostrazione dell esistenza di Dio.," In F. Mignini, ed., *Dio, l'uomo, la libertà: Studi sul Breve trattato di Spinoza.* L'Aquila: Japadre, 1990.

Bedjai, Marc. "Métaphysique, éthique et politique dans l'oeuvre du docteur Franciscus van den Enden(1602 – 1674) : Contribution à l'étude des sources des écrits de B. de Spinoza." Ph. D. thesis: University of Leiden, 1990.

Belinfante, Judith C. E., et al. *The Esnoga: A Monument to Portuguese-Jewish Culture*. Amsterdam: D'Arts, 1991.

Blom, H. W. "Spinoza en De La Court." *Mededelingen vanwege het Spinozahuis* 42 (1981).

Blom, H. W., and J. M. Kerkhoven. "A Letter concerning an Early Draft of Spinoza's Treatise on Religion and Politics?" *Studia Spinozana* 1 (1985) : 371 – 7.

Bloom, Herbert. *The Economic Activities of the Jews of Amsterdam in the Seventeenth and Eighteenth Centuries*. Williamsport, PA, 1937.

Bodian, Miriam. "Amsterdam, Venice, and the Marrano Diaspora in the Seventeenth Century." *Dutch Jewish History* 2 (1989) : 47 – 66.

Bonger, H. *Spinoza en Coornhert. Mededelingen vanwege het Spinozahuis*. 57 (1989).

Bordoli, Roberto. *Ragione e scrittura tra Descartes e Spinoza. Saggio sulla 'Philosophia s. Scripturae Interpres' di Lodewijk Meyer e sulla sua recezione*. Milan: Franco Angeli, 1997.

Bouillier, Francisque, *Histoire de la philosophie Cartésienne*. 2 vols. Paris, 1868.

Browne, Lewis. *Blessed Spinoza*. New York: Macmillan, 1932.

Brugmans, H., and A. Frank. *Geschiedenis der Joden in Nederland*. Amsterdam, 1940.

Brykman, Geneviève. *La Judéité de Spinoza*. Paris: J. Vrin, 1972.

Cohen, Gustave. "Le Séjour de Saint-Evremond en Hollande (1665 –

1670). "*Revue de littérature comparée* 6(1926):28-78.

Cohen, Robert. "*Memoria para os siglos futuros*: Myth and Memory on the Beginnings of the Amsterdam Sephardi Community." *Jewish History* 2(1987):67-72.

Coppier, André-Charles. "Rembrandt et Spinoza." *Revue des deux mondes* 31(1916):160-91.

Curley, E. M. *Behind the Geometrical Method*: *A Reading of Spinoza's Ethics*. Princeton, NJ: Princeton University Press, 1988.

"Notes on a Neglected Masterpiece II: The *Theological-Political Treatise* as a Prolegomenon to the *Ethics*." in J. A. Cover and M. Kulstad, *Central Themes in Early Modern Philosophy*. Indianapolis: Hackett, 1990.

Spinoza's Metaphysics: *An Essay in Interpretation*. Cambridge, MA: Harvard University Press, 1969.

"Une Nouvelle Traduction anglaise des oeuvres de Spinoza." In *Spinoza entre lumières et romantisme*, Pairs: Les Cahiers de Fontenay-aux-Roses, 1985.

Da Costa, Uriel. *Examination of the Pharisaic Traditions*. Trans. H. P. Salomon and I. S. D. Sassoon, Leiden: E. J. Brill, 1993.

De Barrios, Miguel [Daniel Levi]. *Triumpho del govierno popular*. Amsterdam, ca. 1683-1684.

De Deugd, Cornelius, ed., *Spinoza's Political and Theological Thought*. Amsterdam: North Holland Publishing Co., 1984.

De Dijn, Herman. "Was Van Den Enden Het Meesterbrein Achter Spinoza?" *Algemeen Nederlands Tijdschrift voor Wijsbegeerte* 1 (1994):71-79.

Descartes, René. *Oeuvres de Descartes*. Ed. Charles Adam and Paul Tannery. 11 vol. Paris: J. Vrin, 1964 – 75.

De Vet. J. J. V. M. "Spinoza's Authorship of 'Stelkonstige Reeckening Van Den Regenboog' and of 'Reeckening Van Kanssen' Once More Doubtful." *Studia Spinozana* 2 (1986): 267 – 309.

"Was Spinoza de Auteur van Stelkonstige Reeckening van den Regenborg en Reeckening van Kanssen?" *Tijdschrift voor Filosofie* 45 (1983): 602 – 639.

Dunin-Borkowski, Stanislaus von. *Der Funge de Spinoza*. Münster: Aschendorffsche Verlagsbuchhandlung, 1910.

Spinoza. 4 vols. Münster: Aschendorff, 1933.

Emmanuel, Isaac S. *Precious Stones of the Jews of Curaçao. Curaçaon Jewry 1656 – 1957*. New York: Bock, 1957.

Feuer, Lewis Samuel. *Spinoza and the Rise of Liberalism*. Boston: Beacon Press, 1958.

Francès, Madeleine. *Spinoza dans les pays Néerlandais da la seconde moitié du XVIIe siècle*. Paris, 1937.

Freudenthal, J. *Die Lebensgeschichte Spinoza's in Quellenschriften, Urkunden und Nichtamtlichen Nachrichten*. Leipzig: Verlag Von Veit, 1899.

Spinoza: Sein Leben und Seine Lehre. Stuttgart: Fr. Frommanns Verlag, 1904.

Friedmann, Georges. *Leibniz et Spinoza*. Paris: Gallimard, 1962.

Fuks-Mansfield, R. G. *De Sefardim in Amsterdam tot 1795*. Hilversum: Historische Vereniging Holland, 1989.

Gabbey, Alan. "Spinoza's Natural Science and Methodology." In *The*

Cambridge Companion to Spinoza. Ed. Don Garrett. Cambridge: Cambridge University Press, 1996.

Gans, Mozes H. *Memorboek: History of Dutch Jewry from the Renaissance to 1940.* Trans. Arnold J. Pomerans. Baarn: Bosch & Keuning, 1971.

Gebhardt, Carl. "Juan de Prado." *Chronicon Spinozanum* 3 (1923): 219–91. "Rembrandt und Spinoza." *Chronicon Spinozanum* 4 (1924–6): 160–83. ed., *Die Schriften des Uriel da Costa.* Amsterdam: Curis Societatis Spinozanae, 1922.

Gerber, Jane. *The Jews of Spain.* New York: Free Press, 1992.

Geyl, Pieter. *The Netherlands in the Seventeenth Century.* 2 vols. London: Williams and Norgate, 1961.

Halevi, Uri ben Aaron. *Narraçao da vinda dos Judeos espanhoes a Amsterdam.* Amsterdam, 1715.

Hessing, Siegfried. *Speculum Spinozanum 1677–1977.* London: Routledge and Kegan Paul, 1977.

Hobbes, Thomas. *Leviathan.* Ed. E. M. Curley. Indianapolis: Hackett Publishing, 1994.

Hubbeling, H. G. *Spinoza.* Baarn: het Wereldvenster, 1978. "Spinoza's Life: A Synopsis of the Sources and Some Documents." *Giornale critico della filosofia italiana* 8 (1977): 390–409.

Hunter, Graeme, ed. *Spinoza: The Enduring Questions.* Toronto: University of Toronto Press, 1994.

Huussen, Arend H. Jr. "The Legal Position of Sephardi Jews in Holland, circa 1600." In *Dutch Jewish History.* Vol. 3. Assen: Van Gorcum, 1993.

Huygens, Christiaan. *Oeuvres complètes*. Vol. 22. The Hague: Martinus Nijhoff, 1893.

Israel, Jonathan. "The Banning of Spinoza's Works in the Dutch Republic (1670 – 1678)." In W. van Bunge and W. Klever, eds., *Disguised and Overt Spinozism around 1670*. Leiden: Brill, 1996.

———. "The Changing Role of the Dutch Sephardim in International Trade, 1595 – 1715." *Dutch Jewish History* I (1984): 31 – 51.

———. *The Dutch Republic: Its Rise, Greatness, and Fall, 1477 – 1806*. Oxford: Oxford University Press, 1995.

———. "Dutch Sephardi Jewry, Millenarian Politics, and the Struggle for Brazil (1640 – 1654)." In David Katz and Jonathan Israel, eds., *Sceptics, Millenarians, and Jews*, 76 – 97. Leiden: E. J. Brill, 1990.

———. "The Economic Contribution of Dutch Sephardic Jewry to Holland's Golden Age, 1595 – 1713." *Tijdschrift Voor Geschiedenis* 96 (1983): 505 – 35.

———. *European Jewry in the Age of Mercantilism, 1550 – 1750*. Oxford: Oxford University Press, 1985.

———. "Sephardic Immigration into the Dutch Republic." *Studia Rosenthaliana* 23 (1989): 45 – 53.

———. "Spain and the Dutch Sephardim, 1609 – 1660." *Studia Rosenthaliana* 12 (1978): 1 – 61.

Japiske, N. "Spinoza en de Witt." *Bijdragen Vaderlandse Geschiedenis* 6 (1927).

Joachim, H. H. *Spinoza's Tractatus de Intellectus Emendatione*. Oxford: Clarendon Press, 1901.

Jongeneelen, Gerrit. "An Unknown Pamphlet of Adriaan Koerbagh." *Studia Spinozana* 3(1987):405-15.

——. "La Philosophie politique d'Adriaen Koerbagh." *Cahiers Spinoza* 6(1991):247-67.

Kaplan, Yosef. *From Christianity to Judaism: The Story of Isaac Orobio de Castro*. Oxford: Oxford University Press, 1989.

——. "'Karaites' in Early Eighteenth-Century Amsterdam." In David S. Katz and Jonathan Israel, eds., *Sceptics, Millenarians, and Jews*, 196-236. Leiden: E. J. Brill, 1990.

——. "The Portuguese Community in Seventeenth Century Amsterdam and the Ashkenazi World." *Dutch Jewish History* 2 (1989): 23-45.

——. *The Portuguese Community of Amsterdam in the Seventeenth Century*. Catalogue for the Exhibition Marking the 300th Anniversary of the Inauguration of the Portuguese Synagogue in Amsterdam. Jerusalem: Jewish National and University Library, 1975.

——. "The Portuguese Jews in Amsterdam: From Forced Conversion to a Return to Judaism." *Studia Rosenthaliana* 15(1981):37-51.

——. "The Social Functions of the *Herem* in the Portuguese Jewish Community of Amsterdam in the Seventeenth Century." *Dutch Jewish History* I(1984):111-55.

Kasher, Asa, and Shlomo Biderman. "When Was Spinoza Banned?" *Studia Rosenthaliana* 12(1978):108-10.

——. "Why Was Spinoza Excommunicated?" In David S. Katz and Jonathan Israel, eds., *Sceptics, Millenarians, and Jews*, 98-141. Leiden: Brill, 1990.

Katz, David. *Philosemitism and the Readmission of the Jews to England:1603 – 1655.* Oxford: Oxford University Press, 1982.

Katz, David S. and Jonathan Israel, ed. *Sceptics, Millenarians, and Jews.* Leiden: E. J. Brill, 1990.

Katz, Jacob. *Tradition and Crisis.* New York: New York University Press, 1993.

Kayser, Rudolf. *Spinoza: Portrait of a Spiritual Hero.* New York: The Philosophical Library, 1946.

Kayserling, M. "Un Conflit dans la communauté hispano-portugaise d'Amsterdam—Ses consequences." *Revue des Études juives* 43 (1901):275 – 6.

Keesing, Elisabeth. "Les Frères Huygens et Spinoza." *Cahiers Spinoza* 5(1984 – 5):109 – 28.

Kerckrinck, Theodore. *Opera Anatomica Continentia Spicilegium Anatomicum.* Leiden: Boutesteyn, 1670.

Kistemaker, Renée, and Tirtsah Levie, eds. *Exodo: Portugezen in Amsterdam, 1600 – 1680.* Amsterdam: Amsterdams Historisch Museum, 1987.

Klever, W. N. A. "Burchard de Volder(1643 – 1709), A Crypto-Spinozist on a Leiden Cathedra." *LIAS* 15(1988):191 – 241.

"The Helvetius Affair, or Spinoza and the Philosopher's Stone: A Document on the Background of Letter 40." *Studia Spinozana* 3 (1987):439 – 50.

"Insignis Opticus: Spinoza in de Geschiedenis van de Optica." *De Zeventiende Eeuw* 6(1990):47 – 63.

"A New Document on De Witt's Attitude to Spinoza." *Studia Spi-*

nozana 9(1993):379-88.

"A New Source of Spinozism:Jranciscus Van den Enden."*Journal of the History of Philosophy* 29(1991):613-31.

"Omtrent Spinoza."Address at Erasmus Universiteit,Rotterdam. November 15,1995.

"Spinoza and Van Den Enden in Borch's Diary in 1661 and 1662."*Studia Spinozana* 5(1989):311-25.

"Spinoza's Fame in 1667."*Studia Spinozana* 5(1989):359-63.

"Spinoza's Life and Works."*The Cambridge Companion to Spinoza*. Ed. Don Garrett. Cambridge: Cambridge University Press,1996.

"Steno's Statements on Spinoza and Spinozism."*Studia Spinozana* 6(1990):303-13.

Koen,E. M. "Waar en voor wie werd de synagoge van 1612 gebouwd?"*Amstelodamum* (1970):209-12.

Koenen,H. J. *Geschiedenis der Joden in Nederland.* Utrecht,1843.

Kolakowski,Leszek. *Chrétiens sans église.* Paris: NRF/Editions Gallimard,1969.

Lagrée,Jacqueline. "Louis Meyer et la *Philosophia S. Scripturae Interpres.*" *Revue des Sciences Philosophiques et Théologiques* 71 (1987):31-43.

Leibniz,Gottfried Wilhelm. *Die Philosophischen Schriften von Gottfried Wilhelm Leibniz.* Ed. C. I. Gerhardt, 7 vols. Berlin: Weidmann, 1895-90. Reprint Hildesheim:Georg Olms,1978.

Sämtliche Schriften und Briefe. Deutsche Akademie der Wissenschaften. Multiple vols. in 7 series. Darmstadt/Leipzig/Berlin:

Akademie Verlag, 1923.

Leroy, Béatrice. *Les Juifs dans L'Espagne chrétienne avant 1492*. Paris: albin Michel, 1993.

Levie, Tirtsah, and Henk Zantkuyl. *Wonen in Amsterdam in de 17de en 18de eeuw*. Amsterdam: Amsterdam Historisch Museum, 1980.

Levin, Dan. *Spinoza: The Young Thinker Who Destroyed the Past*, New York: Weybright and Talley, 1970.

Levine, Ruth E., and Susan W. Morgenstein, eds. *The Jews in the Age of Rembrandt*. Rockville, MD: The Judaic Museum of the Jewish Community Center of Greater Washington, 1981 – 2.

Levy, Ze'ev. "The Problem of Normativity in Spinoza's *Hebrew Grammar*." *Studia Spinozana* 3 (1987): 351 – 90.

———. "Sur quelques influences juives dans le développement philosophique du jeune Spinoza." *Revue des Sciences Philosophiques et Théologiques* 71 (1987): 67 – 75.

Maimonides. *The Guide of the Perplexed*. Trans. Shlomo Pines 2 vols. Chicago: University of Chicago Press, 1963.

Marcus, Jacob. *The Jew in the Medieval World*. Cincinnati: The Union of American Hebrew Congregations, 1938.

Marx, Alexander. *Studies in Jewish Learning and Booklore*. Philadelphia: Jewish Publication Society, 1944.

Matheron, Alexandre. "Femmes et serviteurs dans la démocratie spinoziste." *Revue philosophique de la France et de l'étranger* 2 (1977): 181 – 200.

Mayer, M. "Spinoza's Berufung an die Hochschule zu Heidelberg." *Chronicon Spinozanum* 3 (1923): 20 – 44.

Méchoulan, Henri. *Amsterdam au temps de Spinoza: Argent et liberté.* Paris: Presses Universitaires de France, 1990.

Etre juif à Amsterdam au temps de Spinoza. Paris: Albin Michel, 1991.

"Le *Herem* à Amsterdam et l'excommunication de Spinoza." *Cahiers Spinoza* 3(1980): 117–34.

"Morteira et Spinoza au carrefour du socinianisme." *Revue des études juives* 135(1976): 51–65.

"A propos de la visite de Frédéric-Henri, prince d'Orange, a la synagogue d'Amsterdam." *LIAS* 5(1978): 81–6.

"Quelques Remarques sur le marranisme et la rupture spinoziste." *Studia Rosenthaliana* II (1977): 113–25.

"Spinoza face à quelques textes d'origine marrane." *Raison présente* 13(1977): 13–24.

Meijer, Jaap. *Beeldvorning Om Baruch: "Eigentijdse" Aspecten Van de Vroege Spinoza-Biografie.* Heemstede, 1986.

Encyclopedia Sephardica Neerlandica. Amsterdam: Portugees-Israelietsche Gemeente, 1949.

Supplementum Sefardicum Historicum. Heemstede, 1989.

Meininger, Jan V., and Guido van Suchtelen. *Liever Met Wercken als met Woorden: De Levensreis Van Doctor Franciscus Van Den Enden.* Weesp: Heureka, 1980.

Meinsma, K. O. *Spinoza et son cercle.* Trans. S. Roosenberg and J.-P. Osier. Paris: J. Vrin, 1983.

Melnick, Ralap. *From Polemics to Apologetics. Jewish-Christian Rapprochement in 17th Century Amsterdam.* Assen: Van

Gorcum, 1981.

Menasseh ben Israel. *The Hope of Israel*. Ed. Henri Méchoulan and Gérard Nahon. Oxford: Oxford University Press, 1987.

Mendes, David Franco. *Memorias do estabelecimento e progresso dos Judeos Portuguezes e Espanhoes nesta famosa citade de Amsterdam. Studia Rosenthaliana* 9 (1975).

Mertens, F. "Franciscus van den Enden: Tijd voor een Herziening van Diens Rol in Het Ontstaan van Het Spinozisme?" *Tijdschrift Voor Filosofie* 56 (1994): 717–38.

Meyer, Lodewijk. *Philosophia S. Scripturae Interpres: La philosophie interprète de l'Ecriture Sainte*. Trans. Jacqueline Lagree and P. F. Moreau. Paris: Intertextes, 1988.

Michman, Jozeph. "Historiography of the Jews in the Netherlands." *Dutch Jewish History* I (1984): 16–22.

Michman, Jozeph, Hartog Beem, and Dan Michman. *PINKAS: Geschiedenis van de joodse gemeenschap in Nederland*. Antwerp: Kluwer, 1989.

Mignini, Filippo. "Données et problèmes de la chronologie spinozienne entre 1656 et 1665." *Revue des sciences philosophiques et théologiques* 71 (1987): 9–21.

——. "La cronologia e l'interpretazione delle opere di Spinoza." *La cultura* 26 (1988): 339–60.

——. "Per la datazione e l'interpretazione del *Tractatus de intellectus emendatione* di B. Spinoza." *La cultura* 17 (1979): 87–160.

Minkin, Jacob S., ed. *The Teachings of Maimonides*. Northvale, NJ: Jason Aronson, 1987.

Moreau, Pierre-François. *Spinoza: L'expérience et l'éternité*. Paris: Press es Universitaires de France, 1994.

Mortera, Saul Levi. *Traktaat Betreffende de Waarheid van de Wet van Mozes (Tratado da verdade de lei de Moisés)*. Ed. H. P. Salomon, Braga: Barbosa and Xavier, 1988. *Tratado da Verdade de Lei de Moises*. Coimbra, 1988.

Nahon, Gérard. "Amsterdam, Métropole occidentale des *Sefarades* au XVIIe siècle." *Cahiers Spinoza* 3 (1980): 15 – 50.

Nazelle, Du Cause de. *Mémoire du temps de Louis. XIV*. Ed. Ernest Daudet. Paris: Librairie Plon, 1899.

Netanyahu, Benzion. *The Origins of the Inquisition in Fifteenth-Century Spain*. New York: Random House, 1995.

Offenberg, A. "The Dating of the *Kol Bo*." *Studia Rosenthaliana* 6 (1972): 86 – 106.

"A Letter from Spinoza to Lodewijk Meyer, 26 July 1663." Ed. Siegfried Hessing. In *Speculum Spinozanum*, 426 – 35. London: Routledge and Kegan Paul, 1977.

"Spinoza in Amsterdam: Dichtung und Wahrheit." In *Amsterdam 1585 –1672: Morgenröte des Bürgerlichen Kapitalismus*. Ed. Bernd Wilczek. Hamburg: Elster Verlasg, 1986.

Offenberg, A. et al., eds. *Spinoza: Troisième centenaire de la mort du philosophe*. Catalogue of exhibition held at the Institut Néerlandais, May-June 1977. Paris, 1977.

Oldenburg, Henry. *The Correspondence of Henry Oldenburg*. Ed. A. Rupert Hall and Marie Boas Hall. 13 vols. Madison: University of Wisconsin Press, 1965 – 86.

Osier, Jean-Pierre. *D'Uriel da Costa à Spinoza*. Paris: Berg International, 1983.

Paraira, M. C., and J. S. da Sivla Rosa. *Gedenkschrift uitgegeven ter gelegenheid van het 300-jarig bestaan der onderwijsinrichtingen Talmud Torah en Ets Haim bij de Portugueesche Israelitische Gemeente te Amsterdam*. Amsterdam, 1916.

Parker, Geoffrey. *The Dutch Revolt*. London: Allen Lane, 1977.

Petry, Michael and Guido van Suchtelen. "Spinoza and the Military: A Newly Discovered Document." *Studia Spinozana* 1 (1985): 359–63.

Peyrera, Abraham. *La Certeza del Camino*. Amsterdam, 1666.

Pieterse, Wilhelmina Christina. *Daniel Levi de Barrios als Geschiedschrijver van de Portugees-Israelietische Gemeente te Amsterdam in zijn "Triumpho del Govierno Popular*. Amsterdam, Scheltema and Holkema, 1968.

Pollock, Frederick. *Spinoza: His Life and Philosophy*. London: Duckworth & Co., 1899.

Popkin, Richard. "Christian Jews and Jewish Christians in the 17th Century." In R. Popkin and C. M. Weiner, eds. *Jewish Christians and Christian Jews*. Dordrecht: Kluwer, 1994.

"The First Published Discussion of a Central Theme in Spinoza's Tractatus." *Philosophia* 17 (1986): 101–9.

"The First Published Reaction to Spinoza's *Tractatus*: Col. J. B. Stouppe, the Condé Circle, and the Rev. Jean LeBrun." In Paolo Cristofolini, ed., *The Spinozist Heresy*. Amsterdam: APA-Holland University Press, 1995.

"Menasseh Ben Israel and Isaac La Peyrère." *Studia Rosenthaliana* 8(1974):59-63.

"Spinoza and La Peyrère." In Shahan and Biro, eds., *Spinoza: New Perspectives*, 177-96.

"Rabbi Nathan Shapira's Visit to Amsterdam in 1657." *Dutch Jewish History* 1(1984):185-205.

"Samuel Fishcr and Spinoza." *Philosophia* 15 (1985):219-36.

"Serendipity at the Clark: Spinoza and the Prince of Condé." *The Clark Newsletter* 10(1986):4-7.

"Some New Light on Spinoza's Science of Bible Study." In M. Grene and D. Nails, eds., *Spinoza and the Sciences*. Dordrecht: Reidel, 1980.

"Spinoza and Bible Scholarship." *The Cambridge Companion to Spinoza*. Ed. D. Garrett. Cambridge: Cambridge University Press, 1996.

"Spinoza's Earliest Philosophical Years." *Studia Spinozana* 4 (1988):37-55.

Spinoza's Earliest Publication? The Hebrew Translation of Margaret Fell's "A Loving Salutation to the Seed of Abraham among the Jews, Wherever They Are Scattered Up and Down upon the Face of the Earth." Assen: Van Gorcum, 1987.

"Spinoza's Relations with the Quakers in Amsterdam." *Quaker History* 73 (1984):14-28.

"Spinoza, the Quakers and the Millenarians, 1656-1658." *Manuscrito* 6 (1982):113-33.

The Third Force in Seventeenth Century Thought. Leiden: Brill, 1992.

Porges, N. "Spinozas Compendium der Hebraïschen Grammatik." *Chronicon Spinozanum* 4 (1924 – 6):123 – 59.

Posthumus, N. W. "The Tulip Mania in Holland in the Years 1636 and 1637." *Journal of Economic and Business History* 1 (1929):435 – 65.

Price, J. L. *Holland and the Dutch Republic in the Seventeenth Century: The Politics of Particularism*. Oxford: Clarendon Press, 1994.

Proietti, O. "Adulescens luxu perditus: Classici latini nell'opera di Spinoza." *Revista di filosofia neoscolastica* 2 (1985):210 – 57.

——. "Il 'Satyricon' di Petronio e la datazione della 'Grammatica Ebraica' Spinoziana." *Studia Spinozana* 5 (1989):253 – 72.

Reijnders, Carolus. *Van "Joodsche Natien" Tot Joodse Nederlanders*. Amsterdam: [n. p.], 1970.

Rekers, Ben. "Les Points obscurs dans la biographie de Spinoza." *Tijdschrift Voor de Studie Van de Verlichting* 5 – 6 (1977 – 8): 151 – 66.

Revah, I. S. "Aux Origines de la rupture spinozienne: Nouveaux documents sur l'incroyance dans la Communauté judéo-portugaise D'Amsterdam à l'époque de l'excommunication de Spinoza." *Revue des Études juives* 123 (1964):359 – 430.

——. "Aux origines de la rupture spinozienne: Nouvel examen des origines, du déroulement et des conséquences de l'affaire Spinoza-Prado-Ribera." *Annuaire du Collège de France* 70 (1970):562 – 8.

——. "Le Premier Règlement imprimé de la 'Santa Companhia de Dotar Orfens e Donzalas Pobres.'" *Boletin Internacional de Bibliografia Luso-brasileira* 4 (1963).

"La Religion d'Uriel da Costa, marrane de Porto." *Revue de l'histoire des religions* 161(1962):44 – 76.

Spinoza et Juan de Prado. Paris:Mouton & Co. ,1959.

Roth, Cecil. *A History of the Marranos.* New York:Harper and Row,1966.

A Life of Menasseh ben Israel. Philadelphia:Jewish Publication Society,1934.

"The Role of Spanish in the Marrano Diaspora." In *Studies in Books and Booklore*, 111 – 20. London:Gregg International Publishers,1972.

Rousset, Bernard. "Elements et hypothèses pour une analyse des rédactions successives de *Ethique* IV." *Cahiers Spinoza* 5 (1984 –5):129 – 46.

"La Première *Ethique*:Méthode et perspectives."*Archives de philosophie* 51 (1988):75 – 98.

Rowen, Herbert H. *John De Witt, Grand Pensionary of Holland,1625 – 1672.* Princeton, NJ:Princeton University Press,1978.

John De Witt: Statesman of the "True Freedom." Cambridge: Cambridge University Press,1986.

Sacksteder, William. "How Much of Hobbes Might Spinoza Have Read?"*Southwestern Journal of Philosophy* 7 (1969):25 – 39.

Salomon, H. P. "Myth or Anti-Myth:The Oldest Account Concerning the Origin of Portuguese Judaism at Amsterdam." *LIAS* 16 (1989):275 – 309.

Saul Levi Mortera en zijn Traktaat Betreffende de Waarheid van de Wet van Mozes. Braga:Barbosa and Xavier,1988.

"La Vraie Excommunication de Spinoza." *Forum Litterarum* 28 (1994):181–99.

Saperstein, Marc. "Saul Levi Morteira's Treatise on the Immortality of the Soul." *Studia Rosenthaliana* 25(1991):131–48.

Schama, Simon. *The Embarrassment of Riches*. Berkeley and Los Angeles: University of California Press, 1988.

Scholem, Gershom. *Sabbatai Sevi: The Mystical Messiah*. Princeton, NJ: Princeton University Press, 1973.

Schwartz, Gary. *Rembrandt: His Life, His Paintings*. Harmondsworth: Viking, 1985.

Shahan, Robert, and J. I. Biro, eds. *Spinoza: New Perspectives*. Norman: University of Oklahoma Press, 1978.

Shapiro, James. *Shakespeare and the Jews*. New York: Columbia University Press, 1996.

Siebrand, H. J. *Spinoza and the Netherlanders*. Assen: Van Gorcum, 1988.

Silva Rosa, J. S. da. *Geschiedenis der Portugeesche Joden te Amsterdam*. Amsterdam: Menno Hertzberger, 1925.

Spinoza, Baruch. *Spinoza Opera*. Ed. Carl Gebhardt. 5 vols. Heidelberg: Carl Winters Universitätsverlag, 1972(1925).

Steenbakkers, Piet. *Spinoza's Ethica from Manuscript to Print*. Assen: Van Gorcum, 1994.

Stouppe, Jean-Baptiste. *La Religion des hollandais*. Cologne, 1673.

Swetschinski, Daniel M. "Kinship and Commerce: The Foundations of Portuguese Jewish Life in Seventeenth Century Holland." *Studia Rosenthaliana* 15(1981):52–74.

―――. *The Portuguse-Jewish Merchants of Seventeenth Century Amster-*

dam: *A Social Profile.* Ph. D. diss. , Brandeis University. Ann Arbor: University of Michigan Microfilms, 1977.

Teicher, J. L. "Why Was Spinoza Banned?" *The Menorah Journal* 45 (1957): 41 – 60.

Thijssen-Schoute, C. L. "Jan Hendrik Glazemaker: De Zeventiende Eeuwse Aartsvertaler." In *Uit de Republiek Der Letteren.* The Hague: Martinus Nijhoff, 1967.

"Lodewijk Meyer en Diens Verhouding tot Descartes en Spinoza." In *Uit De Republiek Der Letteren* (collected essays by Thijssen-Schoute). The Hague: Martinus Nijhoff, 1967.

Nederlands Cartesianisme. Utrecht: Hess, 1954.

Thomasius, Christian. *Freymüthige Lustige und Ernsthafte iedoch Vernunft-und Gesetz-Mässige zwölff Monate des 1688. und 1689. Jahrs.* Halle: Salfeld, 1690.

Valentiner, W. R. *Rembrandt and Spinoza: A Study of the Spiritual Conflicts in Seventeenth Century Holland.* London: Phaidon, 1957.

Van Bunge, Wiep. "On the Early Reception of the *Tractatus Theologico-Politicus.*" *Studia Spinozana* 5 (1989): 225 – 51.

Van den Berg, Jan. "Quaker and Chiliast: The 'Contrary Thoughts' of William Ames and Petrus Serrarius." In R. Buick Know, ed. , *Reformation Conformity and Dissent.* London: Epworth Press, 1977.

Vandenbossche, Hubert. *Adriaan Koerbagh en Spinoza. Mededelingen vanwege het Spinozahuis.* 39 (1978).

Van den Enden, Franciscus. *Vrije Politijke Stellingen.* Ed. W. Klever. Amsterdam: Wereldbibliotheek, 1992.

Van der Tak, W. G. *Jarich Jellesz' Origins; Jellesz' Life and Business.*

Mededelingen vanwege het Spinozahuis 59(1989).

"Spinoza's Apologie." *De Nieuwe Gids*(1933):499-508.

"Spinoza's Payments to the Portuguese-Israelitic Community; and the Language in Which He Was Raised." *Studia Rosenthaliana* 16(1982):190-5.

"Van Den Enden and Kerckrinck." *Studia Rosenthaliana* 16 (1982):176-7.

Van der Tang, Aad. "Spinoza en Schiedam." *Scyedam* 10 (1984): 159-184.

Van Dillen, J. G. "La Banque d'Amsterdam." *Revue d'histoire moderne* 15(1928).

Van Suchtelen, Guido. "Nil Volentibus Arduum: Les Amis de Spinoza au travail." *Studia Spinozana* 3(1987):391-404.

"The Spinoza Houses at Rijnsberg and the Hague." In Siegfried Hessing, ed., *Speculum Spinozanum*, 475-8. London: Routledge and Kegan Paul, 1977.

Vaz Dias, A. M. "De scheiding in de oudste Amsterdamsche Portugeesche Gemeente Beth Jacob." *De Vrijdagavond* 7(1939):387-8.

"Did Spinoza Live in 'T Opregte Tappeythuis'?" *Studia Rosenthaliana* 16(1982):172-5.

"Nieuwe Bijdragen tot de Geschiedenis der Amsterdamsche Hoogduitsch-Joodsche Gemeente." *Bijdragen en Mededelingen Van Het Genootschap Voor Joodse Wetenschap in Nederland* 6 (1940).

"Een verzoek om de Joden in Amsterdam een bepaalde woonplaats aan te wijzen." *Jaarboek Amstelodamum* 35 (1938):

180-202.

"Rembrandt en zijn Portugueesch-Joodsche Buren." *Amstelodamum* 19(1932):10.

Spinoza and Simon Joosten de Vries. Mededelingen Vanwege Het Spinozahuis 59(1989).

Uriel da Costa. Nieuwe Bijdrage tot diens Levensgeschiedenis. Leiden,1936.

"Wie Waren Rembrandt's Joodsche Buren?" *De Vrijdagavond*, Oct. 10,1930,22-6; Oct. 17,1930,40-45.

Vaz Dias, A. M., and W. G. van der Tak. "The Firm of Bento y Gabriel de Spinoza." *Studia Rosenthaliana* 16(1982):178-89.

Spinoza, Merchant and Autodidact, in *Studia Rosenthaliana* 16 (1982):105-71.

Verbeek, Theo. *Descartes and the Dutch*. Carbondale: Southern Illinois University Press,1992.

Vermij, Rienk. "Le Spinozisme en Hollande: Le Cercle de Tschirnhaus." *Cahiers Spinoza* 6(1991):145-68.

Vlessing, Odette. "The Jewish Community in Transition: From Acceptance to Emancipation." *Studia Rosenthaliana* 30 (1996): 195-211.

"New Light on the Earliest History of the Amsterdam Portuguese Jews." In *Dutch Jewish History*. Vol. 3. Assen: Van Gorcum,1993.

"Portugese Joden in de Gouden Eeuw." *Opbouw* 42 (1989): 3-14.

Vloemans, A. *Spinoza. De Mensch, Het Leven en Het Werk*. The

Hague, 1931.

Vries, Theun de. *Spinoza: Beeldenstormer en Wereldbouwer*. Amsterdam: H. J. W. Becht's Uitgeversmaatschappij, n. d.

Wiznitzer, Arnold. *The Jews of Colonial Brazil*. New York, 1960.

"The Merger Agreement and the Regulations of Congregation 'Talmud Torah' of Amsterdam (1638 – 39)." *Historia Judaica* 20 – 1 (1958 – 9): 109 – 32.

Wolf, A., ed. and trans. *The Oldest Biography of Spinoza*. Port Washington, NY: Kennikat Press, 1970 (1927).

Wolfson, Harry. *The Philosophy of Spinoza*. 2. vols. Cambridge, MA: Harvard University Press, 1934.

Worp, T. *Geschiedenis van het drama en van het toneel in Nederland*. 2 vols. Groningen: J. B. Wolters, 1904 – 8.

Wurtz, Jean-Paul. "Un disciple 'hérétique' de Spinoza: Ehrenfried Walther Von Tschirnhaus." *Cahiers Spinoza* 6 (1991): 111 – 43.

Yovel, Yirmiyahu. *Spinoza and Other Heretics*. Vol. 1, "The Marrano of Reason." Princeton, NJ: Princeton University Press, 1989.

"Why Was Spinoza Excommunicated?" *Commentary*, November 1977, 46 – 52.

Index(原书索引)

(页码为原书页码,本书边码)

Aboab(da Fonseca), Isaac, 16, 18, 56, 64, 78, 89, 91, 92, 94, 116, 124, 130, 137, 143, 149, 157, 252
   dispute with Mortera, 52-4
Abrabanel, Jonas, 75, 94
Abrabanel, Judah, 138
Alkmaar, 9, 356 n. 14
Alvares, Anthony, 87-9
Alvares, Gabriel, 87-9
Alvares, Isaac, 87-9
Ames, William, 158, 169
Amsterdam
   and Dutch politics, 48, 83, 150, 286
   economic growth, 8, 35
   and Jews, 5-9, 10-12, 14-15, 24-6, 148-50
   plague, 49, 212
   political organization of, 57-9
   and Remonstrant controversy, 13
   toleration in, 147
Antwerp, 5, 7-8, 103, 144
Aristotelian philosophy, 109, 112, 151, 152, 167, 191, 197, 211
Arminius, Jacobus, 12

Bacon, Francis, 111, 193, 226
Balling, Pieter, 107, 112, 141, 169, 194, 201, 202, 211, 212-13, 225, 320
Barrios, Daniel Levi de, 90, 145-6
Baruch, Abraham, 56, 62, 124
Bass, Shabbethai, 61-4

Bayle, Pierre, 110,132 −3,246
Berckel, Abraham van, 195,268
Beth Israel (congregation), 17, 18,31,39,44,52,55,128
Beth Jacob (congregation), 9, 16,17 − 18,28,29,30,31, 37 − 8,43,44,51 − 2,55, 61,66,90,91,94,128,356 n. 15,n. 16
Beyeren, Leendert van,78
Bible,53,65,67,172,131,134, 137,163,172,216,272 − 3,275 − 80
Bicker, Andries,76,82,84
Blijenburgh, Willem van, 47, 211,214 − 18,295
Borch, Olaus, 158,180,194
Boreel, Adam, 140 − 141,159, 160,162,170,223
Bouwmeester, Johannes, 173, 202, 219, 223 − 4, 225, 294,300,320
Boxel,Hugo, 326 − 7
Boyle, Robert, 191 − 3, 219, 300,330 − 1

Brazil,45,64,96,116
   Jewish community (Recife),54,82,116
   and Jewish trade, 22 − 3, 81 − 2
Bredenburg, Johannes,295
Brun, Jean,316
Bruno, Giordano,111
Bueno, Ephraim,76,89
Bueno, Joseph,40
Burgh, Albert,158,336 − 40
Burgh, Conraad, 158, 336, 338,340
Burman, Frans, 309

Calvinists (Dutch Reformed Church), 6, 12 − 14, 49, 83, 110, 112, 140, 147, 148, 150, 152, 283 − 4, 297; see also
   Remonstrants and Jews, 10 −12,14,74
   Voetian/Cocceian controversy, 307 − 8
Caro, Joseph,64,122
Cartesianism, 150 − 3,163 − 7,

168, 169 – 70, 196 – 8, 207 –12, 307 – 10
Carvejal, Antonio Fernandes, 79
Casear, Johannes, 196 – 9, 207
Casseres, Benjamin de, 45, 86
Casseres, Daniel de, 85, 350 – 1
Casseres, Hana de, 86
Casseres, Michael de, 45, 86
Casseres, Samuel de, 81, 85 – 6, 90
Castro, Isaac Orbio de, 142, 145, 146, 174, 385
Castro, Mordechai de, 62
Catholics, 6, 14, 48, 49, 83, 85, 147
Caton, William, 160 – 2
Cats, Jacob, 49, 51, 84, 255
Charles I (King of England), 86, 218, 257
Charles V (Holy Roman Emperor), 5, 7
Cherem, 56, 57, 94 – 5, 120 – 9, 147
   of Juan de Prado, 143 –4
   of Uriel da Costa, 68 – 9, 71

Chevreau, Urbain, 312 – 14
Clauberg, Johannes, 166
Cocceianism, 308 – 11
Coccejus, Johannes, 185, 307 – 8
Cocq, Frans Banning, 76
Codde, Jacob, 39
Codde, Pieter, 25
Cohen, Samuel, 18
Colerus, Johan, 42, 43 – 4, 45, 65, 103, 104, 108, 111, 288, 289, 349, 360 n. 2
Collegiants, 107, 112, 113, 139 – 41, 146, 157, 159, 162, 167 – 70, 181, 194, 295
Conversos, *see* New Christians
Costa, Abraham da, 38, 66, 67
Costa, Bento da, 66
Costa, Branca (Sarah) da, 66, 67, 70
Costa, Uriel da, 38, 66 – 74, 101, 128, 136
Craanen, Theodore, 298, 307
Crayer, Louis, 119
Cromwell, Oliver, 75, 98, 218

Curaçao, 45, 86

De la Court, Pierre, 114, 258, 267, 270
Delmedigo, Joseph, 18, 99 – 100, 114, 138
Descartes, René, 101, 111 – 13, 150 – 3, 163 – 7, 193, 196 – 8, 200 – 1, 207 – 12, 221, 226, 236, 307
Dias, Vaz 86
Duarte, Manuel, 87 – 8
Dutch East and West Indies Companies, 22, 23, 35, 83, 218

Elizabeth I (Queen of England), 5 – 6
Emden, 6, 7
England, 75, 79, 86 – 7, 98 – 9, 159, 219 – 19, 257, 303, 305
Erasmus, 111

Fabricius, Johann Ludwig, 311 –13

Farar, Abraham, 17, 38, 73, 79
Farar, David, 17 – 18, 31
Faro, Joseph de, 62
Felgenhauer, Paul, 193
Fell, Margaret, 159 – 62
Ferdinand of Aragon, 2 – 3
Fisher, Samuel, 161 – 3, 277
Flinck, Govert, 76
Fox, George, 161
France, 48 – 9, 52, 106, 255
    invasion of the Netherlands, 106, 292, 302, 303 – 5, 314 – 15, 317, 334
    Nantes, 27, 29, 31, 32, 35
Frederick Hendrik (Stadholder), 21, 43, 47 – 9, 74 – 5, 82
Fullana, Nicolas de Oliver, 292 – 3

Galilei, Galileo, 99, 111, 152
Gent, Pieter van, 320, 388 n. 77
Geulincx, Arnold, 165, 194
Gijsen, Alewijn, 213, 262, 351
Gijsen, Jacob Simon, 213 – 14

Glauber, Johannes, 193

Glazemaker, Jan Hendrik, 168, 297, 320

Golius, Jacob, 164

Gomes, Jacob, 62

Goyen, Jan van, 288

Graevius, Johan George, 301, 309, 317

Grotius, Hugo, 11, 111, 326

Guerra, Joseph, 146, 158, 173-4

Hague, The, 42, 47, 203 – 4, 222, 288 – 9

Halevi, Aaron, 6, 9, 16, 38

Halevi, Jacob, 70

Halevi, Moses Uri, 6 – 7, 9, 16, 18

Hallmann, 181, 195

Hamburg, 7, 68, 69, 127, 142, 144, 251

Heereboord, Adriaan, 164, 211

Heidanus, Abraham, 164, 165, 173

Heidelberg, 311 – 14

Helvetius, Johannes, 263 – 4

Henrietta Maria (of England), 75

Henriques, Pedro, 40 – 1, 119

Hobbes, Thomas, 111, 130, 184, 226, 267, 270, 277, 295 – 6, 322, 323

Holland (province), 48, 59, 74, 82, 83 – 5, 151, 255, 257, 296 – 7, 322

and Jews, 10 – 11

Honthorst, Gerard van, 43

Hooghe, Romeyn de, 76

Hoogstraten, Samuel van, 155

Hudde, Johannes, 183, 222 – 3, 249, 259, 267, 341

Huet, Pierre Daniel, 96, 196

Hurwitz, Sabatti Scheftel, 61

Huygens, Christiaan, 183, 185, 196, 203 – 4, 221 – 2, 255, 259, 264, 300

Huygens, Constantijn (père), 203 – 4

Huygens, Constantijn (fils), 221 – 2

ibn Ezra, Abraham, 93, 134, 277

Inquisition, 8, 23, 89, 94, 116, 130, 142, 174; *see also* Por-

tugal; Spain
Isabella of Austria (royal regent in the Spanish Netherlands) ,47
Isabella of Castile,2 - 3

Jellesz, Jarig, 107, 112, 141, 168, 169, 180, 194, 202, 211,263,294,297,320 - 1
Jews, see also Sephardim
　　Ashkenazim in Amsterdam, 19 - 21, 25, 38, 49, 66, 117 in England,75
　　relations with Dutch, 10 - 15,26,74 - 6,86,148
　　and tulip mania,51

Kabbalah, 52, 54, 89, 99, 249 -50
Karl Ludwig (Elector of Palatine) ,311 - 14
Kerckrinck, Dirk, 108 - 9, 184, 195,293
Koerbagh, Adriaan, 113, 157, 170 - 1, 172, 173, 202, 257, 263, 265 - 70, 285, 294,320

Koerbagh, Johannes (Jan), 113, 157, 195, 202, 263, 265,267 - 268

La Peyrère, Isaac,99,134,277
Latréaumont, Gilles du Hamel de,106
Leao, Judah Jacob,78,80
Leeuwenhoek, Anton van,43, 341
Leibniz, Gottfried Wilhelm, 106, 155, 184, 196, 299 - 302,306,340 - 2
Leiden, 45, 49, 117, 139, 163, 181,185,194 - 5,296,297
　　university, 12, 108, 113, 151,158,163 - 5,170 - 3, 195, 196, 255, 300, 308, 309,370 n. 5
Levi ben Gershom (Gersonides) ,93
Lievens, Jan,76
London, 7, 8, 79, 98, 116, 212,251
Louis Ⅱ of Bourbon (Prince of

Condé),315-19

Louis XIV (King of France), 105,106,293,303-5

Lucas, Jean-Maximilian, 42, 43, 59, 64, 90, 100, 102, 134,156

Machiavelli, Nicolo, 111, 130, 270,257

Maimonides, 53, 64, 93, 97, 121-2, 125, 136, 138, 153,167,226,242,278

Maltranilla, Miguel Perez de, 131, 135, 144, 146, 155, 163,173

Manoel I (King of Portugal), 3-4

Mansveld, Regnier, 295, 298, 307

Marranos, see New Christians

Maurits of Nassau, 13

Menasseh ben Israel, 16, 18, 45, 54, 64, 75, 76, 77-8, 80, 81, 89, 91, 92, 93, 94, 95, 96, 102, 114, 124, 130, 134, 136-7, 138, 14,

159-60,249

biographical sketch,93-100

Mendez, Abraham,72

Mennonites, 101, 107, 113, 139,159,168-9

messianism, 96-8, 159-60, 249,251

Meyer, Lodewijk, 171-3, 194, 202, 205-6, 207, 266, 294, 296, 300, 309-10, 320,321-2,350,363

Milan, Gabriel,292-3

Millenarianism, 97-8, 159-60,249,253

Modena, Leon,68,91,128

Montaigne, Michel de,111,130

Montalto, Elias Rodriguez,91

Morales, Henrique,318

Morocco,10,16,24

Mortera, Saul Levi, 16, 17, 18, 20,23,30-31,43,45,56, 64-5, 78, 80, 81, 85, 94, 95, 102, 136-8, 143, 144, 153,156,157

biographical sketch,91-3

congregational duties, 56,64

dispute with Aboab, 52 – 4
and Spinoza's *cherem*, 124, 128 – 9
yeshivot, 89 – 91, 142, 145

Nathan of Gaza, 250 – 1
Nazelle, Du Cause de, 104, 106
Nieulant, Adriaen van, 25
Netherlands, The
    alliance with Portugal, 81 –2
    arrival of Jews, 5 – 10
    arrival of New Christians, 5 –10
    and Brazil, 82, 116
    economy and trade, 22, 35, 47, 49, 81
    and England, 86 – 7, 218 – 19, 254 – 5, 257, 303
    and France, 106, 292, 302, 303, 305, 314 – 15, 317
    politics, 48 – 9, 74, 83 – 5, 112, 148, 254 – 7, 283 – 4, 307 – 11, 334
    regent class, 58 – 9
    status of Jews, 9 – 15, 85, 149 – 50
    war with Spain, 7 – 8, 22 – 3, 28, 35, 43, 47 – 9, 74, 81 –2
Neve Shalom (congregation), 10, 16, 17, 18, 39, 44, 51, 52, 61, 94, 100, 356 n. 15, n. 16, n. 17
New Christians, 52 – 3, 67, 96, 116, 141
    in the Netherlands, 5 – 9, 15 – 16
    in Portugal, 3 – 5, 15, 52
    in Spain, 2 – 5, 15, 52
    trade with Amsterdam Jews, 23, 28, 35
Newton, Isaac, 255, 299, 300
Nil Volentibus Arduum, 294 – 5
Nuñes, Maria, 5 – 6, 7, 355, n. 4

Oldenbarneveldt, Johan, 12 – 13, 286
Oldenburg, Henry, 180, 183, 184 –6, 190 – 3, 212, 219 – 20, 244, 247, 248, 254, 259 –61, 291 – 300, 329 – 33, 340

Oli, Jan Volkaertsz, 33, 40, 73

Osorio, Bento, 21

Ouderkerke, 10, 20, 26, 31, 38, 56, 158, 356 n. 14, 358 n. 40

Paets, Adriaen, 133, 175, 248, 286, 382

Palache, David, 39

Palache, Samuel, 10

Palestine, 9, 90, 250, 252

Pardo, David, 10, 18, 54, 56

Pardo, Joseph, 9 – 10, 16, 17 – 18, 31, 128

Pauw, Adriaan, 11, 43, 48, 82, 84, 256

Pereira, Abraham, 89, 90, 95, 146, 252

Pereira, Isaac, 89, 95

Philip II (King of Spain), 7, 47

Philip IV (King of Spain), 47, 82

plague, 47, 49, 117, 212 – 13

Poelenberg, Arnold, 133

Portugal
　　alliance with the Netherlands, 81 – 2
　　dispute with the Netherlands over Brazil, 82
　　Inquisition in, 4 – 5
　　and Jewish trade, 22 – 4, 81 – 3
　　Jews in, 3 – 5, 15, 52, 67
　　union with Spain, 4, 81

Potter, Paulus, 25

Prado, Juan de, 90, 128, 130, 135 – 6, 138, 142 – 6, 154, 173 – 5

Quakers, 107, 138, 157, 158 – 63, 254

Raey, Johannes de, 165, 166, 170, 194 – 5, 307

Rashi, 62, 63, 64, 93, 122

Regius, Henricus, 164, 165

Reinoso, Miguel, 173 – 5

Rembrandt (Rembrandt van Rijn), 25, 43, 45, 76 – 9, 109, 119

Remonstrants, 48 – 9, 83, 84, 85, 107, 139, 159, 286, 295

controversy in Dutch Reformed Church, 12 – 14, 139, 148
Ribera, Daniel, 143 – 5
Rieuwertsz, Jan, 107, 139, 141, 168, 169, 185, 195, 202, 207, 269, 294, 297, 300, 320, 334, 349
Rijnsburg, 139, 158, 180 – 1, 194
Robles, Tomas Solano y, 130 – 1, 135, 144, 145, 146, 155, 163
Rohan, Louis de, 106
Rotterdam, 28, 31 – 2, 48, 117, 139
Royal Society, 185, 212

Saadya ben Joseph (Saadya Gaon), 93
Salom ben Joseph, 62 – 3
Salonika, 16, 55, 251
Sasportas, Jacob, 251 – 2
Schiedam, 213 – 14
Schooten, Frans van (the younger), 164
Schooten, Frans van (the elder), 166, 255
Schuller, Georg Hermann, 222, 300 – 1, 320, 323, 327 – 8, 341, 349 – 50
Senior, Hanna Deborah, see Spinoza, Hanna Deborah de
Sephardim, see also Jews
　and aliases, 23
　in Amsterdam: arrival and status in Amsterdam, 5 – 9, 10 – 12, 14 – 15, 148 – 50; and art, 76 – 7, 91 – 2; and Brazil, see Brazil; and Carribean, 87, 117; communal organization, 16 – 19, 37, 56 – 9, 124; dispute in 1630s, 51 – 4; and Dutch politics, 369 n. 93; economy and trade, 22 – 4, 34 – 5, 81 – 3, 86, 116; education, 18, 61 – 4, 89 – 90; neighborhood, 24 – 6, 27; and punishment, see *cherem*; and Sabbateanism, 251 – 2; synagogues, 10, 25, 27, 44,

55,76,149,334 – 5; union agreement of,1639,54 – 5; wealth,21
arrival in the Netherlands, 5 – 10,117 legal status in the Netherlands, 9 – 12, 14 –15,47,85
in Portugal,3 – 5
in Spain,1 – 5
Serrarius, Peter, 160, 162, 173, 185, 193, 212, 248, 253 – 4,260
Silva,Samuel da,68 – 9
Sixtus IV (Pope),2
Socinianism, 92, 140 – 1, 157, 266,296
Soliz,Margrieta de,73
Solms, Amalia van,43
soul, *see also* Spinoza, on soul
eternal punishment of, 52 – 4
immorality of,69
Spain,303 – 4
Inquisition in,2 – 5
and Jewish trade, 22 – 4,81 – 3
Jews in,1 – 5,15,52
union with Portugal,4,81
war with the Netherlands, 22 – 3,47 –9,81 – 2
Spinoza, Abraham Jesurum de, 9,17,27 – 36,90
arrival in Amsterdam,27 –9
business dealings, 28 – 9, 35 – 6
role in community,29,37
Spinoza, Bento (Baruch) de
"Apologia,"132
on Bible, 131, 134, 137, 163, 216, 272 – 3, 275 – 80,324
birth,36,42
in business, 81, 86 – 89, 118 –119
and Cartesianism, 152 – 3, 164,167,170
cherem, 120 – 1, 123 – 4, 127 – 9,155
childhood,43 – 7
and Chrisitianity,290 – 2
Compendium of Hebrew Grammar,324 – 6

condemnation (in Netherlands), 173, 295−8, 321−2, 335−6
education, 59−65, 78, 80, 81, 89−91, 93, 99−103, 106−115
Ethics, 131, 199, 201, 206, 225−44, 247, 248, 271, 281, 300−2, 322−3, 333−5
family finances, 43−4, 118−20
on freedom, 131, 189, 237, 242, 328
on God, 131, 187, 190, 216−17, 227−33
on happiness, 101−2, 170, 176−7, 186, 190, 241−3
and Juan de Prado, 130, 142, 145−6, 173−5
and Judaism, 273−4, 292
on knowledge, 178−9, 235−7
language, 46−7
lense grinding, 108, 182−4, 221
"Metaphysical Thoughts," 206, 210
on miracles, 232−3, 274−5
on passions, 189, 237−43
personal habits, 193−4, 196, 262−3, 289−90
Political Treatise, 342−9
and Quakers, 158−163

Spinoza, Bento (Baruch) de (*cont.*)
relationship with Talmud Torah congregation, 102, 118, 156, 173−5
on religion, 271−2, 274−5, 280
and Rembrandt, 78−9
René Descartes's Principles of Philosophy, 107, 191, 204−12
Short Treatise on God, Man and His Well-Being, 13, 180, 186−91, 199, 201, 206
on soul, 131, 137, 190, 234, 242−3

on the state, 243, 281 – 5, 342 – 9

Theological-Political Treatise, 131, 132 – 3, 170, 175, 248, 256, 268, 269 – 87, 288, 290, 292, 295 – 98, 299, 301, 312, 321 – 2, 336, 342

Treatise on the Emendation of the Intellect, 101, 175 – 80, 186, 323

and University of Heidelberg, 311 – 314

on virtue, 240 – 1

Spinoza, Esther de (Esther de Soliz), 45, 73, 79, 85, 86

Spinoza, Gabriel (Abraham) de, 45 – 6, 87, 119 – 20, 155, 181

Spinoza, Hanna Deborah de (Hanna Deborah Senior), 36, 45 – 6, 66, 73, 119

Spinoza, Isaac de (Michael's father), 27 – 8, 31, 359 n. 10

Spinoza, Isaac de (Michael's son), 31, 36, 45, 79, 80, 81, 359 n. 20

Spinoza, Jacob de, 28 – 9, 32 – 4

Spinoza, Michael de (Miguel d'Espinoza), 30, 31 – 41, 45 – 6, 59 – 60, 65, 66, 73, 79, 80, 81, 90, 99, 100, 119

arrival in Amsterdam, 31 –2

business, 32 – 6, 39 – 41, 79, 81, 83, 86

role in community, 36 – 9, 43, 59 – 60, 79, 81, 85

Spinoza, Miriam de, 36, 45 – 6, 73, 85 – 6

Spinoza, Rachel de, 28 – 9, 32

Spinoza, Rebecca de, 45, 73, 86, 181, 350 – 1

Spinoza, Sara de, 27 – 8

Stenson, Niels, 195, 386 n. 46

Stoic philosophy, 109, 226, 242

Stolle, Gottlieb, 134, 181, 247

Stouppe, Jean-Baptiste, 315 – 19

Talmud, 52, 54, 56, 63, 64, 68, 80, 91, 93, 97, 114, 121

Talmud Torah (congregation), 31, 54 − 9, 61, 74 − 5, 81, 117 − 18, 124 − 7, 141, 147, 149, 252, 292, 334 − 5; *see also* Sephardim, in Amsterdam
Terence, 109 − 10, 155
Thomasius, Jacob, 295, 299, 301
Til, Salomon van, 133
Tirado, Jacob, 6 − 10
Torah, 62, 67, 68, 69, 72, 121, 131, 134, 276 − 7
Tschirnhaus, Walther Ehrenfried von, 222, 300 − 3, 320, 323, 327 − 9, 330 − 3, 340 − 1
Tulip mania, 50 − 1
Tydeman, Daniel, 203 − 4, 222, 245 − 6, 263

Union of Utrecht, 7, 8
Utrecht, 267, 305, 315 − 19
    university, 151, 165, 309
Uylenburgh, Hendrik, 25, 45
Uziel, Isaac, 11, 16, 17, 18, 52, 94

Van den Enden, Clara Maria, 104, 108 − 9, 293
Van den Enden, Franciscus, 78, 103 − 114, 129, 139, 152, 155 − 6, 158, 168, 170, 172, 193, 195, 266, 268
Van der Spyck, Hendrik, 204, 288 − 90, 292, 293, 318, 349 − 51
Vega, Emanuel Rodriguez, 8 − 9, 28
Vega, Judah, 10, 16
Velthuysen, Lambert van, 246 − 7, 307, 317, 323 − 4, 328
Venice, 9 − 10, 16, 17 − 18, 24, 52, 53 − 4, 55, 57, 68, 69, 70, 91, 128 − 9, 251
Vermeer, Johannes, 43, 148
Voetians, 307 − 10, 334
Voetius, Gibertus, 151 − 2, 307
Volder, Burchard de, 195 − 6, 247, 249
Voorburg, 203 − 4, 243, 245 − 6
Vossius, Isaac, 263
Vries, Simon Joosten de, 107, 141, 169, 194, 198, 202,

204, 261-2
Vries, Trijntje Joosten de, 213, 262

William Ⅰ (William the Silent), 43, 74
William Ⅱ (Stadholder), 75, 82, 83-4, 86, 218
William Ⅲ (Stadholder, later King of England), 218, 257, 304-5, 314, 345
Witt, Cornelis de, 255, 305-6
Witt, Johan de, 105, 150, 151, 218, 255-9, 265, 267, 286, 297, 304-7, 308-9
Wittich, Christoph, 307

Zevi, Sabbatai, 249-53

图书在版编目(CIP)数据

斯宾诺莎传/〔英〕纳德勒著;冯炳昆译.—北京:商务印书馆,2011
ISBN 978-7-100-06254-1

Ⅰ.斯… Ⅱ.①纳…②冯… Ⅲ.斯宾诺莎,B.(1632~1677)-传记 Ⅳ.B563.1

中国版本图书馆 CIP 数据核字(2008)第 185792 号

所有权利保留。

未经许可,不得以任何方式使用。

斯 宾 诺 莎 传

〔英〕史蒂文·纳德勒 著

冯炳昆 译

商 务 印 书 馆 出 版
(北京王府井大街36号 邮政编码100710)
商 务 印 书 馆 发 行
北 京 市 艺 辉 印 刷 厂 印 刷
ISBN 978-7-100-06254-1

2011年10月第1版　　　开本 787×960 1/16
2011年10月北京第1次印刷　　印张36 插页1

定价:66.00元